Karl Hilty

Die Bundesverfassungen der Schweizerischen Eidgenossenschaft

Karl Hilty

Die Bundesverfassungen der Schweizerischen Eidgenossenschaft

ISBN/EAN: 9783743320796

Hergestellt in Europa, USA, Kanada, Australien, Japan

Cover: Foto ©ninafisch / pixelio.de

Manufactured and distributed by brebook publishing software
(www.brebook.com)

Karl Hilty

Die Bundesverfassungen der Schweizerischen Eidgenossenschaft

Die

Bundesverfassungen

der

Schweizerischen Eidgenossenschaft.

Zur

sechsten Säcularfeier

des

ersten ewigen Bundes vom 1. August 1291

geschichtlich dargestellt

im Auftrag des schweizer. Bundesrathes

von

Professor Dr. C. Hilty.

Bern.

Druck von K. J. Wyß.

1891.

Die

Bundesverfassungen

der

Schweizerischen Eidgenossenschaft.

Ruine Attinghausen (Kanton Uri)

Wenn es sich bei der bevorstehenden Feier um eine festliche Zusammenkunft handelte, wie sie regelmäßig von Zeit zu Zeit unter den heutigen Eidgenossen stattfinden, so würde es kaum nöthig erscheinen, die Bedeutung derselben, am wenigsten für die Theilnehmer, auseinanderzusetzen. In diesem Falle aber ist es nur ein kleiner Theil der schweizerischen Bevölkerung, welcher bei der zur Erinnerung an den sechshundertjährigen Bestand unseres Staatswesens stattfindenden Feierlichkeit gegenwärtig sein kann, und doch sollen Alle ihr Herz und ihre Hand mit ihnen erheben, in dankbarer Erinnerung an das, was Gott in dieser langen Zeit für diese Eidgenossenschaft gethan, und zum Gelöbniß, auch ihrerseits zu ihrer ferneren Erhaltung und Befestigung beitragen zu wollen. Diesem Zwecke ist die nachfolgende kurze Darstellung ihrer bisherigen politischen Lebensgeschichte gewidmet.

Es läßt sich freilich das Leben einer staatlichen Gemeinschaft nicht ohne Weiteres mit demjenigen eines einzelnen Menschen vergleichen. Schon der verschiedenen Zeitbedingungen wegen nicht, unter denen es erfolgt und die keinem individuellen Lebenslaufe mit seinen ziemlich regelmäßigen Perioden des Werdens und Vergehens gleichen. Darin aber hat der Lebensgang eines Staates eine unverkennbare Aehnlichkeit mit einem Menschenleben, daß er zugleich als ein Werk höherer Gesetzlichkeit und derselben unterthan, wie als ein Produkt menschlicher Willensfreiheit erscheint, die diesen Weltgesetzen widerstreben, oder mit ihnen übereinstimmen kann. Ohne diese Ueberzeugung von der Existenz einer durch alle Generationen hindurch fortlebenden sittlichen Aufgabe eines staatlichen Daseins hätte nicht allein eine solche Erinnerungsfeier, sondern auch die politische Geschichtsschreibung überhaupt nur einen geringen Sinn.

Die politische Geschichte der Eidgenossenschaft ist gegenwärtig, am Ende ihres sechsten Jahrhunderts, bekannter und unbekannter, als dieß vor hundert Jahren der Fall war. Einerseits hat, abgesehen von den Arbeiten zahlreicher verdienter Historiker, die Eidgenossenschaft selbst durch das nun vollendete Werk der Tagsatzungs-Abschiede eine Quelle für dieselbe eröffnet, wie sie kein anderes Volk besitzt und mittelst welcher Jedermann der Zugang zu den eigentlichen Aktenstücken in einer Weise freisteht, die kaum noch etwas anderes zu wünschen übrig läßt, als daß nun auch wirklich dieß Alles ein lebendiges Besitzthum der Nation werde. Andererseits ist aber gerade d i e ß vielleicht jetzt weniger der Fall, als zu der Zeit, in welcher Johannes von Müller mit weniger vollkommenen Hülfsmitteln seine berühmte geschichtliche Darstellung der Eidgenossenschaft verfaßte. Theilweise rührt dieß daher, daß der heutige Geschichtsunterricht für die Ungelehrten zu gelehrte Formen angenommen hat. Würde sich derselbe in den Volksschulen mehr an die Quellen selbst, und zwar sowohl an die Urkunden, als an die Chroniken, anschließen, soweit dieselben den Geist ihrer Zeit richtig aussprechen, so würde das Interesse an Etwas, was jetzt ein bloßes Schulfach, wie die Mathematik oder die Formenlehre, geworden ist, lebendiger werden. Denn das Volk liebt die ab-

geschliffene Münze der durch viele Hände gegangenen und wissenschaftlich zubereiteten Geschichte nicht, sondern die kräftige, bilder-
reiche, von dem Hauch der That noch belebte Erzählungsweise
der ersten Darsteller. Und es ist mit Bedauern zu konstatiren,
daß Tausenden trotz alles empfangenen Unterrichts der Sinn
für die nationale Geschichte fehlt, indem sie entweder überhaupt
an aller historischen Wahrheit zweifeln gelernt haben, oder einer
kosmopolitischen Staatsgestaltung entgegenstreben.

Vielleicht trägt dazu die allzu kritisch gewordene Geschichts-
darstellung Einiges bei. Hauptsächlich aber hängt dieß wohl zusammen mit der materiellen Richtung der gegenwärtigen Zeit.
Das Genie des schweizerischen Volkes, das sich in seinen besten
Zeiten und Menschen stets deutlich ausprägt, ist eine eigenthümliche Verbindung von Schwungkraft der Seele mit einem gesunden,
praktischen Menschenverstand, eine Mischung, die überhaupt die
politische Genialität ausmacht. Die Geschichte eines solchen Volkes
ist nichts anderes als eine großartige Sittenlehre in national-
historischem Gewande, in welcher die ewigen Gesetze des sozialen Daseins in großem Styl, gleichsam in Lapidarschrift, vor
Aller Augen stehen. „Das wechselnde Siegen und Unterliegen
zwischen dem irdischen Sinne des vergänglichen Menschen und
dem Sehnen und Suchen seines ewigen Geistes" in politischen
Ereignissen durch Jahrhunderte hindurch ausgedrückt, das ist
das Thema, welches sie immer neu variirt, freilich nur für Die,
welche Sinn, Blick und Willen für ein Geistesleben haben und
denen das Dasein der Menschen sich nicht in einer Magenfrage
erschöpft. Diese werden die schweizerische Geschichte nicht verstehen können, denn es gibt, außer derjenigen der Israeliten,
keine Spezialgeschichte, die so deutlich zeigt, wie Glück und Unglück der Völker von der Anerkennung ewiger sittlicher Macht-
gebote abhängt, neben denen jede menschliche Macht und Willkür
nur ein ephemeres Dasein führt. Ohne eine solche Anerkennung
wäre die Geschichte allerdings eine sehr gleichgültige, bloße Schul-
angelegenheit, wenn nicht gar, wie ein Geschichtsforscher sich aus-
drückt, „eine Lästerung Gottes und der Menschheit." —

Für alle guten Schweizer hingegen ist diese althergebrachte Eidgenossenschaft noch immer ein besonderer Staat, einzigartig und mit einer Mission ausgestattet, wie sie kein anderes Volk besitzt, nicht einmal das stamm- und gesinnungsverwandte deutsche, aus dem sie hervorging. Diese Mission muß sie auch heute fortsetzen oder daran untergehen. Ein charakterloses Leben, oder ein „Bindeglied-Dasein" zwischen verschiedenen großen Nationalitäten, wie es der Traum mancher Politiker schon öfter gewesen ist, entspricht derselben nicht. Daß damit eine gewisse nationale Abschließung verbunden sein muß, die in unserer Zeit nicht ohne Schwierigkeit ist und ein erhebliches Maß von Originalität und Lebenskraft erfordert, sollen wir wissen und auch nicht erschrecken, sofern wir, fest auf diesem unserem Erb und Eigen stehend, ab und zu einer stillen oder lauten Antipathie begegnen, die alles Eigenthümliche in einer nach mechanischer Gleichgestaltung strebenden Zeit zu befahren hat. Dafür ist es eben auch mit der eigenthümlichen Zähigkeit und Schwungkraft ausgestattet, die es allein besitzt und welche die Sicherheit des Ueberwindens in sich trägt, wo immer sie besteht. Denn eine Aufhebung der Völkerindividualitäten ist keineswegs der Gedanke der Weltordnung, sondern die Erhaltung derselben, so lange sie des Erhaltens würdig sind.

I.

Die ältere Eidgenossenschaft vor 1798 war ein für unsere heutigen staatlichen Anschauungen sehr seltsames Konglomerat von unter einander verbündeten Städten und Ländern, von allen oder von einzelnen derselben in Schutz genommenen, mehr oder weniger abhängigen Bundesgenossen und endlich wirklichen Unterthanen, welche ebenfalls theilweise der Mehrheit der Verbündeten gemeinsam, theilweise mehreren oder einzelnen unter ihnen, oder sogar ihren Schutzbefohlenen angehörten: ein historisches Gebilde, von dem wesentlichen Bildner der Staaten, dem gegenseitigen Hülfsbedürfnisse, allmälig zusammengefügt und trotz unendlicher Verschiedenheit der natürlichen Nationalität, der Religion, der Lebensweise und vieler innerer Zwietracht durch die Kraft eines politischen Gedankens bis auf unsere Tage zusammengehalten.

Eine Bundesverfassung im heutigen Sinne, die alle diese Glieder umfaßt und ihre Rechtsstellung zu einander, sowie die Rechte der einzelnen Angehörigen dieses komplizirten Staatswesens bestimmt hätte, gab es vor dem 12. April 1798 nicht. Ihre Stelle vertraten nach Innen die einzelnen Bundesbriefe der dreizehn Orte, die Verträge der Zugewandten, die Freiheiten und Rechtsame der Unterthanen und einige allgemeine Konkordate und Friedensschlüsse; nach Außen eine Anzahl von Staatsverträgen traditioneller Art, neben dem ursprünglichen Verhältniß zum deutschen Reich. Sehr Vieles, was wir jetzt als nothwendigen Bestandtheil einer geschriebenen Verfassung ansehen, beruhte stets bloß auf Gewohnheitsrecht, sog. „eidgenössischem Herkommen".

Die ersten Anfänge der Verbindung reichen jedenfalls über die geschriebenen Denkmale derselben zurück. Nach dem Volksglauben, der sich bis in unsere Tage in den drei Kernländern derselben erhalten hat, waren ihre historisch nachweisbaren Einwohner ein aus dem Norden eingewandertes Volk, ursprünglich nur e i n e freie Volksgemeinde bildend, später in drei Gemeinwesen getheilt, die ein uraltes Bündniß bei Beginn unserer Geschichte lediglich erneuerten, als es sich darum handelte, einen ungerechten Angriff auf die althergebrachte Reichsfreiheit abzuwehren. Eine neuere kritische Richtung der schweizerischen Geschichtsforschung[1]) hingegen bemühte sich s. 3., wenigstens den größern Theil dieser Bewohner zu rechtmäßigen Unterthanen eines in der umliegenden Landschaft reich begüterten, zu voller Landeshoheit aufstrebenden Herrscherhauses zu stempeln, von welchem sie sich bloß durch eine glückliche Empörung zu Anfang des 14. Jahrhunderts losgerissen hätten. Die historische Wahrheit liegt — zu unserer Beruhigung   sicherlich in der Mitte. Denn, wenn wir auch das Recht der Völker, sich Freiheit und Selbstbestimmung zu verschaffen, als ein unveräußerliches Menschenrecht ansehen, das dem Herrscherrechte. welches einzelne Familien über Länder und Völker beanspruchen, an legitimem Ursprung voransteht, so ist es doch ein sehr edles Erbtheil, wenn ein Volk die angeborene, natürliche Selbstbestimmung über seine öffentlichen Angelegenheiten rechtzeitig zu vertheidigen vermochte, bevor sie in der Herrschaft einzelner Klassen oder Personen unterging. Eine in historischen Zeiten nie verloren gegangene Volksfreiheit ist besser begründet, als eine wiedereroberte, die oft nur sehr langsam Wurzel schlägt, und darin besteht gerade der Unter-

---

[1]) Beginnend namentlich mit Kopp's „Geschichte der Eidgen. Bünde".

schied zwischen unserem Volksbewußtsein und demjenigen der uns umgebenden, vielfach stamm- und bildungsverwandten Völker[1], daß bei uns die Rechtskontinuität der altgermanischen Freiheit, wenigstens in einem Kern des werdenden Staates, an den sich andere Theile anschließen konnten, niemals untergegangen ist. In dieser langen Gewohnung an ein selbständiges politisches Dasein mit lebhafter Betheiligung jedes Einzelnen an der Leitung der öffentlichen Dinge, welchem staatlichen Zustand kein nach-weisbares anderes Recht vorangeht und welche Gewohnheit nie-mals mittelst eines bloßen Federstrichs beseitigt werden kann, sondern durch eine jahrhundertelange Gegengewohnheit bekämpft werden müßte, liegt auch die größte Sicherheit für den weitern Fortbestand dieser Freiheit. Sie ist es, die alle materiellen, auf eine engere Verbindung mit den übrigen Völkern Europa's abzielenden Gesichtspunkte noch auf unabsehbare Zeit überwiegen wird, wie sie vor sechshundert Jahren das damals auch vor-handene Streben und Bedürfniß nach materieller Entwicklung in einem größeren Staatsganzen überwogen hat, und darin besteht der vernünftige Grundgedanke, von dem ausgehend man allein ein Stiftungsfest der Eidgenossenschaft begehen kann. Es würde eine bloße Formsache ohne inneren Gehalt sein, wenn die späten Urenkel sich mit jenen Voreltern nicht in der Grundlage ihres politischen Denkens begegnen würden, welche lautet: Die poli-tische Selbständigkeit eines freiheitlich organisirten Volkes ist jedem andern Gute für immer vorzuziehen.

Dieser innerlich überzeugten Gewöhnung an die äußere und innere Freiheit muß aber auch bei solchen Veranlassungen ein gutbegründeter Rechtsboden durch eine wirkliche Historik ge-schaffen werden, die, ebenso weit entfernt von blindem Vertrauen auf bloß legendäre Darstellungen, wie von einer unfruchtbaren Gelehrsamkeit, welcher die Gabe fehlt, sich in vergangene Zeiten

---

[1] Auch der Unterschied zwischen den längere oder kürzere Zeit freien Theilen unserer eigenen Bevölkerung.

und Menschen zu versetzen, mit tieferem Blick für das Thatsäch-
liche und durch eine von sicheren Kenntnissen geleitete Einbildungs-
kraft diesen längst vergangenen Dingen wieder Leben einhaucht.[1]

Die Vorgeschichte von Uri, Schwyz und Unterwalden,
die sich im 13. Jahrhunderte erst zu einer eidgenössischen Geschichte vereinigt und wahrscheinlich auch in diesen einzelnen
Thälern selbst bis dahin keine gemeinsame im Sinne eines völlig
ausgebildeten staatlichen Zustandes war, ist in den für die staatsrechtliche Betrachtung wichtigen Punkten nicht genügend bekannt
und wird es wohl niemals werden.

Am erkennbarsten in dem durch gleichzeitige Dokumente
nur schwach erleuchteten Dunkel des früheren Mittelalters sind
die Zustände des Landes Uri (ohne Urseren), welches zuerst
zu dem staatsrechtlichen Verhältnisse der sog. „Reichsfreiheit"
gelangte, aus dem sich allein die eidgenössische Verbindung entwickeln konnte. Das älteste Tellenlied sagt daher mit Recht
von ihm:

> „Ein edel land, guot recht als der kern,
> Das lit beschloßen zwüschen berg
> Vil fester dann mit muren.
> Da huob der pundt zum ersten an;
> Si hant der sachen wislich tan
> In einem lant, heißt Ure."

Im Jahre 853 schenkte der Enkel Karls des Großen, Ludwig
der Deutsche, dieses „Ländchen", wie er es nennt, mitsammt dem
königlichen Hof in Zürich, als eine Art von Zubehörde desselben,
der neugegründeten Fraumünster-Abtei Zürich, in welche seine
eigene Tochter Hildegard als erste Aebtissin eintrat. Der wesent-

---

[1] Das ist die Aufgabe der jetzigen Schweizergeschichte und jeder wirklichen Geschichte, die nicht bloß Materialiensammlung ist. « Le sûr don d'ima-
gination, qui sait rendre la vie aux choses du passé» darf niemals fehlen;
die richtige „Objektivität" der Geschichtsforschung besteht wesentlich darin,
daß diese Rekonstruktionsarbeit keine sichern Anhaltspunkte überschreitet,
oder außer Acht läßt.

liche Paſſus dieſer Urkunde, die noch vorhanden iſt, lautet in
freier deutſcher Ueberſetzung:

„Im Namen der heiligen und untheilbaren Dreifaltigkeit.
Ludwig von Gottes Gnade König: Wenn wir von den irdi-
ſchen Dingen, die uns durch die göttliche Gnade zu Theil ge-
worden ſind, aus Liebe zu Gott und um einer königlichen
Sitte geziemend zu entſprechen an die Stätten der ßeiligen
ſchenken, ſo ſind wir verſichert, daß uns dieß dazu diene, den
Lohn der ewigen Vergeltung zu erlangen. Deßwegen ſei der
Befliſſenheit aller, der heiligen Kirche Gottes und uns Getreuer, gegenwärtiger und zukünftiger, kundgethan, wie wir
zum ßeil der Seele des allerdurchlauchtigſten Kaiſers, unſeres
Ahnen Karls, und Ludwigs, unſeres erhabenen ßerrn und
Vaters, ſowie unſerer ſelbſt, auch um des ewigen Lohnes unſerer geliebteſten Gemahlin und Kinder willen, unſern ßof
Zürich, gelegen im ßerzogthum Allemannien im Lande Thurgau mit allem, was bei demſelben liegt, oder dazu gehört,
oder anderswo davon abhängt, das heißt das Ländchen Uri,
mit Kirchen, ßäuſern und andern darauf ſtehenden Gebäuden,
mit Eigenen jeden Geſchlechtes und Alters, mit angebautem
und unangebautem Lande, mit Wäldern, Wieſen und Weiden,
mit ſtehenden und fließenden Gewäſſern, Wegen, Ausgängen
und Eingängen, mit Erworbenem oder zu Erwerbendem, mit
allen Zinſen und den verſchiedenen Gefällen, überdieß auch
unſern Forſt, Albis genannt, und alles, was an jenen Orten
unſeres Rechtes und Beſitzes und eigen iſt und gegenwärtig zu
unſeren ßanden gehörig erſcheint, ganz und vollſtändig übergeben unſerm Kloſter, gelegen in demſelben Flecken Zürich,
allwo der heilige Felix und die heilige Regula, die Blutzeugen
Chriſti, dem Leibe nach ruhen.“ ¹)

---

¹) Die lateiniſche Urkunde iſt in Regensburg am 21. Juli 853 von
einem Notar, Comeatus, als Stellvertreter des Radleicus, ausgeſtellt und
mit dem ßandzeichen «domini Hludouuici gloriosissimi regis» verſehen.

Wie weit diese Schenkung sich erstreckte und ob namentlich das ganze damalige Uri mit allen seinen Bewohnern darin gemeint war, läßt sich nicht ermitteln; jedenfalls gab es nachmals neben den Meierhöfen des Fraumünster-Stiftes noch andere im Lande begüterte und zum Theil sogar daselbst ansäßige Freiherren und Klöster, deren Rechte nicht von denjenigen der Fraumünster-Abtei abgeleitet sind.[1] Man muß als wahrscheinlich annehmen, der König habe seiner Tochter und ihrem Stifte nur geschenkt, was ihm in Uri gehörte, oder was er als freie, Niemandem gehörende Wildniß ansah, und die Urkunde bezog sich vielleicht ursprünglich nicht auf alle Urner, was wegen eines folgenden Passus wichtig ist, der den staatsrechtlich wesentlichsten Theil der Urkunde bildet. Derselbe entbindet nämlich die neugegründete Abtei nebst Allem, was zu derselben gehört, also auch das geschenkte Uri und seine Bewohner, von der gewöhnlichen obrigkeitlichen Gewalt der Gau- und Zentgrafen des Thurgaus, dergestalt, daß dieselbe lediglich von der Aebtissin selbst und neben ihr durch einen vom Kaiser zum Schutze des Klosters bestellten besonderen Vogt ausgeübt werden kann.[2] Diese „Reichsfreiheit" von Uri, die dasselbe ursprünglich indirekt, in Folge der Verbindung eines unbestimmbaren Theiles des Landes mit dem Stifte Zürich besaß, ging erst beinahe 400 Jahre später in eine den Urnern direkt zugesicherte über und auf diesen Freiheitsbrief von Hagenau im Elsaß vom 26. Mai 1231, der im Original

---

[1] Das bekannteste dieser einheimischen freiherrlichen Geschlechter ist Attinghausen.

[2] Der Passus lautet:

Endlich befehlen und ordnen wir an, daß kein öffentlicher Richter noch Graf, noch irgend wer, der richterliche Gewalt hat, an den genannten Stätten und allem, was dazu gehört, weder Freie noch Eigene, die daselbst wohnhaft sind, anzufechten, zu beeinträchtigen, oder Bürgen von ihnen zu fordern, oder irgend welche Leistungen oder Bußen und Banngeld von ihnen zu verlangen, oder irgend welch unrechtmäßige Gewalt ihnen jemals anzuthun sich erlaube; sondern daß jenes alles unter unserem Schutz und festen Schirm, mit den Vögten, die daselbst gesetzt sind, auf immerwährende Zeiten verbleibe.

nicht mehr vorhanden ist, würde wohl eigentlich die Immunität des gefammten Thales und aller feiner Bewohner rechtlich zurückzuführen fein. Tfchudi (I, 124) erzählt den Vorgang jedenfalls nicht ganz richtig, indem er fagt:

„Au dem 1. Tag Brachmonats kam Juncker Arnold von Wafferen, des Künigs Anwalt, in die dry Waldftett, bracht jedem Land infonders ein Bermentin Brief mit des Königs anhangendem Infigel, glichlutende, wann das in jedem Brief des Lands Namen, dem Er gehört, benämpt ward."

Solche gleichlautende Briefe für Schwyz und Unterwalden hat es niemals gegeben. Der Urner-Freiheitsbrief hingegen wurde vielleicht von Friedrich II. von Hohenftaufen im Jahre 1240 und gewiß von Rudolf von Habsburg 1274 beftätigt. Mit dem Jahre 1240 beginnt zugleich die Vorgefchichte des eidgenöffifchen Bundes.

Die voreidgenöffifchen Rechtsverhältniffe von Schwyz und der beiden Unterwalden lagen in Bezug auf den ftaatsrechtlich wichtigften Punkt der Reichsfreiheit ungünftiger, jedenfalls war es für fie fchwieriger, den Weg hiezu zu finden, als für Uri, das auf dem damals fehr gewöhnlichen der geiftlichen Immunität dazu gelangt war. Allerdings wird damit das urfprüngliche Verhältniß diefer reichsfreien Angehörigen des Klofters Zürich zu den übrigen Bewohnern des Thales keineswegs erklärt. Vielleicht bildete fich zunächft eine ökonomifche Markgenoffenfchaft des ganzen Thales aus, und aus diefen gemeinfamen Intereffen heraus wuchs nach und nach die politifche Gemeinfchaft zufammen, ähnlich wie dies thatfächlich in Schwyz der Fall war. Die Schwyzer[1]) waren wahrfcheinlich feit der allemannifchen Befiedelung diefer Thäler in der Völkerwanderung[1]) zum größern Theil eine freie Markgenossenschaft geblieben, deren Spuren heute noch in den dortigen großen Allmend= genossenschaften sichtbar sind. Als solche Genossenschaft mit nicht ganz bestimmten Grenzen ihres Allmendgebietes waren sie jedoch keineswegs nur dem deutschen Reiche unterthan, sondern standen zunächst unter der erblichen gräflichen Gerichtsbarkeit der Lenzburger und später der Habsburger, welche durch diese Verbindung erblicher Landgrafschaft und eigener Grundherr= schaften im Lande sich als die eigentlichen Landesherren anzusehen begannen. Auf der andern Seite beschränkte sie namentlich die Macht eines von ihnen ganz unabhängigen Klosters, Einsiedeln, welches in Folge kaiserlicher Schenkung ebenfalls Ansprüche auf ein unbestimmtes Waldgebiet behauptete und in mehreren Pro= zessen auch durchsetzte[2]), so daß eine allmälige Ausdehnung dieser geistlichen Herrschaft ebenfalls nicht außer dem Bereiche der Möglichkeit lag. Das Kloster Einsiedeln ist vielmehr erst ganz allmälig im Verlauf der eidgenössischen Geschichte unter die einheimische Landeshoheit gekommen, wie dieß mit manchen

---

[1]) Auf diesen wahren Kern reduzirt sich muthmaßlich die Sage von dem „Herkommen der Schwyzer" aus dem Norden; es ist die durch Tradition fortgepflanzte Erinnerung an die Völkerwanderung. Aus lauter freien, zu keiner Grundherrschaft gehörigen Bauern bestand das ursprüngliche Schwyz auch nicht, sondern die Grafen von Lenzburg (später Habsburg) besaßen daselbst Eigenthum, namentlich zwei Hofgüter mit Hörigen, den sog. Kyburger= und Sroburgerhof; ebenso die Klöster Kappel, Muri, Schännis, Rathhausen, Engelberg und Einsiedeln. Die Gutsleute der geistlichen und weltlichen Grund= herren waren aber auch Antheilhaber an der gemeinen Allmend, und das bildete auch hier das ökonomische Band zwischen ihnen und den Freien, aus dem allmälig, mit Ueberwindung der entgegenstehenden Verhältnisse, die po= .litische Rechtsgleichheit und Verbindung hervorging.

[2]) Die Schenkungsurkunde, die noch bis in unsere Tage hinein Anlaß zu gelehrten Streitigkeiten geboten hat, ist abgedruckt bei Tschudi I, 51. Die Prozesse zwischen dem Kloster und der Markgenossenschaft wurden in den Jahren 1114, 1144 vor den deutschen Kaisern Heinrich V. zu Basel und Konrad III. zu Straßburg nach der lex Alamannorum geführt. Die Schwyzer Markgenossenschaft (cives de Suites) wurde dabei von den Grafen von Lenz= burg vertreten.

schweizerischen Klöstern und Bisthümern der Fall war, während
andere sich zu eigentlichen geistlichen Fürstenthümern entwickelten.

Wie es kam, daß die Schwyzer sich dieser Umschlingung durch
geistliche und weltliche Landesherrschaft entziehen und zur Reichs-
unmittelbarkeit gelangen konnten, ist in seinen Einzelheiten nicht
genügend bekannt. Jedenfalls trug das Beispiel des benachbarten Uri dazu bei, und die spezielle Veranlassung bot muthmaßlich die Abtrünnigkeit des Vogtes Rudolf II. von Habsburg-
Laufenburg (Oheim des nachmaligen Kaisers) von dem von der
Kirche mit dem Banne belegten Friedrich II. In dem Feldlager
vor Faënza erlangte im Dezember 1240 wahrscheinlich ein mili-
tärisches Kontingent der Schwyzer eine noch im Original vor-
handene Freiheitsurkunde, mittelst welcher dieser Kaiser Schwyz
als unveräußerliches Reichsland erklärte. Tschudi erzählt den
Vorgang in seiner plastischen Weise, wie folgt:

„Dero Zit hat Papst Gregorius der Nünte dermaßen
Unruw wider Keiser Fridrichen den Andern durch sin Bannung
und bevolchne Crütz-Predigung angericht, daß etliche namhaffte
Stett vom Kaiser abfielend in Italia, Savenz, Ravenna und
andere. Der Keiser versammet ein Hör die abfelligen Stett
gehorsam ze machen, und des Papsts Ungestümme ze temmen,
schickt ouch harumb sine erbern Botten ze den dryen Waldstetten, Uri, Schwitz und Unterwalden umb Hilff, ließ Inen
anzeigen, wie unbillich und on alle redliche Ursach der Papst
Ine understunde ze unterdrucken, und wie er in Italia ein
Hör versammet, in Willen die Stadt Savenz ze belägern, und
so si Im jetzt Ir Hilff erzeigtend, wölt Ers in Guten allzit
gegen Inen erkennen. Die Waldstett gaben Antwurt: Si
sigend von Iren Vordern har frye Völcker, und allein dem
Rich in Tütschen Landen verpflicht gewesen, aber übel geschirmt
worden, und so veer Er Inen Brief und Sigel geben, daß Si
fry sigind, und daß sie us fryem, unbezwungenem Willen sich
unter sin und deß Römischen Richs Beherrschung undergebend,
und sie zu jeden Ziten schützen und schirmen, ouch vom Rich

niemermer verendern wölle, so wollen Si Jm und dem Riche
Gehorsam leisten, und Jne für Jren Herren erkennen, ouch
alsdann die begerte Hilff unnd gebürende Besoldung in Jtaliam
tuen: Die Keiserischen Botten versichertend die Waldstett, daß
sie sölches, wie si begert, bi dem Keiser erhalten wöltend.
Battends, daß sie Jr Bottschafft, und Briefe angentz mit Jnen
ze riten zum Keiser abfertigen, sölich Jr Entschließen Jme ze
eröffnen, und daß si daneben Jr Kriegs-Volck verfertigen,
diewil es dem Keiser an der Not, damit Er Jr Erbieten im
Werck gespüren mög: Nun was in Waldstetten vil Striegisch
Volck, die all willig warend, dero wurdend 600, von jedem
Land 200, wolgerüster Knechten uszgezogen, und kamend der
Waldstetten Botten etlich Tag vor den Knechten gen Savenz
in des Keisers Láger mit ihren Briefen: der Keiser was Jrer
Ankunfft froh, insbesonders als er durch sine Botten bericht
ward, daß die 600 Knecht uff der Straß náchig warend, gab
jeder Waldstatt ein sundern Fryheit-Brief under sinem Sigel,
darinnen Er Jnen zugesagt, was sie begehrt hattend."

Nach seiner Angabe erhielten also auch hier wieder Uri und
Unterwalden gleichlautende Briefe. Solche sind aber nicht vorhanden, und es wird von der neuern Geschichtsforschung nicht als
wahrscheinlich angesehen, daß sie jemals existirt haben. Dieselbe
nimmt auch an, daß die Schwyzer Urkunde nicht sehr nachtheilig
für die Habsburger gewesen sei und weder deren Grundherrschaft,
noch Landgrafschaft eigentlich zu beseitigen beabsichtigt habe.
Denn die ältere Linie der Habsburger, welcher der nachmalige
Kaiser angehörte, der sich selbst vor Saënza befand, hing dem
Kaiser Friedrich an, und auch sein Onkel Rudolf nahm nachmals wieder für denselben Partei. Es ist daher schon möglich,
daß die Schwyzer Urkunde bloß ein Schachzug der kaiserlichen
Politik gegen diesen augenblicklichen Gegner gewesen ist, wie
wir dergleichen in der Zeit Kaiser Ludwigs des Bayern wieder
begegnen.

Das Land Unterwalden hat niemals in der eidgenössischen
Geschichte Ein Staatswesen gebildet. Ob dieß früher der Fall
war, muß, obwohl es Tschudi behauptet (I, 72), ebenfalls un-
gewiß bleiben. Denn nicht allein fehlt dafür jeder urkundliche Anhaltspunkt, sondern es ist auch eine administrative
Trennung in der natürlichen Konfiguration der beiden, von einander deutlich geschiedenen Landestheile begründet. Das Verhältniß einer inneren administrativen Selbständigkeit derselben
neben einer Art von Zusammengehörigkeit nach Außen, wie
es ohne Unterbruch in der ganzen Geschichte dieser beiden
Halbkantone bestand und noch besteht, ist genau das, was den
lokalen Verhältnissen entspricht. Ohne diesen Zusammenhang
würde der eine Theil vielleicht eine geistliche Herrschaft des
Klosters Engelberg geworden sein, und der andere allein
hätte sich gegenüber den spätern VIII Orten nur in der faktischen Stellung eines kleinen zugewandten Ortes, etwa wie
Gersau, behaupten können. Im Uebrigen hat diese ganze Frage
bei Beginn der eidgenössischen Geschichte keinen staatsrechtlichen
Werth, denn damals zerfiel das Gesammtgebiet von Unterwalden
nicht bloß in diese zwei Theile, sondern, neben einzelnen zerstreuten,
freien Bauerngütern, in eine ganze Reihe grundherrlicher Höfe,
die großentheils den Habsburgern, theilweise auch andern Adels-
geschlechtern, oder Klöstern (Murbach, Muri, Münster, Engelberg)
gehörten. Die jüngere Linie von Habsburg besaß die erbliche
Landgrafschaft und ebenso die Vogtei über die sämmtlichen geistlichen Stifte, mit einziger Ausnahme von Engelberg, und hatte
in Folge dieser Verbindung von Rechten einen so vorgeschrittenen
Anspruch auf die Entwicklung einer eigentlichen Landeshoheit,
daß Unterwalden wohl noch weiter von der Reichsfreiheit
entfernt war als Schwyz vor 1240 und dieselbe ohne den eintretenden politischen Zusammenhang mit Uri und Schwyz
überhaupt schwerlich hätte erlangen können. Es ist daher auch
nicht wahrscheinlich, daß die Unterwaldner bereits im Jahre
1240 einen gleichen Freiheitsbrief wie Schwyz erhielten, sondern
es datirt ihre urkundliche Befreiung von der werdenden habs-

burgiſchen Landeshoheit aus der Zeit, in welcher der feſte politiſche Zuſammenhang mit reichsfreien Ländern, die ſchweizeriſche
Eidgenoſſenſchaft, bereits beſtand, und iſt die Frucht derſelben.

In dem erſteren Zeitpunkte beginnt jedoch gleichwohl die
eidgenöſſiſche Geſchichte und mit ihr die merkwürdige Sammlung der „Eidgenöſſiſchen Abſchiede".

Dieſelben tragen auf ihrem erſten Blatte die erſte beſtimmte
Nachricht von einer Verbindung in einer Bannandrohung des
Papſtes Innocenz IV., mit ſeinem bürgerlichen Namen Sinibald
Sieschi von Genua. Derſelbe hatte bald nach ſeiner Wahl (1243)
den Kaiſer Friedrich II. auf dem Konzil von Lyon am 17. Juli
1245 abgeſetzt und in den Bann gethan, und an ihn wendete
ſich nun, gegen die Schwyzer, Graf Rudolf von Habsburg-
Laufenburg. Aus der Urkunde vom 28. Auguſt 1247, die im
Original nicht mehr vorliegt, iſt nur ſo viel klar zu erſehen, daß
die Schwyzer ſich mit den Leuten von Sarnen und Luzern zu
einer (wahrſcheinlich ghibelliniſchen) Verbindung vereinigt hatten,
welche jedoch muthmaßlich ſchon 1252 durch den Austritt von
Luzern wieder aufhörte[1]). Die Urkunde ſelbſt lautet in deutſcher
Ueberſetzung:

„Innocentius, Biſchof, Knecht der Knechte Gottes,
unſerem geliebten Sohne, dem Probſt der Kirche zu Ölemberg,
vom Orden des hl. Auguſtin, im Bisthum Baſel, Gruß und
apoſtoliſchen Segen. Durch Mittheilung unſeres geliebten
Sohnes, des edeln Mannes Rudolf des Altern, Grafen von
Habsburg, haben wir vernommen, daß die Leute der Orte
Subritz[2]) und Sarnon im Konſtanzer Bisthum, welche ihm
nach erblichem Rechte zugehören, von der Treue und dem
Gehorſam gegen ihn freventlich gewichen ſind und Friedrich,

---

[1]) Eidg. Abſchiede I. pag. 1 und 2. Kopp „Urkunden" I. pag. 4, 25.
Auch Bern hatte damals (1251) ein ſolches fünfjähriges Bündniß mit
Luzern abgeſchloſſen, die erſte Erſcheinung Berns in der eidgenöſſiſchen Geſchichte (Eidg. Abſchiede I. pag. 2), das aber auch ſchon im folgenden Jahre
aufhörte.

[2]) So ſchreibt die päpſtliche Kanzlei mißverſtändlich ſtatt Switz.

dem einstigen Kaiser, nach unserem gegen ihn und seine Begünstiger gefällten Urtheil der Ausschließung aus der Gemeinschaft der Gläubigen, leichtfertig angehangen haben, und,
obwohl sie hernach, von heilsameren Rathschlägen geleitet, durch
Eidleistung bekräftigt haben, daß sie fortan in der Herrschaft
des genannten Grafen beharren und wider ihn weder jenem
Friedrich noch irgend einem Andern den mindesten Gehorsam
leisten werden, so stehen sie doch mit verdammlicher Verachtung
jenes Eides und des gegen die Anhänger und Begünstiger
des vorgenannten Friedrich verhängten Bannspruchs, mit
Hintansetzung endlich der Treue, indem sie sich jeder Herrschaft
entziehen, dem vorgenannten Friedrich gegen jenen und die
Kirche nach Kräften und Vermögen bei. Dieweil es aber
billig ist, daß der Fluch über diejenigen komme, welche ihn
lieben, und daß der Segen von denen, die ihn nicht wollen,
genommen werde, verfügen wir: Sofern sich die Sache so
verhält und die vorgenannten Leute nicht von demselben Friedrich innerhalb einer von Dir anzusetzenden passenden Frist
zur Einheit der Kirche zurückkehren und sich befleißen, dem
Grafen als ihrem derart in Ergebenheit verharrenden Herrn
zu gehorchen, wie sie verpflichtet sind, so sollst Du sie, sowie
auch die Leute der Stadt Luzern, wenn Du festgestellt hast,
daß sie mit jenen verkehren und dem vorgenannten Friedrich
anhangen, als dem Urtheil des Bannes unterliegend erklären,
und die genannten Orte und die Stadt Luzern mit dem Urtheil des Interdiktes belegen und dafür sorgen, daß beide
Urtheile, kraft unserer Machtvollkommenheit, das Hinderniß
der Appellation an uns bei Seite gesetzt, bis zu angemessener
Genugthuung unverbrüchlich beobachtet werden, indem Du
im Uebrigen dabei verfahren wirst, wie es Dir gut scheint.
Gegeben zu Lyon am 28. Aug. im fünften Jahre unseres
Pontifikats."

Im Uebrigen ist der historische Werth dieser Angaben zweifelhaft, namentlich inwiefern einmal — zwischen 1240 und 1247

wäre anzunehmen — eine eidliche Anerkennung des Grafen Rudolf als Landesherrn stattgefunden haben sollte, und jedenfalls beruhte die Voraussetzung, daß die sämmtlichen Leute von Schwyz und Sarnen demselben erbeigenthümlich gehören, lediglich auf dessen Behauptungen, die der Papst nicht näher zu untersuchen für nöthig fand. [1]) Von da an bis zum Jahre 1273 fehlt uns eine deutliche Vorstellung der weiteren Ereignisse. Die neuere Geschichts-forschung nimmt jedoch mit Grund an, daß der erste Versuch einer politischen Verbindung zwischen Schwyz und Obwalden ein mißlungener gewesen sei und daß in den 23 Jahren von dem Tode Kaiser Friedrichs II. (13. Dez. 1250) bis zur Kaiserwahl Rudolfs von Habsburg die Landeshoheit der Habsburger in den Waldstätten noch Fortschritte gemacht habe.

Am 1. Oktober 1273 wurde Rudolf III. von der älteren (seit 1282 habsburg-österreichischen) Linie deutscher König und un-mittelbar vorher hatte er seinem Vetter Eberhard von Habsburg-Laufenburg dessen Rechte in Schwyz und Unterwalden abgekauft. Der neue Herrscher anerkannte sofort am 8. Januar 1274 die Reichsfreiheit der Urner, schwieg jedoch über das staatsrechtliche Verhältniß der beiden andern Länder; lediglich gab er den Schwy-zern zu verschiedenen Zeiten die doppelte Versicherung, daß sie nur von ihm, seinen Söhnen oder einem Richter des Thales gerichtet werden sollten, und daß kein Unfreier (also auch nicht etwa ein solcher Ministeriale seines Hauses) über sie zu Gericht sitzen dürfe. [2])

---

[1]) Vielleicht waren nur die wirklichen „Eigenen" des Hauses Habsburg gemeint, wahrscheinlicher aber hatte der Graf diese Unterscheidung nicht ge-macht und den Bannbrief des Papstes dem Freiheitsbrief des Kaisers an die Schwyzer entgegengesetzt. Jedenfalls zeigen diese beiden offenbar in einem innern Zusammenhange stehenden Urkunden, daß damals gewisse S c h w a n -k u n g e n in der Politik der Länder stattgefunden hatten.

[2]) Die erste Zusicherung ist in einem Brief ohne Datum und Namen enthalten, dessen Aechtheit bestritten ist, abgedruckt bei Kopp, „Urkunden" I, 30, die zweite in einer im Schwyzer Archiv befindlichen Urkunde vom 19. Februar 1291 zu Baden, abgedruckt bei Kopp I, 29 und Tschudi 1, 204. Daß Tschudi diesen Brief ohne Weiteres auch auf Uri und Unterwalden bezieht, ist seinem System gemäß, aber auch unrichtig.

Eine gewisse Art von Freiheit behielten also die Schwyzer
während seiner ganzen Regierung und eine ausdrückliche In-
validirung des Freiheitsbriefes Friedrichs II. fand nicht statt,
sondern kann lediglich aus einer Erklärung Rudolfs gefolgert
werden, daß er Verfügungen Friedrichs aus der Zeit seines
Bannes nicht anerkennen werde.¹) Sie organisiren sich im Gegentheil in dieser Zeit zu einer politischen Gemeinde (Universitas in
Suites), die es sogar bereits versuchte, einzelne kleinere Klöster
ihrer Steuerhoheit zu unterwerfen, und seit 1281 ein eigenes
Landessiegel führte.²) Uri hat Siegel und Landsgemeinde schon
seit 1243.

Was den sehr klugen und auf Erweiterung der Rechte seines
Hauses nicht minder bedachten König Rudolf bewog, diese Organisation der Schwyzer zu einer politischen Körperschaft, die
ihrem ihm wohlbekannten Streben nach Reichsfreiheit Vorschub
leisten mußte und durch die Nachbarschaft und ähnliche Organisation der anerkannt reichsfreien Urner noch gefährlicher wurde,
nicht zu hindern, ja nicht einmal etwa einen seiner Söhne zum
Landgrafen zu ernennen, bleibt ein ungelöstes psychologisches
Räthsel. Der König wurde hiedurch selbst ein Beförderer des
ersten förmlichen eidgenössischen Bundes, der sofort nach seinem
Tode geschlossen wurde und bei einer energischen entgegengesetzten
Politik während der 18jährigen Periode seiner Regierung un-
denkbar gewesen wäre.

Am 15. Juli 1291 starb Rudolf zu Germersheim, und sofort
auf diese Nachricht hin³) schlossen die drei Länder Uri, Schwyz

---

¹) Die Anmerkung auf pag. 2 der Eidg. Abschiede geht daher etwas zu
weit, wenn sie behauptet, über den Schwyzer Freiheitsbrief sei „die Invalidi-
rung ausgesprochen worden." In diesem Falle würde der König wohl auch
Mittel gefunden haben, ihn den Händen der Schwyzer, in denen er bis heute
intakt verblieb, zu entziehen.

²) Vgl. über den Streit mit dem Frauenkloster „in der owe von Steine
ze Swiz in der waltstatt": die Festschrift von Prof. Oechsli und Kopp,
„Geschichte der eidg. Bünde", III, 729.

³) Man kann annehmen, sobald sie in den Waldstätten bekannt wurde.

und Unterwalden zu Anfang August 1291 das ewige Bündniß, welches heute als die Ursprungsurkunde der Eidgenossenschaft betrachtet wird. Es lautet in deutscher Uebersetzung¹) wie folgt:

„Im Namen Gottes Amen. Es ist angemessen und dem gemeinen Wohle zuträglich, daß Verträge im gehörigen Stande des Friedens und der Ruhe befestigt werden. Es sei daher zu allgemeiner Kunde gebracht, daß die Männer des Thales Uri und die Gesammtgemeinde des Thales Switz und die Gemeinde der Männer von Unterwalden des untern Thales, in Anbetracht der gefährlichen Zeit und damit sie sich und das Jhrige besser zu schützen und in gutem Stand zu erhalten vermögen, in guter Treue versprochen haben, sich gegenseitig mit Hilfe, Rath und Gunst in Bezug auf Personen und Sachen innerhalb und außerhalb der Thäler beizustehen mit allen Kräften und Anstrengungen, gegen Einzelne und Jedermann, der ihnen oder Jemandem von ihnen Gewalt, Beschwerniß oder Unrecht mit bösem Willen gegen Personen oder Sachen anthun möchte. Und es verspricht jede Gemeinde der andern in jedem solchen Falle beizuspringen und, wo es nöthig sein wird, auf eigene Kosten nach Erforderniß der Umstände den Angriffen von Feinden zu widerstehen und Beleidigungen zu rächen, unter Leistung eines körperlichen Eides ohne alle Gefährde und unter Erneuerung der althergebrachten Eidgenossenschaft durch gegenwärtige Urkunde.

Und zwar dergestalt, daß jeder Mann nach seines Namens Stande gehalten sein soll, seinem Herrn geziemend unterthan zu sein und zu dienen. Auch haben wir mit einhelligem gemeinem Rath und Gunst versprochen und verordnet, daß wir in den obgenannten Thälern keinen Richter, der sein Amt um irgendwelchen Preis, oder Geld gekauft hätte, oder nicht unser Landeseinwohner wäre, irgendwie anerkennen und annehmen wollen. Sofern im Weiteren Streitigkeiten unter irgendwelchen Verbündeten (Verschworenen, conspiratos) entstehen, sollen die Ver-

¹) Diese Uebersetzung ist nicht offiziell. Eine offizielle Verdeutschung der Urkunde hat es überhaupt unseres Wissens nie gegeben.

ständigeren unter ihnen hinzutreten, um die Zwietracht unter den Parteien zu stillen, so wie es ihnen nützlich zu sein scheint und wenn Ein Theil eine solche Anordnung verachten würde, so sollen die andern Verbündeten ihm darin entgegen sein.

Im Serneren aber ist unter ihnen ausgemacht, daß, wer einen Andern mit Vorbedacht und ohne dessen eigene Verschul= dung getödtet hat, der soll, wenn er ergriffen wird, seiner Gewaltthat gemäß das Leben verlieren, außer er vermöchte denn seine Unschuld zu erweisen, wie es seine verruchte Schuld erfordert, und wenn er geflohen ist, so darf er niemals heim= kehren. Wer einen solchen Missethäter aufnimmt und schützt, ist aus den Thälern auszuweisen, bis er von den Verbündeten gehörig zurückberufen wird.

Wenn ferner Jemand einen Verbündeten Tags oder in der stillen Nachtzeit böswillig mit Brandlegung geschädigt hat, der ist des Landrechts auf immer verlustig zu erachten. Und wer einen solchen Missethäter begünstigt und schützt innerhalb der Thäler, der soll dem Beschädigten selber Ersatz leisten. Und wenn ein Eidgenosse einen andern an seinem Eigenthum be= schädigt, oder sonstwie benachtheiligt hat, so soll alles Eigen= thum des Schädigers, das innerhalb der Thäler vorhanden ist, dem Beschädigten zur rechtlichen Schadloshaltung dienen. Serner soll Keiner sich ein Pfand eines Andern aneignen, außer wenn dieser sein offenkundiger Schuldner oder Bürge ist, und auch dann soll er es nicht thun ohne seines Richters be= sondere Erlaubniß. Ueberdieß soll Jeder seinem Richter gehorchen und, wo nöthig, auch seinen Richter innerhalb (des Thales) offenbaren, unter dessen Gerichtsstabe er eigentlich steht.

Und wenn Jemand dem Richterspruch ungehorsam wäre und durch seine Widersetzlichkeit Jemand von den Verbündeten geschädigt würde, so sind alle schuldig, den vorgenannten Widerspänstigen zur Genugthuung anzuhalten. Sollte aber Krieg oder Zwietracht unter irgendwelchen Verbündeten ent= standen sein und der Eine Theil der Streitenden sich weigern, richterlichen Ausgleich und Genugthuung anzunehmen, so haben die Verbündeten den andern in Schutz zu nehmen.

Das Obgeschriebene und Festgesetzte soll, so Gott will, wie es zu gemeinem Nutzen wohlthätig festgesetzt ist, ewig dauern. Und zu Urkund dessen ist das gegenwärtige Instrument auf Verlangen der Obgenannten verfaßt und mit den Siegeln der drei obgenannten Gemeinden und Thäler gehörig versehen worden.

Geschehen im Jahre des Herrn 1291, bei Beginn des Augusts."

Die ehrwürdige Urkunde dieses ersten ewigen Bundes ist noch im Archiv zu Schwyz vorhanden und hat sich muthmaßlich stets daselbst befunden. Ob jemals noch eine andere Original=ausfertigung bestanden hat, oder ob diese die einzige von vorne=herein gewesen ist, darüber wird die wissenschaftliche Festschrift ein abschließendes Urtheil enthalten. Jedenfalls sind alle deutschen Fassungen keine Originale, sondern spätere Ueberfetzungen. Von den drei Siegeln ist das (jetzt abgerissene) von Schwyz das erste, obwohl in der Urkunde Uri als erster Vertragschließender er=scheint. Daraus allein läßt sich vielleicht der Schluß ziehen, daß die Urkunde in Schwyz und auf Anregung von Schwyz verfaßt worden sei. An welchem Orte aber, von wem persönlich und unter welchen näheren Verumständungen sie vereinbart und geschrieben worden sei, darüber fehlt jeder Anhaltspunkt. Ver=muthlich war der Verfasser ein Geistlicher der damaligen Zeit, in welcher Lesen und Schreiben noch eine besondere Kunst ge=wisser Stände bildeten [1]), und die eigentlichen vertragschließenden Personen verstanden vielleicht selbst nicht einmal die Sprache der Vereinbarung. Unter allen Umständen war dieselbe ein Geheim=

---

[1]) Der Schreiber ist übrigens nicht sehr sorgfältig gewesen. Er schreibt « vallatam » statt « validatam » und läßt ein Wort « vallem » nach « si necesse fuerit judicem ostendere infra » gänzlich aus. Das Original ist also viel=leicht nach einem vorhandenen Entwurfe von einer ganz untergeordneten Person abgeschrieben worden. Vgl. Facsimile in der Beilage.

bund, der lange nicht allen Bewohnern der drei Länder bekannt war, beinahe eine Verschwörung, worauf auch das Wort «conspirati», wenigstens nach unserem heutigen Verstande einigermaßen zu deuten scheint. Diese Umstände haben es denn auch wahrscheinlich zunächst veranlaßt, daß die stets vorhanden gewesene Urkunde während der ganzen Periode der alten Eidgenossenschaft, ja selbst noch zur Zeit ihrer Erneuerung nie als die Ursprungsurkunde derselben gegolten hat [1].

Doch können wir dieses Uebersehen unmöglich ganz solchen äußerlichen Gründen zuschreiben, sondern den damaligen Eidgenossen erschien dieser Brief offenbar später, nach der Schlacht von Morgarten, als sich auch die Verhältnisse einigermaßen geändert hatten und man zu einem offenen Bündniß schreiten konnte, wie eine durch dasselbe ersetzte und aufgehobene Vereinbarung, das, was wir jetzt etwa einen Präliminarvertrag nennen. Es war sogar möglicherweise von vorneherein verabredet worden, diesen lateinischen Geheimbrief unter günstigeren Umständen später durch einen deutschen, Jedermann verständlichen, zu ersetzen und demselben nie ein anderer Werth, als der eines „vorläufigen" Verständnisses, gewissermaßen eines «pactum de contrahendo» beigelegt worden. Diese Annahme würde noch an Wahrscheinlichkeit gewinnen, wenn in der That nur eine Ausfertigung vorhanden gewesen ist; sie erklärt auch allein die Tradition, welche die Entstehung der Eidgenossenschaft nie in das Jahr 1291 verlegt hat.

---

[1] Sie ist nirgends als solche erwähnt, Tschudi übergeht sie ebenfalls gänzlich. Auch der Bundesentwurf von 1655, der alle alten Bundesbriefe in seinem Eingange aufzählt, enthält kein Wort davon. Ebenso wenig ist die Urkunde jemals in den Verhandlungen der drei Länder von 1813 bis 1815 erwähnt, als sie im Begriffe standen, ihren alten Bund zu erneuern. Es wird immer nur von dem Dreiländerbrief von 1315 gesprochen. Noch in unserer Jugendzeit war von einem Bund von 1291 in der Schweizergeschichte der Schulen keine Rede, erst die neuere Geschichtsforschung hat die Urkunde an ihren jetzigen Platz gestellt.

Die Urkunde stellt sich selbst nicht als den eigentlichen Ursprung der eidgenössischen Verbindung dar, sondern sagt nur,
es sei durch sie eine längst bestehende Eidgenossenschaft erneuert
worden (« antiquam confederationis formam juramento vallatam
[soll heißen validatam] praesentibus innovando »). Was für
Verbindungen damit gemeint sind und ob dieselben ebenfalls urkundlich verbrieft waren, ist jedoch nicht weiter zu ermitteln, und
man kann höchstens die Vermuthung, gestützt auf Bekanntes,
aussprechen, es sei doch im Jahr 1291 zum ersten Male von
allen drei Ländern ein schriftlicher und ewiger Bund abgeschlossen worden [1]).

Interessanter noch ist die Frage, ob ganz Unterwalden den
Bund mitabgeschlossen habe, oder nur der jetzige Halbkanton
Nidwalden, auch jedenfalls ohne Einschluß der Abtei Engelberg,
die später bis 1815 zu Nidwalden gehörte, damals aber eine
selbständige geistliche Herrschaft war. Was darauf positiv hin-
deutet, ist die Ausdrucksweise der Urkunde « communitas hominum intramontanorum *vallis inferioris* ». Darnach wurde bisher angenommen, daß das „obere Thal" erst später ohne einen
besonderen Akt dem Bündnisse beigetreten und dieß durch den
spätern Beisatz auf dem angehängten Siegel « et vallis superioris »
dokumentirt worden sei [2]). Die neueste Geschichtsforschung glaubt,
es sei dieß nicht richtig, sondern das an der Urkunde hängende
Siegel sei das auch noch später von ganz Unterwalden gebrauchte
gewesen, dessen Stempel noch in Sarnen vorhanden ist. Völlig

---

[1]) Wäre das nicht anzunehmen, so hätten wir in der That Grund,
die Feier von 1891 zu unterlassen und auf das Jahr 1915 zu verlegen. Als
frühere Verbindungen sind bekannt: die 1247 vorhandene zwischen Schwyz,
Obwalden und Luzern, von der der päpstliche Bannbrief spricht, und andere
in Kopp, „Urkunden" I, pag. 2 und 4; doch hörten die Verbindungen mit Luzern demnach lange vor 1291 auf. Von einem Bündniß von Uri, Schwyz
und Unterwalden, das von vorher datirte, ist, außer dieser Reminiscenz im
Bundesbriefe selbst, keine weitere Spur vorhanden.

[2]) Vgl. darüber Kopp, „Urkunden" I, pag. 67, Oechsli, „Quellenbuch
zur Schweizergeschichte", pag. 49.

klar ist die Sache dennoch nicht [1]) und auch bei den damals
noch sehr zweifelhaften Verhältnissen Unterwaldens, das noch
nicht einmal die Reichsfreiheit besaß, aus inneren Gründen sehr
wohl möglich, daß die persönlich anwesenden Vertragschließenden
von 1291 bloß aus Einem der beiden Landestheile waren. Es
läßt sich das auch nicht durch die Züricher Urkunde, von der
sofort die Rede sein wird, ermitteln, da bei derselben Unterwalden gar nicht betheiligt ist. Gerade dieser Umstand aber
läßt darauf schließen, daß dessen Stellung zu der eidgenössischen Verbindung noch eine weniger bestimmte war. Wir müssen
uns also damit begnügen, zu sagen, jedenfalls trat ganz Unterwalden, wenn nicht im Jahre 1291, so doch kurze Zeit darauf
und vor 1315 der Eidgenossenschaft bei und war es aller Wahrscheinlichkeit nach schon 1291 wenigstens die Absicht der Gründer

---

[1]) Namentlich deßwegen nicht, weil doch in der Bundesurkunde nicht
bloß von den « homines intramontani » die Rede ist, die ja sehr wohl,
auch wenn sie zwei getrennte Gemeinwesen bildeten, nur Ein Siegel gehabt
haben möchten. Es ist ja überhaupt nicht sicher, ob sie in ihren damaligen
Verhältnissen bereits zwei politische Gemeinden bildeten, oder nicht vielmehr
in zahlreichere, sehr verschiedene Zugehörigkeiten zersplittert waren. Ein
Siegel hatten sie nach einer Urkunde bei Kopp, I, 2 noch kurz vorher gar
nicht (« hanc paginam, quia laici sumus et proprio sigillo caremus, con-
juratorum nostrorum in lucerna sigillo roboramus »); es wäre also leicht
möglich, daß zuerst bloß eines bestand, das für alle der Eidgenossenschaft
angehörigen Leute beider Thäler gebraucht wurde, und das „Nachkritzeln"
der Worte „ et vallis sup . . ioris " auf dem Siegel der Bundesurkunde
scheint uns auch nicht einleuchtend ohne einen sehr augenscheinlichen Beweis.
Damit ist aber noch immer obiger Zusatz „des untern Thales", das doch
deutlich, von einem „obern" unterschieden wurde, nicht erklärt. Gerade weil
das damals allein bestehende Siegel des oberen Thales auch von den Leuten
des untern Thales gebraucht, gewissermaßen entlehnt wurde, fand es der
Verschreiber der Urkunde vielleicht nöthig, ausdrücklich zu sagen, daß die
Leute des obern Thales nicht im Bunde seien. Unter allen Umständen aber
würde der Gebrauch ihres Siegels, der nicht ohne ihre Zustimmung geschehen
konnte, den natürlichen Beweis leisten, daß sie bereits im Jahre 1291 in
den Vorgang eingeweiht und als künftige, sozusagen selbstverständliche
Bundesgenossen vorgemerkt waren. Das ist einstweilen das Wahrscheinlichste.
Vgl. darüber Dierauer, „Geschichte der schweizerischen Eidgenossenschaft",
pag. 100, und die wissenschaftliche Festschrift von Prof. Oechsli.

des eidgenössischen Bundes, beide Thäler demselben einzuverleiben.

Wer nun diese G r ü n d e r des Bundes gewesen seien, die weisen und thatkräftigen Männer, die in der eigenen Brust und im Vertrauen auf Gott, der jede würdige Freiheitsbestrebung schützt, gegenüber einer so großen Macht, wie sie uns jetzt verhältnißmäßig nie mehr gegenüberstehen wird, den Grundstein des Gebäudes legten, welches wir noch jetzt, der ererbten Freiheit froh, bewohnen, das möchten wir v o r allen andern Dingen wissen. Denn, was den Menschen interessirt an der Geschichte, das sind eigentlich doch nicht die „Ereignisse", die sich nur nach einer mechanischen Weltanschauung von selbst, als Wirkungen vorhandener, selbst unerklärter, Ursachen, vollziehen, sondern der Mensch, der mit bewußtem, freiem Willen das Gute oder Böse, das Bleibende oder das Vergängliche wählt und ausführt.

Glücklicherweise hat uns, zwar nicht die Urkunde des Bundes selbst, aber eine nahezu gleichzeitige die Namen nicht allein der damaligen ersten Vorsteher von Uri und Schwyz, sondern noch einer weitern kleinen Anzahl von Vertrauensmännern der ersten Eidgenossen erhalten, von denen wir mit Sicherheit annehmen können, sie seien zugleich zehn Wochen vorher die « conspirati » des Bundes, die eigentlichen „Männer des Rütli", gewesen.[1]

Landammann von Uri war Ritter A r n o l t, der Meier von Silenen, eines der vier großen Meierhöfe, in welche das Gebiet der Aebtissin von Zürich damals eingetheilt war. Die Ruine Silenen steht noch heute bei Obersilenen an der Gotthardstraße. Er war Landammann von Uri seit dem 28. März 1291, somit offenbar ein Hauptbegründer des eidgenössischen Bundes. Schon im Winter vorher war er mit zwei Söhnen und einigen andern angesehenen Urnern und Schwyzern in Zürich gewesen, wo damals ohne allen Zweifel, vielleicht in Erwartung des Hinscheides

---

[1] Tschudi führt diesen Zürcher Bund unter der Jahreszahl 1251 an (I. 148). Es ist dieß aber bloß eine nachträgliche falsche Korrektur der ursprünglichen Jahreszahl. Vgl. darüber Kopp, „Urkunden" I, 39.

König Rudolfs, die Vorbesprechungen stattfanden, welche sodann sofort zu dem eidgenössischen Bunde und zu der ihn ergänzenden ersten Verbindung mit Zürich führten.

Unter den Mitgliedern des mit Zürich vereinbarten Bundes= rathes von 12 Personen (6 von Zürich, 6 von Uri und Schwyz) erscheint als der Erste von Uri der Freiherr Werner II. von Attinghusen, der Vertreter des einzigen in Uri selbst ein= heimischen und wohnhaften Hochadelsgeschlechtes, der spätere Nachfolger Arnolt's in dem Landammannamt, das er dann muth= maßlich in der ganzen schwierigsten Periode der jungen Eidge= nossenschaft, von 1294 – 1321, bekleidete. Vorher bewahrte er nach einer Urkunde von 1290 das Siegel von Uri¹), und es ist, wie schon Oechsli anführt, kein Zweifel, daß diese Hand das Siegel an die ehrwürdige Bundesurkunde befestigt hat, das noch heute unversehrt an derselben hängt. Der zweite Urner ist Burkart (Schüpfer), der „alte Ammann", der erste dem Namen nach be= kannte Landammann von Uri, wahrscheinlich Meier von Altorf, der Dritte Chuonrat, der Meier von Erstfelden (Oertschon), ein Leibeigener des Klosters von Wettingen, vermuthlich der an= gesehenste damalige Vertreter dieses unfreien Standes.

Landammann von Schwyz war im Jahre 1291 Chuonrat ab Iberg, ein Mann freien Standes, muthmaßlich wohnhaft auf dem noch jetzt bekannten Hügel Iberg am Eingang des Muottathales. Er erscheint 1291 als einer der vier Ammänner, denen Rudolf von Habsburg anfänglich die Regierung von Schwyz anvertraut hatte, bevor ein einziger Landammann auch hier, wie in Uri, entstand. Die Vertreter von Schwyz im Bundesrathe sind, neben dem Landammann selber, der hier fungirt, (während dieß bei Uri nicht der Fall ist), Rudolf der Stoufacher von

---

¹) Urkunde vom 29. März 1290, wo es am Schlusse heißt: „Mit dem Willen und der ausdrücklichen Zustimmung der Gemeinde des Thales von Uri habe ich, Werner, Edler von Attingenhusen, das mir anvertraute Siegel der Gemeinde dieses Thales hinzugefügt und angehängt." Ebenso am 28. März 1291. Es ist das zweite bekannte Sigill von Uri, mit dem Stierkopf «en face.»

Steinen, der Gegner der Klosterfrauen von Steinen, der ihnen die Landessteuer hatte auferlegen wollen und ein Pferd dafür gepfändet hatte, und Chuonrat Bunn, wahrscheinlich Vertreter des Thales gegen das Kloster Einsiedeln, an dessen streitiger Grenze sein Wohnsitz lag.

Leider wissen wir nicht ebenso viel von Unterwalden, welches bei dem Bündnisse mit Zürich nicht betheiligt war. Im Jahr 1304 erscheint in anderen Urkunden Rudolf von Ocdisriet als Land-ammann von Unterwalden.[1]) Von den Gründern der Eidgenossen-schaft, welche die Tradition nennt, sind also historisch beglaubigt der Freiherr von Attinghausen und Rudolf der Staufacher, wenn auch nicht in erster Stellung. Ein Walther Fürst erscheint später 1307 unter den Männern zweiter Generation, die berufen waren, mit dem Schwerte zu behaupten, was ihre Väter geplant hatten, deren Haupt, zugleich als noch lebendes Verbindungsglied zwischen den Alten und Jungen, offenbar der ehrwürdige Attinghausen wurde. In diesem Sinne kommt demselben historisch die Stellung zu, die ihm Schillers Dichtung angewiesen hat.

Der Inhalt der Bundesurkunde von 1291 zeugt von be-deutend angelegten Stiftern, die mit der Politik der Zeit vertraut waren und sehr wohl wußten, auf welche Punkte sie ihr Be-ginnen zu stützen hatten. Was am meisten auffällt, ist die eigen-thümliche Verbindung eines gewissen Maßhaltens mit einer auf-fallenden Kühnheit, da, wo dieselbe zur Erreichung des Zweckes unmittelbar nothwendig erscheint, ein vorbildlicher Zug, welcher der schweizerischen Politik in ihren guten Zeiten stets eigen geblieben ist.

Die Länder versprechen sich Beistand nach Außen gegen Jedermann und mit allen Kräften, jedes auf eigene Kosten, ohne gemeinsame Militärorganisation, Niemand ist ausgenommen, weder Kaiser und Reich, noch die Kirche, Vorbehalte, die in den späteren Bundesbriefen vorzukommen pflegen. Sie sprechen einfach

---

[1]) Kopp, „Urkunden" I. 65.

das große Wort aus, daß es jeder lebenskräftigen menschlichen Gesellschaft erlaubt sein müsse, ihre Regierungsweise selbst zu bestimmen. Sehr klug sind alle Landesbewohner in den Bund eingeschlossen, auch die nicht freien Standes sind und noch einer speziellen Grundherrschaft angehören. Sie dürfen ferner ihren Herren „Dienst thun", sind aber dennoch und offenbar in erster Linie Eidgenossen der neuen politischen Verbindung. Diese Herabdrückung der Herrschaften in zweite, gewissermaßen bloß privatrechtliche Stellung ist etwas, was denselben unmöglich belieben konnte, und es ist kaum anzunehmen, daß die Verfasser der Urkunde es für möglich gehalten haben, ein solches Doppelverhältniß auf alle Zeiten hinaus zu erhalten. Im Gegentheil, sie wiederholten diesen sehr diplomatischen Anfang der Befreiung später noch mehrmals gegenüber dem Hause Oesterreich, das dabei namentlich in Betracht kam (bei Luzern, Glarus und wahrscheinlich auch bei Zug), zu einer Zeit, wo der erste Versuch einer solchen Beseitigung dieser Herrschaft in Etappen bereits in den Waldstätten selbst gelungen war, also mit allem Vorbedacht [1]).

Sie gehen aber noch einen bedeutenden Schritt weiter und beseitigen ein zweifelloses Recht des deutschen Reiches selber mit Einem kühnen Federstriche, indem sie sich gegenseitig verpflichten, auch keinen Reichsvogt anzuerkennen, der nicht ihr Einwohner, also dem Sinne nach selbst ein Eidgenosse sei, oder sein Amt irgendwie erkauft habe. Das war eine Klausel, die direkt in das Reichsstaatsrecht beschränkend eingriff, der erste Schritt zu dem, was im Jahre 1499 und 1648 geschah, der förmlichen Befreiung des Eidgenossenschaft auch vom Reich.

---

[1]) Ungefähr so, nur in umgekehrter Reihenfolge, wie wenn man heute Bosnien und die Herzegowina auf unbestimmte Zeit Oesterreich in Verwaltung übergibt und dem Sultan der Türkei die nackte Souveränität noch läßt. Ebenso befinden sich Aegypten und Cypern, Tunis und Sansibar in solchen Doppelverhältnissen und wünscht Italien Abyssinien „nach Außen zu vertreten". Die politischen Verhältnisse streben stets nach Vereinfachung, und man kann sich darauf verlassen, daß, wenn man komplizirte Provisorien von Doppelherrschaft schafft, in Bälde der stärkere Theil allein übrig bleibt.

Nach Innen legen die Länder mit fester und zugleich maß=
voller Hand die Grundsteine eines Bundesstaates, welchen erst
ihre späten Enkel in unserem Jahrhundert ausgebaut haben:
schiedsgerichtlicher Entscheid bei Streitig'keiten und Bundes=
erekution gegen jeden Widerspenstigen, auch wenn es ein ganzes
Land ist; staatsrechtliche Entscheidung der Mehrheit, keine volle
Souveränität der einzelnen Gliedstaaten; Gemeinsamkeit der Haupt=
grundsätze des Strafrechts in schweren Fällen, etwas, was wir
heute noch nicht besitzen; ein gemeinsames Staatsbürgerrecht,
das der Beschädiger durch solche schwere Vergehungen einbüßt;
für das Civilrecht der Grundsatz, daß das Gut des Schuldigen
überall in Beschlag genommen werden könne, eidgenössische Exe=
kution der von dem rechten inländischen Richter gesprochenen
Urtheile und Verbot aller Selbsthilfe, schon 80 Jahre vor dem
Pfaffenbrief. Auf diesen Grundlagen mußte sich ein Freistaat
entwickeln, wenn zu der politischen Einsicht, die sich darin be=
urkundet, auch noch der Muth kam, ohne den die Einsicht in
Republiken nur ein Hinderniß der Selbständigkeit bildet.

Daß die ersten Eidgenossen den Muth besaßen, die Konse=
quenzen ihres Schrittes zu ziehen, beweist vor Allem der schon
erwähnte Bund mit Zürich vom 16. Okt. 1291, die zweite Ur=
kunde der „Abschiede", mittelst welcher sie einer großen Koali=
tion beitraten, die sich nach dem Tode König Rudolfs gegen
das Haus Oesterreich zu bilden versuchte. Dieselbe mißlang
jedoch in Folge einer Niederlage der Zürcher bei Winterthur vom
13. April 1292, und der Bund hörte durch einen Separat=
Friedensschluß derselben auf, während die Fehde mit den Wald=
stätten wahrscheinlich noch bis zum Frühjahr 1293 fortdauerte[1].

Die beiden Urkunden von 1291 sind die ersten bestimmten
und noch heute im Original vorhandenen staatsrechtlichen Doku=
mente der schweizerischen Eidgenossenschaft.

[1] Viel Näheres ist darüber aber nicht bekannt. Kopp, „Urkunden" I,
42, 45.

Von einem europäischen Standpunkte aus betrachtet, entstand dieselbe in einer für solche Neubildungen sehr günstigen Uebergangszeit, in welcher die bisherige Rechtsordnung des Reiches der Karolinger in vollem Zerfall begriffen war und die seither bis auf unsere Zeit herab bestehenden Souveränitäten sich noch nicht gebildet hatten. Die Eidgenossenschaft benützte diesen allein richtigen Moment zur Begründung eines freien Volksbundes, im Gegensatze zu der anderwärts aus dieser flüssigen Masse sich gestaltenden Krystallisation zu fürstlichen Landesherrschaften. Daß sie nachher selbst ein solcher Landesherr über Unterthanen wurde, ist ein Abfall von ihrem ursprünglichen Staatsgedanken gewesen, der ihr die höchste Bestimmung, die sie hätte erreichen können, vereitelt hat. Sie wäre vielleicht berufen gewesen, die republikanische Staatsform den sämmtlichen germanischen Völkern Europa's zugänglich zu machen und damit die Führung der deutschen Rasse zu übernehmen. Dazu besaß sie aber in ihren spätern Staatsmännern und unter oft viel günstigeren Verhältnissen niemals mehr die volle Kraft; ihre Lebensaufgabe ist (wie dieß auch bei einzelnen Menschen häufig genug vorkommt) ein Torso geblieben; theilweise hat sie sich sogar mit Bewußtsein andern, internationalen, Zielen zugewandt[1].

Die Zuschauer des eidgenössischen Bundes, von denen wohl keiner das volle Bewußtsein haben mochte, wie sehr derselbe in der Zukunft auch auf die eigenen Geschicke einwirken werde, waren: Der Papst Nikolaus IV., gewählt den 22. Februar 1288, gestorben den 4. April 1292. Ihm folgte auf kurze Zeit Cölestin V., gewählt den 5. Juli 1294, der jedoch schon am 13. Dezember des nämlichen Jahres zu Gunsten jenes Bonifaz VIII. (Benedikt Cajetan) resignirte, dessen Regierung durch die höchste Betonung der kirchlichen Ansprüche gegenüber dem

---

[1] Die Eidgenossenschaft hatte ursprünglich eine rein deutsche Natur und Bestimmung. Daß sie nun eine andere hat, ist nach unserer Auffassung auch ein schöner und brauchbarer Lebenszweck, aber nicht ihr ursprünglicher und nicht der schönere.

Staate in der Bulle «Unam sanctam» vom 18. November 1302 sprichwörtlich geblieben ist [1]). Es kann wohl keinem Zweifel unterliegen, daß die junge Eidgenossenschaft, welche schon den Bannspruch Innocenz' IV. erfahren hatte, ein ghibellinisches Staatswesen war. Der deutsche König fehlte im Augenblick; Rudolf von Habsburg war am 15. Juli 1291 gestorben. Adolf von Nassau folgte erst am 4. April 1292. Der Vertreter des Hauses Habsburg, der eigentliche Gegner der werdenden Eidgenossenschaft, war der spätere König, Albrecht I., Herzog von Oesterreich seit 1282, Nachfolger seines Vaters in den Besitzungen und Ansprüchen in der Eidgenossenschaft seit 1291. Der Graf der andern habsburgischen Linie, von Laufenburg, war Rudolf III., geb. 1270; Bischof von Konstanz, geistlicher Hirte der drei Länder, war ebenfalls ein Rudolf von Habsburg-Laufenburg, ohne allen Zweifel wohl kein Freund der Eidgenossenschaft.

Das waren die Nächstbetheiligten. Im weitern Umkreise sehen wir noch: Den Grafen von Kyburg Hartmann I., den Grafen von Neuenburg Rudolf IV., den Grafen von Werdenberg Hugo II., den Grafen von Toggenburg wahrscheinlich Kraft II., den Minnesänger, die Grafen von Montfort-Feldkirch Rudolf II., Montfort-Bregenz Hugo I., den Grafen von Aarberg-Valangin Johann, den Stammvater der Linie, den Grafen von Savoyen Amadeus IV., den Herrn von Mailand Otto Visconti, die Bischöfe von Chur Berchtold II. von Werdenberg-Heiligenberg, von Basel Peter I. Rich, von Lausanne Wilhelm II. von Champvent, den von Sitten Bonifaz von Challant, und den Abt von St. Gallen Wilhelm von Montfort [2]).

Allen diesen geistlichen und weltlichen Herren entstand ein Gegner, zum Theil ein Erbe, in der Eidgenossenschaft. Der bedeutendste Zeitgenosse des Bundes war jedoch keiner dieser

---

[1]) Dante versetzt ihn wegen Simonie, wie Cölestin wegen dieses «gran rifiuto», in die Hölle.

[2]) Schultheiß von Bern war Ulrich von Bubenberg (1284 bis 1293), Pfarrer (Leutpriester) von Bern Bruder Berthold (1289—1293).

Fürsten und Priester, sondern ein König im Reiche des Geistes und ein wahrer Priester Gottes, dessen Andenken niemals auf- hören wird, während die meisten Obgenannten kaum noch dem Namen nach bekannt sind.

Es ist dieß Dante, der damals 26jährig in Florenz, seit 1308 aber in noch größerer Nähe der Eidgenossenschaft, am Hofe der Scaliger in Verona, lebte, wo er leicht über die Gotthardstraße her, die seit ungefähr 1162 anfing, stark begangen zu werden, von diesem Bunde freier Männer jenseits der Alpen vernehmen konnte. Wahrscheinlicher noch war dieß später der Fall, als Dante sich dem Heere Heinrichs von Luxemburg anschloß, den er nach einigen Nachrichten sogar in Deutschland aufgesucht haben soll, um ihn zur Intervention in Florenz zu bewegen.[1] In diesem Falle könnte er sogar die Eidgenossenschaft gesehen haben. Zweifel- los aber befanden sich in diesem Heere Freunde der Eidgenossen, namentlich ihr eigener Reichsvogt, Werner von Homberg, ein sehr berühmter und Dante jedenfalls persönlich bekannter Ritter, der nämliche, der in Gottfried Keller's „Hadlaub" vorkommt.

Dieses erste Bündniß der Eidgenossen, das in lateinischer Sprache, in einem kleineren Kreise abgeschlossen und offenbar längere Zeit hindurch geheimgehalten wurde, hat etwas wenig Plastisches, und wir können es wohl begreifen, daß es nachmals von dem populären und durch das Blut von Morgarten besie- gelten Dreiländerbund in den Schatten gestellt wurde. Es ist auch nur der Natur der menschlichen Dinge, die sich zu allen Zeiten gleichbleibt, entsprechend, daß der Bund der Eidgenossen nicht sozusagen in einem Anlaufe entstand, sondern seine natür- lichen Entwicklungsstadien hatte. Wir können dieselben gerade

---

[1] Die berühmte Aufforderung Dante's an Heinrich von Luxemburg zur Intervention gegen Florenz, die « vipera volta nel ventre della madre » geschrieben « in Toscana sotto la fonte d'Arno », ist vom 16. April 1311. Die fruchtlose Belagerung von Florenz durch den Kaiser auf seiner Rückkehr von Rom dauerte vom 19. Sept. bis 31. Okt. 1312.

gegenwärtig an einer unter sehr ähnlichen Verhaltnissen sich ent-
wickelnden Eidgenossenschaft altfreier Bergbevölkerungen beobachten, die sich aus dem gleichen Motive gebildet hat, bei dem
herannahenden Zerfall eines großen Reiches nicht unter eine
spezielle Landesherrschaft zu kommen.

Die Bewohner des obern, nördlichen Theiles von Albanien,
der mit dem alten Epirus nicht identisch ist, sind ein von alter
Zeit her in Stämme eingetheiltes, aber durch das Bewußtsein
einer gemeinsamen Nationalität trotz der seit der türkischen
Herrschaft eingetretenen Religionsverschiedenheit zusammenge-
haltenes Bergvolk, das in seinen Sitten und Anschauungen,
namentlich auch in der Vorliebe für auswärtigen Kriegsdienst,
manche Aehnlichkeit mit den alten Eidgenossen zeigt. Eine
förmliche politische Eidgenossenschaft dieser Stämme (Kongrá)
entstand, als infolge des Friedensschlusses von San Stefano
und des Berliner Kongresses die Nachbarstaaten, zunächst
namentlich das oft bekriegte Montenegro, auf Kosten der
Albanesen Gebietszuwachs erhalten sollten. Damals fand im
April 1878 eine erste Verständigung in Djakova statt, wobei
der Bluteid (die «bessa») geschworen und verabredet wurde,
bis zum nächsten St. Demetertag (26. Nov. alten Styls) keine
Blutrache, noch sonstige Seindseligkeiten zu gestatten und der
türkischen Regierung bis auf Weiteres keine Rekruten oder
Steuern abzuliefern. Sodann wurde in Prizrend eine zweite
größere Versammlung abgehalten, welche am 5./17. Juni den in
türkischer Sprache abgefaßten und anfänglich von 47 mohamedanischen Deputirten unterzeichneten Bundesbrief errichtete, welchem dann innert Monatsfrist alle mohamedanischen Stämme
Oberalbaniens und im gleichen Jahre noch auch die hauptsäch-
lichsten christlichen Clane beitraten. Dieses Aktenstück lautet:

„Art. 1. Unser Bund konstituirt sich zu dem Zwecke, jede
Landesregierung, außer jener der hohen Pforte, zurückzuweisen
und für die Vertheidigung der Landesintegrität mit Aufgebot
aller Mittel aktiv einzutreten. Art. 2. Unsere vornehmste Ab-

sicht ist, die kaiserlichen Rechte der souveränen Person Sr. Majestät des Sultans, unseres Herrn, aufrechtzuhalten. Wir werden daher Diejenigen, welche dem widerstreben und Unruhe stiften möchten, ferner Jene, welche die Reichsgewalt zu schwächen versuchen, und Jene, welche ihnen dabei Vorschub leisten, als Feinde der Nation und des Vaterlandes betrachten, solange sie sich nicht bessern, Jene aber, welche den reichstreuen Landeseinwohnern entgegentreten sollten, des Landes verweisen. Art. 3. Die Abgeordneten anderer Bezirke, welche unserer Verbindung beizutreten wünschen, werden wir bereitwilligst aufnehmen und in die Liste der Kongrá als Freunde der Regierung und des Landes eintragen. Art. 4. Wir werden in Gemäßheit des erhabenen Religionsgesetzes (Scheriat) das Leben, das Eigenthum und die Ehre der reichstreuen nichtmuselmännischen Genossen gleich den Rechten unserer eigenen beschützen, aber auch gegen Aufrührer den Umständen und der Oertlichkeit entsprechend vorgehen. Art. 5. Sämmtliche Auslagen für die von den Bezirken zu stellenden Truppen werden im Sinne besonderer zu erlassender Weisungen bestritten werden. Von Außen kommende Hülfstruppen werden bereitwilligst in unsere Kontingente aufgenommen. Art. 6. Die Lage des Balkan-Landes vor Augen, werden wir auf keine Weise fremden Truppen den Eintritt in unser Gebiet gestatten. Wir werden die bulgarische Regierung nicht einmal dem Namen nach acceptiren. Falls Serbien die widerrechtlich von ihm okkupirten Gegenden nicht gutwillig räumen sollte, werden wir gegen dasselbe Freischaaren (Akindschiler) aufbieten und die äußersten Anstrengungen machen, um die Herausgabe dieser Bezirke zu erzwingen. Gegen Montenegro werden wir auf die gleiche Weise vorgehen. Art. 7. Da unsere leidenden Landsleute und Glaubensgenossen im Balkan durch ihre Haltung sich in ihrer Gesammtheit unserem Bund angereiht haben und da ihre Stellungen Wichtigkeit besitzen, treten wir mit denselben in Verbindung und werden es, je nach Zeit- und Ortsumständen an gegenseitiger Unterstützung und Ver-

ftändigung nicht fehlen laffen. Art. 8. Wenn die Bezirks=
abtheilungen in der Ausführung der Bundeszwecke auf
Schwierigkeiten irgendwelcher Art ftoßen follten, werden auf
bezügliche Mahnung die benachbarten Bezirke fich beeilen,
ihnen die zur Erreichung des Beabfichtigten erforderliche Hülfe
zu leiften. Art. 9. Wer unfern Bund verläßt, wer — was Allah
verhüte — das Verbrechen der Spionage begeht und wer gemäß
feiner Stellung den Befehlen feiner Oberen nicht gehorcht,
wird entfprechend, aber ftreng beftraft werden. Art. 10. Ein
Bewohner der dem Bunde beigetretenen Bezirke, wer er immer
fei und welcher Konfeffion er angehöre, darf, wenn er auch
die Entlaffung aus der Gemeinfchaft nachgefucht hat, weder
nach Serbien, noch nach Montenegro übertreten. Wer es dennoch
thun follte, wird nach dem die Spionage betreffenden Artikel
behandelt werden. Art. 11. Wer von uns, nachdem er von
unferer Verbindung feiner Befähigung gemäß angeftellt worden,
feinen Obliegenheiten nicht nachkommt, wie es fich gehört, fich
nachläffig oder widerfpenftig zeigt, oder aber mit feinem Amt
oder feinen Dienftobliegenheiten einen wie immer gearteten
Mißbrauch treibt; ferner wer eine unmenfchliche und entehrende
Handlung zu begehen fich erkühnt, wird an den Pranger
geftellt und der verdienten Strafe zugeführt, auch wird fein
Eigenthum eingezogen werden. Art. 12. Der allfällige Aus=
marfch von Truppen, ihre Einberufung, Verwendung und
andere darauf bezügliche Vorkehrungen werden nach befonders
auszuarbeitenden Inftruktionen geregelt werden. Art. 13. Um
die bezüglichen Ausfertigungen mit aller Sicherheit beförbern
zu können, wird auf die Beforgung der bezüglichen Korre=
fpondenz die größte Sorgfalt verwendet werden. Art. 14. Es
erfcheint felbftverftändlich, daß die Regierung fich in die Bundes=
angelegenheiten nicht mifchen wird. Andrerfeits wird fich auch
unfer Bund in keiner Weife in innere Verwaltungsangelegen=
heiten der Regierung mifchen, es müßte fich denn um offen=
bare Gewaltmaßregeln handeln. Art. 15. Je ein Exemplar der
gegenwärtigen Vereinbarung wird an den gehörigen Orten

hinterlegt werden. Art. 16. In Gemäßheit des Bundesvertrags, welchen wir Deputirte der unbesiegbaren Helden aus
Nordalbanien, Epirus und Bosnien abgeschlossen haben —
jener Männer, die von Geburt an kein anderes als das Waffen-
spiel kennen und für Reich, Nation und Vaterland ihr Blut
zu vergießen bereit sind — haben wir Prizrend zur Hauptstadt erwählt. Gleichwie wir den Bau unserer Verbindung
glücklich aufgeführt haben, werden wir künftighin nie und
nimmer zugeben, daß ein Gewalthaber uns tyrannisire und
die Bewohner unseres Gebiets unterdrücke. Dieser unser Bund
soll auf uns, unsere Kinder und Kindeskinder übergehen und
wer von demselben abfällt, der sei angesehen, als wäre er vom
Islam abgefallen, und den treffe unser Aller Fluch und Verachtung. Wir verbinden uns, die Vorschriften unserer Vereinbarung getreulich zu befolgen und haben zu Urkund dessen unser
Aller Unterschriften und Siegel beigesetzt. 5/17. Juni 1878."

Die Pforte hatte von der Sache Kenntniß und ließ sie anfänglich gewähren (wie dieß seitens des Reiches auch gegenüber
den ersten Verbündungen der Eidgenossen der Fall war), ja sie
benutzte sogar die Liga zum Kampfe gegen Oesterreich in Bosnien, der von derselben unter ihrer stillschweigenden Billigung
geführt wurde. Bei diesem Anlaß wurde dem Bund noch eine
Kriegsinstruktion als Ergänzung beigefügt, welche ebenfalls ein
Analogon zu unserem Sempacherbrief bildet. Als dann aber im
Jahre 1881 die montenegrinischen neuen Grenzen am Skutarisee
festgesetzt werden mußten, setzte sich die Liga auch gegen das
„Reich" zur Wehre, und es kam zu erbitterten Kämpfen gegen
türkische Truppen unter Derwisch und Hafiz Pascha, welche im
Jahre 1883 infolge der Ueberlegenheit der modernen Schieß-
waffen und Mangels an Munition bei der Liga mit einer
Unterdrückung des Aufstandes, jedoch unter Amnestie und theil-
weiser Reduktion der montenegrinischen Forderungen endigte,
welche den Anlaß zur Erhebung geboten hatten.

Seit dieser Zeit ist vorläufig Stille eingetreten. Die Liga wurde
jedoch nicht nur niemals aufgehoben, sondern im Gegentheil

am 26. April 1883 in Castrati neuerdings feierlich beschworen, und dabei bereits in Erwägung gezogen, ob sie sich entweder mit Montenegro selbst, oder mit Oesterreich und Italien gegen das unaufhaltbar zerfallende Reich in Beziehungen setzen solle.

Eine albanesische Eidgenossenschaft, vielleicht unter einer Art von vorläufiger gemeinsamer Protektion der benachbarten größeren Mächte, ist die wahrscheinliche fernere Entwicklung, und das älteste Bundesstaatsrecht unserer Eidgenossenschaft wird an diesem Beispiele dann noch anschaulicher werden, als bisher; denn die Bestimmungen des albanesischen Bundesbriefes zeigen die ganz gleiche Tendenz, wie der Bund von 1291, dem Reich allein anzugehören, so lange dasselbe besteht, jede andere Landesherrschaft aber mit gemeinsamer Kraft zurückzuweisen und eine eigene Landessouveränetät zu gründen, welcher kein anderes Verhältniß, weder religiöser, noch privatrechtlicher, noch politischer Art vorgehen darf. Allerdings tritt in Albanien, dem Charakter des Landes und Volkes entsprechend, die persönliche Führung der einzelnen Clanhäuptlinge mehr in den Vordergrund, als dieß wahrscheinlich bei uns jemals der Fall gewesen ist. Doch fehlen auch hiebei nicht die Analogien. Die Rolle des allgemein angesehenen alten Ali Pascha von Gusinje, der als das geistige Haupt der Liga galt, mag im Ganzen derjenigen des Freiherrn Werner von Attinghausen entsprechen.

Der jetzige Zustand daselbst, wie er seit dem Jahre 1878 besteht, gleicht ebenfalls wohl ziemlich genau dem historisch wenig bekannten Zeitraum von 24 Jahren, welcher nun von 1291 bis 1315 das Eingangskapitel oder, wenn man lieber will, die Vorrede der politischen Geschichte der Eidgenossenschaft bildet.

II.

Sechzig Jahre lang, bis zum Eintritt der Reichsstadt Zürich in den Bund, oder, wenn man will, auch bloß einundvierzig bis zur Uebernahme des Protektorates über die österreichische Stadt Luzern dauert die erste Verfassungsperiode der Eidgenossenschaft, sofern wir eine moderne Bezeichnung anwenden dürfen. Allerdings mit der sogleich beizufügenden Einschränkung, daß in den ersten 24 Jahren bis 1315 bloß ein geheimer Bund vorhanden war, der mit dem offen zu Tage liegenden Bestande innerlich demselben widersprechender Grundherrschaften und den politischen Anschauungen ihrer zahlreichen Anhänger und Verpflichteten noch in erheblichem Gegensatze stand und deßhalb auch jedenfalls keine regelmäßige Organisation gehabt haben kann. Eine geheime Leitung durch bestimmte Personen ist dabei nicht ausgeschlossen, sondern sogar in der Natur der Sache liegend [1]), und von zeitweisen Zusammenkünften, gewissermaßen heimlichen Tagsatzungen der Verschworenen hat uns, wenn auch nicht die dokumentirte Geschichte, so doch die in solchen Zwischenperioden oft zuverlässigere Tradition eine leise Spur aufbewahrt.

---

[1]) Man kann sich das ungefähr so denken wie die Geheimregierung Irlands, die neben der offenen englischen Regierung auf dieser Insel besteht und auf einen Theil der Bevölkerung einen größern Einfluß ausübt, als diese letztere.

Es ist überhaupt nicht bloß zufällig, daß dieselbe gerade in dieser Uebergangszeit ihre größte und noch immer vielumstrittene Rolle spielt. Denn einerseits mußte damals das, was im Sinne des Bundes geschah, im Widerspruche mit der offiziellen Landesgeschichte und in vertraulicher, bloß durch mündliche Ueberlieferung vermittelter Weise erfolgen. Andererseits ist es die Weise später fest konstituirter Regierungen jeder Art, daß sie die Begründungsgeschichte ihrer Herrschaft lieber der Tradition als der Geschichte überlassen, welche auch die Erinnerung an die Anhänglichkeit gewisser Theile der Bevölkerung für Zustände bewahren würde, die im Lichte späterer Ueberlieferung nur noch als eine glücklich beseitigte Fremdherrschaft, oder gesetzlose Tyrannei erscheinen.

Der Bund von 1291 wurde offenbar abgeschlossen in Aussicht auf die unmittelbare Nachfolge Albrechts von Oesterreich im Reich, dessen bisheriger Ruf als ländersüchtiger Herr und Vater vieler Kinder, die er eifrig zu versorgen strebte, wenig Zutrauen erwecken konnte. Die Herrschaftsperiode Adolfs von Nassau vom Mai 1292 bis zur Schlacht von Gelnhausen am 2. Juli 1298 ist daher nicht ohne Grund spurlos in der Entwicklungsgeschichte des Bundes, der in dieser Zeit keine unmittelbare Veranlassung zur Aktion besaß. Einzig Schwyz befestigte seine Reichsfreiheit durch eine königliche Bestätigung des Freiheitsbriefes von 1240[1]), welche es zu Rudolfs Zeiten wahrscheinlich nicht zu verlangen gewagt hatte, wohl zufrieden, daß derselbe die Urkunde Friedrichs II. nicht ausdrücklich zu beseitigen begehrte. In die zehnjährige Herrschaftszeit Albrechts 1298 bis 1308 fällt nun aber ebenfalls ganz naturgemäß die Peripetie, das Aufeinanderstoßen zweier ganz bestimmter, bereits zu organisirter Gestaltung gediehener Staatsgedanken mit gegenseitigen eifrigen

---

[1]) Zu Frankfurt 30. November 1297, C. A. I, 383. Auch die Reichsfreiheit von Uri wurde bestätigt, die von Unterwalden schwerlich, obwohl Tschudi es angibt (I, 215), mit der eigenen Bemerkung übrigens, daß er den Unterwaldner Brief nicht gesehen habe.

Anhängern, von denen die österreichisch Gesinnten unmöglich über
den Bestand einer stillen und gefährlichen Verschwörung gegen
die Befestigung der habsburgischen Landesherrschaft gänzlich in
Unkenntniß geblieben sein konnten, wenn sie auch vielleicht die
Existenz einer eigentlichen, besiegelten Bundesurkunde nicht ahnten.
Die Tradition von harten, d. h. diesem Bunde abgeneigtne
und entschieden entgegenhandelnden, Reichsvögten, welche in dieser
Zeit bestanden haben sollen, hätte an und für sich gar nichts=
Unwahrscheinliches, wenn es sich nicht aus einzelnen zeitgenössi=
schen Urkunden ergäbe, daß Albrecht selbst, sowie seine Gemahlin
in amtlichen Dingen nicht mit einem solchen Vogte, sondern mit
den Landammännern von Uri und Schwyz, als ihren Vertretern
daselbst, korrespondirten. [1]

Auch die mit liebevoller Hartnäckigkeit im Volke der Ur=
kantone festgehaltene, plastische Figur des Schützen Tell hat
nichts Unwahrscheinliches an sich, indem sehr leicht unter den
damaligen Landleuten von Uri die volksthümliche Person eines
solchen wackern Jägersmannes, entschiedenen Anhängers der
Reichsfreiheit und gewissermaßen Mittelgliedes zwischen der vor-
nehmeren und aus guten Gründen reservirteren geheimen Bundesregierung und dem Volksganzen bestanden haben und sogar stark
in den Vordergrund getreten sein kann.

Wir sind überhaupt der Meinung, daß solche Traditionen
immer einen geschichtlichen Untergrund haben und von einer
in unserer kränklich kritischen Zeit stark unterschätzten Bedeutung
sind. Es ist auch in unserem sehr schreibseligen Jahrhundert
nicht Alles aufgezeichnet, was geschehen ist, und ein künftiger
schweizerischer Geschichtsforscher würde eine schlechte Geschichte
der zweiten Hälfte des 19. Jahrhunderts schreiben, wenn er nur
das für wahr hielte, was in dem „Bundesblatte" steht. Das ist
aber ebenso gewiß, daß die Volkstradition plastische Gestalten
liebt und auf ihre Lieblingspersönlichkeiten, die selten ganz er-

[1] Tschudi I, 221 228; Kopp, „Urkunden" II, 167, 168, 172.

funden sind, die gesammte Volksgeschichte einer Zeitperiode mit allerlei Ausschmückungen konzentrirt. [1]

Noch gewisser beruht die Tradition von dem Bundesschwur im Rütli im Jahre 1307 auf einem wirklichen Vorkommniß, nur ist dasselbe keinesfalls der Ursprung der eidgenössischen Verbindung gewesen, die ja urkundlich nachweisbar schon seit 16 Jahren bestand. Dagegen ist es sehr wahrscheinlich, daß in dieser Zeit energischer Bedrohung der Reichsfreiheit und des Bundes öftere Zusammenkünfte von maßgebenden Männern der drei Länder, die dessen Existenz kannten, stattgefunden haben, und es hat auch nichts Auffallendes, daß eine dieser Versammlungen zu nächtlicher Zeit im Rütli abgehalten wurde und daß man sich dabei eidlich neuerdings — oder vielleicht sogar zum ersten Mal, indem die Bundesurkunde eine solche Vorschrift nicht enthält — verpflichtete, die Verbindung aufrecht zu erhalten. Es wäre im Gegentheil unerklärlich, wenn solche geheime Zusammenkünfte in der gefahrdrohenden Zeit König Albrechts nicht stattgefunden hätten, oder wenn der Bund niemals durch einen Eid unter den Verschworenen sollte gefestigt worden sein. Ganz natürlich aber ist es, daß dann diese lebensvolle Scene eines feierlichen Bundesschwurs unter freiem nächtlichem Himmel, in der Form einer Landsgemeinde, welcher vielleicht sogar eine ungewöhnlich starke Zahl von Verschworenen beiwohnten, die erst durch diesen Schwur zu „Eidgenossen" im damaligen Sinne des Wortes wurden, den sehr viel einfacheren Vorgang von 1291

---

[1] In weniger als 600 Jahren, wenn die Welt noch so lange dauert, werden in dieser Weise auch nur Kaiser Wilhelm I. und besonders Bismarck das zweite deutsche Reich geschaffen haben und die Männer von 1848, die seine geistigen Miturheber sind, denen aber ein solcher plastischer und durch Thaten gehobener Repräsentant fehlte, trotz aller vorhandenen Materialien vergessen sein. Das ist die vielfach vorkommende Ungerechtigkeit der Tradition, die immer Einen auf Kosten Vieler zu bereichern strebt, und in diesem Sinne erfordert sie eine scharfe Kontrole. Andererseits gibt es, wie jeder Geschichtskundige weiß, viele ehrwürdige Pergamente, die sogar absichtliche Unwahrheiten enthalten, und darf man überhaupt die geschichtliche Wahrheit niemals bloß auf Brief und Siegel basiren wollen.

in der späteren Erinnerung verdrängte, der wahrscheinlich in irgend einem Zimmer unter wenigen Anwesenden und ohne besondere Feierlichkeit sich begab und den daher auch unseres Wissens ein heutiger Künstler zum allerersten Male zu versinn= bildlichen versucht.

Mit dem gewaltsamen Tode des Königs am 1. Mai 1308 zu Windisch hörte jedenfalls der unmittelbare Druck auf, und es mag der geschichtliche Kern der Tradition von der Ver= treibung der Vögte sich auf innere Unruhen reduziren, welche vielleicht zu dieser Zeit und auf Grund dieser Nachricht vor= gekommen sind. Jedenfalls anerkannte nun der noch im No= vember des gleichen Jahres gewählte neue König, Heinrich von Luxemburg, zum ersten Male auch die Reichsfreiheit von Unter= walden, gleich derjenigen der andern Länder[1]) ebenso die ein= heimische Gerichtsbarkeit, welche die Eidgenossen bereits eigen= mächtig in ihrem Bunde eingeführt hatten, und gab ihnen auch zum ersten Male einen gemeinsamen und ihnen offenbar ge= nehmen Richter, den schon früher genannten Minnesänger Werner von Homberg, Nachbarn der Schwyzer im Wäggithal und in der March.[2]) Die Waldstätte betrachteten daher nachmals stets den König Heinrich als den eigentlichen Begründer ihrer gemeinsamen, eidgenössischen Reichsfreiheit und verfehlten nicht, in den Friedensschlüssen mit den Herzogen von Oesterreich denselben nur die Rechte anzuerkennen, die sie „by Keiser Heinrichs ziten nussen",[3]) woraus zuverläßig hervorgeht, daß sie selbst bis dahin namentlich die Unterwaldner Reichsfreiheit nicht für gesichert hielten. [4])

[1]) Zu Konstanz, 3. Juni 1309. E. A. I, 3.

[2]) E. A. I, 388; Kopp, „Urkunden" I, 102, 103, 107; Bächtold, Lit= teraturgeschichte I, 160. Er war der Zweitletzte seines Hauses, der Letzte starb in kindlichem Alter.

[3]) Kopp, „Urkunden" I, 106; E. A. I, 245.

[4]) Im gleichen Jahre 1309 knüpfen die Urner die erste Verbindung mit dem nicht zu ihnen gehörigen Urserenthale an, das sie dann ein Jahr= hundert später (1410) in ihr förmliches Landrecht aufnahmen. Kopp, „Ur= kunden" I, 108, 120; E. A. I, 128.

Uebrigens starb, wie Albrecht von Oesterreich, so auch Hein=
rich von Luxemburg zu rechter Zeit für die Eidgenossenschaft,
bereits am 24. August 1313 in Italien, wo er in dem berühmten
Campo santo von Pisa begraben liegt. Denn auch die öster=
reichischen Herzoge hatten von ihm ein Versprechen in Händen,
ihre Rechte in den Waldstätten durch zwei kaiserliche Kommis=
sarien untersuchen zu lassen, eine Prüfung, welche nach dem
Tode Heinrichs trotz allen Bemühungen der Herzoge nicht mehr
zu Stande kam. [1]

Die erste Anerkennung des eidg. Bundes seitens Oesterreichs
erfolgte nach und infolge der Schlacht am Morgarten und damit
war zugleich verknüpft die erste Verfassungsrevision im
heutigen Sinne, nämlich die Umwandlung des geheimen, lateini=
schen Bundes von 1291 in eine öffentliche und für alle Landes=
bewohner unbedingt verbindliche deutsche Urkunde, den in der
nachmaligen eidgenössischen Geschichte viel bekannteren „Drei=
länderbrief" vom 9. Dezember 1315; ebenso die erste Er=
oberung der Eidgenossen, mit welcher die lange Reihe von Gebiets=
erwerbungen auf Kosten Oesterreichs beginnt, die des öster=
reichischen Hofes Arth. [2] Der eigentliche Grund zu der Bundes=
revision, die sonst vielleicht die einfachere Form einer Verdeutschung
der Urkunde von 1291 angenommen hätte, waren offenbar zwei
Zusatzbestimmungen. In der einen derselben wird alle äußere
Politik nun ausdrücklich als ausschließliche Bundessache erklärt,
dergestalt, daß kein einzelnes Land ohne Wissen und Willen der
andern beiden mit Auswärtigen sich in irgendwelche politische
Verhandlungen einlassen oder gar „sich beherren" darf, mit An=

---

[1] Kopp, „Urkunden" II, 186, 187 und C. A, pag. 3.
[2] Auch der erste feindliche Zusammenstoß mit Luzern, Zürich und
Bern, dessen Reichsvogt Otto von Straßberg über den Brünig her die
Länder angreifen sollte. Von Zürich haben jedenfalls Kontingente an der
Schlacht von Morgarten selbst theilgenommen. Der geschlagene Herzog kam
nach der Schlacht nach Winterthur, worüber die Erzählung eines Augen=
zeugen, des Franziskaners Johannes von Winterthur (Vitoduranus) noch
vorhanden ist.

drohung einer Landesacht (einer förmlichen Nachahmung der Reichsacht) gegen alle Diejenigen, welche den Bundesinteressen gegenüber sich feindlich verhalten. Durch die andere, die noch direkter gegen Oesterreich gerichtet ist, wurden auch alle grund= herrlichen Dienstverhältnisse für den Fall provisorisch aufgehoben, daß die Grundherren die Länder „mit gwalt angrifen oder unrechter dinge genöten" wollten, und zwar für so lange, als die Grundherren „mit den ländern ungerichtet sind". Damit war die Axt auch an die privatrechtlichen Rechte des Hauses Oesterreich gelegt und die Unvereinbarkeit einer Anhänglich= keit an dasselbe mit dem eidgenössischen Staatsrecht klar= gestellt.[1]) Die österreichische Grundherrlichkeit hatte fortan, weit entfernt, sich zur anerkannten staatsrechtlichen Landeshoheit aus= bilden zu können, nur noch die Wahl, sich in diesen nun offen bestehenden Bund einzufügen, ähnlich wie es die Grundherren des grauen Bundes in Rhätien unter dem Ahorn zu Truns (gewiß auch nicht ganz freiwillig) thaten, oder das Schwert entscheiden zu lassen, was denn auch 71 Jahre später bei Sempach und definitiv im Schwabenkrieg geschehen ist. Die berühmte Ansprache Kaiser Maximilians an die Reichsstände vom 11. April 1499[2]) ist nur ein spätes, aber gewiß ganz getreues Abbild der Auffassung, welche die österreichischen Herzoge im Jahre 1315 von der eidgenössischen Verbindung hatten. Dieser Auffassung folgen mitunter sogar noch neuere Geschichtschreiber, die es stets begreifen, wenn ein thatkräftiges Herrscherhaus mit allen Mitteln, welche Klugheit und Macht an die Hand geben, seine Rechte zu erweitern strebt, nicht aber, wenn ein Volk sich solcher, keineswegs für Alle von Gott verordneten Herr= schaft nöthigenfalls auch mit aller Kraft erwehrt.

—

[1]) Von dieser zweiten Bundesverfassung, die laut dem Schwyzer Briefe „ze Brunnen" gegeben ward, befinden sich auch Exemplare in den Unter= walden'schen Archiven, welche als Ort der Errichtung „ze Ure" und die Jahreszahl 1316 enthalten, muthmaßlich also spätere Ausfertigungen sind. Der Name „Eidgenossen" erscheint nunmehr in diesen deutschen Urkunden.
[2]) Anshelm II, 175.

Die Urkunde von 1291 aber wurde nun offenbar als durch
dieſen neuen Bund erledigt und erloſchen angeſehen und ver-
ſchwand als ein Präliminarvertrag aus einer glücklich über-
wundenen Zeit im hintergrund der Archive. Nun erſt wurde
es wahr, was eine Strophe des alten Tellenliedes ſingt:

> „Sie ſchwuorend all einen trümen pund,
> Die jungen und ouch die alten;
> Gott laß ſi lang in ēren ſtan
> Sürbashin, als noch bishar,
> So welln wir's Gott lan walten.“

Der Friede — oder nach unſerm heutigen Verſtande der
Waffenſtillſtand — mit Oeſterreich wurde am 19. Juli 1318 mit
den „Amtleuten und Pflegern“ der herzoge, heinrich von Grießen-
berg, Rudolf von Aarburg und hartmann von Ruoda, bis zum
Mai 1319 vereinbart, nachher aber mehrfach, bis zum 15. Auguſt
1323 verlängert. Die herzoge mußten ſich darin gefallen laſſen,
daß nicht allein Länder, die ſie als ihnen unterthänig betrachteten,
als ſelbſtändige Macht mit ihnen verhandelten, ſondern ihnen
ſogar nur „ir höfe, die in unſern landen gelegen ſind, die
ſi nuſſen bj keiſer heinriches ziten“ anerkannten, alſo deutlich nur den privatrechtlichen Beſitz, wie er nach der Erlangung der Reichsfreiheit auch für Unterwalden noch beſtand.
Die Länder bedangen ſich ferner darin freien handel während
der Dauer des Waffenſtillſtandes nach Luzern, Zug, Aegeri,
Glarus, Weſen und bis Interlaken aus. Die herzoge durſten
ſie in dieſer Zeit weder vor geiſtliche noch weltliche Gerichte
ziehen, und es mußte demgemäß auch im folgenden Jahre der
Abt von Einſiedeln, auf Geheiß ſeines Vogtes Leopold von Oeſte-
reich, Frieden mit den Schwyzern und ihren Verbündeten ſchließen
und eine (im Uebrigen unbekannte) päpſtliche Bannbulle, die er
ſich, wie es ſcheint, noch im Jahre 1318 gegen ſie verſchafft
hatte, rückgängig machen (E. A. 1, 244, 12).

Neben dieſem Waffenſtillſtand geht unmittelbar her ein
rechtlicher Vorgang, deſſen volle Bedeutung für die damaligen
Verhältniſſe durch die Geſchichte noch nicht recht aufgeklärt

ist.[1]) Kaiser Ludwig der Bayer hatte anläßlich seines Thronstreites mit Friedrich dem Schönen von Oesterreich, der die erste äußere Veranlassung zu dem Ausbruche des Morgartenkrieges gewesen war, nicht allein die Reichsfreiheit der drei Länder, als seiner natürlichen Anhänger zuerst thatsächlich und nachmals in verschiedenen ausdrücklichen Privilegienbriefen anerkannt (C. 2l. I, 15), sondern, wahrscheinlich im Sinne einer Kriegsmaßregel, durch zwei Urkunden, die eine gegeben vor der Stadt Serrieden in Franken am 26. März 1316, die andere zu Frankfurt den 5. Mai 1324[2]), die Serzoge von Oesterreich auch aller ihrer hof- und grundherrlichen Rechte in den drei Ländern verlustig erklärt und diese Maßregel auf ihre dortigen Anhänger und andere nicht genannte Reichsfeinde ausgedehnt. Offenbar sollten diese Dienstbarkeitspflichten nicht zu Gunsten der Verpflichteten, im Sinne etwa einer modernen Grunddienstbarkeitenablösung, aufgehoben werden, sondern (wie Tschudi es ausdrücklich erklärt) fortan dem Reiche, an der Serzoge Statt, geleistet werden. Es bleibt jedoch ganz unklar, ob das Reich sie jemals empfing, beziehungsweise in welcher Rechtsstellung die zahlreichen österreichischen Hörigen und Lehensleute in den Ländern verblieben sind. Einzig so viel erhellt aus einer Urkunde bei Kopp (Urk. I, 162), daß auch Kaiser Ludwig vielleicht frühzeitig genug für die Länder starb, bevor eine ausgedehnte Restitution zu Gunsten der Serzoge erfolgen konnte, die muthmaßlich bereits verabredet war.[3]) Gleichzeitig ergibt sich aus einer Urkunde

---

[1]) Namentlich, weil der zweite kaiserliche Spruch nach dem Waffenstillstand und seinen Verlängerungen datirt.

[2]) C. 2l. I. 7. 14 und Tschudi I, 277 und 300.

[3]) Bei der Aussöhnung Ludwigs mit den Serzogen und ihrer neuen Belehnung zu München am 5. Mai 1331 wird zwar ihrer Rechte in den drei Ländern nicht erwähnt, doch ist ein verdächtiger Passus dabei, der auf gewisse Verabredungen schließen läßt. Den Serzogen werden neu verliehen: «ducatus Austrie et Stirie ac dominia Carniole, Marchie ac Portusnaonis, nec non comitatus ac dominia et omnia jura feodalia quocunque censeantur nomine, quos vel que dicti duces ac progenitores ipsorum hactenus ab imperio tenuerunt et possederant in Suevia, in Alsatia *et alibi.*»

von Bar für Aube vom 27. Juli 1324 (C. A. I, 14), daß die Herzoge immerfort entschlossen waren, zwar nicht die Reichs= freiheit von Uri, die ihr Ahnherr selbst anerkannt hatte, wohl aber die von Schwyz und Unterwalden zu bekämpfen, indem ihnen dort Karl IV., König von Frankreich, verspricht, sie, wenn er mit österreichischer Hilfe römischer König werde, „in dem Besitz der Landschaften Schwyz und Unterwalden zu handhaben". Es ist dieß die erste Berührung der schweizerischen Eidgenossenschaft mit dem Staate Frankreich.

Der staats=rechtliche Abschluß in der Geschichte der Erwerbung der Reichs=freiheit durch die drei Länder, welche die nothwendige Basis jeder eigenen Staats=geschichte bildete, ist ein merkwürdiger Huldigungs=akt, wonach die drei Länder, als eine nun zu Recht bestehende staats=rechtliche Gemeinschaft, dem Grafen Johann von Aarberg, ihrem Reichs=vogt, zu Handen des deutschen Reichs, nur mit dem ausdrücklichen Vorbehalt der in ihrem Bundes= briefe enthaltenen Rechte und Freiheiten huldigen, so daß fortan die Anerkennung des Bundes und dieser Freiheiten durch das Reich die förmliche Bedingung bildet, unter welcher die Eid= genossen ihrerseits die Zugehörigkeit zu dem Reichs=verbande an= erkennen. Es ist dieß die vom Reiche ausdrücklich acceptirte Erklärung ihrer Landes=souveränetät im damaligen Sinne, das wichtigste Aktenstück unserer ältesten Geschichte, dem gegenüber von einer Bestreitung der Legitimität in dem Ursprunge der schweizerischen Eidgenossenschaft auf keinen Fall mehr die Rede sein kann. Es lautet wie folgt:

„Beggenried [1]), 7. Oktober 1323.

„Wir Graf Jo. von Aarberg, Herre zu Valensis und Laut= vogt ꝛc. Vnderwalden, ze Switz vnd ze Vren tun kunt Allen

---

[1]) Damit bekommt auch Unterwalden seinen örtlichen Antheil an der Gründung der Eidgenossenschaft. Die Anerkennung derselben seitens des deutschen Reiches und die erste bekannte Tagsatzung fanden zu Beggenried statt. Tschudi I, 299, sagt zwar, es hätten drei Ausfertigungen obiger Ur= kunde bestanden.

dien, die diſſen Brif ſehent older hörent leſen, daſ vorgeſcriben Waltſtette vnʒ an vnſerʒ hoherbornen ſſerren ⸗unig Ludnige⸗ ſtat gmmeilich huldu han getan, und geſworn ʒe de⸗ Riche⸗ handen mit dien gedingen vnd mit dem rechte alʒ ſi ie da her ⸗ungen nnd ⸗eiſern hant getan, ieklicher in dien ⸗endern nach ſinem recte. Vnd mit ſolichen gedingen han wir den eit von innen genomen, daſ ſi unſer herre der ⸗unig dem hei⸗ ligen Riche behaben ſol, noch von dem Riche nimer ſol den⸗ keinen Weg verlaʒen. Wer aber, de⸗ wir gotte nicht getrumen. daſ ſi dekeinen (weg von dem) Riche wurden verlaſſen, da⸗ ſol dien vorgeſcribenen Waltſtetten an ir eit (nit gan noch rüren keinen weg). Wir vergehen onch, daſ ſi mit dien ge⸗ dingen (huldu hant getan), (daſ ſi) von ir ⸗endern nieman ſol vur tegedingen an keinen ⸗anttag, (noch an kein) gerichte vʒ ir ⸗endern, noch enkeinen Richter vber ſie ſeßen wan einen (⸗antman) ane geverde. Vnd daſ wir diſſen eit mit diſen gedingen an de⸗ Riche⸗ (ſtat) han emphangen, dar vmbe ſo geben wir unſer Jngeſigel an diſen offennen brief ʒeinem gemeren vrkunde alle⸗ de⸗ hie vorgeſcriben ſtat. Der mart gegeben ʒe Beggenriet an dem nechſten vritage nach ſant ⸗eo⸗ degarien tage, in dem Jare do man ʒalte von gotte⸗ guburte driʒehnhundert Jar vnd dru vnd ʒwenʒig Jar." (⸗. ⸗l., I. pag. 253.)

Dem ⸗rafen von ⸗larberg folgte al⸗ Reich⸗vogt der ganzen Eidgenoſſenſchaft, die fortan dem Reiche gegenüber al⸗ eine **ſtaatliche Einheit** auftritt, noch der ⸗raf ⸗lbrecht von Werdenberg, der 1331/32 in dieſer ⸗tellung erſcheint; dann ver⸗ ſchwinden die beſondern Reich⸗vögte, und die ⸗andeoobrigkeiten übernehmen ſelbſtändig ihre ⸗unktion. [1]

---

[1] Daß der ⸗raf von Werdenberg der letzte Reich⸗vogt der Eidgenoſſen⸗ ſchaft geweſen iſt und überhaupt wahrſcheinlich nur Werner von ſbomberg, Johannes von ⸗larberg und ⸗lbrecht von Werdenberg ſolche Reich⸗vögte der ganzen Eidgenoſſenſchaft waren, iſt zum erſten ⸗ale nachgewieſen im „Poli⸗ tiſchen Jahrbuch" von 1890, pag. 351 und folgende, ⸗luffaß von Prof. ⸗ech⸗li über „Die Beziehungen der ſchweiz. Eidgenoſſenſchaft zum Reich."

Ueber das innere staatsrechtliche Leben dieser ersten Eid=
genossenschaft der drei Länder und nachmals Luzerns wissen wir
wenig. Eine einzige Tagsatzung vom 24. Juli 1348 zu Beggen=
ried (E. A., I, 26) ist aus dieser Zeit in den Abschieden ver=
zeichnet, die in einem Grenzstreit über die Landesmarchen zwischen
Uri und Schwyz 21 Schiedsrichter bestellte. ¹)

Nur so viel ist ersichtlich, daß fortan das Haus Oesterreich
seinen Anhang im Lande selbst, den es ursprünglich unter den
zahlreichen ihm Verpflichteten nothwendig gehabt haben muß,
einbüßte. Wenigstens zeigt keine Spur, daß von irgend einer
Seite in den drei Ländern selbst eine Restitution der hab=
burgischen Rechte und Ansprüche angestrebt wurde, oder eine
derartige Partei sich gebildet hätte, wie sie nachmals in Luzern
bestand. ²) Die österreichischen Beziehungen verschwinden eine
Zeit lang spurlos und tauchen erst nach dem Beitritt von Luzern
und Zürich wieder auf, fast wie wenn den mächtigen und infolge=
dessen allzu vornehm=sorglosen Herzogen erst dann klar geworden
wäre, daß es sich bei dieser werdenden Eidgenossenschaft nicht
bloß um einen Besitzstand in den drei kleinen Ländern, sondern
um die Herrschaft in den vordern Stammlanden überhaupt

¹) Der Streit scheint 1350 durch Vergleich zwischen den beiden Land=
ammännern Johannes von Attinghausen und Konrad von Jberg erledigt
worden zu sein (E. A., I, 28.) Interessant ist diese Zusammenkunft der
Namen der unparteiischen Boten von Ob= und Nidwalden halber, deren
„wiseste und fürnemste ratspersonen", wie Tschudi (I, 377) sagt, wir wenig=
stens in dieser spätern Zeit daraus kennen lernen. Es waren für Ob=
walden: Heinrich von Hunwil, Konrad von Sachseln, Johannes von
Zuben, Johannes von Diteringen, Werner von Rütli, Peter an der Brugga,
Rudolf Russo; für Nidwalden: Ulrich von Wolfenschießen, der Ammann
Johannes am Stein, Arnold Schwander und Gottfried Moser.

²) Auch die einheimischen Adelsgeschlechter scheinen alle auf Seite der
Eidgenossenschaft gestanden zu haben (E. A., I. 26). Zwei Urkunden über
einen Vergleich mit der Herrschaft Windegg und dem Grafen von Homberg
(E. A., I, 8 und 10) von 1316 und 1318 betreffen keine Einheimischen und
sind wohl Nachklänge des Morgartenkrieges.

handle. ¹). Umgekehrt waren offenbar die Eidgenossen sehr rührig in der Anknüpfung von Verbindungen, und die „Eidg. Abschiede" (I, 9—16) enthalten eine ganze Reihe von solchen Beziehungen, wodurch sie offenbar trachteten, für den Fall einer künftigen Verwicklung mit Oesterreich sich Hilfe zu sichern, oder dem Gegner die Unterstützung, die er bisher gehabt hatte, zu entziehen. Zuerst findet sich vor „ein guter und getreuer Friede" mit der Stadt Thun vom 15. Nov. 1317, „auf Brünnigen" vereinbart (nachdem eine Verabredung zu einer solchen Versammlung nach „Schmalenpfad" auf dem Brünig vom 5. November vorangegangen war), woran sich später ein eigentlicher Bund mit einer Anzahl von Gemeinden des heutigen Berner Oberlandes schloß. 1319 den 27. August schließen die Urner ebenfalls Frieden mit ihrem Nachbar, dem Abt von Dissentis, Besitzer des Urserenthales, damals einem Attinghausen. 1323 folgt ein dreijähriger Bund der Eidgenossen mit Glarus und im gleichen Jahre die bekannte erste Verbindung mit Bern. 1327 treten hierauf die Eidgenossen einem großen Bunde gegen Oesterreich bei, den Zürich und Bern mit den deutschen Städten Mainz, Worms, Speyer, Straßburg, Basel, Freiburg i. B., Konstanz, Ueberlingen, Lindau und dem Grafen Eberhard von Kyburg eingeleitet hatten (E. A., I, 14 und 399), unter Vorbehalt monatlicher Absage des noch bestehenden Waffenstillstandes. Im gleichen Jahre machen sie einen selbständigen „Bund und Dienstvertrag" auf 16 Jahre mit dem nämlichen Grafen von Kyburg, der bisher ihr Gegner und ein eifriger Anhänger Oesterreichs gewesen war, nachher übrigens auch wieder zu demselben zurückfiel. Auch mit seinem Schwager Albrecht von Werdenberg, der in dem heutigen Graubündner Oberlande begütert war, und den dortigen Freiherren von Belmont und Montalt wurde 1339 ein Vergleich über alle Streitig-

---

¹) In den Abschieden kommt aus dieser Zeit außer dem schon erwähnten französischen Vertrag nur noch ein solcher von 1318 mit dem Walliser Freiherrn Johann von Churn vor, der gegen die Waldstätte gerichtet ist (E. A., I. 10).

keiten abgeschlossen (Tschudi, I, 362). Der letzte der eidgenössischen
Staatsverträge in der Zwischenzeit, welche dem Luzerner Bund
vorangeht, ist ein Friedensvertrag zwischen dem Landammann
von Attinghausen von Uri, Namens der Eidgenossen und ihrer
Freunde von Urseren und Zürich, mit Franchino Rusca, Generalvikar von Como, Namens des Livinen- und des Eschenthales
vom 12. August 1331 (E. A., I, 16), der die Einleitung zu den
späteren Erwerbungen jenseits der Gebirge und zugleich die erste
offizielle Erwähnung der Gotthardstraße enthält, zu deren Unterhalt und Schirm sich beide Theile, jeder bis zu der St. Gotthard-
kapelle auf der Paßhöhe, verbinden.

Das bei Weitem wichtigste Ereigniß der ersten Bundesperiode
aber, sowohl politisch als staatsrechtlich, war die Aufnahme des
österreichischen Waffenplatzes und Eingangsthores zu den Waldstätten, der Stadt Luzern, in den Bund, ein kühner Schritt,
mit welchem die Eidgenossenschaft die Fehde auf Leben und
Tod gegen Oesterreich und zugleich eine nun nicht leicht mehr zu
begrenzende Expansion ihres Bundes in weiter abliegende Gebiete sozusagen in ihr Staatsprogramm aufnahm. Wenn es
wahr ist, daß das Schicksal der Staaten meistens von irgend
einer momentanen Entschließung ihrer Leiter abhängt, so ist es
der 7. November 1332 gewesen, welcher mehr als jeder andere
Tag das Geschick der Eidgenossenschaft entschieden hat. Für die
staatsrechtliche Entwicklung der Eidgenossenschaft war das Bündniß mit Luzern, welches nicht allein gegen den Willen der österreichischen Herrschaft, unter der die Stadt seit 1291 stand, sondern
ohne Zweifel auch gegen den Willen eines zahlreichen Bestand-
theiles ihrer eigenen Bürgerschaft abgeschlossen wurde, insofern
bedeutsam, als die als fortbestehend erklärten Herrschaftsrechte
von Oesterreich, mit Bezug auf welche die Eidgenossen sogar nicht
einmal eine Verantwortlichkeit übernehmen wollten, die Aufnahme von Luzern in die bereits bestehende Bundesverfassung
erschwerten. Es entstand daraus das später charakteristische
Bundesverhältniß mit verschieden lautenden Bundesbriefen und
ungleicher Rechtsstellung der einzelnen Glieder, anfänglich mehr

ein Protektorat des eigentlichen Bundes gegenüber einem in der Form der spätern „zugewandten Orte" aggregirten Gebiete, das sich nicht zur vollkommenen Einverleibung eignete[1]. Damit wurde die Ausbildung der Eidgenossenschaft zu einem Bundesstaate unmöglich, und von diesem Punkte ab beginnt der bloße Staatenbund als wahrscheinliche Gesammtstaatsform der Zukunft sichtbar zu werden. Die ursprüngliche Bundesurkunde besteht übrigens nicht mehr. Eine zum Theil eigenhändige Notiz des Kaisers Friedrich III. am Rande einer in Wien befindlichen Aufzeichnung über diese Verhältnisse sagt, daß die Waldstätte „nebst Zürich so vil zugericht und zuwegen bracht haben", daß Luzern „und Zug" sich mit ihnen verbündeten, und versetzt diesen Vorgang in das Jahr 1331.[2]

Auch noch ein anderer, damit in Verbindung stehender Vorgang enthält erste Keime zu der nachmaligen mangelhaften Ausbildung des eidgenössischen Bundesstaatsrechts. Mit Luzern gleichzeitig wurden in die eidgenössische Verbindung aufgenommen die beiden österreichischen Orte Gersau und Wäggis am Vierwaldstättersee, so daß der Bund von 1332 ab aus sechs Gliedern bestand. Wäggis wurde jedoch im Jahre 1380 trotz seines Bundesbriefes, den es noch im Jahre 1359, wie Gersau, feierlich zugefertigt erhielt, von Luzern mittelst Ankaufs von noch bestehenden, von Oesterreich s. 5. verpfändeten[3] Vogteirechten zum Unterthan herabgedrückt und von der Eidgenossenschaft nicht geschützt, Gersau seiner Unbedeutendheit wegen formell nie als selbständiges Glied der Eidgenossenschaft gezählt. Es entstanden dadurch also Bundesglieder von unbestimmter konstitutioneller Stellung im Bund, und zugleich trat in der Wäggiser Frage zum ersten Male der Geist regierender Städte und der in unserer Ver-

---

[1] Das wurde dann bei Glarus nachgeahmt.

[2] E. A. I, 17 256. Im Jahre 1454 fanden längere Verhandlungen mit Luzern über Abänderung des alten Briefes statt (E. A. II. 267. 269 271).

[3] Kaufbrief zwischen Domherr Imer von Ramstein in Basel und Schultheiß von Gundoldingen in Luzern um 70 Florentiner Gulden, bei Tschudi I, 499. Der Bundesbrief von Gersau und Wäggis: E. A. I, 297. 298.

binbung ebenso bekannte Geist des politischen Opportunismus auf, welcher die Schwachen bei ihrem Rechte nicht immer schützt und den Mächtigen nicht immer zu widerstehen vermag.[1]

Gleichzeitig beginnt mit der Einverleibung Luzerns eine ganze Reihe von stets ungünstigen Schiedssprüchen gegenüber dem durch diesen Eingriff in sein unzweifelhaftes Rechtsgebiet erbitterten und aufgeschreckten Oesterreich, welche in ihrer Gesammtheit einen Bestandtheil unserer ältesten Geschichte bilden, in welchem ebenfalls mehr die Politik, als das strenge Recht zur Anwendung gelangte.

Die nächste Folge des Luzerner Protektorats war ein mächtiges, von den Herzogen Otto und Albrecht bestätigtes vorderösterreichisches Gegenbündniß, den 20. Juli 1333 zu Baden abgeschlossen, welchem der größte Theil der Städte und Landschaften der heutigen deutschen Schweiz angehörte.[2] Im Zusammenhang damit stand offenbar die urkundlich nicht einmal ihrer Zeit nach festgestellte Verschwörung der österreichischen Partei in Luzern selbst, welche die „Mordnacht von Luzern" genannt wird. Tschudi sagt darüber sehr charakteristisch für alle Zeiten, es seien diese Verschworenen „fürnemme Personen großer Geschlechter" gewesen, „denen noch stät ihr Gemüt zuo der Herrschaft von Oesterrich stand und den Pundt mit den Waldstetten gern abgethan hettend, dann si vil Güter und richliche Lehen in der Herrschaft Lant ligen hattend. Deßhalb si understuondend ze praktiziren, die

---

[1] C. A. I, 180, 297; II, 82; Kopp, „Urkunden" I, 165; Tschudi, I, 451, 499; Luzerner Rathsbuch Nr. 4, Fol. 155. Die konstitutionelle Frage, ob ein Verbündeter durch einen andern zum Unterthan gemacht werden könne, fand später im 17. Jahrhundert ihre weitere Erörterung bei dem sog. Bieler Tausch, als Bern die bischöflichen Rechte über Biel gekauft hatte und die Politik Luzerns gegen Wäggis nachahmen wollte.

[2] Tschudi I, 326—332; C. A. I, 17. Unter anderen: Basel, Zürich, Bern, Freiburg, Solothurn, St. Gallen, Schaffhausen, Frauenfeld, Rheinfelden, Winterthur, Dießenhofen, Zug, Bremgarten, Sursee, Sempach, Baden, Brugg, Mellingen, Lenzburg, Aarau, Zofingen, Aargau, Thurgau, Glarus, Neuenburg.

gemeinen Burger ze überreden, ſi der Herrſchaft wieder ze under=
geben, gabend für, daß der Schaden und Nachtheil, als ſie wider
die dry Waldſtetten gekriegt, vil ringer geweſen, denn der groß
Schaden, den ſie jez von des Pundts wegen erliden müſſend,
wann inen ſig feiler Kouff abgeſchlagen in der Herrſchaft Lant,
ouch ire Güter entwert, da ſi vilnach alle ihre Nahrung uß der
Herrſchaft Landen haben müſſind." Das Klaſſenintereſſe, das
in erſter Linie berechnet, wo der Vortheil für die Klaſſe, nicht
für das Gemeinweſen, liegt, und die Einwirkung auf den ge=
meinen Mann mit den Argumenten des täglichen Wohlbefindens
ſuchten ſich hier, in bemerkbarer Weiſe zum erſten Male, gegen die
politiſchen Intereſſen der Eidgenoſſenſchaft geltend zu machen,
doch „die Gemeind mit der Merteil was veſt und unbeweglich."
Möge ſie es jederzeit bleiben, von welcher Seite die Verſuchung
an ſie herantritt.

Die ariſtokratiſchen Verräther, die um Verzeihung baten,
wurden auf Empfehlung der Waldſtätte am Leben verſchont,
aber ſchwerlich ganz gebeſſert, indem noch 1343, 25. Juli und
16. November, zwei Stadtverordnungen erlaſſen werden, wonach
alle Diejenigen, welche den eidgenöſſiſchen Bund zu trennen
ſtreben, Leib und Gut verlieren ſollen [1]). In der Folge ſind
vielmehr in den Städtekantonen der Eidgenoſſenſchaft Nach=
kommen ihrer politiſchen Widerſacher zu Anſehen gelangt und
haben die Demokratie auf lange Zeit hinaus unterdrückt, welche
den Staat gegen den Willen ihrer Vorfahren gegründet hatte.

Die äußere Fehde mit dem öſterreichiſchen Gegenbunde er=
loſch, nach zwei für die Waldſtätte und Luzern unglücklichen
Gefechten, die wahrſcheinlich bei Buonas und Rothenburg ſtatt=
fanden, durch den erſten der oben erwähnten Schiedsſprüche,
erlaſſen von neun Bürgern der Städte Baſel, Bern und Zürich,
die dem Gegenbunde angehörten, wonach den Herzogen von
Oeſterreich ihre Rechte auf Luzern anerkannt, in Betreff der

---

[1]) Altes Luzerner Stadtbuch, Fol. 12 a und b, und Kopp, „Urkunden"
I, 180.

Eidgenoſſenſchaft Luzerns aber, mit vielleicht abſichtlicher Unklar-
heit, geſagt wurde, was dieſerhalb, „ſit dirre Krieg anvieng",
geſchehen ſei, „daz das alles abe ſin" ſolle.¹)

Das hatte die natürliche Folge, daß die Sache blieb, wie ſie
war, indem Luzern, unterſtützt durch die Eidgenoſſen und auf
den Buchſtaben des Spruches ſich ſtützend, behauptete, der Bund,
welcher ohnehin bereits die öſterreichiſchen Rechte vorbehalte,
ſei nicht ſeit Anfang des Krieges geſchloſſen worden, ſondern
vorher, während Oeſterreich meinte, gerade dieſer Bund, der,
ohne ſeine Zuſtimmung geſchloſſen, die wahre Urſache des
Streites und mit der unbedingten Herrſchaft Oeſterreichs über
Luzern überhaupt nicht verträglich ſei, müſſe vor Allem beſeitigt
werden.

Somit war die letzte Zeit der erſten Bundesperiode durch
dieſes Verhältniß zu Luzern eine ſehr bewegte, beſtändig Krieg
drohende geworden. Es fallen in ſie auch noch der bekannte
Zuzug der Waldſtätte im Laupenkrieg von 1339, die Erneuerung
des Bundes mit Bern von 1341, ein Rachezug der Obwaldner
über den Brünig gegen das Kloſter Interlaken wegen der Angriffe von dorther im Morgartenkrieg und ein bereits erwähntes
Bündniß mit den Unterthanen desſelben von 1349, das jedoch
auf Verlangen von Bern wieder aufgehoben werden mußte, ſowie
einige Vereinbarungen und Vertragserneuerungen von Luzern mit
Zürich und der Eidgenoſſen mit den Herren des graubündneri-
ſchen Oberlands und dem Vogt des Blenio-Thales.

Welche innere Bundesregierung aber die Eidgenoſſenſchaft
während dieſer ganzen Periode gehabt und wie ſich das innere
Bundesſtaatsrecht während derſelben ausgebildet habe, darüber
fehlt jeder bedeutendere Anhaltspunkt. Einzig iſt einerſeits aus
oftern Spuren einer Stellungnahme der einzelnen Länder gegen
ihre Klöſter, wie aus der unzweifelhaft ſehr klugen und energi-
ſchen Politik nach Außen erſichtlich, daß damals zwar in den ein-

¹) E. A. I. 258. 18. Juni 1336.

zelnen Ständen ein Zug scharfer Betonung der Staatshoheit hinsichtlich der inneren Verhältnisse bestand, im Allgemeinen aber, wie
in allen guten Zeiten der Eidgenossenschaft, das Gesammtstaats-
interesse weitaus in erster Linie stand und einer energischen Leitung anvertraut war.

Wenn schließlich auch noch bei Anlaß dieser Erinnerungsfeier davon gesprochen werden sollte, wer bei der Gründung der
Eidgenossenschaft im Rechte gewesen sei, ob das Haus Öster-
reich, oder die drei Waldstätte, so erscheint uns eine solche Frage
als gänzlich unhistorisch, auch wenn nicht zuletzt die « ultima
ratio» des Schwertes bei Sempach und im Schwabenkriege
darüber entschieden hätte. Denn die drei Waldstätte hatten jedenfalls ein ebenso gutes Recht, nach der Reichsfreiheit zu streben,
als das Haus Habsburg nach fürstlicher Landeshoheit. Dieselbe
entstand in damaliger Zeit überall da, wo sie jetzt noch besteht,
auch nur aus einem Amte, mittelst einer Art von Usurpation
der Inhaber, wie sie in jeder solchen Uebergangszeit, in der
alte Rechtsverhältnisse sich auflösen und neue in der Bildung
begriffen sind, vorläufig den rechtmäßigen Titel festbegründeter
Herrschaft ersetzt. Aus dieser vollen Auflösung der karolin-
gischen Rechtsordnung konnten aber durch eine solche Besitz-
ergreifung auch freie Volksgenossenschaften entstehen, insofern sie
die Kraft besaßen, ein würdiges, lebensfähiges Staatswesen auf-
zurichten, und es ist ein von vornherein unzuläßiger Standpunkt,
von einer Empörung gegen eine legitime Landesregierung zu
sprechen, die in der damaligen Zeit noch nicht bestand, wohl
aber im Verlaufe des nächsten Menschenalters entstanden wäre,
wenn nicht die thatkräftigen Männer von Uri, Schwyz und
Unterwalden diesen Entwicklungsprozeß noch zu rechter Zeit
gehemmt hätten. Das allein ist der wahre Inhalt unserer ältesten
Bundesgeschichte.

Den nachdenklich frommen Sinn der Eidgenossen, welcher
neben aller in ihren politischen Handlungen stark hervortretenden
Lebensklugheit dennoch bestand und bis auf den heutigen Tag

ein nicht zu unterschätzendes Merkmal unserer Bevölkerung bildet, drückt am besten das spätere, allbekannte Volkswort aus: „Als Demuth weint' und Hochmuth lacht', da ward der Schweizerbund gemacht". Es sind stets die äußerlich schweren Zeiten gewesen, welche der Eidgenossenschaft wahres Heil gebracht haben. Tapferkeit und Klugheit in der Gefahr und richtige Erkenntniß des eigenen und des fremden Vermögens hat ihr dann oft schützend zur Seite gestanden, Gerechtigkeit, Weisheit, Demuth, Mäßigung und Konsequenz im andauernden ruhigen Glücksstand ihr meistens gefehlt.

Daraus konnte ein zeitweise berühmtes und in seiner Art großartiges, aber nicht ein großes Staatswesen entstehen.

III.

Seit dem Eintritt der Stadt Zürich in den Bund, am 1. Mai 1351, neigte sich die Wage zu Gunsten des „Staatenbundes", der fortan bis zum Ende der alten Eidgenossenschaft die Staatsform derselben geblieben ist. Die erste Ursache hievon war nicht sowohl eine theoretische Abwägung der Vortheile beider Bundesformen, wie man sie überhaupt nicht in jene Zeit verlegen darf, sondern der Wunsch der Regierung dieser Stadt, in ihrer weitverzweigten Politik freiere Hand zu behalten, als dieß in einem geschlossenen Bundesstaat für ein einzelnes Glied desselben möglich ist. Zum ersten Male erscheint daher in diesem Bundesbriefe die von dem bisherigen Bundesrecht abweichende Formel: „ouch haben wir gmeinlich unsselben usbehept und berett: were das wir samend oder unser stett und lender keines bisunder uns ienderthin gen herren oder gen stetten fürbas besorgen oder verpinden wöltint, das mugen wir wol tuon, also das wir doch diß buntniß vor allen bunden, die wir hienach nemen wurdint, gen einander ewenklich stet und vest haben süllen." (E. A. I, 260.) Diese „Zürcher Klausel", welche nachmals von Bern nachgeahmt worden ist, die erste Gestattung von Sonderbündnissen in unserer Verfassung, hat den engeren Zusammenschluß der Eidgenossenschaft unmöglich gemacht, wie denn auch durch den Beitritt von Zürich der bestimmte Gegensatz von Städten und Ländern entstanden ist, welcher vor dem Eintritt der Glaubenstrennung die wichtigste „tiefere Differenz" im eidgenössischen Leben bildete.[1] Es ist auch aus dem noch im Zürcher Staatsarchiv liegenden Entwurfe eines beinahe gleichlautenden Bundes mit Oesterreich, gegen die Eidgenossenschaft, vom 4. August 1350[2] ersichtlich, daß der Bürgermeister Brun zwischen diesen beiden Bündnissen schwankte, mit denen er seine neue Staatsverfassung zu befestigen gedachte, und der spätere Verlauf macht es nicht unwahrscheinlich, daß er, nach Art solcher feinen Köpfe, eine Verbindung mit beiden Theilen für möglich hielt.

Im Uebrigen ist das Bemerkenswertheste in dem Züricher Bundesbrief, der nun fortan den vorherrschenden Typus der eidgenössischen Bünde bildet, daß ein gewisser natürlicher Macht-bereich, — eine Interessensphäre würde man es heute nennen, — festgestellt wird, der über den vorläufigen Besitz der Verbündeten hinausreicht, innerhalb welchem sie sich Hilfe schuldig[3] sind, und daß der Bundesvertrag ausdrücklich nur einstimmig, nicht mit Mehrheit, geändert werden kann, was nunmehr (mit der singu-lären Ausnahme des Pfaffenbriefes) die verfassungsmäßige Regel bildet. Nicht im Bundesbrief enthalten, aber jedenfalls von Brun vorausgesetzt und von den Eidgenossen stillschweigend zugestanden

---

[1] Luzern allein wäre dazu nicht mächtig genug gewesen. Es wäre nach und nach zwar der natürliche Haupt- und Marktort der Länder, aber doch ein Mittelding zwischen Stadt und Land, wie Zug, geworden, wie es auch stets in der Militärverfassung der Eidgenossenschaft zu den Ländern gezählt wurde.

[2] E. A. I, 29.

[3] Diese Grenzen sind: „Dz ist des ersten da die Ar entspringet, das man nempt an Grymslen, vnd die Aren ab für Hasli, für Bern hin vnd jener me ab der Ar nach vntz an die statt, da die Ar in den Rin gat vnd den Rin wider vff vntz an die statt, da die Tur in den Rin gat, vnd dieselben Tur iemer me vff vntz an die statt da sy entspringt, vnd von dem vrsprung vnd derselben statt die Richti durch Churwalchen vff vntz an die vesti ze Ringgen-berg, vnd von derselben Ringgenberg vber, enhalb dem Gotthart hin vntz vff dem Plattiner, vnd von dannenhin vntz vff den Döisel, vnd von dem Döisel wider vber vntz an den Grymsel, da die Ar entspringt."

war, daß die Leitung der gemeineidgenössischen äußern Politik fürderhin in die Hand dieses mächtigsten Gliedes der Eidgenossen= schaft überging, woraus die faktisch unangefochtene, wiewohl niemals verbriefte Vorortsstellung desselben entstanden ist.[1])

Die feinere eidgenössische Diplomatie, die stets in Zürich ihre Vertreter, mit wechselndem Erfolge für die Gesammteidgenossen= schaft, gehabt hat, machte sich sofort geltend in der Bestellung eines zweiten Schiedsgerichtes zur Erledigung aller bestehenden Anstände mit Oesterreich, als dessen Obmann merkwürdigerweise die Königin Agnes von Ungarn, Schwester und Tante der öster= reichischen Herzoge, eine, wie Tschudi sagt, „wunderbar listige und geschwinde Frau,"[2]) bestellt wurde. Der Spruch der öster= reichischen Konfidenten, des Grafen Jmer von Straßberg und des Deutschordenskomthurs Peter von Stoffeln, vom 12. Oktober 1351, der zu Gunsten der landgräflichen Ansprüche Oesterreichs auch in den Waldstätten lautet, ist bekannt, derjenige der eid= genössischen, Philipp von Kien und Peter von Balm, des Schult= heißen von Bern, dagegen nicht. Die Königin Agnes bestätigte natürlich sofort, d. h. noch am gleichen Tage, den ersteren[3]), und es scheint die Absicht Bruns gewesen zu sein, dieses Urtheil voll= ziehbar zu machen; denn es findet sich noch heute im Zürcher Staatsarchiv die Formel einer solchen Annahmserklärung des zürcherischen Bürgermeisters und Raths Namens aller Eidgenossen. Dieselbe ist jedoch nicht datirt, und eine Bemerkung am Schluß mit gleicher Schrift und Tinte zeigt, daß vorerst Luzern und die

---

[1]) E. A. 1, 260. Der ursprüngliche Zürcher Bundesbrief ist übrigens nicht mehr vorhanden. E. A. I, 263 und 278. Andere Bestandtheile des uns vorliegenden sind auch für das nachmalige Prozeßrecht und Kirchenstaats= recht der Eidgenossenschaft vorbildlich geworden, so namentlich die das Forum betreffenden Artikel.

[2]) Die Königin von Ungarn ist von der Sage viel mißhandelt worden; sie als eine „Heilige" zu preisen, haben w i r indessen auch keinen Grund, sondern die politische Abneigung gegen sie ist eine völlig berechtigte.

[3]) E. A. I. 263 ff.

Waldstätte ihre Einwilligung dazu geben sollten, worauf man vergeblich wartete [1]).

Von da ab ist eine Art Trennung Zürichs von den eidgenössischen Interessen bemerkbar. Bürgermeister Brun schloß schon 1355 mit Oesterreich einen Separatfrieden, in welchem letzteres die Rückgabe aller Einkünfte in „seinen" Waldstätten zugesichert erhielt, und im darauffolgenden Jahre ein Bündniß mit dem Herzog Albrecht auf fünf Jahre, das, trotz dem formellen Vorbehalte des eidgenössischen Bundes, gegen dessen Interesse ging [2]).

Unter diesen nicht sehr abgeklärten Verhältnissen traten die übrigen drei Glieder der nachmaligen Eidgenossenschaft der „acht alten Orte" in den Bund ein, und auch die erste Bundeszeit dieser engern Eidgenossenschaft, bis zur Schlacht von Sempach, zeigt keineswegs etwa ein Bild von gedeihlicher Sortentwicklung des Bundes und unentwegter Haltung aller seiner Glieder. Nur ein Zug echtschweizerischer Art tritt schon damals in der Verworrenheit dieser bewegten Zeit von 35 Jahren deutlich hervor, daß nämlich in der Eidgenossenschaft stets die Seder unglücklich und das Schwert glücklich ist und daß die gesunde, natürliche Volkskraft immer wieder die Spinngewebe allzu feiner Politik zerreißt.

Der Krieg, den der Zürcher Bürgermeister, der bekanntlich mehr Staatsmann als Held war, fürchtete und den er wohl durch die Königsfelder Verhandlungen zu beseitigen hoffte, hatte schon vor denselben mit einer Belagerung der eidgenössischen Hauptstadt Zürich begonnen, welcher im Dezember das Treffen

[1]) Im Schwyzer Archiv findet sich in der That eine Kopie dieser Zürcher Erklärung, vom 27. Oktober 1351 datirt. Luzern und die Waldstätte beriefen sich wahrscheinlich für ihre Weigerung, den Schiedsspruch der Königin Agnes anzuerkennen, auf Vorbehalte, die sie schon bei Beginn des Schiedsgerichts gegenüber den Anschicksmännern Philipp von Kien, Peter von Balm und Peter von Seedorf gemacht hatten und die Oesterreich vielleicht unbekannt geblieben waren (E. A. 1, 263). Ueber die ganze Schiedsgerichtsverhandlung vgl. E. A. 1, 263—271.

[2]) E. A. 1, 39—41.

von Tattwyl bei Baden und im folgenden Jahre die zweite Belagerung folgte, an der neben den vorderösterreichischen Unterthanen und Verbündeten auch Kontingente der Städte Bern,
Freiburg, Solothurn, Basel, Schaffhausen und die Bischöfe von
Chur, Basel, Konstanz und Straßburg theilnahmen. Ebenso der
Graf Amadeus von Savoyen, dessen Absagebrief aus Bourg en
Bresse noch bekannt ist[1], der Graf Eberhard von Würtemberg
und der Markgraf Ludwig von Brandenburg, Sohn des ehemaligen Kaisers Ludwig. Die Eidgenossen, die ihre Hilfstruppen
auch in der belagerten Stadt hatten, benützten nun den Krieg
zur Einverleibung von Glarus und Zug, welchem letztern das
Bündniß als Friedensbedingung bei der Kapitulation aufgenöthigt
wurde[2]. Beide Urkunden sind übrigens nicht die ursprünglichen. Der Glarner Bund wurde nachmals, im Jahre 1450 erneuert und auf 1352 zurückdatirt[3]); die Zuger Urkunde ist auch
eine später ausgewechselte, gegenüber welcher der ursprüngliche
Brief möglicherweise noch einige Vorbehalte enthielt, wie dieß
auch in den Sitzungsberichten der Wiener Akademie von 1849
behauptet wird[1]). Für den Glarner Bund sind im Luzerner Staatsarchiv noch drei vorangehende, weniger positive Entwürfe vorhanden, wobei Luzern inbegriffen ist, während dasselbe in dem
eigentlichen Bundesbrief, unzweifelhaft wegen seiner eigenen, noch
nicht ganz abgeklärten Verhältnisse zu Oesterreich fehlt. Derselbe
hat wieder den Charakter des Protektorates, in noch ausgespro-
chenerer Weise als der Luzernerbund, indem den Glarnern kein
unbedingter Beistand versprochen wird, dieselben Bündnisse nur
„mit Gunst, Wissen und Willen der Eidgenossen" schließen dürfen,
Landesverräther denselben mit Leib und Gut verfallen und die
Eidgenossen sich endlich unbedingt vorbehalten, den Bund ein-

---

[1]) Auch dieser heutige Nachbar tritt also, wie Oesterreich, das Reich,
Frankreich und der Papst, nicht freundlich in die eidg. Geschichte ein.
E. A. I. 33.

[2]) Glarus 4. Juni 1352 (E. A. I. 273), Zug 27. Juni 1352 (E. A. I, 275).

[3]) E. A. II, 246. 860.

[4]) E. A. I, 278.

feitig „zu mindern und zu mehren"[1]), während der Zuger Bund, wenigstens in seiner jetzt bestehenden Fassung, sich genau an den Zürcher Bundesbrief anlehnt.

Diese Aufnahme weiterer österreichischer Unterthanen in den Bund komplizirte noch sehr die ohnehin auf das Aeußerste gespannten Verhältnisse zu Oesterreich, das sich nun auf allen Seiten durch die Eidgenossenschaft bedroht sah, und bildet neben den älteren luzernischen Beschwerden den Hauptgegenstand von drei nach einander folgenden, schließlich immer fruchtlosen Friedens= schlüssen, welche nach Inhalt und endlichem Schicksal die Fort= setzung der frühern beiden Schiedsgerichtsverhandlungen von 1336 und 1351 bilden.

In dem ersten, dem sog. brandenburgischen (weil von dem Markgrafen von Brandenburg vermittelten) Frieden vom 1. Sept. 1352, der aus sechs einzelnen Urkunden besteht, mit separaten Erklärungen für Luzern, Zug und Glarus[2]), mußten Glarus und Zug die österreichische Herrschaft wieder (mit Am= nestie für das Vergangene) anerkennen, ohne daß die eidgenössische Verbindung mit ausdrücklichen Worten aufgehoben worden wäre. Lediglich verpflichteten sich die Eidgenossen, sich „fürbaz" nicht mit Land und Leuten der Herzoge zu verbünden, wogegen die Verbindung Luzerns zugestanden wird und von landgräflicher Hoheit in den Waldstätten nicht mehr die Rede ist. Von da an bis zur Schlacht von Sempach war die Stellung von Glarus und Zug zum Bunde eine zweifelhafte, ohne daß wir jedoch annehmen, daß sie jemals aufgegeben wurden. Die Zweideutigkeit des Verhältnisses, das jedenfalls seitens der Eidgenossen, außer

---

[1]) Thatsächlich wurde den Glarnern seit dem Jahre 1394 Rechtsgleich= heit eingeräumt, 1408 schloß Zürich ein solches neues Bündniß mit ihnen ab (damals wahrscheinlich als einen Schachzug gegen Schwyz), sie erhielten auch Antheil an den gemeinen Herrschaften und wurden schließlich im Juli 1450 förmlich in die Rechtsgleichheit aufgenommen. E. A. I, 327. 329. 337; II, 246. 860.

[2]) E. A. I, 279—284.

Zürich, so wenig ernstlich gemeint war, wie ein Verzicht auf Luzern nach dem Spruche der neun Schiedsrichter (pag. 55), führte im folgenden Jahre zu der dritten Belagerung Zürichs durch österreichische und Reichstruppen unter persönlicher Betheiligung des Kaisers Karl IV. und zu dem sog. Regensburger Frieden mit Zürich, einem der „bösen" Aktenstücke unserer Geschichte. Derselbe besteht aus drei Stücken, einem Friedebrief vom 23. Juli 1355, den Rudolf Brun Namens der Eidgenossenschaft ausstellt und besiegelt, einem Gegenbrief Herzog Albrechts von Oesterreich und einer königlichen Bestätigung und Garantie vom 25. Juli 1355 ¹), wodurch nicht allein auf Glarus und Zug verzichtet, sondern sogar den Herzogen das Recht geöffnet wird für Alles, was sie „in iren stetten und waldstetten, die in unsrer eidgnoßschaft sint", ansprechen zu können glauben. Woh in Zusammenhang damit steht das fünfjährige Bündniß Zürichs mit Oesterreich vom 29. April 1356 und die Verleihung des österreichischen Geheimrathtitels nebst einer jährlichen Pension von 100 Gulden an Brun, die gerade aus den Einkünften des Landes Glarus zu schöpfen und durch den österreichischen Amtmann an ihn zu entrichten sind, wofür er in einem noch erhaltenen Gegenbrief vom 29. September 1359, ein Jahr vor seinem Tode, verspricht: „wo oder wann ich ouch an der egenannten miner gnedigen herren oder ir amptlüten rate bin, da sol ich wisen und raten das beste, des ich mich verstan, und sol ouch dasselbs alle geheim helen und verswigen ungevarlich bi guten trüwen.²)

Mitten in diese politische Niederlage, in welcher ein bisheriges Glied die Eidgenossenschaft beinahe so zu verlassen drohte, wie es ungefähr 100 Jahre später thatsächlich geschehen ist, fällt die ewige Verbindung der drei Waldstätte mit Bern, mit dem sie bisher in abwechselnd freundlichen und gegnerischen Beziehungen

---

¹) E. A. I, 38.-40, 291—297

²) E. A. I, 41, 44.

geſtanden hatten.[1]) Der Berner Bundesbrief vom 6. März 1353[2]) iſt offenbar dem Zürcher Briefe nachgebildet und enthält nament=lich auch die Zürcher Klauſel über die Befugniß zu anderweitigen Verbindungen, die mit der einheitlichen Politik eines Bundes=ſtaates unvereinbar iſt. Dieſe ſelbſtändige Politik, welche die kluge und thatkräftige Stadt ſich vorbehalten wollte, machte es ihr ſogar möglich, noch im folgenden Jahre (1354) an der Belagerung von Zürich theilzunehmen, und es iſt ſicherlich auch kein bloßer Zufall, daß ſowohl der Pfaffenbrief von 1370, als die erſten Friedens=ſchlüſſe nach der Schlacht von Sempach den Namen Berns an der Seite der Eidgenoſſen noch n i c h t enthalten.

Die dreiunddreißig Jahre von dieſem Beitritt des letzten der VIII alten Orte bis zu der alle Schwierigkeiten mit dem Schwert beſeitigenden Entſcheidungsſchlacht der eidgenöſſiſchen Geſchichte ſind daher ſtaatsrechtlich ſchwer zu charakteriſiren. Die Eidgenoſſen=ſchaft beſtand in dieſer Periode eigentlich aus einem, allem An=ſcheine nach feſt geſchloſſenen und zuſammenhaltenden, Bundes=ſtaat der drei Länder[3]), mit einem demſelben durch ein Schutz= und Trutzbündniß angegliederten Außenwerk, der Stadt Luzern, das ſeit dem „Brandenburger Frieden“ wenigſtens e i n i g e r = m a ß e n geſichert war. Seitens d i e ſ e s innerſten Bundes wurden auch die beiden dereinſtigen Bundesglieder Glarus und Zug gegen alle entgegenſtehenden Urkunden im Stillen und mit Hoff=nung auf beſſere Tage f e ſ t g e h a l t e n.[4])

---

[1]) Ihre Ausdehnung in das heutige Berner Oberland namentlich begegnete dem entſchiedenſten Widerſtande Berns, anſonſt ſchon im 14. Jahr=hundert der „Kanton Oberland“ der Helvetik entſtanden wäre. E. A. I, 27.

[2]) E. A. I. 285 nebſt drei Beibriefen, I, 289 und 290.

[3]) Der Zuſammenhang mochte ſogar noch enger geworden ſein, ſeit der Gegenkönig Friedrich der Schöne von Oeſterreich im Morgartenkrieg muthmaßlich auch die Reichsfreiheit der U r n e r bedroht hatte und es ſich überhaupt nicht mehr um eine Separatſtellung derſelben handeln konnte.

[4]) Namentlich von 1365 ab ſcheint Zug wieder von Schwyz beſetzt worden zu ſein.

Mit den beiden mächtigen Städten Zürich und Bern bestand zwar ein ewiger Bund, der formell unaufkündbar war und allen andern Verbindungen derselben vorging, dessen reale Festigkeit aber, wenigstens nach unserem Gefühle, mehr oder weniger doch in der Hand der launenhaften Göttin des Erfolges stand und deffen definitive Urkunde mit dem Blut der Helden von Sempach geschrieben worden ist. Einstweilen waren Zürich durch das fünfjährige Bündniß vom 29. April 1356, welches im Jahre 1359 noch um zwei weitere Jahre vom Ablaufe an verlängert wurde[1]), und Bern durch einen Bundesvertrag vom 28. September 1363, dessen Wortlaut, abgesehen von der unbeschränkten Dauer, dem eidgenössischen Bunde ganz ähnlich ist, sowie durch einen weitern Vertrag mit dem öfterreichischen Landvogt Rudolf von Nidau vom 21. März 1370 mit dem Erbfeinde der Eidgenossenschaft in nähere Beziehungen getreten.[2])

Den rechten Ausdruck dieses staatsrechtlich schwer qualifizirbaren Zustandes bilden die Urkunden des Thorbergischen Friedens vom 7. März 1368, so geheißen von Petermann von Thorberg, öfterreichischem Landvogt in Schwaben, Aargau und Thurgau, der diesen Waffenstillstand mit Uri, Schwyz, Unterwalden, Luzern und Zug abschloß[3]), welcher, immer unter bloßer Vermittlung von Zürich und Bern, mehrfach, zuletzt bis über die Sempacherzeit hinaus, verlängert wurde. Ungescheut bedient sich in dieser Zeit der Kaifer Karl IV. der Zürcher, Berner und Solothurner (dieser als Verbündeten der Berner), um die Schwyzer

---

[1]) E. A. I, 41. 44. Es enthielt auch eine Garantie der Zürcher Verfaffung, wie der eidgenöffifche Bundesbrief, und hätte unter Umständen denfelben erfetzt.

[2]) E. A. I, 45. 51. 56. Dazu kam noch eine Münzkonvention, die Zürich und Bern, nebft Bafel und Solothurn, zu Schaffhaufen mit dem Herzog Leopold von Oefterreich, dem Grafen Hartmann von Kyburg, der Gräfin Elsbeth von Neuenburg, dem Grafen Rudolf oder Hans von Habsburg und dem Freiherrn Hannemann von Krenkingen am 14. März 1377 fchloffen (E. A., I, 56).

[3]) E. A. I, 299. Ein befonderes „Verednifs" betr. Zug und Claus I, 300 Die Verlängerungen, zuletzt bis zum 23. April 1387, E. A. I. 49. 55. 70. 71

„mit Ernst dazu zu halten, daß sie die Stadt Zug mit dem dazu
gehörigen Amt, das Land Glarus, die Gegend Aegeri und alle
andern Leute, Gerichte und Güter, die sie den Herzogen Albrecht
und Leopold von Oesterreich vorenthalten, aus allen Bünden und
Eiden, wodurch sie sich mit denselben verbunden haben, ledig und
los sagen und lassen" (1. August 1370, E. A. I, 51), woraus eben
hervorgeht, daß diese Verbindungen trotz des Brandenburger und
Regensburger Friedens thatsächlich fortbestanden¹).

Und noch ein Jahr vor der Entscheidung bei Sempach
schließen Zürich, Bern, Solothurn und dießmal auch Zug einen
Bund auf neun Jahre mit 51 deutschen Städten (worunter Basel,
St. Gallen und Wyl), fast den Beginn einer neuen Städte-Eid-
genossenschaft mit dem gleichen Hilfeleistungskreis, wie ihn der
Zürcher Bundesbrief enthält, wobei Tschudi sehr bezeichnend erzählt, daß Luzern durch Schwyz vom Beitritte, mit Bezug-
nahme auf den Wortlaut des Bundesbriefes, der ihm Verbindungen gegen den Willen seiner Miteidgenossen untersagte, abgemahnt worden sei²), so daß dasselbe nur eine indirekte Betheiligung zusagen konnte. So sahen im Jahre 1385 die eidgenössischen Verhältnisse infolge des von Brun inaugurirten Doppel-
spieles aus, eher auf eine Lockerung der größeren Verbindung
hinzielend und die feste Eidgenossenschaft fast wieder reduzirt
auf das, was sie vor 1332 gewesen war! Mit einer wahren
Erleichterung lesen wir dann, an diesem kritischen Punkte unserer
Geschichte, noch heute in den Eidg. Abschieden die Aufforderung
der Waldstätte an Bern vom 21. Juni (oder 24. Juli?) 1386,
in das Kienholz, oben am Brienzersee, zu kommen, um den gemeinsamen Krieg gegen Oesterreich zu beschließen, wie dieß nach
den speziellen Bestimmungen des Berner Bundes vorgeschrieben
war³).

---

¹) Hierüber vgl. auch noch E. A. I. 41, Anmerkung, über die Stellung
von Zürich dazu und die Aufforderung des Kaisers vom 1. Juli 1356, E. A.
I. 42. Berner Polit. Jahrbuch V, pag. 329 und folgende.
²) Tschudi I. 512. E. A. I 67. 307—312.
³) E. A. I, 72.

Die Frage, ob dieser Aufforderung entsprochen wurde, oder aus welchen Gründen es nicht geschah, obwohl ohne Zweifel gemahnt worden war (vgl. über die Mahnungen von Zürich, E. A. I, 72), wollen wir hier bei diesem Anlaß nicht näher erörtern. Es macht dem Patriotismus der heutigen Berner Ehre, daß sie eine solche rechtzeitige Mahnung immer neu bezweifeln. Eine sehr interessante Notiz im Zürcher Rathsbuch IV, 58 b zeigt übrigens, daß es damals sogar in der Stadt Zürich einzelne „Feinde" der Eidgenossenschaft gab[1]).

Nach dem ewig denkwürdigen 9. Juli 1386, welcher der allein wahre Gründungstag der Eidgenossenschaft ist, wurde zunächst in Erwartung eines fortgesetzten Krieges, an welchem anfänglich auch das deutsche Reich theilnehmen sollte[2]), ein Waffenstillstand bis zum 2. Februar des nächsten Jahres abgeschlossen, der dann bis zum 2. Februar 1388 verlängert wurde. Ihm folgte ein weiterer „Friede" vom 1. April 1389, der anfänglich bis zum 23. April 1396 dauern sollte, dann aber 1394 auf 20 und 1412 auf 50 Jahre erneuert wurde. Bern und Solothurn traten bis 1389 nur in besonderen Briefen diesen von den Eidgenossen (ohne Glarus) allein verabredeten und besiegelten Verträgen bei[3]). Die Grundlage dieser Friedensschlüsse war das «uti possidetis», mit Einschluß der Bündnisse von Zug und Glarus[4]),

[1]) E. A. I. 72 unten.

[2]) E. A. I. 73. Fürstentag zu Mergentheim vom 3. August 1386.

[3]) E. A. I, 74. 80. 313—329. Das ist das beste Argument gegen Berns gleichartige Betheiligung am Sempacherkrieg.

[4]) Der siebenjährige Friede enthält darüber folgenden Passus: „Des ersten so sullent vnd mugent wir die vorgenanten Stett vnd Länder disen frid vs vor der egenanten Herschaft vnd vor dien Jren vnd vor dien, so zu Jnen gehörent, rüweklich Jnne haben wes wir vns der selben herschaft guotes vnderzogen vnd Jngenomen haben, es syen Slos, Stett, Vestinen, Teler, Land oder Lüt, vnd sullent ouch die selben Slos, Stett, Vestinen, Teler, Lant vnd Lut, so wir Jnne haben, in disem frid sicher sin vnd ane all dienst beliben. Vnd wz ouch die Lüte so in dien selben Slossen, Stetten oder Ländern sint, Gelüpten, Buntnussen oder Eiden zuo vns die obgenanten Stetten vnd Wallstetten getan hant, da bi sullent si disen frid vs unbekumbert beliben es wer dann, dz ir deheiner willeklich sich da von ziehen wolte, an gener." "

wo nun bloß noch ökonomische Rechtsame der Herzoge übrig
blieben, die später auch noch abgelöst wurden, ein Ausgang,
den im Jahre 1386 noch Niemand voraussehen konnte, da
diese für einen Waffenstillstand ganz naturgemäßen Zugeständ-
nisse es für einen Frieden damals noch nicht gewesen wären.
Im Laufe der Jahrzehnte, welche über den verschiedenen Verlängerungen des Waffenstillstandes vergingen, verlor aber Oesterreich immer mehr den Muth zum erneuten Kriege, bis endlich
die „ewige Richtung" von 1474 mit dem Herzog Sigmund den
wirklichen Frieden unter Anerkennung aller Eroberungen der Eidgenossen herstellte. Dieses Ende des langen Streites ahnt einzig
das Lied eines österreichischen Vasallen aus der Zeit von Sempach:

> „O Löw [1]), was schmuckest du dinen Wadel [2])
> Und last erschlagen so vil herrlichen Adel
> Wider Recht und mit Gewalt!
> Was hilft dir din grusame Gestalt?
> Wilt du und ander nit bald tuon darzu,
> Dich frißt der Tagen einist eine Schwyzer Kuh."

So entstand schließlich auf diesem Sempacher Schlachtfelde
definitiv der eidgenössische Bund der VIII alten Orte innert 34
Jahren seit seiner ersten Ausdehnung auf wirkliches österreichisches
Gebiet, oder 79 seit dem Rütlischwur und 95 seit dem ersten
Bundesschluß. Es mochte also Jemand als zehnjähriger Knabe
am häuslichen Herde von dem nächtlichen Eid auf dem Rütli
erzählen gehört haben, dann war er als achtzehnjähriger Jüng-
ling bei Morgarten gewesen, hatte mit 34 Jahren Luzern, mit
55 Bern in den Bund eintreten sehen und konnte noch als
89jähriger Greis die heimkehrenden Sieger von Sempach erblicken
und mit dem Bewußtsein sterben, daß nunmehr aus kleinen Anfängen heraus, nach Ueberwindung tausendfacher Schwierigkeiten, ein Freistaat gegründet sei, den keine Gewalt mehr, sondern nur noch eigener Verfall aus der Weltgeschichte verdrängen

---

[1]) Ein rother, aufsteigender Löwe war das habsburgische Wappen, wie
es das eroberte Hauptpanner in Luzern zeigt.

[2]) D. h. „was ziehst du deinen Schwanz ein".

werde. Und so ist es heute noch Schicksalsspruch der Eidgenossenschaft!, deutlicher sogar als vor hundert Jahren, wo mancher Patriot auf eine sechste Säkularfeier nicht zu hoffen wagte und statt der fünften (die nirgends festlich begangen wurde) den Untergang der Eidgenossenschaft vor Augen sah. Seitdem ist dieselbe wieder erstarkt. Die Hauptsache zu ihrer Erhaltung sind aber auch heute nicht Feste, deren wir genug haben, sondern die stete Erinnerung daran, daß diese Republik nicht bloß in Rathssäälen gegründet wurde und jedenfalls nur durch den frischen Muth und die beständig entschlossene Thatkraft ihrer Bevölkerungen erhalten ward und wird.

Wenn schließlich gefragt werden soll, wem in der gefährlichen Uebergangsperiode vom Bundesstaat der III und IV Orte zu dem Staatenbunde der VIII die Eidgenossenschaft ihre Erhaltung verdanke, so gebührt der Ruhm davon, aller Wahrscheinlichkeit nach, der ungebeugten Haltung der drei ursprünglichen Kernländer, namentlich von Schwyz, das sich weder durch die wiederholten diplomatischen Niederlagen in Folge der Zweideutigkeiten der Brun'schen Politik, noch durch die Macht des gesammten deutschen Reiches abhalten ließ, seine beiden Vormauern, Zug und Glarus, im Bunde festzuhalten, und es ist wohl nicht ein bloßer Zufall, sondern eine instinktive Anerkennung dieser Tapferkeit, wenn, seit dem 14. Jahrhunderte bereits, sein Name allmälig auf die gesammte Eidgenossenschaft übergegangen ist.

Die Ausgestaltung dieser Eidgenossenschaft aber zu einem kräftig organisirten Bundesstaat, wie sie in den ursprünglichen Verhältnissen und sicherlich auch im Sinne der ersten Begründer des eidgenössischen Bundes lag, ist durch den Beitritt größerer Städte mit eigener Politik bis in unser Jahrhundert hinein verloren gegangen.

IV.

Die Bundesverfassung der Eidgenossenschaft in der Zeit von Sempach (1386) bis Marignano und Pavia (1515 und 1525), die, nach Außen betrachtet, das Heldenzeitalter unseres Volkes bildet, aus dem unsere großartigsten Erinnerungen sich herleiten, ist nicht leicht in gemeinverständlicher Weise und kurz, ohne verwirrendes Detail, zu beschreiben. Eine irgendwie genügende Darstellung derselben aus der alten Zeit selber gibt es nicht. Noch im Jahre 1720 schreibt ein so bedeutender schweizerischer Gelehrter, wie Johann Jakob Bodmer, an Breitinger, daß er über eine Reihe der wichtigsten staatsrechtlichen Fragen, die er aufzählt[1]), vergeblich Aufschluß gesucht habe, und bittet den Freund, es ihm zu „kommuniziren", wenn er etwas davon irgendwo „entdecke." Theilweise liegt der Grund dieser Erscheinung darin, daß, nach Ansicht eines neueren Historikers, die Beschreibung eines Staatwesens erst mit dem Zerfall seiner Gesundheit beginnt[2]), wie denn ja überhaupt die litterarische Blütheperiode eines Landes keineswegs mit seiner politischen

---

[1]) Vgl. Neujahrsblatt der Stadtbibliothek von Zürich für 1891.

[2]) Auch Savigny sagt ganz richtig, die Jugendzeit eines Volkes sei arm an Begriffen, aber reich an instinktivem Bewußtsein. Das wird jeder Kenner der alten Eidgenossenschaft bestätigen. Die Reflexion kommt erst, wenn die Sache selbst vorüber ist.

Größe zusammenfällt, sondern immer erst nach Vorübergang derselben einzutreten pflegt.

Die gedankenmäßige Rekonstruktion eines staatlichen Zustandes, der sich mehr in beständiger Aktion nach Außen, als in verfassungsmäßiger Ausgestaltung der innern Verhältnisse offenbarte, begegnet aber auch in der heutigen, ganz entgegengesetzten Zeit nicht unbedeutenden Schwierigkeiten, aus drei wesentlichen Gründen: Zunächst fehlte für das Gesammtstaatswesen der schweizerischen Eidgenossenschaft immer gänzlich ein Aktenstück der Art, wie es die modernen Staaten und Staatenverbindungen in ihren Verfassungen oder Grundgesetzen besitzen und wie es auch für das Staatsrecht der einzelnen Stände in ihren Handvesten, oder geschworenen Briefen wenigstens theilweise und für die Anfangszeit vorhanden war. Sodann waren bereits die Bundesbriefe der ersten VIII Orte, welche in ihrer Gesammtheit die Grundlage ihres Bundesstaatsrechts bildeten, dem verschiedenen Charakter der allmälig hinzutretenden Bundesglieder gemäß, verschieden ausgefallen. Was aber vollends seit dem Jahre 1353 dieser Eidgenossenschaft in der Form eines sich erweiternden, zweiten Bundeskreises beitrat, innerhalb welchem jedoch immer der erste eine engere, näher verbundene Gruppe zu bilden fortfuhr, oder was gar nur die beschränkten Rechte von Schutzbefohlenen oder Unterthanen erlangte, war in der eigentlichen eidgenössischen Verfassung gar nicht unterzubringen, sondern bildete Annexe zu derselben, über deren Inhalt und jeweilige Bedeutung man sich auch heute noch nur schwer eine ganz richtige Vorstellung machen kann. Endlich noch hatten die späteren Glieder der Eidgenossenschaft auch eine Vorgeschichte, aus welcher sie mitunter eine Reihe von bereits festbegründeten Verhältnissen in die Eidgenossenschaft mitbrachten, die dadurch keineswegs erloschen, vielmehr sogar als der eidgenössischen Verbindung gleichwerthig betrachtet wurden und auf diese einwirkten. So hatte, um ein Beispiel anzuführen, Bern seine alten Verbündeten Solothurn und Freiburg in seine Verbindung mit der Eidgenossenschaft eingeschleppt, so daß Solothurn, lange bevor es in dieselbe förmlich aufgenommen wurde, an allen

Kriegszügen der Eidgenossen ganz selbstverständlich theilnahm und auch bei einzelnen Verfassungsbriefen wichtigster Art, z. B. dem Sempacherbrief, mitwirkte. Mit Freiburg verabredete Bern nach der Aufnahme desselben ,in ,die Eidgenossenschaft, die es eifrig betrieben hatte, sogar im Widerspruche mit dem eidgenössischen Recht, daß der alte Bund der beiden Städte nicht nur nicht aufhören, sondern der eidgenössischen Verbindung stets „luter vorgan" solle. Ueberhaupt ist es offenbar, daß Bern zeitweise im Westen eine Art von besonderer burgundischer Eidgenossenschaft[1]) zu bilden beabsichtigte, deren Interessen mit denen der eigentlichen Eidgenossenschaft schon im Anfang des 15. Jahrhunderts, im sog. Raronhandel, in ernstliche Kollision geriethen und auf deren Ausbildung durch den Burgunderkrieg und durch Eroberungen auf Kosten von Savoyen die letztere immer sehr mißtrauisch blickte. Ebenso bildete sich zeitweise eine östliche Sonderverbindung von St. Gallen und Appenzell mit den schwäbischen Städten in der Nähe des Bodensees, in deren natürlichem Umkreis der Abt von St. Gallen sein außerschweizerisches Gebiet besaß[2]). In Zürich[3]) endlich wurden die Beziehungen zum deutschen Reich und zu Oesterreich noch lange Zeit hindurch derart festgehalten, daß ein Abfall zu denselben schon zur Zeit des Sempacherbriefes nahe lag und in der Mitte des 15. Jahrhunderts sich durch den Austritt dieses Standes aus der Eidgenossenschaft vollzog.[4])

---

[1]) Bern, die „Krone in Burgundenland" war zeitweise mehr als eine bloße poetische Redensart.

[2]) Bei einem andern Ausgange der Schlacht von Döffingen (25. August 1388) wäre überhaupt aus den süddeutschen Reichsstädten nebst St. Gallen und Appenzell eine süddeutsche Eidgenossenschaft neben der schweizerischen entstanden.

[3]) Uebrigens auch in Bern, vgl. den Abschnitt VI.

[4]) Spätere Glieder der Eidgenossenschaft vollends, wie der Bischof von Basel, die rhätischen Bünde, Wallis, Genf, Neuenburg, hingen nur sehr äußerlich mit ihr zusammen, und es handelte sich immer von Neuem, bei den letztgenannten sogar bis in unser Jahrhundert hinein, darum, welche ihrer verschiedenartigen Beziehungen, diejenigen zur Eidgenossenschaft, oder die zu andern Staaten, die stärkeren seien.

Alle diese Beziehungen, das noch ungelöste Verhältniß zum
deutschen Reich, die traditionelle Verbindung mit Frankreich seit
dem Ende des 15. Jahrhunderts und die immer mannigfacher
sich gestaltende Angliederung von neuen Landestheilen in der
Form von Burg- und Landrechtsverträgen, Schutzverträgen, Be-
satzungsrechten, sowie endlich das allmälige Auftreten von allgemein eidgenössischen Briefen und beschworenen Tagsatzungs-
beschlüssen, die neben den Bünden das eigentliche, allgemein verbindliche Bundesrecht bildeten, dem das Einzelstaatsrecht der
Orte gegenüberstand, würden zusammen die schwierigen Elemente
einer systematischen Darstellung des alten Bundesstaatsrechts bilden, wenn eine solche in unserer Absicht läge. Wir sind aber
unsererseits fest überzeugt, daß, wie die Staaten historisch entstanden und noch niemals von gelehrten Köpfen systematisch konstruirt worden sind, so auch die historische Betrachtungsweise
derselben und ihres Staatsrechts die allein fruchtbare ist [1]), um
so mehr noch, als ja überhaupt das sogenannt Systematische
und wissenschaftlich Erschöpfende in den menschlichen Lebens-
verhältnissen nur selten wirklich erschöpfend ist, sondern zum
Theil auf Selbsttäuschung beruht.

Die Bundesverfassung der VIII Orte ergab sich ursprünglich
aus ihren Bundesbriefen. Dieselben hatten zwar, mit Ausnahme
des Dreiländerbundes und vielleicht des Zürcher und Zuger
Briefes, nicht gleichlautenden Inhalt, dagegen enthielten alle
wenigstens drei wesentliche Punkte: die Verpflichtung zu unbedingter Hilfeleistung nach Außen, sogar ohne förmliche Mahnung, wenn ein Bundesglied in plötzliche Gefahr geräth, den
ebenso unbedingten Verzicht auf das natürliche Selbsthülferecht
souveräner Staaten in Streitigkeiten mit den Bundesgenossen

---

[1]) Auch die jetzige Eidgenossenschaft versteht Niemand, der ihre Geschichte
nicht genau kennt; die jeweilige Verfassung allein und die darüber geschriebenen systematischen Lehrbücher sind niemals eine vollständig richtige
Darstellung ihres Lebensinhaltes, der in fortwährender Veränderung begriffen ist.

und die Unauflöslichkeit der Verbindung[1]). Der letzte Punkt allein unterscheidet die „Eidgenossenschaft" von manchen anderweitigen Verbindungen der einzelnen Orte, und wieder mußten alle andern ewigen Verbindungen derselben, wie z. B. Bern= mit Freiburg und Solothurn, sich mit Nothwendigkeit zuletzt in der allgemein eidgenössischen auflösen. Dagegen ist die Souveränetät der Stände in Bezug auf die Kriegführun'g nach Außen unbeschränkt, bloß müssen sie, wenn sie mahnen wollen, auf Eid bei sich selbst er= kennen, ob eine redliche Ursache vorhanden sei, für die man die Bundesgenossen in die Gefahr verwickeln dürfe, und gegenüber Glarus ist auch im Falle der Mahnung ein Prüfungs= und Ab= mahnungsrecht der Mehrheit der andern Orte vorbehalten, „durch das sie und auch wir von kleinen und unredlichen sachen dester minr in groß krieg und gebresten komen." Aehnliche Ein= schränkungen der unbedingten Kriegshilfe, oder der souveränen Einzelkriegführung enthalten die Bundesbriefe der spätern fünf Stände; das Recht der unbeschränkten Mahnung, bloß auf den eigenen Eid hin, ist charakteristisch für die engste Form der eidgenössischen Verbindung. Der Berner Bund allein enthält die unbedingte Vorschrift einer vorherigen Zusammenkunft vor der Mahnung und einen Sold[2]) für Zuzüge, die gegenseitig über Unterseen hinaus stattfinden.

Der eidgenössische Rechtsgang durch Schiedsgerichte, deren Sprüche unter Bundesgarantie standen, hat mehr als alle andern Bestimmungen der Bünde den engen Zusammenschluß der Eidgenossen gegen das deutsche Reich herbeigeführt, der sich im Jahre 1495 nicht mehr durch die verbesserte Reichsjustizordnung

---

[1]) Nicht ganz so und auch nicht ganz richtig werden die Grundlagen der eidgenössischen Bundesverfassung bei Simler (pag. 150 ff. der deutschen Ausgabe) beschrieben, der im Uebrigen neben den allzu fragmentarischen „Gedanken und Fragmenten" Balthasars das Beste enthält, was uns die alte Eidgenossenschaft selbst über ihre Bundesverhältnisse an die Hand gibt.

[2]) Eine Entschädigung war schon im Laupenkrieg von Bern versprochen und bezahlt worden; daran knüpfte wahrscheinlich diese singuläre Bestimmung an. Vgl. E. A. I, 21.

beseitigen ließ und die eigentliche Ursache der vollständigen Tren=
nung vom Reiche geworden ist. Gemeinsamkeit des Rechts und
gutes Recht ist eines der stärksten Bande, die Menschen zusammen=
halten[1], und auch in diesem Sinne ist «justitia fundamentum
regnorum.» Dazu gehörte nothwendig, daß nicht nur die Streitig=
keiten der Orte selber ohne Waffengewalt entschieden werden
konnten, sondern daß Jedermann einen sicheren bürgerlichen
Gerichtsstand innerhalb der Eidgenossenschaft besaß, dergestalt,
daß weder Reichsgerichte, noch geistliche Gerichte anders, als die
ersteren subsidiär, wenn kein Richter in der Eidgenossenschaft
selbst zu finden war[2]), und die andern in Sachen, welche die
damalige Zeit als unzweifelhaft geistlicher Kompetenz angehörend
betrachtete, sich mit Streitigkeiten von Eidgenossen befassen und
dieselben auch selbst nicht durch irgendwelche Maßregeln der
Selbsthilfe in den ordentlichen Rechtsgang verwirrend eingreifen
konnten[3]). Die einzelnen Bestimmungen über die Ernennung der
Schiedsleute in Streitigkeiten zwischen den Orten, namentlich des
Obmannes, auf den es am meisten ankam, und über das Forum
und den Besitzesschutz in Streitigkeiten Privater lauten ver=
schieden; doch ist in letzterer Hinsicht schon in den ursprünglichen
Bünden und nachmals in dem gemeinsamen Pfaffenbrief ungefähr
das festgestellt, was jetzt die Art. 58 und 59 unserer gegenwär=
tigen Bundesverfassung enthalten, besonders ausdrücklich im
Zürcher und Berner Bundesbrief.

Eine Aufhebung der Bünde wäre nur durch einstimmige
Schlußnahme aller Glieder denkbar gewesen, obwohl nicht alle
direkt mit einander verbunden waren; sie kommt auch thatsäch=
lich bloß dreimal in unserer Geschichte vor. Einmal von Seite

---

[1]) Das sahen die Eidgenossen von 1291 und 1315 besser ein, als die
von 1874.

[2]) Wie schon Segesser in der Vorrede zum I. Band der „Abschiede" sagt,
hing dieß „mit der staatsrechtlichen Idee einer konkurrirenden Jurisdiktion
des Königs im ganzen Reiche, wie des Papstes in der ganzen Kirche" zu=
sammen. Das 'ist auch bei den Privilegienbriefen bezüglich der Gerichts=
barkeit vorbehalten.

[3]) Balthasar, „Gedanken und Fragmente", pag. 79—104.

Zürichs, welches im „alten Zürichkrieg" der Eidgenossenschaft entsagte und zu einer „ewigen" Verbindung mit Oesterreich überging[1]). Der ewige Bund mit Oesterreich vom 17. Juni 1442 wurde am 24. Januar 1443 beschworen, und die Zürcher trugen fortan im Krieg mit den Eidgenossen das rothe Kreuz und die Pfauenfeder als Abzeichen. Einige interessante alte Volkslieder haben dieses größte Ereigniß solcher Art in der eidgenössischen Geschichte, die letzte Spätfrucht der Brun'schen Politik, zum Gegenstande. In dem besten derselben fordert der deutsche Sänger[2]) den König mit begeisterten Worten zur Zertrümmerung der Eidgenossenschaft auf, in deren eigener Mitte die Hinneigung zu einem größeren Staatsganzen namentlich durch Neubürger vorherrschend geworden war, von denen Tschudi berichtet: „Michel Graf, der Stadtschryber, hat den gemeinen Mann vertröst, wie er by dem römischen König verhoffte der Statt vil Guts zu erlangen, denn er was uß des Königs österrichischen Landen von Stochach by Nellenburg im Hegöw gebürtig und was nit ein erborner Zürcher; drumb im ouch sin Sinn und Hertz mehr zu dem Huß Oesterrich dann zu einer Eydtgnoßschaft zu fürdren trüwlicher und baß angelegen gsin; wann aber solche Ußländische in unsern Landen uffkommen, so understand sy mer und fürrer ze regieren dann ander Lüt."

Der Friede wurde hergestellt durch die Richtung der Eidgenossen mit Zürich vom 8. April 1450 zu Kappel[3]) und der Bund mit Oesterreich aufgehoben durch Obmannsspruch Heinrichs von Bubenberg, Schultheißen von Bern, zu Einsiedeln den 13. Juli 1450[4]). Dadurch wurde für alle Zeit der bedeutende staatsrecht-

---

[1]) E. A. II, 788. 790; Tschudi II, 332 ff.

[2]) Isenhofer von Waldshut. Das Lied folgt in Abschnitt VI. Ein anderes, das die Schlacht an der Sihlbrücke beschreibt, wo die Eidgenossen hinten das weiße und vorne das rothe, österreichische Kreuz getragen haben sollen, mit dem Schluß: So wird die gmeine krye: „Hie Oesterrich on end!" ist im „Politischen Jahrbuch" von 1890, pag. 739 abgedruckt.

[3]) E. A. II, 841.

[4]) E. A. II, 844.

liche Grundsatz festgestellt, daß eidgenössisches Recht über die Zu=
lässigkeit anderer Bündnisse selbst bei den Orten entscheide, die
sich, wie Zürich und Bern, die Befugniß zu solchen in ihren
Bundesbriefen vorbehalten hatten, und daß die Mehrheit der Eid=
genossen alle Stände zum Aufgeben von anderweitigen Bünden
zwingen könne. Der eidgenössische Bund mit Zürich lebte diesem
Grundsatze zufolge ohne Erneuerung einfach wieder auf [1]).

Die anderen Aufhebungen von Bünden waren die Aufkün=
dung des Vertrages mit der Stadt Mühlhausen im Elsaß seitens
von Luzern, Uri, Schwyz, Unterwalden, Zug, Freiburg, Solothurn
und Appenzell vom 4. Nov. 1586, wonach dieselben, auf Klage
der Katholiken in jener Stadt [2]), ihr den „Punct uffsagend, ab=
kündent und die Originalia desselbigen, so wir under uns gehebt,
nachdem wir unser Erensigill darab geschnitten, Euch hiemit ußhin
gebent und überschickent", so daß Mühlhausen fortan nur mit
den reformirten Ständen verbündet blieb; und aus gleichen Ur=
sachen sandte Freiburg an Genf den Bundesbrief im April 1534
zurück [3]). Sonst aber blieben selbst in den Zeiten größter Zwie=
tracht, während auf den Schlachtfeldern von Kappel und Vil=
mergen mit Erbitterung gestritten wurde, und bei häufig vorkom=
mender Androhung, die eidgenössischen Bundesbriefe unaufge=

---

[1]) „So erkennen wir", — sagen die Schiedsrichter, deren Spruch der
Obmann annahm — „daß die obgenannten ‚von Zürich ..... solche Pünt=
nisse mit der Herrschaft und dem Hus von Oesterrich und billich getan, noch
an sich genommen haben und das sy sich dera billich abtun und davon
gentzlich stan und die hinfür nit mer halten noch gebruchen söllent."

[2]) Vgl. Balthasar pag. 153. Derselbe sagt, „die Klagen der Katholischen"
(das allerdings unvorsichtige und anstößige Betragen der Bürgerschaft gegen
die Gesandten von Uri und Schwyz ausgenommen) seien „ziemlich unerheb=
lich und meistens in dem betrübten Mißtrauen und der damals allgemein
gährenden Eifersucht zwischen den beiden Religionsparteyen gegründet
gewesen."

[3]) Lefort in seiner «Emancipation politique de Genève» sagt darüber:
«Fribourg déclara nettement que la conservation de l'ancienne foi était une
condition stricte du maintien de la combourgeoisie et, à plus d'une re=
prise, par ses lettres et ses députés elle confirma cette déclaration. »

kündet[1] und mit unabgeſchnittenen Siegeln in den kantonalen
Archiven, wo ſie ſich heute noch befinden. Die damals wirkenden
Urſachen der Erſchütterung eidgenöſſiſcher Treue, die vorwiegend
internationale oder konfeſſionelle Geſinnung, ſind aber ebenfalls
noch heutigen Tages die nämlichen geblieben.

Eine zeitweiſe formelle Erneuerung der Bünde durch
Eidesleiſtung aller Großjährigen iſt in ſpätern (nicht den erſten)
Bundesbriefen vorgeſehen, ſogar von fünf zu fünf Jahren, doch
enthalten dieſelben dann ebenfalls die vorſichtige Klauſel: „wär
aber daß die Nuwerung alſo nit beſchehi zu dien ſelben Ziten
und es ſich von keiner Sache wegen ſument oder verzuhent
wurdi, das ſoll doch unſchedelich ſin dirre buntnuß, wan ſi mit
namen eiwenklichen ſtet und veſt beliben ſol mit allen ſtukken
und nach all dien worten, ſo vor geſchriben ſtat, an alle
geverde"[2].

Solche allgemeine Bundeserneuerungen ſind namentlich bekannt von 1393, 1398, 1417, 1442 und 1471[3]), 1520 und theilweiſe noch 1525. Schon 1398 aber ſchwor Uri nicht mit, und
die Gerſauer weigerten ſich, zur Beſchwörung nach Luzern zu
kommen, verlangten vielmehr, daß man Boten zu ihnen ſchicke.
Nach der Aufnahme von Freiburg und Solothurn wollte man
dieſen neuen Ständen nicht ſchwören wie den älteren[4]); nach der
Reformation vollends nahmen die Reformirten Anſtoß an der
Schwurformel, worin die Heiligen angerufen waren, ſo daß von
1525 ab der Schwur unterblieb. An ſeine Stelle trat nachmals der
„eidgenöſſiſche Gruß" bei Eröffnung der Tagſatzungen, eine feier-
liche Rede jeder Geſandtſchaft mit der Verſicherung fortwährender
bundestreuer Geſinnung ihres Standes, der bis 1848 fortbeſtanden

[1] Der erſte Bürgerkrieg der Eidgenoſſen, für den dieß hätte in Frage
kommen können, war der von 1404 bei Anlaß der Zuger Intervention.
Vgl. Helvetia VI. 1 und E. A. I. 108 ff.

[2] Berner und Zürcher Bund.

[3] E. A. I, 180; II, 420. 149; Balthaſar „Gedanken" 121.

[4] E. A. III 1, 154.

hat. Die Form der Eidesabnahme war im Allgemeinen die, daß Abgeordnete jedes Standes, oder auch nur einzelner Stände im Namen der andern, sich in die Landsgemeinden oder Raths= versammlungen der übrigen begaben; an der Tagsatzung selbst wurde, außer unmittelbar vor der helvetischen Revolution, nie= mals geschworen. Bei der letzten allgemeinen Eidesleiftung der ältern Zeit wurden derselben vorangehend verlesen: die Bundes= briefe der XII Orte, der Pfaffenbrief, der Sempacherbrief und die Erbeinung mit Oesterreich, „ein großer, mächtiger brief, der kein ende han wöllt." „Noch sollt man glesen han deren von Appen= zell brief, Sant Gallen, Mühlhausen und Rottwyl. Da was es glich eynlise, da man essen sollt; darumb ließ man es under= wegen, empfalch, es sunst ouch wie die andern zu halten."

Eine Revision der Bundesverfassung im heutigen Sinn fand niemals statt. Doch bestehen aus späterer Zeit zwei Versuche zu einer solchen, wovon namentlich der eine vom Jahre 1655 zu einem ausführlichen Entwurfe eines einheitlichen Bundesbriefes führte, der eine Zusammenfassung der Bünde (die im Eingange alle genannt sind) des Pfaffenbriefes, Sempacherbriefes und Stanser Verkommnisses nebst einigen Artikeln enthält, welche „den gemeinen Kauf und Verkauf und all ander ehrbar Gewerb und hantierung", im Sinne unseres heutigen 4. Bundeszweckes, befördern sollen[1]). Die äußere Veranlassung dazu war offenbar der im Jahre 1653 vorangegangene Bauernkrieg. Die Neigung zu einer Bundesverbesserung erlosch durch den Vilmerger Krieg von 1656, Veranlassung zu einem zweiten, ebenfalls vergeblichen Versuche, bot noch die Bundeserneuerung mit Frankreich von 1777, dessen Allianz in den letzten zwei Jahrhunderten zu einem förmlichen Bestandtheil des schweizerischen Bundesrechts ge= worden war, und man darf wohl vermuthen, daß der Bundes= vertrag vom 7. August 1815, der zu seiner Zeit ein Anachronismus

---

[1]) E. A. VI₁, Abth. II, 1760, abgedruckt und erläutert in: Hilty, „Re= vision und Reorganisation".

ü

war, ein Menſchenalter früher die Eidgenoſſenſchaft vor dem
gewaltſamen Umſturz bewahrt haben würde[1]).

Der Staatsname der Verbindung war nach Außen, ſobald
ſie als Staat befeſtigt und die Verhältniſſe zum Ausland häufiger
geworden waren: „der alte, große Pundt in hochtütſchen Landen",
«partes magnae ligae veteris Alemaniae altae»; ein Staats-
wappen exiſtirte bis in dieſes Jahrhundert hinein nicht[2]), ebenſo
wenig eine Bundesfahne, ſondern nur ein gemeinſames Seldzeichen
bei Auszügen, als welches in der Regel ein weißes Kreuz angenommen 'wurde, über deſſen Sorm erſt im Jahre 1889 ein förmlicher und definitiver Beſchluß gefaßt worden iſt[3]). Jn der Rangaufzählung gingen frühzeitig ſchon die drei Städte Zürich,
Bern, Luzern den älteren Orten voran, ebenſo Baſel den früher
als es beigetretenen Orten Sreiburg und Solothurn. Zürich behauptete, wie ſchon erwähnt, eine Art von faktiſcher, niemals
aber verbriefter Vorortsſtellung, welche die öftere Vertretung der
Eidgenoſſenſchaft nach Außen 'und ſpäter auch den ſtändigen
Vorſitz an den Tagſatzungen mit ſich brachte. Doch werden dieſe
Verhältniſſe und namentlich die Organiſation der Tagſatzungen,
die das einzige, urſprünglich rein thatſächliche und erſt allmälig
konſtitutionelle, Organ des Bundes waren, beſſer in einer Zeit er-

[1]) Ueber die Aenderungen, oder Aenderungsverſuche der einzelnen Bundes-
urkunden von Luzern, Glarus, vielleicht auch Zürich und Zug iſt ſchon früher
geſprochen worden. Der revidirte Glarner Bund mit Zürich, Uri, Schwyz
und Unterwalden von 1450, der ſich noch im Glarner Archiv befindet, iſt
in E. A. II, 860 abgedruckt.

[2]) Vgl. z. B. den Bundesbrief mit Ludwig XII. vom 16. März 1499,
E. A. III 1, 755 «dominos de decem quantonibus magne et vetustae ligue
almanie superioris». Bis 1648 war das gemeinſame Wappen dasjenige
des deutſchen Reiches, das man noch heute z. B. an dem 1647 umgebauten
„Neubrücke" bei Bern friedlich neben dem Bären ſehen kann. Ueber die
Staatsfarben der einzelnen Orte findet ſich in einer Solothurner Abſchrift
des „Penſionenbriefs" von 1503 eine Notiz. E. A. III 1, 1316.

[3]) Vgl. darüber das oben erwähnte Lied auf das Gefecht an der Sihlbrücke. Jn dem Krieg gegen die aufſtändiſchen Oberländer trugen die
Berner ein „hierofolymitanisch" oder „haſpelkreuz". Vgl. Bullinger II, 23.

wähnt, in welcher sie sich durch längeres Herkommen schon fester ausgestaltet hatten.

Ob nach allem dem die Eidgenossenschaft formell ein Bundesstaat, oder ein Staatenbund nach heutiger Begriffs= bestimmung gewesen sei, mag im Ganzen dahingestellt bleiben. Die ersten Verbindungen vor dem Beitritte Zürichs enthielten Keime, aus denen sich zweifellos ein Bundesstaat im heutigen Sinne entwickelt haben würde¹). Die Verbindung mit entfernteren, ungleicheren Gliedern, die sich sogar anderweitige Verbindungen ohne Zustimmung ihrer Miteidgenossen ausdrücklich vorbehielten und davon weitreichenden Gebrauch machten, wie Bern und Zürich, oder in Rechten ungleich gestellt waren, wie Luzern, Glarus und wahrscheinlich auch Zug, war die erste Ursache zu einer lockereren Gestaltung des Bundes, der von 1351 und 1353 ab jedenfalls als ein Staatenbund bezeichnet werden muß und ein solcher bis 1848 im Wesentlichen geblieben ist²). Ueberdies waren nur die drei Waldstätte und seit 1423 auch Zürich mit allen übrigen Ständen in direktem Bundesverhältniß; wäh= rend Luzern keinen Bund mit Glarus und auch mit Bern bloß einen unbedeutenden Vertrag über nachbarliche Verhältnisse seit 1421 hatte; Zug nicht mit Bern und Glarus, Glarus nur mit den Waldstätten und Zürich, Bern ursprünglich bloß mit den Waldstätten und später noch mit Zürich (und allfällig Luzern) im Bunde stand. So daß auch formell die ersten Bedingungen eines Bundesstaates, ja sogar eines Staatenbundes nach heutigen Be= griffen, d. h. eine für alle Glieder gemeinschaftlich und gleichartig bestehende Verbindung fehlten.

---

¹) Unmöglichkeit anderer als gemeinsamer Verbindungen, einheitliche Politik nach Außen mit gemeinsamer Landesmacht gegen Alle, die sich der= selben entgegenstellen, Grundsätze gemeinschaftlichen Kriminalrechtes, die wir noch heute nicht besitzen. Auch das Civilrecht war damals natürlich viel gleichartiger, als das heutige.

²) An eine eigentliche staatliche Souveränetät der einzelnen Orte ist zwar in damaliger Zeit schon wegen des Verhältnisses zum deutschen Reiche, das formell bis zum westfälischen Frieden von 1648 dauerte, nicht zu denken, doch war eine weitreichende Selbständigkeit auch der politischen Aktion vorhanden.

Einen Erſatz hiefür bildeten zwei bereits erwähnte gemeinſame Verträge über die wichtigſten Punkte des Bundesrechtes,
Rechtsorganiſation und Kriegsverfaſſung, der Pfaffenbrief und
der Sempacherbrief, denen ſich ſpäter als dritter das Stanſer
Verkommniß beigeſellte. Alle drei Briefe wurden als Beſtandtheile der eidgenöſſiſchen Verfaſſung angeſehen und daher auch in
der Regel mit den Bundesbriefen zeitweiſe verleſen und neu beſchworen. Ihnen ſchloſſen ſich dann nachmals einige wichtigere
Staatsverträge und Konkordate an, und in noch ſpäterer Zeit
die Friedensſchlüſſe unter den Konfeſſionsparteien, die das jeweilige konfeſſionelle Bundesſtaatsrecht enthielten. Endlich war
es die traditionelle Verbindung mit Frankreich, die, namentlich
ſeit der Regierung Ludwigs XIV., eine Art von äußerer Grundlage für das Verhältniß unter den ſonſt vielfach entzweiten
Bundesgliedern herſtellte, welche zuletzt nur noch durch die Intereſſen des Solddienſtes und der Beherrſchung von gemeinſamen
Unterthanen zuſammengehalten wurden. Im Uebrigen iſt es nicht
möglich, die Aktenſtücke genau abzugrenzen, die man als eigentliche Beſtandtheile der alten Verfaſſung bezeichnen kann. Der
äußerliche Unterſchied von andern beſteht weſentlich darin, daß
ſie in allen Ständen, wie die Bünde ſelbſt, beſchworen wurden;
doch reicht auch dieſes Merkmal nicht völlig hin.

Der Pfaffenbrief vom 7. Oktober 1370[1]) entſtand zunächſt
aus einer thatſächlichen Veranlaſſung, indem die Söhne des am
17. September 1360 verſtorbenen Bürgermeiſters Rudolf Brun
von Zürich, von denen der ältere ein Geiſtlicher, Propſt am Groß-
münſter, war, im September 1370 den Luzerner Schultheißen,
Peter von Gundoldingen, nebſt einem andern Luzerner, Johannes
in der Au, nach altem Fauſtrecht wegen einer Privatſtreitigkeit
gefangen ſetzten[2]). Dieſe Verletzung des eidgenöſſiſchen Landfriedens
und der Marktfreiheit gegenüber dem Vorſteher einer befreundeten

---

[1]) E. A. I, 301.
[2]) Das Stadtbuch von Zürich enthält darüber noch eine Notiz aus der
Zeit ſelbſt, die in E. A. I, 52 wiedergegeben iſt.

Stadt erregte allgemeinen Unwillen, der sich noch vermehrte, als
sich der Uebelthäter nur vor dem Gerichte des Bischofs von Kon=
stanz, seines geistlichen Obern, verantworten wollte. Unter diesem
Eindruck wurde der Brief auf einer Tagsatzung zu Luzern, bei
welcher Bern fehlte und Glarus noch nicht zugelassen war, ab=
gefaßt[1]). Der Eingang erinnert an die Zeit (ein Jahr nach dem
Thorbergischen Frieden), in welcher der Brief entstand, es soll
daher, wer innerhalb der eidgenössischen Städte und Länder
wohnen will und den Herzogen von Oesterreich eidlich verbunden
ist, schwören, „gemeiner Eidgnoßschaft Nutz und Ehr zu fördern
und vor allem Schaden zu warnen und soll kein Eid, weder
früherer noch späterer, dagegen schirmen." Schwören sollen Alle,
Geistliche und Weltliche, Edle und Unedle, d. h. also: die eidge=
nössische Nationalität geht jeder andern Verpflichtung vor. Sodann
wird die geistliche und weltliche Gerichtsbarkeit ausgeschieden
und Geistliche, die sich auf eine unbedingte Immunität von welt=
lichen Gerichten berufen, in Landesacht erklärt; ebenso Privat=
gewalt und Fehde innerhalb der Eidgenossenschaft und fremde
Gerichtsbarkeit, geistliche und weltliche, bei Strafe der Ver=
bannung ausgeschlossen[2]); dergestalt, daß Jeder Recht nehmen
soll „vor dem Richter, da er gesessen ist", und dieses Forum
auch nicht durch Abtretung seiner Klage an einen Dritten, oder
Aufgabe des Landrechts umgehen kann, wenn er im Lande
wohnen bleiben will[3]). Auch förmliche Züge, um einen Andern

---

[1]) Spätere förmliche Beitrittsakte dieser Stände scheinen nicht existirt zu
haben. Tschudi sagt zwar ausdrücklich (I, 473): „Es habend ouch hernach die
andern Ort der Eydgnoßschaft diesen Pfaffenbrief angenommen."

[2]) Man muß hier stillschweigend annehmen: außer in damals als geist=
licher Gerichtsbarkeit angehörend betrachteten Sachen, wozu in den Bundes=
briefen meistens Ehe und offener Wucher gerechnet wird und unter Subsidiar=
kompetenz der Reichsgerichte, falls kein Richter in der Eidgenossenschaft zu
finden wäre; doch steht das nicht ausdrücklich im Briefe.

[3]) Diesen letzteren Grundsatz, daß, wer auf das Schweizerbürgerrecht ver=
zichten will, nicht im Lande wohnhaft bleiben darf, haben wir in unser
neuestes Gesetz über den Verzicht auf das Bürgerrecht (Ges.=Slg. II, 510)
wieder aufgenommen.

zu pfänden oder zu schädigen, sind verboten, außer wo sie mit
Erlaubniß der in dem Briefe genannten Obrigkeiten geschehen,
die hier zum ersten Male namentlich bezeichnet werden. Daß
man bei diesem Anlasse überhaupt etwas Mehreres beabsichtigte,
als bloß die Kompetenzausscheidung der geistlichen und weltlichen Gerichtsbarkeit und die Beseitigung einer unbedingten
Geltung des kanonischen Rechts in der Eidgenossenschaft, zeigen
die im Weitern folgenden Bestimmungen über den eidgenössischen
Schutz der wesentlichen Verkehrsstraßen zwischen Zürich und der
„stibenden brug" (einer in Stetten hängenden Holzbrücke oberhalb
der Teufelsbrücke an der Gotthardstraße), sodann die Vorbehalte
am Schluß und die unseres Wissens noch nicht hinreichend erklärte Bestimmung, die auch nirgends mehr vorkommt, daß der
Brief mit Mehrheit „gemindert oder gemehrt" werden kann.

Diese konstitutionellen Bestimmungen, sowie die Verschiedenheit der Gegenstände, welche den Inhalt des Briefes bilden,
scheinen darzuthun, daß man damals, sowie später im Jahre
1393 und wieder 1481 in der That beabsichtigte, die Bünde nach
verschiedenen wesentlichen Richtungen hin durch einen einheitlichen Verfassungsbrief zu ergänzen, also, in einfachster Form,
ungefähr das zu vollziehen, was wir jetzt eine Bundesrevision
nennen. Dagegen muß man dem Brief nicht eine allzu große
Bedeutung im Sinne eines Protestes gegen den Klerikalismus
nach Art moderner „Kulturkämpfe" beilegen, wie es auch schon
gelegentlich geschehen ist[1], sondern ihn bloß als den Ausdruck
eines kräftigen Staatsbewußtseins betrachten, wie es der
Eidgenossenschaft zu jeder Zeit zum Vortheil gereichen wird. Der
indirekte Urheber dieses Briefes, der Propst Brun, blieb lebenslänglich aus der Eidgenossenschaft verbannt, und als im folgenden Jahre der Ritter Eberhard Brun seinen Onkel, einen
Urner, Hans am Stäg, ermordete, so wurde auch er in Uri als

---

[1] Z. B. von Joh. v. Müller selbst. Natürlich ist auch die Bezeichnung
„Pfaffen" nicht in einem heutigen oppositionellen Sinne zu nehmen, welcher
der damaligen Zeit ganz fremd ist.

Mörder verurtheilt und in der ganzen Eidgenossenschaft verrufen, so daß das Geschlecht des mächtigen Bürgermeisters von Zürich, der die Eidgenossenschaft zur Befestigung seiner persönlichen Macht= stellung hatte benutzen wollen, schon in der zweiten Generation heimatlos im Dunkel verschwindet[1]). Unrecht Gut kommt eben auch im politischen Leben nicht leicht an den dritten Erben.

Der Sempacherbrief vom 10. Juli 1393[2]), die alte Militär= organisation der Eidgenossenschaft, unter welcher sie alle ihre großen Kriegsthaten verrichtete, verdankt ihren Ursprung einem andern Zürcher Bürgermeister, der viel Aehnliches mit Rudolf Brun, namentlich die gleiche aristokratische Hinneigung zu Oesterreich besaß. Nach der Schlacht von Sempach folgten sich zuerst eine ununterbrochene Reihe von Waffenstillständen[3]), die schließlich, nach 90 Jahren in den eigentlichen Friedensschluß mit Oesterreich. die „ewige Richtung" mit Herzog Sigmund vom 11. Juni 1474, unmittelbar vor dem Beginn des burgundischen Krieges, aus= mündeten. Während des dritten, für sieben Jahre geltenden „Friedens" vom 1. April 1389 schloß der Bürgermeister Rudolf Schöno von Zürich mit der aristokratischen Mehrheit des Rathes am 4. Juli 1393 einen landesverrätherischen Bund auf 20 Jahre mit Leopold IV. von Oesterreich, dem Sohne des bei Sempach gefallenen Herzogs, in welchem sich Zürich verpflichtete, in dem damals beabsichtigten Revindikationsfeldzuge Oesterreichs gegen die Eidgenossenschaft neutral zu bleiben[4]). Den Eidgenossen kam — wie Tschudi erzählt — heimlich durch gute Gönner Warnung und Bericht, was zu Zürich gehandelt wurde, „des sie übel erschraken." Ihre Boten begaben sich zweimal[5]) nach Zürich zur Abmahnung und wandten sich, als man sie vom

---

[1]) Vgl. Tschudi I. 474 und Psalm XXXVII, 35, 36.
[2]) E. A. I, 327.
[3]) E. A. I, Beilagen 37. 38. 39. 40. 42. 46.
[4]) E. A. I, 82; Tschudi I, 571.
[5]) Das erste Mal vor dem formellen Abschluß des Bundes; sie wurden damals mit leeren Ausflüchten heimgeschickt. E. A. I, 570.

Rathe und den Zünften abhielt, auf der Straße an den gemeinen Mann, der überall in den Städten mehr Sinn für die Eidgenossenschaft hatte, als die Aristokratie, die nur derjenigen Staatsordnung vollkommen anhänglich ist, in welcher sie eine bevorzugte Stellung einnimmt. Der Bund wurde am 15. Juli, bei einer „zornigen und ungestümen" Zusammenkunft der ganzen Gemeinde in der Barfüßerkirche abgethan und der Bürgermeister Schöno mit siebzehn Rathsgliedern, „die vor Angst nicht mehr aus ihren Häusern gehen durften", abgesetzt [1]). Die Eidgenossen wußten nun aber, daß Oesterreich auf neuen Krieg und auf eine „Zertrennung der Eidgenossenschaft" sinne, die es dann ein halbes Jahrhundert später unter dem dritten dieser mehr als bedenklichen Vorsteher des ersten Standes derselben zeitweise auch wirklich erreicht hat.

Der Sempacherbrief ist im Wesentlichen eine Kriegsordnung, ausgehend von den übeln Erfahrungen, die man in der berühmten Schlacht von 1386 durch Unordnung und zu frühes Plündern gemacht hatte; er enthält aber auch wieder eine Reihe anderer Bestimmungen des öffentlichen und privaten Rechtes, namentlich über den allgemeinen Landfrieden, die Sicherheit des Marktverkehrs und des ordentlichen Gerichtsstandes, ferner eine ausdrückliche und fortan allgemein verbindliche Erklärung, daß nicht „muthwillig" und „unerkennet" von einem einzelnen Stande Krieg angefangen, d. h. vorher auf eine billige Ursache bei Eiden erkannt werde. Endlich zieren ihn eine Reihe von sehr humanen Bestimmungen zum Schutze der Kirchen und Klöster und der Frauen [2]), wegen welcher der Brief in der älteren Zeit öfter auch der „Frauenbrief" genannt wird.

---

[1]) Hievon datirt die zweite Stadtverfassung von Zürich, der sog. geschworne Brief vom 26. Juli 1393, der unter einem neuen Bürgermeister, Heinrich Meiß, errichtet und noch von der nominellen Herrin der Stadt, der Aebtissin Beatrix bestätigt ward.

[2]) „Unser lieben frowen (nämlich der h. Jungfrau) zu êren, durch das sy uns lassent zuo fließen ir genade, schirme und behuotnusse gegen allen unsern vngenden", wie der Brief sagt.

Bei diesem Verfassungsbriefe findet sich auch Solothurn unter den Handelnden, ohne irgend eine Unterscheidung von den eigentlichen Ständen der Eidgenossenschaft, und sein Siegel hängt inmitten der andern, so daß von 1393 bis 1481 eine Bundesverfassung bestand, die in Bezug auf militärische Angelegenheiten und, wie man annehmen muß, überhaupt auf Fragen auswärtiger Politik neun Glieder zählte. Der Grund (der nicht angeführt wird) war offenbar das ewige Bundesverhältniß Solothurns mit Bern, neben dem nicht, wie bei dem andern Verbündeten Berns, nämlich Freiburg, noch Abhängigkeitsverhältnisse zu Oesterreich bestanden. Dieses zeitweise, eigenthümliche und in gleicher Weise nicht wieder vorkommende, Verhältniß von Solothurn bildet eine Zwischenstufe zwischen der eigentlichen Eidgenossenschaft der VIII Orte und den sehr verschiedenartigen Rechtsstellungen der sog. „Zugewandten", denen wir alsbald begegnen werden.

Zwischen dem Sempacherbrief und dem dritten gemeinsamen Verfassungsbriefe, dem sog. „Stanser Verkommniß", das dann namentlich in der alten Eidgenossenschaft als eine Art von „Bundesverfassung" im modernen Sinne galt, liegt eine sehr bewegte Zeit, in welcher diese Kriegsordnung mit ihren späteren gelegentlichen Zusätzen[1]) öftere Anwendung fand und an die wir den Leser mit den nachfolgenden Daten kurz erinnern wollen.

Der Krieg mit Leopold IV., der zu jener Zeit erwartet wurde, brach nicht aus, sondern der siebenjährige Friede wurde

[1]) Solche sind besonders vorhanden: von 1499, bei Anlaß des Schwabenkrieges. Es ist das oft citirte Aktenstück, durch welches die Eidgenossenschaft ihre Truppen schwören lassen sollte, keine Gefangenen zu machen, sondern „alles todtzuschlagen, wie unser frommen altvordern allwäg brucht hant." Hiefür und für einige weitere Ordonnanzen vgl. E. A. III 1, 599. 600. Sodann von 1521 im „Leinlakenkrieg" für den Papst und von 1522. Der Sempacherbrief selbst und diese Zusätze enthalten auch die ersten Bestimmungen über die eidgenössische Militärjustiz bis auf das Defensional. Vgl. für Mehreres: Polit. Jahrbuch von 1889, pag. 746, „Das eidgenössische Militärstrafrecht."

vor seinem Ablauf auf 20 und am 28. Mai 1412[1]) noch einmal auf 50 Jahre erneuert, worin bereits ein thatsächlicher Verzicht auf alle Rachepläne gegen die Eidgenossenschaft lag. Das Haus Oesterreich fing selbst an, seine Herrschaften an Glieder derselben zu veräußern, und sein zahlreicher Vasallenadel verlor das Vertrauen auf Wiederherstellung des ehemaligen Glanzes und wandte sich ebenfalls der neuen Sonne zu. Die aufstrebende Eidgenossenschaft ihrerseits begann, von diesem gefährlichen Gegner befreit, ihre Glieder lebensmuthig nach allen Seiten auszurecken, und selbst in ihren einfachen Hirtenländern erwachte der Trieb, nach Herrschaft in denjenigen Gebieten, auf die sie für ihren nothwendigen Handelsverkehr angewiesen waren. Am 19. August 1403[2]) ergeben sich die „landlüt gemeinlich von Liventin" an Uri und Obwalden, die dahin gezogen waren[3]); es beginnen damit die Erwerbungen jenseits der Alpenkette, die in zwei Perioden, im 15. Jahrhundert gegen die Herzoge von Mailand, im 16. gegen Frankreich, als zeitweiligen Besitzer des Herzogthums, den ruhm- und farbenreichsten Theil unserer Geschichte, wenn auch keineswegs den glücklichsten, bilden. 1407 erfolgt das erste Bündniß gegen den Herzog von Mailand mit den damaligen Besitzern des Eingangsthores zu seinen Gebieten, der Stadt Bellenz, den Herren von Sax-Misox, welchem dann 1418 der Ankauf unter Bestätigung des deutschen Reiches folgte. 1410 findet die Aufnahme des Urserenthales in das ewige Urner Landrecht statt[4]); im gleichen und folgenden Jahre die Eroberung des Eschenthales, 1415 die des österreichischen Aargaus, womit die Entstehung „gemeiner" Unterthanenlande eigentlich erst beginnt. Von 1419 ab eröffnet sich der ernstliche Kampf mit den Herzogen von Mailand um das heutige Tessin, der in verschiedenen Abschnitten beinahe das ganze Jahrhundert hindurch andauert. 1440—1450 folgt der

[1]) E. A. I. 342.
[2]) E. A. I, 342.
[3]) E. A. I, 335.
[4]) E. A. I, 128.

furchtbare Sezeſſionskrieg mit Zürich, der mit einer Auflöſung
der Eidgenoſſenſchaft zu enden drohte und, aus ihm hervor-
gehend, die Anknüpfung der franzöſiſchen Freundſchaft mit dem
Frieden von Enſisheim und dem erſten Allianzvertrag 1444[1])
und 1452. Im Jahre 1458 beginnt mit der Einverleibung von
Rapperswyl, bei der Heimkehr aus dem Plappartkriege gegen
Konſtanz, ein weiterer Feldzug gegen Oeſterreich, 1460 die Einnahme des Thurgaus, 1468 der Sundgauerzug und Waldshuterkrieg, dem 1474 der von Frankreich vermittelte Friede als Einleitung zu dem burgundiſchen Kriege folgt. Derſelbe endete nach
drei Jahren bei Nancy mit der Zerſtörung einer zweiten Grenz-
macht ruhmvoll genug, aber nicht vortheilhaft für die Politik
der Eidgenoſſenſchaft[2]), die damit zuerſt der Werbeplatz und ſpäter
der Vaſall Frankreichs wurde.

Noch im nämlichen Jahre 1477 beginnt die zweite, heftige
Durchgangskriſe der achtörtigen Eidgenoſſenſchaft, die zu einer
Art von Erneuerung des Bundes, unter gleichzeitiger Erweiterung
des bisher ängſtlich abgeſchloſſenen Bundeskreiſes führte. Das
Stanſer Verkommniß vom 22. Dez. 1481[3]) iſt mehr ein Friedens-
ſchluß unter den entzweiten Eidgenoſſen, eine wirkliche Erneuerung ihres Bundes, als eine bloße Bundesreviſion im heutigen
Sinne. Nicht bloß die Verfaſſung des Bundes wurde erneuert,
ſondern der Bund ſelber, der am Rande der Auflöſung ſtand.
Uebrigens haben a l l e großen Staatsveränderungen der Eidgenoſſenſchaft dieſen Charakter, und niemals iſt dieſelbe zu einer
erheblichen neuen Entwicklungsſtufe gelangt ohne eine heftige Er-

----

[1]) E. A. II, 807. 869.

[2]) Mit Recht ſagt der Chroniſt Anshelm vom Burgunderkrieg: „Alſo wart
von Tütſchen und Welſchen flyßig geſucht, ſy, namlich den ſchwarzen leuen
(Burgund) und ſchwarzen Stier (Uri, als Sinnbild der Eidgenoſſenſchaft)
aneinanderen zu hetzen. Da aber der leu, als geſchider, nit wöllt anbyßen,
da wart gefunden, daß der ſtier, als der einfältiger, mit des bären vorbiß,
anbiß."

[3]) E. A. III, 696.

ſchütterung, in welcher ſie ihre geſammte moraliſche Kraft gegen allerlei Seinde ihres Beſtandes zu erproben hatte.

Die unmittelbaren Urſachen der damaligen Kriſis ſind vielfach, am beſten in Segeſſers kleinen Schriften („Zur Geſchichte des Stanſer Verkommnuſſes") beſchrieben. Sie lagen zunächſt in dem natürlichen Gegenſatz der beiden Gruppen von Städten und Län= dern, von denen die erſteren die Ausdehnung der Eidgenoſſenſchaft auf neue Gebiete als eine unabweisbare Forderung der Zeit an= ſahen und auch mächtig und gut organiſirt genug waren, um ſolche erobern und in irgend einer Form beherrſchen, oder aſſimiliren zu können, während die Länder durch neue, gleichberechtigte Bundes= genoſſen, namentlich ſtädtiſcher Natur, nur an Einfluß und Stellung im Bunde, den doch ſie weſentlich geſchaffen hatten, verlieren und in allerlei neue Verwicklungen hineingezogen werden konnten, zur Beherrſchung von Unterthanen aber ſich mit einer wohl= thuenden Aufrichtigkeit der Geſinnung nicht fähig fühlten[1]). So ſtanden ſich nach den Burgunder= und Mailänder=Kriegen, die bei Nancy und Giornico glücklich endeten, zwei Strömungen ſchroff gegenüber, die wir beide begreifen und natürlich finden können. Wir wünſchten heute nicht, daß der politiſche Gedanke der weitſichtigeren Städte unterlegen und die Eidgenoſſenſchaft auf die VIII Orte beſchränkt geblieben wäre, und ebenſo können wir dem einfacheren republikaniſchen Geiſte der Länder, der in Unterthanenländern und in vielen Städten mit ariſtokratiſcher Regierungsform eine Gefahr für die Eidgenoſſenſchaft erblickte, unſere, ſogar vorwiegende, Sympathie nicht verſagen. Es iſt das eben der Charakter aller großen politiſchen Kämpfe, daß in beiden kämpfenden Richtungen ein gewiſſes Maß von vernünf= tigen Motiven ſteckt, ohne das ſie nicht beſtehen würden. Dieſen verſtändigen Kern aus der Maſſe von Eigenſucht oder Bornirtheit

---

[1]) Das ſind die „tieferen Differenzen" der damaligen Zeit, auf die ſich das Auge des Politikers richten muß; die Theilung der burgundiſchen Beute war nur der auf der Oberfläche liegende, nächſte Streitpunkt, der oft, wie wir es auch in heutiger Zeit ſehen, nur ſcheinbar der hervortretendſte iſt.

herauszuschälen, die sich im Verlauf des Streites darüber gelagert hat, und mit echt eidgenössischem Sinne das Wohl des Ganzen, die Erhaltung der Eidgenossenschaft selbst, über wohlbegreifliche Einzelinteressen zu stellen, das ist unsere Aufgabe noch heute unter Verhältnissen, die unter etwas andern Worten die gleichen Gegensätze verbergen, und es wird auch heute nur einer echt religiösen Auffassung unserer Politik gelingen, dieselben in ähnlicher Weise aufzulösen.

Freiburg und Solothurn waren die speziellen Klienten Berns. Das Erstere war, obwohl älter, stets ein Nachbild Berns in kleinerem Maßstabe, und daraus, sowie aus den verschiedenen Herrschaftsverhältnissen, aus denen sich Freiburg nicht zu emanzipiren vermochte, entstand ein Zwitterzustand zwischen einer in der Natur der beiden Städte und ihrer Bevölkerungen begründeten Verbindung[1]) und öfterer Fehde, welcher in dem merk-

---

[1]) Ein altes Lied schildert dieselbe folgendermaßen:

> „Es sind zween alte pfarren,
> Die freche muote hand,
> Niemand mag mit ihnen stoßen,
> Diewil sy sind Eydgenossen
> Und sich nit scheiden lant.
>
> Die wölf und ouch die füchse,
> Meng thier in diesem lant
> Sprechend zuo jedem alleine,
> Gemeinschaft sy nit reine
> Und thuond inen das bekannt.
>
> Gott geb den ochsen beeden
> Einen styfen, stäten sinn
> Und lasse sy nit hören,
> Das sy möchte zerstören,
> Das wär nit ir gewinn.
>
> Denn wurdent sy entwetten,
> So schluog es übel uß,
> Daz ich sy beede warne:
> Die wölf sind jetz im garne,
> Dann kämind sy haruß."

Die Wölfe und Füchse sind der umliegende Adel. Sie kamen gleichwohl heraus und in die Bürgerschaften der Städte hinein.

würdigen Jnhalt des zweiten ewigen Bundes vom 20. November
1243 ¹) seinen Ausdruck fand.

Von 1277 stand Sreiburg, infolge Raufs durch König Rudolf
von Habsburg, unter öfterreichischer, von 1452 ab unter savoyischer
Landeshoheit, aus der es 1477 nach den Burgunderkriegen auf
Verlangen Berns entlassen werden mußte.²) Es blieb nun nichts
anderes übrig als Unterwerfung unter Bern, oder Aufnahme
in die Eidgenossenschaft. Ebenso bestand mit Solothurn ein altes
Bündniß Berns von 1295, das am 30. September 1308 feierlich
erneuert wurde²) mit weiteren Erneuerungen von 1345 und 1351⁴).
Dem entsprechend nahm Solothurn seit 1385 an allen Kriegen
der Eidgenossen an der Seite von Bern theil, wurde auch regelmäßig in die Srieden mit Oesterreich, ja sogar in die Kriegsorgani-
sation der Eidgenossenschaft eingeschlossen³), dagegen im Jahre 1411
(6. Nov.) mit einem Gesuche um Aufnahme in den Bund ab-
schlägig beschieden.⁶)

Jm Jahre 1477 (23. Mai) schlossen nun die drei eidgenössischen
Städte eigenmächtig ein Burgrecht mit Sreiburg und Solo-
thurn⁷), einen förmlichen Städtesonderbund gegen die Länder,
der überdieß seitens Luzerns gegen das formelle Recht seines
Bundesbriefes verstieß, der es ihm nicht gestattete, ohne der drei
Länder Wissen und Willen irgendwelche neuen Bündnisse einzu-
gehen. Die Länder betrachteten daher diesen Schritt Luzerns als
Bundesbruch, während dieses namentlich Obwalden beschuldigte,

---

¹) Er bezeichnet sich selbst als eine Erneuerung, die ältere Urkunde ist
aber nicht bekannt. E. A. I, 360.
²) Die Herzogin Jolanthe, die Verbündete Karls des Kühnen, entläßt
die Stadt « promotione et hortatu magnificorum dominorum, sculteti et con-
sulatus minoris et majoris consilii urbis Bernensis, confoederatorum nostrorum amatissimorum » und stellt den Schirmbrief von 1452 mit zerschnittenem
Siegel zurück. E. A. II, 941. 942. 866.
³) Die Urkunde des ersten Bundes fehlt auch hier. E. A. I, 381. 387.
⁴) E. A. I, 419. 426.
⁵) E. A. I, 327.
⁶) E. A. I, 130.
⁷) E. A. II, 920.

eine Verſchwörung angezettelt zu haben, wonach der Stadt Luzern
Mauern und Thürme geſchleift und eine Länderverfaſſung ein=
geführt werden ſollte. Die Sache nahm demnach die Geſtalt eines
Streites der drei Länder Uri, Schwyz und Unterwalden gegen
Luzern an, welchem die andern Städte mit Rath und That zur
Seite ſtanden, und die Abſchiede der Jahre von 1478 ab ſind mit
Verhandlungen und Ausgleichsvorſchlägen angefüllt, die zum
Theil bereits Entwürfe des ſpäteren Verkommniſſes enthalten[1]).
In den Jahren 1479 und 1480 ruhte die Sache wegen auswär=
tiger Händel, und es ſollen dann erſt am 29. Dez. 1480 „Luzern
und die III Waldſtätte das Recht miteinanderen wieder da an=
fangen, wo es vor dem Bellenzer Krieg gelaſſen iſt"[2]).

Von da an wird der Streit akuter, die Sondertagſatzungen
der fünf Städte häufiger, der Ton ihrer Oppoſition gegen die
von den Ländern verlangte Mehrheitsentſcheidung bitterer[3]), bis
endlich am 28. Oktober 1481 zu Sofingen ein Ultimatum an die
Waldſtätte verabredet wird, das die Grundlagen eines neuen
Bundesverhältniſſes aufſtellt. Dasſelbe lautete[4]):

„Zürich, Bern, Lucern, Freiburg und Solothurn.

„Von des Burgrechts wegen iſt beſchloſſen, daß die V Städte
ihre vollmächtigen Botſchaften nächſtkünftigen Sonntag (4. No=
vember) zu guter Tagzeit in Zug haben ſollen, um ſich über
eine einhellige Antwort zu vereinigen „durch ihr eren vnd

---

[1]) E. A. III, 1. 5. 9. 14. So ganz plötzlich iſt das Stanſer-Verkommniß
doch nicht entſtanden.

[2]) E. A. III, 89.

[3]) E. A. III, 91. 92. 93. 104. 108.

[4]) Die Situation erinnert an die letzten Verhandlungen vor dem Sonder=
bundskrieg, oder noch mehr an den Vorſchlag zu einem neuen Bund, den
Preußen im Jahre 1866 zu Frankfurt, gleichzeitig mit ſeiner Erklärung über
den Austritt aus dem alten, auf den Kanzleitiſch des Bundestages legte.

glimpfs willen den örtern der Eidgnoßschaft vf den letsten Abscheid Zug gemacht ze geben vff sölich form, das vß den Abscheiden zu Zofingen vff tagen vergriffen vnd ouch vß dem
Abscheid zu Zug gemacht, ein verennung angesechen werden
sol, die gemeinlich vnd zimlich sye Stetten vnd ländern der Eidgnoßschaft vfzenemen mit Jnsließung der Stetten Friburg vnd
Solloturn. Vnd das die artikel, welche die Statt Lucern dargeben wirt, ouch darzu vervast vnd alles in ein form zu dem
besten gestelt werd, mit mindrung vnd merung. Ob aber das
nit möcht noch wölt angenomen werden vnd gang haben, das
dann wurd geredt von einem gemeinen, gelichen vnd zimlichen
Pund mit lütrung der artikel, So vff tagen als vorstat, gestelt
sind, mit mindrung vnd merung, als sich gebüren vnd geben
wirdt. Vnd umb das die örter der Eidgnoßschaft mögen be-
grifen vnd verstan, den das gemacht burgrecht widerwertig ist,
das es anders nit dann all Trüw, Er vnd guts vff Jm trag,
das dann von einem gemeinen Burgrecht vnd Landrecht zwischen den fünff Stetten vnd allen andern Oertern der Eidtgnoß-
schaft werd geredt vnd angenomen, wie das angenomen ist mit
erklerung vnd lütrung der Artikellen, So in den Abscheiden
als vorstat, begriffen sind." E. A. III, 108.

Das Protokoll der geschichtlich berühmten Tagsatzung
zu Stans (Samstag nach St. Thomastag = 22. Dez. 1481),
die nun folgte, enthält nichts über den Gang der Verhandlungen, namentlich nichts Genaueres über die Vermittlungs-
thätigkeit des Obwaldner Einsiedlers Niklaus Löwenbrugger,
genannt „von der Flüe", so daß nicht einmal mit Bestimmtheit
zu ermitteln ist, ob derselbe wirklich in der Mitte der Tagsatzung
erschien, oder seine Botschaft an die entzweiten Tagherren durch
den Pfarrer von Sachseln, einen Lucerner, Namens Heinrich
Jmgrund, übersandte. An der Thatsache der Vermittlung selbst
ist jedoch nicht zu zweifeln, da der Abschied die Worte enthält:
„Des ersten (sollen die Boten) heimbringen die trüw, mü und
arbeit, so dan der from man, bruder Claus, in disen dingen getan

hat, um das trülich ze danken, als jeglicher bott weis witer ze
jagen." ¹)

Die Macht, welche das Wort des Einsiedlers in sich trug,
erklärt sich nicht nur aus einer weltabgewandten, echt heiligen
Persönlichkeit, die in Momenten, wo die weltliche Klugheit am
Rande ihres Könnens steht, ihren größten Einfluß ausübt, sondern
auch aus dem Zauber der echten Rede überhaupt (gegenüber der
falschen Beredsamkeit), welche stets den bessern Geist in dem
Hörer befreit und in ihm Gefühle und Gedanken weckt, die er
sich vielleicht selbst nicht zu gestehen gewagt hätte. Hier war es
der „eidgenössische" Geist, die höhere Sorge für die Wohlfahrt
des Ganzen und die wahrhaft religiöse Scheu davor, ein solches
von Gott geordnetes und so lange in Gnaden aufrechterhaltenes
Staatsgebilde um kleinlicher Ursachen willen zu zerstören, welche
in den Gemüthern der Tagsatzungsboten jene fast wunderbare Um-
stimmung hervorbrachte, die vielleicht auch in unserem Jahrhundert, vor dem Sonderbundskriege, noch möglich war, wenn ein
solcher Vermittler vorhanden gewesen wäre und das geistige
Haupt des Sonderbunds ein echt schweizerisches Herz gehabt hätte.
Das ist eben im Völkerleben, wie in dem des Einzelnen, das Problem, sich aus mannigfachen Schwierigkeiten, die in der Entwicklung des eigenen Charakters und in der Berührung mit Andern
liegen müssen und stets liegen werden, zu der Klarheit des
sittlichen Bewußtseins und der vollen Höhe der sittlichen Lebensaufgabe durchzuarbeiten, aus denen allein die Größe der Menschen
und der Völker besteht. In diesem Falle sind dann solche Tage,
an denen lange Vorbereitetes und Kämpfendes aus großen Krisen
zu einem richtigen Ausgange sich durchringt, Segenstage für
das Volk und durch dasselbe für die ganze Menschheit, der es
in irgend einer Beziehung voranzuleuchten berufen ist.

Das bleibende Werk des 22. Dezember 1481 war einerseits
das nachmals gewöhnlich sogenannte Stanser Verkommniß,

¹) E. A. III, 109.

der dritte Verfassungsbrief, und sodann die in einem besondern Aktenstücke enthaltene, gemeinschaftliche, Aufnahme der beiden Städte Freiburg und Solothurn durch alle VIII Orte, unter Aufhebung des städtischen Sonderbundes.[1]

Das eigentliche Verkommniß enthält, nach einem religiösen Eingang, der weder im Pfaffenbrief, noch im Sempacherbrief enthalten ist,[2] eine dauernde, gute Landfriedensordnung, die in den folgenden Jahrhunderten allerdings öfters zu geistloser Tyrannei gegen die Unterthanen mißbraucht worden ist, übrigens einen gewissen Ansatz zu dieser spätern korrupten Auffassung von einem selbstständigen Rechte souveräner Regierungen und einem Bund, der bloß zwischen solchen, nicht zwischen Völkern besteht, bereits deutlich zeigt,[3] indem sämmtliche Stände jeder Standesobrigkeit auch gegen deren eigene Bürger zum Beistande verpflichtet sind. Wenn ein Stand gegen diesen ewigen Frieden handelt, so sind die sämmtlichen andern zur Intervention befugt und berufen; einzelne Friedbrecher sind von ihrer Obrigkeit zu bestrafen, doch kann sie auch der von ihnen angegriffene Stand zur Rechenschaft ziehen, sofern er sie auf seinem Gebiete betrifft. Bloß zur Auslieferung solcher politischen Verbrecher sind die übrigen Stände nicht verpflichtet. Das Verbot förmlicher Freischaarenzüge im

---

[1] E. A. III. 696 – 701. Das dritte Stück ist das oben citirte kurze Protokoll. Als sonderbarer Zusatz erscheint in den E. A. (III, 701.) noch ein Spezialabkommen von Bern und Freiburg vom 1. Februar 1482, worin der alte Bund dieser Städte aufrecht erhalten wird und dem eidgenössischen Bunde vorgehen soll.

[2] Wir lassen dahingestellt, ob das der religiösen Stimmung des Augenblicks entsprach, oder in der bewußten Absicht geschah, diesem Briefe eine Art von größerer, constitutioneller Bedeutung zu verleihen.

[3] Ob dieser Ansatz Waldmann zuzuschreiben ist, der muthmaßlich zu Stans anwesend war, lassen wir ebenfalls dahingestellt; es würde diesem Helden, der wenig Freiheitssinn besaß, ähnlich sehen. Der Zürcher Bundesbrief enthält ja selber auch bereits eine solche singuläre Verpflichtung der Eidgenossen, die Zürcher Regierung zu garantiren und war aus einem analogen Gedanken hervorgegangen. Schwyz beantragte zur Zeit der Waldmann'schen Spruchbriefe Streichung dieses Verbots der Versammlungen.

Innern der Schweiz war beſonders begründet durch das erſte
Vorkommniß dieſer Art, das ſog. „tolle Leben," das im Jahre
1477 von der Faſtnacht von Zug ausging und namentlich gegen
Genf gerichtet war. So viel zum Verſtändniß dieſes Briefes,
der ſtets als ein Stück Verfaſſung der alten Eidgenoſſenſchaft
betrachtet worden iſt und noch im Jahre 1814 und 1815 von
einzelnen Staatsmännern der Schweiz an Stelle einer Verfaſſung
erneuert werden wollte. [1]

Der Wortlaut des ganzen Briefes iſt folgender:

„In dem Namen des Vatters, des Suues, vnd des heiligen
Geiſtes Amen. Wir Burgermeiſter, die Schultheiſſen, Ammau,
Räthe, Burger, Landtlüth, vnd Gemeinden gemeinlich diſer hie
nach gemelten Stetten vnd Lendern: Namlich von Zürich,
Bernn, Lutzern, Vre, Swytz, Vnderwalden ob vnd nid dem
Kernnwalde, von Zug mit dem vſſern Ampt, ſo darzuo ge=
hört, vnd von Glarus, als die acht Ortte der Eydgnoſchafft,
Bekennend offenlich vnd thun kund allen denen, die diſen
Brieff jener ſechend oder hörend leſen. Nach dem vnd dann
wir durch krafft vnſer ewigen geſchwornen Pündten, die dann
durch gnad vnd hilff des ewigen Gottes, vnſer Vordern ſälligen
Gedächtnus, vnd vns bißhar zuo gutem Frid, Glück vnd Heil
erſchoſſen, ewigklich zuſammen verbunden ſind, vnd vns zuſtat
mit wachender Fürſorg alles das zuo betrachten vnd für zuo
nemmen, damit vorab dieſelben vnſer ewigen Pünd deſt kräff=
tigklicher beſchirmet, vnd vnſer aller Land vnd Lüth in gutem
Frid, Ruw vnd Gemach behalten werden. Haben wir mit

---

[1] Balthaſar führt einen Zuſatz zum Stanſer Verkommniß vom 22.
März 1656 an, der aber in Wirklichkeit aus dem Bauernkriege iſt und vor=
ſchreibt, bei Aufruhr die Hülfe dem darum mahnenden Orte „unerforſchet und
unerwartet fernerer Umſtände alsbald und ohne einigen Verzug zu gewähren
und mit ſothaner Hilf und Zuzug ſo lange zu verharren, bis nach Erfor=
ſchung und Erdauerung aller Umſtände die Unterthanen und Angehörige
wiederum in die Schranken der Gebühr werden gebracht ſeyn." Andere
Verhandlungen von 1681—1682 darüber finden ſich in E. A. VI II, I,
pag. 24 und 30.

guter wüſſend, einhelligklichem Rathe, vnd nutzbarer Vorbetrachtung vnns dieſer nachgemelten Sachen, Stucken vnd Artiklen, die alſo bey vniern Ehren vnd guten Trüwen für vns
vnd alle vnſer ewigen Nachkomen fürbashin ewigklich gegen
einandern vnverſert, war, vnd ſtät ʒe halten, mit einandern
güttlich vereinbaret, vnd die ʒwüſchend vns abgeredt, gelütert
vnd beſchloſſen, wie hienach volget, vnd eigentlichen begriffen
ſtat. Deß erſten, daß vnder vns den vorgenambten acht Ortten
Sürich, Bernn, Lutzern, Vre, Swyʒ, Vnderwalden, Sug vnd
Glarus, weder durch ſich ſelbs noch durch vnſer Vnderthanen,
Burger, Landlüth, oder durch nieman anders, nieman den
andern mit eignem Gewalt fräffenlich überʒiechen, noch ſunſt
in kein weg weder an Lyb, noch an Gutt, an Stetten, Lannden
noch an Lütten, an ſinen Vnderthanen, Burgern, Landlüthen,
noch an denen, ſo inen mit ewigen Pündten gewant ſind, oder
ʒu verſprechen ſtand, dheinerley ſchadens noch vnluſtes, jeman
dem andern das ſin ʒe nehmen, ʒe nöthigen oder die ſinen ab-
ʒutrennngen in kein wyſe nit fürnemmen, noch das ʒe thund
vnderſtahn ſoll. Vnd ob jeman vnder vns den vorgenamten
acht Ortten gemeinklich oder inſonders, darvor Gott ewigklich
ſye, jeman dem andern an dem ſynen oder an den ſinen oder
an denen, wie da vor gelütert iſt, ſölich ſachen, wie obſtaht,
ʒufüegte, fürneme oder dawider thäte, damit ſollichs dann
ſerkommen vnd vnſer aller ewigen geſchwornen Pündt krefftenk-
lich beſchirmet werdent, vnd wir alle miteinandern deſt fürer
in brüderlicher Trüw, Srid, Ruw, vnd gemach plibend,
welchem Ortte, oder den ſinen, als vorſtath, dan dis vnnder
vns ne begegnet, So ſöllent vnd wellent wir vbrigen ortte alle
gemeinlich das ſelbe ortt, vnd die ſinen, wie vorſtatt, ſo alſo
genötiget wurdent, vor ſölcher gewaltſamme vnd überpracht vn-
gehindert aller ſachen mit guten Trüwen ſchirmen, ſchützen,
vnd handhaben, an alle geverde. Vnd ob vnder vns einicherley ſundriger Perſonen, eine oder mehr, theiniſt ſölliche über-
bracht, vffrühr oder gewaltſammi, als obſtath, gegen jeman
vnder uns oder den vnſeren, oder denen, wie vor gelütert iſt,

ane Recht fürnemmend oder begiengend, wer oder von welchem
Orth vnder vns die ioch währind, die söllend, so dick das
beschicht, von stund an, nach ihrem verdienen vnd gestalt der
sach, darumb von ihren Herren vnd Obern ane alle hindernuß
vnd widerrede gestraft werden. Doch vorbehalten, ob jeman
der vnsern vnder vns in deß andern Gerichten oder Gebieten,
einicherley gräuel begienge, oder vffrür machte, mag man daselbs die Getäter annemmen, vnd die ye vmb söllich frevel
vnd buoßwirdig sachen nach desselben Orths vnd der Gerichten
daselbs, da sollichs ye zu Ziten beschicht, recht vnd harkom-
menheit, straffen vnd rechtfertigen, vngevarlich.

Wir sind auch übereinkomen, vnd habend gesetzt, daß
ouch fürbas hin vnder vns, vnd in vnser Eydtgnoschaft, weder
in Stetten noch in Ländern nieman theinerley iunderbarer
gefarlicher Gemeinden, Samlungen, oder Anträg, da von dan
jeman schaden, vffrur, oder vnfuog erstan möchte, weder heimlich, noch offenlich fürnemmen, noch thun soll, ane willen vnd
erlouben siner Herren vnd Oberen, Namlich von Zürich eines
Burgermeisters vnnd der Räthen, von Bernn, des Schultheissen
vnd der Räthen, von Luzern eines Schultheissen der Räthen
vnd Hunderten, von Vre, Swytz, Vnderwalden, Zug vnd von
Glarus der Amman, der Räthen vnd ir Gemeinden daselbst.
Vnd ob darüber jeman vnder vns dekeinerley sollicher gefarlicher Gemeinden, Besamlungen vnd Anträg, als vorstath, ze
thun fürneme, darzu hilff oder Rath thäte, der vnd dieselben
sollend alsdann nach ihrem verschulden gestracks vnd ane ver-
hindern von ihren Herren vnd Obern gestrafft werden.

Wir habend ouch mit sunderheit zwüschend vns abgeredt,
vnd beschlossen, daß fürbashin in vnser Eydtgnoschaft vnd
vnder vns by Eyd vnd ere, nieman dem andern die sinen zu
vngehorsam vffwysen soll, wider ihr Herren vnd Obern ze
sind, noch nieman die synen abzüchen, oder vnderstan widerwertig ze machen, dadurch die abtrünnig oder vngehorsam
werden möchten. Vnd ob jeman vnder vns die synen wyder-
wertig syn wöllten, oder vngehorsam wurdend, dieselben söllend

wir einandern mit guten Trüwen fürderlich helffen ihren
herren wider gehorsam machen, nach lut vnd durch kraft
vnser geschwornen Pundtbrieffen.

Vnd alsdann in dem Brieff, so vor Ziten nach dem Stritt
zuo Sempach des Jahrs do man zalt von Christi vnsers
herren Gepurt thusent drün hundert Nüntzig vnd drün Jar,
durch vnser Vordern säliger Gedächtniß, Wie man sich in
Kriegen vnd Reysen halten sölle, so wir mit vnsern offnen
Pannern zuo veld ziechent, etlich Artickel gesetzt vnd beschlossen
worden sind; haben wir zuo mehrer Lüterung, vns vnnd
vnsern Nachkommen zuo gut, in dieser ewigen Verkomnuß
abgerett vnd beschlossen, vnd denselben Artikel also gesetzt:
War wir für diß hin mit vnsern offnen Pannern oder Venlinen vff vnser vigend ziechen werdent gemeinlich oder vnder
vns dhein Statt, oder Land sunderlich, all die, so dann mit
den Pannern oder Venlinen ziechend, die söllend ouch by einandern pliben, als Biderblüt, wie vnser Vordern ye dahar
getan hand. Was not ihnen, oder vns ouch begegnet, es sye
in Gesächten, oder andern Angriffen, wie dann derselb vnd
ander sachen vnd Artickel in dem obgemelten Brieff, nach dem
Sempach Stritt gemacht, witter vnd eigentlicher begriffen sind.

Habend wir fürer gesetzt vnd beschlossen, daß vorab derselb Brieff, vnd ouch der Brieff, so vor Ziten durch vnsern
Vordern sälig ouch gemacht ist worden, von Priestern vnnd
ander sachen wegen, in dem Jar des Herren thusent drün
hundert vnd Siebentzig Jar, mit allen iren Punckten, Stucken,
sachen vnd Articklen, wie vnd in aller maß das dieselben
beid Brieff inhaltend vnd begriffend, fürbashin vnversert in
ganzen guoten kreften pliben vnd vest gehalten, vnd daß daby
zuo ewiger Gedächtnuß dieselben beid Brieff vnd ouch diese
früntlich ewige Verkomnuß nu von hin, so dick wir vnser
ewige Pündt schwerend, allenthalben vnder vns in allen Orten
offenlich vor vnsern Gmeinden gelesen vnd geöffnet werden
söllend.

Vnd damit alt vnd jung vnſer aller geſchwornen Pünde
deſt fürer in Gedächtnuß behalten mögend, vnd denen wüſſend
nachzuhommen, So haben wir angeſechen vnd geordnet, daß
die fürbashin zuo ewigen Zitten vnd allwegen in allen Orten
von fünff Jaren zuo fünffen mit geſchwornen Enden ernüwert
werden ſöllend.

Wir habent ouch zwiſchen vns luther beſchloſſen vnd abgerett, wo vnd als dick wir fürbashin gegen jeman ze kriegen
oder reyſen kommend, was dann Gutes, Geltes oder Brand-
ſchätzen in ſöllichen Kriegen oder Reyſen, in Stritten oder
Geſächten, theinſt mit der hilff Gottes von uns erobert wür-
dend, daß ſölichs nach der ſumm vnd anzahl der Lütten, ſo
iegklich Ortt, Statt vnd Lender, vnder vns in ſollichem Zug
oder Geſächt gehebt hat, den Perſohnen nach glichlich getheilt
werden ſoll. Ob aber wir Land, Lüth, Stätt, oder Schloß,
Zins, Rennt, Zöll, oder ander Herrlichheiten in ſöllichen kriegen
eroberten oder innemmend, die ſöllend vnder vns den Ortten
nach, als von alter har, glichlich vnd fründlich getheilt werden. Vnd ob wir ſölliche ingenomen Land, Stett, Schloß,
Zins, Rennt, Zöll oder Herrlicheit theinſt in thädings wys
wider zuo löſen gäbend vmb einicherley ſumm Gelts, des ſye
dann wenig oder vil, das ſelb Gelt ſoll ouch vnder vns Ortt
von Stetten vnd Ländern glichlich werden getheilt, fründlich
vnd ane geverde.

Wir haben ouch gelütert, vnd hieryn eigentlich beſchloſſen,
daß diſe fründlich vnd ewig Verkommnuß vnns die vilgenanten
Orth vnd Stätt, vnd ouch alle die, ſo in vnſer Endtgnoſchaft
mit vns reyſend, ouch vnſer Vnderthauen, Burger, Landluth,
vnd die ſo mit vns in ewigen Pündten ſind vnd vns zuo verſprechen ſtand, berüren ſoll vnd darin begriffen ſin; vßgenommen Stätt, Schloß, Land vnd Lüth, Zins, Rennt, Zoll vnd
Herrſchaften, die ſöllend vns Orten von Stätten vnd Ländern,
als vorſtath, zuogehören, vnd vnder vns getheilt werden.

Vnd in diſer fründtlichen, ewigen Verkommnuß behalten
wir vns ſelber vor, daß dis alles, wie vor erlütert iſt, vnſer

aller ewigen Pünkten vnvergriffenlich vnd vnschedlich sin soll,
vnd daß daby denselben vnsern pünden zu krefften vnd be-
schirmung diß ewig Vorkommnuß nach allem ihrem Inhalt vn-
versehrt gehalten werden soll, getrüwlich vnd ane alle geverde.

Vnd diß alles zuo warem, vestem vnd vemerwerendem
Vrkunndt, so haben wir obgenanten acht Ortt, Zürich, Bern,
Luzern, Vre, Swyz, Vnderwalden, Zug, vnd von Glarus, vnser
aller von Stetten vnnd Lendern Jngesigel, für vns vnd vnser
ewigen Nachkomen, offenlich thuon henken an diser Brieffen
acht, die von Wort zu Wort glich wysend, vnd jegklichem Ort
vnder vns einer geben ist, vff den nächsten Sampstag nach
sannt Thomas Tag des heiligen zwölff Botten, als man zalt
von der Gepurt Christi vnsers Herren thusent vierhundert
Achtzig vnd ein Jare."

Der Friedenschluß zu Stans muß damals den Eindruck
einer neuen Gründung der Eidgenossenschaft hervorgebracht haben.
Weitumher wurde mit allen Glocken geläutet und der Name des
frommen Vermittlers hoch gefeiert. Der Stand Solothurn sandte
ihm schon am 29. Dezember 20 Gulden zu einem guten Jahr für
den Gottesdienst in seiner Kapelle am Ranft mit den Worten:
„Wir sind berichtet, wie daß Ihr von Gnaden des allmechtigen
Gottes Fried, Ruw vnd Einhälligkeit in der ganzen Eydtgnoßschaft habt gemacht durch üwern getrüwen Rat und Unterrich-
tung, und so vil Guts vnserthalben geredet, daß wir (neu) ver-
brüderet sind in einem ewigen Punkt mit gmeiner Eydtgnoßschaft,
das wir billich dem waren Gott und allem himmlischen Heer
und üch als Liebhaber des Frieds gros Lob und Dank sagen."
Freiburg sandte ein Stück Tuch, Luzern 40 Gulden für die Kapelle, Bern 40 Pfund, wofür ein zwar nicht von Bruder Klaus
selbst (der nicht lesen und schreiben konnte) geschriebenes, wohl
aber mit seinem Siegel besiegeltes Dankschreiben noch vorhanden
ist. Und damit bei allem Großen und Ehrwürdigen die menschliche Schwachheit nicht ganz fehle, die eben immer unsere Be-
gleiterin bleibt, so treffen wir mitten in der gehobenen Stimmung

jener Tage auch noch auf einen „Schelm", der die dankbare Gemüthsverfassung der Eidgenossen mittelst einer vorgeblichen Sammlung für die Kapelle des Bruders Klaus für sich aus= beutete, so daß die Tagsatzung vom 17. März 1483 genöthigt war, allenthalben in der Eidgenossenschaft auf ihn fahnden zu lassen.[1])

Außer diesen drei großen Verfassungsbriefen und dem Inhalt der Bundesbriefe der VIII und nachmals der XIII Orte sind für das ältere Bundesstaatsrecht vor der Reformation noch bestim= mend eine beträchtliche Anzahl von wichtigeren Konkordaten, die im Schooße der Tagsatzungen angenommen und in einzelnen Fällen sogar, wie die Bundesbriefe selbst, beschworen wurden. Als solche kann man anführen: Den Pensionenbrief vom 31. Juli 1503[2]), die Münzkonkordate[3]), namentlich die erste zehnjährige Münzordnung von Zürich, Bern, Luzern mit Oesterreich, Basel, Solothurn und andern Herren und Städten von 1387 und das spätere fünfzigjährige Konkordat der VII Orte und der VI Orte von 1425, sowie weitere von 1487 und 1504; die Konkordate über die Straßenunterhaltung in der Eidgenossenschaft von 1403 und 1473[4]), die Vereinbarungen über die Gotthardstraße[5]), über die Grimselstraße[6]), die Straße am Schollberg, ferner zahl=

---

[1]) E. A. III, 148.

[2]) E. A. III II, 1314. Ein ähnlicher graubündnerischer ist vom 25. Febr. 1500. E. A. III II, 1316. Vgl. frühere Verkommnisse E. A. I, 59. 91. 99, und Versuche von Verständigungen gegen einseitiges Kriegsanfangen E. A. III II, 592. 595. 601.

[3]) E. A. I, 56. 77. 320; II, 40, 43. 700. 728. 50. 734; III I, 263; III I, 100. 292; VI I, II, 1834. 1822.

[4]) E. A. I, 102. 156. 255; II, 443. Dort ist gesagt: 1473, 31. März: „Gmein Eitgnoffen hant allen Koufflüten, wannen die ioch sint vnd was Kouffmanschaft sy füren, ein Geleit geben, dz sy mit Jr lib vnd Gut sicher in der Eitgnoßschaft faren vnd wandlen unh uff der Eitgnoffen widerruffen." 1474 und 1487 wurden allgemeine Straßenverbesserungen beschlossen, — 1579 ein eidgenössischer Straßenmeister für den Mont Kenel (Monte Cenere) angestellt.

[5]) E. A. I, 16. 29. 41. 121. 173. 260. 275. 308. 337. 395. 430.

[6]) Vertrag von 1397, E. A. I, 454.

reiche Verträge über Zölle und Geleite[1]). Versuche zu Verträgen
über Erbfälle und Abzugsgelder, Bürgeraufnahmen, sogar theilweise Rechtseinheit, und allgemeine Verordnungen über
Landes-, Sitten- und Sanitätspolizei kommen sehr häufig vor.[2])

In der spätern Periode folgen dann noch besonders die
Badener Beschlüsse über die Armenunterhaltung von 1551, nebst
ihren Zusätzen[3]), die vier Landfrieden, der Vertrag von Baden,
das eidgenössische Defensional und seine Ergänzungen im Wyler
Abschied und Schirmbrief, von denen in der Folge die Rede sein
wird. Als wichtige Präzedentien für die Erläuterung des
Bundesrechtes konnten gelten die, theilweise bereits erwähnten
eidgen. Interventionen von 1385, 1398 und 1404, 1470, 1513,
der Schiedsspruch im sog. Ringgenberger Handel zwischen Unterwalden und Bern vom 13. Juni 1381 über die Landrechte[4]), die

---

[1]) E. A. I, 16. 19. 24. 122; II. 77. Ueber Zölle an der Gotthardroute
vergleiche u. A. E. A. V i, 138. 251. 308. 313. 944. 1022. 1158. 1159—1189.
1098. 1247. 1248; III ii, 718. 866. — Im Jahre 1612 wird bereits eine gleichförmige Zollordnung auf einer Konferenz der katholischen Kantone beregt.
Die Zölle von Uri bei Flüelen und am Platifer wurden besonders oft behandelt. Eidg. Boten und Kriegsleute „unter unseren offenen Fahnen"
mußten ganz frei gehalten werden. 1658, 27. Juni, wird Uri angehalten,
seine Zollerhöhung am Gotthard zu beseitigen, sobald die Straße verbessert
sei. Andererseits werden Uri mitunter Subventionen an diese Straße aus
den fremden Pensionsgeldern bewilligt.

[2]) Vgl. z. B. Bestrebungen über Herstellung einer Reichseinheit für die
III und IV Waldstätte im Erb-, Betreibungs- und Konkursrecht, die später
„zur Herstellung mehrerer eidgenössischer Liebe und Treue" auch noch auf
andere Eidgenossen ausgedehnt werden sollte. E. A. III i, 363; V i, i, 1158;
gemeinsame Verfolgung von Todschlag III i, 177; Ausschluß der Vehm-
gerichte E. A. II, 101. 109. 131; Verordnung „von der kurzen schantlichen
Kleider" und des Waffentragens wegen III i, 92. 173. Verordnung, daß
Müßiggänger zu beseitigen und Arbeitslose zu Arbeit anzuhalten seien.
E. A. III i, 150. 173. Ebenso Verordnungen über Juden, unächte Waaren,
schädlichen Vorkauf. E. A. I, 163. Bürgeraufnahmen: E. A. II, 372. 374.

[3]) E. A. IV i e, 551 und VI i, 1587—1617.

[4]) Durch diesen Spruch wurde entschieden, daß Unterwalden sein
Landrecht mit dem in Bern verburgerten Freiherrn von Ringgenberg aufgeben und in Zukunft Niemand zu einem Landammann empfangen dürfe.

ebenfalls schon erwähnte Aufhebung des Zürcher Bundes mit
Oesterreich von 1450, die Einverleibung von Wäggis durch Luzern
von 1380, welcher Fall ,dann im Jahre 1608 bei dem sog.
„Vieler Tausch" zwischen Bern und dem Bischof von Basel nochmals
und richtiger beurtheilt wurde, endlich die Spruchbriefe von 1489
und 1531 über die Rechte der Landschaften gegenüber den regie=
renden Städten.[1])

Ferner gehören schon in der ersten Periode zum Inhalte des
Bundesstaatsrechts diejenigen Verträge mit sog. zugewandten Orten
und Unterthanenländern, sowie die Staatsverträge mit auswär=
tigen Staaten, welche aus der Zeit vor der Reformation datiren,
und endlich ist bis zum Basler Frieden vom 22. Sept. 1499 ein
anerkanntes Zugehörigkeitsverhältniß der Eidgenossenschaft zum
deutschen Reichsverbande vorhanden, das sich erst in der Zeit
vom Schwabenkrieg bis zum westphälischen Frieden gänzlich
gelöst hat.[2])

---

der den Bernern oder den Ihrigen in Eigenschaft, Lehenschaft oder Pfand=
schaft zugehöre und jenseits des Brünig sitze; etwas von einer Theilung der
Interessensphären, wie sie im neuesten Völkerrechte vorkommen, liegt in
diesem Entscheid und der vorangegangenen Aufhebung der Verbindungen der
Waldstätte im bernischen Oberland.

[1]) Vgl. Helvetia III, 499. 531.

[2]) Vgl. in: Politisches Jahrbuch der schweiz. Eidgenossenschaft" von
1890, eine gründliche Darstellung der Verhältnisse zum Reich von Prof.
W. Oechsli.

V.

Die nächste und politisch bedeutendste Folge des Stanzer Tages war die Entstehung einer erweiterten Eidgenossenschaft durch den Beitritt von fünf neuen Orten, welche sämmtlich von den „VIII alten Orten" (wie sie nun anfangen genannt zu werden) als einer Korporation, in ein ewiges Landrecht unter gleichartigen, mit dem Bundesrecht dieser VIII Orte nicht ganz übereinstimmenden Bedingungen aufgenommen wurden, so daß fortan gewissermaßen zwei Typen einer Bundesverfassung bestehen, von welchen derjenige der neuen Orte den Uebergang zu dem Verhältniß der noch ferner stehenden „Zugewandten" bildet. Es ist auch ziemlich durchsichtig und man muß sich dabei den Frieden von Stans nicht gar zu schön vorstellen   daß Anfangs keine eigentliche Aufnahme von Freiburg und Solothurn in den Bund beabsichtigt war, sondern eher ein Verhältniß, das mit einem heutigen Protektorat Aehnlichkeit hat. Diese beiden Stände erhielten nicht allein keinen Antheil an den gemeinen Herrschaften, sondern es wurde ihnen auch die Bundeshilfe der VIII Orte nur innerhalb eines gewissen, genau bezeichneten Gebietskreises gewährt, und sie dürfen auch allein keinen Krieg fortsetzen, wenn ein Friede oder Waffenstillstand ihren Vormündern, den VIII Orten, oder ihrer Mehrheit, „nützlich und erlich" dünkt. Und ebenso dürfen sie sich „fürbaßhin mit dheinerley ge-

lüpt noch eyden zuo nieman wytter verbinden, denn mit der ob=
genannten acht Ortten gemeinlich oder der mererteil uunder inen
raat wiſſen und willen," mit dem einzigen Vorbehalt von Bürger=
aufnahmen nach ihrem Stadtrecht und „diſer vereinung ohne
ſchaden."[1] Es wurden auch die zwei Städte längere Zeit hin=
durch nicht zu den Tagſahungen einberufen, wenn nicht ſie ſelbſt
betreffende Verhandlungen vorlagen, und die Abſchiede vom
9. Juni 1483 und 29. April 1501 enthalten ſogar ſolche aus=
drückliche Beſchlußfaſſungen.[2] Erſt von 1502 ab werden ſie als
„Orte" bezeichnet, während ſie bis dahin eine Art von unbe=
ſtimmtem Mitteldaſein zwiſchen „Orten" und „Zugewandten"
geführt hatten, von welchen letzteren ſie auch wieder unterſchieden
wurden.

Die VIII alten Orte blieben überhaupt bis 1798 ſtets ein engerer
Kreis der Eidgenoſſenſchaft innerhalb eines weiteren, der auch
durch fortdauernde gemeinſame Intereſſen näher verbunden war,
und ſo ſehr wurde darauf gehalten, dieſen Unterſchied ſich nicht
allmälig verwiſchen zu laſſen, daß bei den ſpäteren, regelmäßi=
geren Tagſahungen zu Baden und Frauenfeld den Geſandten der
VIII Orte ſtets höhere Sihe, als denen der fünf neuen, ange=
wieſen waren. Prinzipiell aber war mit dem Ende des Jahres
1481 der Widerſtand der Länder gegen die Aufnahme neuer Orte
und ſpeziell neuer Städte gebrochen, und es traten nun im Laufe
von 32 Jahren noch drei weitere Stände unter ähnlichen Bedin=
gungen wie Freiburg und Solothurn dem Bunde bei. Zuerſt
im Jahre 1501 (9. Juni und 10. Auguſt) die beiden Schweizer
Grenzſtädte gegen Deutſchland, Baſel und Schaffhauſen. Beide

[1] E. A. III i, 698.
[2] E. A. III i, 154.: „Item heimbringen von der von Solothurn und
Fryburg wegen, das man ſy nit zuo tagen beſchriben ſoll, dann zuo den
ſachen, ſo ſy berüeren möchten, als dann davon jeglicher bott weiß weiß
zuo ſagen." E. A. III i, 160. 198. 229. 423. 535; E. A. III ii, 112. 661. Na=
mentlich die V Länder beſchloſſen 1492 auf einem Sondertag, nicht mit ihnen
zu ſihen, und ſehten dieſen Beſchluß im Jahr 1501 auf einer allgemeinen
Tagſahung durch. Auch der Eid wurde ihnen anfänglich lange Zeit nicht
in gleicher Form, wie den VIII Orten, geleiſtet. E. A. III ii, 1253. 1254. 1258.

waren die Frucht des Schwabenkrieges von 1499, des letzten
großen Versuchs des deutschen Reiches, die Eidgenossenschaft nicht
nur in seinem Verbande festzuhalten, sondern in ihrer bisherigen
Selbständigkeit zu beschränken. Alles, was an Haß gegen sie bestand, die alte, noch nicht ganz vergessene österreichische Erbfeind-
schaft, die Abneigung der Monarchie gegen die Republik, des
Adels gegen die sich selbst regierenden „Bauern" und nicht zum
wenigsten der Neid der Grenznachbaren und Stammverwandten
gegen die, denen ein besseres Loos gefallen war, wie er schon im
alten Zürichkrieg aus dem Schmachlied des Waldshuters Isen-
hofer¹) spricht, trat in einem furchtbaren, lange zurückgehaltenen
Ansturme zu Tage, den die Eidgenossen, dank ihrer Tapferkeit,
Kriegsgewandtheit und vortrefflichen Disziplin in einer Reihe
von ununterbrochen siegreichen Gefechten bestanden. Der gesteigerte
Muth gegen jeden Versuch der Beherrschung, der ihnen oft als
bäurischer Trotz in den deutschen Kriegs- und Spottliedern vorgeworfen wird, deren wir eine ganze Reihe, namentlich von 1444
weg bis zur Schlacht von Bicocca²) kennen, eine Eigenschaft,
welche die schweizerische Nation noch heute besitzt und die ihr

---

¹) Vgl. Tschudi II, 412 und unsere nachfolgende Auseinandersetzung
über die Trennung vom Reich.

²) Das beste davon ist das Liedlein des Landsknechts Konrad Velten
nach dem vergeblichen Sturm der Schweizer auf die befestigte Stellung von
Bicocca gegen Prosper Colonna und Georg von Frundsperg vom 27. April
1522. Das übermüthigste Lied von Schweizerseite ist das erste Dornecklied
auf den großen Sieg, der den Schwabenkrieg, angesichts von Basel, beendigte:

„Dorneck bist ein hohes hus,
Do schluogend d'Schwaben d'kuchi uf
Die häfen thätend's schumen,
Doch, als es ward um vesperzyt,
That man die kuchi rumen.

Solothurn bist ein vester Kern,
Das hant die Schwaben gar nit gern,
Es will mich selber dunken,
3'Dorneck händ's ein hering g'essen
Und erst zuo Straßburg trunken.

hoffentlich auch für die Gefahren der Zukunft erhalten bleibt, kam damals zu seiner vollen Geltung.

„Trifft sich" — sagt Tschudi — „daß die Eydgnossen der Zyt versehen und besetzen müßtend zirkelwis ob 60 myl wegs, damit sy ir lant beschirmen und enthalten möchtend. Jugent nüt dest minder mit gewalt und heerskraft us dem lant und thatend sieben feldstritt mit den vigenden uf irem erdrych. Und behubend ir lant also, daß die vigend nie kein nacht mit gwalt lebendig uff ir erdrych lagend. Das war ein seltsam sach, daß ein sölich klein Commun sich des römischen Richs und aller Tütschen erweren mocht."

Zu der Befestigung des schwer errungenen Sieges gehörte nun aber als politische Nothwendigkeit die Inkorporirung der beiden deutschen Grenzstädte, mit welchen schon viele Beziehungen, mit Schaffhausen sogar zwei vorangehende eigentliche Bündnisse, von 1454 und 1479, bestanden [1]), während die Basler noch 1412 (15. Mai) um „etwas Einung" bei Zürich, wie es scheint, vergeblich sich beworben hatten [2]). Auch in diesen Städten gab es wieder eine aristokratische Partei, welche dem Bund nicht zugethan war, ihrer Abneigung aber, wie es scheint, allzu offenen Ausdruck verlieh. [3])

Der uns das liedli macht bekannt,
Ein Schwyzerknab ist er genannt,
Er hat dich wol gesungen:
Zu Dorneck vor dem grünen wald
hat man die Schwaben gschwungen."

[1]) E. A. II, 875; III, 28.

[2]) E. A. I, 131. Im Burgunderkrieg bereits verlangten sie von der Eidgenossenschaft eine Besatzung von 800 Mann und einen „erbarn" haupt-mann (E. A. II, 463).

[3]) Ein Lied jener Zeit sagt darüber:
„Die von Basel hettend's recht ermessen,
Daß sy der Aidgnossen Krieg (hindurch) sint still gsessen;
Man wöllt's darby nit lassen beliben.
Die künigischen triben des übermuots zu vil,
Drum inen der stier helfen will;
Der der tuot sin muotwill triben."

Schon während des Krieges stand der adelige Bürgermeister Imer von Gilgenberg bei den Eidgenossen im Verdacht, die Deutschen trotz der zugesagten Neutralität Basels über alle Bewegungen der Schweizer in Kenntniß erhalten zu haben. Solche Briefe, die er mit „Pfefferhans" unterschrieb, wurden, wie Tschudi sagt, zu Dorneck nach der Schlacht „hinter den königischen gefunden." Und als es sich nun um die Vereinigung mit den Eidgenossen handelte, „zugent der Edlen und deren, so bös Eydgnossen warent, vil us der statt und tröwten den guten burgern, si wölltind der Tagen einist ynfallen und inen die pulfersäck erschütten." Das gemeine Volk der guten Stadt aber schwor mit Freudigkeit den Eid, den ihm der Bürgermeister Röust von Zürich vorlas, die jungen Knaben riefen den eidgenössischen Boten bei ihrem Eintritte fröhlich zu: „Sie Schwytz Grund und Boden und die Stein in der Bsetzi!", eine Frau mit der Kunkel in der Hand saß in jenen festlichen Tagen, statt der Wache, am offenen Thor, und der erste, nach dem Abschluß des Bundes geborene Basler wurde von den eidgenössischen Ständen aus der Taufe gehoben. Erst in unserem Jahrhundert, 1813, fand der angedrohte Einfall der Oestreicher, in Verbindung mit einer aristokratischen Revolution in der Schweiz, statt [1], und immer noch leben in der Stadt Basel besonders viel bester Eidgenossen.

Der Basler Bundesbrief, ist ein sehr langes und etwas doktrinäres Aktenstück, wie es der Hochschulstadt der Eidgenossenschaft „mit vil glerter lüt in beiden stenden" [2] an und für sich nicht übel anstand, sonst aber schon damals als „fast groß

Und ferner:

„Gmein Aidgnossen hant sich recht besunnen,
Daß sy Basel für ein Ortt hant gnummen;
Den Schlüssel hand's empfangen,
Damit sy ir land mögend bschließen,
Das tuot mengen Oesterrycher verdrießen."

[1] Vgl. Polit. Jahrbuch von 1886, pag. 340, „Die Kapitulation von Basel" und 1887 pag. 42 „aristokratische Revolutionen".

[2] Vgl. Johannes Stumpff, „Lobsprüche auf die VIII Orte."

und scharpf gemacht" angesehen wurde. Es liegt in dieser leisen
Andeutung von 1520[1]) die instinktive Erkenntniß, daß auch
eine gewisse Art von unvolksthümlicher, doktrinärer Gelehrsam-
heit im schweizerischen Staatsrechte und in der schweizerischen
Gesetzgebungskunst ein nicht immer verwendbares und bisweilen
sogar gefährliches Element bildet. Das Charakteristische des
Basler Bundes und der nachfolgenden Bünde mit Schaffhausen
und Appenzell ist eine besondere Klausel, welche den ausnehmend
gesunden politischen Verstand der damaligen Eidgenossen und ihre
vollkommene, wiewohl schwerlich sehr theoretische, Einsicht in die
Natur einer Staatenverbindung zeigt, in welcher immer die richtige Vereinigung einer Sorge sowohl für die Selbständigkeit der
Einzelstaaten, wie für die Erhaltung des Gesammtstaates gefunden
werden muß. Während nämlich auch diese neuen Stände nur ein
an die Zustimmung der Miteidgenossen gebundenes Recht zu
Krieg und Frieden und neuen Bündnissen erhielten, mit Ausnahme immer der gewöhnlichen Bürgeraufnahme, die in alter
Zeit auch als eine Art von Bündniß betrachtet wurde, so soll
nun „wo es ouch durch einich ungefel darzuo käme, das under
und zwüschen uns, der Eydgnoßschaft, es were eines oder mer
orten, gegen und wider einanderen uffruor wurden erwachsen, das
Gott ewenklich welle verhuoten, ein statt Basel (und ebenso später
Schaffhausen und Appenzell) durch ir bottschaft sich darin arbeiten, sollich uffruor, zweiung und spen hinzulegen. Und ob
das je nit syn mocht, so soll doch dieselb statt just dheynem teil
anhangen, sunder still sitzen, doch ir früntlichen mittlung, wie
vorstat, ob die erschiessen mocht, unverzigen." Also der Krieg
unter den eidgenössischen Ständen wird als möglich vorausgesetzt,
aber dafür gesorgt, daß dann einzelne Bundesglieder (wie nachmals in dem vierten Landfrieden auch einzelne Unterthanen-
gebiete) nicht daran theilnehmen dürfen, sondern einen ruhigen
Punkt in der leidenschaftlichen Bewegung bilden, von dem aus
beständig die Auflösung des Ganzen verhindert und die Ver-

---

[1]) Vgl. Hottinger, Sortf. von Joh. Müller I, 20.

söhnung der streitenden Bestandtheile des Bundes angestrebt werden kann. Zu dieser Vermittlerrolle war Basel vermöge seines Ansehens bei Städten und Ländern ganz besonders geeignet und hat dieselbe sogar noch in diesem Jahrhundert vor dem thatsäch= lichen Ausbruche des Sonderbundkrieges durch eine Gesandtschaft nach Luzern, unter Berufung auf diese seine alte Rechtsstellung, versucht. Bemerkenswerth ist auch noch der hier zuerst vorkom= mende Ausdruck, daß die Orte zu Basel „ein getreues Aufsehen" haben sollen, woraus der nachmalige Begriff des „eidgenössischen Aufsehens", einer Art von politischer Piketstellung entstanden ist. Serner ist ersichtlich die erste Srucht des Stanzer Verkomm= nisses in einem Passus, wonach kein Theil den andern an seiner Herrschaft beschädigen, sondern man sich vielmehr gegenseitig be= hülflich sein soll, diese Herrschaften „in Schirm, Gehorsam und Unterthänigkeit" zu erhalten.

Der nominelle Herr der Stadt, der Bischof von Basel, der damals noch daselbst residirte und schwerlich mit dem Bunde einverstanden war, wurde um seine Zustimmung nicht gefragt und anerkannte denselben in der That erst 85 Jahre später.[1] Im Bundesbrief selbst ist er „und syn Gotteshus" nur insofern vorbehalten, „wa wir von im nit unbillich beswert werden."

Interessant ist der Brief dann noch insbesondere für das eidgenössische Civil= und Prozeßrecht, über das er einen förm= lichen kleinen Kodex enthält. Basel nahm sofort eine sehr angesehene Stellung im Bunde ein und erhielt in der alteidgenöf= sischen Rangaufzählung seinen Platz vor Sreiburg und Solo= thurn,[2] den es erst seit 1815 eingebüßt hat, während die

[1] Er verließ dann auch 1525 infolge der Reformation die Stadt und siedelte nach Pruntrut über.

[2] Hierüber ist ein besonderer Beschluß vorhanden, gegen den bloß Glarus stimmte, und noch bei diesem Anlaß wurde derselbe damit begründet, daß „unser lieben Eidgnossen von Sriburg und Solothurn nit als Ort unser Eidgnossenschaft, sunder puntgnossen und Eidgnossen sind." E. A. III n, 136. Also eine schwer verständliche und nicht haltbare Unterscheidung zwischen „eidgenössischen Orten" und bloßen „Eidgnossen" wurde damals versucht.

diesfalligen Privilegien von Zürich, Bern und Luzern bestehen
geblieben sind.

Der Schaffhauser Bund wurde thatsächlich eingeleitet durch
ein Schutz- und Trutzbündniß auf 25 Jahre vom 1. Juni 1454[1]),
mit welchem die Eidgenossen einem österreichischen Unterhändler,
Ritter Bilgeri (Peregrin) von Heudorf, zuvorkamen, und das
am 21. März 1479 auf weitere 25 Jahre erneuert wurde[2]).
Diese Verbindung war sodann thatsächlich in dem sogenannten
„Waldshuterkrieg" von 1468 gegen Oesterreich festgehalten und
durch einen vortheilhaften Frieden vom 27. August 1468 bekräftigt worden[3]), in welchem der Herzog Sigmund u. A. auch versprechen mußte, den obgenannten Widersacher der Stadt, „Bil-
gerin von Höndorff" aller seiner „anwoderung und ansprach
an die von Schaffhusen vnclaghafftig" zu machen. In einem
Nebenvertrag vom gleichen Tage[4]) wurden den Eidgenossen
für die bedeutenden Kriegskosten Waldshut und der Schwarzwald verpfändet, „inen gehorsam ze sinde in allen dingen
und sachen als sy uns jetz sind", und im Falle nicht pünktlicher
Zahlung, auf welche die Eidgenossen offenbar zählten und welche
auch dem Herzog ohne burgundische Hülfe nicht möglich gewesen
wäre, „irer eiden und gelüpten von uns ganz ledig und ge-
meldten Eydgnossen gehorsam ze sin."[5]) Schaffhausen nahm nun

---

[1]) E. A. II, 875. — [2]) E. A. III, 28.
[3]) E. A. II, 900. — [4]) E. A. II, 903.

[5]) Es war diese Verpfändung und ihre Auslösung bekanntlich die Ursache der Verpfändung des Elsaßes an den Herzog Karl den Kühnen, der
Anfang der burgundischen Händel. Auch aus diesem Krieg und dem, damit
in Verbindung stehenden „Sundgauerzug", stammen einige Kriegslieder, die
schon den etwas übermüthigen und wilden Ton der größten Kriegsperiode
der Eidgenossenschaft zeigen, die damit beginnt. Es sind dies besonders
das „Sundgauerlied" eines Emmenthalers und das „Waldshuterlied" eines
Appenzellers (Tschudi II, 687. 692). Da an diesem Kriegszuge der Abt
und die Stadt St. Gallen und das Land Appenzell als „Zugewandte" theilnahmen, sagt das Waldshuterlied von den vier Bären, die damals Waldshut
belagerten (in der Rochholz'schen Uebersetzung):

bereits an der Seite der Eidgenossen Theil an den Burgunder=
kriegen[1]), und nach Beendigung des Schwabenkrieges, der auch
über sein Schicksal endgiltig entschied, wurde es unter den näm=
lichen wesentlichen Bedingungen wie Basel, in die Eidgenossen=
schaft der elf Stände[2]) aufgenommen.

Als letzter Stand wurde dieser zweiten Kategorie neuer
Eidgenossen am 17. Dezember 1513[3]) Appenzell einverleibt,
nachdem es länger als ein Jahrhundert in dem Verhältniß eines
zugewandten Ortes der sieben Orte (ohne Bern) gestanden hatte.
Die vorangehenden Verträge, die es, ähnlich wie Schaffhausen,
hatte, sind vom 24. November 1411 und 15. November 1452[4])
und machen den Eindruck eines zögernden, gewissermaßen schritt=
weisen Entgegenkommens der Eidgenossen. Ihnen mochte anfangs
das lebhafte, manchmal sogar in seinen Lebensäußerungen etwas
unbändige Bergvölklein, das zeitweise eine neue, jeder Herrschaft
gefährliche Bauerndemokratie, in der Art des spätern Buttwyler=
bundes aufrichten zu wollen schien, als ein etwas bedenklicher Eid=
genosse vorkommen. Es ist nicht ganz unrichtig, wenn ein neuerer
Geschichtschreiber die Appenzeller während des höchsten Glanzes
ihrer Freiheitskriege mit der französischen Republik des vorigen

---

       „Es kam der Appenzeller Bär
       Mit zweien von St. Gallen her
       Und nam zu Waldshut Weide;
       Es kam auch Bern als fremder Gast,
       Waldshut, vier Bären waren fast
       Für dich zu viel der Leute!"

[1]) In dem Lied „vom Zug nach Héricourt" von 1474, erscheinen die
Schaffhauser als Verbündete neben den schwäbischen Städten:

       „Auch waren es die Schwaben und andrer Städte vil,
       Die sich gesputet haben, wie Meinstett und Rotwyl,
       Und wer nach den Schaffhausern sah,
       Der fand sogleich auch Konstanz und Ravensburg allda!"

[2]) Basel kontrahirt bereits zum ersten Male mit und zwar mit Rang
vor Freiburg und Solothurn. E. A. III n, 1297.

[3]) E. A. III n, 1361.

[4]) E. A. I, 341 und II, 870.

Jahrhunderts vergleicht, die auch berufen schien, allen Völkern die Segnungen einer ganz neuen Freiheit und Gleichheit zugänglich zu machen. „Um diese Zeit" - sagt auch Tschudi - „richtzneten die Appenzeller allenthalben im laut und warend wider all herrschaften, besunder wider die so inen gelegen. Es was ouch in denselben tagen ein solcher louf in die puren kommen, das sy alle Appenzeller wölltend syn. Wurden so mächtig in kurzen tagen, daß sy understandent allen adel ze vertriben." Ohne Zweifel ist es das Verdienst von Schwyz, auch hier wieder die Interessen der Demokratie gegen die zunehmende Macht und Denkart aristokratisch regierter Städte vertreten zu haben, und seiner Fürsprache, sowie vielleicht dem Einfluß des benachbarten St. Gallen, dem Tschudi sogar den Aufstand gegen den Abt Kuno von Stoffeln direkt beimißt¹), möglicherweise auch dem Gedanken, die Appenzeller durch ein Bündniß leichter in angemessenen Schranken halten zu können, mögen die Verträge zuzuschreiben sein, mittelst welcher sie nach ihrer schließlichen Niederlage vor Bregenz (13. Juni 1408) einen Theil ihrer Freiheit und ihres Ansehens retteten. Denn sie selbst „waren unbändig und kunnten sich unter einanderen selbs nit gemeistern." Daher mußten sie in dem ersten Vertrag von 1411 den Eidgenossen Gehorsam schwören und durften auch ohne Wissen und Willen derselben weder Krieg anfangen, noch Jemanden helfen, und die Eidgenossen allein waren berechtigt, diesen Bund, der die Appenzeller zu „ewigen burgern und landleuten" machte, zu mindern und zu mehren. Erst im zweiten Vertrag von 1452 ist die gewöhnliche Einhelligkeit zur Aufhebung des Bundes verlangt, und selbst in dem ewigen Bund von 1513 behalten die Eidgenossen sich immer noch vor, ihnen außerhalb ihres Landes keine Hilfe leisten zu müssen, eine ganz besondere Klausel, die sich nur in diesem einzigen Bunde findet. Der Platz dieses Bundes in den eidg. Abschieden kenn-

¹) „Als anhetzung der von St. Gallen" — sagt er — „sind ouch die von Appenzell widerspennig und ungehorsam gemacht worden . . . Also daß sy dem abt vast beginnend ungehorsam ze syn und all das ze tuon so im widrig."

zeichnet die Zeit, in welcher dieses letzte Glied der alten Eid=
genossenschaft aufgenommen wurde. Er folgt dort nämlich dem
Friedenstraktat von Dijon vom 13. Sept. 1513, dem stolzesten
Aktenstück unserer Geschichte, durch welches sich der „christenlichst
Küng zuo Frankrych" den Eidgenossen gegenüber verpflichten
mußte, nicht allein „unserem heiligesten vatter dem babst" alle
seine „kilchen, stett, schlösser, land oder lüt on allen verzug" wieder
herauszugeben, sondern auch römischer keyserlicher Majestät und
dem Haus Oesterreich das Land Hochburgund und alle andern
Landschaften und Herrschaften, die an Frankreich stoßen, ungestört
zu belassen. Den Eidgenossen selbst soll „dienen und blyben das Her=
zogthumb Meyland, die stett und herrschaften Cremonen und Ast
mit allen zuogehörden", die Frankreich „on allen verzug rumen"
und über dieß den Eidgenossen „für iren heimzug" 400,000
Sonnenkronen noch im nämlichen Jahr in Zürich auszahlen soll,
die dann später nach dem ewigen Frieden mit Franz I. auch
wirklich bezahlt worden sind.

Nach dem Appenzeller Bundesbriefe folgt die Allianz vom
9. Dez. 1514 mit Papst Leo X, das Werk des damaligen schwei=
zerischen Kardinals, welches die Appenzeller ein Jahr später
bereits auf dem blutigen Felde von Marignano mit großer Tapfer=
keit vertheidigen halfen. Daher sagt der Lobspruch von Stumpff
von ihnen mit Recht:

> „Appenzell das dryzehnst Ort,
> An Mannlichkeit ein ganzer Hort,
> Munter, wacker vnd unverdrossen
> Hants ire fiend zum land ußgstoßen,
> Thatend allzyt nach Ehren streben,
> Der Eydtgnoßschaft sich ganz ergeben."

In dem nämlichen Protektoratsverhältnisse, wie Appen=
zell vor 1513, standen unter der alten Eidgenossenschaft eine weitere
Anzahl von Städten und Ländern von theils monarchischer, theils
republikanischer Regierungsform, welche, bis auf zwei, gegen=
wärtig Theile der Eidgenossenschaft bilden. Gewöhnlich zählt
man zehn solcher „Zugewandten", wie sie zum Unterschied

von den eigentlichen Ständen genannt werden, auf, von denen
jedoch nur die eben erwähnten zwei in direktem Vertrags=ver=
hältniffe mit allen XIII Orten standen, während die andern nur
mit einzelnen, oder mehreren derselben verbündet waren, ohne
daß indessen dieser Unterschied in Bezug auf ihr engeres oder ent=
fernteres Verhältniß zur Eidgenossenschaft wesentlich in die Wag=
schale fiel. Es waren dieß nach der gewöhnlichen Auffassung [1]:
Der Abt von St. Gallen, die Stadt St. Gallen, die Stadt
Biel, die Stadt Mühlhausen, die Stadt Rottweil, der Freistaat
der drei Bünde in Rhätien, das Land Wallis, das Fürstenthum
Neuenburg und Valangin, die Stadt Genf und der Bischof von
Basel. Thatsächlich besaßen eine ähnliche Stellung die Republik
Gersau, die eigentlich nach dem Wortlaute ihres Bundesbriefes
ein Ort der Eidgenossenschaft war, aber nie als ein solcher gezählt
wurde [2], und der Abt von Engelberg, der noch im Jahre 1413
behauptet, „Briefe von vier römischen Kaisern und Königen und
sechs Päpsten zu haben, wonach keine irdische, oder weltliche
Person über sein Gotteshaus zu gebieten haben soll", so daß Nid=
walden von den Thalleuten stehen müsse, „die sie neulich zu Land=
leuten genommen haben [3]". Sodann die Stadt Rapperswyl,
deren Rechtsverhältnisse zeitweise zwischen denjenigen eines
„Schirmortes" und eines Unterthanengebiets schwankten, bis sie
in der spätern Zeit der Eidgenossenschaft mehr in die letztere
Stellung versetzt wurde. [4]

Man kann ferner zu solchen faktischen Protektionsgebieten
rechnen: das Gotteshaus Einsiedeln, dessen lange prätendirte
Selbständigkeit von Schwyz, nach Balthasar, im Jahre 1645
aufhörte und die größeren schweizerischen Klöster, sowie die

---

[1] Vgl. z. B. Simler=Leu pag. 265 und ff. Eine sehr gute neuere
Darstellung dieser sehr verwickelten Verhältnisse enthält der Aufsatz von Prof.
W. Oechsli, „Orte und Zugewandte, eine Studie zur Geschichte des schweiz.
Bundesrechtes", Bd. XIII des „Jahrbuches für schweizerische Geschichte."
[2] E. A. I, 297; II, 82. 90. 428—432.
[3] E. A. I, 134.
[4] E. A. IV 1 c, 1161.

schweizerischen Bisthümer überhaupt, die theils vermöge der
geistlichen Immunität, theils als Herren über Land und Leute,
eine niemals ganz abgeklärte Stellung zu den eidgenössischen
Ständen oder Zugewandten einnahmen, in deren natürlichem
Gebiete sie sich befanden ¹). Endlich auch das Urferenthal
vermöge seines Landrechtsvertrages vom 12. Juni 1410 mit Uri,
unter anfänglichem Vorbehalte des Gotteshauses Dissentis, zu
dem es gehörte. ²)

Ebenso gab es noch weit in die eidgenössische Geschichte
hinein eine Anzahl von Dynasten, die ursprünglich ihre Herrschaften mit voller Souveränetät unter der Oberhoheit des Reiches
besaßen, aber, wie wir uns heute ausdrücken würden, ganz oder
theilweise in der Interessensphäre der aufstrebenden Eidgenossenschaft lagen ³) und nach und nach von derselben unter allerlei
Formen, namentlich von Verburgrechtungen, zu Staatsangehörigen
herabgedrückt wurden. Es waren dies u. A. die ursprünglich
mächtigen Freiherrn- und Grafengeschlechter von Sax und Monsax,
Montfort, Werdenberg, Belmont, Greyerz, Weißenburg, Kyburg,
Aarberg, Toggenburg, Mätsch, Sewen u. a. m., von denen einzelne
frühzeitig ausstarben, andere erst spät im Dunkel vollständiger
Verarmung verschwanden ⁴). Es würde eine der dankbarsten Aufgaben schweizerischer Geschichtsforschung sein, diesen allmäligen

---

¹) Die Bischöfe von Chur und Sitten z. B. sind erst ganz allmälig
ihrer ehemaligen staatsrechtlichen Stellung verlustig gegangen.

²) E. A. I, 128.

³) Und wie jetzt etwa die Indianer in Amerika allmählig ihre Territorien einbüßten, oder gezwungener Weise abtraten.

⁴) Der letzte Montforter starb erst zu Ende des vorigen Jahrhunderts
zu Tettnang in völliger Dürftigkeit. Der letzte Graf Claudius von Greyerz
kam 1555 in Konkurs, und seine Gläubiger traten Gesch und Saanen an
Bern, Greyerz an Freiburg ab. E. A. IV ₁e, 716. 719. 919. 1093. 1138.
Auch die Freiherrn von Sax auf Hohensax, im St. Gallischen Rheinthal,
nahmen ein trauriges Ende. Einer der letzten, der von seinem Neffen er-
schlagene Philipp, ist noch heute als Mumie in der Kirche von Sennwald
zu sehen, für den Misoxer Zweig wird noch in der Kirche zu Jgels im
Lugnetzer Thal jährlich eine Messe gelesen.

Untergang der großen weltlichen Grundherren in der Schweiz an einigen Beispielen genau zu beschreiben, eine soziale und ökonomische Revolution, die nicht geringer war, als diejenige, welche die Sozialisten heute im Auge haben. Im weitesten Sinne kann man noch eine Anzahl von im eigentlichen Verstande a u s l ä n d i - s ch e n H e r r s ch a f t e n zu den Schutzbefohlenen der Eidgenossenschaft rechnen, die mitunter in Verträgen als solche „Verwandte" bezeichnet werden. Es sind dies außer den letzten Sforza von Mailand, der Graf von Arona, der Bischof von Lodi, der Markgraf von Montferrat, der Herzog von Lothringen, der Herzog von Würtemberg, die Grafschaft Mömpelgard, die Grafschaft Hochburgund; zeitweise auch noch die vier Waldstädte am Rhein und die Stadt Bisanz (Besançon).

Einzelnen solcher ursprünglich bloß „Zugewandten", wie Glarus, Schaffhausen und Appenzell[1]), gelang es, sich in die Stellung eigentlicher Eidgenossen empor zu schwingen, anderen, wie Rapperswyl, wurde hingegen nachmals sogar verboten, ihre Schirmorte mit „Eidgenossen", statt mit „Herren", anzureden. Mehrere, wie namentlich der Freistaat der drei Bünde in Rhätien und Neuenburg, standen zu der Eidgenossenschaft in einem so lockern Verhältniß, daß dasselbe fast eher einer völkerrechtlichen Allianz, als einer staatsrechtlichen Angliederung glich[2]). Wieder andere, wie Wallis, Mühlhausen und Genf, wurden schließlich nur als Konfessionsverwandte der einen Religionspartei betrachtet. Bei noch weitern, wie Rottweil und dem Bisthum Basel, hörten die Bundesverhältnisse allmälig ganz auf, und endlich waren wieder der letztgenannte geistliche Fürst und sein Kollege, der Abt von St. Gallen, nicht für ihr ganzes Gebiet im Bündniß mit der Eidgenossenschaft und betrachteten sich seit der Trennung

---

[1]) Genau genommen auch Freiburg und Solothurn. Einzig Basel hat in seinem Bundesbrief von vorneherein eine etwas bessere Stellung und wurde auch in derselben stets anerkannt. Vgl. E. A. III u, 131.

[2]) Dies wurde übrigens in der alten Eidgenossenschaft nicht immer so genau unterschieden, wie heute.

der Eidgenossen vom Reich oft beinahe mehr als deutsche Reichs=
stände, denn als Eidgenossen [1].

Es ist daher gar nicht möglich, diese „Zugewandten" für die
ganze Zeit der alten eidgenössischen Geschichte vollkommen richtig
zu klassifiziren, und es traten namentlich in der spätern Periode
noch allerlei Momente, wie die konfessionelle Zugehörigkeit, die
zweite eidgenössische Militärorganisation, das sich gestaltende
Verhältniß der eidgenössischen Neutralität und wieder das Bündniß
mit Frankreich, die nicht auf alle Anwendung fanden, hinzu, die
eine systematische Eintheilung noch schwieriger machen.

Selbst die allgemeine Rechts=stellung der Zugewandten und
ihre wesentliche Unterscheidung von den Orten, namentlich den fünf
neuen, denen offenbar anfänglich eine ähnliche Position zugedacht
war, ist nicht leicht zu präzisiren. Ganz besonders genügt es
nicht, zu sagen, sie seien nur mit einzelnen, nicht mit allen
Orten in Verbindung gestanden. Das trifft weder bei allen zu,
noch ist es ein charakteristisches Unterscheidungs=merkmal, indem
auch die VIII alten Orte nicht alle mit einander direkt verbun=
den waren. Ebenso sind die Ungleichheiten der Rechts=stellung
nichts Unterscheidendes, da solche auch in den Bundesbriefen der
VIII und XIII Orte in reichlichem Maßstabe vorkommen. Man
wird es also im Ganzen bei der Charakteristik bewenden lassen
müssen, daß es nicht bloß Orte minderen Rechtes, sondern eigent=
liche Schutzbefohlene, oder nach heutiger Terminologie Protekto=
rate waren. Unter ihnen selbst fand eine Klassifizirung in der
Weise statt [2], daß der Abt und die Stadt St. Gallen und Biel, zeit=

---

[1] Namentlich der Abt von St. Gallen, der auch große herrschaften
jenseits des Bodensees besaß, zog sehr oft, wenn es ihm gerade konvenirte,
„die Schwabenhofen" an und rief Kaiser und Reich gegen die Eidgenossen
auf. Noch im Jahre 1702 schloß er einen förmlichen Schirmvertrag mit
Kaiser Leopold I. ab. E. A. VI ii, 1016. 2285.

[2] Vgl. hiezu eine Aufstellung in: „Meister, Mililitärische und po=
litische Beiträge zur Geschichte des Unterganges der XIIIörtigen Eidgenossen=
schaft". 1890, welche „zugewandte Orte" nur die drei ersten, die andern
„Verbündete" nennt. Diese Terminologie würden wir im Ganzen doch nicht
empfehlen, da es auch Verbündete anderer Art gab.

weife auch Mühlhaufen und Rottweil, an den Tagfatzungen ¹) Sitz und Stimme befaßen, aber nach einem Tagfatzungsbeschluß von 1698 nur mit einem Gefandten ²), während die eigentlichen Orte deren zwei fchickten. Ebenfo hätten nach einem Befchluffe von 1667 Wallis und Graubünden das förmliche Recht zum Befuch der Tagfatzungen gehabt. Wallis pflegte jedoch nur bei den fog. Legitimationskonferenzen zu erfcheinen, welche eine jede neue fran= zöfifche Gefandtfchaft an ihrem Sofe in Solothurn auf Koften des allerchriftlichften Königs abhielt, um die Kreditive zu über= geben, wobei es fehr feftlich herging und gewöhnlich auch Pen= fionen, oder Gefchenke an die Stände und einflußreiche Privat= perfonen vertheilt wurden.³) Graubünden blieb immer ein Land von fehr felbftändigem Charakter, das fich erft in diefem Jahr= hundert allmälig in eine wirkliche Zugehörigkeit zur Schweiz eingelebt hat, in der ganzen alten Zeit aber, nach Innen eine eigene Eidgenoffenfchaft in kleinerem Maßftabe, nach Außen einen Staat mit felbftändiger Politik ausmachte. Mühlhaufen wurde erft 1777 zu den Legitimationskonferenzen zugelaffen. An den Kriegen der Eidgenoffenfchaft nahmen die Zugewandten, nach Maßgabe ihrer Bundesbriefe Antheil, waren jedoch nicht alle in die fpätere Militärverfaffung der Eidgenoffenfchaft, das fog. De= fenfionale, eingetheilt, jedoch hielten fich derfelben faktifch auch einige Stände felbft fern, fo daß diefes Verhältniß nie völlig feft= geftellt war. An den Eroberungen in Kriegen hatten fie keinen Antheil,⁴) fondern nur an der mobilen Beute, und ebenfo erhielten fie Jahrgelder und Penfionen der fremden Staaten in der Regel nur auf Grund fpeziellen Einfchluffes in die diesfälligen Ver=

---

¹) Anfänglich auch nur auf befondere Einberufung. Noch 1664 wurde dies befchloffen. Balthafar, pag. 58.

²) E. A. VI ɪɪ, 726.

³) Vgl. hierüber Amiet: „Kulturgefchichtliche Bilder aus dem fchwei= zerifchen Volks= und Staatsleben zur Blüthezeit des franzöfifchen Einfluffes auf die Ariftokratien der Schweiz", 1862.

⁴) Wo fie fich denfelben nicht felbft nahmen und behielten, wie die Grau= bündner das Veltlin im Feldzuge von 1512.

träge[1]), wie es z. B. bei den französischen Verträgen öfter zu
Gunsten des Abtes und der Stadt St. Gallen und Graubündens,
sowie auch Neuenburgs, geschieht.

In die französischen Bündnisse waren nicht immer alle Zugewandten inbegriffen, übrigens zeitweise auch nicht alle eigentlichen Orte; in dem letzten von 1777, das sogar als eine Art
Constatirung dessen galt, was zur Eidgenossenschaft zu zählen sei,
sind z. B. Neuenburg, Genf und der Bischof von Basel ausgeschlossen. Der letztere befand sich auch nicht mit seinem ganzen
Gebiete in der schweizerischen Neutralität, wie sie sich allmälig
als ein besonderer Rechtsbegriff herausbildete und zu einzelnen
Theilen seines Gebiets, wie Neuenstadt nebst Tessenberg und
Münsterthal, bestanden besondere Schutzverhältnisse von Bern.
Biel gehörte zum Bisthum, war aber gleichzeitig ein selbständiger
zugewandter Ort und hatte sogar ein gewisses „Pannergebiet",
auf das es eigene Hoheitsrechte beanspruchte. Der eidgenössische
Vertrag mit dem Bischof war blos ein konfessioneller, wurde
auch seit 1735 nicht einmal mehr förmlich erneuert und überhaupt wurden seit der Reformationszeit die zugewandten Orte
eigentlich mehr als Konfessionsverwandte der einen oder andern
Partei angesehen. Einzelnen von ihnen, wie Mühlhausen und
Genf, wurde die politische Zugehörigkeit von der einen Kon-
fessionspartei sogar förmlich gekündet.

Im Verkehr mit dem Auslande galten Graubünden und
Wallis als selbständige Länder, die nicht ohne weiteres durch die

---

[1]) Die wichtigsten Verhandlungen darüber betreffen die große mailändische Pension von 40,000 Dukaten, die der Herzog Maximilian Sforza
kraft seines Schutzbriefes zu zahlen hatte und die Vertheilung der 700,000
Kronen, die Franz I. den Eidgenossen nach dem ewigen Frieden auszahlte.
Hier erhielten die Zugewandten, die sich sehr dafür wehrten, Antheil. E. A.
III ıı, 640. 649. 702. 703. 801. 804. 845. 861. 890. 953. 1016. 1037. 1081.
1138. 1407. Einer solchen Verhandlung wegen über französische Jahrgelder,
an denen die Stadt Rottweil auch sofort nach ihrem Eintritt in dieses Verhältniß eines zugewandten Ortes lebhaft Antheil begehrte, spotteten die
deutschen Nachbarn über sie mit dem Vers:

> „Von Rottwyl, die newen Schwyzerknaben
> Wölltend der Ganß auch ein Feder haben."

Schweiz vertreten waren; namentlich in Graubünden pflegten sogar selbständige Gesandtschaften der auswärtigen Mächte, besonders Frankreichs, zu residiren [1], die von dem „Hof" in Solothurn unabhängig waren. Rottweil behielt stets seine Doppelstellung als deutsche Reichsstadt und zugewandter Ort der Eidgenossenschaft [2]. Es stand unter seinem tapfern Bürgermeister in den Reihen der Eidgenossen vor Dijon und bei Marignano, gleichzeitig aber verlangte es öfter ausdrücklich, in den Schreiben an den Kaiser, nicht wie die andern, als zugewandter Ort der Eidgenossenschaft bezeichnet zu werden und seit dem dreißigjährigen Kriege löste sich dieses Verhältniß auf. Auch noch andere Zugewandte wurden vom Reiche länger als die eigentlichen Orte angesprochen und festgehalten, wovon später die Rede sein wird.

In das „Corpus Helveticum", den Staatskörper der Eidgenossenschaft, wurden die „Zugewandten und Verbündeten" von dem europäischen Völkerrecht seit dem 16. Jahrhundert eingerechnet, und die Eidgenossenschaft verlangte das auch regelmäßig, namentlich bei Frankreich, dem Kaiser und Spanien [3]; im Ryswiker Frieden von 1697 ist besonders eine ausführliche Bezeichnung der «Alliez et confédérez des ligues suisses» enthalten.

Die Verträge der einzelnen Zugewandten, durch die sie zu der Eidgenossenschaft gehörten, waren folgende:

Der Abt von St. Gallen, Reichsfürst seit 1206, stand in einem ewigen Burg- und Landrecht mit Zürich, Luzern, Schwyz und Glarus [4] vom 17. August 1451.

---

[1] Selbst im Staatsrecht der Eidgenossenschaft kam zeitweilig diese Anschauung vor. 1701 und 1789 z. B., erschienen bündnerische Gesandtschaften bei der Tagsatzung, die mit dem ganz gleichen Ceremoniell wie „fremde" Gesandtschaften behandelt wurden und auch Kreditive wie solche besaßen. E. A. VI ii, pag. 906. VII i, 593. 601. Auch Macchiavelli behandelt in seinem Gesandtschaftsbericht von 1507 Wallis und Graubünden als bloße Alliirte der Schweiz.

[2] Vgl. E. A. IV i, pag. 829. IV ii, pag. 9.

[3] E. A. IV i, pag. 460. 1087. V i, pag. 1873. VI ii, pag. 508. 525. 621. 640. 648.

[4] E. A. II, 864. Tschudy II, 560.

Durch einen spätern Brief von 1479, 8. Nov. erhielten diese eidgenössischen Stände eine Art Klostervogtei, wonach sie abwechselnd einen Landschaftshauptmann aus ihren Räthen, mit 2 Pferden und einem Knecht zu ihm setzen sollten, der in seinem Solde steht und dem Gotteshaus zu Schirm und Trost gereicht.[1])

Das Land Toggenburg, das schon vor dem ersten Vertrage in Landrecht mit Schwyz und Glarus stand, behielt dieses Landrecht auch weiter bei[2]), hielt sich aber thatsächlich seit 1530 immer mehr an Zürich[3]), seit dem Frieden mit dem Abt von 1718 an Zürich und Bern, während umgekehrt der Abt fortab thatsächlich Luzern und Schwyz, oder die katholischen V Orte, als seine Beschützer behandelte. Er blieb stets ein unruhiges Element bis zur Aufhebung dieser geistlichen Herrschaft im Jahr 1797, noch vor der helvetischen Revolution[4]).

Die Stadt St. Gallen, die zugleich dem Abte unterthänig und in die Immunität des Klosters eingeschlossen war, sich aber allmälig von ihm emancipirt hatte, erlangte am 13. Juni 1454 eine „ewige Freundschaft“ mit den Schirmorten des Abtes und noch zwei weiteren, Bern und Zug, um die sie sich schon früher beworben hatte[5]). 1455 kaufte sie von dem verschwenderischen Abt Kaspar von Landenberg, der in stetem Streit mit seinem Convent lebte, sogar die Landeshoheit über das äbtische Gebiet. Der Vertrag wurde jedoch am 5. Februar 1457 auf Klagen der Schirmorte des Abtes vom Rath zu Bern, als Schiedsrichter, aufgehoben, die Stadt nun aber ebenfalls gegen Zahlung von 7000 Gulden von der Hoheit des Klosters freigesprochen[6]).

[1]) C. A. III, pag. 672.
[2]) C. A. II, pag. 111. 138. 378. 395. 396. 398. Tschudy II, 296. 298. 704.
[3]) C. A. IV 1 b, pag. 687. 230 und 236. 358. 1481.
[4]) C. A. VIII, pag. 253.
[5]) C. A. II, 878. 107. 255. 258. 259. 267. 270.
[6]) C. A. II, 281—285. Interessant für ihre gewerbliche Natur ist ein Passus im Abschied vom 10. März 1473. C. A. II, 441: „Ob Krieg infallen wurd, hant die von sant Gallen begert sy ze warnen, nachdem vnd sy iren gewerb mit hant.“

Nach der Reformation war sie die treue Bundesgenossin
Zürichs, Mitglied des „christlichen Burgerrechts" und Helferin
in den Kappelerkriegen[1]), woraus, nach dem unglücklichen Ausgange des zweiten Kappelerkrieges, große Gefahren für ihre
Selbständigkeit entstanden, die erst 1549 durch einen Schiedsspruch
bestätigt wurde[2]).

Dennoch war auch später noch bei den katholischen Ständen
öfter davon die Rede, der Stadt, wie den Mühlhausern ihre
„Briefe" zurückzugeben[3]). Dem Abt von St. Gallen vollends war
diese „Schlange an seinem Busen", wie er sie in einer seiner beständigen Klagen nennt, noch gefährlicher als der „Dorn im Fuß",
die reformirten Toggenburger, und schon Jahrhunderte zum
Voraus war leicht vorauszusehen, daß die betriebsame und thatkräftige Stadt die Abtei überleben und in einer oder der andern Form den oft gefaßten Plan durchführen werde, der Kern
und Hauptort eines eidgenössischen Staates St. Gallen zu werden.

Die Stadt Biel stand in alter Verbindung mit Bern, Solothurn und Freiburg und in Folge dessen, sowie einzelner kaiserlicher Privilegien, in einer Art Unabhängigkeit von dem Bischof
von Basel, zu dessen Land sie dennoch gehörte[4]). Der eigentliche
Bund, der sie an die Eidgenossenschaft knüpfte, war der erneuerte
mit Bern vom 23. Januar 1352[5]). Am 21. September 1598
aber kaufte Bern die Rechte des Bischofs über Biel und ver-
zichtete dafür auf sein Burgrecht mit dem Münsterthal. Dieser
berüchtigte „Bielertausch", der dem Wäggiserkauf von Luzern

---

[1]) E. A. IV 1 a, pag. 1433. 1464; IV 1 b, pag. 158, 163.

[2]) E. A. IV 1 b, 1294. Die Stiftsgeistlichen durften demnach nicht in
der Stadt wohnen, das Sakrament nicht in der Stadt herumgetragen werden und keine Prozession mit Kreuz und Fahne durch die Stadt ziehen. Eine
große Verhandlung über die Marchen der Stadt gegen das Gotteshaus, die
vier Kreuze bezeichneten, siehe in E. A. III 11, 882 ff.

[3]) E. A. V 1, 14. 721.

[4]) E. A. I, 375.

[5]) E. A. I, 427.

vom Jahre 1380 ähnlich ist, wurde jedoch in den Jahren 1606 bis 1610 auf Klage der Bieler schieds-gerichtlich durch Spruch der Mehrheit der übrigen Orte aufgehoben[1]). Das direkte Gebiet der Stadt umfaßte bloß vier kleine Ortschaften: Bözingen, Mett, Vingelz, Leubringen. Dagegen gab es noch ein sog. „Panner-gebiet" von Biel, nämlich das St. Immerthal (Erguel) und Jlfingen (Orvin), auf das Biel einzelne Hoheits-rechte geltend machte, namentlich die Militarhoheit kraft besonderen Vertrages und die Kastvogtei über das Stift von St. Immer.

1797 wurde das Pannergebiet, 1798 am 5. Sebr. die Stadt selbst, von den Sranzosen besetzt und zum Departement Mont Terrible, später Haut Rhin, geschlagen. Am 4. Januar 1814 trat die alte Regierung wieder in Sunktion und nach vergeblichen Versuchen, selbständig zu bleiben, wurde Biel am 23. Nov. 1815 dem Kanton Bern einverleibt.

Die Stadt Mühlhausen im Elsaß trat, nach einer früheren zeitweisen Verbindung mit Bern und Solothurn von 1466[2]), nach dem Wald-shuterfrieden vom 27. August 1468[3]) in eine „ewige Sreundschaft" mit allen XIII Orten ein[4]). Nach der Reformation betheiligte sich die Stadt, wie St. Gallen, auf Seite der Refor-mirten an dem christlichen Burgrecht und den Kappelerkriegen, und hier kam nun die Drohung der Bundes-aufkündung seitens der katholischen Orte und Appenzells wirklich zur Ausführung, eingeleitet durch bürgerliche Unruhen in der Stadt, den sog. „Sinnigerhandel", in welchem eine Patrizierin, Agnes Sinninger, anfänglich die Rolle der unheilstiftenden Srau spielte, die in der Geschichte so oft den Anfang eines Endes bezeichnet. Auf der gleichen katholischen Konferenz, in welcher der „goldene Bund" verabredet wurde, den 4. Oktober 1586, wurde beschlossen, denen von Mühlhausen „die Bünde heraus-zugeben". Sortan stand die

---

1) E. A. V ı, 496. 526. 600. 637. 785. 985.
2) E. A. II, 356.
3) E. A. II, 900.
4) E. A. III ıı, 1379.

Stadt unter der Schirmhoheit der fünf evangelischen Orte, die auf einer evangelischen Konferenz zu Baden am 11. Juni 1587 die Intervention beschlossen und mit Gewalt ausgeführt hatten. Sie kann von dieser Zeit ab als eine Art von Unterthanenstadt derselben angesehen werden, wogegen die sieben katholischen Orte Oesterreich aufforderten, den Mühlhausern die Reichsfreiheit zu entziehen[1]. Erst in Folge der französischen Erwerbung des Elsaßes milderte sich diese Unterthänigkeit, und wurde die Stadt wieder ein zugewandter Ort der reformirten Stände, bis das neue Frankreich sie mittelst einer scharfen Zollsperre zum Anschluß an die Republik zwang. Am 4. Januar 1798 beschloß die Bürgerschaft denselben und am 15. März 1798 wurde die Stadt von den Franzosen besetzt[2]. Die Eidgenossenschaft anerkannte diese, wie die übrigen Ablösungen ehemaliger Gebietstheile durch Frankreich, förmlich in dem Allianzvertrag vom 19. Aug. 1798.

Die Stadt Rottweil am Nekar, seit 1146 der Sitz eines kaiserlichen Hofgerichtes, dessen Erbhofrichter-Amt seit Friedrich III. Erbmannlehen der Grafen von Sulz, später der Fürsten von Schwarzenberg war, wurde am 6. April 1519 zu Zürich von allen XIII Orten in eine „ewige Freundschaft" aufgenommen[3]. Eine besondere Bedingung dieses Bundes war, Jedermann, der bei Rottweil gegen die Eidgenossen klage, nach dem Rechte der Eidgenossen zu weisen und sie mit Gericht nicht zu beschweren, wogegen die Eidgenossen es auch in dem Besitze seines Hofgegerichtes zu schützen hatten.

Auch hier spielte nachmals die Glaubenstrennung ihre Rolle, denn es ist ohne Zweifel hier, wie in Konstanz, die scharfe katholische Gegenreformation, welche im Jahre 1529 alle Re-

---

[1] E. A. V I, 39. 594. 678. 683.
[2] Aktensammlung der helvet. Republik I, 115. Es ist das erste Beispiel eines „Zollkrieges", wie ihn Frankreich unter Napoleon I. später in größerem Maßstabe auch im Tessin ausführte und wie er zuweilen jetzt wieder an die Tagesordnung kommen zu wollen scheint.
[3] E. A. III II, 1424.

formirten aus der Stadt vertrieb, ein wesentlicher Grund zu der Entfernung von der Eidgenossenschaft gewesen. Allerdings wollte Rottweil immer in noch positiverer Weise, als die übrigen eid= genössischen Städte vor dem Schwabenkrieg, Reichsstadt bleiben, dergestalt daß es den Eidgenossen sogar zuweilen Auskunft über die sie betreffenden Verhandlungen an den deutschen Reichstagen verweigerte[1]), während es die französischen Pensionen an ihrer Seite stets gerne bezogen hätte[2]). Der Bund erlosch faktisch seit dem dreißigjährigen Krieg, in welchem die territoriale Tren= nung von der Eidgenossenschaft zur Geltung kam und die Rott= weiler sich eifrig auf katholischer Seite betheiligten. 1689 er= schienen sie zum letzten Male auf einer Tagsatzung, um gegen die Franzosen, die Süddeutschland überschwemmten, Hülfe zu begehren, wurden aber von den evangelischen Orten abgewiesen und fortan als ein von der Eidgenossenschaft abgelöstes Glied angesehen, mit dem bloß noch eine gewisse traditionelle Freund= schaft fortbestand. 1794 und 1797 rief die Stadt nochmals den eidgenössischen Beistand an und verlangte Vertretung durch die Tagsatzung am Rastadter Kongreß, so daß daselbst in der That noch von ihrer schweizerischen Zugehörigkeit die Rede ge= wesen ist[3]).

Die drei Bünde in Rhätien, welche eine eigene, sehr komplizirte Geschichte haben, die noch lange nicht so festgestellt und genau nach den vorhandenen Akten beschrieben ist, wie sie es verdiente[4]), traten mit der Eidgenossenschaft allmälig in eine Verbindung, die nicht alle drei Bünde gleichmäßig umfaßte und überhaupt, wie schon gesagt, mehr einer dauernden völkerrecht=

[1]) E. A. IV 1 d, pag. 365. 369.
[2]) E. A. V 1, 591. 595 ff.
[3]) E. A. VIII, 207. 296.
[4]) Dazu würde vor allen Dingen die Herausgabe des dortigen Landes= archivs nöthig sein. Eine gehörige Geschichte dieses Kantons fehlt aber überhaupt bisher.

lichen Allianz als einem staatsrechtlichen Verhältnisse glich[1]). Sogar die inneren Verhältnisse des Landes waren nicht formell festgestellt, namentlich nicht die zum Bischofe von Chur und zu einzelnen besondern Herrschaften[2]). Zu der Eidgenossenschaft traten die dortigen Bünde seit dem 15. Jahrhundert in Beziehungen; in dem Abschied vom 10. März 1473 erscheint zuerst der Passus:

„Item gedenken wegen der Engadiner und Churwalen, nachdem und sy vormalen an vns um buntnis geworben vnd ob sy des willens noch sin, dz sy dann ein anschlag tuon, wz ir begeren der buntnis sig, dann wir nit im Willen sint, jeman umb buntnis ze bitten[3]).

Im Jahre 1400, 24. Mai, schon kommt jedoch ein Bund des Grauen Bundes mit Glarus vor[4]). 1497, 21. Juni schlossen die sieben alten Orte (ohne Bern) eine „ewige Freundschaft" mit diesem nämlichen obern Bund, der am 16. März 1424 unter dem Ahorn von Truns gestiftet worden war[5]), welchem am

---

[1]) Ungefähr wie die ständige Allianz der Eidgenossenschaft mit Frankreich. Diese Auffassung hatte zu Anfang dieses Jahrhunderts noch prinzipielle Vertreter, einige letzte Spuren davon finden sich noch heute sporadisch vor.

[2]) Mitten im Lande z. B. hatte der Kaiser von Oesterreich eine Herrschaft, Rhäzüns, für die er im Bundestag vertreten war und die 1809 sogar an Frankreich abgetreten wurde, ein Ereigniß neuester Zeit, das dennoch völlig unaufgeklärt ist. Vgl. darüber Polit. Jahrbuch I, 247. Ebenso gehörte Tarasp bis 1815 zu Oesterreich, Haldenstein bei Chur, wo zeitweise die französische Gesandtschaft residirte, war eine förmliche Steiherrschaft. Wann die drei Bünde sich selbst zu einem Bunde vereinigt haben, ist auch nicht festgestellt und eine Urkunde dafür nicht vorhanden. Die Tradition nennt das Jahr 1471 und als Ort den Hof Vazerol, unterhalb Lenz an der Engadiner-straße. 1524 wurde die Vereinigung urkundlich neu beschworen.

[3]) C. A. II, 405. 440. 441. 450. 457.

[4]) C. A. I, 97. Später ein ewiges Landrecht der Grafen von Sax-Misox, Mitglieder des Grauen Bundes, mit Uri und Obwalden. C. A. I, 223 und ein nicht ewiges Burgrecht des Bischofs von Chur mit Zürich. C. A. I, 218.

[5]) C. A. III 1, 502. 515—517. 527—536. 745. Darüber besteht jetzt eines der schönsten neueren Vaterlandslieder, das Nationallied der Graubündner.

13. Dezember 1498 ein ähnlicher Allianzvertrag mit dem Gottes=
hausbund folgte. Der Zehngerichtenbund, der im Jahre 1436
zu Davos gestiftet worden war, stand noch lange in Abhängig=
keit von Oesterreich, dem die Gerichte von dem letzten, verkom=
menen Sprößling des Hauses „Mätsch" verkauft worden waren.
Zwar durften sie zufolge des Basler Friedens nach dem Schwaben=
krieg den Bund beibehalten, standen aber damit in der grau=
bündnerischen Eidgenossenschaft in einem ähnlichen Verhältniß,
wie nachmals Neuenburg in der schweizerischen, als gleichzeitiges
Fürstenthum und Theil eines republikanischen Staatswesens.
Außerdem hatte ein Theil ihres Bundes, die noch heute soge=
nannte „Herrschaft" Mayenfeld, seit 1509 ein ähnliches Verhältniß
zu den drei Bünden selbst, sie war ein Theil des Freistaates und
gleichzeitig ein Unterthanenland desselben, das daher zeitweise
in die Lage kam, sich selbst den Landvogt zu bestimmen. Der
Zehngerichten=Bund wurde erst im Jahre 1590, 18. Sept. von
Zürich und Glarus und im Jahre 1600, 5. August gleichzeitig
mit den andern Bünden von Wallis in ewige Freundschaft
aufgenommen; im Jahre 1602, 9. Sept. ging dann noch Bern
ein Bündniß mit allen drei Bünden gemeinsam ein¹). Das

---

von Suonder: « A Tron sutt igl'ischi ». Die andern Bünde und der Bischof
waren, wie es scheint, damals gegen die Verbindung mit den Eidgenossen;
dieselbe positiv herbeigeführt zu haben, ist jedenfalls das Verdienst des
Grauen Bundes. C. A. III 1, 546. 587. 590. 753.

¹) Diese verschiedenen Bundesbriefe finden sich in C. A. III, 745. 753
und C. A. V, 1858. 1878. 1894. Im Jahre 1701 wurde eine ewige Verbin=
dung aller drei Bünde vergeblich nachgesucht, dagegen, trat dann noch
Zürich am 5. Mai 1707 in eine Erneuerung „der freundschaftlichen Bundes=
Traktaten von 1497, 1498 und 1590 mit solennischer Hilfs=Bündniß" mit
allen drei Bünden unter großen Feierlichkeiten ein, zu denen, wie die Ab=
schiede erzählen, auch eine Abendpredigt eines Ex=Jesuiten, auf besonderes
Verlangen der graubündnerischen Ehrengesandten, gehörte. Vgl. C. A. VI 11,
2325 ff. Vorangegangen war ein Bund der Städte Zürich und Bern und
sodann auch der drei Bünde mit Venedig. C. A. VI 11, 2312. 2318. Die
katholischen Orte fanden dieses Separatbündniß von Zürich mit den drei
Bünden zudringlich und unzulässig gegenüber den früheren Verbindungen,
scheinen sich aber dabei zuletzt beruhigt zu haben.

Charakteristische der Verbindung Graubündens mit der Eidgenossenschaft war die vollkommene Rechtsgleichheit ohne Protektorat und doch ohne Aufnahme in den eigentlichen Bund. Sie
würde eine ewige Allianz sein, wenn eine gegenseitige Mahnung
und Hülfsverpflichtung bestünde; da dies nicht der Fall ist, so
ist es eine „ewige Freundschaft" mit großer Selbständigkeit
beiderseits, die auf einer engen Interessengemeinschaft beruht und
wo eine solche nicht besteht, sofort bedenkliche Risse und ein
fortwährendes Schwanken zwischen einer Zugehörigkeit zu der
Eidgenossenschaft und einer graubündnerischen Separatpolitik
zeigt [1].

Die eidgenössischen Tagsatzungen besuchten die Bündner meistens nur, um zu „losen" und den Beschlüssen derselben, die für
die gewöhnlichen Zugewandten Geltung hatten, mußte in Graubünden, wie in Wallis, zugestimmt werden. Manchmal enthielt
die alte bündnerische Gesetzgebung auch vollständige Parallelgesetze
zu den eidgenössischen [2]. In der spätern Periode, nach der Reformation, waren es namentlich die V katholischen Orte, welche
ein engeres Verhältniß der Eidgenossenschaft zu allen drei
Bünden verhinderten [3], oder an Glaubensbedingungen zu knüpfen
suchten; aber auch die Sonderbünde, die von beiden Konfessions-

[1] Vgl. E. A. III n, 648. 699. 706. 872. 879; IV i a, 168. 182. 184.
199. In einzelnen Fällen war diese Sonderpolitik nicht ohne sichtbaren
materiellen Vortheil. So erhielt Graubünden im ewigen Frieden mit Frankreich eine dreimal größere Pension als die übrigen Orte und behielt die in
einem g e m e i n s a m e n Krieg eroberten Unterthanenlande Veltlin, Cleven
und Bormio dennoch für sich allein. Allerdings rächte sich das dann im
Jahre 1815, wie jeder Egoismus seinen Tag der Vergeltung erlebt.

[2] Beispiele sind: der Pensionenbrief von 1500, der Dreisiglerbrief von
1574, die zwei Artikelbriefe von 1524 und 1526. Vgl. darüber die Sammlung
„Graubündische Grundgesetze" von 1767, ein selten gewordenes Büchlein, das
noch andere interessante Urkunden enthält. Auch E. A. III n, 258. 1302.

[3] E. A. IV, 329. 348. IV n, 370. 371. 377. Theils war es Mißtrauen
gegen die Protestanten, die in allen drei Bünden zusammen die Mehrheit
hatten, theils Connivenz gegen Oesterreich, als dessen Unterthanen sie die
Zehngerichtenbündner betrachteten.

parteien vorgeschlagen waren, kamen nie definitiv zu Stande. Der graue Bund allein, in welchem die Katholiken die Mehrheit hatten, hatte im Jahre 1589 sich mit den V Orten separat ein= gelassen und einen Bundesschwur geleistet [1]), und ebenso erneuerten die drei Waldstätte mit demselben die alten Verträge, die sie seit 1339 mit einzelnen großen Grundherren des graubündnerischen Oberlandes gehabt hatten [2]). Die Geschichte Graubündens zur Zeit der sogenannten „Wirren" des 17. Jahrhunderts und des Prät= tigauer Aufstandes hat, was das Verhältniß zur Eidgenossenschaft betrifft, einen völlig konfessionellen Charakter; es ist nur ein be= ständiges Intriguenspiel der katholischen und evangelischen Orte, um, zum Theil sogar mit Hülfe des Auslandes, in jenem Lande der einen oder andern Konfession die Oberhand zu verschaffen.

Was zuletzt am Ende der alten Eidgenossenschaft als Resultat der seit jener Zeit durchaus verworrenen Zustände noch übrig blieb, war ein rechtlich fast unqualifizirbares Verhältniß, wonach der Gesammtstaat der drei Bünde in Folge seiner protestantischen Mehrheit in Freundschaft mit Zürich und Bern, als den Vor= männern der evangelischen Sache, der vorwiegend katholische obere Bund aber und der Bischof von Chur nebst den Katholiken des Gotteshausbundes in beständiger Opposition dagegen sich befand [3]).

Das Land Wallis hat sowohl in seiner Natur, als in seiner alten Verfassung und Geschichte eine unverkennbare Aehnlichkeit mit Graubünden. Es war auch eine Eidgenossenschaft von sogen. „Sehnten", wie Graubünden von „Hochgerichten und Gemeinden", mit einer daher rührenden Referendumseinrichtung (die zwar nicht

[1]) C. A. V i, 153. 164. 169. 171. 174—178. 227.
[2]) C. A. V i. 227. 233.
[3]) Einen Einblick in die staatsrechtlich interessanten, aber für jeden Nichtbündner schwer zu verstehenden Verhältnisse in der Uebergangszeit zur modernen Periode, gewähren einige, außerhalb Graubündens wenig bekannte, Broschüren aus dem Anfang dieses Jahrhunderts, namentlich der „Friedens= engel" und das „Gespräch der drei Landleute", die in dem „Politischen Jahrbuch" von 1887, pag. 116 und 405 abgedruckt sind.

in allen Punkten mit der graubündnerischen übereinstimmt) und
einem bis zu einem gewissen Grade stets zweifelhaften Verhältniß
zu der Gewalt des Bischofs von Sitten, die ursprünglich auch
weit mehr als eine bloß geistliche gewesen war. Auch die Bischofs-
stadt Sitten trägt in ihren besondern Freiheiten und Rechten sehr
viele Aehnlichkeit mit der Stadt Chur. Endlich zeigt auch die
halb romanische, halb deutsche Bevölkerung den gleichen, aus
beiden Nationalitäten gemischten Typus. Die Bündnisse der deutschen Zehnten des Oberwallis, denen zuletzt auch einzelne romanische und der Bischof Walther von Supersax selber beitraten,
mit Luzern, Uri, Unterwalden, waren von 1416, 14. Okt.; 1417,
8. und 11. August und 12. Oktober und von 1473[1]). Die „ewige
Freundschaft" des Bischofs mit Bern, aus der zeitweise heftiger
Streit unter den Eidgenossen selbst entstand, war vom 7. Sept.
und 15. Okt. 1475[2]). Nach der Reformation trat Wallis am 12.
März 1529[3]) in einen katholischen Sonderbund mit Luzern, Uri,
Schwyz, Unterwalden, Zug, Freiburg, Solothurn zum Zweck
seiner eigenen Gegenreformation ein; es ist diese Walliser-Urkunde
sogar eines der charakteristischen Dokumente derselben. Das
Glaubensbündniß war hier speziell gegen Bern gerichtet, dessen
ältere Bünde mit Freiburg und dem Bischof von Sitten im Falle
eines Glaubenskrieges aufgehoben sein sollten[4]). Wallis bedrohte
seither in den Glaubenskriegen Bern in der Flanke und vermittelte auch vielfach die Verbindung der katholischen Orte mit
Savoyen[5]). 1533, 17. Dez. wurde dieser Sonderbund erneuert[6]),
und später noch mehrmals, 1540, 1555 und 1567, 1681 und 1780
bestätigt. Dagegen wurde 1589 doch auch das Berner Bündniß

[1]) E. A. I, 354—362 und E. A. II. 465. Diese Walliser-Verbindungen stehen
zum Theil in offenbarer Beziehung zu der Beherrschung des Eschenthales
seit 1411, zu welchem das Land Wallis den Einen großen Zugang bildete.

[2]) E. A. II, 560 und 563.

[3]) E. A. IV i b, 96.

[4]) E. A. IV i b, 1464.

[5]) E. A. VI i b, 158. 264. 351. 1181. 1228. 1268.

[6]) E. A. IV i c, 212. 229. 237. IV i b, 1404.

mit dem Bischof und dem Lande selber erneuert und am 5. August 1600 noch ein solches mit Graubünden abgeschlossen. Die ganze spätere Geschichte von Wallis seit 1529 ist ein beständiges Schwanken zwischen der engen Glaubensfreundschaft mit den katholischen Orten und Savoyen und einer politischen Freundschaft mit Bern, die durch die Eroberung des Unterwallis im Jahre 1536 gegen den glaubensverwandten Herzog von Savoyen und die nunmehrige Nachbarschaft des bernischen Waadtlandes neu gekittet wurde. Die Reformation, die auch in die Walliserthäler bereits in bedeutendem Maßstabe eingedrungen war, wurde jedoch durch den Visper Landtagsabschied vom 15./17. März 1604 und die Bemühungen des Kapuzinerordens wieder ausgerottet. Im Jahr 1802 wurde das Land durch französisches Machtgebot von der helvetischen Republik abgelöst und zu einer „rhodanischen Republik" gemacht, die dann durch kaiserliches Dekret vom 14. Nov. 1810 in ein französisches « Département du Simplon » verwandelt wurde[1].

Die Grafschaft N e u c h â t e l - V a l a n g i n stand in einem allmälig, von 1290 bis 1496 entstandenen Protektorats-Verhältniß zu den vier Städten Bern, Luzern, Freiburg und Solothurn, wobei anfänglich Solothurn und Bern den maßgebenden Einfluß ausübten[2]. Auch die Stadt Neuenburg hatte ein ewiges Burgrecht mit Bern, durch welches sie in Streitigkeiten mit den Grafen Bern als Schiedsrichter anerkannte. Nachdem die Grafschaft mit der Erbtochter Johanna von Hochberg an den Prinzen Ludwig von Orleans, duc de Longueville, gefallen war (1504), besetzten sie die vier Städte (1512) und nahmen die übrigen Orte ohne Appenzell in die Mitherrschaft auf, so daß Neuenburg von 1512 bis 1529 eine „gemeine Herrschaft" der Eidgenossenschaft war[3]. Durch Vermittlung König Franz I. von Frankreich wurde die

[1] Politisches Jahrbuch I, pag. 258 ff. Die Absichten Frankreichs auf dieses Gebiet waren übrigens schon älteren Datums. E. A. III ii, 1146.

[2] E. A. I, 376. 386. 436. 438. 466. III ii, 127.

[3] E. A. III ii, 742. 1358. IV 1 b, 169. 1476. 1486.

selbe jedoch im Mai 1529 zurückgestellt, mit Vorbehalt der Bündnisse mit den vier Städten und der speziellen Rechte Bern's, welche die damalige Landesherrschaft anerkennen mußte.

Valangin, das ursprünglich eine getrennte Grafschaft war, vereinigte sich mit Neuenburg im Jahre 1579. Der fürstliche Titel des Landes entstand ebenfalls im 16. Jahrhundert und wurde im westphälischen Frieden europäisch anerkannt. Seit der Reformation dominirte Bern vollständig unter den Schutzständen; einzig Landeron, das noch ein besonderes Burgrecht mit Solothurn von 1501 hatte, blieb unter dessen Schirm katholisch und die katholische Herrscherfamilie hielt noch die Beziehungen zu den andern drei Städten aufrecht, bis im Jahre 1707 das Fürstenthum durch Wahl der Landstände an Preußen fiel[1]), (dem es fortan in einer Art von Personalunion angehörte), worauf die katholischen Städte beschlossen, das Burgrecht nicht mehr zu erneuern. Eine förmliche Erneuerung fand auch nicht statt[2]), doch lebte das Verhältniß thatsächlich mehr oder weniger fort und wurde Neuenburg zwar nicht in das französische Bündniß von 1777, wohl aber (gegen den Willen Frankreichs, das stets sein Auge auch auf dieses Land gerichtet hielt) in die Neutralität von 1792 eingeschlossen[3]).

Am meisten beeinflußt von konfessionellen Verhältnissen war neben dem Bisthum Basel und der Abtei St. Gallen die ereigniß= reiche Geschichte der Stadt Genf. Sie ist im Uebrigen ein be= ständiger Kampf eines kleinen, geistig lebendigen Gemeinwesens mit republikanischen Ideen gegen die Naturgewalt seiner terri= torialen Lage, die es zur Hauptstadt eines größern, in fremdem Besitze befindlichen Gebietes bestimmt. Die Verbindung mit der Eidgenossenschaft war hier, ähnlich wie in Graubünden, das

---

[1]) E. A. VI II, 1397 ff. 1403.

[2]) Friedrich Wilhelm II. beantragte sie vergeblich noch 1786.

[3]) E. A. VIII, 171—173. Noch in neuester Zeit sind Schriften in Frank= reich erschienen, die Neuenburg als eine « position européenne » erklären, um deren Besitz es sich zwischen Deutschland und Frankreich handle. Vgl. Politisches Jahrbuch III, 388.

Mittel um diese Selbständigkeit zu behaupten, die ohne einen solchen Anhaltspunkt nicht hätte erhalten bleiben können. Ohne die Reformation, welche den puritanischen Geist, die beste innere Stütze der Republiken, erzeugte, welcher die Stadt Calvins in einen fortan unvereinbaren Gegensatz zu der angrenzenden savoyischen Herrschaft versetzte und ihr zugleich eine geistige Bedeutung in Europa verlieh, für welche die Position einer Provinzialstadt zu klein war, wäre übrigens dieses Gemeinwesen den es bedrohenden Gefahren dennoch schwerlich entgangen. Einen Stützpunkt suchte und fand es zuerst seit 1519 in einer vorläufigen Verbindung mit Freiburg, die aber zweifelhaft blieb, und dann bestimmter 1526 8. Februar in einer „ewigen Freundschaft" mit Freiburg und Bern. Am 27. März 1534 gab jedoch eine freiburgische Gesandtschaft den Bundesbrief mit abgetrenntem Siegel zurück [1]), dagegen schloß nun Bern am 7. August 1536 [2]) in Folge der Eroberung des Waadtlandes ein ewiges Burgrecht und 1558 9. Januar ein ewiges Bündniß mit Genf ab, worin diese Stadt verhieß, den Bernern ein offenes Haus zu sein und keine Bünde ohne ihre Zustimmung einzugehen, dagegen den Schutz von Bern zugesichert erhielt. 1584 30. August trat auf Verwendung Berns die andere bedeutende protestantische Stadt der Schweiz, Zürich, in diesen Bund ein, und beide Städte versprachen, Genf fortan „als einen Schlüssel der Eidgenossenschaft" zu behaupten, ein Versprechen, das mit der Ausnahme des schmählichen Friedens von Nyon mit Savoyen vom 1. Oktober 1589 auch eingehalten worden ist [3]).

Genf wünschte stets eine Verbindung mit der ganzen Eidgenossenschaft, wie Mühlhausen und Rottweil, erhielt aber 1558 einen

) E. A. IV 1 a, pag. 1507. IV 1 c, 27. 49. 164. 232. 239. 297. 299. 301. 303. 316. 325. 348. Ein früheres Burgrecht des Bisthumsverwesers Ludwig von Savoyen mit Freiburg und Bern ist vom 14. Nov. 1477. E. A. II, 707. 946.

[2]) E. A. IV 1 c, 1299. IV 11, 1587.

[3]) E. A. V 1, pag. 182. 189.

ganz bestimmten Abschlag [1]). Die katholischen Orte schlossen vielmehr 1560 eine ewige Freundschaft mit seinem beständigen Ansprecher, dem Herzog Emanuel Philibert von Savoyen, und ver-
halfen demselben vorläufig in dem Lausanner Schiedsgericht vom
30. Okt. 1564 [2]), einem der schlimmsten Aktenstücke unserer Geschichte, wieder zu dem Besitz der Provinzen südlich des Genfersees und der Landschaft Gex, unmittelbar vor den Thoren von
Genf, welche die beständige Cernirung der Stadt wiederherstellten,
die bis auf den heutigen Tag fortbesteht. Das „hilfliche Bündniß" der VI katholischen Orte, ohne Solothurn, mit Emanuel
Philibert von Savoyen vom 8. Mai 1577, das mit der ewigen
Freundschaft von 1560, dem spanischen Bund mit Philipp II.,
dem bischöfl. basel'schen und dem Walliser konfessionellen Sonder-
bündniß und dem „goldenen Bund" von 1586 zusammen die spätere,
katholische Bundesverfassung der Eidgenossenschaft ausmacht,
enthielt sodann die ausdrückliche Zusage, die Genfer ebensowenig
„als andere Unterthanen" des Herzogs zu schützen, bis die savoyischen
Ansprüche auf die Stadt gütlich oder rechtlich ausgetragen seien [3]),
woran sich der fernere Beschluß knüpfte, auch das bernische
Waadtland, das sie doch selbst Bern im Jahr 1564 zugesprochen
hatten, nicht, wie das altbernische Gebiet, in eidgenössischen Schirm
zu nehmen [4]). Die Rettung Genfs für die Eidgenossenschaft, durch
den Eintritt Zürichs in das Schirmbündniß und die Aufhebung
des Vertrages von Nyon, ist eine Ruhmesthat des zürcherischen
und bernischen Referendums der alten Zeit [5]). Das Volk zeigte auch
bei diesem Anlaße, wie viel Sinn für eine würdige Politik nach
Außen in dem Herzen des sogenannten gemeinen Mannes vorhanden ist; es sind nicht die aristokratischen Kreise vorzugs-

---

[1]) E. A. IV II, 78. 112. — [2]) E. A. IV II, 1500.
[3]) E. A. IV II, 1547. — [4]) E. A. IV II, 653. 658. 662. 681. 683.
[5]) E. A. IV II, 802. 819. 824 für Zürich. V I, 189 für Bern. Der damals regierende Schultheiß von Bern, der den Frieden von Nyon geschlossen
hatte, wurde abgesetzt und der von dem Großen Rath schon genehmigte Vertrag
am 3. Mai 1590, auf die Gefahr eines Krieges mit Savoyen hin, als
aufgehoben erklärt.

weiſe geweſen, welche die alte Eigenoſſenſchaft erhalten haben. Nach dem verfehlten Verſuch der Escalade machte dann der Friede von St. Julien vom 21. Juli 1603 einſtweilen den ſavoyiſchen Angriffen ein Ende[1]), Genf blieb aber bis zu Ende der alten Zeit ausſchließlich in Allianz mit Zürich und Bern, während die VI katholiſchen Orte das ſavoyiſche Gegenbündniß noch mehrmals (1634, 1651, 1684) ausdrücklich und unter den gleichen Bedingungen erneuerten und dem Herzog auch ſtets unbeanſtandet bei ſolchen Anläßen die Titel „Graf zu Genf" und „Freiherr in der Waadt" zuließen[2]). Noch einmal war in den Jahren 1696 bis 1702 die Rede von einer Einſchließung Genfs in den „eidgenöſſiſchen Corpus", gegen eine bedeutende Zahlung der Stadt[3]), aber ohne Erfolg, lediglich wurde es 1792 in die eidgenöſſiſche Neutralität inbegriffen[4]) und gelangte dann nach einer weiteren, ſchweren Prüfungszeit von 1794 bis 1813 und nachdem es 15 Jahre lang franzöſiſche Departements = Hauptſtadt geweſen war, im Jahre 1815 definitiv zu ſeinem langjährigen politiſchen Ziele, der Aufnahme in den eidgenöſſiſchen Bund[5]).

Der Biſchof von Baſel war, obwohl ſein Bisthum das „luſtigſte" des deutſchen Reiches hieß, ein vielgeplagter und eingeſchränkter Landesfürſt. Schon ſeine eigenen Landſtände machten ihm beſtändig zu ſchaffen, noch mehr die verſchiedenen Verbindungen des Bisthums, oder einzelner Theile desſelben, die aus

¹) E. A. V ı, 639. 640 ff. 1898 ff.

²) Dagegen litt Freiburg nicht, daß er ſich Graf von Romont ſchrieb. E. A. VI ı, 48.

³) E. A. VI ıı, 609. 627.

⁴) E. A. VIII, 172. 173.

⁵) Eine Karte des alten Genfergebietes findet ſich im Abſchied von 1816. Die Verhältniſſe der Rekonſtruktion von Genf nach der franzöſiſchen Herrſchaft von 1798 bis 1813, während welcher es Hauptſtadt des Departements du Léman war, ſind ausführlich nach zum Theil noch nicht bekannten Akten erzählt in den „Politiſchen Jahrbüchern" von 1888 und 1889.

der stets zunehmenden Schwäche dieses geistlichen Fürstenthums entstanden. Ein Vertrag, der ihn mit der Eidgenossenschaft politisch verband, bestand hier gar nicht, sondern bloß ein konfessioneller Sondervertrag mit den VII katholischen Orten vom 28. Sept. 1579 [1]), ein sehr charakteristisches Aktenstück, worin die Orte versprechen, ihn und seine Unterthanen in der katholischen Religion zu erhalten und die Abgefallenen womöglich wieder zum Gehorsam zurückzuführen. Uri, das sich anfänglich weigerte, beizutreten, wurde durch den Nuntius im Namen des Papstes aufgefordert, dies zu thun.

Dem gegenüber hatte Bern seine mächtige Hand durch Burgrechte über einige Theile des Bisthums, Münster, Tessenberg und Neuenstadt ausgestreckt [2]); Viel vollends stand dem Bischof halb unabhängig gegenüber, der dort nur durch einen Meier und einen Schaffner vertreten war; es pflegte die Landtage nicht zu besuchen und eigene Hoheitsrechte über Ilfingen (Orvin), Erguel, St. Immer und Tramelan auszuüben, die unter seinem Panner zogen und ihm kriegssteuerpflichtig waren. Ebenso hatte es laut Vertrag die Kastvogtei des Stiftes von St. Immer und stand mit Neuenstadt im ewigen Burgrecht [3]).

Im 17. Jahrhundert (1652—1654) war von einer nähern Verbindung des Bisthums mit der ganzen Eidgenossenschaft durch ein „Defensionalbündniß" die Rede, das jedoch nicht zu Stande kam [4]). Statt dessen wurde der katholische Sonderbund mehrmals bis 1735 erneuert, die Bitte des Bischofs, in das gemeineidgenössische Defensional aufgenommen zu werden, dagegen abgelehnt [5]), und er blos 1676 in die Neutralität eingeschlossen.

---

[1]) E. A. IV II, pag. 1570.

[2]) E. A. II, 142. IV I d, 578. IV I b, 469. 636. III II, 242. 248. III I, 235. VII II, 1265.

[3]) E. A. I. 450. 454.

[4]) E. A. VI I, 103. 105. 117. 236. 249. 249.

[5]) E. A. VI I, 738. 747. 918.

Die vielfach erschütterte Herrschaft des Bischofs, der von 1735 ab eigentlich gar nicht mehr eidgenössischer Verbündeter war, ging von 1792 bis 1798 in einzelnen Etappen unter. Zuerst folgte ihr der Augenblicks=Traum einer raurazischen Republik, deren kurze Geschichte noch von Niemandem aktenmäßig ge= schildert ist, später die unersättliche französische Republik, die den ganzen Westen der alten Eidgenossenschaft einzuverleiben beabsichtigte und in Bezug auf das Bisthum Basel einen guten Anhalts=punkt in einem Schutzvertrage von 1739 fand, welchen der Bischof von Reinach, in Ermanglung eines genügenden eid= genössischen Schutzes, mit Frankreich eingegangen hatte.

Außer diesen, gewöhnlich als die „Zugewandten" bezeich= neten 10 Städten und Ländern, können noch zu denselben gerechnet werden: Die Toggenburger, kraft ihres seit 1436 aus der Zeit des alten Zürichkrieges her bestehenden und unter der äbtischen Herrschaft 1469 erneuerten Landrechtes mit Schwyz und Glarus '), in Folge dessen sie nicht vom Abt und seinen vier Schirmorten, sondern von diesen zwei aufgeboten wurden und sogar in einzelnen europäischen Friedens=verträgen als Zugewandte erwähnt werden ²). Ferner anfänglich die Grafschaft Greyerz, deren oberer Theil, Saanen und Oesch seit 1403 und 1451 mit Bern ³), der untere aber seit 1475 mit Freiburg verburgrechtet ') war, dergestalt, daß diese Leute den Mahnungen der beiden Städte folgten und bei Pensionen und Geldvertheilungen wie andere Zugewandte bedacht wurden, bis sie in Folge des ‚Kon= kurses des letzten Grafen Claudius einfache Unterthanen der beiden Orte wurden ⁵).

¹) E. A. II, 111. 138. 398.

²) Frieden von Cateau=Cambresis 1559 und Vervins 1598. E. A. IV u, 1458; V ı, 1871.

³) E. A. I, 461.

⁴) E. A. III ıı, 218.

⁵) E. A. IV ı e, 716. 719. 1093. 1138. Die Gläubiger des Grafen ver= kauften sie an die beiden Städte.

Der Bischof von Konstanz, der geistliche Hirte eines großen Theils der alten Eidgenossenschaft, stand seit 1489 in einer Reihe von Verträgen mit den Eidgenossen[1], die immer erneuert wurden, die Stadt befand sich in dem christlichen Burgrecht mit den evangelischen Orten bis zum zweiten Landfrieden von 1531, der es auflöste. 1668 noch wollten die katholischen Orte Konstanz und die vier Waldstädte am Rhein in den Eidgenössischen Schirm aufnehmen, wogegen aber die evangelischen auch die Aufnahme von Waadt und Genf verlangten, woran sich, in Folge von Protesten des Herzogs von Savoyen und des päpstlichen Nuntius, die Sache zerschlug[2].

Die Stadt Rapperswyl war ebenfalls eine unter dem Protektorat der drei Waldstätte und Glarus stehende Stadt[3], sank dann aber nach dem zweiten Landfrieden in Unterthänigkeit herab und wird in dem spätern eidgenössischen Staatsrecht ganz als Unterthanenstadt behandelt.

Gersau blieb, nachdem es, glücklicher als Weggis, den Versuchen Luzerns, es an sich zu reißen, widerstanden und sogar einen kaiserlichen Brief als reichsunmittelbare Republik erhalten hatte, stets ein so selbständiger Ort der Eidgenossenschaft, wie jeder andere, wurde aber seiner Kleinheit wegen nie als solcher gezählt und stand faktisch im Krieg mit seinem kleinen Kontingente bei Schwyz, mit welchem es erst im Jahre 1817 förmlich vereinigt worden ist.

Ebenso bestand seit 1421, bestimmter seit 1462, ein Schutzverhältniß des Abtes von Engelberg zu Luzern, Schwyz und Unterwalden[4] (anfänglich auch Uri); im Uebrigen blieb er eine Art von kleinem geistlichen Fürsten bis zu Ende der alten Eidgenossenschaft.

[1] E. A. II, 394. 904. 641. 924. III 1, 150. 543. 734.

[2] E. A. VI 1, 739. 740. Ein Vergleich mit Kaiser Leopold I. über die Jurisdiktion auf dem Bodensee vom 5. Dezember 1685 bildet den Abschluß. E. A. VI 11, 154. 343. 2282.

[3] E. A. II, 296. 338. IV 1 b, 1245. IV 1 c, 233. 866. 1161. 1174.

[4] E. A. II, 10. 45. 220. 247. VI 1, 1599.

Als Verwandte der Eidgenossen werden öfters bezeichnet die Freiherren von Sax im heutigen st. gallischen Rheinthal, die Bürger von Zürich [1] waren. Ebenso die welschen Mitbürger von Bern: Payerne seit 1343, Neuveville seit 1388 [2]), Valangin seit 1475, Münsterthal seit 1486. Auch die Stadt Lausanne stand anfänglich in einem Burgrecht mit Freiburg und Bern seit 1525, 7. Dezember, das jedoch bei der Eroberung des Waadtlandes nicht aufrecht gehalten wurde. E. A. IV 1 c, 3. 1295.

„Ausländische" Verwandte der Eidgenossenschaft waren: Die Herzoge von Lothringen und Württemberg, der Graf von Arona, der Markgraf von Montferrat und der Bischof von Lodi [3]). Die Grafschaft Mömpelgard stand im Burgrecht mit Solothurn von 1517 bis 1545 [4]), die Stadt Besançon mit Bern, Freiburg und Solothurn von 1518 bis 1533 und 1579 bis 1588 (ohne Bern). Damals erlosch, auf spanischen Einfluß hin, dem die beiden katholischen Städte allein nicht widerstehen konnten, auch dieses Verhältniß, das der Eidgenossenschaft eine Grenze von großer Bedeutung gesichert haben würde [5]). In die gleiche Kategorie gehört das schon erwähnte zeitweise Pfandrecht der Eidgenossen auf Waldshut und den Schwarzwald und Besatzungsrecht in den vier Rheinstädten Waldshut, Säkingen, Laufenburg und Rheinfelden, in Folge des Waldshuter Friedens und der ewigen Richtung mit Oesterreich. (E. A. II, 903. 913.) [6])

Die Verhältnisse dieser „Verwandten" haben etwas staatsrechtlich kaum Bestimmbares, so daß zeitweise auch Unterthanenländer, wie Thurgau, Rheinthal, die freien Aemter, oder Städte, wie Baden, Bremgarten, Mellingen, Frauenfeld, als solche, ja

[1] E. A. III, 341. III 11, 67. 497. 919.
[2] E. A. IV 1 b, 359. I, 450.
[3] E. A. IV 1 a, p. 22. III 11, 1133. 1135. 1169. 1175. 1262. 1268.
[4] Schon 1474 wurde sie als ein „Landschlüssel" der Eidgenossenschaft erklärt. E. A. II, 500. III[11, 1135.
[5] E. A. IV 1 c, 228. 1298; IV 11, 945; V 1, 127; III 11, 1132. 1135.
[6] Eine Erläuterung dieser Verhältnisse zu den „Grenzstädten" Konstanz, Waldstädte, Genf, Waadt siehe: E. A. VI,1, 1815.

jogar als „Zugewandte" angeführt werden[1]). Die ausländischen
Verwandten könnte man mit einem ganz modernen Begriffe
als solche Gebiete bezeichnen, die zu der „Interessensphäre" der
Eidgenossenschaft gehörten, wobei es nur an ihr lag, rechtzeitig
mit ihnen in eine noch nähere Verbindung zu treten, die ganz
besonders mit Bezug auf die Branche Comté, den Schwarzwald
und Konstanz in ihrem evidenten Interesse lag. Die alten Eidgenossen hatten im Ganzen für solche Verhältnisse einen guten
politischen Blick, dem nur nicht immer, namentlich seit ihrer konfessionellen Spaltung und der Abschwächung des demokratischen
Staatsbewußtseins, die nöthige Thatkraft entsprach. Wesentlich
in diesen drei genannten Richtungen und in der Umgegend von
Genf ist daher ihr Territorium ein unvollständiges geblieben.

Leider hatte das alte Staatswesen auch noch eigentliche
Unterthanen und es bildet das Verhältniß zu denselben,
namentlich soweit sie sogen. „gemeine Herrschaften" sind, einen
wesentlichen Theil des alten Bundesstaatsrechts, besonders in
der zweiten Periode, nach der Reformation, als zu dem Sinken
des öffentlichen Geistes noch der große Gegensatz der Religion
getreten war. Damals wurden diese Unterthanenländer aus
einem Bande, das die Eidgenossenschaft in einem gewissen Sinne
zusammenhielt, zu einer Kette, die innerlich miteinander zer-
fallene Brüder durch einen mit täglichen Reibungen verbundenen
Besitz an einander schmiedete und bewahrheiteten in einer furchtbaren Weise den doppelten Erfahrungssatz, daß auf bloße
Interessengemeinschaft sich kein dauerndes Verhältniß von Menschen
zu einander begründen läßt und daß jede Herrschaft von Klassen-
über andere Klassen auf die Dauer nicht allein die Beherrschten
sondern in noch erhöhtem Grade auch die Herrscher verdirbt.

---

[1]) Balthasar unterscheidet gleichartige Verbindungen « pacta conso-
ciationis civicæ et mutuæ defensionis » und ungleiche Schutzverträge « pacta
protectionis et clientelæ civicæ », für die Schirmgeld entrichtet wird. Zu
den letztern zählt er auch Verhältnisse, wie diejenigen des Entlibuchs, der
Stadt Sempach etc., die wir jetzt zu den Unterthanenverhältnissen rechnen.

Seitdem durch die Schlacht von Sempach sich das Ueber-
gewicht der Eidgenossenschaft über das Haus Oesterreich entschieden
hatte, ging die Beseitigung dieser Herrschaft und des mit ihr
in Verbindung stehenden Adels in einem gewissen natürlichen
Interessengebiete der Eidgenossenschaft mit der unaufhaltsamen
Konsequenz eines Naturereignisses vor sich, bis endlich diesem
einst so mächtigen Hause diesseits des Rheines und Bodensee's
bloß noch das kleine Frickthal und Konstanz verblieb, von
denen das erstere erst in diesem Jahrhundert (im Lüneviller
Frieden von 1801) an Frankreich und von diesem an die moderne
Eidgenossenschaft abgetreten worden ist. Andere große grund-
herrliche Geschlechter starben aus, oder verkamen ökonomisch,
oder verließen die Schweiz frühzeitig, wie z. B. die Hohenzollern
als zeitweise Herren von Rhäzüns, das sie an Oesterreich gegen
Haigerloch vertauschten [1], dergestalt, daß schon längst kein Geschlecht von wirklich freiherrlichem Adel auf ihrem Boden
mehr vorkommt. An die Stelle dieser Grundherren traten, vermittelst einfacher Uebertragung der herrschaftlichen Rechte, durch
Eroberung, oder Kauf, Tausch, Verpfändung, die Regierungs-
gewalten der eidgenössischen Orte. In den meisten Fällen erhielten die in die neue Gewalt übergehenden Unterthanen die
Zusicherung der nämlichen Freiheiten und Rechte, die sie unter
ihrer vorigen Herrschaft besessen hatten (wobei jedoch unter
„Freiheiten" immer Rechte anderer Art als die eigentliche Mit-
regierung verstanden sind) und verlangten die neuen Regenten
gar nicht, — das darf zu ihrer Ehre gesagt werden — sie
darin zu beschränken. In der älteren Periode war daher diese
Unterthänigkeit nichts Drückendes, am allerwenigsten etwa eine
bloße Willkürherrschaft, sondern ein auf Brief und Siegel

---

[1] Vergl. darüber „Polit. Jahrbuch" von 1886, pag. 246, wo die Verhältnisse dieser Herrschaft kurz erzählt sind. Oesterreich behielt Rhäzüns
(mit zeitweiser Abtretung an Frankreich, die noch nicht aufgeklärt ist)
bis 1815 und trat es dann nebst Tarasp als Entschädigung für das Veltlin
an Graubünden ab. Vgl. darüber in „Polit. Jahrbuch" von 1887 die Geschichte des Wiener Kongresses und der Ablösung des Veltlins.

beruhendes, gegenseitiges Rechtsverhältniß, das auch allfällig einem Richterspruch unterliegen konnte und oft sogar, wie oben erwähnt, nahezu in die Stellung der zugewandten Orte überging. Erst in der zweiten Periode der alten Geschichte, gleichzeitig mit der Ausbildung der Familienherrschaft in den regierenden Orten wurden die Unterthanen mehr und mehr als ein rechtloses Ausbeutungsobjekt angesehen und auch die ländlichen, ja zum Theil selbst die städtischen Bevölkerungen der herrschenden Stände von dieser Oligarchie auf das gleiche Niveau herab= gedrückt. Noch bis in die letzte Zeit herrschte, in den besseren Ständen wenigstens, das Bestreben vor, die Unterthanen mate= riell zu beglücken und in ihren privatrechtlichen Be= ziehungen, soweit nicht irgendwelche politischen Rechte damit verbunden waren, mit Gerechtigkeit zu regieren. Sobald jedoch auch nur ein entferntes Bestreben nach größerer Freiheit und Gleichheit im politischen Sinn bemerkbar wurde, so handelten die städtischen Oligarchien, wie die roheren Landsgemeinden der demokratischen Orte mit der gleichen rücksichtslosen Härte, die das Kennzeichen jeder altgewordenen Aristokratie ist[1]), und niemals konnten auch die Mitglieder der schweizerischen Aristokratien zu dem Fundamentalsatz eines jeden vernünftigen Staatswesens sich erheben, daß der Staatszweck nicht allein darin besteht, den Regierten tägliches Brot und allfällige Justiz zu verschaffen, sondern alle Menschen, die zum Staate gehören, zur Rechtsgleichheit, Bildung und Selbstbestimmung zu erziehen. Das ist übrigens, in etwas anderer Form als ehemals, noch heute der nicht ganz ausgetragene Gegensatz zwischen einer ver=

---

[1]) „Güte ohne Milde, starre Grundsätze und ein Stolz, der nicht auf Seelengröße, sondern auf Standesbewußtsein beruht", so wird z. B. die bernische Aristokratie des vorigen Jahrhunderts richtig charakterisirt. Selbst das Ideal einer solchen Regierung über die Unterthanen, wie es Pesta= lozzi in seinem Landvogt Arner aufstellt, oder wie es in dem Rosen= gericht des „Landvogtes von Greifensee" sich spiegelt, entspricht keineswegs auch nur den elementarsten Anforderungen einer Regierung nach heutigem Maßstab.

münftigen Demokratie und einem mit den letzten Resten der alten
Aristokratie verbundenen, auf moderner Geldherrschaft beruhen=
den Liberalismus, der gerade jetzt in einer Umgestaltung be=
griffen ist.

Die konstitutionellen Verhältnisse der schweizerischen Unter=
thanenschaft bieten, wie die der Zugewandten, ein höchst ver=
schiedenartiges und zeitweise wechselndes Bild.

Am freiesten gestellt, mit eigener Munizipalregierung, waren
neben der Stadt Rapperswyl, die den Uebergang zu den zuge=
wandten Orten bildet und anfänglich zu denselben gezählt
wurde, die Städte Frauenfeld und Baden, die einen selbstgewählten
Schultheißen, großen und kleinen Rath und dementsprechende
eigene Gerichtsbarkeit hatten; ebenso hatten Bremgarten und
Mellingen selbstgewählte Obrigkeiten; in Bremgarten aber wurde
der Schultheiß von den VIII Orten bestellt und in Mellingen
bestätigt. Aehnlich eingerichtet waren die Provinzialstädte der
einzelnen Orte, namentlich diejenigen des bernischen Aargaus,
denen bei der Eroberung ihre Selbstregierung, die sie schon unter
österreichischer Herrschaft gehabt hatten, zugesichert worden war, [1]
und die Stadt Dießenhofen im Thurgau. Die Stadt Winterthur
hatte unter zürcherischer Oberhoheit eine volle ständige muniziः
pale Freiheit mit eigenen Gerichten, sogar dem Blutbann und
eigenen Herrschaftsrechten über Hettlingen, Oberwinterthur,
Pfungen und die Schlösser Wyden und Mörsburg. Die Stadt
Stein am Rhein war erst 1484 aus einer Reichsstadt eine zür=
cherische Munizipalstadt mit eigener Regierung geworden, die
sogar noch nach dem westphälischen Frieden wiederholt ihre
Freiheiten durch das Reich bestätigen ließ. Aehnliche Freiheiten
besaßen die Städte Sursee,[2] Sempach und Willisau unter Luzern.

---

[1] Vgl. als Beispiel die Kapitulationsurkunde der Stadt Aarau, bei
Boos Urkundenbuch, Argovia XI. 237.

[2] Sursee kam in den Pfandbrief Sigmund's „aus Versehen". Vgl Se=
geisser, Rechtsgeschichte I. 295.

Im Allgemeinen aber wurden die Unterthanen durch Landvögte beherrscht, die gewöhnlich auf St. Johannistag die Regierung antraten und auf sogenannten Jahrrechnungs- oder Syndikats- tagen den Orten, die sie bestellten, Rechnung ablegten. Solche Syndikatstage waren namentlich derjenige der Herrschaftsorte von Rheinthal, Thurgau, Sargans und dem oberen Theil der Freienämter, derjenige der Grafschaft Baden und der unteren Freienämter, derjenige der vier großen italienischen Vogteien, der von Uri, Schwyz und Nidwalden zu Bellenz, der von Schwyz und Glarus zu Utznach. Im Kriege zog die Mannschaft der Vogteien unter ihren eigenen Fahnen und mitunter auch eigenen Hauptleuten, je nach ihrer freieren Stellung, dem Herrschaftsorte, bezw. dem augenblicklich die Vogtei führenden Orte zu. Doch kommen dießfalls in den späteren Landfrieden noch besondere Bestimmungen über ihre Neutralität in Bürgerkriegen vor, ähn- lich denjenigen, welche in den anfänglichen Bundesbriefen von Schaffhausen und Appenzell enthalten waren. Die Verhältnisse mehrerer Landvogteien waren dadurch komplizirt, daß auch fremde Gewalten in sie hineinregierten. So bevogtete in der Grafschaft Baden der Bischof von Konstanz die Städte Klingnau und Kaiserstuhl, nur das „Malefiz" und die Militärhoheit ge- hörte den Eidgenossen. In Zurzach führte die Regierung des Bischofs der Obervogt von Klingnau, mit Konkurrenz des Landvogts von Baden. In die Landvogtei Thurgau regierten hinein der Bischof von Konstanz, der Vögte zu Bischofszell, Arbon, Güttingen, Gottlieben, Tanneck hatte. Ebenso hatten das Kapitel von Konstanz, die Aebte von St. Gallen, Rheinau und Einsiedeln eigene Gerichte daselbst. Zeitweise (von der Er- oberung des Thurgaus bis zum Basler Frieden) gehörte über- haupt das Landgericht im Thurgau Konstanz und nur die Land- vogtei den Eidgenossen; ein letzter Rest kleiner Gerichtsbarkeit von Konstanz auf unmittelbar benachbarten eidgenössischen Grundstücken besteht sogar noch in heutiger Zeit. Ebenso hatten in den freien Aemtern die Stadt Luzern und die Stadt Mellin- gen Gerichte, in der Landschaft Rheinthal der Abt von St. Gallen;

die Grafschaft Werdenberg bezahlte bis in die letzten Zeiten der Glarner Herrschaft noch ein Schutzgeld von 15 Gulden an Luzern, und in einzelnen Unterthanenländern, namentlich im Thurgau, dem Waadtland und den italienischen Vogteien bestanden überhaupt zahlreiche kleine Gerichte geistlicher und weltlicher, mitunter selbst auswärtiger Herren[1]. Mit der Bundesverfassung der Eidgenossenschaft hingen diese Unterthanenlande insofern zusammen, als sie nicht allein zu dem schweizerischen Landesbestand nach Außen gehörten, sondern auch größern Theils von einer Anzahl der eidgenössischen Orte gemeinsam regiert wurden. Hiebei handelte es sich dann namentlich seit der Reformation beständig um die Frage, ob der Wille der Mehrheit der Miteigenthümer wie in andern[2]), so auch in Religionsfragen entscheide, und sind es die Unterthanenlande gewesen, in denen zuerst der bedeutende Grundsatz der Parität zweier privilegirter Konfessionen durchdrang, der im Jahre 1848 allgemeines Bundesstaatsrecht geworden und erst in noch neuerer Zeit durch den weitergehenden Grundsatz allgemeiner Glaubensfreiheit ersetzt worden ist.

In das alte System der Volksanfragen, den Vorläufer des heutigen Referendums, waren in den Ständen, wo es fakultativ bestand, namentlich also in Zürich und Bern, die eigenen Unterthanen (nicht die der gemeinen Herrschaften) inbegriffen. Mitunter stimmten auch die äußeren Unterthanenländer, so das Waadtland über den Frieden von Nyon[3]). Weder die zürcherische noch die bernische Regierung würden es gewagt haben, eine eingreifende Staatsveränderung, wie die Reformation, ohne

---

[1] Vgl. hierüber besonders Simler-Leu: „Von dem Regiment der lobl. Eidgenossenschaft", pag. 659 ff. In Bezug auf einige Dörfer der ehemaligen Grafschaft Neuenburg stand Zürich in einem Lehenkontrakt mit Oesterreich. E. A. VII ii, 1307.

[2] Der Grundsatz, daß in gewöhnlichen, die gemeinsame Herrschaft betreffenden Dingen die Mehrheit der Herrschaftsorte entscheide, war seit der Eroberung des Aargau's ein feststehender geworden.

[3] Vgl. Grenus, « Documens relatifs à l'histoire du pays de Vaud », pag. 318.

Anfrage der Unterthanen einzuführen, und ebenso wurden, im Gegensatz zu der heutigen Anschauung, so lange dieses alte Refe= rendum bestand, alle wichtigeren Staatsverträge mit dem Aus= land, welche Kriegshilfe zur Folge haben konnten, dieser Ab= stimmung unterbreitet. Ja, der zweimalige Versuch in Bern, dieselbe konstitutionell zu regeln (von 1513, 13. Juli und 1531, 4. Dez.), und der Zürcher Kappelerbrief vom 9. Dez. 1531 ver= langen positiv, daß (wie der letztere sagt): „wir kein krieg mehr anfangen söllent noch wöllent ohne einer lantschaft wissen und willen" und daß die Regierung überhaupt in wichtigen Dingen die „biderben lüt uff dem land darinne berathsamen" solle [1]).

In den eigentlichen alten Referendumskantonen, Graubünden und Wallis, kommt dagegen die Abstimmung der Unterthanen, z. B. der Veltliner, nicht vor, weil eben dieses Referendum eine Zustimmung zu einem Bundesstaate vereinigter kleiner Re= publiken, keineswegs eine Volksanfrage im Sinne von Zürich und Bern, oder gar eine Volksabstimmung im heutigen Sinne war.

Auch bei den „Kriegsgemeinden" der alten Zeit, die über Krieg und Frieden, oder Waffenstillstände, wie eine Lands= gemeinde im Felde, entschieden (z. B. vor Bicocca 1522, Kappel 1529), waren die Mannschaften aus den Unterthanenländern ohne Zweifel gleich betheiligt [2]). Sicherlich wäre das Referendum,

---

[1]) Die beiden bernischen Briefe sind weniger bekannt, als der Zürcher. Bei demjenigen von 1513 fehlen die Originalabschiede und Rathsmanuale im Archiv, die wahrscheinlich später beseitigt wurden. Das alte Referendum der beiden Hauptstände der Eidgenossenschaft würde überhaupt eine neuere gute Studie verdienen. Ein Anfang dazu ist Moritz v. Stürler „Die Volksanfragen im alten Bern". Ueber den Kappeler-Brief und die sogen. Meilener-Artikel vgl. Bullinger, Ref.=Geschichte III, 283. 284 und Helvetia III, 490.

[2]) Wenigstens sagt der zürcherische Unterhändler vor Kappel, Hans Escher, etwas unwillig: „Diewyl es dazuo kommen ist, daß einer so vyl gilt als der ander, ritter und knecht, houptmann und gmein mann alles zuglych, so ist myn rat, daß jedermann, sy der, wer er wöll, hie im feld all syn anligen eröffne, damit man ab der sach komm, es sy zu schlagen oder zum frieden." Vgl. Bullinger, Ref.=Geschichte II, 180.

wenn es sich über das 17. Jahrhundert hinaus erhalten hätte[1]), der zur Hand befindliche Baustein gewesen, mit dessen Verfestigung in den Bau der eidgenössischen Verfassung eine allmälige Erziehung und Assimilirung der Unterthanen hätte herbeigeführt werden können, den aber unverständige Bauherren schon damals verwarfen, wie sie ihn auch noch in unsern Tagen lieber abgelehnt hätten.

Statt dessen bildeten die Unterthanenlande seit dem Anfange des 15. Jahrhunderts eine der größten Anomalien in der an solchen reichen alten Eidgenossenschaft, den Stein des Anstoßes und Aergernisses, der die herrschenden Orte entzweite, den demokratischen Charakter der Eidgenossen verdarb, die rechtzeitige Revision der komplizirten Bundesverfassung verhinderte und eine zahlreiche Klasse schließlich rechtloser und willkürlich beherrschter Schweizer schuf, die an der Erhaltung des Staates kein rechtes Interesse mehr hatten. Die Freiheit ist eben eine Göttin, die keine bedingten Anbeter duldet, die sie nur für sich haben wollen.

Wesentlich für die spätere Entwicklung des Unterthanenrechts war die Frage der Intervention, die in der ältern bessern Zeit im Interesse des allgemeinen Landfriedens auch zu ihren Gunsten stattfinden konnte. Das bemerkenswertheste Beispiel hiefür sind die „Waldmann'schen Spruchbriefe" von 1489, eine eidgenössische Feststellung und Garantie der Rechte der zürcherischen Unterthanen gegen die gewaltthätige Regierung Waldmanns[2]), auf die sich dieselben noch im Jahre 1795 kurz vor

---

[1]) In Bern dauerte es von 1449 bis 1610. Einiges darüber ist enthalten in: „Das Referendum im schweizerischen Staatsrecht", Archiv für öffentliches Recht, Bd. II.

[2]) Unsere demokratische Aera hat zwar dessenungeachtet im Jahre 1889 das Andenken dieses Bedrückers der Unterthanen gefeiert. Diese zürcherischen Urkunden sind abgedruckt in der Helvetia III, pag. 490 ff. Vgl. im Weitern das „Politische Jahrbuch" von 1891: „Die eidgenössischen Interventionen".

der helvetischen Revolution beriefen. Mit dem Bauernkrieg von 1653 hörte jedoch diese Art von Schutz auf, und es kam überhaupt, anknüpfend an einen Passus des Stanser Verkommnisses, die Theorie zur Geltung, daß der eidgenössische Bund bloß eine Vereinigung von Regierungen sei, die sich in jedem Falle von bürgerlichen Unruhen „ohne Diffikultirung und auf die Bahnbringung wer Recht und Unrecht habe", einfach zu Hilfe zu eilen und den Gehorsam wiederherzustellen hätten [1], worauf dann gewöhnlich eine Empfehlung von Milde und Gerechtigkeit folgte, die zuletzt nur noch eine leere Formel war.

Von dieser Zeit ab fing man auch an, den Unterthanen ihre Freiheitsbriefe abzufordern [2] und jede Erinnerung an ein Rechtsverhältniß zwischen Unterthanenschaft und Obrigkeit, wie

[1] E. A. VI 1, 150. Abschied zu Baden und Mandat der XIII Orte und Zugewandten vom 22. März 1653.

[2] Solche Rückforderungen, die mit List oder Gewalt geschahen, sind in der „Helvetia" I, pag. 613, und III, pag. 481, urkundlich dargestellt. Das letztere Beispiel, die Kassirung der Freiheitsbriefe von Wädenswyl und Richterswyl ist besonders plastisch. Generallieutenant Leu und Oberst Werdmüller landeten plötzlich am 21. September 1646 mit 60 Schiffen voll Truppen in Wädenswyl, ließen die Bewohner der beiden Gemeinden, die sich gegenüber der Stadt auf ihre Freiheitsbriefe berufen hatten, mit Weib und Kind auf „Zollinger's Matte" zusammentreiben und dort, von Truppen umstellt, erklären, „ob sie vielleicht diese Briefe und Urkunden zu ihrem ferneren Unheil noch länger zu behalten begehren, oder ob sie dieselben, damit sie ihnen nicht mit Gewalt weggenommen werden, Unsern gnädigen Herren und Obern freiwillig übergeben wollen." „Dieses Letztere" — so berichtet der Augenzeuge — „hielten sie für das Beste, warfen sich mit Weibern und Kindern auf die Kniee und schrieen um Gnade, worauf ihnen der Generallieutenant den gewöhnlichen Eid, „welchen er vorher in einigen Punkten abgeändert und nach den gegenwärtigen Umständen eingerichtet hatte", (nämlich mit Weglassung aller Stellen, welche die Freiheiten des Landes vorbehielten) herunterlesen und von Allen, im Beisein ihrer Weiber und Kinder beschwören ließ. Eine „Ehrengesandtschaft" von Glarus, die eingetroffen war, hatte sich begnügt, auch hier „Güte und Milde" zu empfehlen. Andere wesentliche Beispiele sind der Werdenberger-Aufstand von 1719—1722 und der Liviner-Aufstand von 1755. Vgl. „Oeffentliche Vorlesungen über die Helvetik", pag. 40 und 57, und „Politisches Jahrbuch" von 1891 „Die eidg. Interventionen".

es ursprünglich bestanden hatte, als eine Widersetzlichkeit gegen
die „natürliche" Obrigkeit zu behandeln, die man mitunter
sogar wünschte und herbeiführte, um dann diese alten Briefe als
verwirkt ansehen und ein neues Staatsrecht auf das Recht der
Eroberung begründen zu können.

Selbst ein Mann von der Unbefangenheit Balthasar's sagt
in seinen Fragmenten (pag. 126), es sei nicht eidgenössisches
Recht, daß die Orte zwischen einem der Ihrigen und den Unterthanen vermittelnd eintreten; da bestehe bloß ein Rechtsstand
zwischen Obrigkeit und Unterthanen, und es sei gesunde Politik,
vor Allem jeden Aufstand zu unterdrücken. Wenn das geschehen
sei, sei es den Ständen unbenommen, Großmuth und Milde als
das Zweckmäßigste zu empfehlen.

Der fürstliche Absolutismus des 18. Jahrhunderts, der überall
in Europa die verfassungsmäßigen Rechte zu beseitigen strebte,
hatte auch in den schweizerischen Regierungen, deren Söhne
ihn im Auslande vertheidigten, nur zu gelehrige Nachahmer gefunden, und namentlich für die eigentlichen Unterthanen, die
nicht zu dem Staatskörper der regierenden Orte selbst gehörten,
gab es seit dem Ende des 17. Jahrhunderts, außer den konfessionellen und militärischen Briefen[1]), keine Bundesverfassung, die denselben eine garantirte Rechtsstellung in der
Eidgenossenschaft gewährt hätte.

Solche äußeren Unterthanenlande bestanden seit dem Beginne
des 15. Jahrhunderts folgende:

1. Das heutige italienische Eschenthal (Val d'Ossola in
seinem untern Theil, oberhalb Val Pommat) wurde in den
beiden Jahren 1410 und 1411 von den sieben alten Orten ohne
Bern eingenommen, die es dann am 29. August 1418 von

---

[1]) In das „Defensional" waren ausdrücklich mit bestimmten Kontingenten inbegriffen: Lugano, Locarno, Mendrisio, die Freien Aemter, Val
Maggia, Sargans, die Grafschaft Baden, Thurgau und Rheinthal mit zusammen 2400 Mann auf einen regulären Auszug von 13400.

Kaiser Sigmund zugleich mit dem Meyenthal und Verzaskathal als ein Reichslehen empfingen[1]).

Nach der halb verlorenen Schlacht von Arbedo (1422) und durch den mehr als bedenklichen Frieden Ottolino Zoppo's vom 12./21. Juli 1426[2]) wurde es an den Herzog Filippo Maria zurückgegeben und kam nur noch einmal vorübergehend von 1512 bis 1515 durch den Protektoratsvertrag mit Maximilian Sforza wieder in den eidgenössischen Besitz. Im Oktober 1515, nach der Schlacht von Marignano ging es dann durch den noch unerklärten Abzug des bernischen Kommandanten Hans von Diesbach aus dem festen Platze von Domo d'Ossola auf immer verloren[3]), indem der im folgenden Jahre mit Franz I. von Frankreich, als Herzog von Mailand, abgeschlossene ewige Friede der Eidgenossenschaft nur diejenigen italienischen Länder beließ, welche von ihr noch besetzt waren. Die eidgenössische Grenze ist infolge dessen dort sehr mangelhaft geblieben.

2. Das österreichische Aargau, nebst der Grafschaft Baden, das Stammland der Herzoge, voll von Burgen ihrer Vasallen und blühenden, ihnen durch große Freiheiten anhänglich gewordenen Städten, zugleich aber eine unentbehrliche Position für die Verbindung zwischen den eidgenössischen Orten, wurde im Jahre 1415, in Exekution der Reichsacht und des Kirchenbannes

---

[1]) Anfänglich hatte die dortige Herrschaft auch eher den Charakter eines Landrechtsvertrages (E. A. I, 129. 130. 364). Der Herzog Johann Galeazzo Visconti trat dagegen seine Rechte an Amadeus VIII. von Savoyen ab, gegen den das Thal mit Hilfe von Wallis festgehalten werden mußte. Es ist überhaupt vier Mal von der Eidgenossenschaft gewonnen und wieder verloren worden.

[2]) Die Eidgenossenschaft selbst erhielt 30,000 Gulden und die Zusicherung einiger Handelsvortheile, Einzelne wahrscheinlich noch besondere Vergabungen, „doch mocht man's nit gruntlich wissen". Tschudi II, 167. E. A. II, 738. 745; III u, 1352.

[3]) Darüber besteht eine lange Serie von Tagsatzungsverhandlungen in den Eidgen. Abschieden. E. A. III u, 970. 974. 1005. 1006. 1029. 1034. 1035. 1038. 1060. 1094. 1102. 1105. 1108. 1115. Vgl. Polit. Jahrbuch von 1891 „Der Verlust des Eschenthals".

gegen den Herzog Friedrich „mit der leeren Tasche", theilweise
von Bern, Zürich und Luzern allein, theilweise von den sämmtlichen Orten ohne Uri besetzt und gegen alle späteren Rekla-
mationen Oesterreichs und des Reiches nicht wieder herausgegeben. Das schließliche Abkommen mit Kaiser Sigmund war
der Form nach Verpfändung gegen Darlehen an seine stets geld-
bedürftige Kasse unter dem Versprechen, das Land nicht ohne
Einwilligung der Pfandinhaber wieder einzulösen und auch dem
Hause Oesterreich kein Einlösungsrecht zu gewähren. Die Bemühungen des nachmaligen Kaisers Friedrich III., des letzten,
der in offizieller Stellung die Schweiz besuchte, zu einer Wiederherstellung dieser Besitzrechte seines Hauses zu gelangen, waren
ebenfalls vergeblich; das Land verblieb zum Theil unter der
Herrschaft von Bern, Zürich, Luzern ohne Gemeinsamkeit, zum
Theil wurde es gemeinsames Unterthanenland ¹), anfänglich von
sechs, seit 1427 von sieben (mit Bern) und von 1446 ab von
acht Orten, mit Uri, das sich geweigert hatte, auf den Erobe-
rungskrieg einzugehen, weil der damalige fünfzigjährige Friede
mit Oesterreich von 1412 bestand. Die Städte Bremgarten,
Mellingen, Baden (sowie auch die im bernischen Antheile
befindlichen) erhielten bedeutende munizipale Freiheiten, welche
sie beinahe den zugewandten Orten gleichstellten ²). Im Jahre
1712 änderten sich infolge des vierten Landfriedens die Besitz-

---

¹) E. A. I, 143. 196. 349. Der Theilungsbrief ist vom 18. Dezember
1415, er ist die eigentliche Entstehungsurkunde der eidgenössischen Unterthanenländer. Vgl. Meyer v. Knonau „Grundzüge eidgenössischer Politik", Geschichts-
freund, Band 38. Solothurn erhielt eine Abfindung in Geld von Bern. Der
„Stein" zu Baden, „des Adels Hort", der Platz, an dem alle österreichischen
Pläne gegen die Eidgenossenschaft geschmiedet worden waren, wurde am
Pfingsttage 1415 den Flammen übergeben. Das vorderösterreichische Archiv,
das sich daselbst befand, fiel in die Hände der Eidgenossen und wurde erst
später, und vielleicht nicht ganz vollständig, nach Wien ausgeliefert, woraus
sich einzelne Lücken unserer alten Geschichte erklären.

²) Ueber diese Rechte der Städte Bremgarten, Mellingen und Baden
vgl. E. A. II, 245. Ferner: Tschudi II, 11 ff. Simler-Leu 332. 664. E.A. I,
142—146. 149. 150. 349—352; II, 455.

verhältnisse in dem eidgenössischen Theil zu Gunsten der damals siegenden reformirten Orte, so daß schließlich die Grafschaft oder Landvogtei Baden und die sogenannten untern freien Aemter (nicht zu verwechseln mit dem Freien Amt, das Zürich allein zustand)[1] den drei Orten Zürich, Bern und Glarus[2]), die obern freien Aemter hingegen den VIII Orten gehörten. Das Aargau hätte sich von allen nachmaligen Unterthanen= ländern am besten zu einer Inkorporirung auf freieren Grund= lagen, im Anschluß an die Freiheiten der Städte, geeignet. Eine solche Bildung eines neuen zugewandten Ortes lag aber nicht in den damaligen Ideen und noch weniger in den Neigungen der Eidgenossen, von denen vielmehr jeder „gern vil gehept" hätte, und damit begann eigentlich erst der Trieb, Unterthanen zu besitzen, der die Eidgenossenschaft ihrem ursprünglichen besseren Staatsgedanken abgewendet und an ihrer rechtzeitigen freieren Ausgestaltung verhindert hat.

3. Eine ähnliche komplizirte Konstitution hatte die gemeine Herrschaft Thurgau, die im Jahre 1460 dem Herzog Sigmund von Oesterreich (auch infolge Kirchenbannes gegen ihn) abge= nommen wurde. Der größte Theil blieb als gemeinsame Er= oberung den VII Orten ohne Bern, Winterthur Zürich allein, Dießenhofen den VIII Orten und Schaffhausen, doch huldigte es bloß den VIII Orten. Die Städte Frauenfeld, Bischofszell,

---

[1] Simler=Leu, pag. 346: „Es ist ein Unterschied zwischen dem Freyen Amt und den freyen Aemtern. Das Frey=Amt nennet man die Gelegenheit zwischen dem Albis, der Reuß, der Lorez, so von den Zürichern bevogtet wird .... Die Freyen Aemter aber liegen an der andern Seiten der Reuß, fangen auch ob Bremgarten an, ziehen sich aber weiter hinab, der Reuß und dem Lindenberg nach, . . dieweil diese Vogtei nicht groß ist, so wohnet der Vogt nicht daselbst, sondern kommt nur etliche Mal im Jahr dorthin . . . und haltet sich mehrtheils in dem Kloster Muri auf, welches . . . in dieser Vogtei liegt."

[2] Glarus hatte den achten Theil daran, die beiden andern das Uebrige.

Arbon und Dießenhofen behielten ihre Freiheiten, ähnlich wie die aargauischen Städte ¹).

Die sog. „altstiftischen" Rechte des Bischofs von Konstanz und des Abts von St. Gallen im Churgau, sowie die gerichts= herrlichen Rechte des thurgauischen Adels, der sog. „Gerichts= herrenstand", waren hier eine gewisse Beschränkung der Landes= hoheit, die in einzelnen Theilen des Landes nur eine Oberhoheit war. Ueber die letztgenannten Rechte wurden 1501 und 1509 besondere Verträge mit den Gerichtsherren abgeschlossen.

Der Herzog Sigmund, der zuerst, wie ein Volkslied der da= maligen Zeit sagt, vergeblich zum Papst zum Klagen ging ²), trat das Land wie alle übrigen verlorenen österreichischen Ge= biete durch die ewige Richtung von 1474 (formell einen Schieds= spruch König Ludwigs XI. von Frankreich) ab, jedoch behielt Konstanz zufolge des gleichen Schiedspruches das ihm von Kaiser Sigmund verpfändete Landgericht bis zum Schwabenkrieg, nach welchem es dasselbe durch einen ähnlichen Entscheid des Herzogs von Mailand, Ludwig Maria Sforza, den damaligen X Orten (den VIII nebst Freiburg und Solothurn) abzutreten genöthigt wurde, mit dem einzigen Vorbehalt einer Einlösung durch den Kaiser selbst ³), die niemals erfolgte. Durch den vierten

---

¹) E. A. II, 307 ff.

        „Dissenhofen an dem Rin
        ßert mit guoten muren,
        Muoß den Eydgenossen sin,
        Soll den Adel duren."

²)   „Zum babst louft er gon klagen,
        Er soll kein brugg am Rin mer schlan,
        Si wurd nit bestan,
        Man ließ im nit ein laden."

³) E. A. II, 913; III ı, 758.

Ein sehr übermüthiges Spottlied über die Konstanzer, die im Schwaben=
krieg, statt zu den Eidgenossen, zu dem schwäbischen „Juppenbund" gehalten
hatten, singt davon:

Landfrieden von 1712 erhielt auch hier Bern Mitantheil an der Landvogtei.

4. Das Rheinthal (von Altstetten bis zum Bodensee) war infolge der Reichsexekution gegen den Herzog Friedrich von Oesterreich zuerst 1415 an die Grafen von Toggenburg, sodann 1430 an zwei Brüder Peyer, dann 1460 an die Appenzeller gekommen, welche es im Jahre 1490 infolge des sogenannten Rorschacher Krieges für die Kriegskosten an die Schirmorte des Abtes von St. Gallen abtreten mußten. Dieselben nahmen die übrigen drei alten Orte ohne Bern in die Herrschaft auf, 1499 infolge des Schwabenkrieges ebenfalls die Appenzeller und im Jahre 1712 erhielt auch Bern Antheil. Das Thal zerfiel in das obere (Altstetten, Oberried, Marbach, Balgach, Berneck, St. Margrethen, Eichberg, Widnau, Haßlach, Rüthi) und das untere (Rheineck und Thal). Jeder Hof hatte sein Gericht, die Städte Rheineck und Altstetten Stadtammänner und Räthe. Die Appellation ging theils an den Landvogt zu Rheineck, theils an das Syndikat, theils an den Pfalzrath in St. Gallen, theils sogar an den Grafen von Hohenems.

5. Die Grafschaft Sargans kauften am 2. Januar 1483 die VII Orte ohne Bern von dem Grafen Georg von Werdenberg. Die Herrschaft hatte zeitweise ein Burgrecht mit Zürich gehabt, war jedoch genöthigt worden, dasselbe aufzugeben[1]).

— —

> „Do findt man ouch vil kromer
> Zuo Costentz in der Stadt.
> Sie habend großen kumber,
> Daß es sich gfüget hat,
> Daß si in bunt sint kommen
> Wider der Schwytzeren lant,
> Jetz habend si's vernommen
> Und thund inen schier ant.
> Sie hant ein herten orden
> Zu Costentz, jung und alt,
> Das sint si innen worden
> Von irem bösen gwalt "

[1]) E. A. II, 540; III, 126. 141. Simler-Leu, pag 349. 679.

1712 trat auch hier Bern in die Mitherrschaft ein. In Ragaz hatte der Abt von Pfäfers das niedere Gericht mit Appellation an den Landvogt; das Städtchen Sargans hatte einen eigenen Schultheiß und Rath, das Städtchen Wallenstadt einen Schult= heiß; beide Schultheißen wurden vom Landvogt aus drei Vor= schlägen der Städte ernannt, beide verwalteten die niedere Ge= richtsbarkeit. Eine eigenthümliche Einrichtung war der Land= ammann, der in Malefizsachen an des Landvogtes Statt in Sargans zu Gericht saß und auch die Gerichte von Mels, Flums und Wartau präsidirte und die Schuldbriefe siegelte. Er wurde von der ganzen Landschaft durch drei Vorschläge gewählt, unter denen der Landvogt die Auswahl hatte. In Ragaz saß ein Untervogt des Landvogts, welcher auch die in Graubünden be= stehenden Gefälle einzuziehen hatte.

6. Die Stadt Rapperswyl wird von den alten Staats= rechtslehrern gewöhnlich neben die aargauischen und thurgauischen Städte gestellt, somit als Unterthanenstadt behandelt [1]. Sie war 1458 nach dem „Plappartkrieg" der Eidgenossen gegen Konstanz von Oesterreich abgefallen und hatte am 10. Januar 1464 einen ewigen Schutzvertrag mit den drei Waldstätten und Glarus ab= geschlossen, die infolge dessen anfänglich als seine „Verwandten" erscheinen, später aber Huldigung verlangten, so daß die Stadt nur die munizipalen Freiheiten und die Gerichtsbarkeit behielt. Im Jahre 1712 wurden auch hier, wie in Baden, die katholischen Orte aus der Herrschaft beseitigt. [2]

7. Der heutige Kanton Tessin bestand aus einer ganzen Reihe von Vogteien, von denen jedoch bloß Lugano, Locarno, Mendrisio und Valle Maggia (Mayenthal) gemeine Herr= schaften der XII Orte ohne Appenzell waren. Das Livinen= thal gehörte, nachdem es ursprünglich einen Landrechtsvertrag vom 19. August 1403 mit Uri und Obwalden gehabt hatte [3],

---

[1] Simler=Leu, pag. 339; Süßlin IV, 64; E. A. II, 296. 338; IV i a 524; III ii, 475; IV i b, 1225. 1245; IV i c, 233. 866. 1161. 1174.
[2] E. A. VI ii, 2340. 2343. — [3] E. A. I, 335; II, 783. 893.

dann, nach der Schlacht von Arbedo und im Frieden Soppo's, mit den übrigen Besitzungen jenseits der Berge verloren gegangen war, seit 1467 wieder Uri allein. Die Grafschaft Bellenz nebst Riviera und Bollenza (Blegno-Thal) und zwei Dörfern jenseits des Monte Cenere verblieb schließlich, nach verschiedenen voraus» gegangenen Verträgen den drei Orten Uri, Schwyz und Nid» walden durch den Frieden von Arona vom 11. April 1503 mit Ludwig XII. von Frankreich, als Herzog von Mailand.[1]

Die definitive Feststellung aller tessinischen Besitzverhältnisse war der „ewige Friede" mit Franz I. vom 29. November 1516, beziehungsweise der zur Zeit des Friedens bestehende thatsäch» liche Besitzstand, der namentlich über einige im Friedens» instrument nicht speziell erwähnte Gebietstheile entschied[2]. Der Vogt von Lugano (capitaneo) war der Anführer im Krieg für alle vier eidgenössischen Vogteien, denen auch die italienische Enklave Campione milizpflichtig war, derjenige von Locarno (commissario) sein Stabschef. Unter den Landvögten bestanden eine Menge von einheimischen kleinen Gerichtsbarkeiten und obrig» keitlichen Aemtern[3], namentlich die consoli, oder Podeftaten (Dorf» vögte) in den Landgemeinden, die Munizipalräthe in Lugano und Locarno, die Landräthe und Landschreiber der einzelnen Herr» schaften. Die Jahresrechnungen, Appellationen und Huldigungen der Unterthanen wurden jährlich von zwölf Abgeordneten der regierenden Stände zuerst in Lugano, dann in Locarno abge» nommen.

8. Condominate zweier Orte waren Uznach und Gaster von Schwyz und Glarus[4] seit 1438 und 1469; Schwarzenburg seit 1424, Murten, Orbe, Grandson und Echallens (Tscherlitz) seit dem Burgunderkrieg von Bern und Freiburg[5].

---

[1] E. A. III ir, 1279. 1305. 1308.
[2] E. A. III ir, 1406. Vgl. Jahrbuch 1891 „Der Verlust des Eschen» thals".
[3] Vgl. Simler-Leu, pag. 684.
[4] E. A. II, 394. 761—773.
[5] E. A. II, 277. 568. 603. 615. 619. 620. 645. 661. 679. 683. 688. 697.

162

9. Unterthanen einzelner Orte waren: das Waadtland von Bern, seit der definitiven Eroberung von 1536, auf
Grund des Vertrags von St. Julien mit Karl III. von Savoyen
vom 19. Oktober 1530, jedoch mit Rückgabe der Provinzen jenseits des See's und der Rhone im Lausanner Vertrag vom
30. Oktober 1564. Das Lausanner Burgrecht mit Bern und
Freiburg vom 7. Dezember 1525, das dem genferischen ganz
ähnlich war, wurde von Bern bei der Eroberung nicht respektirt.[1]
Zürich gehörte die kleine Herrschaft Sax im heutigen st. gallischen Rheinthal, die bei Simler noch als unter ihren ange-
stammten Freiherren stehend erscheint[2]) und eine Art von „ver-
wandter" Freiherrschaft bildete, 1615 aber durch Kauf an Zürich
überging, dessen Bürger die Freiherren geworden waren. Das
Schloß Forstegg trägt heute noch das Zürcher Wappen. Schwyz
besaß die Grafschaft March, ursprünglich mehr im Sinne
eines Landrechts als der Unterthänigkeit[3]), Glarus die Grafschaft
Werdenberg, die es im Jahre 1517 aus französischen Jahrgeldern von den Freiherrn von Sewen, Domherren zu Straßburg
und Konstanz, kaufte, nachdem auch Luzern sie eine Zeit lang
vorher (bis 1493) vorübergehend besessen hatte. Die Herrschaft
hatte ursprünglich bedeutende Freiheiten[4]), z. B. auch das Recht,
ihren eigenen Landschreiber zu wählen, verlor aber dieselben
größtentheils in den Jahren 1719--1721 an die auch in den
demokratischen Ständen immer willkürlicher sich gestaltende
Regierung.

---

[1] C. A. II, 949. IV 1 b, 1501. IV 11, 1477. 808. 1505. V 1, 1965.

[2] Simler-Leu, pag. 683.

[3] C. A. I, 140.

[4] Das kleine Städtchen erhielt noch 1565 eine eigene Fahne von
weißer Seide mit einem schwarzen Pfau. Heute gehört es zu der politischen
Gemeinde Grabs und hat nur noch ökonomische Rechte. Ein Theil der
Grafschaft, die Gemeinden Grabs, Buchs und Sevelen, hatten vorübergehend
das Appenzeller Landesrecht angenommen und beschworen, wogegen jedoch
damals die Grafen von Montfort und Tettnang Einsprache bei Zürich und
Glarus erhoben. C. A. I, 118. Ueber die späteren Verhältnisse zu Glarus:
C. A. VII 1. 164. 168. 181. 183. 190. 209. 217. 230. 232. 234. 922.

Von den zugewandten Orten besaß der Abt von St. Gallen
seit 1469 das Land Toggenburg, das aber, wie schon erzählt, sehr selbständig gestellt war, und der Freistaat der drei
Bünde in Rhätien die Grafschaft Bormio (Worms), das Thal
Veltlin und die Stadt und Herrschaft Chiavenna (Cleven)
mit dem St. Jakobsthal, Gebiete, die sie bei Anlaß des Pavierzuges
von 1512 als angebliches früheres Reichslehen des Gotteshauses
Chur (das dann aber später mit einigen Einkünften von ihnen
bei Seite geschoben wurde) eingenommen hatten. Anfänglich
gehörten dazu noch die sog. drei « pievi » am Comersee bis nach
Gravedona, die jedoch schon 1526 im „Müsserkrieg" gegen den
Freibeuter Jakob von Medici auf dem Schlosse Musso bei
Dongo, den „Castellan von Müß", verloren wurden. Die sehr
schöne und einträgliche Herrschaft, die aber ganz im Familien-
interesse verwaltet wurde, ging durch das Dekret des Generals
Bonaparte vom 10. Okt. 1797 zu Passeriano an die cisalpinische
Republik über und wurde nachmals in den Jahren 1814 und
1815, nach schwächlichen Rettungsversuchen, Oesterreich über-
lassen [1].

Mit dem Jahre 1798, resp. 1815, hörten die Unterthanenverhältnisse, diese schwächste Seite der eigenössischen Konstitution,
ihre eigentliche « partie honteuse », auf, ohne die sich die
Eidgenossenschaft vielleicht zu einem viel größeren Staatswesen
entwickelt und ihre Staatsform zur vorherrschenden in den ober-
deutschen Landen gemacht haben würde.

Es klingt ein Ton der Wahrheit in den Spottliedern der
deutschen Nachbarn durch, wenn sie den Eidgenossen vorwerfen:
„Sie wären selbs gern Herren, und sind im vil zuo grob"; die

---

[1] Vgl. hierüber die authentische Berichterstattung nach Veltliner Quellen
im „Politischen Jahrbuch" Bd. II, pag. 473. Die gleichzeitigen Versuche der
cisalpinischen Republik, auch das Tessin und das Thal Poschiavo sich an-
zueignen, mißlangen. Vgl. hierüber „Polit. Jahrbuch" III, 97: « Come rima-
nesse svizzero il Ticino nel 1798 » von Motta und III, 876: « Storia della
valle di Poschiavo » von Marchioli.

Menschheit ist ohne Zweifel berechtigt zu einem Widerwillen gegen ein Volk, das den ihm von Gott zum Heile des Ganzen anvertrauten eigenthümlichen Beruf gering schätzt und sich anderen, falschen, oder wenigstens ihm nicht zukommenden Bestrebungen zuwendet. Diese Abneigung hat die Eidgenossenschaft in den entscheidenden Momenten ihrer Geschichte öfters empfinden müssen und empfindet sie noch jetzt mit Recht, wenn immer sie sich ihrer Originalität zu Gunsten bloßer Nachahmung begibt. Die ehemaligen Unterthanen aber haben ihre Erziehungsfähigkeit dadurch bewiesen, daß sie seit ihrer Befreiung und namentlich seit der Entstehung des eidgenössischen Bundesstaates ein ganz unverhältnißmäßig großes Kontingent von bedeutenden. Männern in die kantonalen und eidgenössischen Regierungen gestellt haben.

VI.

Die Beziehungen der alten Eidgenossenschaft zu den Staaten des Auslandes haben mit den heutigen Staatsverträgen nur eine sehr geringe Verwandtschaft. Der „alte, große Pundt in hochtütschen Landen" befand sich in einem traditionellen Verhältniß zu mehreren angrenzenden Staaten, das nicht allein seine auswärtige Politik ausschlaggebend beeinflußte, sondern wirklich einen Theil seines Staatsrechtes, sozusagen seiner Verfassung, bildete. Bis zu den Burgunderkriegen, beziehungsweise dem Schwabenkriege, dominirte das Verhältniß zum deutschen Reich und zu Oesterreich, später die französische Allianz; zeitweise kommen auch noch die Beziehungen zu dem Herzogthum Mailand und zu dem Herrscherhause von Savoyen in wesentlichen Betracht. Hiebei äußerte, wie bei den zugewandten Orten, auch die religiöse Trennung ihre Wirkungen und gab es in der spätern Periode besondere katholische und reformirte Allianzen, die zeitweise einen engern Verband darstellten, als das Verhältniß zu den eidgenössischen „Stiefbrüdern" selbst.

Die Zugehörigkeit der Eidgenossenschaft zum deutschen Reich war bis zum Schwabenkrieg an sich eine zweiflose. [1])

---

[1]) Vergleiche hierüber „Politisches Jahrbuch der Eidgenossenschaft" von von 1890, pag. 302 ff., das die übersichtlichste Geschichte der allmäligen Lösung vom Reich (von Prof. Oechsli) enthält.

Jedoch hatte sie sich schon sehr frühzeitig fester organisirt, als dies bei andern solchen Bünden im Reiche der Fall und mit dem Reichsstaatsrecht verträglich war, und es vollzog sich in ihr allein von allen deutschen Ländern ein Prozeß, der ihre weltgeschichtliche Bedeutung ausmacht, die Ausbildung der natürlichen, altgermanischen Volksfreiheit, in welcher alle Regierung nur ein Amt und jeder freie Mann mit dem König selbst rechtsgleich war, zu einer Republik im modernen Sinne. Nur in der schweizerischen Eidgenossenschaft erhob sich der Bauer und Bürger kräftig selber zum „Herrn", während er überall sonst im Reiche unter den Adel und die fürstliche Landeshoheit zu stehen kam, dergestalt, daß nirgends sonst in deutschen Landen ein erheblicheres republikanisches Staatswesen entstanden ist und auch von den zahlreichen und mächtigen Reichsstädten schließlich nur drei, und auch diese mit im Grunde bloß noch munizipaler Selbständigkeit übrig geblieben sind.

Diese „Regierungsfähigkeit" der schweizerischen Bauern und Bürger bildete zu allen Zeiten den Gegenstand theils der Bewunderung, theils auch des Spottes und der Abneigung, namentlich seitens ihrer nächsten Nachbaren, die in diesem Beispiele nicht ganz mit Unrecht eine Gefahr für ihr eigenes Regierungssystem erblickten. Eine Aeußerung der ersten Art enthält z. B. ein, jetzt bekannter, venetianischer Gesandtschaftsbericht von Padavino, worin gesagt ist:

«E veramente di primo aspetto par gran cosa, che sotto tranquillissima e sicura pace, benchè circondata dalli maggiori Principi di Cristianità, si construì una Republica, subdivisa in molte, tra se differenti, nessuna delle quali riceve correzione dell' altre, e tutte hanno magistrati, consigli. giurisdizioni, sigillo, moneta, armi e borsa propria. Ma, chi vi mira d'appresso, e sottilmente considera gli avvenimenti delle cose, la qualità del sito e le circostanze, vedrà chiaro che, siccome la musica, composta di voci e suoni contrarj, rende piacevole e dolcissima armonia, così: spinti dalla

necessità della commune salvezza, fattisi, con invecchiata
esperienza di molti travagli e pericoli, buoni maestri di se
stessi, stabilirono in un discrepante accordo il suo governo,
con regole, giudicj e costituzioni, accomodatissime al naturale
delle persone e dei luoghi » [1]).

Sehr häufig sind die entgegengesetzten Aeußerungen, in denen
den Schweizern vorgehalten wird, Bauern sollten nicht selbst
Herren sein wollen, sondern sich, wie Jedermann, unter eine
„natürliche" Obrigkeit fügen und bei ihrem angebornen land=
wirthschaftlichen Berufe bleiben. Die prägnanteste dieser Aeuße=
rungen, die in den mitunter frevelhaften Trutzversen der deutschen
Landsknechte gegen ihre schweizerischen Rivalen ausklingen [2]),
ist das große Lied des Jsenhofers von Waldshut aus der Zeit
des alten Zürichkrieges [3]), von dem die bezeichnendsten Verse wie
folgt lauten:

[1]) Aus den jetzt publizirten Gesandschaftsberichten von Giovanni
Battista Padavino, segretario dell' eccelso Consiglio dei Dieci.

[2]) Ein solches Trutzlied vor der Schlacht von Novara findet sich ab=
gedruckt in dem „Politischen Jahrbuch" von 1889, pag. 752. Das beste ist
das von Konrad Velten nach der Schlacht von Bicocca (1522) „Wie nun
ir Schwitzer=Knaben", worauf eine über die Maßen derbe, aber sonst gelun=
gene Antwort des bernischen Malers und Dichters Niklaus Manuel erfolgte,
die wir noch später citiren.

[3]) Ein ähnliches über das Gefecht an der Sihlbrücke ist bereits erwähnt
und im „Politischen Jahrbuch" von 1890, pag. 730, ganz abgedruckt.

Aus dem Schwabenkrieg sind auch mehrere solcher Gedichte vorhanden;
das beste ist das des Peter Müller von Rapperswyl, welches „der graue
Greis" genannt wird. Es ist schade, daß alle diese Lieder in den höhern
Schulen der Eidgenossenschaft nicht regelmäßig benutzt und erklärt werden.
Ebenso würde eine gute geschichtliche Darstellung über „die poetischen
Gegner der Eidgenossenschaft" sehr erwünscht sein.

Besonders interessante öffentliche Anklagen der Eidgenossen vor ganz
Europa sind noch das lateinische Gebet des Jakob Wimpheling von 1504
(Soliloquium Wimphelingü, gerichtet an den Kurfürsten von Mainz), das
sog. „Zornbreve" des Papstes Julius II. von 1510 und die Ansprache des
Kaisers Maximilian an die Reichsstände von 1499, von welcher noch später
die Rede sein wird.

Auch ein anderer berühmterer deutscher Gelehrter als Wimpheling, der
Abt Trithemius von Sponheim (gest. 1516) schildert unsere Väter in seiner

> „Alfo thuend fy vernüten den künig hochgeborn
> Man foll fy all usrüten die böfen hecdiendorn,
> Es fygend ftett ald buren, klein ift der unterfcheid,
> Es theilt's ein wenig muren; es ift in' allen leid.
> Sy werind felbs gern herren, und find im vil zu grob.
> Küng, du folt's inen weren; fo meret fich din lob."

Die Eidgenoffen ihrerfeits vernahmen mit Betrübniß die Niederlage der deutfchen Städte zu Döffingen in dem Jahre der Näfelfer-Schlacht, „dann die Richftett und die Eidgnoffen guten Troft zefammen hettend und thaten einanderen menge gute Warnung, rietend und hulfend oft einanderen", während nun von dort ab die Wege auseinander gingen, die Eidgenoffenfchaft fich mehr und mehr auf ihre engeren Grenzen einfchränkte und zuletzt felbft diejenigen Außenpoften fahren ließ, welche, wie Mühlhaufen und Rottweil, noch eine letzte Erinnerung an einen größeren Staatsgedanken gewefen waren.

Der Gedanke an eine eigentliche Trennung vom Reiche entftand nur fehr allmälig aus der größeren Selbftändigkeit, die, wie wir auf pag. 29 gezeigt haben, fich fchon im allererften Bunde in einer fehr prägnanten Abweichung von dem gewöhn-lichen Reichsftaatsrecht äußerte, und in der Huldigung von 1323 (pag. 48) ihre Legitimation empfing.

Die Eidgenoffenfchaft wurde fodann namentlich anerkannt durch Privilegienbriefe Kaifer Karl's IV. vom 27. Sebruar 1362 und feines Sohnes Wenzel von 1376 - 1379 [1]), welche fie von dem Verbot der Städtebünde in dem allgemeinen deutfchen Reichsgefetz von 1356, das die „goldene Bulle" genannt wird,

---

Chronik von Hirfchau, einer Art von Weltgefchichte, als Leute, die von Natur übermüthig, fürftenfeindlich, anmaßend, im Kriege hinterliftig, im Srieden unficher feien und der Gerechtigkeit namentlich dann gar nichts nach-fragen, wenn es fich um ihre „angemaßte Sreiheit" handle. „Ich fage indeffen" — fo fährt er fort — „daß fie im Kriege nicht allein herzhaft, fondern auch klug und fich gegenfeitig in aller Noth treuefte Helfer find, keiner den Andern in der Gefahr verläßt und auch der Reiche den Armen nicht verachtet." Das mag fo ziemlich der Wahrheit entfprechen.

[1]) Abgedruckt in dem „Politifchen Jahrbuch" V, pag. 329 ff.

ausnahmen, denen dann, nach einem schwachen entgegengesetzten Versuche Kaiser Ruprechts, die bekannteren Privilegienbriefe Kaiser Sigismunds auf dem Konstanzer Konzil folgten[1].

Von da ab war sie ein zweifellos anerkannter Staat und es handelte sich nur noch um dessen größere oder geringere Ausnahmsstellung im Reichsverband; es geht jedoch diese Exemtion von dem allgemeinen Reichsrecht nur allmälig, sowie nicht für alle Theile der Eidgenossenschaft gemeinschaftlich und gleichmäßig von Statten, und es würde sich dieselbe jedenfalls viel langsamer vollzogen haben, wenn nicht mit Kaiser Albrecht II. und sodann namentlich mit Friedrich III. das Haus Habsburg wieder auf die Dauer an die Spitze des deutschen Reiches gelangt wäre. Von 1437 bis zum Schwabenkrieg 1499 ist nunmehr die Reichsfrage wieder mit der österreichischen Hausfrage in einer für das Reich unheilvollen Weise verbunden, die den Eidgenossen früher jedenfalls, als sie es wollten, die Trennung auch vom Reiche und die Gründung eines souveränen Staates zur gebieterischen Nothwendigkeit gestaltete.

Am längsten von allen Gliedern des eidgenössischen Bundes hielten im Ganzen die Städte Zürich und Bern an der Zugehörigkeit zum Reiche fest[2]; ja es gelang sogar dem auf die Revindikation aller verloren gegangenen österreichischen Rechte ernstlich bedachten Kaiser Friedrich III., indem er in offizieller

---

[1] E. A. I, 146. 147. Tschudi II, 13. Sie enthalten namentlich auch die Freiheit der Eidgenossen von den Reichsgerichten. „Politisches Jahrbuch" V, 359—400.

[2] E. A. III 1, 291. Auch gegenüber den fürstlichen Personen des österreichischen Hauses bemühten sich die Eidgenossen, wenn sie in ihr Land kamen, höflich zu sein. Der Abschied zu Luzern vom 17. September 1474 enthält darüber z. B. den folgenden etwas komischen Passus, E. A. II. 501: „Alle Orte mit Ausnahme von Uri, Unterwalden und Zug, welche bis nächsten Dienstag ihren Entschluß nach Luzern melden sollen, sagen zu, daß man der Herzogin von Oesterreich, welche gegenwärtig zu Baden ist, ein Geschenk an Ochsen, Schafen und Anken im Werth von 60 Gulden machen wolle. Sagen auch jene Orte zu, so hat Luzern Vollmacht, die Sachen zu kaufen und zu schenken; der Vogt von Baden soll sie bezahlen".

Stellung in die Schweiz kam, und unter besonders günstig dazu angethanen Umständen, die Zürcher zeitweise von dem Bunde abwendig zu machen. Der ewige Bund Friedrichs mit Zürich vom 17. Juni 1442 enthielt auch in der That die Rückgabe der Herrschaft Kyburg, des Aargaus und die Anerkennung der österreichischen Landeshoheit über die Städte Winterthur und Rapperswyl[1]). Der hierauf folgende Krieg, in welchem das deutsche Reichsoberhaupt am 22. August 1443 den König Karl VII. von Frankreich gegen seine schweizerischen Reichsangehörigen zu Hülfe rief, gab denselben das volle Recht, diesen „ungnädigen Herrn" bei den Reichsständen des Verrathes an dem Reiche zu beschuldigen[2]), und es mag wohl das Schlachtfeld von St. Jakob an der Birs die Stätte gewesen sein, auf welcher der Gedanke an eine Lossagung von demselben bei den Eidgenossen die erste Wurzel schlug, wie denn auch ohne allen Zweifel ebendaselbst die erste Anknüpfung einer anderweitigen politischen Verbindung erfolgte, welche schließlich mehr als alle sonstigen äußern Umstände zu diesem Endresultate beigetragen hat[3]).

Die Verpfändung des obern Elsaßes an den Herzog Karl den Kühnen durch den Vertrag von St. Omer vom 2./9. Mai 1469 war nur die Fortsetzung dieser unglücklichen österreichischen

---

[1]) E. A. II, 150—161; 788—801.

[2]) E. A. II, 184. Die Eidgenossen sagen in einem sehr würdig gehaltenen Schreiben an Bürgermeister und Räthe zu Biberach, zu Handen ihrer Rathsfreunde, die auf dem Reichstag zu Konstanz sind, dieser ungnädige Herr habe ein „unmilt streng volk von Frankrich uff uns bracht, von denen wir by achthundert frommer, redlicher, biderber knechten verloren hant. Doch rüment uns die unsern vil dester minder, sider das si redlichen bestanden und an keiner flucht erstochen sint und das sie sich einen ganzen summerlangen tag gegen iren vigenden so redlich gewert hant, da doch der anderen driffig an der unsern einen warent. Aber ûwer wyßheit, ouch all fürsten, herren und stett mugent wohl innen werden, was gutz oder frommen dem ganzen rich davon soll ufferstan, ob das frömbd volk von tütschen landen kem."

[3]) Auch das geht aus dem obigen Schreiben deutlich hervor, in welchem die Eidgenossen des tiefen Eindrucks erwähnen, welchen der französische Dauphin auf dem Schlachtfeld von St. Jakob durch die ausdauernde Tapferkeit der Ihrigen empfangen habe.

Hauspolitik, die schließlich Niemandem als Frankreich Nutzen
schuf, und die dreißig Jahre von da ab[1] bis zum Frieden von
Basel sind ein fortdauernder großer Kampf, in welchem die Eidgenossenschaft zuletzt die Befreiung von einem Gesammtstaate erreichte, der sie, in gänzlicher Verblendung über seine Aufgabe und
die gegenseitige Kraft, als einen ungerechten, aller natürlichen
Rechtsordnung widerstrebenden und mit allerlei sittlichen Un-
tugenden behafteten Bauernbund zu denunziren fortfuhr. Mit
dem Schwabenkrieg, dem gefährlichsten aller eidgenössischen
Kriege, in welchem noch zuletzt, bei Dorneck, das politische
Schicksal der Eidgenossenschaft, mehr als sonst jemals, auf dem
augenblicklichen Erfolge beruhte, erreichte die gegenseitige Erbitterung den Gipfelpunkt. Der Kaiser Maximilian, als Haupt
des „kaiserlichen Bundes in Schwaben", der am 26. Juli 1487
zu Eßlingen gestiftet worden war[2], und seine Spitze sowohl gegen
Bayern, als gegen die Eidgenossen richtete, verklagte sie in einer
berühmten Mahnung an das Reich, datirt aus Freiburg im
Breisgau als Zerstörer des Reiches seit Beginn ihrer Bünde,
in einer heftigen Sprache, die darauf berechnet war, den allgemeinen Haß der deutschen Nation gegen sie zu entfesseln. Die
Hauptstellen dieses Erlasses lauten wie folgt[3]:

„Wir haben unseren und des heiligen Römschen rich-
kurfürsten, fürsten und ständen, das hochmütig und ver-
achtlich fürnemen der Eidgnossen und deren vom Grawenpund
nach der länge in etlichen uschriben angezeigt, und dabi uf
das höchst vermant, uns uf das allerstärkst ze roß und ze

---

[1] Von nun an beginnt die Eidgenossenschaft die Mahnungen zu Reichs-
kriegen, die Einladungen zu Reichstagen zu ignoriren und die Reichstage
nicht mehr zu besuchen. E. A. III 1, 64. 65. 75. 121. 123. 97. 98. 101. Ebenso
keine Appellationen mehr an die Reichsgerichte zu gestatten. E. A. III 1,
109. 212. 303.

[2] Der kaiserliche Kommissär, der den Plan dazu vorlegte, war gewissermaßen selbst ein Schweizer, Graf Hugo von Werdenberg.

[3] Anshelm, Chronik. Neue Ausgabe, II, 175. Der Chronist selbst
macht am Schluß die trockene Bemerkung: „Was vil geschrei und wenig
woll."

fuß under des heiligen Römfchen rich= pauer zuzeziehen. . . . .
Damit aber menglich der Eidgnoffen unbillidye handlung und
uß was unredlidyem grund ir eid kommen und entfprungen
fie, merken und klarlich verfton möge, wie wol der, leider
und das zu erbarmen ift, von der welt unwislich geeret wird
fo ift dem alfo: Anfänglich haben fidy etlidye örter in der
Eidgnofchaft, nämlidy die von Ure, Swyß und Underwalden,
wider ir erft eid und alt harkommen, wider ir recht natürlidy
herren?und lantfürften, die herzogen zu Oefterrich, als grafen
der alten und edlen fürftentumen Sapsburg und Kyburg, wider
Got, eer und recht und alle billikeit, uß eignem böfen, mut-
willigen fürnemen, in vergeffung Gots, ires glimpfs, eer und eidspflicht, fidy ufgeworfen, zufamengeton und mit gfchwornen, unredlichen, unkriftlidyen eiden fidy mitenander verpunden, ouch
alfo nachmals ander ir umfäßen und anftößer, darunder dan
ein merkliche anzal von ftäten, grafen, frien, ritern, edlen und
knechten, die zum vordriften des heiligen rich=, und zum teil
der fürftentum von Sapsburg undertanen gwefen find, zu inen
in fölidy unghorfame und verpflichtung gwalteklich genötiget,
und inen diefelben ir natürlich underfäßen vor etwa vil hundert
jaren abgetrungen, und mit nammen die, fo hernach volgen:
namlich am erften dem heiligen rich und nachmals dem hus
Oefterrich, fo nun difer zit ouch dem heiligen rich, als das
mereft glid deffelben, underworfen ift, die fürftentum, graf-
fchaften und länder Sapsburg, Lentzburg, Kyburg und Oeucht-
land; darzu ouch die grafen von Nüwenburg, Fronburg,
Arberg, Raperfchwyl, Balm, Rotenburg, Sanagaza. . . . . und
vil ander burger und gmeinden von ländren, landfchaften und
ftätten; darunter der merteil, um des heiligen rich= und
Tütfcher nation, und um ir felbs eer, eid, adel und fromkeit
zu verwaren, ir blut vergoffen, und mit dem fchwert erfchlagen,
uf dem iren und von den iren und uß dem iren vertriben
und gänzlich ußgetilget; darzu ouch der geiftlichen weltliche
befitzungen und oberkeiten an fidy gezogen. Darzu wir und
wiland unfere vorfaren loblicher gedächtnüß bishar zugefehen

und das geliten, und wider ſi nichts gehandlet, ſunder verhoft haben, mit der zit mit güetikeit ichts ze erlangen. Aber ſi, als verhärt und verſtopft, alſo für und für durch uneinikeit und zwitracht der kurfürſten, fürſten und ſtände des heiligen richs, zu abbruch, vertruckung und ſtraf derſelben, uß götlicher verhängnüß, um unſer aller ſünd willen, der maußen in- gewurzelt, daß kein küng noch fürſt neben inen, als dan die alzit der unrechten parti lieber wan der gerechten geholfen, dan mit merklichen beſchwerungen iren eignen regierungen ußwarten mögen. . . . . Und wiewol die ſachen groß und merklich, ſo haben doch die gemelten vom unerlichen und unnatürlichen, nüw erdachten eid, an ſölichen iren unge- gründeten, unkriſtlichen und unerlichen handlungen und har- kommen nit gnug gehebt, ſunder iezt uf ein nüws fürgenommen und bedacht, iren fuß witer in das heilig rich und Tütſche nation zeſetzen, und uß eignem mutwillen, ungewarneter ſach und unbewarter ceren, wider alle billikeit, glimpf und recht, unentſagt, wider alle kriegs brüch, deß man doch weder vom Türken noch ßeiden gewarten iſt, das ganz heilig rich an- zegrifen, das zu bekriegen, und ein merklichen teil, namlich die vom Grawenpund, ſo on mittel dem heiligen rich zu- gehören, und die zu diſer zit inen ganz volgen und darzu diß gegenwärtigen kriegs reizer und anfänger ſind, in ir ghorſame und in den obberüerten iren ungegrünten, unnatürlichen eid zetringen und zebringen, liſtenklich underſtanden. Zu was verachtung, vertruckung und verderblichem ſchaden das Tütſcher nation, dem heiligen rich und der ganzen kriſtenheit diene, mag menglich ermeſſen, wiewol ſi bißhar mit iren liſtigen worten und handlungen etwa vil des heiligen richs ſtät und undertanen an ſich gezogen und gebracht, die iezt uf hütigen tag gegen iren nachpuren als grob und dem heiligen rich ganz widerwärtig ſind, wie die erſten gepurslüt, denen ſi ſtäts hilf bewiſen.

Deshalb ganz erſchrockenlich zehören wär, ſölte den böſen, groben und ſchnöden gepurslüten, in denen doch kein tugend,

adelich geblüet, noch mäßigung, ſunder allein uppigkeit,
untrüw, verhaſſung der Tütſchen nation, irer rechten, natürlichen herſchaft, darvon ſi ſich, wie obgemelt, geſcheiden
haben, und eine große ſchand iſt, länger zuzeſehen und ſi nit
gebürlich darum ſtrafen, ſo die kriſtenheit alſo ſpotlich und
jämerlich verlaſſen, ouch daß unſer heiliger kriſtlicher gloub,
des heiligen Römſchen richs und Tütſcher nation eer dermaußen
dadurch zerſtört ſölte werden. Der hofnung zu dem al-
mächtigen Got, ir etwa vil, deren frommen vorfaren mit
irem blutvergießen und libs und guts verlieren gern die eer
und wolfart des heiligen richs und ir natürlichen herſchaft
gerett hätten, und doch mit der höchſten betrügnüß in iren
unredlichen eid gebracht ſind worden, werden ſi, ſo fer wir
irem böſen mutwillen tapferlich widerſtand tund, darum
ſtrafen, als kriſtenlüt, in denen noch einiger grund der from-
heit und eeren iſt, die ſölich unbillikeit bedenken und betrachten,
und ſich der unredlichen eidspflicht müeßigen, ouch ſich in
rechte ghorſame begeben; zu ſampt dem, als wir achten, daß
noch menger redlicher Eidgnoß, dem ſölich ufrur und un-
geſchikt fürnemen von herzen leid iſt."

Die Eidgenoſſen ihrerſeits hatten ſchon vor dieſen kaiſerlichen
Invektiven, denen die ausgelaſſenſten Läſterungen der deutſchen
Landsknechte entſprachen, den Krieg entſchloſſen aufgenommen
und, der Tradition nach, dem Kanzler des Reichs auf ſein un-
vorſichtiges Wort, „der Sund ſei jetzt gefunden, ihnen einen Herrn
zu geben und mit der Feder in ſeiner Hand wolle er das zuwege
bringen," mit männlichem Trotz geantwortet: Es hätten ſchon
andere Leute, als er, das Nämliche mit Hellebarden vergeblich
verſucht, die gefährlicher ſeien als Federkiele. Sie führten den
Krieg auch mit einer ſolchen Energie, Disziplin und richtigen
Offenſive, daß nach einer ſchon erwähnten Aeußerung (pag. 111),
während des ganzen Feldzuges kein Feind eine Nacht auf ihrem
Boden, anders als tot, ſich befand, obwohl die franzöſiſche Hülfe
an Geſchütz und Geld, auf die ſie nach einem Vertrage mit

Frankreich Anspruch hatten, auch diesmal, ähnlich wie im burgundischen Kriege, ausgeblieben war [1]).

Durch die Bemühungen des Herzogs von Mailand, Lodovico
Moro, der von der Eroberungslust des französischen Königs
Ludwig XII. bedroht war und der Hülfe seines Schwagers
Maximilian und der Eidgenossen bedurfte, kamen schließlich
Friedensverhandlungen, anfänglich in Schaffhausen, später in
Basel zu Stande, in denen die Eidgenossen neben der Anerken-
nung ihrer Freiheit von der Justiz- und Steuerhoheit des Reiches
und von dem 1495 auf dem Reichstage zu Worms eingeführten
Reichskammergericht, u. a. auch die Neutralität der Stadt
Konstanz als einer „freien Mittelstadt", zwischen ihnen und dem
Reich, verlangten [2]). Das Landgericht im Thurgau, welches den
schwierigsten Punkt der Unterhandlungen bildete, wurde zuletzt,
ganz in der Weise wie in unsern Tagen Venetien, vom Kaiser
dem Herzog von Mailand zur Verfügung gestellt, der es sofort
den X Orten der Eidgenossenschaft verschrieb und zuletzt das
Einverständniß in der Form eines Schiedsspruchs ausfertigte [3]).

Durch diesen Frieden von Basel vom 22. Sept. 1499
wurde die Eidgenossenschaft vom Reiche frei, obwohl dies in der
Urkunde nicht mit ausdrücklichen Worten enthalten ist. Dagegen
wurde der vom Kaiser vorgeschlagene Passus, daß er die Eidgenossen als ein Glied des heiligen Reichs wieder in seine Gnade
und Huld aufnehme, gestrichen und gegentheils gesagt, daß
„sunst umb all ander Sachen so hierinn nit begriffen sind,
beyd teil bliben söllen, wie sy vor dem krieg gestanden und
harkommen sind, alles getrüwlich an arglist und gefärde." Auch
wurde bei der weitern Erledigung der noch bestehenden Anstände zwischen Oesterreich und dem schwäbischen Bund einerseits
und der Eidgenossenschaft andererseits jede Appellation an das

---

[1]) E. A. III₁, 596. 600. 603. 604. 607. 609. 611. 622. 624. 627. 755.
[2]) E. A. III₁, 627 ff. Anshelm II, 241.
[3]) E. A. III₁, 758—764.

Reichskammergericht ausgeschlossen und damit der status quo der Exemtion von den Reichsgerichten ebenfalls anerkannt.

Im Jahre 1507 bot sodann der Kaiser den Eidgenossen auf dem Reichstag zu Konstanz eine förmliche Lossprechung von Reichssteuern und Kammergericht für sich und ihre Zugewandten an; die Urkunde scheint jedoch niemals eigentlich ausgefertigt worden zu sein, obwohl dies deutsche Geschichtschreiber an= nehmen [1]) und thatsächlich wurden auch die Städte Basel, Schaffhausen, St. Gallen, Mühlhausen und Rottweil, sowie der Abt von St. Gallen und und der Bischof von Basel noch ferner vom Reiche als Angehörige betrachtet, aber ohne andern Erfolg als den, daß Rottweil, das sich selbst nicht recht entschließen konnte, wem es angehören wollte [2]), in einer unbestimmten Stellung verblieb und die beiden zugewandten geistlichen Fürsten vermöge ihrer Besitzungen auf Reichsboden ebenfalls Reichsfürsten blieben. Doch scheint der Abt von St. Gallen niemals Reichs= steuern bezahlt zu haben, obwohl er stetsfort um Bestätigung seiner Reichslehen einkam und noch öfter, wenn es ihm konvenirte, „die Schwabenhosen anzog". Von den schweizerischen Bischöfen waren es die von Sitten und Chur, welche sich sporadisch noch als Reichsangehörige gerirten, jedoch mit geringem Effekt, da sie allmälig aufgehört hatten, Landesherren zu sein, von den Abteien besonders Einsiedeln, Pfäfers und Rheinau. Im Uebrigen schlug Kaiser Karl V. auf dem Reichstag zu Augsburg von 1548 auf die Drohung der Eidgenossen die österreichisch-burgundische Erbeinung aufzuheben, die Prozesse, die gegen solche Glieder der Eidgenossenschaft erhoben waren, nieder [3]), und auch die Tag= satzung wurde nicht müde, gegen alle Vorladungen ihrer Ange= hörigen an deutsche Reichstage, oder vor Kammergericht einzu= schreiten [4]).

---

[1]) Ranke z. B. Vgl. E. A. III u, 375 und Oechsli, „Orte und Zuge= wandte", pag. 187.

[2]) E. A. IV₁ d, 829; IV u, 9. — [3]) E. A. IV₁ d, 948.

[4]) E. A. IV₁ e, 11. 26. 36. Vorladungen erfolgten gegen Mühlhausen, Basel, Schaffhausen und St. Gallen noch bis 1640. E. A. V u, 1174.

Von Kaiser Ferdinand I. und Maximilian II. (1566) wurde dagegen noch seitens der Tagsatzung die formelle Bestätigung aller eidgenössischen Freiheiten und Gewohnheiten verlangt, im Jahre 1576 aber bei der Thronbesteigung Rudolfs II. geschah dies thatsächlich nicht mehr, und diesfällige Anträge von Basel, Zürich und St. Gallen wurden abgelehnt[1]). Doch verbot die Tagsatzung es den einzelnen Ständen und Zugewandten auch nicht, und St. Gallen war die letzte schweizerische Stadt, die noch von Ferdinand II. und III. sich ihre Reichsfreiheit bestätigen ließ (1631 und 1637).

Bei Anlaß des Friedenskongresses von Münster und Osnabrück wurde der Bürgermeister Wettstein von Basel zuerst von den evangelischen Orten allein, später von 11 Orten (ohne Glarus und Zug) und St. Gallen und Biel beauftragt, nicht sowohl die Exemtion von dem Reichsgericht für die dreizehn Orte und ihre Anverwandten zu verlangen, sondern die „unturbirte Erhaltung der Eidgenossenschaft bei ihrem souveränen Stand und Herkommen" zu beantragen, was dann auch in dem VI. Artikel des westfälischen Friedensinstrumentes erfolgte[2]).

Einzig das blieb nach dem Wortlaute desselben noch zweifelhaft, ob und inwieweit auch die „Zugewandten" oder „Anverwandten" (clientes), wie sie Wettstein nennt, in dieser Freiheit inbegriffen seien[3]). Doch verschwand auch diese Frage allmälig; Preußen namentlich bestritt jederzeit sorgfältig, daß Neuchatel kaiserliches Lehen und und nicht „ein Theil der Schweiz" sei[4]). Einzig der Bischof von Basel wurde in Bezug auf den obern Theil seines Landes, oberhalb der Pierre Pertuis von der

[1]) 1597. 1601. 1607. 1614. 1616. E. A. V ɪ, 444. 568. 816. 832. 881.
[2]) E. A. V ɪɪ, 2270. 2271. 2274. Die Erklärung lautete dahin: «prædictam civitatem Basileam caeterosque Helvetiorum cantones in possessione, rel quasi, plenae libertatis et exemptionis ab Imperio esse et nullatenus ejusdem Imperii dicasteriis ac judiciis subjectos». Vgl. auch E. A. VI ɪ, 1709. Das «quasi» ist nicht eine Einschränkung, sondern eine juristische Spitzfindigkeit, wonach unkörperliche Dinge nur in einem Quasi-Besitz stehen sollen.
[3]) E. A. VI ɪ, 589. 1723. 1727. 1728. — [4]) E. A. VIɪɪ, 1581. 2615.

Eidgenossenschaft selbst als ein fremder Fürst angesehen [1]) und daher in dem Rhswikerfrieden von 1697, der die eigentliche Feststellung dessen enthält, was das Ausland als Gebiet der schweizerischen Republik betrachtete, nicht eingeschlossen [2]).

Bezüglich der offiziellen Titulatur fanden noch zwischen 1650 und 1680 Verhandlungen mit der kaiserlichen Hofkanzlei statt, indem die Eidgenossen wünschten, daß die üblich gewesene Anrede „liebe und getreue" in „liebe und besondere" abgeändert werde, da die Franzosen und Venetianer ihnen vorhielten, daß diese Bezeichnung „eine Subjektion und Unterthänigkeit auf sich trage", worauf schließlich, nach einigem Bedenken, dahin entsprochen wurde, daß sie fortan nur noch mit „besonders liebe" angeredet und demgemäß von den spätern Publizisten des Reiches nicht mehr als „Verwandte", sondern nur als „Freunde" des Reiches bezeichnet werden, wobei es füglich auch noch heute verbleiben kann und soll.

Das Kaiserthum der christlichen Völker ist, wie das Papstthum derselben, eine Idee, die niemals durchgeführt werden wird und es zeugt für den praktischen Verstand der Eidgenossen in staatlichen Dingen, daß ihnen diese Einsicht im Ganzen früher, als allen ihren Stammesverwandten aufgegangen ist.

Die Verhältnisse zu dem Staate Oesterreich, die vielfach mit den Reichsangelegenheiten zusammentreffen, hatten auf die Konstitution der Eidgenossenschaft auch in der späteren Zeit, nachdem ihre Freiheit von diesem beständigen Gegner der ersten Jahrhunderte anerkannt worden war, noch einen wesentlichen Einfluß wegen einer mit den spätern österreichischen Verträgen in Verbindung stehenden eidgenössischen Garantie für die Neutralität von Hochburgund. Die „ewige Richtung" mit Oesterreich [3]) vom

[1]) E. A. VI₁₁, 381. 399. 1326. VII₁, 491.

[2]) Vgl. E. A. VI₁₁, 508. 621.

[3]) E. A. II, 453. 913. Dieser von den beidseitigen Bevölkerungen lang ersehnte Friede wird durch ein schönes Lied Veit Webers mit dem Anfang: „Gelobet sei der ewig Gott" gefeiert.

11. Juni 1474, vor dem Burgunderkrieg, enthielt zunächst nicht blos eine Anerkennung des gegenseitigen Besitzstandes, sondern auch, dem damaligen nächstliegenden Zwecke gemäß, eine ewige Allianz auf Hülfeleistung, „wo es Ehren halber ansteht", gegen gewöhnlichen Sold. Sie wurde 1477 durch die „ewige Erb= einung" erneuert [1]) und nach dem Schwabenkrieg, der diese Ver= hältnisse wieder in Frage gestellt hatte, in eine „erneuerte Erb= einung" zu Baden den 1. Februar 1511 umgeschmolzen [2]), welche das eigentliche Ende des langen Haders bildete und folgende wesentliche Bestimmungen enthielt: der Kaiser Maximilian, als Erzherzog von Oesterreich für sich und zugleich Namens seines Enkels, Erzherzog Karl (des nachmaligen Kaisers Karl V.) für dessen Grafschaft Burgund und die XIII Orte nebst den Zuge= wandten Abt von St. Gallen und Land Appenzell versprechen sich gegenseitig unangefochtenen Handel, Freiheit von allen neuen Zöllen und Auflagen, steten Frieden und Sicherheit der gegen= seitigen Länder, selbst solcher, die nicht in der Erbeinung sind, vor Krieg von ihren Gebieten aus, unter „getreuem Aufsehen, damit kein Theil wider Recht oder Billigkeit beswert noch gedrungen werde." Namentlich sollen die Eidgenossen des Erz= herzogs Land Burgund in ihren Schutz und Schirm aufnehmen und wird der Kaiser dafür sorgen, daß sein Enkel, sobald er zu seinen mündigen Jahren kommt, „diese Verainung und Verstantnuß in allen iren Punkten und Artikeln ratifiziren, bewilligen, annemen, und mit notdurftigen Briefen und Sigeln becreftigen sol." Der Brief gilt ewig und soll von zehn zu zehn Jahren öffentlich verkündigt werden, und es erhalten die Eid= genossen für diesen Schutz der Grafschaft Burgund eine jährliche „Vererung" von 200 Gulden für jeden Ort und die Hälfte für

---

[1]) E. A. II, 701. 944. III II, 122. 124. 155. 665. 726. 1483 wurde der zweite Vertrag unter Festhaltung des ersten aufgehoben, 1487 aber wieder hergestellt. Derselbe enthielt auch eine Garantie der österreichischen Herrschaft diesseits des Adlerbergs und in der Grafschaft Tyrol selbst gegen die eigenen Unterthanen.

[2]) E. A. III II, 554. 1343.

die im Vertrag befindlichen Zugewandten, welche Summe alljährlich „am heiligen Crewztag Inventionis im Mayen in der
Stadt Zürich" zu bezahlen ist[1]). Auf diese Weise gelangte die
Eidgenossenschaft neuerdings zu einem Protektorat über die
«Franche-Comté» (die heutigen französischen Departemente
Doubs, Jura und Haute Saône umfassend), ein Land von
gleichartiger Nationalität mit ihrem eigenen französischen Gebiet,
das sie bereits einmal besessen hatte[2]); ein Verhältniß, welches
sich durch beständige Erneuerungen des Protektoratsvertrages bis
zur definitiven Erwerbung des Landes durch Ludwig XIV. von
Frankreich fortsetzte[3]).

Dieses schöne Land, die Korn- und Salzkammer der west-
lichen Schweiz, wurde nach den Burgunderkriegen, als es in
der Hand der Eidgenossen lag und selbst deren Verbindung in
irgend einer Form beizutreten strebte,[4] in einer Tagsatzungsverhandlung zu Luzern 1477, 25. April, die zum Bemühendsten

---

[1]) Die Satisfaktion der Eidgenossenschaft gegenüber dem nämlichen
Kaiser, der sie wenige Jahre zuvor in der auf pag. 171 ff. abgedruckten
Weise geschildert hatte, konnte eine nicht geringe sein. Eine Erklärung
dieses „getreuen Aufsehens" siehe in E. A. VII, 1816.

[2]) Die Erinnerungen an die Franche-Comté tönen noch heute aus
mehreren schönen Volksliedern von Veit Weber, Hans Viol und Mathys
Zoller. Das Lied vom Pontarlierzug (1474) namentlich hat folgenden sehr
poetischen Eingang:

> „Der winter ist gar lang gesin,
> Des hat getrurt meng vögelin,
> Das jetz gar frölich singet.
> Uff grünem zwig hört man's im wald
> Gar süßiglich erklingen.
> Der mai hat bracht gar menig blatt
> Darnach man groß verlangen hat,
> Die haid ist worden grüne,
> Darumb so ist gezogen us
> Gar menig man, so küne!"

[3]) Vgl. bes. die Erneuerung von 1557 mit König Philipp II. von
Spanien zu London. E. A. IVII, 18. 1457.

[4]) Vgl. darüber „Polit. Jahrbuch" III, pag. 389.

gehört, was die Schweizergeschichte kennt, an König Ludwig XI.
von Frankreich um 100,000 rheinische Gulden verkauft, zu denen
noch 20,000 Livres tournois kamen, «desquels n'est besoin de
faire aucune publication, mais le tenir secret. Pour messieurs
de Berne 6000 livres, pour messieurs de Lucerne 3000 livres,
pour messieurs de Zuric 2000 livres, reste 9000 livres pour les
particuliers, pour les délivrer ainsi qu'il ensuit, etc.» Die
Tagsatzungsverhandlung lautet[1]:

„Herr Hermann von Eptingen hat angebracht, was er mit
der kaiserlichen Botschaft zu Basel geredet habe. Dieselbe
begehre nämlich, daß wir weder mit dem König von Frankreich, noch mit Jemand anderm Burgunds wegen uns in
Richtungen oder Verträge einlassen, bis wir sie angehört
hätten; sie habe an uns Anträge zu bringen, die gemeiner
Christenheit und uns zu großem Vortheile gereichen würden.
Hat man ihm gedankt und mit guten Worten abgewisen,
das Jedermann heimzebringen (weiß).

Auf das Anbringen der französischen Boten des burgundischen Landes wegen, antworten die Orte wie folgt:
Zürich: Das Land sei uns ungelegen, aber die angebotenen
100,000 Gulden seien zu wenig, man soll trachten, mehr zu
erhalten; doch was gemeine Eidgenossen thun, das wolle Zürich
auch thun. Bern: Die Sache sei wichtig und sollte nicht
übereilt werden; doch wenn uns nichts Anderes gefalle, so
wolle der Bote die Sache heimbringen. Luzern hat mancherlei
Gründe angeführt, warum der Kaiser dort für uns ein un-
gelegener Nachbar wäre. So wie unsere Sachen mit dem
König von Frankreich stünden, wollte Luzern bedünken, man
sollte so viel als möglich vom König nehmen und doch
arbeiten, daß der Herzog von Oesterreich und unsere Bundesgenossen von der Vereinigung auch einigermaßen vom König
bedacht und daß unsere Jahrespensionen versichert würden.

[1] E. A. II, 671. Der Vertrag selbst vom folgenden Tage ist abgedruckt
im „Politischen Jahrbuch" III, 389. E. A. II, 926.

— Den Delphin möchte es in die Vereinigung aufnehmen,
wenn der König in der Vereinigung die Pensionen auch für
seinen Sohn verschreiben wollte. Uri meint, wenn wir
das Land in unsern Handen hätten, so würde es uns mehr
ertragen; man sollte daher mit Macht ausziehen und das
Land einnehmen, „dann bekommen wir desto besser Täding.“

Schwyz will dem Kaiser nicht viel trauen und lieber
den König zum Nachbarn haben, deshalb, wenn nicht mehr
herauszubringen ist, die 100,000 Gulden nehmen, „doch dz
wir darnach gedenken, unser zugewanten nit verachten.“
Unterwalden: Wolle man zusagen das Geld nach den
Orten zu theilen, so wolle es mit uns in die Sache eintreten
und arbeiten helfen, daß man so viel als möglich vom König
herausbringe; wolle man aber diese Zusage nicht geben, so
wolle es „der sachen müssig gan.“ Zug traut dem Kaiser
auch nicht, will das Land nicht, aber so viel als möglich vom
König dafür zu erhalten suchen. Glarus kann zu einem ein-
helligen Beschlusse stimmen, bei getheilten Meinungen soll der
Bote referiren. Freiburg und Solothurn wollen lieber den
König als den Kaiser zum Nachbar haben, sie wollen nehmen,
so viel sie vom König erlangen können.“

Die Franche-Comté vertrieb sodann die Franzosen schon im
Jahre 1477 durch einen Volksaufstand aus allen festen Plätzen und
fiel durch den von den Eidgenossen vermittelten Vertrag von
Senlis 23. Mai 1493 wieder an den damaligen Erzherzog
Maximilian von Oesterreich, der die Erbtochter Karls des Kühnen
geheirathet hatte, als Vormund seiner Kinder, zurück. 1556 kam
sie durch Karl V., den Enkel Maximilians, bei dessen Abdankung
an Spanien bis zur zweiten Eroberung von 1668 durch die
Franzosen, die mit Hülfe schweizerischer Soldtruppen erfolgte.
Im Frieden zu Aachen mußte das Land abermals zurückgegeben
werden, wurde aber 1674 neuerdings besetzt und kam durch den
Frieden von Nymwegen, 17. September 1678, definitiv in
französische Hände, nachdem es mehr als anderthalb Jahr-

hunderte unter dem Schutze der Schweiz gestanden hatte und in ihre Neutralität inbegriffen gewesen war [1]).

Mit Recht sagt ein gründlicher Kenner unserer Geschichte,[2]) daß in diesen Verhältnissen der allmälig selbständig gewordenen Schweiz zu dem deutschen Reiche, an das sie Bande ehemaliger Zugehörigkeit und gemeinsamer Nationalität knüpften und zu dem unaufhaltsam in ihre unmittelbare Nachbarschaft vordringen= den Frankreich, dem sie durch den Burgunderkrieg den Weg zu dieser Nachbarschaft und zu einer immer festeren Allianz geöffnet hatte, eigentlich der Ursprung unserer Neutralität zu suchen sei. Und wäre die Eidgenossenschaft in der Folge ein etwas stärkerer Staat mit einer konsequenten Politik geblieben, so würde sie in der That als „ein beiden Theilen günstiges und verwandtes" Land die beidseitige Schutzmauer und die Vermittlungsinstanz zwischen beiden Reichen gebildet haben, wie das ein Schreiben von Bern an den König Karl VIII. von Frankreich als ihre Aufgabe richtig bezeichnet.[3]) Leider waren ihre leitenden Staats= männer nicht immer weitblickend und unabhängig genug, um diese öfter wiederholte Parole[4]) der Neutralität in ihrem vollen

---

[1]) Auch Frankreich aber schloß mit Spanien einen solchen Neutralitäts= vertrag für die Franche-Comté vom 25. Februar und 1. März 1580. E. A. IV ɪɪ, 1557. Ebenso einen anderen unter Vermittelung der Eidgenossen vom 22. September 1595. E. A. V ɪ, 384. Ein im Jahr 1887 auf Kosten der Faculté des lettres von Lyon publizirtes Buch von Bourgeois « Neuchâtel et la politique prussienne dans la Franche-Comté » versucht den Nachweis zu leisten, daß Preußen später beabsichtigt habe, durch den Besitz von Neuchatel festen Fuß in Hochburgund zu fassen und daß diese Tendenzen noch beständen. Vgl. Näheres darüber im „Polit. Jahrbuch" III, pag. 388. 879.

[2]) Prof. Oechsli im „Polit. Jahrbuch" V, pag. 517.

[3]) E. A. III ɪ, 444. Eine sehr bestimmte Auffassung der Eidgenossen= schaft als eines neutralen Mittelgliedes zwischen Frankreich, Deutschland und Spanien findet sich in E. A. VI ɪ, 1823.

[4]) Vgl. darüber „Polit. Jahrbuch" II, 672 und 690. E. A. III ɪ, 63. „Wir haben nichts dagegen" schreibt die Tagsatzung der „niedern Ver= einigung" in Deutschland, „daß sie sich gegen den König zur Wehr setzen, nur sollen sie die Franzosen nicht angreifen, sondern auf eigenem Boden

Sinn zur That und Wahrheit zu machen wie dieß gegenwärtig in unserer Absicht liegt, sondern es zeigt die Geschichte unserer Beziehungen zu Frankreich eine lange Folge diplomatischer Irrthümer, in denen Haß und Neigung, nicht am wenigsten aber auch materieller Vortheil von Ständen und einzelnen Personen eine übermäßige und dem Staatsganzen verderbliche Rolle spielten. [1]

Die erste Erscheinung Frankreichs in unserer Geschichte ist keine freundliche (pag. 48), ebensowenig die zweite, der Einbruch der Armagnaken in die Schweiz unter dem damaligen Dauphin, dem nachmaligen Ludwig XI. Dieser staatskluge Fürst wurde dann aber der Begründer der französischen Politik, die Eidgenossenschaft von der nähern Verbindung mit Deutschland abzuziehen, worin er zunächst nur zu gut von den deutschen Kaisern Friedrich III. und Maximilian I. unterstützt wurde. [2] Die ersten Verträge mit Frankreich sind diejenigen mit Karl VII. vom 8. November 1452 und 27. Februar 1453, welche bereits die stets gleich gebliebene Tendenz zeigen, politische Freundschaft der Eidgenossenschaft gegen Handelsvortheile einzutauschen, sodann die von Niklaus von Diesbach vermittelten Allianzen mit Ludwig XI., erneuert mit Karl VIII. 1484 am 4. August, in denen zum ersten Male die für die spätern Staatsverträge der Eidgenossenschaft charakteristische Pensionirung der Orte selbst mit bedeutenden Jahrgeldern auftritt, wogegen sie ihre Wehr-

---

erwarten. Und sofern sie der König da angreift, sollen sie darauf zählen, daß die Eidgenossen sie nicht verlassen." Die Erklärungen der Eidgenossenschaft bei der Wahl Karl's V. zum deutschen Kaiser, wonach u. A. sie „nicht leiden will, daß der König von Frankreich gewählt und die deutsche Nation um diese Krone gebracht werde", siehe E. A. III n, 1146. 1148. 1150. 1169. 1176. 1272.

[1] Vgl. darüber im Ganzen Hilty „Vorlesungen über die Politik der Eidgenossenschaft", pag. 78 „Die französische Allianz".

[2] Ueber die Reichsacht, die der Erstere zu Wiener-Neustadt den 31. August 1469 über die Eidgenossen aussprach, vgl. E. A. II, 402.

kraft und die Kriegsluft ihres Volkes in den Dienst solcher
konzessionirten Staaten stellen. ¹)

„Denn", wie die Eidgenossen in ihrer Instruktion an Niklaus
von Diesbach sagen, „so sich sölichs begebe, wird von Eyd-
genossen und Irn Anhengern lüten gnug funden." Von da an
entstanden auch ausländische Parteien in der Eidgenossenschaft,
bei denen die Berechnung des Vortheils, welcher auf dieser oder
jener Seite für Orte und Einzelne zu finden sei, die Hauptrolle
spielte und durch welche die Schweizer allmälig in den Verdacht
eines für jede Sache um Geld käuflichen Volkes gebracht wurden.

Schon im Jahre 1496, als sich die heilige Liga gegen Frankreich
bildete und um den Beitritt der Eidgenossen warb, entstand ein
heftiger Streit unter ihnen, wobei die Einen, wie der Chronist
Anshelm berichtet, behaupteten, „bei dem heiligen römischen Stuhl
und Rich" sei der schuldige Stand der Eidgenossenschaft, weil
auch „dahar all ir Gnaden und Fryheiten kämint und Bestand
nämint", während die französische Partei erklärte, „beim Krüng
von Frankrych hette ein Eydgenossenschaft vil Glück gehept,
großen Namen und Gut erlanget, und wenn der Krüng nit weri,
so weri si bi den andern Herren allen gehaßt. Und so si nun
doch ir Lüt nit möchtind bheben, so weri mäger ein sicher Loch

¹) E. A. II, 280. 284. 328. 331. 339. 397. 403. 413. 434. 515. 516.
672. 869. 873. 908. 917. 920. 921. 923. 926. III, 189. 714. „Lassent üch
durch des Künigs Geld nit verfüren, daß Jhr Sachen thügend, die unser
Nachkommen entgelten möchtend", hatte Waldmann gewarnt, sich aber
später selbst nicht an seine weisen Worte gehalten. — Auch das unseres
Wissens zuerst von Anshelm (I, 401) angeführte Wort des Ammann Reding
von Schwyz, die Schweizer „miessid ein loch han, wäre in Frankrich zum
besten, so die Tütschen und Lamparter si doch haßtid", stammt aus dieser
Zeit, von einer Tagsatzung der V Orte: Uri, Schwyz, Unterwalden, Zug
und Glarus zu Schwyz vom 11. August 1492, E. A. III, 416, bei der sie
ferner erklärten, „daß sy mit dem römschen Küng nichz ze schaffen wellen
haben." Der erste französische Pensionsrodel ist von 1475, 5. und
6. April, E. A. II, 534, „aufgerichtet" durch Gervais Sapre, Kommissär
des Königs, und Niklaus von Diesbach, Schultheiß zu Bern, in Folge
königlichen Dekrets vom 2. Januar 1475, der Vorläufer vieler anderen.
E. A. II, 247. 421. 427. 438. 446. 471. 529.

und ſichre beſtändige Nutzung, wie bim Aetti Künig, dann bi den andern." „Siezwiſchen", ſo fährt der Chroniſt fort, „waren die geldwitzigſten Mittler", welche den klugen Rath gaben, „daß ſich d' Eydgnoſſen theiltind, damit je ein Theil dem andern d' Siſch in d' Rüſchen tribint und jeder Wahl hetti, an eim oder mer Orten ze fiſchen." Vergeblich verſuchte die Eidgenoſſenſchaft nachmals dem Unweſen dieſes Solddienſtes durch ſcharfe Penſionenverbote entgegenzutreten, die ſogar überall in den Orten feierlich beſchworen werden mußten[1]); ſchon ein Jahr nach dem großen Verbot von 1503, 14. Juli (E. A. III₁, 1314), welches die Penſionen unterſagte, die Werber mit dem Tode, Angeworbene mit der Ehrloſigkeit bedrohte, beſchloß, allen andern voran, der Große Rath von Bern, die franzöſiſche Penſion wieder zu nehmen, und ließ ſich von dem Biſchof von Lauſanne von dem bereits geleiſteten Eide losſprechen.[2]) 1507 wurde von der Tag-ſatzung beſchloſſen, die Beſchwörung des Penſionsbriefes einzu-ſtellen und 1508 4. Juli es dem Belieben jeden Standes anheim-zugeben, wie er es damit halten wolle. Damit hatte das eid-genöſſiſche Mandat ein Ende.[3])

---

[1]) E. A. III₁, 468. 470. 488. 489. 509; III₁₁, 256. 314. 315. 1170. 1316.

[2]) Anshelm II, 385 ff. ſagt: „wiewol ein Stat Bern des alten Amman Reding wol gebauet loch ſich ganz ernſtlich müegt zu ver-ſtopfen, ſo ſchluffend dennoch ob 6000 Eidgenoſſen hindurch", und es ſeien aus all dem Gelde „viel koſtbar ſitten, nüw fenſter junkherren (welche Glas-gemälde mit ihren Wappen ſtifteten), kriegslüt, vil h.... und aller gattung buben entſtanden, davon doch der merteil und die fürnehmſten für wohl-geſchickt, witzig, redlich erkhlüt ſind geacht und gehalten lut diß rimens: Wags, lug um gelt, ſo koufftu d' Welt, ſchlecht, from ſchaft nüt, liſt falſch gwint d' büt." Von der Aufhebung des Eides erzählt er, daß nachdem den Bernern „ir geiſtlicher vatter Aimo von Montfaucon Biſchof zu Loſau," für ihren Eid eine „offenliche, gemeine abſolution" ertheilt hatte, ſie beſchloſſen, „den kilchturn köſtlich ufzefüeren und eine herliche gloken darin ze machen, harzu vil gelts notturftig. Sie iſt wol ze prüefen, was beſtands menſchenwiz, glow, rat und tat haben, und was der blind erlos git vermöge und tüeie."

[3]) E. A. III₁₁, 383. 385. 424. 425. 427. 430.

Es ist ein großer Ruhm Zürichs, daß es schließlich noch allein von allen Ständen durch den Geist und Einfluß Zwingli's, welcher selbst als Feldprediger der Glarner in den italienischen Feldzügen das drohende Verderben in der Nähe gesehen hatte, den Lockungen des Geldes Widerstand leistete und auch den Werbern anderer Orte ihre Thätigkeit auf seinem Gebiete bei strenger Strafe verbot.[1] Die Andern hörten von frühester Jugend an nur noch auf die Erzählungen berühmter Kriegsleute, die zeitweise in die Heimat zurückkehrten,[2] oder sie blickten auf die Ueppigkeit der großen Werber, wie Albrecht von Stein und Ludwig von Erlach, die ganze Herrschaften anzukaufen im Stande waren und deren Weiber in Kleidung und Geschmeide alles bisher in der Schweiz Gesehene weit hinter sich ließen. Die Stände selbst gewöhnten sich auch allmälig, die bedeutenden Jahrgelder als ein regelmäßiges Einkommen anzusehen, aus dem sie ihre Landesbedürfnisse bestreiten und selbst Unterthanen-

---

[1] C. A. IV ii, 56; V i, 753. — Vgl. auch Zwingli's „Göttliche Vermahnung", die alle Gründe gegen den Solddienst zusammenfaßt. Ebenso seine allegorischen Gedichte „das Labyrinth" und „vom Ochsen und etlichen Thieren". Sein Nachfolger Bullinger sagt in seiner Reformationsgeschichte: „Zwingli schrey nitt on ursach wider die pensionen, beklagend daz die Eydgnossen umm gällt seyl wärind, das der Eydgnoschafft zu langen tagen übel werde erschiessen. Dann des königs thesaurier, sagt uff ein zyt in disen Schnödtagen, das sin könig in die Eydgnoschafft gäben habe sid der Schlacht Rauenna, die imm 1512 iar uff den Ostertag beschähen biß in das gägenwirtig 1531 iar im Augsten, das ist in 19 iaren, an barem gällt Einliffmolen hundert tusend, dry und trissig tusen 500 und 47 kronen 29 därtsch und 4 carat: ußgenommen die söld, die er imm fäld abzallt habe. Da wol zu mercken ist, das sy die Summ so flyssig ufschribend des gällts, daß in die Eydg. gäbend. Gott behüt uns vor dem widerlegen."

[2] Vgl. hierüber Wimphelings Soliloquium. Ein solcher Krieger war u. A. Hilarius Gyger von Glarus, der berühmteste Büchsenmeister in deutschen und welschen Landen, wegen seines langen Bartes in Italien « la barba » genannt; einer der berühmtesten Söldnerführer dagegen Arnold von Winkelried, der mit Albrecht von Stein bei Bicocca fiel. Vgl. Manuels Antwort an Konrad Velten über das Bicoccalied. Zwei anziehende Erzählungen, die theilweise diese Verhältnisse behandeln, sind „Ursula" von Gottfried Keller und „die Versuchung des Pescara" von C. F. Meyer.

länder kaufen konnten,[1] und wenn etwa noch zuweilen in den
Rathsfälen, oder an den Landsgemeinden „ein patriotischer Dampf
aufstieg", so wurde er rasch und leicht durch eine neue „Vertheilung heilsamen Lilienöls" beschwichtigt. Die wahren Regenten
der Eidgenossenschaft wurden für Jahrhunderte die französischen
Residenten in Solothurn, aus deren « relations d'ambassade »
(die sie bei Abgang von ihrem Posten zur Instruktion ihrer
Nachfolger zu hinterlassen pflegten) man die damaligen „Freunde
des Königs in jedem Kanton und die Mittel, sich dieselben zu
erhalten", genauer kennen lernen kann.[2] Es würde noch heute
schmerzlich sein, diese Berichte zu lesen, ohne den Schluß des
berühmtesten derselben aus dem Jahre 1676, welcher lautet:
« Généralement parlant et à peu d'exceptions près, les Suisses
sont peu capables d'amitié et de parti. Ils sont tous fort inté-
ressés, et l'on serait trop heureux s'ils voulaient au moins bien
servir pour de l'argent: mais, pour l'ordinaire, ils sont toujours avides de recevoir et très paresseux et même infidèles
dans le service. »

Ganz verkauft also, wie man es öfter darstellt, war die
Eidgenossenschaft doch auch in diesen Zeiten und Verträgen nicht,
sondern es stritten sich in ihr, wie immer, ein oberflächlicher,
in den Tagen der Prosperität sehr übermächtiger materieller
Geist, dem diese französischen Verträge entgegenkamen, mit einem
gesunden Untergrund von schweizerischem Patriotismus, der
ihnen fortwährend einen gewissen Widerstand entgegensetzte, und
welcher nun, in Ermanglung eines andern hinreichend wirksamen
Hebels, die Form einer religiösen Erweckung annahm.[3]

---

[1] Glarus z. B. Werdenberg aus den ersten französischen Jahrgeldern.

[2] Solche Berichte sind zu finden in der Sammlung „Helvetia"
I und II und in den „Vorlesungen über die Politik der Eidgenossenschaft",
pag. 84 ff.

[3] Der Anfang der schweizerischen Reformation ist aus diesen patriotischen und eigentlich religiösen Motiven sehr gemischt, wie auch der Widerstand gegen dieselbe es ist; ein Theil der Predigten Zwingli's erinnert ganz
an die Reform Savonarola's in Florenz.

In Folge dieser sich im Laufe der Jahrhunderte noch befestigenden Verhältnisse und des fast unausgesetzten Solddienstes der Schweizer in Frankreich, der erst im Jahre 1830 sein Ende gefunden hat, sind die französischen Verträge der alten Zeit (wie diejenigen der ersten Periode unseres Jahrhunderts), keineswegs als bloße Staatsverträge gewöhnlicher Art anzusehen, sondern sie bilden einen Theil der Konstitution der alten Eidgenossenschaft. So daß, wie schon erzählt, der Einschluß in die letzte Bundeserneuerung mit Ludwig XVI. als eine Art von Bundesrevision der Eidgenossenschaft selbst betrachtet werden konnte und dieselbe zur Zeit Ludwigs XIV. und Napoleons I. nicht viel Anderes mehr, als ein Vasallenstaat Frankreichs war.

Unter der Regierung Ludwigs XII., welcher, wie sein Vater Karl VIII., die Verträge erneuert hatte,[1] verwandelte sich zwar vorübergehend diese traditionelle Freundschaft in eine grimmige Gegnerschaft, der wir einige unserer großartigsten Erinnerungen, die Feldzüge von 1512 und 1513, die Schlacht von Novara vom 6. Juni 1513, den Frieden von Dijon vom 13. September 1513[2] und das Protektorat über das Herzogthum Mailand

[1] E. A. III 1, 495. 635. 736. 755; III 11, 1305.

[2] Dieses Aktenstück, eine förmliche Kapitulation Frankreichs gegenüber den vereinigten Hauptleuten des eidgenössischen Belagerungsheeres (deren Namen dort zu lesen sind), das Gegenstück zur Kapitulation auf dem Breitfeld vor Bern vom 5. März 1798, findet sich in E. A. III 11, 734. 1359. Die damals versprochenen großen Abfindungssummen wurden jedoch erst nach dem „ewigen Frieden" ausbezahlt. Einen sehr plastischen Bericht über diesen Frieden enthält Anshelm III, 485.

Auch über Novara besteht ein altes Lied, ebenso ein solches über einen noch spätern Zug von 1521 für den Papst Leo X. (den sogen. Leinlaken-krieg), welches der Sänger, Hans Birker, mit den Worten schließt: „dem Papst hand wir gedienet und hat uns redlich zalt", was auch richtig war, denn der ganz unnöthige Feldzug gegen den Herzog von Ferrara, in welchem das Heer jede Nacht in Betten schlafen konnte (daher der Spottname Lein-lakenkrieg) kostete 150,000 Dukaten. Eine unserer bekanntesten Kriegs-ordonnanzen (Zusätze zum Sempacherbrief) wurde für diesen Krieg gemacht. Vgl. Jahrbuch IV, pag. 747. Aus der Zeit des Solddienstes für den krie-gerischen Papst Julius II. stammen noch allerlei Reliquien. Zunächst der

verdanken, von welch' letzterem noch später die Rede sein wird. Das Endresultat dieser kurzen Zwischenperiode im Dienste der Päpste Julius II., Leo X. und der hl. Liga war jedoch die Wiederanknüpfung des alten Verhältnisses zu Frankreich durch den ewigen Frieden mit Franz I. vom 29. November 1516, welcher nebst der sogen. „Vereinigung" von 1521[1]) mit dem nämlichen König fortan den ewigen Allianztraktat bildete, der stets erneuert wurde und mit einigen Modifikationen in den beiden Allianzen von 1798 und 1803[2]) bis zu Ende des Jahres 1813 fortgedauert hat.

Auch die Verträge von 1516 und 1521 waren, nach dem, allerdings schwererrungenen, französischen Siege in der zweitägigen Schlacht von Marignano,[3]) nur durch eine ungeheure Bestechung

Titel, den wir zu führen berechtigt sind: «Defensores libertatis ecclesiæ christianæ» laut Breve vom 21. Juli 1512, ferner Fahnen, Prachtschwerter und Hüte, deren Ueberreste Zierden des künftigen „Landesmuseums" bilden werden, aber auch ein berühmtes „Zorn-Breve" vom 30. September 1510 (E. A. III ii, 519), das die Apostrophe Kaiser Maximilians an kräftigen Worten noch bei Weitem übertrifft. Immerhin schickte der Papst sofort darauf den Bischof von Sitten an die Tagsatzung, der zugab, der hl. Vater habe „ein Breve vilichter tratzlich an gmein Eydgnossen geschrieben", das in einigen Ausdrücken „wol scharpf" sei, werde aber „nit des der minder", wenn man ihn gut bediene, wieder „einer Eydgnosschaft rat und tat pflegen." Die Eidgenossen ordneten hierauf eine Gesandtschaft an ihn nach Bologna ab, und der Friede zwischen beiden Mächten wurde mit guten Worten hergestellt. Nur die Soldrückstände, woran ihnen am meisten gelegen war, konnten sie nicht erlangen, sondern erhielten bloß ein Saß Wein, 6 Flaschen Malvasier, 8 Hasen, 30 geräucherte Zungen, eine gleiche Anzahl Schinken, 4 Käse und zwei lebendige Kälber, und ihr Gesandschaftsbericht schließt mit den Worten: „Also sind wir von Sr. Heiligkeit abgeschieden und hat uns S. Heiligkeit zu Bologna von der Herberge gelöst, sonst aber uns kein Geld gegeben, noch geschenkt." Vgl. „Vorlesungen über die Politik der Eidgenossenschaft", pag. 182 ff. und „Helvetia" II, 497.

[1]) E. A. III ii, 1026. 1406; IV i a, 30. 1491.

[2]) Vgl. darüber „Politisches Jahrbuch" I, „Unter dem Protektorat."

[3]) Der König hatte vor der Schlacht in einem Vertrage mit den eidgenössischen Hauptleuten zu Gallarate angeboten 400,000 Kronen zu zahlen, die mailändische Pension zu übernehmen und den Herzog Maximilian

des schweizerischen Volkes zu Stande gekommen, indem sie nicht blos die Jahrgelder der Orte bis auf 3000 Livres für jedes Ort steigerten, sondern auch den Eidgenossen auf einmal 700,000 Sonnenkronen, als Entschädigung für den Krieg von 1513 in Frankreich und den von 1515 in Italien, zukommen ließen.

Diese Summe, mit welcher Frankreich die Lombardei ihnen eigentlich abkaufte, kam damals zugleich mit 150,000 Dukaten Kriegskosten und den 40,000 Dukaten Pension, welche der Herzog Maximilian Sforza durch den Vertrag von 1512 jährlich zu bezahlen hatte, in die Schweiz,[1] abgesehen von den Geldern, die aus der Erbeinung mit Oesterreich und den päpstlichen Verträgen flossen.[2] Wir können es dem Geschichtschreiber

—

zu entschädigen. Vgl. E. A. III ii, 873. 907. 911. Die ersten Berichte über die Schlacht siehe in E. A. III ii, 919, und Jahrbuch VI, „der Verlust des Eichenthals".

[1] E. A. III ii, 706. 810. 861. 872. 879. 925. 953. 1016. 1037. 1081· 1407. 1347. 1396. 1335. 1366. 1396. 1351. 1033. 1352. 1355. 640. 649. 702. 703. 801. 804. 845. 861. 890. 703. Noch weitere 300,000 Kronen, welche sie nicht annahmen, hätten die Eidgenossen innert Jahresfrist gegen Ab-tretung des heutigen Tessins, außer Livinen und Bellenz, und des Veltlins nebst Cleven haben können. Ueber die Vertheilung dieses Goldstromes herrschte natürlich sehr viel Streit. Von dem Mailänder Geld erhielten nur die hauptsächlichen Zugewandten einen Antheil, von dem französischen auch die Unterthanen der gemeinen Herrschaften.

Die Sonnenkronen (mit einer Sonne über der Krone) wurden zuerst von Ludwig XI. 1475 geschlagen, 70 Stück auf eine Mark Gold; von Franz I. wurden sie etwas leichter geprägt. Sie mögen (abgesehen von der damaligen viel größeren Kaufkraft des Geldes) auf etwa 9—11 Franken taxirt werden. Die Goldfranken (francs. livres d'or), welche in den französischen Verträgen vorkommen, sind eine ältere, seit 1360 geprägte Münze, muthmaßlich damals von annähernd gleichem Werth; die spätern Livres der regelmäßigen Pensionen sind jedenfalls Silberpfunde und etwa 6 Franken werth. Die Dukaten sind 11—12 Franken werth. Vgl. hierüber: Blanc, traité historique des monnoyes de France, 1692 und E. A. III ii, 274. 290. 659. 707. IV i c, 865. V i, 426. 885. 891. Eine gute Abhandlung über die Geldverhältnisse in unsern Soldverträgen wäre sehr nothwendig.

[2] Den Uebermuth, der aus diesem plötzlichen Reichthum in der Eid-genossenschaft entstand, schildert Bullinger bei Anlaß des Aufzuges eines Luzerner Landvogtes in der gemeinen Herrschaft Thurgau im Jahre 1520 wie folgt: „Zu Wintherdur wurffend sy handten, gleser, silberne bächer,

Italiens aus jener Zeit, Francesco Guicciardini, nicht verargen, wenn er in seinem Werke die Schlußbilanz dieser Verhältnisse für die Schweiz als Staat mit folgenden Worten zieht:

„Die Schweizer sind die gleichen, welche von den Alten Helvetier genannt wurden, ein Geschlecht, welches in Bergen höher als der Jura wohnt, . . . von Natur tapfere bäurische Menschen und infolge der Unfruchtbarkeit des Landes eher Hirten als Ackerbauer. Sie wurden einst von den Herzogen von Oestreich beherrscht, gegen welche sie sich schon vor sehr langer Zeit empörten, und regieren sich jetzt selbst, indem sie keine Miene machen, weder den Kaiser, noch die andern Fürsten anzuerkennen. Sie sind in dreizehn Völker (sie nennen dieselben Kantone) getheilt, von denen jedes sich mit eigenen Behörden, Gesetzen und Ordnungen regiert. Sie veranstalten jedes Jahr oder öfters, je nachdem das Bedürfniß eintritt, eine Berathung der gemeinsamen Angelegenheiten, indem sie sich an diesem oder jenem Orte versammeln, welchen die Abgeordneten jedes Kantons bestimmen, sie heißen nach dem Brauche Deutschlands diese Versammlungen Bundestage, an welchen über Krieg, Frieden, Bündnisse, über die Begehren derer, welche bitten, man möchte ihnen durch Staatsbeschluß Söldner bewilligen, oder Freiwilligen gestatten, ihnen zuzulaufen, sowie über die im Interesse Aller liegenden Dinge berathen wird. Wann die Kantone durch Staatsbeschluß Söldner bewilligen, wählen sie selbst unter sich einen obersten

vnd anders, das sy ob disch hattind, durch die fenster hinuß, an die gassen, zu stuchen. Derglychen thatend sy zu Frowenfeld, da sy ouch den offen darzu zerschlugend, vnd sagtend, was das nemandts angienge oder irrte, sy hättinds doch wol zu bezalen. Der Landtvogt selbs hat sin hofen vnd schüch zerhüwen vnd guldin ring an die zehen gesteckt vnd was des prachts vnd mutwillens weder maaß noch end. Sömlichs schallt vnd strafft Zwinglj scharpff, zeigt wie sömlicher mutwill, yederman übel, insonders aber Eydgnossen anstünde. Der Adel, der vß der Eydgnoschafft von Eydgnossen vertriben, were von mutwillens wägen vertriben, hätte aber sömlichs nie gebrucht. Vnd wurde das ein gwüsser zugang sin zu vnserem verderben, dann Gott wurde sömlichen schandtlichen mutwillen gar nitt lyden".

Hauptmann, dem das Heer mit den Fahnen im Namen des Staates übergeben wird. Groß haben den Namen dieses so schrecklichen und ungebildeten Volkes die Einigkeit und der Waffenruhm gemacht, womit sie infolge ihrer natürlichen Tapferkeit und der Disziplin ihrer Schlachtordnungen nicht nur ihr Land immer kraftvoll vertheidigt, sondern auch außerhalb ihrer Heimath die Kriegskunst mit größtem Ruhme ausgeübt haben. Und dieser wäre noch unvergleichlich größer gewesen, wenn sie dieselbe für die eigene Herrschaft und nicht für Sold und zur Ausbreitung der Herrschaft Anderer ausgeübt hätten und wenn sie hochherzigere Ziele vor Augen gehabt hätten, als die Begierde nach Geld. Von Liebe dazu verführt, haben sie die Gelegenheit verloren, ganz Italien furchtbar zu werden; denn, da sie nur als Miethsoldaten aus der Heimat auszogen, haben sie von ihren Siegen keine Frucht für den Staat davon getragen. . . . . Zu Hause scheuen sich die Vornehmen nicht, Geschenke und Jahrgelder von den Fürsten anzunehmen, um bei den Berathungen ihre Partei zu ergreifen und zu begünstigen. Indem sie dadurch die öffentlichen Angelegenheiten mit dem Privatnutzen verknüpft haben und käuflich und bestechlich geworden sind, hat sich unter ihnen selbst Zwietracht eingeschlichen. Nachdem sie damit angefangen, daß das, was die Mehrheit der Kantone auf den Tagsatzungen beschloß, nicht von allen befolgt wurde, sind sie zuletzt vor wenig Jahren in offenen Krieg miteinander gekommen, zur höchsten Verminderung des Ansehens, das sie überall besaßen."

Die französischen Verträge von 1516 und 1521 wurden in ihrem wesentlichen Inhalt dreimal von der alten Eidgenossenschaft erneuert, 1663 und 1715 mit Ludwig XIV.[1]) und 1777 mit

---

[1]) E. A. VI, 466. 595. 1641. VII 1, 81. 1361. Eine der schweren goldenen Gnadenketten, wie sie die schweizerischen Unterhändler bei dem Abschluß dieser Verträge zu erhalten pflegten (vielleicht die letzte noch existirende), befindet sich jetzt im Besitze der Eidgenossenschaft. Sie wurde kürzlich von einer Walliser-Familie angekauft.

Ludwig XVI.[1]) In der zweiten Bundeserneuerung Ludwigs XIV.
mit den katholischen Orten und Wallis war nicht allein verabredet „Staatskriminalen und Betrüeber der gemeinen Ruhe" ohne
Untersuchung, auf einfaches Begehren des Einen Theils, auszuliefern (Art. 27), sondern der König ließ sich sogar von diesen
kontrahirenden Ständen eine Art von Oberhoheit und Schiedsrichteramt mit folgenden Worten übertragen (Art. 5): „Wan hingegen die lobl. Eydgnoschaft oder etwelches Orth oder Stand
inbesonder von einer frömbden Macht angegriffen oder Innerlich
beohnruhigt wurde, wird in dem ersten fahl Ihr Majestät
denenselben mit derro Macht verhilflich sein, nachdemme es die
Nothurft erforderen, und Ihro Majestät von den Orthen wird
ersucht werden; In dem anderen fahl aber wird Ihro Majestät
als deren gemeinsamber Sründ und Punds-Genoß, oder die
Könige derro Nachfahrern, auf Ersuchen des beschwährten und
beträngten Theils alle fründliche Offizien anwenden, umb die

[1]) C. A. VII u. 493. 1323.

Die in den C. A. vollständig abgedruckten französischen Verträge
sind: Der Friede von Ensisheim 28. Okt. 1444, II, 807; die Verträge mit
Karl VII. S. Nov. 1452 und 27. Sebr. 1453, II, 869. 873; mit Ludwig XI.
27. Nov. 1463, II, 892 und im September 1480, III 1, 695; dann der Vertrag
über die «Franche-Comté» 26. April 1477, II, 926; mit Karl VIII.
4. August 1484, III 1, 714; mit Ludwig XII. der Friede von Arona
11. April / 16. Juni 1503, III u, 1305, sowie Mailänder-Kapitulat 16.
Juni 1503, III u. 1308; der Friede von Dijon 13. Sept. 1513, III u,
1359; mit Franz I. der ewige Friede 29. Nov. 1516, III u, 1406 (hiezu
gehört ein vorangehender Vertrag ohne Siegel, zu Genf abgeschlossen, den
7. Nov. 1515 III u, 1398) und der Verein 5. Mai 1521, IV 1 a, 1429. Sodann
folgen die Erneuerungen: mit Henri II. 7. Juni / 6. Okt. 1549, IV 1 e,
1385; mit Karl IX. 1564 und 1565, IV u, 1509; mit Henri IV. 31. Januar
1602, V 1, 1880; sodann die im Text genannten mit Ludwig XIV. von
1663 und 1715 und Ludwig XVI. von 1777. Ihnen folgten dann der
Allianzvertrag mit dem Direktorium vom 19. Aug. 1798 und derjenige mit
dem Konsulat vom 27. September 1803. Die spätern Verträge sind bloße
Kapitulationen (bis 1830), oder Verträge über zivilrechtliche Verhältnisse,
Handel, Zoll, Grenzverhältnisse, wie sie noch dermalen vorhanden sind,
und uns immer noch etwas enger mit Frankreich, als mit andern Staaten
verbinden.

195

Parthenen dahin zu vermögen, daß sie einanderen reciprocirliche
Justiz halten; und wann durch solchen Weg der verlangte Effekt
nicht völlig erlanget wurde, werden Ihro Majestät, wie auch die
Könige derro Nachfahrere, ohne etwas vorzunemmen, so diesere
Pündtnuß umbstoßen möchte, sonder im Gegentheil solche in ihrem
wahrhafften Verstand zu vollziechen, die von Gott Ihro gegebene
Macht in Ihren aigenen Kosten anwenden, umb den Belaidiger
zu verpflichten, sich wiederumb denen Reglen welche in den
Pündtnussen, so die Orth und Verpündete under Ihnen haben,
vorgeschriben seynd, zu underwerffen. Ihr Majestät und die
Könige derro Nachfahrere werden sich erklären, Garant oder
Gewährsmann zu seyn für diejenige Tractaten, welche
zwüschen denen Lobl. Orthen möchten auffgerichtet werden, im
fahl Gott zuließe, daß under Ihnen einige Entzweyung ent-
stunde." [1]

Die Schweizer in Frankreich wurden ferner durch diesen
Vertrag (Art. 24) natürliche Einwohner (regnicoles) mit großen
Privilegien. Ebenso wurde freier Durchmarsch der gegenseitigen
Truppen, somit Aufhebung jeder wahren Neutralität zu Gunsten
Frankreichs zugesichert (Art. 29) und, was schlimmer als alle
diese offenen Artikel war, es bestand noch zudem ein geheimer
Beibrief vom 9. Mai 1715, der sogenannte „Trücklibund", worin
der König versprach, die Katholizität in der Schweiz „in allem
dem, so sie letzthin verlohren hat" herstellen zu helfen und den
Katholiken ihre, im Aarauerfrieden von 1712 abgetretenen Vogtei-
rechte mittelst Kriegshülfe gegen Zürich und Bern wieder zu
verschaffen. [2]

Das Jahr 1715, in welchem Ludwig XIV. starb, bildet
jedoch den Höhepunkt dieses allmalig zur wahren Vasallenschaft

[1] Balthasar, „Fragmente", pag. 96, sagt zwar, die katholischen Orte
würden sich doch besonnen haben, einen so bedenklichen Weg des Rechtes
einzuschlagen, und sein eigener Vater habe in einer besondern Schrift vor
dieser Klausel gewarnt, die dann auch bei der Erneuerung der Allianz von
1777 absichtlich vermieden worden sei.

[2] E. A. VII 1, pag. 1379.

ausgearteten Allianzverhaltnisses; der letzte Vertrag von 1777 anerkennt wieder die unumschränkte Souveränetät, Unabhängigkeit und Neutralität der Eidgenossenschaft allen Mächten gegenüber (Art. IV und VI) und so blieb es bis zur Offensiv= und Defensiv=Allianz von 1798.

Weniger wichtige Bestandtheile der alten Bundesverfassung bildeten noch die Verträge mit dem hl. Stuhl, den Herzogen von Savoyen und dem Herzogthum Mailand unter den verschiedenen Inhabern des letzteren.

Die eidgenössischen Stände hatten sich schon frühzeitig, theils genöthigt durch die anfängliche Gegnerschaft der geistlichen Gewalten in ihrem Lande, theils im Vollgefühl aufstrebender politischer Freiheit, in einer relativen Selbständigkeit auch von der Kirche zu erhalten gewußt, von der sich viele Spuren in den Abschieden finden, die eine neuere und bessere Zusammenstellung verdienten, als sie in dem bekannten Büchlein von Balthasar «De Helvetiorum juribus circa sacra» enthalten ist. Es gelang ihnen nicht nur die von ihnen ursprünglich unabhängigen und lange widerstrebenden Klöster und Bisthümer unter ihre Landes= hoheit zu bringen, sondern auch die Immunität der Geistlichen, namentlich ihre Ansprüche auf Steuerfreiheit und besondere Gerichtsbarkeit zu beschränken, die Grenzen der geistlichen Ge= richtsbarkeit über weltliche Personen wesentlich auf Ehe= und Wuchersachen einzuengen, die Klöster in Bezug auf ihre Ver= mögensverwaltung und Novizenannahme zu beaufsichtigen, die Erwerbungen zu todter Hand und die Vermächtnisse zu Gunsten von kirchlichen Anstalten unter Staatskontrole zu stellen und allen aus solchen Ursachen herrührenden Bannandrohungen er= folgreichen Widerstand zu leisten. Mit einer aufrichtigen Fröm= migkeit und Ergebenheit an die Kirche, als ideale Anstalt, ging bei ihnen ein sehr kräftiges Staatsbewußtsein Hand in Hand, das den realen geistlichen Gewalten nicht gestattete, sich ganz so frei, wie in andern Ländern auszubilden. Es war dieß ein demokratisches Freiheitsgefühl, das gegenüber der Kirche, wie gegenüber dem Reiche bestund und das die weltklugen Päpste der vorreformatorischen Zeit sehr wohl zu verstehen, und soweit als nur immer möglich zu schonen wußten. Dergestalt, daß sich allmälig eine gewisse Summe von gewohnheitsrechtlichen schweize= rischen Besonderheiten in Bezug auf das Kirchenrecht ausbildete, in Bezug auf welche bei der römischen Kurie der Grundsatz galt: «Bisogna lasciare i Svizzeri negli loro usi ed abusi.»[1] Mit Papst Sixtus IV., der seinem Neffen Riario das Herzog= thum Serrara zu verschaffen suchte, und unter seinen Nachfolgern Innocenz VIII., Julius II. und Leo X., beginnt dann die Ver= wendung der schweizerischen Wehrkraft im Dienste der päpst= lichen Politik, und daher stammen die förmlichen Bestätigungen dieser alten, bereits zur Gewohnheit gewordenen Rechte, unter Vermehrung mit neuen Privilegien, aus welchen Vorgängen mitunter von staatsrechtlichen Schriftstellern ein Konkordat mit Zürich, das sogenannte „Waldmann'sche Konkordat"[2] konstruirt worden ist, das aber als ein förmliches, von der Kurie be= stätigtes Aktenstück niemals bestand. Wohl aber besaßen sowohl

[1] Vgl. hierüber z. B. E. A. II, 400. 405. 415. 416. 270. 283. 287. 566. 579. 14. 520. 524. 532. 541. 542. 543. 305. 307. 358. 427. 438; I, 41. 46. 53. 100. 105; III, 18. 20. 22. 454; Balthasar «De Helvetiorum juribus » (deutsche Auszgabe von 1883) pag. 33. 49 – 51. 54. 58. 59. Selbst Eingriffe in die kirchliche Ehegerichtsbarkeit kommen vor. Vgl. E. A. I, 94 (Ehehandel Moos von Uri); II, 415. 708. 709 (langwieriger Ehehandel einer Marga= retha Zelger von Unterwalden). Die Aufsicht über die Klöster namentlich war mitunter sehr eingreifend. Vgl. z. B. E. A. III r, 22. 84. 87. 109. 116. 206. 391. 431. 476. 503. Umgekehrt werden geistliche Orden gegen päpst= liche Anordnungen oft in Schutz genommen. Vgl. E. A. III n, 1101. Auch die Sprache der Tagsatzungen gegenüber der Kurie ist nicht immer ehrerbietig, z. B. Tagsatzung 1479, 24. März zu Luzern, E. A. III r, 30: dem Papst, welcher durch seine Botschaft große Gnade, Freiung und Ablaß den Eid= genossen verliehen, „darauf an uns als die kristenlichsten am Stul zu Rom begert sin heilikeit alwegen vnd die heilig kirch lauffen bevolchen sin mit vndertenigkeit, als vnser vordern jewelten getan", hat man „dz siner heilikeit zugesagt, doch der houbtsach halb wel man nachmalen antwurt geben." Noch stärker: E. A. III n, 1093. 1140.

[2] Vgl. darüber Bluntschli, „Rechtsgeschichte von Zürich", II, 354 und „Jahrbuch für schweizerische Geschichte" Bd. IV.

der Stand Zürich, als Bern, Luzern und die Urkantone eine Anzahl besonderer Privilegienbreven, die von einzelnen Päpsten erworben waren,[1] und es wurden auch bei Anlaß der allgemeinen Soldverträge oft „Supplikationen" um Bestätigung oder Erweiterung solcher kirchlichen Ausnahmsverhältnisse eingereicht und fast immer, wenn sie nicht dilatorisch behandelt werden konnten, auch wirklich genehmigt. So versprach namentlich Papst Julius II. dem Kardinal Schinner bei Abschluß des großen Vertrages von 1510 förmlich, den Eidge-

---

[1] Bern hatte schon vor der Reformation von Innocenz VIII. eine Ausnahmestellung seines St. Vincenzstiftes, eigentlich die Unabhängigkeit von dem Bischof von Lausanne, erlangt, eine bischöfliche Gewalt, die durch eine juristische, unter starkem Staatseinfluß stehende Person ausgeübt wurde. Uri, Schwyz und Unterwalden erhielten von Julius II. das Privilegium der Gemeinden, ihre Pfarrer selbst zu wählen. Vgl. hierüber die Urkunde im „Politischen Jahrbuch" III, 858. Zuweilen wurde auch, wenn die kaiserliche Gewalt nicht gerade günstig gestimmt war, die päpstliche als die „obere" angerufen; es war dies aber auch nichts weiter als Politik. Eines der merkwürdigsten und wenigst bekannten Aktenstücke dieser Art aus dem Berner Archiv ist das folgende:

« Praeterea commemorabitis qualiter domini Bernenses a fundamento urbis sue sacro Romanorum Imperio subjecti fuerint, ab eodemque multis privilegiis muniti, que omnes et singuli imperatores et reges semper virtute ipsorum roborari stabiliri confirmarique fecerint, desuper nova litterarum munimenta tribuentes. Itaque nullo ex eis renitente etiam ab hoc moderno imperatore, dum rex esset Romanorum confirmationes impetrate fuerint sufficientes. Ab ipso tamen moderno imperatoriam majestatem nacto et pro confirmatione privilegiorum nostrorum pluries et per notabilissimas ambasiatas exortato et requisito nichil penitus impetratum est, tam etsi spem certam sepe perbenigna ipsius responsa prebuent, sic ut cuncta votivo affectui conducenda crederentur. *Quare cum Romana ecclesia caput sit mundi et summus Pontifex vicarius Jhesu Christi, a quo imperatoria majestas exercitium jurisdictionis sue sumit*, habebitis acriter instare, ut sic sanctitati placeat privilegia, consuetudines, exemptiones et libertates, communitati Bernensi a divis imperatoribus impartitas et confirmatas, quantum rationabiles sunt, apostolica auctoritate confirmare, hoc addito, ut ipsi *facultatem impartiatur cudendi aureos* pro pondere et forma Renensium, armis suis pictas. Et quod desuper bulle in sufficienti forma obtineantur. (Instruktion an Nikolaus Sabri von Thun, als Gesandten zum Papst, Lateinisches Missivenbuch B, fol. 209.)

noffen nicht nur alle ihre bisherigen Privilegien in kirchlichen
Dingen zu bestätigen, sondern ihnen auch weitere gewähren zu
wollen, wofern sie nicht Dinge betreffen, die er ihnen nach
billiger Berücksichtigung der allgemeinen kirchlichen Vorschriften
« honestate et rectitudine urgentibus » zu verweigern genöthigt
wäre. [1] Damit hingen auch die freigebigen Verleihungen von
Titeln, Jahnen und Schwertern dieses Papstes zusammen, die
wir bereits erwähnt haben. Die Breven darüber aus Alessandria
vom Juli 1512 sind in E. A. III, 630 ff. abgedruckt. Anshelm
beschreibt den Einzug der Berner mit ihrem neuen Panner,
durch welches sie das Recht erhalten hatten, ihrem geliebten
Wappenthier fortan die Klauen zu vergolden, wie folgt:

„Do nun d'Eidgnossen, wie obgmelt, vom legaten zu
Alexandria wurdend abgevertiget, zugends frölich den nächsten
iren landen zu, Bern und Solaturn stäts mittenandren, ouch
Friburg, die sich von inen vor Dietrichsbern von's gangs
wegen hattend gescheiden, uber S. Bernharts gebürg, mit irem
gschütz wunderbarlich; kamend also zu ingang Ougsts heim,
furtend zu Bern in, mit ihrem ußgetragnen väule; des babsts
Julii hoptpaner, zu Ravenna verloren und zu Meyland wider-
funden, furt zu roß klein Jakob zum Stein; item ir nüwe
Bernpaner, darin die geschenkten heiligen dri küng und
gulden bärnklawen, trug der hoptmann Burkhart von Erlach,
und ein väule, darin S. Anthoni, trug und hats uberkommen
Peter Wyßhan, hangt in S. Vincensen münster. So ward
ouch des babsts paner in kor ufgehenkt zu den Burgunschen
kilchenvanen.“

Die wesentlichen Verträge solcher, auf das Kirchenrecht
bezüglicher Art sind derjenige mit Sixtus IV. (18. Okt. 1479 und
21. Jan. 1480), worin der Papst sagt, er werde niemals dulden,
daß Jemand den Eidgenossen an ihre Gerichtsbarkeit, Rechte und
althergebrachten Gewohnheiten rühre, unter Androhung des

---

[1] E. A. III 1, 488. 489. 525. Frühere Verhandlungen dieser Art siehe
in E. A. III 1, 49. 50. 52. 61. 70. 79. 121.

Sluches Gottes und der heiligen Apostel Petrus und Paulus,[1] sodann die Allianzen mit Julius II. vom 14. März 1510 und Leo X. vom 9. Dezember 1514, 3. Februar 1515, 5. Oktober und 18. November 1516.[2])

Die Verträge mit dem päpstlichen Stuhl, die nach der Reformation abgeschlossen wurden, haben dagegen einen andern, ausschließlich gegen die Reform gerichteten Charakter und enthalten daher solche ausdrückliche Anerkennungen von Besonderheiten nicht mehr; im Gegentheil lag es ganz in der Natur der nunmehr eingetretenen Verhältnisse, daß sich die katholisch gebliebenen Stände aus eigenem Antriebe enger als zuvor an das allgemeine Kirchenrecht anschlossen. Das charakteristische Beispiel dafür ist bereits der Bund der V katholischen Orte mit Pius IV. vom 10. April 1565,[3]) dergestalt, daß sich fortan nur noch ganz vereinzelte Spuren von den alten «usi ed abusi» vorfinden.

Eine sichtbare Erinnerung an die Zeit der Allianzen bildet noch die, ausschließlich aus Schweizern der katholischen Kantone bestehende, päpstliche Hausgarde, welche am 7. Dezember 1505 durch den luzernischen Domherrn Peter von Hertenstein eingerichtet wurde, um „auf des Pabstes Leib und Pallas zu warten." Zu ihren ersten Befehlshabern gehörten der Bürgermeister Markus Röust von Zürich und sein Sohn Kaspar, welcher letztere 1527

---

[1] ... « volentibus vel conantibus .... perturbare vel derogare in vestris .. dominiis, personis. jurisdictionibus, bonis, juribus, privilegiis aut consuetudinibus hactenus introductis et ab antiquo comparatis.» « Nulli ergo omnino hominum liceat hanc paginam nostre pollicitationis, attestationis, receptionis et benedictionis infringere vel ei ausu temerario contraire. Si quis autem hoc attemptare presumpserit, indignationem omnipotentis Dei et beatorum Petri et Pauli apostolorum ejus se noverit incursurum. » C. A. III ı, 669.

[2] C. A. III ıı, 484. 1078. 1218. 1265. 1267. 1272. 1333. 844—1024. 1365—1370. 1382. Auf der letztgenannten Seite findet sich der sogenannte „heilige Bund" zwischen Leo X., Kaiser Maximilian, König Ferdinand von Aragonien, Herzog Maximilian von Mailand und den Eidgenossen, dessen Folge die Schlacht von Marignano war.

[3] C. A. III ıı, 484. 1333. 844—1024. 1365—1379. 1382; IV ıı, 316. 1517.

bei dem «sacco di Roma» unter Clemens VII. in der tapfern Vertheidigung der päpstlichen Herrschaft am großen Obelisk des St. Petersplatzes fiel.[1]) Zu allererst (1507) war der Bürgermeister Felix Schmid von Zürich dazu ausersehen gewesen; es wurden absichtlich die ersten Vorsteher Zürichs und damit gewissermaßen der Eidgenossenschaft verlangt, indem der Legat Ennius erklärte, die Bewachung des Statthalters Christi solle, als die höchste menschliche Ehre, seinen geliebtesten Söhnen, den Zürchern, anvertraut werden. Merkwürdigerweise gehörte Markus Röust später dennoch nicht zu den Gegnern der Reformation in Zürich, starb aber am 15. Juni 1524, noch bevor die Sache unwiderruflich entschieden war.[2])

Einen wesentlich konfessionellen Charakter tragen auch die späteren Verträge mit Savonen, nach Erledigung der ursprünglichen Herrschaftsansprüche dieses Hauses auf Bern, Freiburg, Waadt, Genf und Wallis, und abgesehen von den Verträgen mit Bern in Bezug auf Genf, von denen im vorangehenden Abschnitte die Rede gewesen ist.[3]) Es sind namentlich drei spezifisch katholische Bündnisse vom 11. November 1560, 8. Mai 1577 (das „hülfliche Bündniß“ mit Emanuel Philibert) und vom 25. Okt. 1581, welche neben den konfessionellen Verträgen mit Papst Pius IV., dem Lande Wallis, dem Bischof von Basel und dem „goldenen Bund“ von 1586 die spätere separate Bundesver-

---

[1]) Vgl. Bullinger, Reformationsgeschichte I, 159. 387. Diese Vertheidigung der Schweizertruppen, die sämmtlich dabei umkamen, war großartiger, als die berühmtere an der Tuilerien-Treppe zu Paris, welche der Löwe von Luzern verewigt.

[2]) Marcus Röust zählt zu den echtesten schweizerischen Heldengestalten, die überhaupt noch viel zu wenig bekannt sind. Eine gute Biographie Röust's im Lichte des gesammten Zeitalters wäre ein wahres Verdienst um die Eidgenossenschaft, das sich ein Zürcher Historiker erwerben sollte.

[3]) Auch den Soldvertrag vom 27. Aug. 1512 (E. A. III II, 641. 1348) und das 101jährige Bündniß Karls III. mit Wallis vom 1. Mai 1528 (E. A. IV 1a, 1516) rechnen wir nicht zu den die eidg. Bundesverfassung beeinflussenden Verträgen.

fassung der katholischen Eidgenossenschaft ausmachen.⁴) Der
Herzog von Savoyen wurde durch diese Verbindungen den
katholischen Orten so sehr genähert, daß Bern sich genöthigt sah,
zum Schutze der Waadt und von Genf einen Gegenbund mit
Frankreich zu schließen,²) in welchem dasselbe in Bezug auf diese
Verhältnisse Mitberathung wie ein eidgenössischer Verbündeter
erhielt. So daß in Bezug auf Genf seit 1579 zwei konfessionelle
Allianzen mit auswärtigen Staaten bestanden, von denen die eine
zu seinem Schutze, die andere zu seinem Schaden bestimmt war.

Ihren größten, noch bis auf den heutigen Tag fortwirkenden
Einfluß übten die savoyischen Verbindungen in dem sogenannten
Lausanner Vertrag vom 30. Oktober 1564,³) einem Schieds=spruche
der XI Orte ohne Bern und Freiburg, durch welchen Bern die
ihm seit 1536 angehörenden, ehemals savoyischen Provinzen
„ennet dem Sew und Rotten" (jenseits des Genfersees und der
Rhone), sowie die Landschaft Ger wieder abgesprochen und dem
Herzog Emanuel Philibert zurückgestellt wurden, — eine höchst
unpolitische Entscheidung, die ohne diese Beziehungen zu dem=
selben und daneben noch die stets vorhandene Eifersucht auf die
Macht Berns nicht möglich gewesen wäre. Umgekehrt riefen die
katholischen Orte den Herzog von Savoyen noch im Toggen=
burgerkrieg (1712) zu Hilfe. Derselbe kam jedoch nicht, sondern
schickte bloß Abmahnungs=briefe an Zürich und Bern⁴).

Das Herzogthum Mailand war der dritte Staat, neben
Oesterreich und Savoyen, auf dessen Kosten sich auszudehnen die
Eidgenossen durch ihre geographische Lage, und hier namentlich

---

¹) E. A. IV II, 143. 670. 736 1461. 1541. 1581.

²) E. A. IV II, 686. 1556. „Gemeineidgenössische Jahrrechnungstag=
satzung zu Baden, 28. Juni 1579. Bern eröffnet vor den Gesandten der
XI Orte, es habe Frankreich darum angesucht, seine eroberten savoyischen
Lande, sowie die Stadt Genf, als ein Bollwerk der Eidgenossenschaft, in
den ewigen Frieden aufzunehmen . . . Man möchte es Bern nicht übel
nehmen, daß es nicht schon früher davon Anzeige gemacht habe" u. s. w.

³) E. A. IV II, 301. 1477.

⁴) E. A. IV II, 1667. 2495. 2497. 2516.

auch durch die Art ihrer Handelsverbindungen gezwungen waren. Hier waren es besonders die inneren, ländlichen Kantone (welche für den Bezug eines Theils ihrer Lebensmittel und für den Abjaß ihrer Produkte auf diese Gebiete jenseits der Alpenkette angewiesen waren), die beständig dahin drängten, während den Städten die italienischen Eroberungen weniger genehm waren. Namentlich nach der Schlacht von Arbedo, 30. Juni 1422, deren Erinnerung die jetzt leider im vollen Verfall begriffene rothe Kirche von St. Paul nahe dem Bahnhof von Bellinzona [1] bewahrt, bedurfte es aller Energie der Waldstätte und vorab des berühmten Freischaarenzuges Petermann Ryssigs von Schwyz nach Domo d'Ossola vom September 1425, durch den sich einige tapfere Gesellen dieses wichtigen Plaßes wieder bemächtigten [2], um auch nur den Gedanken an die Festhaltung italischen Bodens wieder zu beleben. Diese Gebiete sind stets mit den Waffen erhalten [3] und stets mit der Feder [4] verloren worden. Das wird vielleicht ihr Geschick auch fernerhin sein.

Die staatsrechtlichen Ergebnisse dieser ersten Periode waren die sogenannten Mailänder-Kapitulate, eine Anzahl von Frie-

[1] Es wäre eine Ehrensache für die Eidgenossen namentlich von Zug, das damals seinen größten Tag in der eidgenössischen Geschichte hatte, die Erhaltung dieses Denkmals zu befürworten, in welchem am Abend der heißen Schlacht gegen den berühmtesten Feldherren Italiens, Carmagnola, die Leichen der gefallenen Landammänner und Pannerherren lagen. Ein Brief von Carmagnola vom 22. April ist in E. A. II, 14 aufbewahrt.

[2] Vgl. darüber „Der Verlust des Eschenthals", Polit. Jahrbuch 1891.

[3] Zuletzt am 28. Dez. 1478 bei Giornico gegen die mailändischen Feldherrn Borello. Auch über diese Schlacht ist ein schönes Lied von Hans Viol erhalten, das mit einer Anspielung auf das Wappen der Visconti beginnt: „Dem Stier von Uri fiel in's Haus von Mailand eine Schlange, doch ihre Schmach war lange und kurz nur war der Strauß." Das letzte Gefecht in den Mailänderkriegen der ersten Periode ist Giornico übrigens nicht, sondern das wenig bekannte Gefecht von Ponticello im Eschenthal, 28. April 1487, in welchem Walliser, Luzerner und Unterwaldner von dem Herzog Lodovico Moro geschlagen wurden.

[4] Im Frieden Zoppo's namentlich und zuletzt theilweise noch im ewigen Frieden mit Franz I.

Denzſchlüſſen, welche die Natur heutiger Zoll- und Handelzverträge beſitzen. Das wichtigſte, das ſpäter ſtets als Muſter für die nach-folgenden diente, iſt das ſogenannte „große Kapitulat" mit der Herzogin Blanca Maria und ihrem Sohne Gian Galeazzo vom 26. Januar 1467, wodurch die Eidgenoſſen Zollfreiheit für ihre Produkte bis an den Stadtgraben von Mailand erhielten[1]) und

[1]) C. A. II, 361. 490. 893. Der Hauptpaſſus lautet: Item et Septimo: Quod prelibati illustrissimi domina ducissa et dominus dux eorum libera-litatem et munificenciam exercendo, attenta eciam presenti amicicia sic ut supru contracta supradictis dominis de liga confederatorum et omnibus sub-ditis suis et alijs in ipsorum iurisdiccione. districtibus et dominio habitan-tibus et hominibus Leuentinis fecerunt istam graciam, amiciciam et cari-tatem. Quod ipsi quo ad eorum corpora et bona deinceps sint et preseruentur immunes et exempti ab omni solutione pedagij et quod conducere valeant et possint libere et expedite ac sine solutione pedagij mercimonia sua per totum dominium et ducatum Mediolani, vbique eundo et redeundo, tam per terram quam per aquam. excepta inclita vrbe Mediolani ad fossata exclusiue. Et quod omnes illi, qui per quator annos continuos residenciam habuerunt, apud prefatos dominos confederatos. quiqui tandem nomina-buntur in literis autenticis prefatorum dominorum confederatorum. sint et preseruentur immunes et exempti modis et formis suprascriptis pro ut sunt prefati domini confederati. Item et duodecimo: Decisum est pro parte prouincie et vallis Leuentine. Quod de eadem prouincia et valle Leuentina cum pleno vtili dominio. redditibus et prouentibus. quomodo et quiquid ad gladium spectat secularem. prout et ipsi domini Vranienses ipsam vallem huiusque detinuerunt et ea usi sunt. Illustrissimi principes et domini, do-mina ducissa et dominus dux ob specialem amiciciam et caritatem. quam habent ad magnificos supradictos dominos confederatos, debent se inuestire a Venerabilibus dominis ordinarijs templi maioris Gloriosissime virginis Marie Mediolani. Et tunc ipsam vallem supradictis dominis Vraniensibus per investituram assignare possidendam tamque rem propriam. sic quod eadem vallis, quomodo suprascriptum est, stare et permanere debet supra-dictis dominis de Vrania perpetuis futuris temporibus. nonobstantibus pre-dictis illustrissimis dominis. domina ducissa et domino duce. eorumque filiis, heredibus et successoribus. necnon dominis ordinarijs et eorum suc-cessoribus et ceteris quibuscumque.» Erneuerungen mit Lodovico Moro Ludwig XII. von Frankreich und Maximilian Sforza finden ſich in C. A. II, 689 930; III 1, 160/702; 498/739. 673. 584 747; III ii, 225 1308; 655/1352. Später wurden dieſe Verträge auch mit Herzog Franz II. Sforza und noch öfter mit den ſpaniſchen und öſterreichiſchen Herrſchern Mailandz erneuert, namentlich 1533, S. Januar, und 1587, 12. Mai. C. A. IV 1 c, 1. 1293; IV 1 e, 1391; V 1, 1830. Graubünden hatte für ſich noch ſpezielle Kapitulate.

das Livinenthal, welches die Urner wieder eingenommen hatten, denselben als ein Lehen des mailändischen Hochstifts bestätigt wurde.

Die zweite, äußerlich großartigere Periode der italienischen Feldzüge, in welcher aber die eidgenössische Kraft vielfach für fremde Zwecke verbraucht wurde, begann 1494 mit der „Sündfluth Italiens", dem Zuge Karls VIII. von Frankreich, des von Savonarola herbeigewünschten „neuen Cyrus", nach Neapel, auf welchem ihn ein Korps von 8000 schweizerischen Söldnern begleitete, die damals den gleichmäßigen Taktschritt zuerst angewendet haben sollen. „Ganz Italien", sagt ein Schriftsteller, „horchte ängstlich auf das Rollen der Kanonen und ahnte, daß die glückliche Periode des XV. Jahrhunderts, wo unter dem Schutz einheimischer Fürsten Handel, Wissenschaft und Kunst hoch gestiegen waren, nun zu Ende gehe." „Allerdings" — so fährt er selbst fort — „hatten Selbstsucht und Treulosigkeit der Fürsten, der Verfall der bürgerlichen Tugenden, der Untergang des nationalen Wehrsystems zu Gunsten des Söldner- und Condottierinwesens und der Verlust der moralischen Macht des Papstthums Italien für die Eroberung durch die Fremden reif gemacht." So ist es auch; die hohe Blüthe von Kunst und Wissenschaft ist nicht nothwendig ein Zeichen vollständiger Gesundheit eines Staatskörpers. Der gewaltige Papst Julius II. war damals der erste Fürst Italiens, der, was sonst nur Traum der großen Dichter und Schriftsteller der Nation [1] gewesen war, ernstlich auf seine Fahne schrieb: «Italia ab exteris liberanda» (fuori li stranieri). Und für und gegen diese Devise ist von

Zu den Gebietsverträgen der spätern Zeit gehören, außer dem Frieden von Arona und dem ewigen Frieden, namentlich noch der Friedensschluß nach den Müsserkriegen von 1532 (E. A. IV ɪ b, 1578) und ein Vertrag von Maria Theresia, als Herzogin von Mailand mit Graubünden von 1763 (E. A. VII ɪɪ, 1286).

[1] Dante, «Purgatorio» VI, 76, Macchiavelli, «Principe», Kap. 26, und namentlich Silicaja, in dem wundervollen Sonnett «Italia, o tu, cui feo la sorte». das in den „Vorlesungen über die Politik der Eidgenossenschaft", pag. 317, ganz abgedruckt ist.

jener Zeit ab bis auf unsere Tage schweizerisches Blut in Strömen vergossen worden. [1]

Aus der von dem Kardinal Schinner eingeleiteten Verbindung mit der Coalition gegen Ludwig XII. von Frankreich, welcher seit 1497 Mailand (als Enkel der Valentine Visconti) beanspruchte, entstand zuletzt ein förmliches Protektorat der Eidgenossenschaft über das Herzogthum, mittelst eines Staatsvertrages mit dem jungen Herzog Massimiliano Sforza, zu Baden 3. Okt. 1512, [2] womit die Eidgenossenschaft die Sonnenhöhe ihres Glückes und Ruhms erreichte. [3] Dem Herzog wurden damals die Schlüssel seiner Hauptstadt an der Porta Ticinese mit einer wohlgesetzten lateinischen Rede des Ammanns Joh. Schwarzmurer von Zug überreicht, worüber der Abschied der Tagsatzung von Mailand („Abschied gehaltener Versammlung gemeiner Eidgenossen Rathsbotschaften, als der Herzog zu Meyland ingesetzt ward") folgenden Passus enthält:

„Jeder Bote weiß zu berichten, wie wir beim Einreiten vom Bischof von Lodi und andern ehrlich empfangen und wohl

---

[1] Zuletzt am Monte Berico 1848 und am Volturno und bei Castelfidardo 1859 und 1860.

[2] E. A. III ₁₁, 649. 652. 662. 1352. Die Eidgenossen erhielten darin alle ihre italienischen Besitzungen zurück, auch das Eschenthal, und eine jährliche Pension von „vierzig tusend Duggaten in Gold und gut an Gewicht, die jerlich an iren costen zeantwurten in einer der Stetten Zürich oder Lucern uff den ersten tag Januarii.... jerlich nach Irem Willen und Gefallen zu teilen." Außerdem noch die gewohnten Zollvortheile und einen ungewöhnlich hohen Sold für die Truppen, mit denen das Herzogthum für Maximilian gegen die Franzosen zu behaupten war. Der Vertrag ist im Auszug bei Anshelm III, 356 abgedruckt. Der Herzog versprach ausdrücklich, er werde nie etwas thun in Sachen des Staates Mailand, oder anderer großer Geschäfte, ohne der Eidgenossen, seiner Väter und Schirmer, Wissen und Willen. E. A. III ₁₁ 867. Der Badener Vertrag besteht nirgends mehr in einer Originalausfertigung, da in dem Frieden mit Frankreich Herausgabe und Vernichtung ausbedungen war.

[3] Genau dreihundert Jahre später erreichte sie dagegen ihren tiefsten Punkt. Vgl. in „Politisches Jahrbuch" I, 297, die Rede des Landammanns Burckhardt von Basel, bei Eröffnung der Tagsatzung von 1812, eine förmliche, offizielle Erklärung erblicher Vasallenschaft.

gehalten worden sind, wozu sich die Burger erboten, wie der
Herzog eingeführt und ihm die Schlüssel der Stadt von den
Eidgenossen überantwortet worden sind in Anwesenheit und
mit Einwilligung der Botschaften des Papstes, des Kaisers
und des Königs von Spanien und wie sich der Herzog in den
Schirm der Eidgenossen begeben, auch mit hohem Fleiß ihnen
für die Eroberung seines Landes und alle Gutthaten gedankt
und die Sendung eines Gesandten aus seinem Blute zu weiterer
Danksagung in Aussicht gestellt hat. Weiter hat er gesagt,
er höre, daß einer Botschaft des Königs von Frankreich Geleit für Friedensvorschläge gegeben sei; er hoffe, die Eidgenossen
werden bei allen Verhandlungen dafür sorgen, daß ihm kein
Nachtheil daraus erwachse." [1]

Anshelm beschreibt diesen äußerlich größten Tag unserer
Geschichte, der eine künstlerische Darstellung in den neuen Bundes-
häusern verdiente, mit folgenden Worten, denen ein Schreiben des
Berner Schultheißen Jakob von Wattenwyl beigefügt ist, welcher
sich (mit Beat Wilhelm von Bonstetten und Burkhard von Erlach)
als Vertreter von Bern auf der Mailänder Tagsatzung befand [2]·

„Wie herzog Maximilian zu Meyland ingeriten,
von Eidgnossen ist enpfangen und ingesazt worden.

Nach volendung oberzälter sachen, zu mite November,
hond der gubernator und der staut von Meiland ein botschaft
haruß gon Zürich zu gmeinen Eidgenossen gesent und begert,
so nun der nüw herzog Maximilian, von keiserlicher majestät
gon Dietrichsbern gevertiget, in das herzogtum kommen und
und das selb innemen werde, daß ein grosmächtig Eidgnoschaft,

---

[1] E. A. III n, 674. Unmittelbar vorher und nachher in den Abschieden
(pag. 672 und 675) finden sich auch zwei Tagsatzungen zu Rom und
zu Venedig, alles Ende Dezember, um die Weihnachtszeit. Samstag nach
St. Katharinatag ritten die eidgenössischen Boten in Rom ein. Wenn man
überhaupt einen rechten Begriff von der damaligen Weltmachtstellung der
Eidgenossenschaft bekommen will, so muß man die Tagsatzungsabschiede des
Jahres 1512 lesen.

[2] Anshelm III, 359. 374.

ſo im harzu geholfen hab, ir boten zu ſinem inkommen und
innemen wölle ſchicken und dabi haben; wan des herzogen
wil und gmüet ſie, ſin herzogthum allein mit ſinen und iren
lüten zu verwalten und zu behalten, ouch daß die pundbrief
fürderlich hinin gebracht werdid, damit man gmein volk in
ſtat und land des herzogthums möge willig und rüewig
machen.

Uf dis anbringen ward angends von Eidgnoſſen angeſehen,
daß iedes ort ſölte ſin erliche boten uf den andren tag Criſt-
mons zu Ulre haben, welche da verſampt ſöltid da dannen
gon Meyland zu enpfahung des herzogen ſich verfüegen. Und
als nun dieſe der Eidgnoſſen botſchaft iſt gon Meyland kommen,
iſt da gehandlet, wie volgende des boten von Bern, namlich
her Jacobs von Wattenwil ſchulteſſen, an ſine hern eigner
hand miſſif und gemeiner abſcheid gnügſam anzeigen:

Min undertänig, ghorſam, willig dienſt ſie unver gnaden
von mir zu allen ziten bereit. Gnädigen min hern. Nachdem
unver gnaden gefallen hat, mich mit andren der Eidgnoſſen
boten zu ſchicken zu inſatzung des fürſten von Meyland, uf
das wir vaſt mit großen eren enpfangen ſind und uns engegen
geſchickt erlich perſonen, demnach vor der ſtat Meyland durch
den hern von Loden und des parlaments herren durch die
ſtat unß an d'herberg beleitet und mit gar frintlichen worten
enpfangen, und uns demnach zu erkennen geben, wie ir fürſt
zu Cremona ſie und ſich, ſobald das möge fug han, har gon
Meyland werde fürdren, und daß wir wöllid güetlich des
erwarten; uf das wir uf 16 Tag gewartet und alweg von
dem von Loden, parlament und von den burgeren gebeten,
nit verdrus zehaben, uſs vil urſachen, als ich unver gnaden
wird ſagen ob Got wil. Alſo hat ſich der herzog genächeret
zu der ſtat Meyland uf dri milen und uns laſſen wiſſen, zu
im zekommen zu dem imbis; alſo hond min hern d'Eidgnoſſen
im das uß urſach abgeſchlagen; uf das er perſonlich mit fünf
pferden heimlich gon Meyland kommen und uns boten zu im
beſchikt in des her legaten hof, und da mit ſin ſelbs mund

gegen minen her den boten ſo ein erliche frintliche red mit
dankſagung (geton), und mine hern die Eidgnoſſen für ſine
väter zehaben, ſie ſines vaterlands widerbringer erkent, und
uf das wider heimlich uß der ſtaut geriten, und uf Mit-
wochen nach dem heiligen Winacht tag, was der 29. Criſt-
mons, ſin inriten tan mit treffenlichem großen ſtaut und
koſtbarkeit, und beſunder mit großen perſonen, namlich vom
heiligen vater dem babſt, der her legat, ein biſchof von Rom,
und der graf von Peruß; [1] vom Römſchen keiſer: der cardinal
von Gurk, keiſerlicher majeſtät ſtathalter, der kamermeiſter
von Nürenberg mit zwei andren herren; vom küng von
Siſpannyen: der vicerey von Napols, des küngs veter, her
Prosper Columna, ein Römer, des Spanyſchen küngs diener,
des margrafen von Mantow brüder, und mit vil hern und
anwälten diſer landen, heriſchaften und ſtänden, geiſtlich und
weltlich.

Uf das hond im min hern, der Eidgnoſchaft boten, under
dem tor die ſchlüſſel, die ſtat Menyland und das herzogthum
ingeben, und in damit ingeſezt nach lut und inhalt der
vereinung, zu Baden abgeredt.

Uf das aber der herzog ſelbmund gedankt und bekent,
daß er durch min herren d'Eidgnoſſen wider zu ſinem väterlichen erb kommen, und gar frintlich gebeten, in in trüwer
bevelch zehaben etc.

Gnädige herren, ich verſton ouch nit anders, dan daß die
vorgenanten hern al wol zufriden ſien und ir wil ſie, daß
der herzog mit der Eidgnoſſen wiſſen und willen ſin ſachen
handle etc.

Alſo uf hit ſind wir boten zum herzogen kommen und
ſin gnad gebeten um ein gnädig urlob uns zegeben, die wil
doch ſin fürſtlich gnad ſin beſitzung hab, und wir ebenlang
uß ſien gſin und großer koſt daruf gangen. Was ſin begeren,
uns noch 4 oder 5 tag zu enthalten und im rätlich und

---

[1] Perugia.

hilflich zeſin, ſinen ſtaut und ſtand ufzerichten; dan ſin wil
und gmůet ſie, mit einer Eidgnoſchaft rat und hilf fůrahin
zehandlen, uf das wir der zit erwarten etc.

Gnädige herren, ein loufende red gat hie bie uns, wie
daß allerlei werbung an ein Eidgnoſchaft lange; uf das min
hern die boten von allen orten ein gſchrift hond laſſen gon
hinuß, wo den der nächſt tag wird ſin, als ich unſer gnaden
deren ein abgſchrift ſchick. Wölle unſer gnaden im beſten uf-
nemen und mit unſer wisheit bedenken zehandlen, das das
beſt ſie etc.

Uf das gnädig herren, ſind wir in hofnung, in 5 tagen
wegvertig zeſin. Hiemit ſo wölle Gott unſer gnaden in hohen
eren enthalten. Datum zu Meyland, uf Sritag nach dem
heiligen Winacht tag im 12. jar.

Unſer gnaden ghorſamer: Jakob von Wattenwyl."

Dann fährt der Chroniſt ſelber fort:

„Nun ſo was einer frommen Eidgnoſchaft achtung an eer
und nammen in alle höche, und ir glük ſo hoch kommen,
daß nüt ußwendigs vorhanden, das da das möchte brechen
oder umſtoßen, wen daß das inländiſch glük durch zwi-
trächtigen kib und eigennützigen verbunſt mußt ſich ſelbs um-
wälzen, in erniðrung und unachtung füeren, deſſe hie mit
diſen gleiten iſt ein anfang beſchehen durch die, ſo redlich
erlangten ceren und glük mit ſampt deren anhängern ver-
bünſtig und widerwärtig, nach eignem kib, zu eignem nuz
die Sranzeſiſchen ſachen, wie joch das zuwegen bracht wurde,
wider uf- und anzerichten underſtunden, ouch ſo heftig und
ſo lang frid ruften, biß daß mit ir etlichen ſelbs und irer
herſchaften, inſunders Bern, noch nie widerbrachten ſchaden,
ir partiſcher, gitiger kib einen fürgang uberkam, der doch mit
ufrechter einmüetigkeit vil ee und baß, ja mit loblichem nuz,
einen fürgang uberkommen hätte; dan noch diß jars, nach
erobretem herzogtum, wo der nachtruck, wie der heilig pund
und der keiſer begerten, aber der Eidgnoſſen ſpännige anwält

211

werten, widern küng hantlich, wie angehaben, wäre fürgetrungen, so wär on zwifel ein Eidgnoschaft und ir mithaften, mit merung ir eer, lobs und nutzes, zu begertem friden kommen, und das noch me nach gewunnenem strit zu Nawerra, item und in der reis für Dision, wan der Franzesisch küng einist dahin gebracht was, daß er siner kron wol benüegig, Jtalia und andre land gern hätte lassen ruwen, und ein Eidgnoschaft, trüw und vest erlernt, vil me und höher, den vor ie, geschäzt und gehalten.

„Nun wolan, das ist d'ban;
's glükrad gat,
der mensch rat,
d'warheit bstat,
untrüw lat."

Wohl mochte die Redlichsten und Verständigsten unseres Volkes auf dieser Höhe, auf welche es durch zwei Jahrhunderte beständig wachsenden Glückes geführt worden war und auf der es nun nicht allein die eigenen Lande, sondern zwei große Pro= tektorate, im Westen [1] und im Süden, mit ebenso großer Kraft als Weisheit zu behaupten und dabei am meisten noch sich selbst vor Uebermuth und Genußsucht zu bewahren hatte, ein angst= liches Gefühl überkommen. Und in der That hat uns ein sehr

---

[1] Das über die Franche-Comté begann ein Jahr vor dem mailän= dischen, vgl. pag. 179. Das Protektorat über Mailand erlosch durch die Einnahme der Stadt durch die Franzosen nach der Schlacht von Marignano. Die schweizerische Besatzung des Kastells, unter dem Hauptmann Sinster= nauer von Bern, verließ Mailand zu Anfang des Oktobers 1515, nicht ohne sich von dem Herzog Maximilian schriftlich bescheinigen zu lassen, daß es auf seinen ausdrücklichen Befehl geschehen sei. E. A. III n, 926. Das Herzogthum ging den Franzosen in der Schlacht von Pavia, 24. Febr. 1525 verloren. Zunächst erhielt es der jüngere Sohn Lodovico Moro's, Francesco II. Sforza, als kaiserliches Lehen, nach dessen Tod der Sohn des Kaisers Karl V., Philipp II. von Spanien (1540).

Die Staatsverträge der Eidgenossenschaft mit Württemberg (E. A. II, 906; III n, 1283), Montferrat (E. A. III n, 1322), Lothringen (II, 922), Ungarn (E. A. III i, 667) haben auf ihre Konstitution keinen Einfluß geübt.

glaubhafter Zeuge, Antistes Bullinger, die deutlichsten Spuren einer solchen Gemüthsverfassung, aus dem Munde des bedeutend- sten Staatsmannes jener Zeit überliefert, indem er Solgendes erzählt:

„Sie mag ich nicht unterlassen, daß ich mehr denn einest von Herren Diethelm Rousten, Bürgermeister (von) Zürich, gehört habe, daß er von seinem Herren Vater seligen, Marco Rousten, auch Bürgermeister (von) Zürich und Sendbot auf vorermeldtem Tag gen Baden oft verstanden, daß wie man söllte die herzöglich Bündtnus beschließen und versiegeln, drei Streich gehört worden sind von allen Boten der Eid- gnossen, die nit anders ertönt, dann als ob einer mit der Saust stark auf den Tisch geschlagen hette. Darob die Boten sich entsetzt, und je einer den anderen angeluget, doch nichts desto minder fürgefahren, und die Bündtnus zu besiegeln erkennt und beschlossen. — Als aber hernach zu Naverra an der Schlacht die Eidgnossen ein großen Schaden erlittind, und noch ein viel größern an den beiden Angriffen zu Merignan vor Mayland — ward von verständigen Leuten geredt: Solchen dreifalten Schaden, harlangenden von der herzogischen Bündt- nus, hätte Gott der Eidgnoßschaft vorhin mit ermeldten drei Streichen vorgesagt, und warnungsweis künt, daß sie erlerntind wozu ihnen dientind Bündnussen mit frömden Herren."

Ohne Zweifel erinnerte sich Marcus Roust als oberster Befehlshaber in der Schlacht von Marignano, welche dem Ver- trag von Baden ein baldiges Ende schuf, an diesen seltsamen Vorgang,[1] und später deutete man die drei Schläge überhaupt auf die drei großen verlorenen Schlachten von Marignano, Bicocca und Pavia.

Mit denselben und der Schlacht von Cerisolles (am Po, unweit von Asti) vom 11. April 1544, in welcher die deutschen

---

[1] Damals glaubten überhaupt die gebildetsten Leute, z. B. Macchia- velli, Guicciardini, Savonarola, aus persönlichen Erlebnissen heraus an solche Vorzeichen einer herankommenden großen Erschütterung.

Landsknechte und Spanier unter Cardona zuletzt noch geschlagen und die Rechnung ausgeglichen wurde, hörte die schweizerische Kriegführung in Italien auf und verabschiedete sich die Eidgenossenschaft von diesem Schauplatz ihrer größten und unfruchtbarsten Thaten. Dieser Abschied von der ganzen kriegerischen Großmachtszeit der Eidgenossen zu Gunsten eines fortan stilleren Lebens klingt bereits durch in den schönsten Versen des schon mehrfach erwähnten Antwortliedes des Berners Manuel an die deutschen Landsknechte bei Bicocca:

> „Der Anlouff was vergäben, wir mochtend nit an üch kon,
> Nun machend ein wilds läben und rühmend üch darvon,
> Daß wir uns zu der zyte alda hand von üch kert.
> Was kamt Jr nit uf d' Wyle und hand üch da gewert?
> Ein Ordnung macht man bhänder uff einem wyten plan,
> Um an demselben Ende mit üch gar dapfer z' schlan,
> Da Niemand dar durfft kummen ein stryt mit uns z' bestan,
> So hand wir's Gschüz genommen und hand fyrabend ghan.„

Wollten wir dagegen heute, auf drei seither abgelaufene Jahrhunderte unserer Geschichte zurückblickend, eine Vorbedeutung suchen, so würden wir sagen: die drei Schläge, an denen die alte Eidgenossenschaft unterging, waren die konfessionelle Trennung, die wenige Jahre später ihren Anfang nahm, der Bauernkrieg und die helvetische Revolution.

VII.

Zu dieser schon sehr komplizirten Bundesverfassung trat noch eine weitere Komplikation, oder auch, wenn man es so ansehen will, eine Vereinfachung, durch die große Glaubensspaltung des 16. Jahrhunderts, den Riß, der noch heute deutlich durch die Eidgenossenschaft hindurchgeht und nur überbrückt, nicht ausgeglichen ist. Der Beurtheiler irrt, der in diesem größten Ereignisse unserer späteren Geschichte nur eine kirchliche Angelegenheit, je nach seiner eigenen Anschauung eine Regeneration des Christenthums, oder einen schwer mehr gut zu machenden Abfall von dessen historischer Erscheinung erblickt. Die Reformation war gleichzeitig eine politische Revolution, hervorgegangen zum guten Theil aus politischen Motiven und politische Ereignisse einleitend. Denn, wie es keine gesunde Politik gibt, ohne einen tief und wahrhaft religiösen Untergrund, der ihr allein die nöthige Kraft und Nachhaltigkeit verleiht, so hat auch jede wahrhaft religiöse Bewegung die auflösende Wirkung auf unwahre politische Zustände, welche das ursprüngliche Christenthum schon auf das scheinbar aus Eisen für alle Ewigkeit zusammengefügte römische Weltreich ausübte [1].

---

[1] Es war die furchtbare vierte Monarchie, die der jüdische Prophet im Traume sah; die fünfte des allgemeinen Weltfriedens ist noch immer nicht erschienen, aber die Reformation und die französische Revolution sind doch, gegenüber den vorangegangenen Zuständen, deutliche Etappen auf diesem Wege für Alle, die sehen wollen.

Eine jede religiöse Reform ist das Resultat und das einzige Heilmittel sittlicher und sozialer Mißstände und sie hat nothwendig eine staatliche und soziale Wiedergeburt zur Folge — das ist: die Lehre, die unsere der sogenannten Renaissance-Periode sehr ähnlich gewordene Zeit aus jener empfangen kann. Wie jetzt, so war damals neben einer großen Blüthe von Wissenschaft und Kunst, in welcher der menschliche Geist seine höchste Befriedigung suchte, die Gleichgiltigkeit gegen die sittlichen Gebote, deren vollkommenster Ausdruck die christliche Religion ist, auf einen hohen Grad gestiegen und die Form, unter welcher dieser welterlösende Glaube sich der erlösungsbedürftigen Menschheit verständlich und zugänglich zu machen sucht, die christliche Kirche, bei allem äußeren Glanze auf ein ungewöhnlich tiefes Niveau herabgesunken. Daraus mußte zuletzt ein neues Heidenthum, oder dann ein Sichbesinnen auf die sittlichen Grundlagen der menschlichen Existenz hervorgehen, die wohl, vermöge der Willensfreiheit, die dem Menschen gelassen ist, eine Zeit lang vergessen, aber nicht vernichtet, oder ersetzt werden können. Das S i c h = besinnen trat ein mit der doppelten Reform, die nicht allein die seither sogenannte reformirte, sondern auch die im Ganzen bei den hergebrachten Formen gebliebene sogenannte allgemeine (katholische) Kirche in Wirklichkeit von demjenigen Zustande trennt, wie er unter den Päpsten aus den Familien der Borgia, delle Rovere und Medici vorhanden gewesen war, welche selbst vollkommene Weltleute und gänzlich Kinder ihrer Zeit waren.

Der Fehler jeder religiösen Reform hingegen, auch der des „Christenthums" [1]), der „Reformation," und der heutigen Bewegungen, ist ein in der Art menschlicher Dinge begründeter Mangel, wornach eine jede solche geistige Anregung, die ihrer Natur gemäß etwas Individuelles, bei keinem Menschen völlig mit

---

[1]) Sobald es nämlich aus seinen Himmelshöhen in das Stadium der äußern Kirchenbildung tritt. Er begann sofort mit der Wahl eines Apostels durch das Loos, die in keiner Weise befohlen und nöthig war (Apostelgeschichte I, 15—26). Der wirkliche zwölfte Apostel wurde später auf eine ganz andere Weise berufen (Apostelgeschichte IX, 15).

dem andern Gleichartiges ist, durch die Berührung mit der Außen-
welt und namentlich durch die Organisation, sei es nun durch
Anlehnung an die bestehende gesellschaftliche Ordnung, oder
durch die Gründung einer eigenen Nebenordnung, an ihrem inneren
Gehalte einbüßt und in die Gefahr geräth, auch eine menschlich-
natürliche, der Korruption ausgesetzte Einrichtung, wie alle
andern, zu werden. Das ist das Schicksal der lateinischen Kirche
bei uns gewesen, weil sie den germanischen Völkerschaften nur
durch den römischen Staat hindurch und in bereits in demselben fest organisirter Gestalt zukam [1]), und es war in Kurzem
auch das der evangelischen, die bald ebenfalls eine Staatseinrichtung
der zu ihr übergehenden Kantone und ein Theil ihrer Politik
wurde.

Die Reformation ging nicht von den speziell religiösen oder
kirchlichen, sondern von den sittlichen Mängeln des Zeitalters aus, welche die Lebenskraft des Staates angreifen, der
ohne sittliche Grundlagen nicht lange bestehen kann. Ohne
diesen vorwiegend moralisch-politischen Charakter und ohne die
damaligen äußerst weltlichen Beziehungen der Eidgenossenschaft
zu der Kirche wäre Manches in der schweizerischen Reformationsgeschichte gar nicht erklärbar [2]). Der Ausgangspunkt war das

---

[1]) Bis die Ideen des Christenthums zu uns gelangten, hatten sie
bereits einen Jahrhunderte andauernden Siltrationsprozeß durch griechische
Spitzfindigkeit, römisch-byzantinische Staatsreligion und germanische Ur-
sprünglichkeit, um nicht zu sagen Rohheit, durchgemacht; sie waren überdies im Abendlande weit über ein Jahrtausend lang das ausschließliche
Eigenthum einer mächtigen Organisation gewesen, welche die Macht behauptete und besaß „davon dem Volke auszuspenden, so viel, so wenig ihr
gefiel". Man muß sich das bei Beginn der Reformationsepoche lebhaft
vorstellen.

[2]) Zwingli war selbst als Feldprediger der Glarner in den großen
Schlachten von Novara und Marignano gewesen und hatte, wie Bullinger
sagt, „im Heerlager fleißig gepredigt und an den Schlachten sich redlich und
dapfer gestellt mit Räthen, Worten und Taten". Leider ist die Feldpredigt,
die er auf dem Marktplatze von Monza, sechs Tage vor der Schlacht von
Marignano hielt, in ihrem Wortlaute nicht mehr bekannt. Sie würde

Penſionenunweſen, das mit dem „Verein“ von 1521 mit Frankreich, welchem Zürich unter Zwingli's Einfluß nicht mehr beitreten
wollte, (obgleich es noch im gleichen Jahre die Werbung für den
Papſt und Kaiſer geſtattete), einen neuen Aufſchwung nahm.
Dagegen predigte er zuerſt, und nur allmälig entſtand daraus
der Gedanke an eine kirchliche Reform, während ebenſo der kirchliche Konſervativismus mit Gründen ſehr materieller Natur zu
einer ſchließlich untrennbaren Maſſe von Widerſtand zuſammen-
ſchmolz. Man kann daher auch die ſchweizeriſche Reformation
nicht leicht datiren. Werner Steiner in ſeiner handſchriftlichen
Chronik ſagt zwar von der Tagſatzung vom 4. Juli 1522: „Uff
dieſen tag huob an der ſtryt von wegen des gloubens und was
der anfang und erſt abſchied von gemeinen eidgenoſſen davon,
wiewol zu Zürich und Baſel davor von fleiſcheſſens wegen in
der faſten etwas unruw geweſen war“. ¹)

Dagegen ſehen wir noch ſpäter Zwingli in Freundſchaft mit
dem päpſtlichen Gardehauptmann, Bürgermeiſter Marx Röuſt,
dem zweiten der Bürgermeiſterdynaſtie Röuſt, der erſt am 15. Juni

uns werthvoller zu ſeiner Beurtheilung und derjenigen der damaligen Zeit
ſein, als viele ſeiner ſpäteren Schriften. Er war überhaupt nicht ein „reformirter Geiſtlicher“ im heutigen Sinne, ſondern ein gelehrter Kriegsmann
und Patriot, der das Schwert auf ſeinem Standbild in Zürich, neben der
Bibel, nicht mit Unrecht trägt.

¹) Hottinger I. 117. Der Abſchied ſelbſt (E. A. IV ₍a, 214) enthält
nichts Charakteriſtiſches. Am 1. Januar 1519 begann Zwingli ſeine von
der üblichen Kirchenordnung abweichenden Predigten über das Evangelium
Matthäi. Die erſte Disputation in Zürich gegen den Generalvikar des
Biſchofs von Konſtanz, Faber, fand am 20. Juni 1523 ſtatt, im Laufe des
Jahres 1524 wurden die Bilder, 1525 den 12. April die Meſſe abgeſchafft
und am folgenden Tag, dem Hohendonnerſtag, das Abendmahl zum erſten
Male in zweierlei Form ausgetheilt. Zur Verbitterung der Gemüther trug
ſehr der Jttinger Kloſterſturm vom 18. Juli 1524 bei, ſowie die ſofort auf-
tretenden Ausſchreitungen einiger Phantaſten, wie Grebel, Manz, Röubli,
Stumpf, die mit Thomas Münzer in Verbindung ſtanden. Das iſt alles in
„Urſula“ von Gottfried Keller ſehr gut geſchildert. Schade, daß derſelbe
ſeine große Begabung für den wahrhaft hiſtoriſchen Roman nicht noch
mehr an dieſe Stoffe gewendet hat, die gerade einer ſolchen Bearbeitung
noch bedürften.

1524 starb; ebenso richtete Papst Hadrian VI. noch im Jahre 1523 ein wohlwollendes Breve an ihn und war man damals sogar der Meinung, es sei mit diesem nichtitalienischen Papst ein entscheidender Umschwung zu einer ernsteren, deutschen Lebens-auffassung gegenüber dem mediceischen Skeptizismus Leo's X. in der Kurie selbst eingetreten. [1]

Der ursprüngliche Gedanke der Eidgenossen war ein dem Allem entsprechender. Sie sahen das Verderbniß der damaligen Kirche und ihre Unfähigkeit, sich durch eigene reformatorische Konzilien aus demselben zu erheben, wohl ein und ebensowohl die Gefahren, welche mit dem völligen Umsturz einer solchen, auf uralten Fundamenten ruhenden, mit dem individuellen und staatlichen Leben in tausend Beziehungen stehenden Institution verbunden sein mußten. Sie wagten es daher in dieser doppelten Gefahr, etwas bestehen zu lassen, was in der damaligen Weise nicht mehr haltbar erschien, oder einen „Sprung ins Dunkle" zu thun, der, zu unbekannten Zielen führend, dem · konservativen Geiste [2] ihrer Bevölkerungen widersprach, den Mittelweg einer staatlichen Kompetenzausscheidung zwischen Religion und äußerer Kircheneinrichtung einzuschlagen.

---

[1] „Denn die welschen Cardinel lassend nitt gern die Tütschen uff diesen Stul sitzen". Bullinger I. 67. 83. Es ist dies übrigens bei jeder großen Bewegung der Fall (auch z. B. dem Christenthum, der französischen und helvetischen Revolution und der jetzigen sozialen Revolution), daß sie in ihren ersten Anfängen weniger Schwierigkeiten begegnet, als in einer spätern Periode, in welcher sich der Widerstand organisirt und die Bewegung den Reiz der Neuheit und des ersten Enthusiasmus verloren hat. Dann erst kommen die kritischen Augenblicke und die gemischten Beweggründe.

[2] Bezeichnend dafür ist, daß, außer Zwingli allein und etwa noch Myconius und Haller (von Rottweil), die namhaftesten Vertreter der Re-form: Oekolampad, Bucer, Musculus, Capito, Calvin, Beza, Farel keine Schweizer waren. Ebensowenig waren es die heftigsten Gegner der Reform: Murner, Eck, Faber und der übereifrige Pfarrer von Fißkirch, den Bullinger (II, 337) als einen Hauptanstifter der allmälig zunehmenden Erbitterung unter den Eidgenossen nennt. Es bestätigt sich auch in diesem Abschnitt unserer Geschichte die Erfahrung, daß dieselben ohne fremden Einfluß ihre Streitig-keiten ruhiger, als sonst, erledigen.

Das bedeutendste historische Denkmal dieser ersten, kurzen Uebergangsperiode seit dem Auftreten Zwinglis bis zu dem ersten Kappelerfrieden, ein merkwürdiges Aktenstück, aus welchem ein spezifisch schweizerisches Kirchenstaatsrecht, in Anlehnung an die alten kirchlichen Privilegien, hätte hervorgehen können, ist das sogenannte „Mandat vom Glauben", ein vorläufiger Tagsatzungsbeschluß sämmtlicher Orte ohne Zürich, nebst den Zugewandten Graubünden, Abt und Stadt St. Gallen und Wallis, gegeben zu Luzern den 28. Januar 1525. [1])

Basel, Schaffhausen, Abt und Stadt St. Gallen erklärten dabei, sie hätten zwar keine Vollmacht, wollten jedoch den Beschluß „heimbringen"; Graubünden, man habe dort schon selbst einige solche Artikel mit dem Bischof vereinbart, bei denen man bleiben werde. Gemeint ist damit der erste Artikelbrief von 1524 (Ilanzer Artikel), der nebst einem zweiten von 1526 daselbst wirklich zur Geltung gelangte und theilweise noch jetzt das dortige katho= lische Kirchenstaatsrecht ausmacht. Dieser erste Artikelbrief, sowie die bernischen Glaubensmandate von 1523 und 1524 lagen der Tagsatzung vor, ebenso ein Projekt des Bischofs von Konstanz vom 26. Januar 1524, das oft mit dem Mandate selbst verwechselt wird. [2])

Dieser Reformversuch, der auch eine politische Bundesrevision nachträglich zur nothwendigen Folge gehabt haben würde, lautet, nach dem in den Abschieden ausgewählten Exemplar, [3]) wie folgt:

---

[1]) E. A. IV ɪ a, 556. 570. 572 ff.

[2]) Die 38 Artikel desselben würden im Falle ihrer definitiven An= nahme ein schweizerisches Reformationsmandat gebildet haben. Das Solo= thurner Exemplar trägt auch die Ueberschrift: „Reformation der Bäpstischen und Luter'schen Leren". Wir irren wohl kaum, wenn wir annehmen, der öftere eigene Anblick des damaligen verderbten Kirchenthums in Italien habe anfänglich auch die Eidgenossen der nachmals der alten Kirche treu gebliebenen Orte zu so bedeutenden Reformen geneigt gemacht.

[3]) Die einzelnen, in den verschiedenen kantonalen Archiven vorhan= denen Exemplare weicher ɪ einzelnen untergeordneten Punkten von ein=

„I. Da es leider durch das Lehren und Schreiben der lutherischen und zwinglischen Prediger in der Eidgenossenschaft dazu
gekommen, daß der alte wahre christliche Glaube in vielen
Artikeln, namentlich (betreffend) die hl. Sacramente, die Ver-
ehrung der hochwürdigsten Jungfrau und der lieben Heiligen
verachtet und verspottet werden, und die Ordnungen, Satzungen
und Strafen der Kirche nichts mehr gelten; damit nun aber
der Mensch (der ohnehin immer mehr zu Uebel und Sünde,
als zu Gutem geneigt ist) nicht so gar verrucht ohne Furcht
und Strafe nach seinem bösen Muthwillen lebe, und nicht ein
Jeder sich einen Glauben nach seinem Kopf und Verstand
schöpf, zumal diese Irrungen in der Welt schon so weit um
sich gegriffen, und der oberste geistliche Hirt der Kirche und
die geistlichen Obrigkeiten in diesen Sorgen und Nöthen schwei-
gen und schlafen, so haben die Eidgenossen für gut und nothwendig erachtet, dem vorzubauen, damit sie und alle die Ihrigen
von solcher Secte und solchem Mißglauben nicht vergiftet und
verführt werden. Darum haben sie die nachfolgenden Artikel
gesetzt und zu halten angenommen bis auf die Zeit, wo diese
Zwietracht im Glauben durch das Mittel eines allgemeinen
Conciliums oder durch andere genugsame christliche Versammlungen, an welchen ihre Botschaften auch Theil genommen,
abgestellt, erläutert und die Einigkeit in der Kirche wieder
hergestellt sein wird, sodaß Jedermann weiß, woran er ist;
dann wollen sie wieder thun, was guten Christen zusteht.

1. Es soll Jedermann, er sei geistlich oder weltlich, sich
hüten, mit Worten oder Schriften zu reden oder zu disputiren
wider die zwölf Stücke des christlichen Glaubens, wie sie (als)

ander ab. Vgl. auch Bullinger I, 212—223. Seiner Version folgt
Bluntschli im Urkundenbuch zur „Geschichte des eidgenössischen Bundesrechts", das überhaupt öfter von dem jetzt offiziellen Text der eidgenössischen
Abschiede abweicht, die eben zur Zeit der Verfassung jenes Werkes nur im
1. Band 1. Ausgabe (von Kopp) vorhanden waren. Auch die vor ungefähr
10 Jahren veranstaltete zweite Auflage von Bluntschli verarbeitet aber die
Abschiede nicht, die damals schon zum größten Theile publizirt waren.

aus dem wahren Wort Gottes geschöpft von der Kirche angenommen und bisher gehalten worden.

2. Männiglich soll unterlassen, wider die hl. sieben Sacramente, die von Christo und aus seinem Wort von der hl. christlichen Kirche eingesetzt sind, zu reden, zu schreiben oder irgendwie zu disputiren, sondern jeder Christenmensch sich befleißen, dieselben zu „erwirdigen", zu glauben und zu halten ohne allen Zweifel, wie es die Kirche geordnet und bisher gehalten hat.

3. Es soll auch Niemand unterstehen und sich vorsetzen, die hl. Sacramente, besonders das Opfer der hl. Messe, anders zu brauchen und mitzutheilen, als wie die Kirche sie aufgesetzt und bisher gehalten.

4. Die hl. Sacramente sollen auch uns Laien mitgetheilt und gebraucht werden nach bisheriger Uebung der Kirche.

5. Es soll kein Laie das Sacrament des Altars empfangen ohne vorgehende Beichte und Absolution nach der Vorschrift der Kirche, noch dasselbe unter beiden Gestalten begehren oder nehmen wider die Ordnung der Kirche.

6. Man will jetzt auch in andern Ordnungen, Satzungen und Bräuchen der Kirche, als Fasten, Beten, Beichten, Buße thun, Singen und Lesen, Kreuzfahrten, Opfern und andern Ceremonien, keine Aenderung machen, sondern es soll damit gänzlich gehalten werden, wie es von den hl. Vätern und von den Vordern überliefert ist.

7. Weil auch der alte Brauch, in der Fasten und an andern Tagen weder Fleisch noch andere verbotene Speisen zu essen, aus guten vernünftigen, in der hl. Schrift begründeten Ursachen von den Vätern eingesetzt und nach jedes Landes Brauch löblich hergekommen ist, so will man das Aergerniß, das aus der Uebertretung dieser Satzungen entsteht, in unsern Städten, Landen und Gebieten nicht eindringen lassen, sondern sie halten wie von Alter her und die Uebertreter strafen nach jedes Ortes Gefallen, wie es früher zu Tagen verabschiedet worden.

8. Wir wollen auch nicht dulden, daß Jemand die heiligste Jungfrau Maria oder die Heiligen Gottes schmähe und entehre, sondern wie alle unsere Vordern und die christliche Kirche es immer gethan, gütlich glauben, daß unsere liebe Frau und andere liebe Heilige durch ihre Fürbitte bei Gott uns wol erschießen und Gnade erlangen können; wer dawider redete oder thäte, soll dafür strenge bestraft werden nach Erachten seiner Obrigkeit.

9. Es soll sich auch Niemand unterstehen, die Bildungen und Figuren unsers Herrn, unserer lieben Frau, des Crucifixes, und der Heiligen in den Kirchen, Capellen, Bildhäusern oder andern Orten zu schmähen, zu entfernen, zu zerbrechen oder sonst zu entehren, sondern man soll die Gotteshäuser, Kirchen und alle Zierden bleiben lassen, wie von Alter her.

10. Da überall viel Entzweiung und Widerwärtigkeit durch das Predigen der Prädicanten entstanden, so wird, damit solches nach Vermögen und mit Gottes Hülfe abgestellt und das Evangelium, das Gotteswort und die hl. Schrift in dem rechten Sinne, den die heiligen alten Lehrer in vielen berühmten und gründlichen Büchern hinterlassen, dem Volk allenthalben einhellig gepredigt werde, ernstlich verordnet, daß in unsern Städten, Aemtern, Gerichten und Gebieten Niemand das Gotteswort und die hl. Schrift lehren solle, der nicht von seinen geistlichen Ordinarien zuvor examinirt, als tauglich erfunden, durch glaubwürdiges Zeugniß dazu ermächtigt und von der weltlichen Obrigkeit des Ortes zugelassen worden; es sollen (also) keine Winkelprediger geduldet werden.

Die Prädicanten sollen das Evangelium, das neue und alte Testament verkünden und lehren nach dem rechten wahren Verstand, wie es die alten Lehrer, welche die christliche Kirche angenommen, ohne Zweifel aus dem Geiste Gottes gethan, ohne allen Geiz, und darin nichts Anderes suchen als der Seelen Heil und Besserung des Lebens, und sich dabei hüten vor andern „Stempfeneien" und Umständen, auch vor allen Lehren, die von der Kirche nicht zugelassen, und der hl. Schrift nicht gleichförmig sind; namentlich soll ein Prädicant das Gotteswort und die hl. Schrift nicht nach seinem Verstande derart „bucken", daß seine Lehre gegen die hl. Sacramente, die Ehre Gottes, die Jungfrau Maria, die lieben Heiligen und die christliche Kirche wäre, wie es jetzt leider an vielen Orten geschieht.

Denn wo von einem Prediger bekannt würde, daß er solche verführerische Meinungen und den neuen Mißglauben lehrte, soll er von seiner weltlichen Obrigkeit abgesetzt, vertrieben oder je nach Verschulden (härter) bestraft werden.

11. Da wegen des Segfeuers und der Fürbitte für die Abgestorbenen, woran die Vordern und wir bisher geglaubt, was auch die heiligen Lehrer aus dem alten und neuen Testament genugsam erwiesen, die Concilien und die Kirche bestätigt und beobachtet haben, durch die lutherische und zwinglische Secte ohne Grund etwas Mißglauben und Widerspruch erweckt worden, so wird Jedermann gewarnt, nicht so leichtfertig nach dem falschen unbegründeten Vorgeben der Lutherischen von dem wahren Glauben abzustehen; es soll auch niemand in unsern Gebieten dagegen reden oder schreiben; denn wer es thäte, soll bestraft werden.

12. Es soll Jedermann die Gotteshäuser, Klöster, Stiftungen und Kirchen bei ihren Freiheiten, Gerechtigkeiten und altem Herkommen bleiben lassen, keine Gewalt gegen sie brauchen, ihnen nichts vorenthalten ohne Recht; wer es thäte, ist von seiner Obrigkeit ernstlich zu bestrafen.

II. 13. Wiewohl wahr sein mag, daß die hl. Väter und Lehrer, auch Päpste und Concilien in guter Meinung die geistlichen Rechte mit vielen Ordnungen und Satzungen gemacht haben, so sind doch jene geistlichen Rechte und Satzungen nach und nach vermehrt, gestrengert und so überflüssig gehäuft und gegen die Laien mißbraucht worden, daß es uns öfters zu großem Nachtheil und Verderben gereicht, und dieselben anders gehandhabt werden, als es sein sollte. Und weil in dieser be-

forglichen Zeit, wo der Wolf in den Schafstall Christi ein-
bricht und die Schafe zerstreut, der oberste Wächter und
Hirt der Kirche schläft, so gebührt es uns, als der weltlichen
Obrigkeit, uns selber etlichermaßen Hülfe zu schaffen, damit
wir und die Unsern wieder zur Einigkeit kommen, bei dem
wahren Glauben bleiben und vieler Beschwerden sich entledigen;
nicht daß man sich darum „gar" von der römischen, auch gemeinen christlichen Kirche abwerfen und (ihr) widersetzen wolle,
sondern einzig zu Verhütung und Unterdrückung weiteres Un-
falls und Ungehorsams, wie auch Zertrennung der Eidgenossenschaft. Deßhalb hat man folgende Artikel aufgenommen, jedoch mit der obigen Protestation und Erklärung, daß man
sich dem Entscheid eines allgemeinen christlichen Conciliums
oder einer andern Versammlung, welcher die Boten der Eidgenossen auch beigewohnt, unterziehen und von der Kirche
nicht sondern werde etc.

14. Die Leutpriester und Seelsorger sollen sich nicht „uf
den gut legen", wie vordem so vielfach geschehen, sondern die
hl. Sacramente nach christlicher Ordnung mittheilen und von
Geldes wegen nicht verweigern.

Dabei waltet jedoch die Meinung, daß dem Pfarrer ver-
abreicht werde, was ihm gemäß örtlichen Bräuchen und Rechten zugehört hat. Wenn aber der Leutpriester oder seine Helfer
darin zu streng und unredlich handeln wollten, so soll die
weltliche Obrigkeit nach Würdigung der Umstände darin entscheiden, damit der gemeine Mann nicht „übernossen" werde.

15. Die Priester jedes Standes sollen sich ehrbar und wohl
halten, den Stiftungen ihrer Pfründen sowie der Regel und
Ordnung ihrer Gotteshäuser treulich nachkommen, sich alles
laiischen Wandels und Wesens, (weltlicher) Kleidung und anderer
unehrbarer Wohnungen enthalten, uns Laien ein gutes Beispiel geben und sich (überhaupt) dermaßen benehmen, daß keine
Klagen über sie laut werden, da man künftig an ihnen nicht
mehr (so viel) ertragen will, wie man bisher gethan.

16. Es soll jeder Pfarrer in Todesnothen bei seinen Unter=
gebenen bleiben und sie nach christlicher Ordnung treulich ver=
sehen und trösten bei Verlust seiner Pfründe.

17. Jeder Priester, er sei Pfarrer, Chorherr oder Caplan,
soll seine Pfründe selbst besitzen und versehen, und niemand
mehr eine Absenz von den Pfründen nehmen noch geben. Wer
aber seine Pfründe nicht verwalten will oder dazu nicht taug=
lich wäre, der soll sie niemandem übergeben als seinem Col=
lator.

Es soll auch keiner wegen absenter Pfründen heimliche
Verträge mit Andern machen noch annehmen, bei Verlust seiner
Pfründe.

Wenn aber Einer, der noch zu jung ist, um Priester zu
werden, eine Pfründe besitzt, so soll ihm die Nutzung von der
Pfründe bewilligt werden, sofern er sie durch einen geschickten
Priester versehen läßt. Wenn er alt genug geworden, aber
nicht Priester werden will oder dazu nicht tauglich ist, so soll
ihm die Pfründe genommen und einem andern, befähigten,
Priester geliehen werden.

18. Da sich jetzt etliche Priester unterstehen, eheliche Weiber
zu haben, so soll denjenigen, die solche genommen, keine Pfründe
mehr geliehen und das priesterliche Amt verboten werden.
Deßgleichen soll, wenn ein Priester, der schon eine Pfründe
hat, sich verehelicht, die Pfründe ihm weggenommen und das
Priesteramt ihm entzogen werden, sodaß er sich von seiner Ar=
beit ernähren muß, wie andere Laien.

19. Ordensleute, es seien Weibs= oder Mannspersonen,
welche aus ihren Klöstern und dem Orden treten oder zur
Ehe schreiten, sollen ihrer Pfründen und Gotteshäuser beraubt
sein; doch bleibt jeder Obrigkeit vorbehalten, in solchen Sachen
strenger zu handeln und den Schuldigen Gnade zu gewähren
oder nicht.

20. Betreffend den geistlichen Gerichtszwang und den Bann
ist verordnet, daß derzeit, wo niemand mehr darauf achtet,
kein Geistlicher einen Weltlichen, oder ein Weltlicher einen

Geiſtlichen, oder ein Laie einen andern vor geiſtliche Gerichte
laden ſoll, weder um Geldſchulden noch Schmähungen, oder
Srevel, Zinſe, Zehnten, Renten noch Gülten, überhaupt um
keinerlei weltliche Dinge, mit alleiniger Ausnahme der Cheſachen und der Jrrungen und der Späne betreffend die hl.
Sacramente, die Gotteshäuſer und Kirchen, oder Jrrlehren
und Unglauben, überhaupt alle Dinge, welche die Seele be-
rühren; die ſollen vor den geiſtlichen Richter gebracht, ſonſt
aber in allen menſchlichen Angelegenheiten geiſtliches Gericht
und Bann gegen niemand gebraucht, ſondern jeder (Beklagte)
in den Gerichten geſucht und beurtheilt werden, wo er wohnt,
wie es gemeiner Landesbrauch und theilweiſe (ſchon) in den
Bünden feſtgeſetzt iſt.

Werden nun Cheſachen oder andere geiſtliche Angelegenheiten an ein geiſtliches Gericht gebracht, ſo ſoll der Richter
ſie beförderlichſt und mit den geringſten Koſten zum Austrag
bringen, damit die armen Leute nicht mehr herumgezogen und
mit großen Ausgaben beladen werden, wie es früher Brauch
geweſen, wenn aber deßhalb Klagen eingehen, die ſich als begründet erweiſen, ſo wird man auf weitere Mittel zur Abhülfe
Bedacht nehmen.

Vor dem geiſtlichen Richter und beſonders dem Biſchof
zu Konſtanz ſollen auch alle Händel deutſch vorgetragen und
geſchrieben werden, wie in andern Biſthümern bereits geſchieht,
damit wir Laien auch verſtehen, was da gehandelt wird.

21. Da zwiſchen dem Sonntag, wo man das Alleluja
niederlegt (Septuageſima), und der Saſtnacht, wo doch ſonſt
Jedermann am meiſten die weltlichen Sreuden „pfligt“, dem
gemeinen Mann etliche Hochzeiten verboten ſind, aber um
Geld bewilligt werden, ſo iſt das künftig auch ohne Geld zu
geſtatten.

22. Da wir und die Unſern mit mancherlei römiſchen
Abläſſen beſchwert und um großes Geld gebracht worden ſind,
ſo ſoll fürderhin in unſern Landen kein Ablaß um Geld zu-
gelaſſen werden.

23. Die Päpste und die Bischöfe behalten sich die Absolution einiger Sünden vor; wenn aber solche Fälle eintreten,
so will man das Volk nicht absolviren, es gebe denn viel Geld
darum; auch in ehrbaren, geziemenden Sachen wird ungeachtet
der Noth keine Dispensation ertheilt, sie werde denn mit Geld
„usgewegen" (aufgewogen?). Da ist unsere Meinung: Was
mit Geld bei den Päpsten und Bischöfen erreicht werden kann,
soll jeder Pfarrer ohne Geld dem gemeinen Manne zukommen
lassen, ohne Rücksicht auf päpstliche und bischöfliche Gewalt,
bis auf weitern Bescheid.

24. Der Curtisanen halb, welche die Pfründen anfallen,
wird einfach verordnet: Es soll in Zukunft nirgends mehr
gestattet werden, daß Einer des Andern Pfründe anfalle, und
wenn solche römische Buben kämen, sollen sie gefangen und
dermaßen bestraft werden, daß man später vor ihnen sicher ist.

25. Wenn Jemand, Mann oder Weib, in Krankheit oder
Todesnöthen liegt, so soll keine geistliche Person, weder Priester
noch Mönche, Nonnen, Beginen etc., den Kranken um ein
Testament oder Schenkung seines Vermögens ansprechen ohne
die Gegenwart der rechten Erben; will aber derselbe aus freiem
Willen ein Vermächtniß errichten, so soll das geschehen vor
drei laiischen Mannspersonen oder nach Brauch und Gewohnheit jedes Ortes, wobei jedermann sein Recht vorbehalten
bleibt.

26. Wenn eine geweihte geistliche Person mit einer weltlichen, oder ein Laie mit einem Geistlichen Streit bekommt,
so sollen beide Theile, wenn Friede geboten wird, denselben
geben und nehmen nach allgemeinem Landesbrauch,

27. Da bisher die Priesterschaft sich zum Theil ungeschickt
und unehrbar gehalten und böse Händel verübt, die bei Laien
an Leib und Leben bestraft worden wären, die Uebelthäter
aber von den Bischöfen als ihren ordentlichen Obern nur
leicht gestraft und meistens (bald) wieder aus dem Gefängniß
entlassen worden, und weil sich das Laster und die „Frevelheit"
unter ihnen mehrt, und man die gegenwärtige Zwietracht und

Unruhe „gar nach" von ihnen hat, so wird beschlossen: Wenn
ein Priester oder irgend eine andere geweihte Person Verbrechen
begeht, durch die man das Leben verwirkt, so soll die weltliche Obrigkeit, in deren Gebiet der Uebelthäter ergriffen wird,
denselben an Leib und Leben bestrafen wie einen Laien, ohne
Rücksicht auf die Weihe.

28. Da durch die Druckerei und die lutherischen oder
zwinglischen Schriften viel Unruhe und Unglauben bei dem
gemeinen Mann entstanden, so soll in unsern Städten und
Gebieten niemand solche Schriften drucken oder feil bieten;
werden solche Büchlein bei einem Buchführer (Händler,
Hausirer) gefunden, so ist derselbe schwer zu bestrafen; wer
solche Schriften feilhalten sieht und sie dem Krämer wegnimmt,
zerreißt oder in den Koth wirft, soll damit nicht gefrevelt
haben.

III. Da bisher der gemeine Mann von geistlichen Prälaten
und Gotteshäusern, auch von edeln und unedeln Gerichtsherren
allenthalben der Leibeigenschaft wegen mit der Ungenossame,
Sällen, Lässen und andern Herrlichkeiten gar hart und streng
bedrückt worden ist, so wird erkannt:

29. Betreffend den Laß (das ist, wenn ein Leibeigener
ohne Leibeserben stirbt, aber Schwestern oder Brüder hinter-
läßt, und sein Halsherr ohne Rücksicht auf diese rechten Erben
zugreift und von der fahrenden Habe einen Theil nimmt, da
die Hälfte, anderswo den dritten Theil, etc.): Es soll in Zukunft keiner mehr gegeben noch genommen werden. Ebenso
wird aberkannt der ähnliche Brauch, der antragende Hand,
Hagstolz oder anders genannt wird, vermöge dessen der Halsherr den Leibeigenen, der ohne Leibeserben stirbt, in der fahrenden Habe, auf Kosten der Brüder oder Schwestern und anderer
Blutsverwandten, ganz oder zur Hälfte, überhaupt ungleich
beerbt.

30. In dem Fall sollen die Gotteshäuser und andere (Herren)
die armen Leute, namentlich die Hausarmen, nach Möglich-

keit schonen und gnädig behandeln. Denn wo ferner bezügliche Klagen zu Tagen kämen, wie es vormals oft geschehen, so würde man weitere Mittel suchen, damit dem armen Mann geholfen und er dieser Beschwerde entledigt würde.

31. Der Ungenossame wegen (daß nämlich, wenn ein eigener Mensch außerhalb der eigenen Leute seines Salzherrn ein Weib oder einen Mann nimmt, er dafür von dem Herrn gebüßt wird) soll niemand gestraft werden, weil die Ehe ein Sacrament ist, und Jeder darin frei sein soll.

32. Wenn ein Leibeigener von seinem Herrn sich loskaufen will, so soll ihm das für eine billige Gebühr vergönnt und nicht abgeschlagen werden. Wenn aber der Herr zu viel Löse- geld fordert, so soll die hohe Obrigkeit nach Billigkeit darin vermitteln und entscheiden.

33. Da wir Laien von den geistlichen Fürsten, Prälaten, Klöstern und Stiften und andern geistlichen Leuten seit langer Zeit empfindlich beschwert und bedrückt worden sind durch Ankauf liegender und (anderer) zeitlicher Güter zu ihren Handen, so wird verordnet, daß künftig geistliche Häuser und Personen keine liegende Güter kaufen sollen ohne Bewilligung der welt- lichen Obrigkeit jedes Ortes.

34. Es sollen auch die Klöster, Stifte und andere geistliche Häuser, die in der Eidgenossenschaft liegen, nicht Geld auf ewige und (un)ablösliche Zinse anlegen weder außerhalb noch innerhalb der Eidgenossenschaft ohne Wissen und Willen der Obrigkeit, worin das betreffende Gotteshaus liegt.

35. Jedes Gotteshaus soll schuldig sein, jährlich der Obrig- keit, in deren Gebiet es liegt, Rechnung zu geben über Ein- nahmen, Ausgaben, Vermögen und alle Handlungen.

36. Welcher Mensch, er sei gesund, krank, oder im Tod- bett, um Gottes willen etwas an Stiftungen, Pfründen oder sonst zu geistlichen Handen, was man nicht eigentlich verwehren will, zu vermachen wünscht, soll ein solches Vermächtniß frei von der Hand geben und nichts auf seine liegenden Güter als ewige, nicht ablösbare Zinsen legen, oder die Güter irgendwie

belaſten. Das ſo vermachte Hauptgut ſoll dem weltlichen Pfleger des (beſchenkten) Gotteshauſes übergeben, um jährliche Gülten angelegt und bei jeder Ablöſung wieder durch die welt= lichen Vögte verſorgt werden.

37. Niemand ſoll dem Andern das Seine mit Gewalt, ohne Recht vorenthalten, ſondern Jeder dem Andern geben, bezahlen und halten, was er ſchuldig iſt, es ſeien Zinſe, Renten, Gülten, kleine und große Zehnten, Schulden und andere Ge= rechtigkeiten; es ſollen auch Briefe, Siegel und Verſchreibungen in Kräften bleiben und treu gehalten werden.

38. Schließlich wird vorbehalten, daß jedes Ort und jede Obrigkeit, wenn ſie oder jemand in ihrem Gebiet von geiſt= lichen Prälaten oder Gotteshäuſern etc. durch Mißbräuche be= läſtigt würde, darin billige Abhülfe ſchaffen möge; doch ſollen ſolche Mittel den hier verſchriebenen Artikeln keinen Eintrag thun.

„Item es ſoll jeder pott diſe copy und artikel uf nächſten tag gen Lucern mit im bringen.“

Zürich war zu der Verſammlung nicht eingeladen worden, bezeichnenderweiſe aber auch die Geiſtlichkeit nicht, obwohl der Biſchof von Konſtanz ſich ſogar ausdrücklich bereit erklärt hatte, die Mißbräuche abzuſtellen, welche die Eidgenoſſen als ſolche er= kennen würden. [1])

Die ſozialen Reformartikel, welche ſich an die kirchlichen anſchließen, zeigen deutlich, daß damals der Ittinger Kloſter= ſturm bereits ſtattgefunden hatte, [2]) und eine Erleichterung des

---

[1]) C. A. IV 1 a, 556.

[2]) Damals fürchtete man namentlich, Zürich werde den hart gehal= tenen Unterthanen des Abtes von St. Gallen die Hand zur Befreiung bieten, wie dieß in der That ein bekannt gewordener „Rathſchlag“ Zwinglis vom Dezember 1524 erwarten ließ. Oechsli, in ſeinen „Anfängen des Glaubenskonflikts“, nennt denſelben geradezu das „politiſch=militäriſche Pro= gramm des Reformators“. — In Deutſchland hatten die Unruhen des Bauernkriegs bereits begonnen: in Waldshut, unmittelbar an der Grenze, predigte Thomas Münzer; in Zürich fingen die Wiedertäufer Grebel, Manz

gemeinen Mannes, im Sinne unserer heutigen „sozialen Frage"
nach damaligen Begriffen aufgefaßt, nothwendig erschien. In
dieser Richtung würde das Mandat vielleicht dem spätern Bauern=
kriege vorgebeugt haben.

Es lag nicht an den nachmaligen fünf katholischen Orten
vorzugsweise, das muß unumwunden gesagt werden, daß das
Mandat nicht definitiv zu Stande kam, sondern es waren in
erster Linie die bald über dessen dogmatische Bestimmungen
hinausgehenden reformirten Glaubensansichten,[1] welche nach ver=
geblichen Versuchen und spätern Entwürfen vom 10. Februar,
1. und 4. März das gänzliche Scheitern dieser Verhandlungen
herbeiführten[2]. Mit der Tagsatzung zu Baden im April 1525,[3]
zwei Monate nach der Schlacht von Pavia, stellte sich das bereits
heraus und beginnt der permanente innere Kriegszustand, welcher
die Eidgenossen im Laufe von beinahe zweihundert Jahren
mehrmals auch zur thatsächlichen Begegnung mit den Waffen
führte und die Grundlagen ihrer Bundesverfassung völlig ver=
ändert hat.

Diese Veränderung gewann zunächst Ausdruck in zwei
konfessionellen Sonderbünden mit dem Ausland, namlich dem
„christlichen Burgrecht" Zürichs mit der Stadt Konstanz,

u. A. weit über das Reformprogramm Zwinglis und der Regierung hin=
auszugehen an und mußten nachmals mit blutiger Strenge unterdrückt
werden. Vgl. Bullinger I, 224. 245. 249. 294. 325. 384.

[1] Namentlich das erste bernische Reformationsmandat vom 7. April
1526, das viel weiter ging.

[2] Ob dieß ein Glück war oder nicht, darüber lassen sich verschiedene
Meinungen mit fast gleicher Stärke geltend machen. Wir sind geneigt, es
dafür zu halten, denn, mit einiger menschlicher Toleranz und positiv
patriotischer Gesinnung verbunden, sind entschiedene Glaubensansichten
weniger entschiedenen vorzuziehen.

[3] E. A. IV₁ a, 613. Die Gegensätze der französischen und kaiser=
lichen Politik hatten auch in diese Glaubensfragen mit hinein gespielt.
Vgl. E. A. IV₁ a, pag. 571 Anmerkung. Ueber die Schlacht von Pavia, die
damals als ein großes nationales Unglück die Gemüther bewegte, vgl.
Bullinger I, 256, über das Mandat I, 213.

deren „Pfaffheit", wie Bullinger sagt, aus der Stadt nach
Radolfszell, Ueberlingen und Mörsburg geflohen war, vom
25. Dezember 1527 [1]) und dem „Serdinandischen Bündniß"
der V Orte Uri, Schwyz, Unterwalden, Luzern und Zug mit
dem König Serdinand von Ungarn, Erzherzog von Oesterreich,
der Hauptstütze der katholischen Glaubenspartei in Deutschland,
vom 22. April 1629, [2]) einem seltsamen späten Seitenstück des
österreichischen Bundes mit Zürich vom Juni 1442. Bullinger
erzählt die Geschichte dieser gefährlichen Verbindung mit folgenden
anschaulichen Worten:

„Hieuor ist gemäldet wie die V ort habind angehept sich
über Rhyn hinus helden, vnd by Adel vnd Lantzknächten
hilff vnd trost suchen. Darzu wurdent sy noch vil me bewegt,
das sy verstundent was die von Bern an Sryburg vnd Solothurn geworben hattend. Dann sy die IV ort ire Eydgnossen
von Vnderwalden nitt ze verlassen gesinnet warend. So ver-
droß sy gar übel, daß sich die Christlichen Burgerstett so häff-
tig immerdar starchtend, das ouch ein grosse vile lüthen imm
Thurgöw, imm Rhyntal, vnd erst ietzund ouch zu Wesen vnd
imm Gastaal, von inen zum heyligen Euangelio fiel.

Wie sy nun ein zyt har vil mitt dem Adel enet Rhyns,
durch geschrifften vnd Bottschafften, so heymlich inen müglich,
gehandlet habend, vnd ietzund die Brut dessen von Emps,
vffrnten solt, vnd alls obgemeldet vff Seldkyrch durch Vry
vnd Schwytz reyt, habend sich radtsbotten der V orten zuge-
schlagen, alls ob sy da werend von des Brutlouffs wägen,
hochzyt lüth, vnd sind zu Seldkyrch ouch yngeritten.

Zu Seldkyrch warend gägenwirtig besälchshaber vom
könig Serdinando, vnder welchen ouch was graff Rodolff
von Sultz, vnd Herr Vlrich von haßperg, vogt der Rhyn-
stetten vnd vff dem Schwartzwald, sampt andern, welche artickel
stalltend, vnd von denen die hieuor gestellt warend sich vnder-

---

[1]) Bullinger I, 418. C. A. IV 1 a, 1214. 1510.
[2]) C. A. IV 1 b, 1467. Vgl. auch IV 1 a, 410 und Bullinger II. 48.

rettend. Das beschach den 16. und 17. Februarn. Vnd wur=
dent die artickel wider hindersich gebracht vnd zu andern zy=
ten wnter daruon gehandlet. Entlich aber ward die pündtnuß
zu Waltzhut beschlossen vnd besiglet vmm Georgy.

Vnd wie die grössten sind der Eydgnoschaft in dieser pündt=
nuß vff Serdinandi Synten, vnd die grössten pensiöner vnd
practizierer vß den V orten die grimmigsten fygend des gotts=
worts warend, also ward dise pündtnus alein vffgericht, den
Bapsts glouben zu erhallten, widerumm vffzurichten, vnd den
Euangelischen glouben in grund zu richten, vnd die glöubigen
vß zu rüten. Hattend ouch darinn die Bärenhut schon geteylt,
ee dann sy den Bären gestochen.

Vnd alls der V orten hernach genampten Botten zu Waltz=
hut warend, liessend sy ire wapen vffschlahen zu dem Oester=
rycher schillt, vnd ettlich der V orten diener satztend vff pfawen=
fädern vnd staltend sich nun boßlich vnd schandtlich, gar vn=
eydgnosisch.

Wie nun sömlichs in der Eydgnoschafft vßbrach, was
iedermann gantz grimmig wider die V ort: vnd ward nach=
uolgend Rym allenthalben geschriben, vnd geläsen,

Es macht mich graw, Daß sich der pfaw.
Darzu der Stier, Vnd sunst noch vier,
Sich hand vereynt, Wer hälts gemeint,
Die doch fürwar, Gar menge Jar,
Gewesen sind Recht erplich Sind.

Es ward ouch heyter geredt, dise pütnuß were von den
Oesterrychischen angenommen, alein das sy ouch die V ort vnd
ander Eydgnossen vndertrucken vnd durch iren zwytracht,
vnder dem schyn des gloubens beherrschen möchtind. "

Die V Orte wurden sofort von diesem Bunde abgemahnt,
aber ohne Erfolg, und als dann noch ein reformirter Pfarrer,
Jakob Kaiser in Uznach, gefangen genommen und in Schwyz
verbrannt wurde, [1] zogen die Zürcher mit einem Theil ihrer
Mitburger des christlichen Burgrechts, dem sich inzwischen Bern,

[1] Vgl. die Erzählung bei Bullinger II, 149.

Biel, St. Gallen, Mühlhausen und Basel angeschlossen hatten, [1]) und gleicherweise die V Orte an die Landesgrenze bei Kappel in's Feld. Dort kam nach einer äußerst dramatischen Verhand= lung vor den beiden Kriegsgemeinden, die besonders von Bullinger und Mykonius beschrieben ist, der er ste (und beste) Land friede vom 26. Juni 1529 zu Stande. [2]) Die Erzählung Bullinger's lautet:

„Die Schidlüth erwelltend inen ein gemeinen platz, vff dem sy imm friden handlen möchtind. Der was Steinhusen, zwüschen beiden lägern, oder beiden lägern wol vnd an der march gelägen. Vnd nach beuestnetem anstand, beducht sy das fruchtbarist vnd der aller best yngang zu einem guten friden, das beider parthyen einandern alles ires anligens verhortind.

----

[1]) Bern nach einem gewissen Schwanken zwischen 1524 und 1527. Vgl. seine Zusage an die V Orte, beim alten Glauben bleiben zu wollen, bei hottinger (Fortsetzung von Joh. v. Müller) II, 456 und 457.

Dieses „christliche Burgrecht", der erste konfessionelle Sonderbund, dehnte sich zwischen 1527 und 1531 zu einem größern, theilweise internatio= nalen Glaubensbund aus. Die in den E. A. darüber enthaltenen Aktenstücke sind folgende:

Christliches Burgrecht zwischen Zürich und Konstanz 25. Dez. 1527, IV 1 a, 1510.

„	„	„	Bern und Konstanz 31. Jan. 1528, IV 1 a, 1510.
„	„	„	Zürich, Bern, St. Gallen 3. Nov. 1528, IV 1 a, 1526.
„	„	„	Zürich, Bern, Basel 3. März 1529, IV 1 a, 1521.
„	„	„	Zürich, Bern, Mühlhausen 17. Februar 1529. IV 1 a, 1526.
„	„	„	Basel-Mühlhausen 8. Mai 1529, IV 1 b, 1475.
„	„	„	Zürich, Bern, Biel 28. Jan. 1529, IV 1 b, 1464.
„	„	„	Zürich, Bern, Basel, Schaffhausen 15. Okt. 1529, IV 1 b, 1487.
„	„	„	Zürich, Bern, Basel, Straßburg 5. Januar 1530, IV 1 b, 1488.

„Christliches Verständniß" von Zürich, Basel, Straßburg mit Landgraf Philipp von Hessen 18. Nov. 1530, IV 1 b, 1514.

Projektirt war auch noch der Beitritt von Graubünden und Glarus. Bullinger II, S. 46. 63, E. A. IV 1 b, 638. 710.

[2]) E. A. IV 1 b, 286. 1478.

Dorumm ward angeſäheu, das der houptman paner̄herr, die rädt, vnd fürnäme der Statt Zürych hinab gen Barr in Boden, vnder der V orten heer kummen vnd da offentlich ir anligen an die V ort ſölltind offnen. Sömlichs ward von beiden heerlägern bewilliget.

Da was zu Barr in des Oeleggers matten vffgericht ein brügy, darumm warend der V orten zeychen vnd kriegsuolck, ein faſt ſchön wol gerüſt volck. Vnder die, vff die brügy, kamend deren von Zürych gwalltigen, (vnder welchen ouch die Schidlüth warend) vnd erſcheyntend da allen vnbill, der inen etliche iar har, von den V orten begegnet, vnd was ſy zu feld zu ziehen verurſacht hätte. Nitt nodt wider zu erholen. Denn das alles hieuor genügſam erzellt iſt. Vnd lieſſend mitthinzu ſich mercken, das winvol inen erzellts alles begegnet vnd ſy glich wohl zu fintlicher thaat vnd radt bewegt, noch dennocht, wenn man inen in zymlikeit und billikeit begegnete, wölltend ſy vil lieber mitt inen, den V orten, in der lieb vnd früntſchafft läben, in deren ire beyder vorderen zamen kummen vnd vil lieb vnd leyd, wie ouch ſy alle die da zu gägen, vnd ſy hinwiderumb mitt inen, erlitten habind.

Des volgenden tags kamend ouch alle houptlüth, paner-herren, Rädt vnd gwalltige der V orten, hinuff gen Cappell, ſampt den Schidlüthen.

Da was vnder dem kloſter in der weyd, vnder dem Boumgarten, (daruon ouch nitt wyt das geſchütz gägen Zug geſtellt was) ein brügy vffgericht. Vnd ſtund daz volck der Zürychern aller mitt der paner vnd zeychen in einer ſchönen ſtarcken Schlachtordnung, das eben luſtig zu ſähen was vnd ouch die V ort ſich deſz verwundertend.

Alls nun die V ort ſampt den Schidlüthen, vff die brügy früntlich gefürt, hub an Hannts Huug, Schuldheyſz vnd houpt-man zu Lucern, erzellen iren der V orten glimppff, beclagt ſich hoch, das ſy über rächtbott werind überzogen, Vnd was inen in den gemeinen herrlikeiten, alls imm Turgöw, Rhyn-tal, vnder den Gottshußlüthen, in den Freyen ämptern, zu

Bremgarten, und insonders zu Wesen und imm Gastaal, die
die iren oder Schwytz und Glarus alein, begegnet, wie man
die inen abzuge, vnd sy fast zuhin irer herrlikeit da entsetzte,
meldet er mitt ernsthaffter klag. Derglychen ouch hieuor gehört
vnd verstanden ist, vnd schlug ouch hiemitt daz rächt für, nach
luth und sag der geschwornen pündten. Meldet ouch das
zu letst, das Zürich vnd sy vil lieb vnd leyd gehept, sy vnd
ire vorderen, habind ouch näben andern Eydgnossen nienen
lieber fründ, dann eben sy ire allte liebe trüwe fründ vnd
Eydgnossen von Zürych gehept: wöllind ouch noch nieman
lieber zu fründen haben, dann eben sy, ir lieb Eydgnossen
von Zürych.

Daruff Hanns Escher der redner, des senlis, das gen
Wädischwyl gesandt was, houptman, der länge nach das ver-
antwortet, das Schuldheyß Bug klagt, meldet ouch widerumm
was inen begegnet. Das alles ich han darumm nitt gesetzt,
daz es alles hieuor erklert.

Hieruff Schuldheyß Bug widerum antwortet, Es were nit-
on, ettliche besondere lüth vnd personen hättind gethan, daz
den andern orten nitt gesellig, daß sy ouch dorumm nüt
möchtind. Doch wie disem allem, begärtind sy an ire getrüwen
lieben Eydgnossen von Zürych, daz was sich verloffen man
inen verzyhen söllte, daz wölltind sy ouch thun, vnd fürohin
lugen, daz der glichen nitt me beschähe, vnd Eydgnossische
trüw vnd liebe gehallten wurde.

Uff sömlich verhören beider parthyen ward von beyden
parthyen in ein frid verwilliget, das die Schidlüth artickel
setzen vnd die dann beyden teylen uff annemmen, abschlahen,
oder erlüthern fürtragen sölltind."

"Die mittlung aber der Schidlüthen wäret ettliche tag,
mitt grosser müg vnd arbeit. Dann die Schidlüth nach dem
sy von beiden parthyen verstanden, stalltend sy mittel zum
friden. Vnd brachtend dann sömliche mittel beyden teylen für.
Da dann yeder teyl sin beschwerd vnd wie er begärt das

der artickel gestellt wurde, anzeigt. Da es aber dem andern teyl mißfellig, oder er inn vff ein andere gattung haben wolt. Aller längist vnd häfftigist ward mitt zweyen articklen gehandlet, das man ouch in V orten söllte predigen lassen das Euangelium. Item die pensionen verschweren vnd die pensiöner straaffen. Vff diesen zweyen articklen lag allermeist die Statt Zürych. Vnd schickt zum anderen maal von Zürych Botten gen Cappell, mit höchstem ernst anhalltende, das man die zwen artickel luther vnd klar machte. Bernn insonders wolt der pensionen halben mitt Zürych nitt gehällen. Vermeint die V ort hättind ir fryheit vnd regierung in vssern dingen für sich selbs vnd möchte man sie in sömlichen sachen nitt zwingen. So were der gloub eine frye gaab von Gott, der liesse sich ouch nitt zwingen. Gmeinlich ward vermeint, wenn man den glouben an dheinen enden vnd orten durchächtete, so were es gnug. Das übrig wurde Gott hinzu thun. Vnd der pensionen halb, möchte man die V ort früntlich vermanen, so aber an inen nüt erlangt, doch vnder den 6 Stetten in irer selbs herrlikeit die Straaff vorbehallten. Entlich williget Zürych ein friden anzunemmen der göttlich, eerlich vnd beständig were. Wyter mocht man do nitt kummen."

„Dann nach vil vnd grosser arbeit, ward vff Joanis Baptistä des 24 Juny, was Donstag, vnd der 20 tag, das Zürych mit dem fenli gen Murn zogen was, der frid von Schidlüthen beschlossen, vnd beidersyts angenommen. Daruff volgt groß fröuden schiessen, in beiden lägern, vnd Gott loben."

Aus dieser Periode stammt auch die bekannte Erzählung von der Milchsuppe, welche bei Bullinger, wie folgt, lautet:

„Sömlich verhör beider heerlegern hat schon so vil gebracht (wiewol sunst ouch der meerteyl gemeins mans vnder den V orten nitt gaach was über die Zürycher) das da die wachten an einandern stiessend, alls zu Thann vnd Leematt, by Goldißbrunnen an den wolffstuden, vnd anderschwo, anhubind früntlich ein andern zu rüffen, vnd gespräch mitt einandren hallten, und das sy zamen setzen, nitt mitt einandren schlahen wöllind. Es sye also ein plag über sy gangen. Da wöllind sy Gott bitten, das er sy vor allem bösen behüte.

Nun was es in den V orten träffenlich thürwr, vnd grosser mangel vnd hunger. Jmm Zürych läger mocht man haben ein mütt kernen umm ein guldin, ein maaß wyn vmm ein halben batzen. Deß liessend sich ettlich früntlich gesellen der V orten mitt flyß über die wacht hinus, die wurdent denn gefangen, für den houptmann gefürt, vnd mitt Brot begabet und wider heym geschickt.

Vff ein zyt namend vil dappfferer rellen von den V orten, ein grosse mutten mitt milch vnd stalltens vff die march in mitten, schrüwend den Züruchern zu, sy habind da wol ein gute milchprochen, aber nüt darin zu brochen. Da luffend redlich gesellen der Züruchern, hinzu mit brot vnd brocheten yn, Vnd lag netweder teyl vff sinem erterich, vnd aassend die milch mitt einandren. Wenn denn einer über die halb mutten vß greyff vnd aas, schlug inn der ander teyl (in Schimpff) vff die händ, und sagt fryß vff dinem erterych. Vnd deren schimpffen (Scherze) giengend ettlich me für, daß, do es dem Stattmeister von Straßburg J. Jakoben Sturmen, der ouch vnder den Schidlüthen was, fürkamm, sagt er, Jr Eydgnossen sind wunderbar leüth, wenn ir schon vneins sind, so sind ir eins und vergässend der allten früntschafft nitt."

Einigermaßen zu der friedlicheren Stimmung mochte auch die freundschaftliche Warnung von Konstanz her beitragen, daß die alten Feinde der Eidgenossenschaft, der Landsknechtführer Marx Sittich von Hohenems, der Graf von Fürstenberg u. A. m. Miene machen, die Zwietracht der Eidgenossen zu einer Erneuerung des Schwabenkriegs zu benutzen.[1]

---

[1] Bullinger II, 184. Ein guter biographischer Aufsatz über diese Gegner, zu denen auch noch der Graf Alwig von Sulz, Jakob von Medici von Müß, Heinrich und Felix von Werdenberg und einige Gränzjunker kleineren Schlages gehörten, wäre wünschenswerth. Die auf Seite 232

Der Friede enthielt als Hauptbedingung den großen und
damals ganz neuen Grundsatz der Gleichberechtigung (Parität)
von zwei Formen des christlichen Glaubens in eidgenöffifchen
Dingen, wo gemeinfame Herrfchaft stattfindet:

„Des erften, von wegen des göttlichen worts, diewyl und
niemand zum glouben gezwungen fol werden, daß dann die
Oerter und die iren deffelben ouch nit genötiget; aber die
zuogwandten und vogtyen, wo man miteinandern zuo beherfchen
hat, belangend, wo die felben die meß abgeftellt und die bilder
verbrennt oder abgetan, daß die felben an lib, eer und guot
nit geftraft follend werden; wo aber die meß und ander
ceremonia noch vorhanden, die follent nit gezwungen, ouch
deheine predikanten, fo es durch den merteil nit erkannt
würt, gefchickt, ufgeftellt oder gegeben werden, funder was
under inen den kilchgnoffen, die uf oder abzetuon, der glichen
mit der fpyß, fo gott nit verbotten ze effen, gemeret würt,
daby fol es biß uf der kilchgnoffen gefallen bliben, und
deheiu teil dem andern finen glouben weder fechen noch ftrafen.“

Dadurch wurde für diefe eidgenöffifchen Angelegenheiten
zugleich der weitere Grundfatz anerkannt, der feither das
Fundament der reformirten Kirche bildet, daß die Gemeinde,
nicht eine allgemeine Kirche, die eigentliche Trägerin des Glaubens
fei. Die heutige Anfchauung der eidgenöffifchen Bundesverfaffung
ift auch das nicht mehr, fondern diefelbe faßt die Glaubensfreiheit individuell auf und findet in der Aufrichtigkeit des
Verhältniffes der einzelnen Seele zu den göttlichen Dingen den
eigentlichen Kern des Glaubens, ohne den eine äußerliche Gemeinfchaft, fei es eine kleinere oder eine größere, überhaupt nicht viel
Werth haben könne. [1]

erwähnte Hochzeit war die des Sohnes von Marx Sittich mit der Schwefter
des „Kaftellans von Müß“.

[1] Diefer heutige Gedanke war fchon damals im „chriftlichen Burgrecht“ enthalten, aber mit einer merkwürdig falfchen Solgerung des Nachfatzes
aus dem Vorderfatz, nämlich: „Damit aber difes burgerrecht in allweg deft
bas, und wie wyt fich das ftrecke, verftanden werd, fo habent wir daffelbig

Ueber das „Ferdinandiſche Bündniß" und das „Chriſtliche Burgrecht" ſprach ſich der zweite Hauptartikel des Friedens wie folgt aus:

„Zum andern, von wegen der ferdinandiſchen pündtnuß und vereinung, diewyl dann die ſelb allein des gloubes halb ufgericht, und aber jetz durch uns die ſchidlüt vertragen, daß kein teil den andern des gloubes halb zwingen, fechen noch haſſen, ſo ſol die ſelb vereinung augends zuo unſer der ſchid- lüten der fünf Orten, namlich Glarus, Fryburg, Solotorn, Schaffhuſen und Appenzell, handen ane alles verrucken uß dem feld gegeben und überantwurt werden und die ſelb unnütz, hin, tod und ab ſin, und ſich dero und der glichen kein teil hinfür gebruchen, und von den andern burgkrechten und pündt- nuſſen, ſo nüwlich ufgericht, ſol zuo tagen anzogen werden, wie man ſich in denſelben halten wölle, doch den burgrechten, ſo die beid ſtett Zürich und Bern mit inen ſelbs und andern gemachet, in allweg ane abbruch und unverletzlich."

Klugerweiſe wurde alſo das Bündniß mit Fremden ſofort aufgehoben, das weſentlich unter Eidgenoſſen allein beſtehende hingegen, als ungefährlicher, geduldet, wornach es bis 1531 fortbeſtand, ſich zuletzt aber auch immer mehr auf Fremde aus- dehnte [1]) und dann mit vollem Rechte durch den zweiten Land- frieden ebenfalls dahinfiel.

Außerdem wurde beſtimmt, daß die IV Waldſtätte oder andere, die Burgrechte unter einander haben, weder zu Beggen- ried, noch ſonſtwo, ſeparat tagen und eidgenöſſiſche Dinge dort

hiemit durch nachgeſchriben artikel erlütern wellen. Und fürnemlich, als der gloub und ſeligkait der ſeelen in niemands gezwang oder vermögen beſtat, beſunder ain fryge unverdiente gnad und gab von gott iſt, ſollend deßhalb wir baid partien, namlich jede in irer oberkait, in ſachen des gloubens und ſelicher ſäligkait handlen, [und ſich halten], das ſy getruwe, gegen gott und mit hailiger geſchrift zuo verantworten, wider welhes ouch dhain tail den andern betrüeben noch anfechten. ouch niemands anderm, wer der wäre, der ſich darwider zethuon vermäſſe, beholfen ſin noch rätlich, noch in ainich weg zethuon geſtatten."

[1]) Bullinger II, 289.

verhandeln und mit Parteiung „übertrommen" sollen. Vielmehr
sollen sie an eidgenössischen Tagen „mit ernst hälffen handeln one
alles praktizieren und rotten." Es liegt darin die sehr richtige
Anschauung, daß alles Parteiwesen mit Parteiversammlungen
und Vorberathungen eidgenössischer Dinge durch solche, eine Gefahr
in sich trägt. Ebenso wurde verfügt, daß der fremde Hetzer
Dr. Thomas Murner, der 1525 von Straßburg nach Luzern
gekommen war und durch seine polemischen Schriften viel zur
gegenseitigen Verbitterung beigetragen hatte, sich gegenüber Zürich
und Bern verantworten und von Luzern „nach seinem Verschulden"
gestraft werden solle.[1]

Am 24. Sept. 1529 erfolgte noch ein Beibrief[2] über die
Kriegskosten und im Anschluß an einen Artikel des Friedens
erließen dann alle XIII Orte ein gemeinsames strenges Mandat
gegen alle Schmähreden, Schandbücher und Schandlieder; es soll
überhaupt Niemand den andern „anziehen, stüpffen, schänzlen",
sondern Jedermann sich miteinander „tragen, als fründtlichen und
getrüwen Eydtgenossen gebürt und wohl anstadt."

Ein besonderes Zeichen von solcher echt eidgenössischer und
wohlwollender Verständigkeit war es auch, daß der große Pergamentbrief des Ferdinandischen Bündnisses trotz des anfänglichen Widerstandes der katholischen Orte noch ins Feld herbei-
geschafft werden mußte und ohne Verlesung seines Inhalts vor
Aller Augen vernichtet wurde. Die plastische Schilderung dieses
Vorganges bei Bullinger lautet:

---

[1] Er entzog sich dann der Strafe durch die Flucht. Bullinger macht
über ihn die scharfe Bemerkung: „Des Murners halb, wiewol vff eins
söllichen lychtfertigen schnöden verrüchten lugenhafften verlümbten Münchs
schälden vnd loben nit vil zu buwen. nedoch die wil vnser Eydgnossen
von Lutzern, sich vnns in allen dingen widerwertig erzeigend vnd niena
kein glichs noch billichs by inen finden mögend, vnd dann der artigkel
des frydens heydter vermag, daß diser ringwichtig münch von denselben
von Lutzern vns von beiden stetten eins rechten zesin gehaldten werden
sölle." Muster seiner skurrilen Schreibart, wie sie etwa heutzutage in Tages-
blättern geringster Art vorkommt, finden sich bei Bullinger I, 413 abgedruckt.
[2] E. A. IV 1b, 1483.

„Es hat sich aber begäben, daß do die houptlüth vnd gwallthaber der V orten, die Serdinandisch püntnus soltend herus gäben, das sich die sach anhub stossen vnd sperren. Dann es den V orten gar ein vnlidenliche sach was, eines sömlichen fürsten püntnus herus zu gäben. Kondtend ouch wol ermässen, das inen sömlichs vffheblich vnd verwyßlich. Wie das der Stetten houptlüth vnd gwallthaber marchtend, redtend sy mitt den Schidlüthen, das sy one allen verzug die püntnus herus brächtind. Petter im Bag, venner der Statt Bern, sagt, So der punðt nitt bald har gebracht wirt, so werdent wir genötet, inn mitt der proceß zu reychen. Zur stund manetend die von Zürich ir volck widerum zu feld, zu der paner. Die von Bern vnd andere Stett, embuttend in yl gen Bremgarten, daz man ir volck vffhalten vnd nitt passieren lassen söllte. Also samlet sich das volck widerum, vnd ward ein nüwe vnrüw. Die Schidlüth hieltend aber den V orten so gar Streng an vnd zeigtend, was inen daruff stünde, daz ouch ir volck mitthinzu zerlouffen, daß sy die püntnuß heruß gabend. Die ward gen Cappel gebracht. Und alls man sy läsen vnd verhörren wolt, erzuckt sy Hans Äbli Lantamann zu Glaris, stach mitt dem Mässer dardurch, vnd zerreys sy: alein dorum, das größere vnwill vermitten blibe, der gefolget, so man sy da verläsen. Dann sy gar nitt Eydgnosisch was. In dem die püntnuß vernütet ward, griffend ettliche nach den Schnüren, ettliche nach den Siglen vnd dem wachs. Hieruff brachend die paner der V orten imm boden zu Barr vff, vnd zog ein yede, nitt fast frölich, heym."

Dieser letzte Passus der Erzählung, der noch weiter ausgeführt wird, zeigt, daß bei den V Orten ein gewisses Gefühl der Verstimmung zurückblieb, das sich dann durch das sehr energische weitere Vorgehen Zwingli's mit Vorschlägen zu einer gänzlich veränderten inneren Bundes- und Rechtsordnung der Eidgenossenschaft, welche nicht mehr bloß die konfessionellen Verhältniffe anbetrafen, fondern geradezu eine Art von politifcher Hegemonie von Zürich und Bern beabfichtigten, in kurzer Zeit bis zu einem weit höhern Grade gegenfeitiger Erregung fteigerte. ¹) Mit einem „Proviantabfchlag" von Zürich und Bern gegen die V Orte und Rapperswyl begann der Bürgerkrieg von Neuem, welcher bei Kappel am 11. Oktober und am Zugerberg (zu Schneyten) den 24. Oktober 1531 mit einer Niederlage der evan= gelifchen Partei, dem Tode Zwingli's und dem zweiten Landfrieden vom 20./24. Nov. 1531 endete. ²) In demfelben weht ein ganz anderer Geift, als in dem Frieden von 1529, der damit dahinfiel, und von nun an erweiterte fich die Glaubens= fpaltung zu einem dauernden Riß mitten durch die Eidgenoffen= fchaft hindurch, der fich niemals gänzlich wieder fchließen ließ und mehr als alles Andere zu ihrer dauernden Schwächung und Abhängigkeit vom Auslande beigetragen hat.

Die 125 Jahre von da ab bis zum dritten Landfrieden vom 26. Februar 1656 find die Zeit der katholifchen Gegen= reformation ³) und der Errichtung dauernder konfeffioneller

¹) Ueber die Projekte Zwingli's vgl. E. A. IV ı b, 1041. Ueber die erneuten Schmähreden vgl. Bullinger II, 336.

²) Es find eigentlich vier Separatfriedensfchlüffe mit Zürich, Bern, Bafel und Schaffhaufen vom 20. und 24. Nov. 1531 und 31. Jan. 1532, denen noch ein Schiedsfpruch betreffend die Glaubenszwiftigkeiten in Glarus vom 21. Nov. 1532 folgt. E. A. IV ı b, 1214/1567. 1221/1571. 1242/1575. 1277/1575. 1435/1584.

³) Diefelbe wurde eingeleitet im Friedensfchluffe felbft, der die Rap= perswyler, Toggenburger, Gafterer und Wefener, „fo unfer Eitgenoffen von Zürich nützit angant noch verwandt find", ebenfo Bremgarten, Mellingen und die freien Aemter, „die fich dien von Bern anhengig ge= macht", von den Garantien des Friedens ausfchloß und auch allen bereits zur Reform übergetretenen Leuten der gemeinen Herrfchaften die Rückkehr zum alten Glauben freiftellte. Die Stelle lautet: „Zum andern fo föllen wier zuo beiden teilen einandern by allen unfern fryheiten, herlikeiten und gerech= tikeiten, fo wier in den gemeinen herfchaften und vogtyen hand, von aller menghlichem ungehindert, genzlich bliben laffen. Es ift (ouch) luter zwüfchen uns zu beiden teilen abgeredt und befchloffen, ob in den felben gemeinen herfchaften etlich kilchhörinen, gemeinden oder herlikeiten, wie die genempt möchten werden, die den nüwen glouben angenomen und noch daby beliben

Sonderverbindungen, eigentlich die Ausgestaltung einer schließlichen Eidgenossenschaft von zwei Bundeskörpern, die nur noch durch materielle Interessen zu Einem erweiterten Ganzen zusammen= gehalten wurden. Einzig die Parität der beiden Glaubensbekennt= nisse in den wesentlichen gemeinsamen Unterthanenländern blieb dabei bestehen, um so mehr noch, als Bern durch die infolge des Unglücks von Kappel eingetretene starke Gegenströmung seine beiden ältesten Alliirten Freiburg und Solothurn an die fortan VII=örtige katholische Glaubensgenossenschaft verlor, und ohne diesen Grundsatz nunmehr die evangelische Partei in den VIII Orten sowohl, wie in den IX=, X= und XII=örtigen Herrschaften stets in Minderheit und somit nach gewöhnlichem eidge= nössischen Staatsrecht außer Stande gewesen wäre, ihre Glaubens= richtung daselbst zu beschützen.

Ob das „Unglück von Kappel" wirklich ein Unglück im Sinne höherer geschichtlicher Auffassung gewesen sei, das ist vor noch nicht sehr langer Zeit, bei Anlaß der Enthüllung eines

wellten, daß sie es wol tuon mögen. Ob aber etlich der selben, so den nüwen glouben angenomen und wider davon zuo stan begerten und den alten waren cristenlichen glouben wider annemen wellten, daß sy des selbigen fryes ur= loub, von menklichem ungehindert, guot fuog, macht und gwalt haben söl= lent. Desglichen ob etwer in gemelten herschaften wäre, so den alten glouben noch nit verlougnet, es wäre heimlich oder offentlich, daß die selben ouch ungefecht und ungehaffet by irem alten glouben bliben söllent. Ob ouch die selben, es wär an einem oder mehr enden, die siben sacrament, das ampt der helgen meß und ander ordnung der cristenlichen kilchen ceremonia wider ufrichten und haben wellten, daß sy das ouch tuon söllen und mögen und das selb als wol halten, als der ander teil die predicanten. Sy söllen ouch die kilchen güeter und was den pfrüenden zuogehört, nach marchzal mit dem priester teilen, und das übrig dem predicanten gefolgen. Es soll ouch dhein teil den andern von des gloubens wegen weder schmützen noch schmächen, und wer darüber tuon wurdi, daß der selbig je von dem vogte daselbs dorum gestraft werden söll, je nach gestalt der sach".

Die Folge war eine Rückkehr vieler Unterthanen, sowie des ganzen Standes Solothurn bis auf wenige, Bern unmittelbar benachbarte Ge= meinden des Bucheggberges, die noch heute kirchlich zu Bern gehören; ebenso von Wallis, das schon zur Hälfte reformirt geworden war. Vgl. Blösch, „Das Ende der Reformation in Wallis", und E. A. V I, 686. 1147.

Standbildes Zwingli's in Zürich, von Neuem untersucht worden und sollte nach Verlauf von drei und einem halben Jahrhundert wohl einer unbefangenen Beurtheilung anheimfallen können, wenn anders wir gesonnen sind, aus den Fehlern unserer Vorfahren für unsere eigene Zeit zu lernen. Wir begnügen uns bei diesem Anlasse zu sagen, daß eine Ausführung aller reformatorischen Pläne Zwingli's (die zwar auch bei einem andern Ausgange der Schlacht nicht unbedingt angenommen werden muß),[1] die helvetische Revolution um mehr als zwei Jahrhunderte beschleunigt und die dadurch noch mehr geschwächte Eidgenossenschaft in den dreißigjährigen Krieg verwickelt haben würde.[2] Solche Gedanken mochten es vielleicht sein, die das Herz des patriotisch fühlenden Mannes bewegten, als er sein berühmtes Lied von 1529 dichtete,[3] und noch mehr, als er unter düstern Ahnungen am 10. Oktober 1531 Morgens die Stadt mit dem Hauptbanner von Zürich verließ, um nicht wiederzukehren. Es ist noch heute nicht leicht, ihm ganz gerecht zu werden. Doch kam ihm schon damals der größte Versöhner, den es auf Erden gibt, der Tod für die eigene Ueberzeugung, mit seiner ganzen Gewalt über die Menschenherzen zu Hilfe,[4] wie denn auch heute noch unter uns Nachgeborenen der begründete Ruf eines politischen Führers, ein

---

[1] Da hätten, selbst wenn man an die Alleinbestimmung des menschlichen Willens glauben würde, doch noch ganz andere Motive, als die rein konfessionellen, mitwirken müssen. Ueberhaupt wachsen die Bäume in der Eidgenossenschaft noch weniger, als in andern Staaten, in den Himmel.

[2] Die bereits angeknüpfte nahe Beziehung zu Philipp von Hessen, die mit dem Marburger Gespräch (Oktober 1529) begann, hätte diesen schließlichen Erfolg mit Sicherheit gehabt.

[3] Das Lied beginnt bekanntlich mit den Worten: „Herr, nun heb den Wagen selb, schelb wirt sunst all unser farth!" Vgl. Bullinger III, 21. 52. 113. 126. 165. 199. 202. II, 182. Zwei Spottlieder von Salat, die Bullinger (III, 160) erwähnt, sind (vielleicht zum Glück) nicht mehr vorhanden.

[4] Seine Leiche wurde auf dem Schlachtfelde von dem rohesten Theile des siegenden Heeres, gegen den Willen der edler denkenden Anführer, durch den Scharfrichter von Luzern geviertheilt und verbrannt.

guter Eidgenoſſe zu ſein, die Abſolution für viele Irrthümer
in ſich ſchließt.

Der zweite Theil des XVI. Jahrhunderts noch ſah die
förmliche Konſtituirung der beiden Glaubensgenoſſen⸗
ſchaften. Kirchlich durch das helvetiſche Glaubensbekenntniß
von 1566 (dem ſpäter noch die Conſenſusformel von 1675 folgte)¹)
für die Eine, die Promulgationsbulle «In cœna Domini» der
Tridentiner Konzilsbeſchlüſſe von 1572 für die andere Partei,
deren Grundſätze nun beiderſeits mit großer Strenge durchgeführt
wurden. Für die Katholiken entſtanden ferner durch die Stiftung
des borromäiſchen Kollegiums in Mailand²) und die Jeſuiten⸗
ſchulen in Luzern (1579) und Freiburg (1580) ſeparate wiſſenſchaft⸗
liche Unterrichtsanſtalten, an Stelle der bisher einzig beſtehenden
ſchweizeriſchen Hochſchule von Baſel, und gleichzeitig wurde eine
engere Verbindung mit ihrem Centralpunkte in Rom durch die
Errichtung einer ſtändigen Nuntiatur (1579) hergeſtellt, welche
fortan ununterbrochen bis 1873 beſtand.

Politiſch konſtituirte ſich die katholiſche Eidgenoſſen⸗
ſchaft durch den berühmten goldenen, oder borromäiſchen
Bund, zu Luzern 5. Oktober 1586,³) welcher dann noch

¹) E. A. VI ɪ, 1826.
²) E. A. IV ɪɪ, 1563 und 1567. Dieſe Stiftung, die 1886 wiederherge⸗
ſtellt wurde, jetzt aber mit dem erzbiſchöflichen Seminar in Mailand ver⸗
einigt iſt, entſtand theils durch den berühmten Kardinal Carlo Borromeo,
theils durch den Kardinal Markus Sittich von Hohenems, aus der be⸗
kannten, der Eidgenoſſenſchaft feindſeligen Familie. Vgl. „Politiſches Jahr⸗
buch“ I, 607, II, 785, und E. A. IV ɪɪ, 955. 1150. Andere Jeſuitenſchulen
entſtanden in Wallis und Pruntrut und wurden auch in Solothurn und
Graubünden ſolche zu gründen verſucht.
³) E. A. IV ɪɪ, 1590. „Goldener Bund“ heißt er wahrſcheinlich wegen
der ſchönen, mit einer goldverzierten Initiale und den Wappenſchildern der
VII Orte ausgeſtatteten Urkunde, die ſich im Staatsarchiv von Luzern be⸗
findet. Es iſt das äußerlich ſchönſte Dokument der eidgenöſſiſchen
Geſchichte; die nächſtſchönſten ſind die Mediationsakte und die neueſten
Vereinbarungen mit Papſt Leo XIII. über das Bisthum Baſel⸗Lugano.
1528 ſchon ſollte ein ſolches Bündniß verbrieft werden, wogegen aber damals

zwei Male, 1655 und 1714, förmlich erneuert wurde.¹) Er
lautet:

„In dem Namen der heiligen, göttlichen, vnzertheilbarlichen
Drysaltigkeit vnd einigen Gottheit, Amen. — Wir von Stett
und Landen der Siben Catholischen Orten Loblicher Eydt=
gnoßschaft Verordnete Rhät, Ouch vollmechtige Anwälltt vnd
Sandtbotten, Namlich von Lucern Ludwig Pfyffer, Ritter,
Pannerherr, der Zyt Schulltheiß, Heinrich Sleckenstein, Ritter,
Allt=Schulltheiß, Sebaftian Seer, Panerherr, Niclaus Cruß vnd
Joft Holdermeyer, der Zytt Seckelmeifter, All deß Rhats, Von
Vry hans Jakob Troger, Ritter, der Zytt Statthallter, vnd
Melchior Spiß, des Rhats, Von Schwyß Chriftoffel Schorno,
Ritter, Panerherr, vnd Caspar Ab Yberg, beyd nüw vnd
Allt Landt Ammau, Von Vnderwalden Ob dem Wald Johans
Roßacher, Landt Amman, vnd von Vnderwalden Nidt dem
Wald Johans Wafer, Ritter, Panerherr vnd Landt Amman,
Von Zug, von Statt vnd Ampts wegen, Heinrich Ellfiner,
deß Rhaats, Von Fryburg, Pancraß Wild vnd Martin Gottrow,
beyd Seckelmeifter vnd deß Rhaats, Vnd von Solothurn Steffan
Schwaller, Schulltheiß, vnd Wolffgang Tägerfcher, deß Rhaats,
— Difer zytt vß vollkommnem beuelch vnd gwallt vnfer aller
Herren vnd Obern vmb nachvolgender Sach willen In der
Statt Lucern verfampt, Thund khund menigklichem mitt
difem Brieff. Nachdem dann vnfre Herren vnd Obern vnd

Uri Protest erhob. Es geschah das dann zuerst in dem Bunde mit Wallis,
in welchem die älteren Bünde nur vorbehalten waren: „usbeschlossen den
artikel berüerend den christlichen glouben, den zuo schirmen sol uns kein
alter punöt nit irren.“ E. A. IV ı a, 1269. 1270. 1279; IV ı b, 1464. Der=
selbe wurde am 9. Juni 1578 zu Glys bei Brieg erneuert und ift der
eigentliche Vorläufer des goldenen Bundes. E. A. IV ıı, 656. 1551.

¹) Das zweite Mal wurde er gemeinsam in der Hofkirche zu Luzern
am 3. Ohtober 1655 beschworen, das dritte Mal in den einzelnen Orten.
Damals (1714) wurde er in Zug „dem gemeinen Mann zum beffern Unter=
richt“ im Drucke herausgegeben. Vgl. Helvetia III, 255. Am 28. Sebr. 1637
wurde auch der alte Dreiländerbund von 1315 als Bund „der drei alten
katholischen Orte“ erläutert. E. A. V ıı, 2164.

Wir Jetzt eine lange Zytt har mit one großen schmertzen vnd
mitt sonderm beduren sehen müssen, Was großen abfaal= von
dem waaren, allten Catholischen, Römischen, Apostolischen vnd
Christlichen allein säligmachenden glouben sich by vilen
Nationen vnd Völckern Jn der gantzen Christenheit, Ja ouch
biß gar nahent zu vnsern Thoren vnd ßußschwöllen (Leyder)
zugetragen, die dann den wäg vnd fußstapfen Jrer Frommen
Vorelltern vnd den Jetztgemellten rechten waaren Catholischen
glouben verlassen vnd sich von dem selbigen abgesöndert, Vnd
glychwol daby verhofft, der güttig Gott wurde ettwan ein
gnädigs vergnügen haben vnd sollichen abgetrettnen die Sonn
der gnaden vnd das Liecht der Warheitt widerumb erschynnen
lassen, Das aber, vngezwysflet vmb vnser schwären sünden
willen, vntzhar nitt allein verhindert, sonder ouch vßtruckenlich
befunden vnd gespürt würdt, Sy ye lenger ye verstockter vnd
hartnäckiger darinn werdent, Alls dann der ougenschyn vnd
die tägliche erfarnuß durch die vilfalltigen practicken, Pündt=
nussen vnd verpflichtungen, so sy stät= zusamen thund, sollich=
mitbringt; Uß dem nun clarlich abzenemmen, das der Fürst
der Sinsternuß söllicher practicken ein Leiter vnd fürer ist,
Sittenmal doch sy, vnangesehen das sy Jnn vnd Vnder Jnen
selb= zertrennt, allein Jn dem einzig überein stimment, wie sy
vnsern waaren Catholischen glouben vndertrucken vnd vßrütten
möchtent. Diewyl aber Gott der Allmechtig vns= sonderlich vß
syner erbärmde by dem waaren Liecht deß gloubens gnädig,
Ja ouch wunderbarlicher wyse, erhallten, Das wir allso Jn
den fußstapfen vnsrer Frommen vorelltern bliben, darumb dann
Wir nit allein vns= selb= vnd die vnsern gegenwirtiger Zytt,
sonder ouch all vnser nachkommen hiemitt ernstlich erinnert
haben wollent, sölliche vnvßsprechenliche Wolthaten zu
ßertzen zefüren, Ouch syner Mayestat sampt vns= Jederzyt,
mitt höchster demutt vnd vnderthänigkeit schuldige dankbarkeit
ze Leisten, vnd vsf das= ernstlichest sin Allmechtigkeit ze bitten,
Sy uns in dem selbigen fürer vnd Jederzytt gnädigklich allso
erhallten wölle. Vnd so aber Wir erstgemellt die ufsätz vnd

practicken der nüwglöubigen Wider vns Catholischen ye lenger
ye meer sich sterckend vnnd zunemmend, Da so habent nit
vnbillich vnsre Herren vnd Obern der sachen ernstlich=
vnd sorgfelltig= nachdenkens gehept, Söllich= alle= Jn ansähung
vnd betrachtung gegenwirtiger gefarlicher vnd seltzamer
schwäbender Löüffen mitt wolbedachtem mutt vnd zyttigem
Rhaat erwägen Vnd daruff allso einhälligklich für sich vnd
Jre ewige nachkommen Jn Wy= vnd massen, wie harnach
volget, sich entschlossen vnd vns, al= Jren vollmechtigen Am
wällten vnd bevelchshabern, Jn Jrem namen zu verrichten
bevolhen: Namlich vnd erstlich, so Nemmend Wir die ober=
nempten Siben Catholischen Ort einandern vff vnd erkennent
einandern für gethrüw Lieb Allt Eydtgenossen, Mittburger vnd
Landtlütt, ouch der Allten Catholischen, Römischen Religion=
Verwandte, siemitt allen vnd Jeden andern gloubens oder
Religions bekanntnussen all= Jrrigen vnd sectischen für vn=
vnd vnsre nachkommen endtlich vnd gentzlich widersagende.
Wir erkhennent vns ouch wytter für wohl verthrunte waare
hertzliche brüder, für wölliche wir fürhin einandern Jn allen
Brieffen, Jnstrumenten, gemeinen vnd sonderbaren hendlen,
Jn Worten vnd wercken allso erkhennen, namsen vnd hallten
söllent, Jn massen, all= ob wir Lypliche Brüder wärent, ye
einssis Lieb vnd Leyd deß andern Lieb vnd Leyd sye. Vnd
ob glych vns wol zu müssen, wa= wir Jm saal zufallender
not uß krafft zusamen habender vnd hievor vffgerichter
Pündtnussen, Burgkrechten vnd verstendtnussen gegen einandern
zethund schuldig vnd pflichtig (wölliche dann ouch darumb
hiemitt dheinswegs widerrufft noch vffgehept syn, sonder söllche
alle vnd Jede in Jren krefften vestencklich bestan vnd blyben
söllent), So haben doch Wir uß bewegenden Ursachen söllche
Pündtnussen vnd verstendnussen mitt gegenwirtigem zuthun
meeren wöllen; Vnd Namlich, Sittenmal Wir all gemeinlich
bedacht vnd entschlossen, ouch endtlich für vn= gesetzt, by dem
waaren vngezwypffleten Allten Apostolischen, Römischen, Catho=
lischen vnd Christlichen glouben vollkommenlich, bestendig vnd

veſtendtlich zu verharren, darinn vnd darby ze leben vnd
ſterben (Darzu vns Gott der Allmechtig ſin göttliche gnad
Jederzytt mittheilen wölle), Da ſo habent Wir einandern verſprochen vnd verſprechent ouch das einandern ßiemitt Jn
krafft diß Brieffs für vns vnd vnſer ewige nachkommen, die
Wir dann harzu veſtendtlich vnd vnwiderrufflich verbindent vnd
verpflichtend, Das Wir, die Siben Catholiſchen Ort, aller
erſtlich vnd zuvorderſt by dem ſelben Apoſtoliſchen, Römiſchen,
Catholiſchen, Chriſtlichen glouben einandern handthaben ſöllent
vnd wöllent, Allſo wann Eins oder meer Orten vnder vnß
(Das doch Gott der Allmechtig Jn ewigkeit gnädigklich ver-
hütten wölle) von dem ſelbigen abtretten wöllte, Das dann
die übrigen Ort daſſelbig Einzig oder meer Ort by gedachtem
vnſerm waaren Catholiſchen Allten Chriſtlichen glouben zeblyben
vnd zu verharren handthaben vnd nöttigen, Ouch die vrſächer
oder vffwigler ſöllichs abſaals, wo die ergriffen werden
mögent, nach Jrem verdienen ſtraffen ſöllent. Zu dem andern,
ſo verſprechent Wir die Siben Catholiſchen Ort, das Wir einandern by demſelben obgenannten Waaren glouben mitt aller
vnſer macht vnd vermögen Lybs vnd gutts ſchützen vnd
ſchirmen helffen ſöllent vnd wöllent wider alle die, ſo vns
antaſtent wurdent, Niemands vsgeſchloſſen; Dann kein Elltere
noch auch Jüngere Pündtnuß, ſo vffgericht oder Jn künfftigem
vffgericht werden möcht, vns an ſöllichem ſchirmen gantz nit
hindern, Noch darinn oder harwider einiche vßred, Sünd
oder Liſt, arguieren, noch diſputieren endtlich nit fürgewendt
werden ſollen, Sonder wir verſprechent einandern clarlich
vnd vßtruckenlich, So bald wir, Es ſye Eins oder meer
Orten vnder vns, von einichem vyendt, wär der wäre, gar
niemandts ußgeſchloſſen (der nit vnſers Allten waaren gloubens
Jſt), vyentlicher wys angetaſtet oder überzogen wurde, Oder
ob glych wol ſöllicher vygendt uß Andrem geſuchtem oder er-
dichtem ſchyn, dann von deß gloubens wegen, den krieg wider
vns anfieng, Das alls dann wir die übrigen Ort mit aller
Vnſer macht dem oder denſelben angetaſteten oder überzognen,

wie vorgemellt, mit aller vnser macht vnverzogenlich zu hillff
kommen vnd allſo Jnen byſtendig ſin ſollent, bis das ſy vß
aller not errettet ſind. Vnd diewyl man aber einandern nitt
allein mitt den waaſſen, ſonder ouch Jn andre wäg vnd wyſ
ſchädigen, durächten, verhergen vnd verderben kan vnd mag,
So erlüttrend Wir vns ouch deſſen clarlich hiemit, Namlich
wann einichem vnder vns den Siben Catholiſchen Orten von
Jemandem, ſo nitt vnſers Catholiſchen gloubens Jſt, derglychen
vnlydenliche ſachen begegnen, Dardurch daſſelbig Eins oder
meer Orten vnder vns nottzwangs halb gethrungen wurde,
zum erſten zu den waaffen ze gryffen, Wider des andern theils
Tyranny vnd vnbill ſich zu erretten, Das als dann Wir die
übrigen Ortt ouch ſchuldig vnd pflichtig ſin ſollent, denſelbigen
Einem oder meer Orten vnder vns zehillff zekommen, Jn wyſ
vnd maß, alls hievor erlüttret iſt vnd alls wann ſy zuvor
überzogen wärent. Es mag ouch diſre vnſre Chriſtenliche
Pündtnuß ye zu zytten, wann es die Oberkeiten allſo für gutt
oder nottwendig anſähen wurde, wol widerumb verläſen vnd
beſchworen werden, damitt es den Jungen ouch yngebildet
vnd deſto minder vergeſſen werde, Doch mit dem zuthun, das
hierinn nützit gemindert noch verendert werde, ouch dhein nüwe
brieff nitt vffgericht werden, ſonder die allſo Jn gutten krefften
blyben. Lettſtlich, damit nun diß alles, ſo harinn geſchriben
vnd begriffen iſt, Jetz vnd harnach ewig by gutten krefften
beſtendig blybe, So haben Wir obgenannte Rhats Anwällt,
alls vollmechtige befelch= vnd Gwallthabere vnſer ßerren vnd
Obern, Nach dem Wir vns all gemeinlich mit vorgehendem
erforſchen vnſer gwüßne, waarer rüw vnſer ſünden, darvff
gethaner Bycht vnd empfahung deß aller ßeyligſten ßoch-
würdigſten Sacraments deß zarten Sronlychnams vnſers
ßerren vnd erlöſers Jeſu Chriſti, vnder dem hohen Ampt der
heiligen Meß von dem ßeiligen Geiſt geſungen, vnd andern
Chriſtlichen vnd harzu geprüchlichen Cerimonien vnd ſolem-
niteten Jn der Pfarrkilchen zu Lucern, vff dato diß Brieff=
gehallten, verſehen, Jn dem Namen der ßochheiligſten Dry-

falltigkeit, Derſelben, ouch der vßerwöllten Himmelkönigin
vnd Mutter Gottes Mariä vnd allem himmliſchem höre zu
Loob vnd Eer, Vns allen vnd vnſerm Vatterland zu troſt, zu
erhalltung, vffnung vnd meerung vnſer waaren Catholiſchen
Religion, mit offentlichem End, vffgehepten fingern vnd
geleerten worten vor dem angeſicht Gottes vnd aller Heiligen
zuſamen gelopt vnd geſchworen, Lobent, ſchwörent vnd verſprechent ouch einandern, In nammen vnd an ſtatt vnſer aller
Herren vnd Obern (wölliche Wir ouch vß krafft habends
bevelchs, ſampt Jren vnd vnſern ewigen nachkommen harzu
veſtendklich vnd vnwiderrufflich verbindent vnd verpflichtend),
alles vnd Jedes, was diſer Brieff vßwyßt, Veſt vnd ſtätt ze hallten,
ouch demſelbigen nachzekommen vnd zu geleben, gethrüwlich
vnd one geſaar, ouch alle ſünd, Liſt vnd vßzüg gentzlich
vßgeſchloſſen vnd vermitten, In krafft diß Brieffs, deſſen
Siben glichsförmigs Innhallts, von wort zu wort glych-
luttende, vffgericht vnd mitt aller Siben Orten eignen vnd
gewonlichen anhangenden ſecret Jnſiglen bewart vnd Jedem
Ort einer zu Handen geſtellt. Geben vnd beſchechen Vff Sonntag Morndeß nach des Heiligen Bychtigers Sancti Francisci
Tag, Von Chriſti Jeſu vniers lieben Herren vnd Säligmachers
heilſamen geburt gezallt Sünffzehenhundert, Achzig vnd ſechs
Jar.“

Dieſer Brief hob alſo, allen anderen Bünden derogirend,
nicht allein die kantonale Souveränetät in Glaubensſachen auf
und gab der Geſammtheit der katholiſchen Orte das Recht, einen
einzelnen Stand zur Beibehaltung dieſes Glaubens zu zwingen,
ſondern er ſchloß auch noch überdieß jede Reviſion ſeiner Beſtimmungen für alle Zeiten förmlich aus.

An dieſe katholiſche Bundesverfaſſung ſchloſſen ſich
an: Appenzell J.-Rh., deſſen Trennung von dem äußern Landestheil noch vor Abfluß des Jahrhunderts (8. September 1597)
erfolgte,[1] der katholiſche Theil von Glarus, bei welchem Stande

[1] E. A. V 1, 452/1861. 551/1576. 1867.

es jedoch nie zu einer förmlichen Trennung kam, [1] Wallis, der Bischof von Basel [2]), der Abt von St. Gallen [3]) und die Stadt Rotweil, in welcher eine heftige Gegenreformation, mit Austreibung aller Reformirten, stattgefunden hatte.

Der reformirte Bund umfaßte hingegen die vier evangelischen Städte Zürich, Bern, Basel und Schaffhausen als Kern, sodann reformirt Glarus und Appenzell, Mühlhausen, Biel und im Wesentlichen auch die III Bünde in Rhätien, [4]) ferner Genf,

[1]) Glarus war lange Zeit beständig auf dem Wege der Trennung, wie Appenzell. 1525 und 1526 hatten die Glarner den V Orten versprochen, den katholischen Glauben zu erhalten, waren jedoch 1530 nach dem ersten Landfrieden davon abgegangen und hatten die Reformation eingeführt. Zürich namentlich bemühte sich hier beständig, nicht alle demokratischen Länder katholisch bleiben zu lassen. Nach dem zweiten Landfrieden entstand 1532 durch einen Schiedsspruch vom 21. November der erste Religionsvertrag, durch den die katholische Minderheit eine gesicherte Existenz erhielt, 1564 folgte der zweite, 1623 ein dritter und 1683 19./29. Sept., nach vergeblichen Bemühungen der katholischen Orte, eine Trennung herbeizuführen, der große „Glarner-Landesvertrag", eine Vereinbarung zwischen beiden Religionsparteien. Nach Außen übte dieser Vertrag die Wirkung einer Trennung. In dem französischen Allianzvertrag von 1777 z. B. sind separate Unterschriften und Besiegelungen von « Glaris Evangélique » und « Glaris Catholique » zu sehen. Auch die Ratifikationen dieses Vertrags erfolgten ganz separat von „Landammann, Räthen und sämmtlichen Landleuten des eidgenössischen Kantons Glarus evangelischer Religion" den 17./28. Juli und von „Landesstatthalter, Räthen und gemeinen Landleuten katholischer Religion zu Glarus" den 29. Juni. E. A. VII ıı, 1326. Ueber diese Glarner-Verträge siehe E. A. IV ı b, 1584; IV ıı, 1471; V ı, 2113; VI ıı, 1. 25. 31. 2276.

[2]) E. A. IV ıı, 1570; V ı, 1945; VI ı, 1630. 1700.

[3]) Der wichtigste Vertrag betreffend den Abt von St. Gallen ist die sogenannte « Communella », eine Uebereinkunft mit den paritätischen Herrschaftsorten des Rheinthals über die Regierung daselbst, 20. Dezember 1676. E. A. VI ı, 1701.

[4]) Der Freistaat der drei Bünde in Rhätien war stets auf dem gefährlichen Wege, durch eine beinahe gleichmäßige konfessionelle Volkstheilung und durch die besonders schwierigen Verhältnisse des Unterthanenlandes Veltlin in eine solche unheilbare Spaltung hineingerissen zu werden. Doch war hier einerseits, wie dieß noch heute der Fall ist, ein sehr großer Fond von natürlichem gesundem Menschenverstande vorhanden, dem alle

Neuenburg, Münsterthal, Neuenstadt und das reformirte Toggenburg. Eine eigentliche Bundesurkunde existirte hier nicht mehr,
seitdem das christliche Burgrecht durch den zweiten Landfrieden

Uebertreibung, selbst unter den besten und höchsten Titeln, widersteht. Und
andererseits lebte in diesen Gebirgen seit jeher ein Freiheitsgeist, der sich
auch geistlicher Beherrschung, sowenig als weltlicher, zu fügen geneigt war
und sich niemals in der Gebundenheit des goldenen Bundes wohl gefühlt
haben würde.

Merkwürdige Beispiele hievon sind die Hinrichtung des Dr. Johannes
Planta, Pfandinhabers der österreichischen Herrschaft Rhäzüns, wegen An-
nahme einer päpstlichen Bestallung als Probst zu Teglio und päpstlicher
Generalvikar im Veltlin, ohne vorher eingeholte Genehmigung der drei
Bünde. Dieser angesehene katholische Bürger wurde von seinen eigenen
Glaubensgenossen im Vorderrheinthal, wohin er sich geflüchtet hatte, nach
Chur ausgeliefert, von einem aus Katholiken und Protestanten gemischten
Gericht, bei welchem ein «acerrimus papista», Balsar von Obervatz, als
Ankläger und ein Evangelischer, Pol von Samaden, als Vertheidiger fun-
girte, zum Tode verurtheilt und am 31. März 1572 (im Jahre der Verkün-
digung der Tridentinischen Konzilsbeschlüsse und der Bartholomäusnacht
in Paris) hingerichtet. Noch bezeichnender vielleicht ist die Thatsache, daß
der Bischof Lazius Jter von Chur, welcher von 1540 bis 1549 regierte,
mehr als einmal persönlich in der evangelischen Kirche zu Chur protestantischen Kindern zu Gevatter stand.

Noch im Jahre 1600 verfügt ein Bundesbeschluß „der Gräbnuß halb
gegen die Evangelischen ist geordiniert, das man kain underscheidt under
ein anderen halten söll, sond beiden Orten einander vergraben wie Cristen-
lüth". Ebenso wurde 1585 das auf Betreiben des 1584 verstorbenen Kardinals Borromeo zu Roveredo im Misoxerthal (wie in Luzern, Pruntrut,
Wallis und Freiburg) errichtete Jesuitenkollegium durch Schlußnahme des
Bundestages aufgehoben und die Inquisition im Veltlin auf das Ent-
schiedenste verhindert. Vgl. Bott „Hans Ardüser's Chronik", Commentar,
pag. 321. 288. 520. 416. 399.

Eigenartige Schwierigkeiten verursachte das Unterthanenland Veltlin,
das nach einer Gegenreformation des 17. Jahrhunderts, deren Denkmal die
prachtvolle, auf Grund der Vision eines Hirten erbaute Wallfahrtskirche
«La Madonna di Tirano» ist, unter eine Art von konfessionellem Protektorat der benachbarten spanischen Regierung in Mailand gerieth, welches
die spätere völlige Ablösung vorbereitete.

Diese Verträge waren: zuerst der Vertrag von Madrid vom 25. April
1621, die Aufhebung aller „Erneuwerungen so sijt anno 1617 bis uff dato
zu Nachtheil der catholischen Religion möchten yngefürt sin" in Veltlin,
Cleven und Worms, nebst einem weiteren Vertrag darüber mit dem Bischof

aufgehoben worden war; im Jahre 1655 vor dem Dilmerger Krieg wurde von Zürich und Bern auch ein Entwurf aufge= stellt,[1] der jedoch nicht förmlich zu Stande kam.

Beide Theile hatten ihre engen Verbindungen nach Außen, die diese konfessionelle Doppel=Bundesverfassung, wie sie nach dem zweiten Landfrieden eintrat, ergänzten und garan= tirten: Die katholische Eidgenossenschaft, vor allem das „hülfliche Bündniß" mit Savoyen vom 8. Mai 1577, das am 28. September 1578 in der Kathedrale von Turin feierlichst beschworen wurde,[2] der Bund mit Papst Pius IV. vom

von Chur vom 15. Januar 1622. Dieser Staatsvertrag wurde jedoch durch Referendumsabstimmung verworfen. E. A. V n, 2034. 2103. Ein Vertrag zwischen dem päpstlichen Stuhl, Frankreich und Spanien, wonach das Veltlin ein Depositum in Händen des Papstes werden sollte, 4. Febr. 1623. E. A. V n, 2105. Der Friede von Monzon zwischen Frankreich und Spanien 5. März 1626. E. A. V n, 2123. 2132. Endlich die Kapitulation der III Bünde mit Spanien über die Regierung im Veltlin, Cleven und Worms vom 3. September 1639, E. A. V n, 2197, die bestehen blieb. Ueber dieselbe vgl. „Politisches Jahrbuch" II, 475. Ueber die Bünde mit Zürich, Bern und Venedig vide E. A. VI n, 2318. 2325; V i, 1894.

[1] Vgl. E. A. VI i, 242. 1757.

[2] E. A. IV n, 1541. 1553. Voran geht der Vertrag vom 11. Nov. 1560. der die wirkende Ursache des verderblichen Lausanner-Vertrages war. E. A. IV n, 1461. 1477. Von da ab hoffte Savoyen ernstlich auch Genf, diese «sentina malorum», wieder zu gewinnen und war auch im Jahre 1589, als Bern mit ihm, entmuthigt, den Vertrag von Nyon schloß, sehr nahe daran. Vgl. Helvetia IV, 23. 276. Das satyrische Gedicht „der Krebsgang", von Adam Christen von Ueberlingen, schildert genau die damalige verächtliche Stimmung der evangelischen Schweiz gegen die herrschende Partei im großen Rathe zu Bern. Der Vertrag von Nyon wurde durch Referendum des bernischen Volkes widerrufen und der Friede von St. Julien vom 21. Juli 1603 zwischen Savoyen und Genf stellte dann zuletzt die Sache wieder auf einen günstigern Boden für die viel angefochtene Stadt. E. A. V i, 1898. Die Bündnisse Savoyens mit den katholischen Orten wurden indessen auch noch mehrmals erneuert (E. A. V n, 2156; VI i, 1608) und bildeten fortwährend eine enge Glaubensgemeinschaft und in Verbindung mit den Walliser Bündnissen eine beständige Bedrohung Bern's in der Flanke.

10. April 1565,[1] und das Bündniß mit Philipp II. von Spanien vom 12. Mai 1587 [2]) und seinen Nachfolgern in der Herrschaft von Mailand.

Die Reformirten hingegen zählten zu den Ihrigen: die Stadt Straßburg, den Markgrafen von Baden, den Pfalzgrafen, den Herzog von Württemberg, die Niederlande, Venedig [3]) und zeitweise auch Frankreich, in Bezug namentlich auf den Schutz von Genf gegen die savoyischen Ansprüche. [4]) Im Jahre 1651, 28. und 29. September, enthalten die „geheimen Verhandlungen"

---

[1]) E. A. IV ıı, 1517.

[2]) E. A. V ı, 1829. 1915; V ıı, 2145; VI ıı, 2298. Der 9. Artikel in der Erneuerung des spanischen Bündnisses mit Philipp V. lautet am Schluß: „Und dieweil dann Wir Eidgenossen Ihre Katholische Königliche Majestet ein besonderer gutherziger eifriger Beschützer und Schirmer (zu) sein des alten wahren katholischen christenlichen Glaubens wissen und erkennen, da so hat Ihro Katholische Königliche Majestet sich gegen Uns dessen erklärt und Wir der König versprechen es auch, namlich, wann es insonderheit Glaubenssachen belanget, oder zu Schuz, Schirm, Aufnehmung und Erhaltung des alten wahren katholischen christenlichen Glaubens reicht und dienet, wie dann Anfangs dieses neunten Articuls Meldung beschieht, sie alsdann Uns Eidgnossen nicht allein die benamsete Summe Gelds oder Kriegsleute, sondern noch darüber und zusammt der benamseten Summe und erläuterten Hilfe noch alle Hilfe thuen solle und wolle, es seie gleich an Geld oder Kriegsleuten oder beiden, wie Wir die verbündeten katho-lischen Orte dasselbig selbst an Ihr Majestet oder dero Gubernator zu Meyland auffordern, begehren oder für nothdürftig (zu) sein erachten würden, da dann Ihro Majestet (ja auch in allweg) Uns trostlich- und hilflichen zustehen soll und will, wie gesagt."

[3]) E. A. VI ı, 1964; V ı, 1954; VI ıı, 2312. 2318; VII ı, 1351. 1357. Ueber eine Gesandtschaft der evangelischen Orte an Holland und an Crom-well siehe: Helvetia I, 561.

[4]) Frankreich stand abwechselnd zu beiden Parteien. Genf wollte es lieber selbst haben, als es dem nächsten Ansprecher Savoyen gönnen, wie es denn auch bereits das Pays de Gex im Jahre 1601 für sich erwarb, und auch das Interesse des Solddienstes gebot ein freundliches Verhältniß zu beiden Theilen. Vgl. E. A. IV ıı, 1556. 1584; V ı, 1873. 1879. 1931. 1946. 1954; VI ı, 1618. 1672 (Separatbündnisse). 1641 (allgemeine Bundes-erneuerung), IV ıı, 1584 (Schutz des evangelischen Glaubens im Waadt-land); VII ı, 77. 1361. 1379 (katholische Bündnisse); VII ı, 1398 (Bündniß mit Zürich und Bern behufs Intervention in Genf).

der Ehrenausschüsse der V katholischen Orte folgende bestimmte
Aufstellung der beidseitigen Glaubensverwandten:

„Zur Berathung der allfällig nöthig werdenden Defensions-
mittel zusammengetreten, sieht man sich vorerst nach den
Gegnern um und findet als solche, sofern es zum Krieg
kommen sollte, die IV evangelischen Städte Zürich, Bern,
Basel und Schaffhausen; evangelisch Glarus und evangelisch
Appenzell; die gemeinsamen Unterthanen evangelischer Religion;
die Städte St. Gallen, Biel, Mühlhausen, Genf, Straßburg;
die unkatholischen Bündner, den unkatholischen Markgrafen
von Baden, den Pfalzgrafen, Württemberg; dann vielleicht
auch einige unkatholische Reichsstädte und Venedig; endlich
möchte man versucht werden, Wallis zu „turbieren". Zu ihren
Freunden rechnen die V katholischen Orte Freiburg und
Solothurn, Glarus und Appenzell katholischer Religion; die
gemeinsamen katholischen Unterthanen; Wallis und katholisch
Bünden; die Städte Baden, Bremgarten, Mellingen und
Rapperswyl, Rottweil und Constanz; den Bischof von
Basel und den Prälaten von St. Gallen; ferner der Bündnisse
wegen Frankreich, Spanien, das Haus Burgund und Savoyen;
der Erbeinung wegen das Erzhaus Oesterreich, beziehungsweise
den Kaiser selbst; den Papst als Oberhaupt der ganzen
katholischen Kirche; den Kurfürsten von Bayern «per ragion
di stato»; Lothringen und Florenz wegen alter Verständnisse."

Etwas gemildert wurde diese Trennung durch den Vertrag
von Baden (7. Sept. 1632),[1] der die Parität in den Landvogteien Thurgau und Rheinthal, wo die Mehrheit der Bevölkerungen evangelisch geblieben war, näher festsetzte, namentlich
in Bezug auf Ehegerichtsbarkeit, Pfründenbesetzung und positiven
Ausschluß des Mehrheitsentscheides der regierenden Orte in
Religionsangelegenheiten, und sodann durch den dritten Landfrieden, nach der ersten Schlacht von Vilmergen (23. Jan. 1656),

[1] E. A. Vıı, 705. 1541.

welcher im Wesentlichen bereits das definitive konfessionelle Bundesstaatsrecht enthält. [1]) Darnach wird im eigenen Gebiet der Orte die Souveränetät auch über Sachen, welche die Religion anbetreffen, unbedingt anerkannt und ist kein unparteiisches eidgenössisches Recht darüber zulässig; in den gemeinen Herrschaften dagegen sind Religionssachen schiedsgerichtlich zu gleichen Sätzen zu entscheiden und ist Mehrheitsentscheid der regierenden Orte nur in andern Angelegenheiten zulässig. Auch die Vorfrage, ob etwas die Religion betreffe, ist stets schiedsgerichtlich zu erledigen. Der sogenannte „freie Zug" (beneficium emigrationis), d. h. die bloße Ausweisung Andersgläubiger (namentlich von Convertiten) statt der Bestrafung, der allmälig in den reformirten Orten üblich geworden war, wird nicht als Bundesrecht anerkannt, sondern es kann jede Religionspartei darin nach ihrer Gewohnheit handeln.

Im Jahre 1712 brach endlich der letzte der Religionskriege wegen des Abtes von St. Gallen aus, der mit seinem Lande Toggenburg in beständigem Streite lag und zeitweise sogar Miene machte, sich in seiner Eigenschaft als deutscher Reichsfürst der Vormundschaft der Eidgenossen überhaupt zu entledigen und statt dessen unter den Schutz Oesterreichs zu begeben. [2]) Nach dem Gefecht bei Bremgarten gegen die äbtischen Truppen erfolgte der erste und nach der (zweiten) Schlacht von Vilmergen

---

[1]) C. A. VI, 319. 1633. 26. Febr./7. März 1656. Unmittelbar voran ging der Entwurf einer allgemeinen Bundesrevision. Die Schlacht von Vilmergen, ein entscheidender Sieg der Luzerner Feldherren Sonnenberg und Pfyffer gegen den bernischen General v. Erlach ging für den Letzteren namentlich wegen Indisziplin des Heeres verloren, das sich in den Bauernhäusern zerstreut hatte, während die Generalität weit entfernt im Schlosse Lenzburg lag. Ein Spottlied jener Zeit sagt daher darüber:

„Muß warlich schier des bären lachen,
Der wöllt je Villmergen küechli bachen."

Eine interessante Chiffre-Schrift der katholischen Orte, festgestellt im Kloster St. Urban den 15. März 1655, siehe C. A. VI 1, 1750.

[2]) C. A. VI 11, 1016. 2285, Vertrag mit Kaiser Leopold I. vom 28. Juli 1702.

(25. Juli 1712) zwischen Bern und den katholischen Orten der zweite Aarauer Frieden, gewöhnlich der vierte Land-frieden (mitunter auch der dritte, unter Auslassung desjenigen von 1656) genannt,[1] welcher, mit einem Zusatz vom 15. Juni 1718[2]), (Friedensschluß mit dem Abt Leodegar Bürgisser) endlich, nach beinahe 200 Jahren, das Ende der Glaubenskriege bildet. Leider auch nicht ein ganz glückliches Ende, indem sich die diesmaligen Sieger, Zürich und Bern, durch die Beseitigung der katholischen Orte aus der Mitherrschaft in der Grafschaft Baden, Bremgarten, Rapperswyl und einem Theil der freien Aemter[3]) und den Ein-tritt Berns in alle gemeinen Herrschaften (Thurgau, Rheinthal, Sargans, freie Aemter), an denen es bisher keinen Theil gehabt hatte, für ihre Kriegskosten allzu reichlich schadlos hielten. Dies veranlaßte die katholische Eidgenossenschaft zu der einseitigen Erneuerung der französischen Allianz vom 9. Mai 1715 nebst dem geheimen Beibrief vom gleichen Datum (Trüklibund)[4]), worin ihnen Restauration versprochen war, der aber infolge des baldigen Todes Ludwigs XIV. zu keinem weitern Resultate führte.

Der vierte Landfriede ist die gemeinsame Bundesver-fassung,[5]) welche die beiden Religionsparteien nun noch von 1712 ab bis zu Ende der alten Eidgenossenschaft besaßen,[6]) die einzige Bundesrevision, die sie noch zu Stande brachten. Er beginnt daher, wie das Stanser Verkommniß und unsere nach-

---

[1] E. A. VIII, 1700, 2330. 18. Juli, 9. und 11. August 1712 mit Publikationsmandat vom 12. Sept. 1712. E. A. VII₁, 1.

[2] E. A. VII₁, 1381.

[3] E. A. VI₁₁, 2340. 2343.

[4] E. A. VII₁, 81/1361. 81. 82 1379. „Trüklibund" hieß er, weil er in einer versiegelten Blechschachtel aufbewahrt wurde. Das Geheimniß wurde aber sehr bald bekannt. Der „goldene Bund" wurde in Verbindung hiemit ausdrücklich und feierlich neu beschworen.

[5] Vgl. hierüber Balthasar, „Gedanken und Fragmente", pag. 105.

[6] Der Landfriede von 1531 wurde auch förmlich aufgehoben und dieß allein soll fortan der Landfriede sein und bleiben.

maligen eidgenöſſiſchen Bundesverfaſſungen ſeit 1815 mit einem
feierlich religiöſen Eingange, wie folgt:

„Zu wiſſen kund und offenbar ſei hiemit Männiglich,
alsdann ſich zu allgemeinem Bedauren begeben, daß zwiſchen
denen loblichen Orten der Eidgenoſſenſchaft, als nämlich Zürich
und Bern an einem, dann Lucern, Uri, Schwyz, Unterwalden
ob und nid dem Kernwald und Zug ſammt dem äußern Amt
an dem anderen Theil einiche Mißhell, Irrung und Zweiſpalt
von toggenburgiſchen Landsbeſchwerden und daherigen Klägten
wegen erwachſen, und ſelbige mit dem Lauf der Zeit ſolche
Weiterung gewonnen, daß endlich aus Gottes gerechter Ver-
hängniß man nicht allein im Toggenburg und den abt-
ſt.-galliſchen Landen, ſondern auch in den gemeinen Herrſchaften,
ſonderbar aber der Grafſchaft Baden und den Freien Aemtern
zu krieglichen Verfaſſungen, ja wirklichen Thätlichkeiten ſelb-
ſten gegen einander gerathen; daß daraufhin beide lobliche
Orte Zürich und Bern ſich benöthiget befunden, nicht allein
der Grafſchaft Baden ſammt den Freien Aemtern und der
Städten Baden, Mellingen, Bremgarten etc. ſich zu bemäch-
tigen, ſondern auch des Thurgeus und Rheinthals zu ver-
ſichern, derowegen dann die übrigen loblichen Städte und
Orte der Eidgenoſſenſchaft, als Glarus, Baſel, Freiburg, Solothurn, Schaffhauſen, Appenzell, Stadt St. Gallen und Biel
aus wahrer Sorgfalt für die Erhaltung gemein lieben Vaterlands und den von unſern Altvorderen theuer erworbenen
Freiheiten veranlaßet worden, eine allgemeine Zuſammenkunft
aller loblichen dreizehen und zugewandter Orte der Eidgenoſſenſchaft nach Aarburg und Olten auszuſchreiben, hernach aber
gemeinſamlich beſſer befunden um allſeitig mehrerer Komm-
lichkeit willen die Malſtatt nach Aarau zu verlegen, allwo
ſich aller loblicher eidgenöſſiſcher Orte Herren Ehrengeſandte
einbefunden, durch welcher ohnermüdeten Fleiß, Arbeit und
Sorgfalt die Sachen endlich ſo weit gebracht worden, daß
entzwiſchen den loblichen Orten Zürich und Bern an einem,
dann Lucern und Uri an dem andern Theil den 18. Juli 1712

wirklichen ein Frieden abgeredt und verglichen, in ein Instrument verfaßt, von derselben Herren Ehrengesandten kraft von
ihren Herren und Oberen empfangener Gewalten allseitig
unterschrieben und mit dero Pitschaften verwahrt worden,
welchen verbrieften Frieden aber damalen die loblichen Orte
Schwyz, Unterwalden und Zug nicht annehmen wollen; derowegen dann die Sachen endlich dahin gekommen, daß man in
noch mehrere Thätlichkeiten und leidige Kriegsübungen gegen
einander zerfallen; bis daß endlich der sammtlicher loblicher
dreizehen und zugewandter Orten der Eidgenossenschaft Herren
Ehrengesandte sich wiederum in Aarau frischerdingen zusammen-
gethan, und nach Eröffnung ihrer von dero allseitigen hohen
Gewalten zum Friedensschluß empfangener Vollmachten, durch
ihre angewandte ohngemeine Besorgfältigung, Eifer und Be-
flissenheit unter Mitwirkung des Segens des Allerhöchsten,
sothane Mißverständniß und Zwietracht völlig erörtert entscheiden, betragen und, Gott gebe, zu einem immerwährenden
Frieden und Vergleich verordnet worden, wie von Puncten zu
Puncten folget."

Die konfessionelle Bundesverfassung für die gemeinen Herrschaften bildete fortan das Publikationsmandat vom 12. September 1712, lautend [1]):

"Wir von Städt und Landen der nachbenanten Orten
Loblicher Eydgnoßschafft, als Zürich, Bern, Lucern, Ury,
Schweitz, Underwalden, Zug und Glarus, (Appenzell, wegen
Rheinthal) Räht und Abgesandte dermahlen auf der Jahr-
Rechnung zu Baden im Aergäu, aus Befehl und Gewalt Unser
allerseits Herren und Oberen bey einandern zu Tagen ver-
samt, thund kund offentlich hiemit, demmenach zwüschen denen
beyden Lobl. Städten Zürich und Bern an einem, und danne
denen V Lobl. Orten Lucern, Ury, Schweitz, Underwalden, und
Zug an dem anderen Theil bekanndter Ursachen wegen, leyder!

---

[1]) E. A. VII 1, 1345. Dem Instrumente selbst folgen drei "General-
Reservationen" von Glarus, Freiburg und Appenzell A.-Rh. E. A. VII 1, 1350.

grosse Zweytracht entstanden, und daraus Krieg und Blut-
vergiessungen erfolget; So aber vermittelst der ohnendlichen
Gnad und Güte Gottes durch den, den 18ten Heumonat, wie
auch den 9ten und 11ten Augstmonat jüngsthin zu Arau geschlossenen Friden gäntzlichen hingelegt, abgethan, und der liebe
Frid und Ruhestand des Vatterlands, darfür dem Allerhöchsten
demüthigest gedanket seye, wider hargestellet worden; Daß
Wir reifflichen beherziget, wie zu Erhaltung der gemeinen Ruh
und Wolfahrt nichts heilsamers, nutzlichers, und nothwen-
digers seye, als gute Satz- und Ordnungen, und unpartheyische
Handhab, und getreue Beobachtung, und das fürnemlich, wo
zweyerley Religions-Angehörige bey und neben einanderen
wohnen, und leben müssen, der Oberkeit höchstens ob- und
angelegen, zu verschaffen, daß eine gerechte und anständige
Aufführung under denselben beobachtet, und erhalten werde;
Wie dann zu solchem End hin gedachtem Fridens-Schluß solche
Satz- und Ordnungen einverleibet worden, welche zu einer beständigen Regul und Richtschnur dienen, und hinfüro der
Lands-Fried heissen und seyn, danne auch jedermänniglich,
in so weit selbiger einen jeden in seinem Stand und Wesen
ansehen und betreffen thut, von nun an obzuhalten, zugeleben
und Folg zuleisten schuldig und verbunden seyn solle, inmasen
wie der vierte Punct des aus beyden in eines zusamengetragnen
Fridens-Instrumenti in allen seinen Articulen ausweißt und
vermag, als von Wort zu Wort folget:

Und weillen Vierten s beyde Lobl. Ort Zürich und Bern
das Thurgäuw und Rheinthal zu gemeinsamer Regierung der
jenigen Lobl. Orthen, welche selbige vorhero beherschet, widerum abtretten werden, mit Beding, daß vorhero so wohl der
Religion als der Regierung halber die gebührende Paritet
würcklichen zu Werck gerichtet werde; Gestalten hierumb abgeredt, vergliechen und beschlossen, daß Künfftige Streitigkeiten
in dennen gemeinen Herrschafften zuvermeiden und eine gerechte und Fridsamme Regierung zuführen, die Evangelische
gleich wie die Catholische der Religion und Gottesdiensts halber

und was selbigem anhanget, in dennen gemeinen Herrschafften, in welchen beyde Religionen sich befindend in einem gantz gleichen Rechten stehen und was jeder von beyden Religionen zu derselben Uebung in particularj zugehöret, derselben verbleiben, und sie dessen ohnverweigerlich zugenießen haben.

So sollen auch in hochen Regalien, Item wan es umb allgemeine Regierungs-Policey-Landts- und Kriegs-Ordnungen zuthun, könfftighin die Majora nichts entscheiden, sonderen wo darüber ohngleiche Meinungen wären, sollen gleichwie in denen die Religion ansehenden Geschäfften, derethalb der Einte Theil vermeinte daß es die Religion mit berühre, der Andere Theil aber es für eine Religions-Sach dargibet, weder von den mehrern Lobl. Regierenden Ohrten noch viel weniger von den nachgesetzten Landtvögten nichts decidiert oder darüber gesprochen, sonderen darmit biß auff aller Lobl. Regierenden Ohrten Zusammenkonfft gewarthet und alsdan durch gleiche Sätze beyder Religionen zu güeth- oder rechtlichem Außtrag geschritten werden: In allen anderen Sachen aber sollen die Regierende Ohrt wie hiebevor handlen, erkennen, richten und urtheilen und ein Meer ein Meer seyn und verbleiben.

Und gleich wie man zugiebt, daß die Catholische Geistlichkeit samt allem was ihren Gottesdienst und Kirchenzucht betrifft, Item die Ehe-Sachen und was dem Foro Matrimonialj anhanget, vor dem bekanthen Richter ihrer Religion beurtheilet werden; Eben also sollen auch die Evangelische Pfarrere und Seelsorgere samt allem was derselben Gottesdienst und Kirchenzucht betrifft, darunter auch die Bestell- und Haltung der Schullen begriffen, gleich der Judicatur über die Ehesachen, dem Richter Ihrer Religion Nammlich der Stadt Zürich auch allein unterworffen seyn; Die Schulmeister aber in allen anderen Sachen, aussert was die Institution und Religions Docierung betrifft, dem weltlichen Richter unterworffen bleiben; Auch wo die Eint oder andere Religion verlangte, daß die Schul gesönderet wurde, oder aber eine neuwe auffrichten wolte, solle solches derselben auf eigenen Costen zuthun bewilliget seyn.

Es solle auch Kein Theil an des anderen Religions-Cere-
monien und gebräuchen oder was jmmer seiner GlaubensBe-
kanthnus nit gemäß ist, insonderheit auch nicht zu haltung
des anderen Theils Fäst- und Feyrtagen verbunden seyn, und
gleichwie die Catholische in Jhrem Gottsdienst, Ceremonien
und Processionen nicht gehinderet, beschimpfet noch beleidiget
werden, eben also sollen auch die Evangelischen in Jhrem
Gottesdienst, Kirchen-Gebräuchen und Ceremonien nicht gehinderet, beschimpffet noch beleidiget werden.

Jn gleichem sollen die Landtvögt und Underthannen Jhrer
glaubens-Bekanthnus gemäß jederweillen beendiget werden.

Danethin so war auch angesehen und geordnet, daß zu
Verhüetung besorglicher Ohnordnung für daß Könfftige die
Kirch zu Verrichtung des Gottes Diensts an Sontagen von
dennen, die selbige zu Erst gebrauchen, denen so der anderen
Religion sind, vom Frühling biß in den herbst umb acht Uhren
und vom herbst biß in den Früling späthst umb neun Uhren
überlaßen; es were dan Sach daß sie sich unter einanderen
mit beydseithigem Belieben an eint- oder anderem Ohrt einer
anderen Stund verglichen heten und darbey verbleiben wolten;
Jedem Theil auch zu Verrichtung des Ordinarj und Extra-
Ordinarj Gottesdiensts durch die Wochen derselben gebrauch
ohngehinderet gestattet werden; Zu solchem End, wo man
keine eigene Kirchen Schlüßel und Meßmer hat, und derer
begehrt wurden, solche dem begehrenden Theil zudienen sollen,
Jedoch also, daß alsdann die Chor und Altär auß gemeinem
Kirchengueth mit so weniger Einnahm der weithe als möglich
beschlossen, auch dennen Evangelischen an solchen Ohrten, wo
sie mit Keinen Eigenen Taufffteinen versehen, selbige zu eigenem
gebrauch in die Kirch hinnn zusetzen ohne einche hindernuß
gestattet werden; Zugleich auch Jeder Religion ein besonderer
proportionierter Kirchhoff Jhre Todtne nach jhrer Religions-
Manier und Ubung zubegraben verwilliget seyn solle.

Jn fernerem ist auch abgeredt und verglichen, daß wo die
der eint- oder anderen Religion Zugethane Jhren Gottes-Dienst

in einer Eigenen Kirchen zuverrichten eine neuwe bauwen
wolten, danzumahlen solches in eigenem Coften beschehen solle,
doch daß sie sich alsdan selbiger Kirchen allein bedienen und
zu der gemeinsamlich gehabten den Zugang auffgeben, mithin
aber umb daß darzu verlaßende Recht sich mit der anderen
Religion verglichen mögen: Dafehrn auch eint- oder ander-
seithige Religionsgenoßen eine gemeine besitzende Kirch in
Eigenem Coften vergrößeren wolten, solle solches jhnen ohngehinderet gestattet werden; Jedoch daß der Bauw also geführt,
daß so viel möglich in Zeit des Bauwens kein Theil an seiner
Religions Uebung verhinderet auch der Cathollischen Altär und
Sacristeyen nichts benachtheiliget werde.

Also auch wan die Evangelische umb beßerer Komlichkeit
willen, eine nechst gelegene Kirch darinn Jhre Religion geübet
wird besuchen wolten, solle ihnen solches ohngehinderet zugelaßen seyn.

Denjenigen Kirchhörenen wo nur allein der Evangelische
Gottesdienst geübet wird, sollen dieselbe Kirchen-Güther, sie
mögen bestehen worin sie immer wollen, denenselben zu eigener
Verwaltung allein übergeben und überlaßen werden: Da hingegen denen Catholischen auch an denen Ohrten wo der Catholische Gottesdienst allein geübet wird gleichmäßig die Verwaltung Jhrer Kirchen Gütheren auch allein übergeben und
überlaßen seyn solle: Die Kirchengüether aber an denen Ohrten
da selbige annoch ohnvertheilt und allwo beyde Religionen
in Übung sind, solle die Natur solcher Kirchengüetheren erfor-
schet und die Spend oder Allmoßens Güther nach Marchzahl
der Leuthen jeder Religion getheilt, demenach auß den übrigen
Kirchen Gütheren daß, was zu dem gelüth und Kirchen-Ge-
bäuwen von Nöthen, bestimt, in zwey gleiche Theil getheilt,
darvon jeder Religion einer zur Verwaltung zugestellet, und
die unter dißem Titul sich ergebende Umbkosten zu gleichen
Theillen beygetragen, daß Capital wohl mögen vermehret aber
nit verminderet werden, von dem übrigen aber solle jedem
Theil daß, was er zu Verrichtung seines Gottesdiensts bis da-

hin genoßen fürbaß gefolget und zu deßen Verwaltung übergeben werden, und die Gemeindsgenoßen von der Eint- oder
anderen Religion zu der anderen Gottesdienst=underhaltung
für das Rönfftige nichts mehr beyzuſteühren ſchuldig ſeyn.

Es ſollen auch die Herren Collatores der jenigen Pfründen,
wo die Pfarrer dem Züricher Synodo einverleibet auß dreyen
Taugenlichen Subjectis, ſo ihnen von dahero vorgeſchlagen
werden, eines darauß zuerwehlen haben, anbey aber auch die
Pfarrhaüßer gebührend in Ehren zuhalten ſich angelegen ſeyn
laſſen.

Serners ſo iſt man auch übereinkommen, daß die ver-
laßenſchafft der in gemeinen Teutſchen Herrſchafften abſterben-
den verpfründeten Herren Geiſtlichen deß Abzugs frey ſeyn
ſolle.

Und weillen daß Rheinthalliſch Landt Mandat nit allein
eint- und andere Ohnordnung in ſich haltet, ſonderen auch die
Religion einmiſchen thut, Als hat man auch für nöthig angeſehen, daß daſelbig verbeßeret werden ſolle, mithin dan auch
der Landts=Sried von A. 1531 auffgehebt, todt, und ab-
ſeyn, dargegen aber die dißmahlige Befridigung könfftighin
der Landts-Sried heißen, und die Landvögt ſo wohl als
alle Geiſt- und Weltliche Gerichtsherren und Collatores zu
dißem neuwen Landts=Srieden verpflichtet und verbunden
ſeyn ſollen.

Damit dan auch in verwaltung der Juſtiz die Ohnpar-
theylichkeit deſto beßer Platz finden möge, ſo ſollen die Ehren-
ſtellen, Aembter, und Oberkeitliche Bedienungen von nun an
auß beyden Religionen beſtellet werden, alſo daß gleichwie
der Landtſchriber im Thurgeuw Catholiſcher Religion bleibt,
hargegen jederzeit der Landt-Amman Evangeliſcher Religion
ſeyn.

Es ſolle auch fürohin die Landtſchriberey des Rheinthals
beſtändig durch einen Evangeliſchen Landtſchriber beſtelt und
verſehen werden, der nechſte Beambtete auff jhne aber Catholiſcher Religion und den Lobl. Catholiſch-Regierenden Ohrten

ſelbigen zubeſtellen überlaßen werden von der Qualitet wie der Evangeliſch Beambtete in dem Sarganßer Land ſeyn wird, und wie die ſamtlich Regierende Ohrt deſthalber überein kommen werden, und obgedeüthe Landtſchrieber und Landtammanſtellen je zu zehen Jahren umb abgeänderet werden, und jedesmahl an eines Catholiſch abgehenden Landtſchribers ſtatt widrum ein Cathol., und vice versâ an eines Evangeliſch abgehenden auch widrum ein Evangeliſcher beſtellet, und alſo auch mit den nechſten auff ſie folgenden Oberbeamteten verfahren wer= den, die Wahl aber ſo ſehrn ſie einen Catholiſchen zubetreffen hat, denen Catholiſchen, wo es aber ein Evangeliſcher ſeyn ſoll, dennen Evangeliſchen Ohrten gebühren ſolle.

Übrige ſo wohl Civil= als Militar-Bedienungen, als da ſind Undervögt, Landtrichter, Weybel, Landt-Gerichts-Diener, Item Redner, Landt= und Quartier-ßaubtlüth, ßaubtlüth, jeder Religion ohne unterſcheid gleich viel beſtellet werden, darbey es der Redneren halber die Meinung hat, daß zu dennen diß= mahls vier Catholiſchen zu Frauwenfeld annoch zwey Evan= geliſche hinzugethan, auff daß abſterben zweyer Catholiſcher aber es fürbaßhin bey der Zahl der vier Redneren als zweyer Evangeliſch= und zweyer Catholiſcher gelaßen werden ſolle.

Ferner ſolle auch in dennen Niederen Gerichten, wo man von beyden Religionen unter einanderen wohnet mit Beſetzung der Amman und Richterſtellen alſo verfahren werden, daß an dennen Ohrten wo zwey Drittel der einten Religion, die Richter= ſtellen auch mit zwey Drittel Richteren von ſelber Religion beſtellet, wo aber die Manſchafft geringer als zwey Drittel, ſo ſolle danzumahl daß Gericht halb von den Evangeliſch= und halb von den Catholiſchen beſetzet, und allwegen ohne under= ſcheid der größeren oder wenigeren Manſchafft mit der Am= man oder vorderſten Richter-Stell alterniert werden.

So ſollen auch die Waißen mit Vögten Ihrer Religion beſorget, die Frömbdling ohne aller Regierender Ohrten Con= ſens nicht zu Lands=Kinderen, noch die Lands=Kinder derer Ohrten, wo ſie nit Burger, oder Gemeindsgenoſſen ſind, wieder den Willen des mehreren Theils der Gemeindsgenoßen weder zu Burgeren oder Gemeindsgenoſſen noch Beyſeſſen ange= nommen werden, auch weder die Landtvögt noch Gerichts= herren ſelbige unter dem Vorwand des halben Meers noch ſonſten einicher Maſſen darzu nit nöthigen mögen.

Danne die Kauff in Todtne Händ betreffende ſo ſollen ſolche Niemand als den Regierenden Ohrten für ſich, doch ſo zugelaßen ſeyn, daß die übrige mitregierende Ohrt umb den Conſens gebührend erſucht werdind.

Die heimliche Kläger und Kundtſchafften ſollen fürohin abgeſtelt, die Unterthannen mit ſtrenger Regierung nit beſchwehrt, noch mit ohnmäſſigen Cantzley= oder anderen beſchwerlichen Cöſten beläſtiget, ſondern in allen Dingen mit ihnen milt und vätterlich verfahren werden.

Wan danethin Lobl. Regierende Ohrt, (welches aber GOtt ewig wende) in Krieg gegen einanderen zerfiellen, ſo ſolle kein Theil er mache gleich die Majora auß oder nit, mögen die gemeinen Unterthanen mahnen, ſondern diße ſich neutral halten, und Keinetwederem Theil weder Volck, Gelt, Munition oder Proviant geben, oder einech anderen Vorſchub thun anderſt als mit Gebätt zu GOtt zu deroſelben wieder Verein= und Be= fridigung.

Weiters iſt hierdurch verſehen, daß in dennen gemeinen Herſchafften Männiglich Geiſt= und Weltlichen, verbothen ſeyn ſolle, einiche Sortifications=Werck ſie ſeyen Klein oder Groß, regular oder nit, unter was Prätext es immer ſeyn möchte zubauwen ohne Conſens aller Lobl. Regierenden Ohrten.

Die Maleficanten von beyden Religionen ſollen in kein Weiß noch Weg zu Aenderung der Religion angehalten, ſonder wan einer unter währendem Proceß einen Seelſorger ſeiner Religion zu ſeinem Troſt begehrte ihme ſolches in Beyſeyn eines Beamteten geſtattet werden, wan aber der Proceß ihme allbereith gemachet, ſolle der Seelſorger ſo er begehrt den ohn= gehinderten Zugang zu ihme dem Maleficanten ohne Beyſeyn

eines Beambteten haben, und von jhme biß zu der Richtstatt
begleithet werden mögen. Zu desto sicherer Verhütung dan aller ohnbeliebigkeiten
und reitzenden Anläßen soll künfftighin alles verhaste Schmützen
und Schmähen von Geist- und Weltlichen, in und aussert der
Kirchen, mundt- und schrifftlichen bey höchster ohngnad verbotten, und abgestrafft werden, auch solle bey gemeinen und
sonderbahren Zusammenkonfften es seye im Reden, Schreiben
und dergleichen die Einte Religion Evangelisch und die
andere Catholisch genennet und betitlet werden.

Übrigens dan solle auch in Justiz-Sachen Succession, Erb-
schafften und Callocationen die einten gleich den anderen ohne
unterscheid der Religion gehalten und angesehen, auch bey
denen Lehens-Verleihungen keinem der Religion halber etwas
zugemuthet werden.

Wann nun krafft dises Fridens-Schlusses heiter bedungen
worden, daß vor Abtrettung der herrschafften Thurgäu und
Rheinthal an die vormahlig Regierende Lobl. Orth, so wohl
der Religion als der Regierung halber, die gebührende Paritet
würcklichen zu Werck gerichtet werde, (zu dem End Wir eine
eigene Commission geordnet, welche sich obgelegen halten solle,
alles in erforderliche Execution zusetzen) zumahlen die Catholische gleich wie die Evangelische, und die Evangelische gleich
wie die Catholische der Religion und Gottes-Diensts halber,
und was selbigem anhanget, in denen gemeinen herrschafften,
wo beyde Religionen sich befinden, in einem gantz gleichen
Rechten stehen, wie nicht weniger der Ehrenstellen, Aemter,
Civil- und Militar-Bedienungen halber, wie hierum gehalten
werden solle, deutlich ausgetrucket ist; Als sollen hiemit jed-
wederer Religionns-Genossen gut Fug und Macht haben ihres
Rechtens nach Ausweisung angehörten Fridens-Schlusses von
nun an völliglich zubedienen, und derer würcklich theilhafft
und genoß zusevn; Gestalten dann Unser ernstlicher Will,
Meinung, und Befehl hiermit ist, daß kein Theil dem anderen
hierunder Eintrag thun, vil weniger einichen Widerwillen,

Verdruß, Aufschub, oder Versaumnuß verursachen, sonderen
je ein Theil dem anderen hierzu alle Bereitwilligkeit erzeigen
solle; Wie dann auch alle und jede, so wohl Geist= als Welt=
lichen Stands ermahnet werden, sich alles dessen, was zu
einicher Hinder= oder Irrung Anlaß geben möchte, gäntzlichen
zumüßigen und zu enthalten: Hierbey verbiethen Wir auch
allen und jeden Unseren Angehörigen Geist= und Weltlichen,
was Stands, Ansehen, und Würde die immer seyn möchten,
bey hoher Straff und Ohngnad alle ohngebührende, ehrver=
letzliche, üppige, ohnnütze, auch schandliche Schand= Schmäh=
und Schelt=Wort, Verachtungen, Verkleinerungen, Reitzungen,
und Veranlassungen, wie die immer fürgezogen, gemachet, oder
erdacht werden möchten, und wollen hingegen, daß männiglich
in Worten und Wercken, im Thun und Lassen sich ehrbarlich,
bescheiden, und tugendlich erzeige, und verhalte, als es ehr=
baren Leuthen unter einanderen wohl anstehet, und gezimmet,
und wer hierwider ohngehorsam erfunden wurde, der solle
deßwegen zu gebührender Straff gezogen werden; Welches zu
männiglichs wüssenthafften Verhalt ab allen Cantzlen offentlich
verlesen, und wornach ein jeder sich zurichten, und ihme selbst
vor Schaden zusevn wohl wüssen wird."

In den Ständen selbst blieb demnach die volle Kantonal=
souveränetät Regel, auch in Religionssachen, und damit that=
sächlich die Glaubenseinheit, ohne irgend eine Möglichkeit der
Eidgenossenschaft, Andersgläubige zu schützen oder die Duldung
mehrerer Bekenntnisse zu verlangen. Diese Fakultät ist erst ein
Produkt der neueren Zeit. Dagegen drang der Grundsatz der
Parität der beiden anerkannten und privilegirten Konfessionen
in den gemeinen Herrschaften bis in das Kleinliche hinein
durch. Bei allen Besetzungen von Stellen, bis zu den Weibeln
herab und ebenso bei den Vormundschaften wurde beiden
Theilen gleiches Recht garantirt, thatsächlich Parität und Aus=
schluß der Majorität in allen wichtigen Landessachen durch=
geführt. Die Käufe zu todter Hand wurden nur den regierenden

Ständen und auch diejen nur mit Zuftimmung Aller geftattet.
In künftigen Kriegen follen die Unterthanen neutral bleiben, und
es dürfen in ihren Landen keine Feftungswerke angelegt werden.
Die Toggenburger, um derentwillen der Krieg entftanden war,
erhielten einen eigenen paritätifchen Landrath, ein eigenes Land=
und Appellations=gericht, eine evangelifche Synode, evangelifches
Ehegericht, das volle Präfentations=recht für die evangelifche
Geiftlichkeit, welche unter dem Chorgericht der Stadt Zürich
in geiftlichen Dingen ftand — alles unter dem Schutz der beiden
reformirten Vororte, fo daß ihre Zugehörigkeit zu der Abtei im
Verlaufe des 18. Jahrhunderts eine beinahe nur noch ökono=
mifche Bedeutung behielt. [1])

Außer diefen Hauptbeftimmungen enthält diefe Verfaffung
der gemeinen Herrfchaften noch eine Reihe von einzelnen
Satzungen über Schulfachen, gemeinfchaftliche Benutzung von
Kirchen, Theilung von Kirchengütern, konfeffionelle Steuern,
die mitunter ganz an heutige Verhältniffe erinnern.

Befriedigend war auch diefe Löfung, die überdieß noch
lange Zeit hindurch mehr einem zeitweiligen Waffenftillftande,
als einem eigentlichen Frieden=fchluffe glich, keines=wegs, fo
wenig, als fie vielleicht das „Mandat vom Glauben" gewefen
wäre.

Vom rein politifchen und patriotifchen Standpunkte aus=
gehend, könnte fogar die Frage ernftlich aufgeworfen werden,
ob die fofortige fcharfe Ausfcheidung in Wahr und Unwahr in
religiöfen Dingen, zu welcher der menfchliche Verftand und die
menfchliche Leidenfchaft immer fehr bereit find, fo leicht vollzogen
werden kann und ftets das Richtige trifft. Oder ob es nicht viel=
mehr die Aufgabe des reformatorifchen Elementes in jeder Ge=
meinfchaft fei, folange als möglich bei den übrigen Beftandtheilen

---

[1]) Siehe noch Vergleich von Zürich und Bern mit dem Gotteshaus
vom 27. Sept. 1755 und einen Vermittlungsakt zwifchen dem Abt und Toggen=
burg vom 30. März 1759. E. A. VII n, 1249. 1270.

zu verharren, um, wenn immer möglich, allmälig das Ganze
der ihm bestimmten Entwicklung entgegenzuführen, — ob daher
die etwas raschere und vollständigere Durchführung des Reform-
gedankens mit einer unheilbaren Spaltung der Eidgenossenschaft und der Aufreibung ihrer Kraft in einem zweihundert-
jährigen, beinahe resultatlosen Bürgerkriege nicht zu theuer
bezahlt worden ist.

Einigermaßen milderten sich gegen das Ende des 18. Jahrhunderts hin die Gegensätze durch die damals Platz greifende
größere Gleichgiltigkeit gegen religiöse Dinge, die jedoch niemals auf die Dauer bestehen kann, denn die Völker verlangen
Gewissensfreiheit nicht aus Unglauben, sondern aus Sehnsucht
nach einem wahren, aufrichtigen Glauben. Und die Frage ist
noch immer offen, ob derselbe leichter in einer großen Heilsanstalt
zu erreichen sei, die dem Einzelnen den Weg zu den göttlichen
Dingen nicht bloß zeigt, sondern auch direkt vorschreibt und vermittelt, oder aber in der völlig freien, individuellen Hingabe der
Seele, die sich in diesen innersten Angelegenheiten durch jede
menschliche Dazwischenkunft bedrückt und beeinträchtigt fühlt
und die Nothwendigkeit einer äußeren Genossenschaft nur insoweit
anerkennt, als sie die volle Aufrichtigkeit des Herzens nicht
hindert.

Es sind das Gegensätze, die noch heute nicht ausgeglichen
sind und sich vorläufig auch beim besten Willen nicht anders
theilweise ausgleichen lassen, als mittelst einer gegenseitigen
Achtung für eine jede sittliche Ueberzeugung. Niemals durch
bloßen Skepticismus, dem alle Religionen gleichbedeutend, weil
gleichgiltig, sind, welchem erfahrungsgemäß religiöser Fanatismus
in ernster werdenden Zeiten auf dem Fuße folgt. Ebensowenig
hilft es, diese Gegensätze zu ignoriren, die das Resultat einer
jahrhundertelangen Entwicklung sind; sie müssen vielmehr als
eine historische Thatsache, mit Geduld, humanem Wohlwollen
und eidgenössischer Treue getragen werden.

Was allein wirklich hilft und das Bindeglied in diesen konfessionellen Differenzen bildet, das ist Vertiefung des Glaubenslebens. Das Trennende liegt auf der Oberfläche, in den Formen und Aeußerungen desselben, die vielleicht stets verschieden bleiben werden, das Verbindende in den tiefinnerlichsten Bedürfnissen des nach dem Bessern und Besten strebenden Gemüths, das bei allen Menschen ein und dasselbe ist.

VIII.

Nicht mit Unrecht setzt der Chronist Anshelm über die auf pag. 210 angeführte Stelle die Aufschrift: „Anfang Abnemens einer Eidgnoschaft Achtung und Nammen" und erörtert dann später ausführlich[1]), wie durch diese engen Verbindungen mit ausländischen Herren auch im eigenen Lande ein gefährliches Streben nach Macht und Einfluß entstanden sei, durch welche man fortan ohne reelle Arbeit rasch zu großem Geldbesitz gelangen könne, dergestalt, daß man sich nun schon gar nicht mehr schäme, es offen zu sagen, die Eidgenossenschaft könne aus eigenen Mitteln, ohne Herbeiziehung des fremden Goldes, nicht bestehen.

Ohne Zweifel steht die Entstehung und Ausbildung aristo= kratischer Regierungen in den letzten zwei Jahrhunderten der alten Eidgenossenschaft in direktestem Zusammenhange mit dem System der fremden Solddienste und Pensionen, die allein der obersten Gesellschaftsklasse die Mittel zu einer „standesgemäßen" Lebensführung lieferten und dieselbe in erblicher Verbindung mit den Regierungen des Auslandes erhielten; während gleich= zeitig auch die Neigungen der untersten Volksschichte zu einem üppigeren und ungebundeneren Leben, als ein solches bei eigent= licher häuslicher Thätigkeit zulässig war, Vorschub geleistet und

[1]) III. pag. 374.

zuletzt das ganze Volk an ein höheres Lebensniveau gewöhnt wurde, als es auf dem armen Boden der Heimat und aus redlicher Arbeit erwachsen konnte. Eine solche Steigerung der Lebensbedürfnisse über die eigenen Hilfsquellen hinaus hat sich stets noch in der Geschichte als verderblich für die politischen Grundsätze und die sittliche Kraft freier Völker erwiesen, und zuletzt immer zu irgend einer Klassenherrschaft geführt, welche sich durch künstliche Erzeugung materieller Wohlfahrt Ver= gessenheit ihrer Herrschaft und der Mittel ihrer Herbeiführung erkaufte. Es liegt ein bedeutender Kern von Wahrheit in der nur viel zu schroff betonten Anschauung der ersten französischen Revolution, daß die Republiken arm sein müssen,[1]) und es steht gerade die Schweiz beständig in der Gefahr, durch allzu eifrige Herbeiziehung unnatürlicher, ganz auf den Verkehr mit dem Auslande berechneter Hilfsquellen die eigentliche Basis einer wahrhaft selbständigen Existenz zu verlieren.

Damit wird sie dann unfehlbar auch ihrer p o l i t i s c h e n Aufgabe untreu, in Europa ein Spiegel der wahrhaft republika= nischen Lebens= und Denkungsart zu sein.

Auf einem solchen Punkte sind wir dermalen, nach einer Periode der Prosperität, wieder angelangt und können mit Sicherheit — falls nicht eine kräftige innere Regeneration, oder äußere Ereignisse den naturgemäßen Fortgang einer beständigen Erhöhung aller Lebensansprüche unterbrechen — auf ein zu= künftiges Kapitel unserer Geschichte ebenfalls die Aufschrift Anshelms setzen.

Jede religiöse Reform geht, wie wir schon in einem früheren Abschnitte sagten, aus s o z i a l e n Uebelständen hervor und bringt ganz folgerichtig diese Uebel offen an das Licht der Sonne. So ist daher auch in der schweizerischen Reformation der Ursprung der mächtigen Bewegung gegen die soziale

---

[1]) Diesen Sinn hatte auch der oft belächelte Satz der ersten helvetischen Verfassung (Art. 4): « les lumières sont préférables à l'opulence ».

Organisation der Eidgenossenschaft zu suchen, welche zuletzt
ihren Abschluß in der helvetischen Revolution fand. Die Gefahr,
die jede solche geistige Bewegung mit sich bringt, indem an
der Stelle altgewohnter fester Lebensordnungen das rücksichts=
lose Selbstgefühl des Einzelnen sich Bahn bricht und Bahn
brechen muß, um starr gewordene Formen wieder mit neuem
Lebensinhalte zu füllen, wurde damals bald erkannt und die
„christlichen Obrigkeiten“, die in den reformirten Ständen an
die Stelle der bisherigen kirchlichen Autoritäten traten, sahen
sich rasch außer Stande, den Glauben, als eine „freie Gnade
Gottes, die in Niemandes Zwang und Vermögen steht“, auch so
frei walten zu lassen, wie es Vielen als die natürliche Kon=
sequenz dieser Anschauung[1] erschien. Es zeigt sich daher fortan
die an und für sich widerspruchsvolle Erscheinung, daß in den
meisten Kantonen des alten Glaubens, bei aller schärfer
werdenden kirchlichen Diszplin, die demokratische Tradition
sich dennoch besser erhielt, als in den reformirten, in denen
nun die Obrigkeit auch den Glauben befahl und sowohl gegen
Einzelne, wie nöthigenfalls gegen ganze Landestheile, mit Ge=
waltmitteln durchsetzte.[2]

Es ist auch aus den Akten der Reformationsgeschichte
namentlich in Zürich und Bern eine Enttäuschung der Land=
bevölkerung ersichtlich, als mit der Aufhebung der Klöster
und geistlichen Stiftungen nicht auch die an dieselben geschul=
deten Zehnten wegfielen, sondern im Gegentheil den Schuldnern
im Staate, und zwar nach damaliger Auffassung in der regie=
renden Stadt, nur ein viel härterer Gläubiger entstand. In

[1] „Ursula“ von Gottfried Keller gibt eine sehr lebhafte Vorstellung
von der auch aller menschlichen Ordnung spottenden Schwärmerei, die sich
namentlich einzelner Theile der Zürcher Bevölkerung bemächtigt hatte.
[2] Ueber den Zwang gegen das bernische Oberland und die Urtheile
gegen die Wiedertäufer siehe Bullinger I, 237. 265. 277. 281 294; II, 21. 22.
47. Das bekannteste Beispiel eines protestantischen Todesurtheils wegen
Glaubensansichten ist die Verbrennung von Michael Servet in Genf, 27. Ok=
tober 1553.

diesen Städten selbst, die ursprünglich Festungen des Bürger-
thums gegen die Adelsherrschaft gewesen waren, begann sich
nach und nach eine neue Art von Aristokratie älterer Geschlechter
auszubilden, deren Mitglieder bereits höhere Aemter bekleidet
hatten, und die Stadträthe, die anfänglich bloß die parlamen-
tarische Vertretung der gesammten Bürgerschaft an Stelle der
direkten Versammlung derselben gewesen waren, fingen im nun-
mehrigen Vollbesitze weltlicher und geistlicher Gewalt an, sich
auch als eine Art von durch Gott eingesetzter, erblicher „Obrigkeit" ihrer ursprünglich gleichberechtigten Mitbürger zu fühlen,
welchen namentlich die völlig abhängige protestantische Geistlichkeit [1] mit unermüdlichem Eifer das oft mißbrauchte 13. Kapitel
des Römerbriefes zu predigen hatte.

Es liegt aber im Weitern in der Natur jeder Aristokratie,
daß sie, ohne das Bestehen irgend eines kräftigen Gegenventils,
immer ausschließlicher und selbstherrlicher wird und zuletzt in
eine reine Oligarchie ausmündet, welche, durch beständige
Heirathen unter ihren Angehörigen nahe verwandt, am Ende
nur noch e i n e regierende Familie bildet. Dieser g e h ö r t
nach ihrer Auffassung der Staat, während alle übrigen Volkstheile sich allmälig auch daran gewöhnen, ihr besonderes Interesse
diesem Klasseninteresse entgegenzusetzen. Denn jedes „Klassen-
bewußtsein" ruft ein anderes wach, und es handelt sich immer
zuletzt nur darum, welches das stärkste ist und die meisten Anhänger zählt. An dieser Gegnerschaft m u ß jede Aristokratie (die
ja stets in der Minderheit sich befindet), zu Grunde gehen, sobald
die Wohlhabenheit, die Bildung und das Selbstbewußtsein der
untern Schichten der Bevölkerung zunimmt, selbst wenn ihr

---

[1] Die gutbesoldeten geistlichen Stellen waren in den reformirten
Städtekantonen gewöhnlich das Monopol der „minderen", nicht zu den
Regierungsposten gelangenden Burger, die man durch allerlei solche ökonomische Vortheile an das oligarchische Interesse knüpfte. Es ist ohnehin
eine widerspruchsvolle Erscheinung, daß sich das moderne Christenthum,
namentlich in der reformirten Kirche, viel leichter mit einer politisch konservativen Gesinnung verbindet, als es seiner eigentlichen Natur entspricht.

Regiment, wie dieß ofter vorkommt, in Bezug auf Handhabung der Gerechtigkeit und gute Finanzwirthschaft dem demokratischen unzweifelhaft voranstünde. Das einzige Mittel, das dieser Ent=wicklung in den Ständen, wo keine Lands=gemeinden bestanden, hätte vorbeugen und die älter gewordene Eidgenossenschaft stets=frisch erhalten können, wäre, neben einer guten Volks=bildung, für welche die städtischen Aristokratien ebenfalls wenig Sinn be=saßen, ¹) das Referendum gewesen, wie es namentlich in Zürich und Bern bis in das 17. Jahrhundert hinein bestand und nach der Schlacht von Kappel sogar aus einem Gewohnheits=rechte ein förmlicher Bestandtheil der rechts=mäßigen Verfassung dieser Stände geworden war. ²) Es würde auch bei einer genaueren geschichtlichen Prüfung sich durchaus nicht herausstellen, daß diese demokratische Staats=einrichtung, namentlich in dem Maß, mit welchem sie in ihrer besten Zeit gehandhabt wurde, von üblem Erfolge begleitet gewesen sei. Im Gegentheil erwiesen sich die Landschaften ganz naturgemäß den Einflüssen des Aus=landes in der Form von Pensionen und Bestechungen aller Art viel unzugänglicher, als die aristokratischen Räthe und dennoch befähigt (wie es namentlich der Friede von Nyon in glän=zender Weise zeigte), in ernsten Augenblicken, wo es sich um große Staats=interessen handelte, auch den Krieg für dieselben nicht zu scheuen. Ja, selbst in den kleineren municipalen Verhält=nissen zeigte sich die Demokratie öfter den Sorgen und Mühen außerordentlicher Zeiten besser gewachsen, als die gewöhnlich regierende Klasse. Als bei der großen Pest vom Jahre 1519

¹) Es ist nicht bloß zufällig, sondern entspricht einem richtigen In=stinkte, daß jede herrschende Aristokratie die allgemeine Volksbildung sich nicht leicht über ein gewisses Niveau der allergewöhnlichsten Kenntnisse erheben läßt; denn auf die Dauer erhält sich dieses Regierungssystem nur durch eine unzweifelhafte geistige Ueberlegenheit der Großzahl seiner Mitglieder über die andern Volksklassen.

²) Vgl. Näheres in: Bilty, „Das Referendum im schweizerischen Staatsrecht", im „Archiv für öffentliches Recht" von Laband und Stoerk, Band II. Ueber die Meilener Artikel und Kappelerbriefe von Zürich in Bullinger III, 283. 284. Ueber den Nyoner=Frieden E. A. V 1, 182. 189.

die angesehensten Personen, sogar Aerzte,[1] die Städte verließen, um sich in Dörfern und Landhäusern anzusiedeln, wo sie vor der Ansteckung gesicherter waren, da gingen zeitweise diese städtischen Regierungen auf geringe Männer über; „sie hielten Stand und mit Ehre".

Diese Referendumseinrichtungen verschwanden jedoch, außer in Wallis und Graubünden, wo sie mit der bundesstaatlichen Form des dortigen Staatswesens nothwendig zusammenhingen, im Laufe des 17. Jahrhunderts; die Briefe, die darüber vorhanden waren, wurden den Landschaften abgenommen, oder geriethen sonst in Vergessenheit und schließlich wurde es als Hochverrath angesehen, an solche „abgethane" Dinge überhaupt noch zu erinnern. Das anschaulichste Beispiel für alle diese allmäligen Usurpationen der ausschließlichen Staatsgewalt durch Minderheiten ist der auf pag. 153 bereits angeführte zürcherische Feldzug nach Wädensweil vom Jahre 1646, worüber der ganze Bericht eines Augenzeugen, mit einer vorausgeschickten Notiz des Herausgebers aus dem Jahre 1827, wie folgt, lautet:

„Die Einführung neuer Abgaben und Gutsteuern veranlaßte bedeutsame Volksaufstände im Kanton Bern 1641, und im Kanton Zürich 1645 und 1646. Im Kanton Bern wurde zwischen Regierung und Volk durch Abgeordnete der Evangelischen Stände vermittelt, ohne Blutvergießen. Im Kanton Zürich begann 1645 der Widerstand in der Grafschaft Kyburg mit geziemenden Bitten um Abschaffung der Gutsteuer, deren

---

[1] Das bekannteste Beispiel hievon ist Joachim von Watt (Vadianus) in St. Gallen. Derselbe floh nach Wädensweil und lebte dort volle sechs Monate von seinem natürlichen Wirkungskreise entfernt. Vgl. Hottinger, Sortf. von Müller, I, 13. Eine Chronik sagt darüber: „Da floh männiglich uß der statt, ja daß schlecht" (einfache, den unteren Ständen angehörige) „Personen das rathus regierend, aber wol". Allerdings wollen wir dabei zur Ausgleichung nicht verschweigen, daß nach einer andern Chronik ungefähr um dieselbe Zeit ein frommer Mann aus dem Sernftthal den Teufel selbst „in eines großen Mannes Gestalt" auf der demokratischen Glarner Landsgemeinde „helfen gandten und mehren" sah, was aus den aristokratischen Rathsstuben doch nicht berichtet wird.

Entrichtung bei dem allgemeinen Geldmangel und dem Mißwachs des Jahrs unmöglich sei. Dabei beschwerten sich die Landleute zugleich über das drückende Handelsmonopol, welches die Stadt unbefugt sich zugesprochen habe, über den hohen Zinsfuß, über die zeitraubende, kostspielige und unnöthige Last der Kriegsübungen und Militärdienste u. s. w. Freundliches Zureden half für diesmal, und die Landleute ließen sich gefallen, ihre gerechten und gegründeten Vorstellungen für Fehltritte zu halten, und sie mit einem demüthigen Fußfalle vor dem großen Rathe" zu Zürich abzubüßen. Allein im Juli 1646 erhoben sich auch die Wädenschwyler und Knonauer wider die verhaßte Gut- steuer, und beriefen sich auf die im Waldmannischen Spruche vom 9. Mai 1489 ihnen ertheilten und durch den Cappeler- brief vom 9. Dez. 1531 Art. 6 neuerdings und feierlich be- stätigten Freiheiten und Rechte. „Durch den Waldmannischen Spruch, behaupteten sie, sei jede Gutsteuer abgeschafft und untersagt, Freiheit des Marktes, Freiheit des Handels und Handwerks auf dem Lande, und den Landgemeinden das Recht zugesichert, daß zwei bis drei Gemeinden, zu Berathung über gemeinsame Beschwerden, zusammentreten, und ihre Aus- geschossenen, jede zehn bis zwanzig Mann, an die Obrigkeit zum Behufe geziemender Vorstellungen senden dörfen. Aus- drücklich heiße es im Waldmannischen Spruche, daß die Land- leute am Zürichsee „Unserer Herren von Zürich eingesessene Burger seien," und in Allem, zumal in Steuern, Abgaben und Schuldengerichtssachen, den Bürgern von Zürich gleich ge- halten werden sollen. Trotz all dem aber daure die Gutsteuer fort, habe die Stadt sich das Monopol über Handel und Handwerk angemaßt, sei die Freiheit des Markts und Ver- kehrs zernichtet, und werde die gemeinsame Berathung der Landleute und jede noch so mäßige und gegründete Vorstellung sogleich als Staatsverbrechen angesehen und bestraft." — So sprachen die Landleute. — Je gegründeter aber ihre Behaup- tung war, und je mehr sie sich auf Urkunden und Verträge, Siegel und Briefe beriefen, um so höher stieg die Erbitterung

der Stadt Zürich). Sie wurden mit Kriegsvolk überzogen, und unterlagen der Waffengewalt. Die Wortführer, sieben an der Zahl, wurden enthauptet, ihre Freiheiten ihnen abgesprochen, und die dießfälligen Urkunden und Vertrags=briefe ihnen weg= genommen", u. s. f.

„Relation und Bericht, wie der wider die Wädenschwyler zu Wasser geschehene Auszug ab= und zu Ende gelaufen ist 21°. 1646.

Auf Befehl der Herren Burgermeister, Klein und Großen Räthe der Stadt Zürich sind die Herren Generallieutenant und Statthalter Hans Jakob Leu und Oberst Hans Rudolf Werd= müller, Montag den 21. Herbstmonat 1646, Mittags um 12 Uhr, mit elf Fahnen in dreißig großen und ungefähr eben so vielen kleinen Schiffen draußen von dem Horn wider die Unterthanen der Herrschaft Wädenschwyl abgefahren, und die= selben Abends um 5 Uhr mit allen Schiffen glücklich und wohl in Wädenschwyl angekommen. Bevor man ans Land stieg, schickte Hr. Generallieutenant Leu, nach löbl. Kriegs=gebrauch, einen Trommelschläger zu den Wädenschwylern, um sie anzu= fragen, ob sie einen Offizier mit sich reden lassen wollen, und als sie dieß bejaheten, verfügte sich Herr Oberst Werdmüller zu ihnen, und forderte sie auf, sich zu erklären, ob sie sich an die Verfügung ihrer Hohen Landesobrigkeit, mit Leib und Gut, auf Gnad' und Ungnade ergeben wollen. Nachdem sie nun in Gegenwart des Herrn Statthalters= Hirzel, und der Herren Landammann Elmer und Pannerherr Marti, der damals dort anwesenden Ehrengesandten von Glarus, alle Unterwürfigkeit und unbedingten Gehorsam mit aus=gestreckten Armen versprochen hatten, fuhr man ans Land, stieg man aus, und wurden die Quartiere noch denselben Abend im Flecken Wädenschwyl be= zogen. — Dienstags, den 22. Herbstmonat, ließ Herr General= lieutenant Leu, alles Ernstes und bei hoher Straf' und Un= gnade, den Befehl bekannt machen, daß die beiden Gemeinden Wädenschwyl und Richtenschwyl, und zwar Weiber und Kinder,

Junge und Alte, die Manner mit Unter- und Obergewehr, aber ohne Kraut und Lot und besonders ohne brennende Lunten, sich Vormittags um 10 Uhr auf Zollinger's Matte, an eben jenem Orte, wo sie vorher ihre aufrührerischen und rebellischen Gemeinden und Rathschläge hielten, versammeln sollen. Während Herr Oberst Werdmüller alle Kompagnien auf die erwähnte Matte hinausführte, wurde dort den obengedachten Ehrengesandten von Glarus, die schon am Abend vorher anzeigten, daß sie etwas vorzubringen haben, Audienz ertheilt. Diese verrichteten zuerst im Namen ihrer Herren und Obern den freundeidgenössischen Gruß, bezeugten ihr großes Mißfallen über den häufigen Ungehorsam und die Widersetzlichkeit der Unterthanen in der Herrschaft Wädenschwyl, äußerten den Wunsch ihrer Herren und Obern für die gütliche Hinlegung dieses Geschäfts, und anerboten zu diesem Ende den möglichsten Beistand und alle bundsgenössische Hilfe. Schließlich stellten sie das freundliche Ansuchen, daß, bei so bewandten Umständen, gewaltthätige Mittel vermieden, und nur Milde und Güte gebraucht werden möchten. Herr Generallieutenant Leu, hierauf antwortend, erwiederte den Gruß, dankte für das jetzt mündliche und früher schon schriftliche Anerbieten bundsgenössischer Hilfe und für die wohlgemeinte Ermahnung zur Milde, erzählte dann aber mit tiefer Gemüthsbewegung, wie diese Unterthanen, ungeachtet aller gütlichen und freundlichen Vermittelung, welche durch geistliche und weltliche hohe Standespersonen versucht ward, in ihrem Ungehorsam, in unverantwortlicher, aufrührerischer Widersetzlichkeit, in vielfältigem Trotz, und allerhand Drohungen soweit giengen, daß der Landesobrigkeit nichts mehr übrig blieb, als sie mit der von Gott erhaltenen Gewalt zum Gehorsam zu zwingen, und das Ansehen der Obrigkeit und den ihr gebührenden Respekt zu sichern. Da jedoch die Obrigkeit selbst bedauere, daß sie zu solchen gewaltsamen Mitteln gezwungen wurde, so zweifle er nicht, sie werde die Schuldigen nicht nach der Schwere des Verbrechens, sondern mit gnädiger Milde bestrafen. Alsdann wandte sich

Herr Statthalter und Generallieutenant Leu zu den versam=
melten Landleuten, und erklärte, wie weh es ihm thue, daß
er sie nicht mehr als liebe und getreue anreden könne, sondern,
im Namen der gnädigen Herren Bürgermeister, Klein und
Großen Räthe der Stadt Zürich, sie Rebellen, Aufrührer,
Friedensstörer und meineidige Leute heißen und nennen müsse.
Hierauf machte er den Ungehorsamen beider Gemeinden, Wä=
denschwyl und Richtenschwyl, mit hohem Ernste und ziem=
licher Weitläufigkeit Vorwürfe über ihr treuloses, meineidiges,
aufrührerisches, und vor Gott und aller Welt höchst strafbares
Betragen und Vergehen, strich ihnen ihre ganz ungewöhnliche
Wehr, die mörderischen Prügel, nach Nothdurft in die Nase,
und sprach ihnen sehr beweglich ans Herz, indem er ihnen vor=
hielt, wie sie nicht nur selbst aller ihrer Ehre, des abgelegten
hohen Eides und ihrer schuldigen Pflicht gegen eine so christlich=
mildreiche Obrigkeit schändlich vergessen, sondern auch, was noch
schlimmer ist, andere Unterthanen von Gehorsam und Treue
abwendig gemacht, und in Aufruhr zu bringen gesucht haben,
so daß dadurch nicht nur das werthe und liebe Vaterland,
sondern eine ganze löbl. Eidgenossenschaft in höchste und größte
Gefahr gekommen sei. Sie sollen selbst urtheilen, welche Strafe
sie damit verdient haben, und ob nicht eine hohe Landesobrig=
keit, nach allen göttlichen und menschlichen Gesetzen, berechtigt
wäre, sie sammt und sonders auf der Stelle niedermachen und
ganz ausrotten zu lassen. Weil sie aber nun ihr schweres Ver=
gehen einsehen, und demüthig um Gnade flehen, dabei auch
wohl anzunehmen sei, daß ein großer Theil von ihnen bloß durch
Andere verführt wurde, so wollen unsere gnädigen Herren, in
Betrachtung alles dessen, nicht mit gehöriger Strenge, sondern
mit mildreicher und väterlicher Gnade sie behandeln, insofern
sie die jetzt geäußerte Reue auch vor dem Rathe zu Zürich an
den Tag legen, und diejenigen aus ihnen, die vor unsere gnä=
digen Herren citiert, aber nicht erschienen waren, ausliefern,
damit dieselben, als die eigentlichen Rädelsführer gebührender
Maaßen festgesetzt und bestraft werden können. — Von den

Rädelsführern war Niemand, als der Sohn des Weibels Gold-
schmid, gegenwärtig, der auch sogleich gefesselt und ins Schloß
abgeführt wurde. Hierauf fuhr Herr Generallieutenant Leu in
seiner Rede weiter fort, und fragte sie: ob sie sich mit Leib
und Gut an Unserer gnädigen Herren, als ihrer hohen Landesobrigkeit, gänzliche Verfügung, zu unbedingtem Gehorsam ergeben, und fürhin alles das thun wollen, was rechtschaffen,
treuen und biderben Unterthanen zu thun gebührt? Da gelobten
sie, sammt Weibern und Kindern, mit ausgestreckten Armen,
dem allem getreu nachzukommen, und die Tage ihres Lebens
allen schuldigen Gehorsam zu leisten, und versprachen, alle die
Rädelsführer, die sie ergreifen könnten, mit möglichstem Fleiße
einzuziehen, und sie schuldigermaaßen an den gehörigen Ort
auszuliefern. Alsdann schritt der Herr Generallieutenant
Leu in der vorgenommenen Aktion weiter, befahl ihnen, ihr
Unter- und Obergewehr, dessen sie sich unwürdig gemacht haben,
abzulegen, führte sie von den Waffen weg, weiter vorwärts,
ließ zwischen sie und die Waffen eine starke Zahl von Soldaten
hineinrücken, und sprach ihnen dann, im Namen und aus
Auftrag unserer gnädigen Herren, alle Freiheiten und Rechte,
die sie bisher genossen hatten, ab, und erklärte, daß sie, bis
auf künftige Begnadigung, derselben gänzlich und überall beraubt sein und bleiben sollen. Zugleich fügte er bei: „da sie
nun selbst erkennen müssen, daß sie durch ihre vermeintlichen
Freiheits- und Burgerrechtsbriefe nicht wenig, vielmehr so weit
betrogen und verführt wurden, daß durch keine Unterhandlung, keine Warnung und keine Erklärung jener Freiheitsbriefe
diesem ihrem gegenwärtigen Unglücke vorgebaut und abge-
holfen werden konnte, so sollen sie sich jetzt erklären, ob sie
vielleicht diese Briefe und Urkunden zu ihrem fernern Unheil
noch länger zu behalten begehren, oder ob sie dieselben, damit
sie ihnen nicht mit Gewalt weggenommen werden, Unsern gnädigen Herren und Obern freiwillig übergeben wollen?" Dieses
Letztere hielten sie für das Beste, und erklärten nicht nur, daß
sie diese Freiheitsbriefe und Urkunden willig und gar gern

übergeben und fahren laffen, fondern fie baten fogar noch, daß man fie von ihnen wegnehme, indem fie den Wunfch äußerten, daß fie diefelben, als den einzigen Urfprung ihres gegenwär= tigen großen Unglücks, niemals gekannt und gefehen haben möchten. Jetzt warfen fich alle, fammt den Weibern und Kindern, auf die Knie, und fchrien um Gnade. Der Weibel Wynmann von Richtenfchwyl, einer der treugebliebenen und gehorfamen Unterthanen, trat hervor, flehte ganz unterthänig und ange= legenft um Verzeihung und Erbarmen für die Schuldigen, und bat befonders und vorzüglich um Zurückgabe der Waffen, indem er vorftellte, daß fie an den Grenzen des Kantons liegen, und im Salle der Noth, wenn fie keine Waffen haben, nicht den geringften Widerftand thun könnten, fondern fich alfogleich er= geben müßten, was doch den gnädigen Herren von Zürich weder lieb noch erfprießlich fein werde. — Durch diefes in= ftändige Slehen und jene Bitte, welche die Herren Ehrenge= fandten von Glarus kurz vorher auch dießfalls angebracht hatten, ließ fich Herr Generallieutenant Leu foweit bewegen, daß er ihnen das Untergewehr, bis auf weitern Befcheid, wieder zurückgab, die übrigen Waffen aber fämmtlich ins Schloß ab= zuliefern befahl. Bereits hatte diefe traurige Handlung fchon drei Stunden gedauert; um fie daher einmal zu beendigen, ließ Herr Generallieutenant Leu ihnen den gewöhnlichen Eid, welchen er vorher in einigen Punkten abgeändert, und nach den gegen= wärtigen Umftänden eingerichtet hatte, herunterlefen, und ihn von Allen, im Beifein ihrer Weiber und Kinder, befchwören. Hierauf fchloß er mit der ernften und eindringlichen Ermahnung, daß fie felbft und ihre Weiber und Kinder fleißig bedenken und betrachten follen, wie hoch fie fich jetzt vor Gott zur völligen Ergebenheit und zum unbedingten Gehorfam gegen Unfere gnädigen Herren verpflichtet haben, und wie fie diefem ihrem heiligen Eide nachleben mögen. Sie follen, fuhr er fort, fich des Beifpiels ihrer Voreltern erinnern, welche in der Schlacht bei Tätwyl im Jahr 1351 der Stadt Zürich fo große Dienfte geleiftet, und fich als vaterländifche und getreue Unterthanen

erzeigt haben; in ihre Sußstapfen sollen sie treten, und von
nun an durch besonderes Wohlverhalten ihr Vergehen nach und
nach wieder auslöschen. Damit sie dieses thun können, wünsche
er ihnen die Gnade Gottes; sie aber sollen unablässig Ihn, den
allmächtigen und getreuen Gott, um den Beistand seines heil.
Geistes demüthig hiezu anrufen. So wurde die Versammlung
entlassen. Die Landleute trugen ihre Waffen ins Schloß, wo
sie genau verzeichnet wurden.

Mittwoch, den 23. Herbstmonat, sind die Herren Generallieutenant Leu und Oberst Werdmüller, Vormittags um 9 Uhr,
nach Richtenschwyl geritten, und haben dort die vermeintlichen
Freiheits- und Burgerrechtsbriefe zu Handen genommen. Auf
ihrer Rückreise nach Wädenschwyl begegneten ihnen die Herren
Ehrengesandten von Schwyz, Statthalter Belmont, Landssähnd-
rich Bösch, Hauptmann Schreiber und der Landvogt in den
Höfen, mit welchen die Herren Leu und Werdmüller wieder
zurückritten, um ihnen im nächst gelegenen Wirthshause Audienz zu geben. Nach freundeidgenössischem Gruße eröffneten
sie, daß ihre Herren und Obern sich über die große Gewalt,
mit welcher Zürich gegen einen so kleinen Theil seiner Unterthanen auszog, nicht wenig verwundern, und nicht wohl erkennen mögen, ob nicht vielleicht etwas anderes zu besorgen
sei. Daher haben ihre Herren und Obern ihre Wachen auch
ordentlich ausstellen lassen, und sie müssen, wegen der bedeutenden, dem Stande Schwyz hiedurch zugehenden Kosten, wünschen,
daß die Truppen von Zürich, sobald möglich, wieder von
dannen weg und nach Hause geführt werden. – Die Herren
Leu und Werdmüller erwiederten ihnen den freundeidgenössischen
Gruß, und erklärten, daß die Herren von Schwyz durchaus
nichts von diesen Truppen zu besorgen, vielmehr von Seite
des Standes Zürich nichts als alle eidgenössische Freundschaft
und Dienstfertigkeit zu gewärtigen haben. Ein gleiches erwarte
Zürich auch von Schwyz, wobei aber mit Bedauern bemerkt
werden müsse, daß, ungeachtet wiederholter Vorstellungen, die
Wädenschwyler von den Angehörigen des Kantons Schwyz

nicht nur ermuntert und unterstützt wurden, sondern jetzt auch noch die ausgerißenen Rebellen und Aufrührer auf dem Schwyzer= gebiet Schutz und sichern Aufenthalt finden, durch welches alles die gegenseitige Freundschaft und Liebe eher ausgelöscht und getilgt, als erweckt und vermehrt werde. Was sodann den Abzug der Truppen anbelange, so haben nur die gnädigen Herren von Zürich hierüber zu verfügen; vermuthlich aber werde der Aufbruch am folgenden Tage geschehen, und ihnen, den Herren Ehrengesandten, zu Gefallen dem Stande Schwyz hievon amtliche Kenntniß durch ein Schreiben gegeben werden. Zugleich ermangelte Herr Generallieutenant Leu nicht, ihnen, vermöge Bunds und Eids, die ausgerissenen, und auf dem Schwyzergebiete befindlichen Rebellen abzufordern, erhielt jedoch von den Herren Ehrengesandten keine bestimmte Antwort. Sie erwiederten, sie haben zwar auf der Schindellegi vier derselben angetroffen, aber nicht mit ihnen gesprochen. Da sie hierüber keine Verhaltsbefehle haben, so wollen sie das Ansuchen ad referendum nehmen. Hierauf verabschiedete man sich beider= seits, und die Herren Leu und Werdmüller ritten nach Wäden= schwyl zurück, wo sie noch an selbigem Tage die wichtigern Geschäfte besorgten und in Ordnung brachten. Donnerstags, den 24. Herbstmonat, geschah der Aufbruch. Die Truppen wurden eingeschifft, stießen Mittags um 12 Uhr vom Lande, und Abends um 5 Uhr sind sie, Gottlob! glücklich und wohl in Zürich wieder angekommen. Ihm, dem himmlischen Re= genten, sei für den guten und glücklichen Ausgang eines so wichtigen und weitaussehenden Geschäfts Lob und Ehre, Preiß und Dank gesagt, jetzt und in alle Ewigkeit, Amen."

Man kann sich aus solchen Vorgängen, die lange in der Erinnerung hafteten, die allmälige Entfremdung des Landvolkes gegenüber seinen Obrigkeiten und der Eidgenossenschaft selber erklären, die ihm auch nur noch als ein Bund von Regierungen erschien. Diese Stimmung trat nunmehr im Jahre 1653 in dem großen Bauernaufstand förmlich zu Tage, welcher nichts weniger

als eine neue eidgenössische Verfassung im demokratischen Sinne
beabsichtigte. Die unmittelbare Veranlassung zu den Unruhen
war auch diesmal eine Zeit der Prosperität, die während des
dreißigjährigen Krieges, der andere Länder verwüstete, in der
Eidgenossenschaft, wenigstens relativ, geherrscht hatte und nun
mit dem westfälischen Frieden von 1648 plötzlich aufhörte. Unser
Staatswesen hat es nie verstanden, die guten Zeiten ganz richtig
zu benutzen, wie dieß ja überhaupt eine viel seltenere und großartigere moralische Eigenschaft ist, als die Kraft im Unglück,
die auch auf physischen Eigenschaften beruhen kann.

Die eidgenössischen Stände traten zuerst vermittelnd zwischen
den Regierungen und den Unterthanen einzelner Orte, besonders
Luzerns und Berns, auf [1]); bald aber erließ dann die Tagsatzung zwei scharfe Mandate vom 22. März und 8. Mai 1653,
welche einen eigentlichen Ausgleich unmöglich machten. [2]) Die
Bauern ihrerseits errichteten in Sumiswald am 23. April eine
neue Eidgenossenschaft, welche am 30. April zu Huttwyl
mit offenem Handmehr beschlossen und bei der zweiten Haupt-
landsgemeinde vom 14. Mai ebendaselbst urkundlich ausgefertigt
und besiegelt wurde. Es ist ein Pergamentbrief in Folio,
folgenden Inhalts [3]):

„Zu wüßen vnd Kund ist Menniklichen, Was sich Ann.
1653 in der Herrschafft Lucärn im Entlibuoch für ein gspan
vnd Streitikeit Entstanden wider Jhr G. Oberkeit der Statt

---

[1]) Vgl. E. A. VI 1, 145. 153, wo auch die Beschwerdepunkte der
Bauern angegeben sind. Mehrere Lieder aus dem Bauernkrieg finden sich
in Helvetia VI, 625.

[2]) E. A. VI 1, 150. 168. Das erste Mandat ist im „Polit. Jahrbuch"
von 1891 unter „Die eidgenössischen Interventionen" abgedruckt. Es ist
wohl der „Zusatz zum Stanser-Verkommniß", den Balthasar meint. Vgl.
pag. 99, Anmerkung. Der Bauernkrieg verdiente eine gute neuere Bearbeitung nach den jetzt offenen Quellen der kantonalen Archive, indem er
manche Analogie mit der heutigen sozialistischen Bewegung darbietet. Der
interessanteste Originalbericht ist die Chronik des „Bauers von Bträchers-
häusern". Zschokke's Roman: „Addrich im Moos" spielt auch in dieser Zeit.

[3]) E. A. VI 1, 163.

Lucärn selben der Vrsachen, daß sie ihnen vil Nauve Pfältz,
Große Stroffen vnd beschwernußen haut vßgeladen vnd
bezwungen wider Ihr Brieff vnd sügel, darinn sy geiante
Menner an ihr G. Oberkeit geschikt, welche fründlich vnter-
thänig vnd Ingebür mit großer pitt angehalten haben, solche
beschwerden sie zu entlaßen vnd abzuthnon, aber nit allein
nichts Erlangen mögen, sonder noch vßgebalgett vnd abthreuwen
wollen; derowegen die buren erzürnt worden vnd hand zusammen geschworen, Ihr leyb vnd leben daran zu setzen vnd
Allbald ihnen kein Zinß old geltschulden mehr wellen zukommen laßen, biß Ihr G. Oberkeit ihr Alte Brieffen vnd
Rechtnugen wider zu handen stellen, die sie ihnen genommen
hand, darinn ihr Oberkeit Ire übrige Vnderthonen ufnahmen
wellen sy damit zu bezwingen zuo gehorsammen. Alls sy
aber die vrsach vernommen, haudt sy sich in glichen beschwärden
auch beladen funden, dorum sy auch zu denen Inß Entlibuch
gestanden vnd zu Wolhusen zusammen hand geschworen, wilen si
mit pitt nichts biondersß erlangen möchten, waß ihnen gehörte,
derowegen Ihr Oberkheit übel zufriden; dorinn beschriben sy
Giantte Herren vß den VI Cathol. Orthen, welche Herren gar
lange mit dem Handel vmb siut gangen, vnd hinzwüschen
schriben sy vmb hilff vnd wird also der Handel je lenger je
böser. Allso daß die Empter für die Statt Lucärn zogent, weilen
die G. Iren verzürnten Pontißgenossen krieutz vnd Horw Starkh
vnd hoch gethreuwt haben, Alleß zu verderben, wau sy nit
wider zuo der Statt schweren wellen; vnd Ju dem hand die
dryzehen vnd Ettliche zu gewante Orth der Eydtgnoschafft
Abgeiantte Herren zu Baden ein ruguottes vnwahrhafftes
Mandat gemacht (deß Inhaltß, daß sy Aller handt hoch-
sträfsliche fähler vnd vnnoth willen vnverantwortlichen wie
öffenbaar am tag verüebt gethon sollent haben); solches über
die obgenanbte Anfänger im Entlibnch mehr theilß vnd über
alle, die ihnen verhülfen sin wurden, geschehen vnd ausgehn
laßen, domit sy von allen Orthen Vnderthonen verhafft wurden
vnd daß si nitt zu ihnen sielent, also daß sy zu den Nachberen

zuo allen Orthen nit wohl dörfftend kommen, wegen deß
Mandats, weilen ſy ſo hoch verkleineret vnd verlümdett worden,
do ſy ihr leyb vnd läbentz nit wol mehr ſicher waren, ſonder
ſchon geſährlich begägnett; ouch dorzwüſchet hend von vielen
Orthen fremd vnd heimſche kriegß Leuth ſollen vf ſye ein-
fallen, vnd Dorum ſi mit uns Bärner buren zu Reden kommen
vnd abgeret hant, daß mir ein Anderen kein leyd vnd ſchaden
wellen zuſuegen, ſonder ouch kein frembd old heimſch Volkh
durchziehen laſſen, ſie old vns zu ſchedigen, domit mir Alß
gethreuwe Liebe Nachberen mit ein Anderen handlen vnd
wandlen könen, auch vnſere hüſer, ßöff, haab und guott, weyb
vnd kinder Jn quottem fridlichen Ruowſtand erhalten und
bliben köne; vnd weilen mir im Bärn gebiet offt Jm Willenß
geweſen, Vnſere G. ß. vnd Oberkheiten zu pitten, daß ſy vnſere
beſchwerden Auch nach laſſen ſollen vnd Abthun, wie dan
vor Jahren Jm Dunner krieg old geſpan auch der glichen
verEinbaret het ſin ſollen, aber ſchlechtlich gehalten worden,
darum hant mir Abermahlen Gſante Menner für vnſer G.
Oberkeit gehn Bärn geſchikt vnd ſy vnderthanig vnd hoch
gebätten, ſy ſollen vnſere beſchwerden Ab unß Nemmen;
Dorüber Sy aber vnſer Geſante bezwungen, daß ſy Jn Vnſer
aller Nammen hand müeßen vff die knie Niderfallen, vmb
gnad bitten vnd annemmen vnd hernoch das ſelbig doch noch
nit gehalten haben, Waß ſy ſchon vnſern gianten verſprochen;
Darum wir Vrſach genommen vnß in Allewäg zu verſehen;
Jſt darum vff den 13. 23. Tag Abriliß Jm obgeſetztem 1653
Jahr Zu Suommißwald Ein Landtßgemeind gehalten worden
wegen vnſer klag Artikelß Puncten vnd deß vnguoten Mandats,
welches vnſer Ehr und quotter Namm anthreffen date, daran
vnß nit wenig gelegen; Dorum wir vß der ßerrſchafft Bern,
Lucärn, Solothurn vnd Baſel gebiett vnd vß den hienach
genambten Orthen ſind zuſammen kommen, aldo mir vnß
früntlich erſprachen wegen vnſeren beſchwerden vnd ſonderbaren
Vrſachen halber vnd dorüber vf freyem Säld Einheilig ein
vfgehebten Ewigen, Stif, ſtäthen vnd veſten Eydt vnd Pondt

zu dem wahren vnd Ewigen Gott zusammen hand geschworen,
dise Nach Volgente Artiklen Thrüwlichen zu halten, Wie
Volget:

In Nammen der Hoch Heiligen Dryfaltickeit Gott Vatter,
Sohn vnd Heiliger Geist Amen. So hant mir zuosamen
geschworen in disem Ersten Artikel, daß mir den ersten Eyd=
gnösischen Pont, So die vralten Eydtgnossen vor Ettlich
Hundert Jaren zusamen hand geschworen, wellen haben vnd
Erhalten und die vngerechtigkeit helfen ein Anderen Abthun,
Schutz vnd Schirmen mit lyb, haab, guott vnd bluott, also
daß, waß den herren vnd Oberkeiten gehört, sol ihnen bliben
vnd gäben werden vnd waß vnß buren vnd Vnderthonen gehörte,
sol auch unß bliben vnd zuogestelt werden, diß zu Aller seitß
den Religionen vnbegriflich vnd vnscheдlich. Zum 2. wellent mir
helfen ein Anderen alle vnguotte Neuwe vfsätz hindannen thuon,
vnd soll aber Jedeß Orths vnderthonen ihr Gerechtigkeiten von
ihr Oberkeiten selbs vorderen, wan sy aber ein Streit gegen ihr
Oberkeit möchten bekommen, sollen sy doch nit vßziechen ohne
wüßen und willen der Anderen Pontßgenossen, daß man Vor
köne sehen, wedere Parth Recht oder Vnrecht habe; hand vnser
Pontsgnossen dan Recht, so wellen wir Jhnen darzu helfen, hand
sy aber vnrecht, so wellen mir sye Abweisen. Zum 3. wan die
Oberkheiten wolten fremd oder heimsche Völker vnß vnder=
thonen vf den halß richten oder Leggen, so wellen mir dieselben
ein Anderen helfen zuo Ruk wysen vnd dasselbig gar nit
gedulden, sonder so es von nöthen wäre wellen wir ein Anderen
Trostlich vnd Mannlich beyspringen. Zum 4. Wan auch
ein old ander Person in Stetten oder Landen durch disen
vfgelofnen handels willen von einer Herrschafft oder anderen
Lüthen nhnzogen oder an lyb vnd guott oder Leben geschediget
wurden, sollen alle Orther vnser Pontßgnossen denselben
helfen mit lyb, haab, guott vnd bluott erlediigen vnd erlösen,
Alß Wanß ein yeder selber Antreffen wurde. Zum 5. So
solle diser vnser geschworne Point zu allen 10 Jaren vmb vor=
gelesen vnd Ernüweret werden von den Pontßgnossen, vnd so

dan ein old Ander Orth Ein beschwerd hette, von ihr Oberkeit old anderß, so will man alle Zeit demselben zum Rechten
verhulfen sein, domit also vnseren Nochkümligen kein
Neuwerung vnd vngebürliche bschwerden mehr vfgeladen
könne werden. Zum 6. Es sol keiner vnder vnß so vermessen
vnd frech sein, der wider disen Pontschwur Reden solle oder
Rath vnd Thatt geben wolte, wider dauon zestohn vnd Snüthen
zmachen; welcher aber diß übersehen wurde, solle ein solcher
für einen Meineyden vnd thrüwlosen Man gehalten vnd noch
sinem verdinen Abgestrofft werden. Zum 7. Eß sol auch
keines Orths Pontzgnoss mit ihrer Oberkeit diser handel völlig
verglichen vnd beschliessen, bis die anderen vnser Pontzgnossen
auch an allen Orthen den bschluß könen machen, Also daß
zu allen theilen vnd glich mit ein Anderen der bschluß vnd
friden solle gemacht werden.

Volget allhie die Orth vnd Dogteyen so in disem Pont-
schwur Brieff begriffen vnd geschworen handt. Aller-Erstlichen
das Landt Entlibuch sambt den übrigen 9 Empteren, welche
zu Wolhusen zusamen hand geschworen; Volget die vß der
Herrschafft Bern, Erstlich die Vogtei Trachßelwald, ...
† Signauw, ... vnd Landtschafft . . . . . Hinderlachen vnd
Brientz, Srutigen, das Lantgricht Sternenberg, Zolikossen,
Konelfingen, das Landtgricht Sefftingen, Graffschafft Nidauw,
Graffschafft Büren, die Vogtey Sraurwbrunnen, Vogtey Arberg,
Vogtey Lantzhuott, Graffschafft Burtolff, vßgenommen die
Statt, Vogtey wangen, Vogtey Arwangen, Vogtey Pib, Statt
vnd Ambt . . . . . vnd Vogtey Arburg, Statt vnd Graffschafft
Lentzburg, Vogtey Schenkenburg.

Vß der Herrschafft Solothurn die Graffschafft Gößgen, Statt
vnd Ambt Olten, Vogtey Bechburg, Vogtey falkenstein, Vogtey
krieg Stetten, Vogtei flummenthal, Vogtey Leberen, Vogtey
Buchyberg, Vogtey Dornach, Vogtey Dirrsteyn, Vogtey Gylgy-
berg, — vß der Herrschafft Basel die Statt Liestahl sambt ihren
Dörferen, die Grosschafft farnßburg, Vogtey Wallenburg, Vogtey
Homburg, Vogtey Rahmstain, die freien Aemter Vogtey, so

vnder die ß. Eydtgnoſſen der alten gehörte, † Brandis,
Sumiswalt, ßuttwyl vnd das gantze Land emmenthal vnd
das frei gricht Stephisburg, ßilterfingen vnd ßans Büler zu
Sigerswül für ihn vnd ſine nachkommen.

Diſer Pontſchwur vnd Eyd iſt zu ßuthwyl von den vßge-
ſchoſſnen von den obgenambten Orthen har Confirmiert vnd
beſtettiget wurden Jn obgeſetztem Jar vf den 4./14. tag May
vnd mit den hieran gehenkten Jnſiglen zue Ewiger gedechtnuß,
zuo wahrer gezükhnuß gehendkht vnd bekreſftiget worden.
Diſer brifen ſind 4 von wort zu worth glich Luthend vnd
jedem Orth einer zugeſtelt worden, Namlichen Bärn, Lucärn,
Solothurn vnd Baſel herrſchaiten."

Der Brief iſt beſiegelt von Entlebuch, Williſau, Olten,
Rothenburg vnd Lieſtal. Das Gefecht von ßerzogenbuchſee, den
8. Juni 1653, vernichtete die ßoffnungen dieſes neuen Bundes.
Der Obmann Leuenberger von Schönholz wurde am 6. September zu Bern geviertheilt und ſein ßopf mit dem Bundesbrief
an den Galgen genagelt; der Aufſtand erloſch, nach einem vergeblichen Verſuche, den Geſandten Srankreichs in der Schweiz
zur Jntervention zu bewegen,[1] in den damals üblichen Blut-
urtheilen eines großen eidgenöſſiſchen Standgerichtes zu Zofingen
und ſolchen der einzelnen Stände.[2] Jm folgenden Jahre wurde

---

[1] ßelvetia VI, 591.

[2] Die intereſſante Verhandlung über das eidgen. Standgericht unter
„Beizug der Generalität" findet ſich in E. A. VI 1, 182. Es wurde beſchloſſen,
daß in dieſem „ſeltſamen verwirrten ßandel" jeder Stand Diejenigen, von
denen er „particulariter lädirt" worden, nach Belieben abſtrafen könne,
ſolche aber, „welche fremde Territorien violiert, als vor Bern, Lutzern, im
Baßliſchen vnd vor Mellingen, den drei (von der Tagſatzung ernannten)
Commandanten vnd ihren Zuſätzen übergeben vnd in die Stadt Zofingen
gelieferet, alda das Examen verricht, die Bußen vnd Proceß gemacht vnd
auch dieſe exequirt ſollint werden."
Von den ſogenannten „drei Tellen", Unternäher von Schüpfheim,
ßinternoli von ßazle und Stadelmann von Marbach, wurden die zwei erſt-
genannten noch nach ihrem Tode projedirt, enthauptet und geviertheilt,
vgl. ßelvetia VI, 597, deren Berichte aus den damaligen Quellen ausgezogen ſind. Jm Staatsarchiv zu Luzern findet ſich noch heute ein ſilberner,

dann noch folgende „durchgehende Reformation über die gemeinen teutschen Dogteyen der Eidtgenossenschaft" erlassen, welche nun fortan einen Theil der eidgenössischen Verfassung mit Bezug auf die Unterthanen bildet [1]):

„Von der Landtuögten Wahl vnd Bestätigung.

Demnach auß dem vnordenlichen practicieren vnd ein-tringen auf die gemeinen Dogteyen vnd Ämpter anders nichts erfolget, dan daß der Allmächtig Gott wirdt erzürnt vnd vnß sein straff auff den Halß wachst; mancher ehrlicher man, dessen Altforderen oder er selbst vmb daß Datterlandt wohl verdient vnd dergleichen nit brauchen will, villmahlen vngefürdert bleibt; die Jhenigen aber zue den Ämpteren gelangendt, welche deren zum wenigsten werdt vnd dieselben nit verwalten könnent; Auß welchem dan folget alle Vnordnung vnd sonder-lich vill Klagens vnd schreyens der armen betrangten Vnder-thanen, an welchen man daß so vnerbarlich aufgelegte gelt widerumb einkhommen vnd erholen will, vnd auch die, welche in solchem practicieren fähl geschlagen vnd daß begerte Ampt nit erlanget, vilnahlen von quetem standt in Derachtung, Ar-muth, Elendt vndt schier gar Derzweifflung gerathent; Die Landleuth aber essen vnd trinkhen überflüssig gewohnend vnd wan kein practicieren vorhanden sich dessen auch gebrauchen wollen vnd Jhro Werkh still stehen lassent, hiemit an vilen Orthen in grundt verderbend. Also habent wir nothwendig erachtet allen ernst anzuewenden, somblichem Übell zue begegnen, vnd deswegen vnß dessen mit einanderen beredt, Namblichen, daß Jedes Ohrts Oberkheit den ihrigen angehörigen diß Prac-ticieren vndt trölen mit höchstem ernst abstrikhen vnd verbieten solle, dergestalt, daß auff solches End hin weder gelt noch gelts werdt, weder mieth noch gaben, weder essen noch trinkhen

von den Entlebuchern gestifteter Schild mit der Jnschrift: „Einer hohen Obrigkeit von Luzern, als vnsern gnädigen Herren, verlobt das ganze Land Entlibuch Treue, Gehorsam und Unterthänigkeit auf ewige Zeiten".
[1]) E. A. VI 1, 1729.

vfgeben werde, auch weder Verheißungen noch bethrewungen
beſchehend, ſonder gänzlich alles vnderwegen vnd vermitten
bleibe; Vnd wan in beſazung von dergleichen ſachen daß wenigſte
geſpürt wurde oder einicher Zweiffel oder Argwohn fürſiele,
da ſoll ein Oberkheit mit höchſtem Sleiß Inquiſition halten
vnd erforſchung thuen, nit allein in gantzer Landsgmein, ſonder auch in geheimb vnd von ſonderbahren Perſohnen, In-
maſſen, vnd geſtalt alß Sie vermeinen auf dz geſpör zue-
khommen vnd die ſach zueergründen, vff welches hin dan die
Oberkheiten Ihren ſchein vnd gezeugnuß, die Geſandten aber,
ſo den Landtvogt präſentieren, Ihren bericht ertheilen ſollen.

Vnd wan ein ſomblicher Erwöhlter für die Geſandte auf
Badiſche Jahrrechnung zue beſtätigung kompt vnd gleichwohl
den Schein aufflegt von ſeiner Oberkheit vnd ſineß Orths
Geſandte den weitern mundtlichen bricht geben habent, ſoll Er
doch zuevor vnd ehe nit angenommen werden, er ſchwere dan
hienach ſtehenden Eidt. An welchem allem ſo mangel erſchine
einicheß Wegs ſoll ein ſomblicher nit angenommen werden vnd
ihme noch darzue ſein ordenliche Oberkheit die gebührende
ſtraff auflegen.

Ordnung vff alle Landtvögt ihrer Rechnungen halber.

Es ſollend alle Landtvögt ihre Rechnungen jehrlich etlich
täg vor oder wenigiſt vff den erſten Sonntag im Julio by
dem Anfang der JahrRechnung nach Baden in die Cantzlei
ſchikhen, vnd dan ſelbige vff gedachten tag den 15. Ehrengeſandten von Zürich ohnfehlbarlich yngehendiget werden, vnd
dann von denſelben den 15. Ehrengeſandten deß nechſten Orts,
vnd alſo fortan, vff dz man mit wyl darinnen ſich erſehen
könne, ob nichts wider die Reformation gehandlet worden.
Actum vff den JahrRechnungen von annis 1658.

Practicier Eydt aller Landtvögten.

Ihr ſollent ſchweren, daß ihr zu erlangung dieſer Landt-
vogtei oder Amtsverwaltung weder gelt noch gelts werdt,
weder ſpeiß noch trankh von Euch ſelbſt oder durch andere
mit ewerem Wüſſen oder vßzuegeben verſchaffet habent."

Dieser allgemeinen Verordnung folgen die „sonderbaren Eyd und Ordnungen" für die einzelnen Landvogteien: Baden, Thurgau, Rheinthal, Sargans, aus deren Inhalt besser, als aus jeder Beschreibung, zu ersehen ist, daß und in wie vielen Punkten die Beschwerden, die zum Aufstande geführt hatten, berechtigt waren.

Ohne Zweifel leiteten diese Verhandlungen und die stattgehabte gemeinsame Gefahr einer sozialen Revolution die konfessionell entzweiten „Stiefbrüder" auf den Gedanken, eine solche „durchgehende Reform" auch für ihr eigenes Bundesverhältniß eintreten zu lassen, und es existirt aus dem folgenden Jahre 1655 das Projekt einer Bundesrevision in zwei Entwürfen, von welchen der spätere vom 4. Juli 1655 wie folgt lautet [1]):

„In dem Namen der heiligen hochgelobten Dreyfaltigkheit, Gott Vatters, Sohns vnndt des heiligen Geistes, Amen.

Wir die Burgermeistere, die Schuldtheißen, die Amman, die Räthe, Burger, Landtleüth vndt gantz Gemeinden von Stätten vndt Landen der 13 Orthen gemeiner Eidtgnoschafft hienach genandt, Namblich von Zürich, Bern, Lucern, Vry, Schwytz, Vnderwalden Ob- vndt nidt dem Waldt, Zug mit dem vßern Ambt so darzue gehört, Glaruß, Baßell, Freyburg, Solothurn, Schaffhaußen vndt Appenzell der Inneren vndt Vßeren Roden, Thuendt khundt allen denen so disern Brieff sehend, leßend oder hörendt leßen: Demnach vnnßere Fromme in Gott seeligklich ruehenden Altforderen von vhralten Zeiten vndt Jewälten har mit einandern gepflogen habend ein wahre große Trüw, Liebe, Fründt-, Gesell- vndt Bruederschafft, dahero Sye dan sich ewigklich vndt vnnwandelbahr für sich vndt all Jhre Nachkhommen mit Leiblich geschwornen Eyden zuesammen verbunden, verpflichtet vndt vertragen, auch solche Jhre verpflichtungen in ordenliche brieffliche Jnstrument, denn Nachkhommenden zue Jmmerwehrender gedechtnuß, verfaßet,

[1]) E. A. VI₁, 254. 1760. Man nimmt an, daß er von dem Bürgermeister Waser von Zürich und dem General Sigmund von Erlach von Bern, dem Sieger bei Herzogenbuchsee, verfaßt worden sei.

vndt alſo auch auf vnnß fortgepflantzet habendt; Vnndt be=
nandtlichen nach Chriſti Vnßers Lieben Herren vndt Heylandts=
Geburth ¹) Jm 1251. Jahr die Statt Zürich mit beyden Ländern
Vry vndt Schweitz; Mehr im 1315. Jahr die drey Länder
Vry, Schweitz vndt Vnderwalden; Jtem in dem 32iſten der
mindern Zahl ein Statt Lucern mit gedachten dreyen Länderen;
Vnndt widerumb im 50. ein Statt Bern mit auch denſelben;
Weitter Jm 51. ein Statt Zürich mit Lucern, Vry, Schweitz
vndt Vnderwalden; Vndt mit dißen 5 Orten im 52. daß Landt
Glaruß; Auch eben diß Jahrs die Orth Zürich, Lucern, Bern,
Vry, Schweitz vndt Vnderwalden mit der Statt vndt Ambt
Zug; darauff dan in dem 70. Jahr gefolget Jſt die Verkhom=
nuß, genandt der Pfaffenbrieff, zwüſchent den ſambtlichen 7
Orthen Zürich, Lucern, Vry, Schweitz, Vnderwalden, Zug vndt
Glaruß, welche Volgends, wie noch, die Syben Alten Ort ge=
nambßet worden; Jm 93ten aber nach erfolgter Sempacher=
Schlacht zwüſchendt den Orthen Zürich, Bern, Lucern, Sollo=
thurn, Vry, Schweitz vnndt Vnderwalden, auch Glaruß aufge=
richtet worden Die Kriegß-Ordnung vnder Vnnß den Eidtgnoſſen;
Mehr in dem 1423. Jahr der ſonderbahre Ewige Pundt zwü=
ſchent Zürich vndt Bern; Jtem in dem gefolgten 52. daß ewig
Burg= vndt Landtrecht des Landts Appenzell mit den Syben
Alten Orthen; Serners im 81. Jahr die Verkhomnuß gedachter
Syben Alten Orthen wie auch der Statt Bern, ſo den Nammen
der Acht Alten Orthen bekhommen vndt noch habent, zue
Stans gemachet, zue krefftigerer Beſchirmb= vndt Handthabung
aller vorgedachter Pündten; Vnndt wider in eben gedachtem
Jahr der Ewige Pundt der Acht Alten Orthen mit Freiburg
vndt Sollothurn; Weiters im 1501. Jahr der Ewige Pundt
eben gedachter Zehen Orthen mit der Stadt Baſell; Vndt in

¹) Es iſt bemerkenswerth, wie unrichtig theilweiſe die Daten ſind. Von
dem Bunde, den wir heute feiern, iſt gar nicht die Rede, ſondern nur von
dem Züricher-Bund vom gleichen Jahre, wofür aber unrichtig das Jahr 1251
angegeben iſt, wie es auch Tſchudy I, 148 enthält. Vgl. darüber die Er=
klärung in E. A. I, 3 und Kopp, Urkunden I, 37.

auch diſem Jahr der Punɗt zwüſchent erſtgeɗachten Einliff
Orten vnɗt der Stadt Schaffhaußen; Vnɗt enɗtlich im 1513.
Jahr der Ewige Punɗt ɗeß Lanɗts Appenzell mit ɗen zwölff
Orthen. Diße vnɗerſchiɗliche zueſammen Verpflichtungen nun
in ɗen obigen 262 Jahren biß vf ɗie letſtere beſchehen, in
welcher Seit ɗan auch ɗie verpünɗten Orth ſich ɗurch Jhre
von Gottes gnaɗen geſägnete einmüetige Dapferkeit vnɗt in
anɗer reɗlich weiß vnɗt wäg an eigenthumblichen vnɗt theil=
gemeinſammen Lanɗt vnnɗt Leüthen treffenlich vermehret, ßa=
benɗt ɗen groſſen Eiɗtgnößiſchen vff vnß erblich gekhommenen
Punɗt der Obern Teütſchen Lanɗen gemachet, ſo vnßern aller=
ſeits Stänɗen, Lanɗen vnɗ Leüthen Gott Lob woll erſchoſßen
vnnɗt vor villen wiɗerwertigkeiten vnß verhüetet hat, auch
zue khünfftigen Seiten mag verhüeten, Darumb vnß wollge=
zimbt, auch ein Notturfft iſt, zue einanɗeren weyter zueſetzen,
einanɗeren weiter berathen, byſtänɗig, behilfflich vnɗt gethrew
zu ſein.

Wann Vnɗt aber ɗaß Wäßen ɗißer Welt von einem Alter
zue ɗem anɗeren wanɗelbahr vnɗt verEnɗerlich iſt, wie ɗan
ɗie ſiɗert letſt gemeltem 1513. Jahr in Geiſt= vnɗt Weltlichen
Dingen fürgefallne villfältige VerEnɗerungen khunɗt vnɗt offen=
bahr; Darzue ɗeß Mentſchen Geɗechtnuß vnɗt Natur ſchwach
vnɗt blöɗ, vnɗt zergenckhlicher Dingen balɗ vergeßen wirɗt,
ſo hat ein ſolches ɗie Sürſichtigkeit vnſerer ſeeligen Altvorɗern
auch in acht genommen, vnɗt habenɗ ɗieſelben Jn Jhren
Punɗts=Brieffen Jhnen vnɗt Jhren Nachkhommenɗen Vorbe=
halten ɗie khünfftige einheilige Erinner=, Mehr=, Minɗer=, Er=
leüter= vnɗt verbeßerung, Auch ɗarbey verſehen, ɗz ɗieſelben
ſolten zue gwüſßen Seiten mit Worten, mit Geſchrifften vnɗt
mit ɗem Eiɗ wiɗerumb erneweret vnɗt beſtetiget werɗen. Siten=
mahlen ɗan ein ſolches von vnverɗenkhlichen Seiten vnɗt
Jahren her gemeinckhlich nit beſchehen, Der Liebe lange Friɗen
ſumſall in ɗer gebührenɗen Beobachtung vervrſachet, ɗie vn=
lengſt in ɗem Lanɗt aber entſtanɗene Swar Traurige, Jeɗoch
ɗurch Gottes Gnaɗ glückhlich wiɗergeſtillete Vfruhren vnɗt

empörungen vnnß zue denen Dingen, welche der Erleüter- vndt
verbefferung ermanglendt, verleitet habend, Vndt alßo auß
demme ſo vorſtaht ſich eräugt vndt bewißen, dʒ die gegenwirtige Zeit die ernewerung der Pündten erfordere, vndt dʒ Dieſelbe khünfftigklich nit mehr ſo lang vnderlaſßen werde, Vndt
daß auch ſonderlich die obangezognen vill vnderſchidenlichen,
Zue Vnderſchidlichen Zeiten vndt Anläßen, hiemit auch in
vngleicher formb verfaſßeten vndt meiſtentheils alle Orth ge-
nuegſamblich nit anſprechenden Pundtsbrieffe zue beſſerer gedechtnuß vndt wüſßenſchafft der Alten vndt Jungen in ein
Inſtrument mit einanderen Zueſammen getragen, gebührendt
verglichen vndt auff gegenwirtige Zeiten gerichtet, Volgens auch
mit dem Eydtſchwur wider beſtättiget vndt vermittelſt der Hilff
vndt Sägen Gottes auch auf vnnſere Nachkhommen fortgepflantzet, damit alſo vnßer aller theilen Stätten, Landen,
Leüthen, Güeteren, Freyheiten mehrere ſterdkhe vndt Handt-
haab Jetz vndt fürhin zueſtehe, Sridt vndt Rhuew deſtbaß erhalten werde: Von deßwegen nun ſo habend wir durch Ab-
geſandte allerſeits bey gehaltener Tagleiſtung der Jahr-Rechnung
vmb deß H. Johanniß deß Teüffers tag im 1655. Jahr alle
hieob angezogene Pundtsbrieffe einen nach dem anderen völlig
abläſſen laſßen, vndt ſindt hierauf vndt zue Volg derſelben,
Alß die wir in Jhrem gebührenden beharrlichen reſpekt, Anſehen vndt eigentlichem hauptſächlichem wäßen verbleiben laſ-
ßend, In dem Nammen Gottes wüſßentlich mit gantzen gueten
threwen, mit guetem Rath vndt ſinnlicher Vorbetrachtung übereinkhommen, von newem zueſammen gelobt vndt geſchworen
Leiblich vndt gelehrte Eydt, mit aufgehebten Händen, für vnß
vndt all Vnßere Nachkhommende, die wir Hierzue ewigklich
vndt kräfftigklich auch einſchlieſßendt vndt verbindent, wie
hernach volget.

1. Namblich vnd deß erſten, dʒ wir vndt vnßer aller Nach-
kommende in allen vnßern ſachen, Anligen vndt Geſchäfften,
gegenwärtigen vndt zuekhünfftigen, vnß aller Sründtſchafft
vndt Sürderung gegen einanderen, wie von altem har, halten

vnbt getröſten, ein gethrew vſſehen zuſammen haben, Je ein
theil deß anderen Stätt, Landt vnbt Leüth lauth der alten
Pündten in ſeinen Schuß vnbt Schirmb empfahen, ſeinen Nuß
fürberen vnbt ſeinen Schaden wenden, vnbt deßwegen einan-
bern gethrewlich berathen vnbt vnverzogenlich beholffen ſein
ſöllen vnbt wollen, alß ſehr vnnſer Leib vnbt Guet gelangen
mag, gegen allen denen, wider vnnbt vff alle die, ſo vnß an
denſelben vnſeren Stätten vnbt Landen, an Leüthen, an Leib
oder an Guet, an Ehren, an Geiſt- vnbt weltlichen Sreyheiten,
an den Regierungen vnbt Regimentsformen, Gerichten, Geſaßten
vnbt Rächten, altem ſßerkhommen oder gueten gewonheiten, mit
gwalt oder ohne recht angreiſſen, bekhümberen, ſchädigen oder
dheinen widerdrieſße, ohnfueg oder Vnluſt theten oder thuen
welten, in dhein wyße, nun oder hienach, in gantzen gueten
trüwen ohn alle geſerbe, vnbt auch mit denen gedingen, un-
berſcheiden, Artickhlen vnbt Puncten, ſo hiernach geſchriben
ſtahnbt.

2. Were, daß Jemandt, wer der were, Vnßer den einen
oder anderen theil, ſo in diſer Pündtnuß begriffen, ſambt oder
ſonbers mit gwalt überziehen, angreiſen vnbt ſchädigen, Oder
ſonſt in anberweg anfechten, von dem vnnßeren trängen, daran
fräffendtlich bekhümmeren, Jrren vnbt vorenthalten wolte,
vnbt dan ein theil deß anbern ßilff vnnbt Sueſtandt nottürftig were, dz die verwylung durch ein anſehenbe zuſammen-
khunfft geſahr mit ſich bringen möchte, vnbt Er nach vorge-
gangener Erkhandtnuß auf ſeinen Eybt ſolche ßilff durch ſein
bottſchafft oder offene geſchrifften begehren vnbt erforberen
wurde, ſo ſoll die gemahnete Parthey auch bey Jhren Eyben
der mahnenbten Jhr getrew, kräfftige ßilff vnverzogenlich zue-
ſenben, Je nach geſtalt der ſach, vnbt dz es dem gemahneten
ehrlich, dem mahnenben aber troſtlich ſeye, vnbt alſo ſich mit
ſeiner Macht vnbt offenen Zeichen ohne allen gefährlichen Verzug erheben, dem benöttigten Theil zuziehen, Jhm ſeine Lanbt,
Leüth vnbt Güeteren, wie Er daß Jnnhalt vnbt beſißt oder
khünfftig mit vnſer der Parthyen vorwüſßen rechtmeſſig be-

khommen vndt in den Punct auch vfgenommen werden mag, helffen retten vndt entschütten vndt bey dem Jhren beschirmen mit gantzen ernst vndt trew vndt mit allen sachen, so die nottürfftig sindt, welche sich vmb die Hilff erkhendt vndt gemahnet habent; Alles in deß gemahneten theils Costen, so dickh dz zuschulden kombt.

3. Ob auch ein Jnfahl oder Angriff vf Jemanden vnder vnß so schnell vnndt vnversehenlich erwuechße, dz sollichs an vnß die übrigen stattlich nit möchte gebracht werden, vndt der augegriffen zum widerstandt sich erhueb vndt hinzug, da sollent wir die übrigen zue allen seythen vngemahnt vnndt unverzogenlich auch zuefahren vndt schickhen, wie daß gerochen vndt abgeleit werde, nit anderst, alß ob es vnser selblich sach were, vndt ob wir desßen gemahnet werend oder von newem gemahnet wurden.

4. Jm Sahl vndt aber die hilffsLeistung so vill verzugs erlyden mag, so soll der beschedigte theil vnß die übrigen, an die Er hilff suecht, zetagen mannen an eine der gewohnlichen Mahlstatten oder ein ander bequemmes Orth, nach beschaffenheit denmähliger Löuffen vndt Zeiten, vndt solle demnach Jetwederer theil sein wyße guet bottschafft au daß von dem mahnenden bestimmende Orth Vndt Zeit senden, daselbst eigentlich zerathe werden, wie die sachen einen wyßen Fürgang haben mög, oder wie die hilff nach gelegenheit der sach sein soll, daß den Sygenden dester baß widerstanden vndt der Schad zue dem besten gerochen werden möge; vndt weß man vff dem Tag zerathe vndt sich verglychen wirdt, soll Jetwederer theil widerheimbbringen, Jn sollicher maaß, daß demne gnueg beschech, alß danne vff dem tag beschlossen worden ist, ohn alles verziehen. Vndt soll auch vnder vnß gegen dem anderen niemandt weder der gemahneten noch vngemahneten hilff dheinswegs ab- noch auß gahn, mit worten noch mit werckhen, dhein ding suechen noch werben, darumb die hilff zertrent oder abgestelt werden möchte, ohn all gefehrd.

5. Ob auch hernach der theil, so gemahnet hat, eines mehrern vndt sterckhern zuezugs oder eines vnsahls vff sine senendt vndt desselben Landt nottürftig were, weder bey dem Tag abgeredt worden, soll man die einanderen in krafft hievorstehender allgemeinen Verbindung auch schuldig sein.

6. Vnndt wann sich in sollichem ferners begebe, dz wir vnß, vnseren Landt vndt Leüthen zue Schuß, Schirmb, vndt handthab berieten, eine belägerung fürzenemmen, so sollent wir alle sambt vndt sonders einanderen trostlich zueziehen mit gezüg vndt Leüten darzue nuß vndt noth, Je nach Jedes vermögen vndt gelegenheiten, daß Orth aber, deißen der krieg ist, oder ein anders nechst gelegenes, so mit den Mittlen versehen, die zur belägerung mehrers nottwendige groiße Stuckh, bulsser, handtwerckh- vndt werckleüth zwahrn anfängklich in seinem Costen dargeben, hernach aber vmb disen mehreren vncosten ein gebührende abtheilung vndt ersaßung beschehen solle.

7. Wann dan etwz von Stätten, Schlöißeren, Herrschafften, Landen vndt Leüthen, Zöll vndt Geleitten eroberet wurden, sollent vorderst die Jenigen, so zue demselben am meisten dargesett, sy sngent an selbigen änden bey dem handell oder sonst in dapferen Kriegsübungen vndt geschäfften an anderen Ortten wider vnßere gemeine Senendt verfangen oder beladen geweßen, Vndt demnach auch andere nach der gebühr vndt billigkeit vndt wie wir es vnder vns gerecht befinden (ob man solche zue behalten Vorhabens) angesehen vndt betrachtet werden; vndt ob dann solch Orth vndt Lándt mit Leüthen oder gezeüg zuebesezen werent, soll es mit gemeinem Zuethuen beschehen, Vndt der Commendant von dem Orth, deißen der Krieg ist, gegeben werden, Daißelbig Orth thete dan selbs eineße von dem gesambten KriegsRath begehren.

8. Aber vmb gefangene Leüth, fahrendt Guet, Brandtschaßungen vndt dergleichen Nußungen, oder daß man eroberte Stätt, Schlöißer, Landt vndt Leüth khäufflich hingeben thete, Jst beredt, dz man solches allen halten, haben vndt theilen soll

nach gleicher püttung vndt Kriegsgewohnheit, Namblich nach anzahl der Leüthen, so Jm Váld gelegen zuegleich.

9. Wo wir auch also mit Jemandt zue Krieg wurdent khommen, so soll der von allen Partheyen dapferlich beharret vndt von Vnß khein richtung noch betrag angenommen werden, dem verletzten theil senge dan bekherung vndt ersatzung beschehen, die den Mehrtheil vnder vnß billich vndt gestaltsamb bedunckt.

10. Item were, daß Jemandts Dheinen, so in diser Pündtnuß sindt, angriff oder schädigte ohn Recht, wan es dan zue schulden khombt, dz der oder die, so den angriff vndt schaden gethan handt, khommendt in den gewalt Vnßer der Ehegemelten Eidtgnoßen, denselben oder die alle, Jhr helffer vndt diener, Jhr Leyb vndt Jhr Guet soll man hefften vndt angreiffen vndt Sy deß wyßen, daß Sy denselben schaden vndt angriff ablegind vndt wider thüegind, vnverzogenlich, ohn all gefährd.

11. Eß soll aber kein theil vnder vnß mit Jemandem einichen offentlichen thättlichen Krieg nit anheben, er bringe dan vor sein Anligen vndt waß Jhn darzue träng vndt bewege an vnßer der übrigen Theilen oder Orthen Anwält oder derselben Oberkheiten vndt mit vnßerem begönstigen vndt zuelaßen; Wir die übrigen sollend auch sein ßach vndt Anligen Jn denen trewen, als ob die Vnser selbs were, bedenckhen vndt zue ßertzen nemmen vndt vnß demselben nach hilfflich vndt geneigt erzeigen; Alles in gestalten wie obstath.

12. Vnndt ob sich weiter begebe, dz ein oder der ander theil vnder vnß mit Jemanden zue Vnwillen khämend vndt stöiß gewunnend, vndt dißer alß der beklagte sich eines gleichen Völligen billichen Rechtens nach Eydtgnößischer vndt hernach geschribner formb vff vnß die übrigen sambt oder ßonders erbutte, vndt nun ein solches vnß die übrige Orth bedüechte, dz es Jhnen den klagenden vnndt vnß Ehrlichen were, daß das Recht aufgenommen solte werden, so sollendt Jener vndt Jene sich sollichs Rechtens auch benüegen vndt demme statt thuen, ohn weiter andere Kriegliche übungen gegen dem beklagten.

13. Item es ist auch beredt vndt vnder vnß von vraltem Harkhommen, daß niemandt den anderen auf khein frömbd Gricht laden vndt tryben soll, weder vmb schuldsachen, fräfell noch andere Ding, sonder Jedermann von dem anderen Recht suechen vndt nemmen an denen stätten, da der geseißen ist oder hingehört, welchen man anspricht, Sonderlich aber auch, dz alle fräfell an dem ändt vndt in denen Gerichten, wo Sie begangen, vndt die schmachschrifften an dem Orth, wohin solche geschikht vndt eröffnet oder offen abgelegt, sollendt gestrafft werden; Vndt waß auch in dem einen oder anderen mit Gericht vnndt vrtheil erkhendt wirt, deß soll sich ein Jeder laißen begnüegen vndt darbey belyben; man soll aber auch dem Kläger so wohl in disen, alß nachvolgenden, schuldtsachen guet schlünig vndt vnpartheyisch Recht halten vndt widerfahren laißen, ohn alle gefährdt.

14. Wir sollendt auch vndt alle die vnßeren bey vnseren vndt Jhren Brieff, Siglen, Gewahrsammen vndt dem so bishar von Jemandem vß vnß vndt den vnßeren in gewerd vndt besitzung gewesen ist, belyben vndt niemandt den anderen ohne Recht entwehren; vndt ob es bescheche vndt sich genuegsamblich befunde, so soll der theil, so entwehrt ist, wider in geweer gesetzt werden mit allen deßhalb empfangenen Nützen vndt Endtrichtung darumb gelittenen Costens vndt schadens, vndt demnach, ob er Rechtfertigung nit möcht entbehren, darumb recht pflegen vndt sich deß genüegen.

15. Item Eß soll niemand vnßer vorgemelter Partheyen gemeinlich noch sonderlich der anderen Parthyg die Jhren, sy syngen frey oder Eigenlüth, diewyl Sy hinder Jnen sitzen oder keine ordenliche Abscheidt habend, Jn Jhren Schutz, Schirmb, Burg-Recht, Landt-Recht, noch ander dergleichen pflicht fassen noch nemmen, sonder menighlichem die synen belyben laißen; vndt ob dz bscheehen, es were mit geschrden oder ohn, wan dan ein theil den anderen, der deß schuldt hat, darumb ersuecht, es bescheche mit- oder ohne Recht, so sollend dem Mannenden theil die synen, wo daß also khunndtlich ist, wider

gelaißen vndt die angenommen Jr Eyd vnd pflichten, ob Sy
die gethan hetten, lädig gezält werden.

16. Vmb schulden, darumb verschrybungen mit liegenden
pfanden vorhanden, es betreffe Hauptgüetter oder Zinß, soll
ein Jeder gesucht werden, wo die vnderpfänder ligend; deß-
glychen soll man auch einanderen vmb gemeine verschrybne
vnd vnverschrybne lauffende schulden vor dem Richter, wo der
schuldner seßhafft, bevorderist anlangen vndt bekhandtlich
machen, vndt vor vndt ehe solches beschehen keine Arrest nit
gebraucht werden; wan aber die schuld in richtigkeit gebracht
vnd der Zahlungs-termin verfloßen oder sonderbahr glübt
beschehen, oder Verkhommnußen verhanden, dz einer an einem
gewüßen Orth zezahlen versprochen hette, oder die schuld bey
Wirten oder HandtwerckscLeüthen were gemachet worden,
oder sonst ein vßklagter oder Candschweifender Mann were,
Alß dan mag man sich der Arresten vnndt Haßftbotten woll-
bedienen; Eß sollend aber dieselben gegen niemanden alß dem
rechten schuldner oder desselben Tröster fürgenommen werden.

17. Wir sindt auch übereinkhommen, were daß Jemand
den Eyb verschuldte, Alß sehr daß er von syner Oberkeit oder
Gericht darumb verschrüwen oder verrüffen wurde, wo daß
dan Vnß den übrigen, so in diser Pündtnuß begriffen sindt,
verkhündt wirt mit selbiger Statt oder deß Candts besigletem
brieff, so sollend wir Jnne vf glyche Sormb auch verschreyen;
vndt wer Jn darnach wüßentlich huffet oder hofet, eißen oder
trinkhen gibt, der soll in denselben schulden sein, allein dz es
Jmme nit an den Leyb gahn soll, ohn all gefärd; vndt wofehr
deß verschreiten Oberkheit begehrte, dz man den verschreiten
Jro laiße zuevolgen, es unweigerlichen beschehen.

18. Wir sollend allerseits einanderen freien feilen khauff
zuelaißen, vndt zwaren bey Vnseren Zöllen, Gleiten vndt
Nutzungen, sambt vndt sonders, wie wir die von altershar
gehabt vndt geübt habent, belyben, unß aber aller Newerung
darin ohn vfsätz oder beschwerung einiger newer Zöllen oder
anderer vfflagen enthalten, damit der gemeine Kauff vndt

verkhauff vnd all ander guet, Ehrbar gewerb vnd hand=
tierungen Jhren gang desterbaß mögend haben.

19. Jtem vnd wylen etwan vill vnwillens gebracht, wan
sich ein Erbfahl zuegetragen, dz man den Jenigen, welcher
geErbt hat, nit eerben laißen wollen nach selbigem Ortts
gebrüelichem Erb=Rechten, Er bringe dan von seiner Oberhheit
dz gegenRecht, die Erb=Recht aber sich nit alle tag änderen
laßend, So habend wir vnß deßen mit= vnd gegen einanderen
beredt vnd entschloißen, daß fürbaßhin in Erbfählen Jeder
nach des Ortts, wo der Erbfahl gefallen, Rechten vnd
Gebrauch, ohne Zuemutten deß Gegen=Rechten, gerichtet werden
solle.

20. Vnnd alß dann vnß nit allein Zuestath, die Vnßeren
gegen einanderen zue Rechtsnemmung vnd übung zuewnßen,
sonder auch vnßer selbs händell, ob die zwüschent vnß zue
vnglycher Erkhandtnuß kämend, mit güet= old Rechtlichem
Entscheid hinzuelegen, vf dz wir vnd die vnseren destbaß in
gantzem Friden vnd in gleichen Rechten sammet bestahn
mögend,

21. So haben wir vnß fürer mit einanderen vnderredt
vnd versprochen, were, dz ein oder mehr Ortt vnder vnß
oder Jemandt, der Zue demselben gehöret, an der anderen
Ortten Eins oder Mehr oder an dhein desselben Landt, Stätt,
Leuth, Embter, Vogtyen, Gerichte oder Dörffere Ützit zesprechen
gewunn, oder sonst in Zwytracht gerathen wurde, von wz
sachen wegen daß Jnnmer were, da sollend die übrigen hierinn
nit begriffnen Ortt sich vorderst einer fürderlichen ohnnngestelten
Richtung in der fründtlikeit vnderwinden.

22. Thette aber dieselbe nit statt finden, so soll der An=
sprechendt theil den angesprochnen an der gewohnlichen
bequemmen Mahlstatten eine vff einen genandten tag erforderen
vnd daselbsthin Jeder theil zween Ehrbar Rathsfründt als
Schidleüth mitnemmen; die sollend anfänchlich besehen, ob die
Zuespruch in der Minn= vnd güetigkeit vnd mit dem minsten
Costen mögen vertragen werden; möchte aber daß nit beschehen,

so sollen Sy sich zue Recht setzen vndt gelehrte Eydt mit auf=
gehebten fingeren schweeren, die sachen vnparthyigisch, nach
Recht vndt billigkeit, Niemandt zue Lieb noch zeleyd, ußze=
sprechen vndt darumb kein mieth zenemmen, vor disen vieren
sollendt beyd theil Jhre klägten vndt Andtwurten, brieff vndt
gewahrsammenen eröffnen vndt darthuen, biß zue dem Recht=
satz; vndt wz dan durch dise zuegesatzten nach verhörung deß
alles, auch khundtschafft, brieffen oder Leüthen, Ob die von
Jhnen zuegelaßen recht funden, Eß syge mit einhelligem oder
mehrerm Spruch erkhendt wirt, darby soll es belyben ohne
weigeren, ziehen vndt Appellieren; vnd sollent die Zuegesatzten
Jhrer Eydtspflichten, damit Sy den Partheyen verwandt sindt,
biß zue vßtrag sollichs Rechtens erlaßen werden.

23. Were aber, daß die Zuegesatzten in Jhren Vrtheilen
zerfiehlen, also daß vnder Jhnen weder ein mehrers noch ein=
helligs in Jhrem Rechtspruch funden wurde, so sollend die
vier Sätz bey Jhren Eyden schuldig sein, einen Obman
Innert dem bezirckh vnser Eydtgnoschafft, der Sy ehrlich,
bescheyden, vnparthyigisch vndt darzue guet vndt tugentlich syn
bedundkt, zeerwellen vndt zenemmen, Thetten Sy aber zue
gleichen stimmen vff zwey fallen, soll auß dißen zweyen der
einte durch daß Loos erwelt vndt derselb von seiner Oberkheit
föllicher sach sich also zuebeladen fürderlich gewißen werden,
vndt soll derselb vorderist einen glychen Eydt wie die Richter
schwecren, vnd demnach für denselben khommen beyder theilen
Clag, Andtwort vndt aller Rechtsatz, mitsambt der zuegesetzten
gegebnen vrtheilen; vndt so daß beschicht, soll der Obman
der einten gegebnen Vrtheil beyfallen mögen oder, so er ein
anders billicher befindt, solche zue Enderen macht haben, vndt
es darbey verbleiben; vndt daß alles, Eß syge durch die zue=
gesatzten oder Obman, soll ohn allen verzug beschehen, Jhnen
oder Jhme wurde dan bedanckhs oder Rathabens noth, der
möcht alßdann gebrucht werden, doch also, daß in zweyer
Monathen frist den nechsten die vrtheil zue vßpruch vndt
fürgang khäme, ohn all ander ynzüg vnd geferd. Eß sollend

auch wir beyd partheyen vnd vnsere Jetwedere besonder Jr
Zuegesatzten für sich selbs vndt den Obman in gemeinem
Costen halten vnd haben, vndt waß Sy zue Recht sprechend
dandthbarlich vfnemmen vndt Jhnen darumb noch deßhalb
dheinen vnwillen zueziehen.

24. Sahls auch Jemand vnßerer Burgeren oder Angehörigen
an einen Standt oder Oberkheit vnder vnß waß zuespruch
oder forderung hette, so solle solche, gleich wie vorstath,
zwahren vßgeführt werden, es were dan sach, dz die Parthnen
zue Abschnydung vnCostens sich an statt der zweyen Sätzen
vf einen allein verglychen thetten.

25. Bei vorstehenden Dingen allen aber soll man sonderlich
wüßen undt ist auch von vnß den yngangs vermelten
Partheyen eigentlich abgeredt vndt verdinget, dz ein Jedtliche
Statt, Landt, Dorff, Hoff, so Jemandt zuegehört, der in dißer
Pündtnuß ist, es jnge eigenthumblich vndt allein oder durch
gemeinsamme Regierung mit= und nebent anderen Orthen, bey
allen vnseren vndt Jhren Rechten, Stattrechten, Landtrechten,
Gesatzten, Gerichten, Zwingen vndt Bänen, bey Jhren Geist=
vndt weltlichen Freyheiten vndt anhangenden Dingen, ordenlich
angenommenen verträgen vndt Abscheiden, hantvestinen, bey
Jhren gueten wollhargebrachten gewonheiten gentzlich belyben
sollent, also dz nit allein Niemandts vnder vnß den anderen
daran bekrenkhen noch sumen sonder, da es andere theten,
wir einanderen wider dießelben hilffliche Handt biethen sollen,
ohn alle gefährd.

26. Bei dißem unßerm ernewerten Pundt aber behaltendt
wir vnß vßtruckhenlich bevor, daß wir vnß woll weyter gegen
einanderen oder auch vißeren frömbden Fürsten, Herren vndt
Ständen, vndt Sy gegen vnß verbinden mögen, vndt wo wir
also allerseits allbereit in ewigen Friden, Einungen oder anderen
verbindtnußen, oder sonst in pflichten vnd fründtschafft
stehend, derselben krafft nichts benommen sein; Jedoch dz
dißer gegenwirtige vß vnßeren alten Pündten vndt denselben
gemäß außgezogene, ernewerte, erleüterte vndt Endtlich wider

beſtetete allgemeine Punდt allen anderen vorgahn vnდt die
vorderiſte krafft vnდ macht haben, auch deßwegen in allen
anderen Jederwyligen verbinდtnuſſen vorbehalten werden ſolle.

27. Sodenne vnდt zum letſten habenდ wir bereდt vnდt
übereinკkhommmen, durch deßwillen, დz dißer Punდt vnდt
Grünდtſchafft deſter wüßentlicher vnდt Jemmermehr eingedenkh
inge, daß wir Je zu 25 Jahren vmb auf deß ſ. Martini deß
Biſchoffen tag, darvor oder darnach, ohne geſehrდ denſelben in
der Statt Baden, oder an welchem Ortt ein ſolches anzueſehen
unß belieben wirt, ernemeren ſollenდ vnდt wollenდ, durch
Sächſz an Jederem Ortt erwöhlte perſohnen vß dem Mittel
der kleinen vnდ groſſen Räthen, Burgeren vnდt Landtleüthen,
nach Jedeſſe üebung vnდt gelegenheit, ohn einich weigeren
vnდt vnderlaſßen; wurde aber einiche ſumbſal wider alles
verhoffen fürfallen, ſoll doch demſelben an ſeiner Krafft nichts
Benommen ſein; vnდt da eins oder mehr Orth die anderen
vmb die Ernewerung erforderten mit botten oder mit ſchrifften,
denen ſollenდ dan die anderen gehorſamb ſein ſolche Ernewerung zuethuen alß vorgeſchryben ſtath.

Auch iſt hierinne mit ſonderheit vorbehebt, დz wir vnდt
vnßer Nachkhommen dißse ernewerte Pünდtnuß mit allen vnდt
Jeden ſtuckhen, ſo darinne geſchryben ſtahnდ, woll mögent
beſßeren, minderen oder mehren, zu welcher Zeit vnß oder
vnßer Nachkhommen zue allen ſythen daß einheilligklich nuß
oder nothდürfftig bedunდkt ſein, ohne geſehrდ, alß ſich dan die
Loüff enდeren werდent, Doch დz dißer Punდt nach Srünდt-
ſchafft niemermehr abgeſprochen noch vffgehebt werde.

Vnდt deß alles zue ewigem ſtetem vnდt Immerwähren-
dem Vrkhunდt, ſo habenდ wir yngangs genanდte XIII Orth
Zürich, Bern, Lucern, Vry, Schwyß, Vnderwalden ob- vnდt
niდt dem Kernwald, Zug mit dem vißeren Ambt ſo darzue
gehört, Glaruß, Baſell, Sreiburg, Solothurn, Schaffhaußen
vnდt Appenzell der Inneren vnდ vßeren Roden für vnß vnდt
all vnßer ewige Nachkhommen vnßer aller von Stetten vnდt

Länderen größere Jnsigell gehenckt an dieser Brieffen Sünff-
zehen, deren Jetliche Parthey einen hinder Jhro hat vndt
haben soll. So beschehen ist etc." [1]

Dem Projekte folgen jedoch sofort in den Eidgenössischen
Abschieden die Aktenstücke des „schwären" Religionskrieges, der
sich „in vnserer Eidtgnoschaft erhebt" [2] vnd bereits voran geht
eine Chiffre-Schrift der drei katholischen Städte:

„Clauis der geheimbten Alphabeten, Welche die drey löb-
liche Stätt Lucern, Sreiburg vnd Solothurn in gefährlichen
läuffen Vnd Zeiten die heimbliche Schreiben zuexpedirn brauchen thun; Jst ieder Statt ein sonderbares zugeeignet, wie hienach stehet. Gutbefunden zu St. Urban den 15. Martij 1655.

Notandum. Daß zue benennung alles Argwons man
dem Botten ein Schreiben in gewohnlicher formb von intiseren-
tischen Vnd solcher sachen, die sonst schon bekannt, mitgeben
kann. Wann nun der Seind selbige Schreiben ertappet, eröffnet Vnd list, wird er nichts merken Vnd den Potten durch-
suchen. Das geheime Zedelin aber mit dem Versezten Alphabet
man in ein Kügelin Wachs Verschlossen Vnd dem Potten im
mund zutragen aufgeben werden, welches gar leichtlich ohne
schaden vnd gefahr zugehet etc."

Das dazu gehörige Protokoll der Konferenz von Luzern,
Sreiburg vnd Solothurn, als katholischer Vororte, enthält darüber Solgendes [4], woraus sich ergibt, daß diese Verabredungen
schon während der Verhandlungen über die Bundeserneuerung
bestanden, dieselben somit von vornherein mit dem größten konfessionellen Mißtrauen gegen ihre Urheber, Zürich vnd Bern,
unheilbar behaftet waren.

---

[1] Diesem Projekt geht unmittelbar voran in E. A. VI 1, 1752, ein
projektirter Bundesbrief der evangelischen Orte nebst einem Beibrief,
auf Grund von Konferenzen, die zu Königsfelden und Aarau stattgefunden
hatten. Vgl. E. A. VI 1, 243. Offenbar bildete derselbe zugleich den ersten
Entwurf für den allgemeinen Bundesbrief.

[2] E. A. VI 1, 295. 1766 ff. — [3] E. A. VI 1, 1750. 1751.

[4] E. A. VI 1, 241.

„Der im September 1651 gemachten Vereinbarung gemäß,
alle drei Jahre zusammen zu treten, hatte Lucern diesen Con-
greß veranstaltet. Nach freundeidgenössischer Begrüßung wurde
das Verkommniß von 1568 vorgelesen und zumal die zu selbiger Zeit bestimmten geheimen Wortzeichen, von drei Metallen
formirt, mit einander verglichen und neuerdings bestätigt. Dabei macht Solothurn die Bemerkung, die Zeiten und Läufe
seien so, daß zuweilen weder Briefe noch Wortzeichen durch-
zubringen seien; daher wurde der Antrag gestellt, vermittelst
eines in gewisser Weise versezten Alphabets mit einander zu
correspondiren. Es wird von zwei vorgewiesenen Mustern ein
solches Alphabet ausgewählt, das von Stadtschreiber Haffner
dreifach ausgefertigt und wovon Lucern und Freiburg je eines
zugeschikt werden soll, mit einer Gebrauchsanweisung, wonach
dann nach gemachter Probe diese Alphabete bei den übrigen
geheimen Sachen aufbewahrt werden mögen. – Von Freiburg
und Solothurn wird an die jüngst versprochene Mittheilung
dessen erinnert, was die geheimen Kriegsräthe der V Orte im
September 1651 zu Lucern verhandelt haben. – Die Frage
betreffend, an welchen Enden und Orten Lucern und Solothurn
ihre Macht am füglichsten zusammenstoßen könnten, erbietet
Solothurn eine Untersuchung vornehmen zu lassen. Lucern
wird ersucht, ebenso wie Freiburg und Solothurn sieben geheime Räthe zu bestellen. – Bestimmungen über Wachtfeuer
festzusezen wird unterlassen, weil das oben angegebene Mittel
zur Verständigung besser tauge. – Um aber besonders bei
einer „Ruptur" mit Bern gefaßt zu sein, genügt das verabredete Correspondenzmittel nicht; man sollte auch mit Wallis,
Burgund, Savoyen, dem Bischof von Basel und andern ver-
trauten Nachbarn in Verbindung treten. Da nun Herr von
Montenach mittheilt, daß seine Obrigkeit mit dem Markgrafen
Lullin, der bei dem savoyischen Hofe in hohem Ansehen stehe,
und ein Verbürgerter zu Freiburg sei, gute Correspondenz unter-
halte, scheint es zwekdienlich, auf diesem Wege durch Freiburg
mit dem Herzog von Savoyen gewisse Wortzeichen für eine

geheime Correspondenz zu verabreden. Dasselbe in Bezug auf Wallis und Burgund zu thun, ist Freiburg ebenfalls am besten geeignet. Mit dem Bischof von Basel darüber zu verhandeln, wird die bevorstehende Bundeserneuerung Gelegenheit geben, bei welcher namentlich eine präcisere Fassung bezüglich der gegenseitigen Hilfeleistung zu beobachten sein wird."

Nach dem Kriege, der am 23. Januar 1656 bei Vilmergen unglücklich für die Berner endete, war daher auch von einer Revision des allgemeinen Bundes keine weitere Rede mehr; im Gegentheil wurde nun der „goldene Bund" in der Hofkirche zu Luzern am 3. Oktober 1655 erneuert und sodann noch einmal später, nach dem dritten Religionskrieg, im Jahre 1714.¹) Der konfessionelle Bundesgedanke trug in der alten Eidgenossenschaft den Sieg über den politischen davon.

Noch einmal in der allerletzten Zeit, bei Anlaß der letzten Erneuerung der französischen Allianz, schlugen Zürich und Bern im September und Oktober 1776 und August und September 1777²) die Aufstellung näherer Bestimmungen über das eidgenössische Rechtsverfahren vor, um damit „Ruhe, Wohlstand und Sicherheit gemeiner Eidgenossenschaft zu fördern."

Ein eigentlicher Entwurf einer solchen Verfassungsrevision liegt nicht vor, doch sind die Punkte in dem Abschiede der außerordentlichen Tagsatzung der XIII Orte vom September 1777 bezeichnet, auf welche sich dieselbe beziehen sollte, und würde eine solche Vereinbarung in Verbindung mit der neuen Militärorganisation, von der sofort die Rede sein wird, wenigstens die zwei nothwendigsten Bestandtheile einer neuen Bundesverfassung hergestellt haben. Es sollte demgemäß dieses Verkommniß umfassen: „1. Eine Bestimmung der Jurisdiktion des eidg. Rechts, mit Aufzählung alles dessen, was dahin gehöre und was nicht;

¹) 1714 wurde er einzeln in jedem Orte neu beschworen. In Zug wurde er damals auf Befehl der Obrigkeit auch „dem gemeinen Mann zum besseren Unterricht" gedruckt herausgegeben. Vgl. Helvetia III, 255.
²) E. A. VII ı1, 462. 514—517.

2. eine Vereinbarung über die zu beobachtende Rechtsform zwischen Ständen gleicher und ungleicher Religion; 3. eine Gewährleistung des eidgenöffischen Rechtes und der inneren Sicherheit, nebst der Beschwörung desselben; 4. den Einschluß (also virtuell die Gleichstellung) der Zugewandten in Bezug auf dasselbe; 5. den Verzicht auf alle Gewährleistungen fremder Mächte für die schweizerischen Verfassungsverhältnisse", wie sie ganz besonders der goldene Bund besaß.

Ein noch mehr redizirtes Projekt, das nicht viel Anderes als eine Erneuerung des Stanzer-Verkommnisses gewesen wäre, bildete schließlich, wie folgt, den recht schwächlichen Ausgang aller dieser Reformversuche[1]:

„Im Namen der heil. Dreieinigkeit. Nachdem wir, die nachgenannten löbl. dreizehn Orte und zugewandte Stände der Eidgenossenschaft uns freundeidgenössisch über die gedeih= lichsten Mittel berathen, Fried, Ruhe, Eintracht, und wahres Vertrauen unter uns je länger, je mehr auszubreiten, zu ver= sichern, und auf ewige Zeiten zu befestigen, so haben wir nach dem uns von unsern frommen und ruhmvollen Vorfahren A°. 1481 gegebenen Beispiel und nach Anweisung des damals zwischen den löbl. acht alten Orten zu Stanz gemachten Vertrags gegenwärtige Verkommniß verabredet, aufgerichtet, und für alle künftige Zeiten zu halten, zu befolgen und zu erfüllen uns verbunden. Wir ...... versprechen einander, daß keiner den andern thätlich angreifen, noch seine Herr= schaften, Land, Leut und Besitzungen feindlich überfallen, beschädigen und an sich bringen wolle. Wenn aber dieses dennoch von einem eidgenössischen Stand gegen den andern unternommen werden sollte, so verpflichten und verbinden wir uns insgesammt und insbesonders ohne Unterschied der Religion bei unseren Treuen, Glauben und Bundspflichten, dem auf diese Weise angegriffenen und bedrängten Stand beizustehen, Hilfe zu leisten und den Angreifer zur Ruhe zu bringen.

---

[1] C. A. VII ɪɪ, 517.]

Sollten auch bereits Thätlichkeiten vorgenommen und Eroberungen in dieser Zeit gemacht worden sein, so wollen wir
dieselben als wider Recht gemacht ansehen und den Eroberer
nebst vorläufiger Zurückgabe und Wiederabtretung des Eroberten, auch Erstattung der billig erachteten Kösten zu dem
in denen Bünden und Verträgen bestimmten eidgenössischen
Rechtspfad anhalten. — Diese Verkommniß soll in Zeit und
Ort, wie man dessen übereinkommen wird, von uns feierlich
beschworen werden."

Anstatt einer vollständigen Bundesverfassung, die übrigens
nur die allernothwendigsten Bestimmungen einer solchen enthalten
hätte, wurde in der Zeit zwischen dem zweiten und dritten
Religionskrieg auch versucht, wenigstens eine Militärverfassung der Eidgenossenschaft zu erstellen. Die ersten
Projekte hiezu datiren bereits aus den Jahren 1623 und 1629.
Eine Reihe von bestimmteren Anträgen und Beschlüssen aus
den Jahren 1668 bis 1678 wird in ihrem Gesammtinhalt
„Eidgenössisches Defensionale" genannt.

Darnach wurde die eidgenössische Wehrmannschaft in drei
Auszüge von je 13400 Mann und 16 Feldstücken eingetheilt
und die Leistung jedes einzelnen Standes, sowie der drei Haupt-
zugewandten, Biel, Abt und Stadt St. Gallen und der großen
eidgenössischen Vogteien, die mit den XIII Orten die eigentliche
kompakte Eidgenossenschaft ausmachten, bestimmt. [1])

---

[1]) E. A. V ıı, 30. 369. 571. 576. 581. Zuerst ist auch hier bloß von
einem evangelischen Defensional auf Konferenzen der IV evangelischen Städte
die Rede. Die allgemeinen Beschlüsse erfolgten zur Zeit des Einbruchs Ludwigs XIV. in die Franche-Comté mit schweizerischen Streikompagnien. E. A.
VI ı, 1675 ff. Es sind im Ganzen 10 verschiedene Stücke, nebst drei bei-
gefügten Memorialen. Jeder Auszug zerfiel in zwei „Armeen", deren Befehls-
haberstellen bestimmt nach Orten vertheilt waren, und das Ganze wurde
im Feld durch einen eidgenössischen Kriegsrath, bestehend aus den Ober-
befehlshabern und Civilkommissären der Stände, geleitet. Ueber die eidgenössische Militärjustiz nach dem Defensional vgl. „Politisches Jahrbuch" IV,
pag. 749.

Ueber die Aufnahme weiterer Gebiete in das Vertheidigungs=
ſyſtem herrſchte Streit. Die katholiſchen Orte wollten damals
noch immer Konſtanz und die Waldſtädte am Rhein einbegreifen,
die Reformirten dagegen Waadt und Genf, worüber zuletzt, Dank
den Anſtrengungen von Savoyen und der päpſtlichen Nuntiatur
einerſeits und Frankreich andrerſeits, keine Einigung ſtattfand. [1]

Ebenſo wurde Graubünden nach längeren Berathungen
darüber bei Seite gelaſſen. [2] Mit dem Biſchof von Baſel beſtand
ein zeitweiliger Defenſionalbund auf fünf Jahre, der bei längerem
Beſtande auch dieſes Fürſtenthum enger mit der Eidgenoſſen=
ſchaft verbunden haben würde, aber ſchließlich dahinfiel, da die
katholiſchen Orte nur ihren eigenen Sonderbund mit demſelben
begünſtigten. [3] Rottweil und Mühlhauſen ſollten anfangs auch
aufgenommen werden, aber man ſtand bald davon ab, [4] da
auch hier konfeſſionelle Bedenken obwalteten. So blieb das
Defenſionalwerk von vornherein ein mangelhaftes und verlor
ſchließlich auch für die Orte ſelbſt ſeine konſtitutionelle, gemein=
eidgenöſſiſche Bedeutung, indem Schwyz im Jahr 1677 aus
demſelben förmlich austrat und Uri, Obwalden, Zug, Appenzell
J.=Rh. und katholiſch Glarus ſeinem Beiſpiele folgten. [5] Die
Urſachen dieſes Austritts waren natürlich auch wieder haupt=
ſächlich konfeſſionelle; es iſt in den Abſchieden noch eine aus=
führliche Oppoſitionsſchrift unter dem Titel: „Uszug uß dem
Defenſional=Büechli etwellicher Beſchwerds=Punkten" erhalten,
die darüber den erforderlichen Aufſchluß enthält. [6]

In Verbindung mit dem Defenſional ſteht der demſelben
vorangehende Wyler=Abſchied vom 17.—31. Januar 1647. [7]

---

[1] E. A. VI 1, 739. 740. 751. 756. 767. 768. 790. Savoyen und der
Nuntius wollten Genf nicht geſchützt haben, Frankreich nicht die Waldſtädte.

[2] E. A. V 11, 586. ff. VI 1, 971.

[3] E. A. VI 1, 117. 120. 257. 374.

[4] E. A. VI 1, 740. 770.

[5] E. A. VI 1, 1023. 1038. 1039. 1094. 1102.

[6] E. A. VI 1, 1697.

[7] E. A. V 11, 1409. 1410—1418. 2225.

In der damaligen, unmittelbaren Gefahr der Grenzverletzung durch Schweden und Franzosen, die in Bregenz standen, wurde von allen VIII Orten zu Wyl ein Defensionsystem angenommen, in welches auch wieder nur die drei ersten Zugewandten eingeschlossen waren, obwohl Mühlhausen sich um die Aufnahme verwendete und Bern diejenige von Waadt und Genf vorschlug. [1] Graubünden und Wallis verhielten sich selbst ausweichend, die übrigen wurden einfach als Schutzobjekte ihrer speziellen Religionsparteien angesehen.

Der letzte Versuch einer eidgenössischen Militärverfassung vor dem Zusammenbruche dieses mangelhaften Wehrsystems war das „Eidgenössische Schirmwerk" vom 7. Sept. 1702, [2] eine Erneuerung des Defensionals in der Gefahr des spanischen Erbfolgekrieges. Auch bei diesem Anlasse beantragte Bern erfolglos die Aufnahme von Graubünden, Wallis, Genf, Neuenburg und des Bisthums Basel. [3]

Wallis und Graubünden hatten demzufolge in der letzten Zeit der alten Eidgenossenschaft die Stellung von blossen Alliirten, deren Besitzstand nicht unbedingt zu schützen war und die auch zu keinem bestimmten Zuzug anzuhalten waren. [4] Von dem Bisthum Basel war nur der untere Theil in die eidgenössische Neutralität eingeschlossen, ebenso Genf und Neuenburg nur durch eine allzu späte Erklärung von 1792. [5]

---

[1] E. A. V II, 1081. 1421. Bei Rottweil machte sich bei diesem Anlasse zum ersten Male in bestimmter Weise die Ablösung von der Eidgenossenschaft bemerklich, indem auch die katholischen Orte seine Aufnahme nicht vorschlugen. E. A. V II, 703. 706. 709. 713. 722.

[2] E. A. VI II, 2288.

[3] E. A. VI II, 1047. 1056. 1070.

[4] Demzufolge liess es die Eidgenossenschaft ruhig geschehen, als Graubünden im Jahre 1797 das Veltlin verlor, ja man möchte beinahe glauben, dass diese Auffassung selbst noch in den Jahren 1814 und 1815, als es sich darum handelte, es wieder zu gewinnen, bei manchen eidgenössischen Staatsmännern obwaltete.

[5] E. A. VIII, 194. 171. 172.

Man darf wohl sagen, daß der konfessionelle Gegensatz, der sich schließlich in Alles und Jedes mischte, die unkräftige Wehr-organisation der spätern Eidgenossenschaft verschuldet hat, die stets ein halbvollendetes Werk blieb und diese ihre Art im Jahre 1798 bewährte, in welchem Jeder für sich und Keiner für Alle da stand.

Die ehrwürdigen Urkunden der schweizerischen Freiheit lagen in diesen letzten Zeiten stets auch wohlverwahrt in den kanto-nalen Archiven und wurden noch, nebst den „Thaten der Väter", bei jedem Anlasse angerufen, aber ihr Geist fehlte bei den gemeineidgenössischen Tagsatzungen, welche immer seltener wurden und gegenüber den konfessionellen Sondertagen an Bedeutung fortwährend verloren. Die Bünde paßten auch in der That vielfach nicht mehr auf die gänzlich veränderten Verhältnisse und hätten längst in die einheitlichere Form übergeführt werden sollen, die 1815 ein Anachronismus war, 1655, oder selbst noch 1777 hingegen ein genügender Fortschritt gewesen wäre, um die veraltete Eidgenossenschaft zu regeneriren und ihr in befreiten und gleichberechtigten Zugewandten und Unterthanen das neue Blut zuzuführen, dessen ihre Regierungen alle dringendst be-durften. Statt dessen war nun die ehemals ruhmvolle Eid-genossenschaft am Ende ihres fünften Jahrhunderts nach Außen ein unkräftiges, nach Innen ein verrostetes Gemeinwesen ge-worden, in Wirklichkeit in der That nur eine Verbindung von Regierungen zum Zwecke der Aufrechthaltung ihres Besitzstandes.

Zu einem Umschwung bedurfte es aber bereits seit dem Bauernkrieg einer Revolution, wie überall, wo sich Trägheit, oder Unverstand der Reform widersetzt, der alles Menschliche seiner Natur nach von Zeit zu Zeit unterliegen muß.[1]

---

[1] Das geben eigentlich auch die ärgsten Reaktionäre zu, nur sind dann immer die Zustände, die ihnen gefallen, göttliche Anordnungen. Wenn sie aber dafür keinen andern Beweis erbringen können, als den thatsächlichen, daß sie bestehen, so können sich auch alle Staatsveränderungen, die glücklich durchgeführt werden, auf den nämlichen Titel berufen.

Allerdings ist der Fortschritt mittelst Revolution nicht der regelmäßige und gottgewollte Entwicklungsgang der Völker, sondern eine zu spät eintretende gewaltsame Krise, bei der es sich um Tod und Leben handelt, von deren Folgen sich die Eidgenossenschaft auch erst in unsern Tagen völlig erholt hat.

Der wesentlichste Theil der Eidgenössischen Bundesverfassung beruhte in dieser letzten Zeit auf bloßem Gewohnheits= recht, namentlich betraf dieß die Organisation und die Kom= petenzen der Tagsatzungen und die eidgenössischen Interventionen.

Die Tagsatzungen waren das einzige, ursprünglich bloß gelegentliche, nach und nach aber regelmäßige Organ des Bundes, in welchem demgemäß auch alle die konstitutionellen Formen sichtbar werden mußten, die derselbe nach dem bisher Gesagten zeitweise annahm. Dieselben waren Kongresse der Orte, anfäng= lich meist nur zur Erledigung von Streitsachen, später zur Berath= schlagung aller möglichen gemeinsamen Interessen. Demgemäß unterscheidet das spätere eidgenössische Staatsrecht: Allgemeine Tage, meistentheils Friedenskongresse, an denen neben den Orten die Zugewandten, auch mitunter privilegirte Unterthanenstädte und fremde Alliirte vertreten waren.[1] Dieselben hörten mit der großen Politik der Eidgenossenschaft zugleich auf. Gemein= eidgenössische Tage für die XIII Orte. Zu denselben wurden die Zugewandten zeitweise mehr, zeitweise weniger berufen; im letzteren Falle wurden ihnen die wichtigsten Beschlüsse zur Nachachtung mitgetheilt.[2]

Vom 17. Jahrhundert an bis zum Bauernkrieg wurden die Zugewandten, außer Mühlhausen, häufiger einberufen, von

---

[1] z. B. die zu Basel abgehaltenen „Tage der gemeinen Vereinigung" E. A. II. 518. 525, oder die großartigsten von allen, zu Baden den 11. August und 6. September 1512, E. A. III ı₁, 638. 646, bei welchen der Herzog von Lothringen, der Papst, der Kaiser, der Herzog von Mailand, der König von Spanien und die Republik Venedig durch Botschaften vertreten waren.

[2] z. B. die Armenrechtsbeschlüsse von Baden, den drei Bünden und Wallis, E. A. IV ı. c 552. 576. 595.

1667 3. Juli ab namentlich regelmäßig der Abt und die Stadt St. Gallen und Biel [1]), während Graubünden und Wallis trotz ihrer Berechtigung zu erscheinen, immer häufiger wegblieben und zuletzt öfters mit dem gleichen Ceremoniell, wie ganz fremde Gesandtschaften, empfangen wurden. [2]) Das Nämliche war mit Genf, Neuenburg und dem Bischof von Basel der Fall. [3]) Eine bestimmtere Regel, als sie in dem Beschlusse vom 3. Juli 1667 gefunden werden kann, bestand niemals, wie denn auch, wie schon erzählt, anfänglich sogar den neueren „Orten" kein Sitz an der Tagsatzung eingeräumt war. Seit der Reformation sind die häufigst vorkommenden Tagsatzungen die konfessionellen Sondertage, die stets zu Luzern und zu Aarau stattfanden, und die Tage regierender Orte, oder Syndikatstage. Solche wurden für die großen deutschen Vogteien in Frauenfeld, für die großen welschen in Lugano abgehalten. Das Syndikat der Grafschaft Baden tagte in Baden, das von Bellenz in dieser Stadt.

Die gemeineidgenössischen Tagsatzungen fanden ursprünglich an sehr verschiedenen Orten, vom 15. bis 18. Jahrhundert vor- zugsweise in Baden, statt, wo in den zahlreichen Gasthäusern die nöthige Bequemlichkeit vorhanden war; nach dem 4. Landfrieden, der die Katholiken aus dieser Herrschaft entsetzte, in Frauenfeld, die ordentliche Tagsatzung fand im Juli statt. Die Tagsatzungen der älteren Zeit wurden allenthalben in der Schweiz, mitunter sogar im Auslande (vgl. pag. 206 und 207), oder im Felde abgehalten. [4])

Die Formalitäten bestanden in der spätern Zeit darin, daß sich jede ankommende Gesandtschaft bei Zürich, als dem faktisch stets vorsitzenden Stande, [5]) anmeldete und über die Stunde

---

[1]) E. A. VI i, 714. 946. 950. VI ii, 332. 361. 1108. 1153.

[2]) E. A. VI ii, 906.

[3]) E. A. VII i, 285. E. A. VII ii, 1235. VIII, 76.

[4]) „Wo das Panner weht, da ist Zürich", sagt der Rath von Zürich vor Kappel 1529. So war es auch in der Eidgenossenschaft — und kann es wieder werden.

[5]) Dasselbe hatte damit auch eine Art von faktischem Vorschlagsrecht für die Besetzung der Vogteien (war der „Provisionalstand").

der Eröffnung Anweisung empfing. Fremde Gesandtschaften, oder auch nicht regelmäßig erscheinende Zugewandte wurden durch eine Deputation von mehreren Mitgliedern in die Sitzung abgeholt und ihnen angemessene Plätze angewiesen. Bei offenen Thüren folgte dann zuerst der eidgenössische Gruß durch den ersten Gesandten jeden Standes, sodann in geschlossener Sitzung die Verhandlungen. Ueber dieselben wurde am Schlusse (in späterer Zeit durch den Landschreiber der Landvogtei Thurgau und den ersten Rathssubstituten von Zürich, als paritätische Vertretung) ein sogenannter „Abschied" (wie wir es jetzt nennen würden ein Resumé der Verhandlungen) ausgefertigt und jeder Gesandtschaft mit allfälligen Beilagen mitgegeben. Aus diesen Protokollauszügen, die noch in den verschiedenen Kantonsarchiven aufbewahrt geblieben sind, ist das große Werk der „Eidgenössischen Abschiede" zusammengestellt worden. Gewöhnlich erschien jeder Stand mit zwei Gesandten, die Zugewandten mit einem. Der erste Gesandte war in der spätern Zeit, außer bei Bern, gewöhnlich der erste Vorsteher des Standes, der zweite ein angesehenes Rathsglied; mitunter wurden ihnen noch jüngere Mitglieder der regierenden Klasse als Legationsräthe mitgegeben, die auf solche Weise Gelegenheit erhielten, sich mit den Geschäften vertraut zu machen und die maßgebenden Personen der Eidgenossenschaft kennen zu lernen. Gestimmt wurde ausschließlich nach Standesstimmen und nach Instruktion der Stände, außer etwa bei schiedsgerichtlichen Angelegenheiten; war keine Instruktion über einen Gegenstand vorhanden, so wurde er «ad referendum» genommen und bei dem nächsten Anlasse die Meinung des Standes abgegeben (oder auch häufig nicht), woraus die heutige, historisch irrthümliche, Bezeichnung der Volksabstimmung über Gesetze und allgemein verbindliche Beschlüsse der Bundesversammlung hervorgegangen ist. Bei der ausschließlichen Geltung der Standesstimmen in allen politischen Angelegenheiten, war es gleichgültig, mit wie viel Personen jeder Stand in der Tagsatzung vertreten war, ja sogar, ob er überhaupt vertreten war. Mit denen, welche nicht kamen, wurden befreundete Stände beauftragt, zu konferiren; bei einer Tagsatzung von 1469 geht sogar die Gleichgültigkeit gegen die Person der Gesandten so weit, daß der Vertreter des Standes Glarus nur mit der Bezeichnung „ein Junger" aufgeführt wird. [1])

Gegenüber dem Auslande nahm die Eidgenossenschaft seit dem Beitritte der größeren Städte nie eine vollkommen einheit= liche Stellung ohne Sonderverbindungen ein, und auch das war nie völlig ausgemacht, was zu dem nachmals sogenannten «corpus helveticum» gehöre und was außerdem noch in die schweizerische Neutralität eingeschlossen sei. Verträge mit fremden Staaten abzuschließen, war auch den einzelnen Orten gestattet, doch konnte die Eidgenossenschaft davon abmahnen, wenn sie ihr staats=gefährlich erschienen, und sie durch eidgenössisches Recht aufheben, wie es z. B. gegenüber Zürich im Jahre 1450, später mit dem „ferdinandischen Bündniß" und dem „christlichen Burgrecht" geschah. Dagegen wurde kein solcher Vertrag mit Mehrheit von der Tagsatzung beschlossen und Nichtbeitretenden aufgenöthigt. So hielt sich z. B. Zürich fast 100 Jahre lang dem französischen Bündnisse fern. Die auswärtigen Staaten hatten zum Theil ständige Gesandtschaften bei der Eidgenossen= schaft, welche jedoch, diesem System gemäß, auch bei den einzelnen Orten, mitunter auch bei den katholischen oder reformirten Orten allein, akkreditirt waren. Die wichtigsten waren die päpstliche Nuntiatur, welche seit 1579 ständig geworden war, und die französische Gesandtschaft, die in Solothurn glänzenden Hof hielt. [2]) In europäischen Rangangelegenheiten verlangte

---

[1]) E. A. II, 395; III 1, 119. In einem Falle, 1482 März, ist jedoch auch von einer „Verachtung" der Stadt Bern die Rede, weil nur vier Orte zu einer von ihr ausgeschriebenen Tagsatzung sich einfanden. E. A. III 1, 116.

[2]) Ueber die Nuntiatur: Helvetia VII. und VIII. Band. Ueber den Hof in Solothurn: „Amiet, Kulturgeschichtliche Bilder aus dem schweizerischen Volks= und Staatsleben aus der Blüthezeit des französischen Einflusses auf die Aristokratie der Schweiz" 1862. Die französischen Pensionen, die durch diese Gesandtschaft vertheilt wurden, zerfielen in der letzten Zeit in folgende Kategorien: Standesjahrgelder (pensions générales de paix et d'alliance); Rollenpensionen (pensions par rôles) offenkundige Privatpensionen; pensions

die Eidgenossenschaft die Stelle nach der Republik Venedig und vor den niederländischen Generalstaaten. Die Titulaturen und Anreden waren gegenüber den hauptsächlichen ausländischen Staaten in der späteren Zeit, die großen Werth auf dergleichen legte, genau festgestellt. ¹)

Die Eidgenossenschaft selbst hielt keine ständigen Gesandt= schaften. ²)

In den innern Angelegenheiten, soweit dieselben überhaupt eines Bundesbeschlusses fähig erschienen, entschied die Mehrheit der Orte, ausgenommen in Religionssachen. In solchen bestand für die gemeinen Herrschaften zuletzt schiedsgerichtliche Ent= scheidung mit gleichen Zusätzen, und auch die Vorfrage, was religiöser Natur sei, wurde auf diese Weise erledigt; für die Religionsangelegenheiten der einzelnen Orte dagegen volle Standes= souveränität. Blos die Katholiken in ihrem Sonderbund hatten

d'écoliers. Erziehungsgelder für Söhne einflußreicher Staatsmänner, sodann offene und geheime Gratifikationen (gratifications pour services rendus au Roi). Bei den letzteren, die oft auch von Damen bezogen wurden, wurde keine Quittung verlangt und auch keine Namen genannt, sondern sie wurden «au porteur» und «sans quittance» verabfolgt. Auch die Jesuiten= kollegien, wo sie in der Schweiz bestanden, ebenso die Kapuzinerklöster und die Schützengesellschaften der katholischen Kantone erhielten solche Jahrgelder. Die jährlichen regelmäßigen Zahlungen der französischen Gesandtschaft wurden für das Jahr 1770 auf mehr als 1½ Millionen Livres berechnet.

¹) Frankreich z. B. schrieb: A nos très chers, grands amis. alliés et confédérés etc. Die Wiener Kanzlei: Denen Gestrengen, Vesten, Ehrsamen, unsern besonders Lieben etc. Die preußische: Denen Wohlgebornen, Edlen, Ehrenvesten, Hochweisen und Hochgelahrten, besonders lieben Freunden, Alliirten und Bundesverwandten etc.

²) Dieselben datiren erst aus der Zeit der Helvetik. Oft wurden einzelne Orte im Namen der andern oder des Vorortes zu handeln beauftragt. Ein solches Beispiel ist z. B. die Pathenschaft von 1522 bei dem Dauphin von Frankreich. (E. A. IV ıa, 163—165.) Eine interessante Verhandlung über die Boten, welche die Zahlung für die «Franche-Comté» in Lyon holten und 17 Wochen ausblieben, siehe in E. A. III ı, 114. 115. Einen Beschluß, daß kein Ort in auswärtigen Sachen „fürschießen", sondern alles mit gemeinem Rath geschehen soll, siehe in E. A. III ı, 125.

das Recht, selbst ganze Stände, die etwa von dem katholischen Glauben abweichen wollten, bei demselben zu erhalten. Im Ganzen brachte es die Entwicklung der Eidgenossenschaft als Staaten⸗ bund mit sich, daß alle wichtigeren, namentlich alle organischen, auf das Bundesverhältniß selbst bezüglichen Angelegenheiten keine Mehrheitsbeschlüsse, sondern Konkordate[1]) waren und somit auch jede Revision des Bundes nur einstimmig erfolgen konnte. In's Einzelne gehend waren die Kompetenzen des Bundes und der Gliederstaaten niemals genau ausgeschieden. Verhandlungen der katholischen Orte von 1681 und 1682[2]) enthalten z. B. darüber längere Auseinandersetzungen (die jedoch auch zu keinem eigentlichen Resultate kommen), ob nicht auch Glarus, wie Appen⸗ zell, konfessionell getrennt werden müsse, weil sonst durch den 3. Landfrieden im Innern eines Standes in Religionssachen dessen volle Souveränität vorbehalten sei.

In bloßen Landespolizeiangelegenheiten kommen zahlreiche Tagsatzungsbeschlüsse vor, durch welche diese Sou⸗ veränität, wenigstens für einzelne Fälle, beschränkt wurde. So z. B. Verordnungen gegen Hoffart, unziemliche Kleider etc.

---

[1]) Solche sind z. B. der Pensionenbrief von 1503, 21. Juli, E. A. III ii, 1314.
Die Münzverträge der V Orte: 1504, 24. September, E. A. III ii, 1318.
der VII Orte: 1425, 18. Mai, E. A. II, 728.
der VI Orte: 1425, 21. Mai, E. A. II, 734.
die Uebereinkünfte über die Unterhaltung des Gotthard, der Grimsel, des Gneispasses, E. A. I, 454.

Die Kriege um das Eschenthal veranlaßten die ersten Erörterungen über die Hülfeverpflichtung, da sie außerhalb des im Zürcherbund vor⸗ gesehenen Bundeskreises (vgl. pag. 60) geführt wurden. Damals erscheint auch zum ersten Mal ein oberster Hauptmann im Feld und wird der Grundsatz aufgestellt, daß in Bezug auf Krieg und Frieden die Mehrheit entscheide. E. A. I, 158. 165.

Eine Garantie des Bundes für die kantonalen Verfassungen bestand nur für die Verfassung von Zürich und später im goldenen Bund. Eine ernstliche Kollision von verschiedenen Bundesverhältnissen fand besonders in dem „Raronhandel" 1414 bis 1420 statt. E. A. I, 179—220.

[2]) E. A. VI ii, 25. 30.

324

Läſterung, Schmähungen, [1]) Vorſorge gegen Straßenräuber, Bettler, Zigeuner, Wucherjuden, Inhaber römiſcher Pfründenverleihungen, (Kurtiſanen), [2]) Sorge für Straßen, Schifffahrt, Fiſcherei, [3]) Kornhandel, [4]) Injurienſachen gegen die Eidgenoſſenſchaft, [5]) Vorſorge bei allgemeinen Landeskalamitäten, oder gegen Theurung, [6]) auch gegen Hexen, [7]) Anerkennung von Handwerkscorporationen, wie der Steinmeßenbruderſchaft in der Eidgenoſſenſchaft, [8]) und drgl. mehr.

Es liegt eben doch in der Natur eines jeden ewigen Bundes, daß ſeine Glieder keine ganz uneingeſchränkte Souveränität beſißen können und es ſagt daher ſchon für die alte Zeit Balthaſar ganz richtig: „Der Saß giltet auch hier; daß gleichwie die Menſchen bey Stiftung der Geſellſchaften auf einen Theil ihrer natürlichen Rechte und Unabhängigkeit Verzicht thun, und denen Geſeßen gehorſam zu ſeyn, ſich verpflichten müſſen: alſo auch die Eidsgenoſſen, als Eidsgenoſſen, gewiſſe geſellſchaftliche Pflichten und Abhängigkeiten freywillig eingegangen haben, die ſie heut zu Tage nimmer ab ſich wälzen können, noch ſollen, wenn ſie es auch könnten. Es ſind konföderirte Stände, die zwar überhaupt betrachtet, unabhängig ſcheinen (vielleicht es auch zu viel ſind, oder zu ſeyn ſich beſtrebet haben), gleichwohlen vermittelſt ihrer allgemeinen Vereinigung, und gewiſſen Staatsgrundgeſeßen, ſo durch einander verknüpfet ſind, daß ſie eigentlich nur eine Nation ausmachen, und in dem politiſchen Staatenkreiſe auch dafür gehalten werden.“

Die Erklärung hingegen, die etwa moderne Schriftſteller geben, es ſeien diejenigen Sachen durch Mehrheitsbeſchlüſſe entſcheidbar geweſen, welche die Ehre und Wohlfahrt der

---

[1]) E. A. III ı, 91. 92. III ıı, 1044. 1111. 1124. 1176. 1203. 1217. 1222. 1258.
[2]) E. A. II, 470. 500 523. 419. 525. III ıı, 1085. 1093 etc.
[3]) E. A. I. 102. II, 433. 491. III, ı, 72. — [4]) E. A. II. 581.
[5]) E. A. II. 23. 624. 632. 643. 659. E. A. III ı, 22. 120. 121. III ıı, 1163. 1174. 1219.
[6]) E. A. II. 452. 91. 96. 250. — [7]) E. A. III ı, 120.
[8]) E. A. III ıı, 1031. 1104.

gesammten Eidgenossenschaft betrafen, reicht weder als Definition
aus, noch wäre eine konsequente Durchführung dieses Grund=
satzes zu irgend einer Zeit unserer Geschichte nachweisbar. ¹)

Die nächsten praktischen, aber auch nicht vollständig ver=
brieften Folgerungen aus dieser Kompetenzfrage sind die
speziellen Fragen des e i d g e n ö s s i s c h e n R e c h t s und der
J n t e r v e n t i o n. Das erstere beruhte auf dem bereits in dem
ersten Bundesbriefe niedergelegten Grundsatz, daß auch bei Streit
unter den Verbündeten niemals die Gewalt entscheiden, sondern
durch die „Witzigsten" und „Biderbsten", wie Balthasar sagt ²),
Recht gesprochen werden soll, und wer diesen Rechtspfad ver=
schmäht, gegen den sollen die Verbündeten „sammethaft" sein
und den andern Theil vor Gewalt beschirmen. Es ist wahr=
scheinlich, daß diese Kompetenz ursprünglich eine unbegrenzte
war und Streitigkeiten jeder Art umfaßte. Die spätere Rechts=
gewohnheit und namentlich der dritte Landfriede unterscheidet
jedoch die besonderen Majestätsrechte und Regalien³) oder die
„Landesherrlichkeit und Judikatur" der Stände als Dinge, bei
denen sie „unangefochten, ruhig und unperturbirt" bleiben sollen,
also die Kompetenzeinrede entgegenstellen können. Damit blieb
in der spätern Zeit der Opposition gegen einen eidgenössischen
Rechtsentscheid eine so weite Thüre geöffnet, daß schließlich die
französische Krone sich in dem Vertrag von 1715 mit den
katholischen Orten das Recht vorbehielt, als Jnteressent an der
Aufrechthaltung der schweizerischen Rechtsordnung, die Eidgenossen
nöthigenfalls mit Gewalt „dahin zu vermögen, daß sie einander
reziprocirliche Justiz halten". Eine eigentliche feste Begründung

---

¹) Diese äußerst schwer zu definirende, aber praktisch sich aufdrängende
Unterscheidung zwischen G e s e t z g e b u n g und L a n d e s p o l i z e i wurde z. B.
auch in Graubünden, einem ähnlichen Staatskörper wie die Eidgenossen=
schaft, noch bis in die neuere Zeit gemacht, indem das Referendum für die
letztern, oft sehr eingreifenden Angelegenheiten nicht als anwendbar galt.

²) Das wäre auch heute noch das d o p p e l t e Merkmal für die Wahlen
der eidgenössischen Richter.

³) Vgl. Balthasar, Gedanken 79.

des eidgenössischen Rechts durch Schiedsgerichte ist verfassungs-
mäßig erst 1815 und durch ein Bundesgericht sogar erst 1848
und in unserer jetzigen Verfassung erfolgt.

Den gleichen Charakter einer allmäligen Entartung zeigt
das Recht der eidgenössischen Intervention. Auch hier bestanden als maßgebend nur eine Anzahl von Präzedenzfällen,
von denen Balthasar sagt, sie seien ehemals „wirkliche Meister-
stücke alteidgenössischer Vertraulichkeit" gewesen, wo „brüderliche
Liebe und Gutheit, warme Antheilnehmung, redlicher Ernst und
Uneigennützigkeit um die Wette stritten", während nun jeder
Staat „lieber ganz allein sein Haus bestellen und darin Meister
sein will". Die prägnantesten Beispiele der guten ältern Zeit
waren die Unterwaldner-Intervention von 1385, in welcher sehr
plastisch der Zustand des Landes mit einer „Krankheit" verglichen wird, während welcher die nächsten Freunde und Verwandten das natürliche Recht besitzen, dem Kranken seinen Haus-
halt zu besorgen[1]. Sodann der Zugerstreit zwischen Stadt und
Amt von 1404, in welchem zum ersten Male in der eidgenössischen
Geschichte die Kantonalsouveränitätsidee mit der Behauptung
auftrat, „kein Ort dürfe dem andern in sein Regiment und Ermahnung in eigenen inländischen Sachen reden", während die
Eidgenossen den Satz aufrechthielten, „wer eidgenössisches Recht
begehre, müsse es haben und vor Gewalt geschützt werden".[2]
Endlich der „Twingherrenstreit" in Bern von 1471, in welchem
eidgenössische Boten von sich aus, ohne Anrufen einer Partei,
in Bern erschienen,[3] und die Waldmann'schen Unruhen von 1489,
in denen die eidgenössische Intervention durch die sogenannten

---

[1] E. A. I. 68. Besser läßt sich dieses schwer zu definirende Recht noch
heute nicht versinnbildlichen.

[2] E. A. I, 107 ff. Tschudi I, 621. Balthasar, pag. 83.

[3] Der Venner Kistler sagte damals bereits im Großen Rathe, er wolle
lieber direkt mit den aufrührerischen, adeligen Herrschaftsherren unter-
handeln, es könnte sonst Jeder meinen, man müßte ihm vor den Eidgenossen Rede stehen, und diese seien auch hochmüthig und vermessen genug,
um das anzunehmen, und so würde der Schein entstehen, als ob sie Bern
zu regieren hätten.

Waldmann'schen Spruchbriefe die Rechte von Obrigkeit und Unterthanen für den Stand Zürich dauernd festjtellte. Auch noch andere Interventionen der ältern Zeit fanden namentlich von 1511 bis 1513 in Folge der Unruhen gegen die französisch gesinnten „Kronenfresser" in Luzern, Bern, Freiburg und Solothurn, ebenfalls zu Gunften von Volks=bewegungen und gegen die Obrigkeiten jtatt. [1]

Im Bauernkrieg tritt dann zuerft die Anschauung auf, daß in innern Unruhen „ohne Difficultirung und Auf·die·Bahn= bringung, wer Recht und Unrecht habe", der Gehorfam gegen eine jede bedrohte Obrigkeit wiederhergeftellt werden müffe [2], felbft wenn „vielleicht die Beamten auch exorbitirt", woraus

[1] Weitere in Schwyz und Unterwalden 1558, Luzern 1569, Uri 1578, Mülhaufen 1586, vgl. Balthafar pag. 142 ff.

[2] Das Mandat von Baden 12./22. März 1653 (E. A. VI1, 150) jagt wörtlich:

„Da aber wider beffer verhoffen, alß fürs andere, ein· oder anderen Orts die Vndertahnen ihre fchuldige pflicht vnd difere vnfere hertzlich wol gemeinte ernftliche vermahnung vnd warnung nicht in acht nemmen, fondern folchem entgegen zu vor angedeuten hochfträfflichen vnd vnerlaubten mittlen fchryten vnd gryffen, vnd difes den übrigen loblichen Orten kundt getahn vnd dero hülff vnd byftand von der beleidigten Oberkeit darüber erfucht wurde, fo follen vnd wollen wir gemein· vnd fonderlichen fchuldig vnd ver= bunden fin, vnerforfchet vnd erwartet fernerer vmbftänden, alfobalden vnd ohne einichen verzug mit vnferer hülff dapfferen vnd mannlichen byfprung dem mahnenden Ort zuezühen vnd den Oberkeitlichen Stand der enden zu= retten vnd zuverfichern, auch folche hülff vnd zuzug fo lang zu beharren, biß nach erforfchung vnd erdurung aller vmbftänden die Vndertahnen vnd Angehörige widerumb in die fchrancken der gebür gebracht werden. Wir fetzen vnd ordnen auch, alß fürs dritte, daß wann fich fürbaß der glychen Rebellion (fo Gott gnädig abwenden wolle) by ein oder andern Orts Vnder· thanen vnd Angehörigen herfürtuhn vnd begeben wurde, daß diefelben von allen übrigen Orten der Eidgnofchafft gäntzlich verruffen, alles handels vnd wandels entfetzt vnd männiglich hiemit ernftlich verwahrnet fyn folle, denen kein gehör zugeben noch einichen vorfchub zutuhn, weniger fy zubehaufen vnd zuebeherbergen, fondern vil mehr da deren einer betretten wurde, folchen anzuhalten vnd der Oberkeit felbigen Orts namhafft zumachen, vnd das alles fo lang vnd vil, bis folche vnrühwige Vnderthanen zu der gebür ge· bracht vnd mit ihrer Oberkeit widerumben verfühnet find."

ſchließlich im 17. und 18. Jahrhunderts die definitive konſtitutionelle Auffaſſung von einem Bundesverhältniß hervorging, das
nur zwiſchen XIII eidgenöſſiſchen Regierungen beſtehe, während
zwiſchen Unterthanen und ihren Obrigheiten nur ein einfaches
Machtverhältniß obwalte, das als ſolches bundesmäßig garantirt
ſei, ſonſt aber keine andere Einmiſchung Dritter, als etwa eine
einfache Empfehlung der Milde und Gerechtigkeit geſtatte. [1]
Mit dieſer Ausbildung des Interventionsrechtes zu einem Werk-
zeuge nicht der Gerechtigkeit, ſondern einer blos noch formalen
Rechtsordnung beginnt das Revolutionszeitalter, das
immer mit Naturnothwendigkeit eintritt, wenn dieſe Begriffe,
auf denen jedes Staatsweſen beruht, ſich in einem Lande dauernd
nicht mehr decken, ſondern Ordnung gegen die große Mehrzahl
ungerecht geworden und Gerechtigkeit auf ordnungsmäßigem
Wege nicht mehr erreichbar iſt.

In dem ganzen letzten Jahrhunderte der alten Eidgenoſſenſchaft waren es eigentlich blos noch die Landsgemeindekantone,
welche wenigſtens die Tradition der natürlichen demokratiſchen
Geſtaltung eines ſchweizeriſchen Gemeinweſens aufrecht erhielten,
wogegen in den Städtekantonen dieſe Staatsform auf dem
Wege einer ſtillſchweigend zugelaſſenen Uſurpation einem abſolu-
tiſtiſchen Regiment kleinerer Volkskreiſe gewichen war, an deſſen
Erhaltung die Mehrzahl ſogar der ſtädtiſchen Bürger kein Intereſſe
mehr hatte, [2] während die Großzahl der Unterthanen (in der
Art der heutigen eigentlichen Sozialiſten) dem geſammten hiſtoriſchen Staatsweſen grollend gegenüber ſtand und eine Beſei-
tigung desſelben durch eine ideale Staatsform wünſchte. In

---

[1] Vergl. Balthaſar Gedanken 126.

[2] Das zeigten den berniſchen Regenten deutlich die Henzi'ſche Verſchwörung von 1749 und der „Memorialiſtenhandel" von 1744, bei denen
es ſich ausſchließlich um ſtadtburgerliche Unzufriedene handelte. Vgl. „Hel-
retia" I, 401. IV, 257. Die Verſchwörungen und Parteiſtreitigkeiten des
letzten Jahrhunderts, ſowie die Aufſtände der Unterthanen verdienten auch
eine neue Bearbeitung, wozu eine Schrift über den „Chenaur-Handel" in
Freiburg von 1781, von Dr. Brugger, einen guten Anfang gemacht hat.

den regierenden Städten selbst wurde der Kreis der Regierungs=
fähigen allmälig so eng gezogen, daß er beispielsweise in Bern,
dem mächtigsten Staate dieser Art, der unmittelbar oder mittel=
bar (vermöge der Betheiligung an allen gemeinen Herrschaften)
sich von Bex und Chiasso bis Ragatz und Kreuzlingen erstreckte,
im Jahre 1791 aus nicht mehr als 72 Familien bestand, in
deren Händen die ausschließliche, absolute Regierungsgewalt
und alle Staatsämter sich befanden. [1] Die letzte Frucht, oder
der letzte Auswuchs dieses völlig oligarchischen Regierungsystems,
das auch keinerlei zeitgemäße Revision mehr gestattete, war hier
die sehr charakteristische Loosordnung ursprünglich vom
17. Dez. 1710, welche in ihrem Eingange folgendermaßen lautete ·

„Wir Schultheiß, Räht und Burger der Stadt Bern thun
Kund hiemit offenlich demmenach die Beförderung der Ehre
Gottes, und die Aufrechthaltung deß Gemeinen Wesens, Eine
Jede Christenliche und wohl Policierte Oberkeit Veranlassen
soll, wann dieselbe bemerket, daß die Satz= und Ordnungen,
welche in vorigen Zeiten guth und bündig waren, bey zu=
nemmen der Geschwindigkeit, Gewalt und Arglist, nicht mehr
genugsamb sind, und diese jenen zu Haupten gewachsen, auf
Mittel und Weg zu gedenken, die da Tüchtig und kräftig
genug seyen, alles Dasjenige, Was die Schranken einer Gsaz=
mäßigen Gleichheit und Ebenmaß überschreiten will, zurück=
zuhalten. Und darüberhin Wir in Beherzigung gezogen, wie
in Besatzung der Ämbteren nunmehro solche Practiken unter=
laufen, welche in vorigen und besseren Zeithen nicht bekannt
gewesen; daß dannenhero Wir uns veranlaßet befunden, nach
Vorgangener Regimentischer und Weitläufiger Ueberlegung und
Abhandlung, solche Mittel vor die Hand zunemmen, die zwahr
vor etwas Zeits in Unserem Stand ungewohnt gewesen, dennoch
aber Verhoffentlich zulänglich seyn werden, nicht allein den

---

[1] 57 damalige lebenslängliche Mitglieder des souveränen Großen
Rathes hatten dabei keine Kinder und 90 weitere nur je einen einzigen
Sohn.

Vorgehende bösen Practiken und Mißbräuchen abzuhelfen,
sonderen die Burgerliche Gleichheit, Liebe und Einigkeit zu
Aüffnen, und hauptsachlichen die Ehre Gottes zu beförderen,
auch seinen Zorn und Strafen abzuwenden; Allermaßen Wir
Uns zu solchem End hin Entschlossen, die hiernach vernamseten
Besatzungen unter folgender Vernünstiger Ordnung der Für-
sehung Gottes, und dem von Ihme regierten Loosz lediglich zu
überlaßen.

Gleichwie nun die hiervorige Loosz-Ordnung vom
December 1710 auf eine Sechs Jährige Probierzeit gesezt ware,
und man sich bey dieser Neuwen Einführung deß Looses
seithero Wohl befunden, als habend Wir selbige und der einer
Abänderung in folgender Weiß und Gestalt auf ein früsches
beliebet und angenommen; auch gegenwärtige Neuwe Loosz-
Ordnung dem Rohten Buch Einzuverleiben Gut funden, umb
deren Nachkünstiglich zu geleben, in so lang das Eint- und
Andere darinn enthaltene mit Zwey Drittel Stimmen gleich
anderen Satzungen Rohten Buchs, nicht aufgehept, oder abgeändert werden möchte."

Mit diesem Verfassungsgesetze, das noch mehrmals im Laufe
des 18. Jahrhunderts bestätigt wurde, bekannte diese mächtigste
Korporation der alten Eidgenossenschaft ihre eigene Unfähigkeit, das von ihr regierte bedeutende Staatswesen nach gesunden
politischen und moralischen Grundsätzen zu beherrschen, indem
sie die Besetzung der für das ganze Land wichtigsten und
gesuchtesten Staatsstellen lieber dem blinden Zufall, als der
Einsicht und dem Patriotismus des Großen Rathes anvertraute.[1]
Dazu aber hat der Mensch Verstand und freien Willen empfangen,
damit er das Gute frei erwähle und er darf nicht mit einer
scheinbaren Frömmigkeit diese eigene Thätigkeit ablehnen. Alle
mechanischen Mittel, welche diese freie Wahl beschränken, sind

---

[1] Vgl. Rothes Buch, pag. 341. Politisches Jahrbuch IV, pag. 122,
„Die aristokratische Verfassung im alten Bern", von Prof. Blösch und Archiv
des histor. Vereins von Bern, IX, 412, Aufsatz von Schultheiß Isaak Steiger.
Selbstverurtheilung ist das Ende aller politischen Irrthümer.

ein Beweis beginnender Korruption eines Staatswesens. Das
Hülfsmittel lag in einer ganz anderen Weise sehr nahe, nämlich
in der Herbeiziehung der noch frischen Kraft des gesammten
Volkes zur Theilnahme an der Regierung. Diese ablehnen und
daneben Gott für die Erhaltung eines absolutistischen Regimentes
anrufen, das man nicht mehr gehörig zu führen im Stande ist,
war keine echte Frömmigkeit, sondern das Gegentheil davon.

Es ist daher nicht zu viel gesagt, wenn der gelehrte Verfasser
des in der Anmerkung genannten ersten Aufsatzes am Schlusse
desselben das Urtheil abgibt, die Katastrophe des Jahres 1798
habe das aristokratische Bern (und damit sicherlich auch die
alte Eidgenossenschaft im Ganzen) v o r d e m S c h i c k s a l e b e -
w a h r t, i n S e l b s t a u f l ö s u n g u n t e r z u g e h e n. —

Es mag in der That als eine letzte der vielen Gnaden-
erweisungen Gottes, welche dieses nun alt gewordene Staatswesen
erlebt hatte, betrachtet werden, daß es doch noch im Pulverdampfe,
im offenen Kampfe mit einem Gegner dahinfallen durfte, dem
auch mächtigere Staaten Europa's nicht gewachsen waren.

Daraus zunächst schöpfte eine spätere Generation den Muth
zu seiner Wiederbelebung und noch heute beruht unsere Zuversicht
auf eine Aufgabe und Zukunft der modernen Eidgenossenschaft
wesentlich auf der historischen Thatsache, daß die alte nicht wie
Venedig, nach Aufzehrung aller ihrer Kräfte und ohne Kampf,
an bloßer Altersschwäche gestorben ist.

Bei den damaligen Unterthanen der beiden eidgenössischen
Vormächte, von denen die eine drei Jahre vorher noch in Selbst-
verblendung das Schwert des Henkers über dem Haupte ehr-
würdiger Volksfreunde hatte schwingen lassen, [1] verband sich
damals mit dem Gefühle der Entrüstung über die f r e m d e Gewalt,
welche die e i n h e i m i s c h e verdrängte, das befreiende Hochgefühl

---

[1] Vgl. „Helvetia" V 1, über die Stäfener-Unruhen von 1795.

des Anblickes tragiſcher Gerechtigkeit, ganz wie es ein
großer moderner Dichter mit den Worten ſchildert:

> „Euch Beiden widerfuhr nur Euer Recht
> Und auf ein Jenſeits hoff' ich nun gewiß,
> Seit ich geſehen, daß Vergeltung iſt." [1]

Aus dieſen gemiſchten Gefuhlen heraus, die allein die hel-
vetiſche Revolution völlig erklären können, iſt nach einer langen
und ſchweren Uebergangszeit, die dazu allerdings nothwendig
war, das Jenſeits der modernen demokratiſchen Eidgenoſſenſchaft entſtanden, in der wir nunmehr leben.

Die Urtheile über die letzte ariſtokratiſche Periode der
alten Eidgenoſſenſchaft und über die ihr folgende franzöſiſche
Revolution und Helvetik ſind noch heute nicht abgeſchloſſen,
ſondern in einzelnen geſchichtlichen Urtheilen wird namentlich die
Wohlhabenheit und die Frömmigkeit dieſer altgewordenen
Republiken in einen Gegenſatz zu der nachfolgenden „philo-
ſophiſchen" und materiell in der That weniger glücklichen
Uebergangsperiode gebracht. Es darf indeß nicht überſehen
werden, daß dieſe Wohlhabenheit nicht eine allgemeine war und
die Sittlichkeit, beſonders in den oberen Klaſſen, auf einer
der heutigen untergeordneten Stufe ſich befand.[2] Die kirchliche

---

[1] Grillparzer „Medea."

[2] Vgl. hierfür z. B. aus dem 17. Jahrhundert die Beutelia von
Graviſeth und aus der letzten Zeit alle Beſchreibungen des geſellſchaftlichen
Lebens in Bern. Intereſſant iſt dafür auch der bekannte Roman von
Peſtalozzi „Lienhard und Gertrud", namentlich die Charakterfigur des „edlen"
Landvogts und Menſchenfreundes Arner, eines wirklichen berniſchen Land-
vogts aus der damaligen Zeit. Die Art und Weiſe, wie dieſes Muſterbild
eines Regenten, nach der Auffaſſung Peſtalozzi's und ſeiner Zeit, Jahre
lang das größte Elend ſeiner Unterthanen und die offenkundigſte Schlech-
tigkeit ſeiner untergebenen Amtsorgane in ſeiner unmittelbaren Nähe duldet
und dann plötzlich wieder mit einer ebenſo großen Willkürlichkeit und formellen
Ungerechtigkeit Juſtiz übt, zeigt am beſten den Fortſchritt, den unſere
Begriffe von Staat und Regierung ſeit jener Zeit gemacht haben.

Frömmigkeit aber, namentlich in den reformirten Ständen, mußte sich zuletzt das unfehlbare göttliche Urtheil gefallen laſſen: „Dieſes Volk nahet ſich mir mit ſeinem Munde und ehret mich mit ſeinen Lippen, ihr Herz aber iſt ferne von mir. Darum will ich auch mit ihm wunderlich umgehen und die Weisheit ſeiner Regenten zu nichte machen. Und es ſoll werden wie ein plötzlicher Riß in einer hohen Mauer, wenn es beginnt zu rieſeln und ſie dann auf Einmal einfällt.“

Was wir hiegegen der franzöſiſchen Revolution verdanken, iſt, daß ſeither an Stelle aller ariſtokratiſchen Wohlmeinenheit von Oben herab, die thatſächlich doch nur Willkür iſt, ein feſter Rechtszuſtand zwiſchen Regierung und Regierten trat, der nicht mehr von den Zufälligkeiten der Geburt und Erziehung einzelner Menſchen abhängig iſt. Die natürliche Staatsform der politiſchen Freiheit iſt immer nur die demokratiſche Republik. Allerdings gehört zu derſelben ein feſter Glaube an die Möglichkeit der Freiheit. Dann jedoch iſt das Wort Pasquale Paoli's auch wahr, daß ſie „noch mehr Wunder thut, als der heilige Antonius von Padua.“

Bei allen dieſen Mängeln aber, die namentlich ſeit der Reformationszeit unſerem Staate ankleben, bleibt das Bild der „alten Eidgenoſſenſchaft“ dennoch unſeren Herzen theuer.

Das, was uns an der älteren eidgenöſſiſchen Geſchichte immer von Neuem anzieht und ihre genaue Kenntniß und ſtete Wiederbelebung in den Herzen der nachwachſenden Generationen unentbehrlich macht, iſt das Heroiſche in ihrem Weſen, das auch ſtets erhalten bleiben muß, falls unſer Gemeinweſen mit Ehren beſtehen ſoll.

Das iſt ſogar das Entſcheidende im Leben der Einzelnen und erhält der Menſchen Herz freudig und friſch bis in's hohe Alter, wenn ſie von Jugend auf daran gewöhnt werden, das Große und Heldenhafte in allen Dingen feſt ins Auge zu faſſen und dem vielen Kleinlichen und Erbärmlichen, das beständig an sie herantreten will, muthig zu entsagen. Dazu muß das Studium der Geschichte führen, sonst ist sie eine unnütze Spielerei mit Dingen, an denen nichts mehr zu ändern ist und die unter andern, nicht mehr bestehenden und nicht mehr wiederkehrenden Verhältnissen vor sich gingen. Ja die ganze Bildung und Wissenschaft, das Schulwesen überhaupt, ist so gut wie nichts werth, wenn es blos das Gedächtniß mit Kenntnissen füllt, aber dabei nicht den Menschen kräftig über das Alltäglichste hinaus= hebt und von frühester Jugend an auch für bessere Ziele, als das gewöhnliche materielle Fortkommen empfänglich macht.

Ein Glasgemäldespruch, der in dem Wohnhause des Ber= nischen Dichters Niklaus Manuel sich befand, läßt bereits in damaliger Zeit einen „alten" und einen „neuen" Eidgenossen sich folgendermaßen unterreden, woraus auch wir noch einigen Nutzen ziehen können:

„Alter Eydgnoß, nun sag mir an, wohar du din glück habest
gehan?
Man forcht din schatten wirs dan mich, deß gib mir bescheid, das bitten
ich dich!
Ich mag nüt wissen, in welichen dingen das vns nit ouch so wol will
glingen,
Dieweil wir doch die listiger sind dan jr, als ich das gschriben sind.
Darum beger ich von dir bescheidt, womit jr alten hand eer vngleidt;
Vnd ist so wolfeyl by üch gefin stachel vnd ysen, brot vnd win;
Darum so zürnend nüt an mich, daß ich üch fragen so eigentlich." —

„Myn lieber gesell, ich sagen dir das, by vns ein sömliche gwonheyt was:
Gottförchtig, trüw, eynvaltig wäsen; Hochmut mocht by vns nüt genäsen,
Allein früntlich mit manhafter deemut, Einigkeyt mit verachtung vnrecht
gut,
Willig zu schirmen alle frommen, dahar ist vns alten glück vnd heyl
kommen.
Der wolfeyle halb verstand, hieby biet üch eyn kosten der spetzery:
Von saffran, zimet vnd ouch muscat, syden, thamast vnd sammat:
Das was by vns in schlechter acht, wir hand deren nit vil angemacht;

Ouch welsche sysse vnd melunen, rebhüner, wachteln vnd capunen,
Claret, ipocraß vnd malvasier, muscateller, rapiser vnd commanyer
Vnd suster vil der welschen trachten: deren wir wenig in vnsren hüsren
machten.
Milch, kes, anken, ziger vnd rys, das was gemeinlich vnser syns!
Jetz pflantzest du wider in das land was wir vertriben vnd vsgrüt
hand:
Hoffart, gwalt, grossen übermut, allein daß dir werd groß gut;
Es kämme dir wohar das wöll, vom Thüfel oder us der hell.

Gut was vnser knecht, jetz ists din herr, wer by dir gut hat,
der hat eer;
Jch sag dir das on allen spott, gut ist worden din herr vnd gott!
Das schafft din frömd blutsuchtig gsert,) das hat dich alle bosheit glert,
Macht dir kein wölffle in dinem land; du ladest vff dich groß spott vnd
schand;
Der überfluß in allen dingen mag dir damit kein wölffle bringen.
Willtu glück vnd wolfenle han, so must von diner bosheit lan.
Bitt Gott, das er dir das fersych, so wirstu glück han ewighlich."

---

¹) Der fremde Dienst, die damalige übertriebene „Fremdeninduftrie".

IX.

Welches die Generalidee, gewissermaßen das Programm gewesen ist, von dem die helvetische Revolution gegen die alte Eidgenossenschaft ausging, wissen wir eigentlich heute noch so wenig als damals, trotz aller Unterjuchungen, die darüber stattgefunden haben. Wir kennen die allgemeinen Motive, die Unzufriedenheit mit einer allmälig ganz veralteten Staatsordnung, die nach und nach selbst die Kreise der regierenden Oligarchien ergriffen hatte, die Abneigung der französischen Republik gegen einen Nachbarstaat, der offen dem alten französischen Staatswesen anhing und dessen Emigranten in seinem Schooße beschützte, den Wunsch, den alle Regierungen Frankreichs hatten, sich in der Eidgenossenschaft eine zum Schutze ihrer Ostgrenzen dienstwillige Nation zu erziehen, und das augenblickliche Bedürfniß des völlig abgewirthschafteten Direktoriums, durch einen leichten Erfolg sich selbst und dem Staatsschatz eine Aufbesserung zu verschaffen. Das ist alles so klar wie der Tag und durch zahlreiche Aktenstücke und seither edirte Korrespondenzen erwiesen. Nicht klar aber ist, ob die helvetische Revolution etwas mehr als die gewaltsame Beseitigung der oligarchischen Regierungen der Schweiz, im Nothfalle mit fremder Hülfe, beabsichtigte, und ob zwischen den französischen und schweizerischen Leitern derselben überhaupt jemals ein vollständiges

Einverständniß über die letzten Ziele bestand. ¹) Die erste
helvetische Staatsverfassung war schon vor dem Kriege gegen
Bern, Freiburg und Solothurn von Peter Ochs²) in Paris mit
dem Direktorium und Bonaparte, der anfänglich zum Feldherrn

¹) Die längst erwartete Herausgabe der Papiere Laharpe's könnte
darüber vielleicht einen Aufschluß enthalten. Vgl. Hilty „Oeffentliche
Vorlesungen über die Helvetik", pag. 362. Sogar das Interventionsgesuch
der 21 Schweizer an das französische Direktorium vom 19. Frimaire VI
(9. Dezember 1797), der eigentliche Beginn der Revolution, ist zwar dem
Sinne nach aus andern Aktenstücken bekannt, aber selbst noch niemals
publizirt worden und auch in der Schweiz nirgends zu finden. Wahrscheinlich war auf einen Widerstand der bernischen Regierung im Waadt-
lande selbst gerechnet worden; da er nicht erfolgte, wuchs erst den französischen Befehlshabern der Muth, diese Regierung in ihrem eigenen Lande
anzugreifen, statt bloß die Reserve-Armee zur Unterstützung der Unterthanen
zu bilden, und als auch dies gelungen war, wollte Brune nun die Schweiz
als ein erobertes Land behandeln und in drei Theile schneiden, von denen
zwei zu späterer Einverleibung in die französische Republik bestimmt waren.
Vgl. „Helvetik" pag. 196. 697. 703. 715—719. Es hatte bereits die Organisation zu einer waadtländischen Armee mit einem „General" bestanden,
welche nach dem Beginne des direkten Krieges Frankreichs mit Bern
wieder aufgelöst wurde. Vgl. hiezu einen Aufsatz von Prof. Stern in
Zürich in der « Revue historique » Band 39 « le club des patriotes Suisses
à Paris ».

Eine gute Einleitung in die helvetische Zeit enthält der 1. Band der
„Aktensammlung aus der Zeit der helvetischen Republik" von
Dr. Strickler. Dieses Werk, welches die aus nahezu 5000 Foliobänden
bestehenden Akten der Zeit von 1798 bis 1803 zugänglich machen soll,
erscheint seit 1886 auf Kosten der Eidgenossenschaft, als Fortsetzung der
„Eidgenössischen Abschiede" und ist nächstens bei seinem IV. Bande angelangt,
der bis zum September 1799 reichen wird. Die erste Serie des Werkes,
die den politischen Theil der Helvetik enthalten soll, ist auf 8 Bände
berechnet. Ihr folgt dann eine zweite über das sehr interessante kultur-
historische Material, das sich in diesen größtentheils unbekannten Solianten
befindet. Eine private Vorarbeit waren die erwähnten „Vorlesungen über
die Helvetik" aus den Jahren 1876—1878, die 1878 im Drucke erschienen
und das Interesse für diese Zeiten wieder einigermaßen weckten. Sie enthalten die wichtigsten Aktenstücke, namentlich alle Verfassungen und Ver-
fassungsentwürfe, und werden daher hier meistens citirt. An sie schließen
sich unmittelbar an die „Eidgenössischen Geschichten" des politischen Jahr-
buchs.

²) Vgl. Helvetia I, 639.

338

gegen die Schweiz bestimmt war, verabredet und in zahlreichen Exemplaren durch den französischen Gesandten verbreitet
worden. Sie wurde, nach dem kurzen Intermezzo einer Theilung der
Schweiz, welches der französische General Brune vom 16. bis 22.
März in Scene setzte, durch eine Nationalversammlung in Aarau,
welche der französische Armeekommissär Lecarlier mit Erlaß
vom 28. März 1798 einberief, [1]) ohne Diskussion angenommen [2])
und mittelst einer Proklamation vom 18. April dem mit diesem
summarischen Verfahren nur theilweise zufriedengestellten schweizerischen Volke publizirt. Es war ohne Zweifel auch bei den
meisten Freunden einer neuen Ordnung die Anschauung vorherrschend gewesen, das „helvetische Büchlein" sei nur als ein
Entwurf anzusehen, dessen Annahme erst nach stattgehabter Diskussion durch eine oder mehrere legislative Versammlungen
erfolgen solle, wie sie auch bereits zum Theil stattgefunden
hatten.

Diese Realität der Sachlage machte sich nun dennoch
geltend, entgegen allen Willkürlichkeiten augenblicklicher Macht,
worauf man im Staatenleben stets mit Sicherheit rechnen kann [3]),
und die Zeit von 1798 bis 1815, — ein späteres Jahrhundert
der Geschichtsschreibung wird sagen bis 1848, — war nur
eine fortgesetzte Reihe von Versuchen, die alte eidgenössische
Staatsverfassung in eine neue, den Ansprüchen der Demokratie
entsprechendere Form umzugießen.

Die ganze moderne Entwicklungsgeschichte der Eidgenossenschaft gleicht überhaupt einer Reihenfolge von Pendelschwingungen
zwischen den beiden extremen Punkten einer möglichst vollkom-

---

[1]) Helvetische Akten I, 559. „Helvetik" 720. Bulletin des loix et
décrets du corps législatif de la République Helvétique I, 1. 7.

[2]) Der erste Präsident der ersten Nationalversammlung der modernen
Schweiz wurde nun jener Seckelmeister Bodmer von Stäfa, über den die
Züricher Regierung noch vor drei Jahren das Schwert des Henkers hatte
schwingen lassen.

[3]) Das ist auch der Unterschied zwischen den Staatsmännern; die
einen haben Augen dafür, die andern nicht.

menen kantonalen Souveränität, wie sie in den letzten Jahr=
hunderten der alten Zeit bestanden hatte, und einer völlig un=
historischen Staatseinheit. Zeitweise stille stehen wird der Pendel
immer nur bei einer richtig konstruirten bundesstaatlichen
Verfassung, mit starker Zusammenfassung nach Außen und
großer Freiheit in der Behandlung der innern Angelegenheiten,
wie sie bisher nur annähernd gefunden worden ist. Einstweilen
kann jede Bewegung nach der einen Seite hin, die aus irgend
einem äußern Anlasse hervorgeht, früher oder später auf ihre
Gegenbewegung zählen. Es scheint überhaupt die Aufgabe des
19. Jahrhunderts werden zu wollen, an seinem Ende noch einmal
zu beweisen, was an seinem Anfange schon gezeigt worden ist,
daß die Bedingungen des staatlichen Zusammenlebens von
Menschen weder ganz willkürlich festgestellt, noch in bloß
materiellem Wohlbefinden gesucht werden können und daß
namentlich weder die Logik, noch die Phantasie die Staats=
einrichtungen dauernd gestalten können, sondern allein ein ge=
wisser gesunder Menschenverstand, der das Maßhalten in allen
Dingen als das letzte Wort der Staatsweisheit empfiehlt. [1]

Der erste Versuch einer völlig „idealen" Staatseinrichtung war
ein sowohl der Originalität, als der historischen Staatsauffassung
entbehrender, eine Nachahmung der damaligen französischen Direk=
torialverfassung, die selbst kein sehr vollkommenes Werk war.
Das stark reduzirte Gebiet der Eidgenossenschaft [2] wurde durch

---

[1] Die große Täuschung, daß irgend eine „Menschheit" oder „Völker=
verbrüderung", oder überhaupt irgend eine noch so großartige „Idee", ohne
Anschluß, ja vielmehr mit Aufhebung von Vaterland, Familie und Re=
ligionsgenossenschaft jemals die Menschen dauernd beglücken könne, war
damals der Irrthum der Besten ihrer Zeit, denen genug gethan zu haben,
man nach dem Worte des Dichters sich genügen lassen kann. Heute und
angesichts dieser noch wohlbekannten Vergangenheit ist die gleiche Tendenz
weniger verzeihlich.

[2] Direkt weggefallen waren Mühlhausen, das Bisthum Basel nebst
Biel, Neuenburg, Genf und das Veltlin. Rhätien war noch nicht definitiv
beigetreten, Wallis nach den Intentionen der französischen Eroberer nur
provisorisch angeschlossen.

diese Pariſerverfaſſung in zweiundzwanzig Präfekturen ein-getheilt, denen man den in den franzöſiſchen Verträgen als Ueber-ſetzung von „Ort" gebräuchlich gewordenen Namen „Kanton" gelaſſen hatte. Es waren: Wallis ¹), Leman, Freiburg, Bern, ²) Solothurn, Baſel, Aargau, Unterwalden (einheitlich mit Haupt-ort Stans), Uri, Bellinzona (die vier obern Landvogteien), Lugano (Sotto Cenere), Rhätien ³), Sargans, Glarus, Appenzell (vereinigt, Hauptorte Appenzell und Heriſau), Thurgau, St. Gallen (bloß die Stadt und das Gebiet des Abtes), Schaffhauſen, Zürich, Zug (nebſt Baden und den freien Aemtern), Schwyz (mit Gerſau, Küsnacht, Einſiedeln und den Höfen). Weggelaſſen war von den damals zugewandten Orten, außer den direkten franzöſiſchen Annexionen, welche dann der Allianzvertrag vom 19. Auguſt 1798 in Art. IV anerkannte ⁴), Neuenburg, auf welches Frankreich

¹) Dasſelbe wurde dann am 31. Auguſt 1802 von der helvetiſchen Re-publik abgeriſſen und zu einer eigenen „rhodaniſchen Republik", unter dem angeblichen Schutze der franzöſiſchen, cisalpiniſchen und helvetiſchen Republik umgeſchaffen, bereits am 15. November 1810 aber durch ein Dekret Napo-leons I. Frankreich einverleibt, was ohne Zweifel von Anfang an beabſich-tigt geweſen war. Die Motivirung dieſer Einverleibung mit den Intereſſen Frankreichs an der Verbindung mit Italien über den Simplon iſt auch heute in der Aera des Simplon-Eiſenbahnbaues leſenswerth. Vgl. „Helve-tik", pag. 196 und 725 und Politiſches Jahrbuch I. 258, IV. 225.

²) Ohne das Oberland, welches durch die Proklamation Lecarlier's ab-getrennt und zu einem eigenen 23. Kanton mit der Hauptſtadt Thun erklärt wurde, welcher dann bis in das Jahr 1802 hinein beſtand. Ueber die Einthei-lung desſelben vgl. bulletin des loix I. 161.

³) Dasſelbe war aufgenommen, obwohl damals noch und bis in das Jahr 1801 hinein der Beitritt keineswegs ſicher war. „Helvetik", pag. 293.

⁴) Vgl. „Helvetik", pag. 721. Der Artikel lautet:
« Art. IV. Les frontières entre la France et l'Helvétie seront dé-terminées par une convention particulière qui aura pour base, que tout ce qui faisait partie du ci-devant Evêché de Basle et de la Principauté de Porentrui, sera définitivement réuni au territoire français, ainsi que les enclavées Suisses, qui se trouvent comprises dans les Départemens du Haut-Rhin et du Mont-Terrible, sauf les rétrocessions ou échanges, qui seront jugés indispensables pour la plus parfaite rectification des dites frontières, depuis Basle jusqu'à Genève, et qui ne contrarieraient point les réunions déjà définitivement opérées au Territoire Français. »

wohl ſchon damals ein Auge hatte und das es ſich dann in
dem berüchtigten Allianzvertrag mit Preußen vom Februar 1806
abtreten ließ. Dieſe Gebietseintheilung änderte ſich jedoch ſchon
im Mai des Jahres 1798, indem die Urkantone mit Zug in
einen Kanton Waldſtätten, mit dem Hauptort Zug, Glarus
und Sargans in einen Kanton Linth mit dem Hauptorte
Glarus, Appenzell, Stadt und Landſchaft St. Gallen nebſt
Unterrheinthal und Untertoggenburg in einen Kanton Säntis
mit der Hauptſtadt St. Gallen, verſchmolzen wurden. Dagegen
wurden die ehemalige Grafſchaft Baden und die freien Aemter
wieder von Zug getrennt und zu einem Kanton Baden, mit
dem Hauptort Baden, gemacht. Die alten Stände Uri, Schwyz,
Unterwalden, Glarus und Zug, ſowie der kurze Traum des
Kantons Sargans verſchwanden dagegen einſtweilen aus der
Weltgeſchichte. Der ſpätere Verfaſſungsentwurf vom 27. Februar
1802 enthielt dann wieder eine andere Gebietseintheilung, und
ſchon aus dem Sommer 1799 datirt ein ganz neuer Entwurf
(der aber keinerlei praktiſche Folgen hatte), zufolge welchem
zehn ganz gleichmäßige Kantone nach dem Muſter der franzöſiſchen Departemente und mit ebenfalls aus der Geographie
hergenommenen Namen entſtehen ſollten [1]. Es beſtanden ſomit
während der helvetiſchen Zeit zuerſt 22, dann 23, dann 19 und
zuletzt, ſeit der Abtrennung von Wallis im Jahre 1802, 18 Kantone. Zum Staatsgebiete kam im Jahre 1802 das bis dahin
öſterreichiſche Frickthal,[2] welches im Lünevillerfrieden von

---

[1] Vgl. „Helvetik", pag. 325, 788 und Helvet. Archiv, Bde. 75 und
205. Der IV. Band der helvetiſchen Aktenſammlung wird die Geſchichte
dieſer Neueintheilung — überhaupt der erſten Verfaſſungsreviſionsprojekte,
die weſentlich vom Sept. 1798 bis Sept. 1799 dauerten, enthalten. Die
Namen dieſer Kantone des Bürgers Haas von Baſel waren: Hauenſtein,
Rheinfall, Oberaar, Leman, Rhonequellen, Teſſin, Reußquellen oder Vierwald-
ſtätterſee, Linth, Hohenſäntis und Thur, Rhätien oder Rheinquellen (bis
Wallenſtadt und Schloß Blatten reichend) Es beſteht darüber noch eine
Karte im helvetiſchen Archiv.

[2] Dasſelbe, die neuenburgiſche Gemeinde Cerneux-Pequignot, die im
erſten Pariſer-Frieden von Frankreich an Preußen abgetreten wurde und

Oesterreich an Frankreich und von diesem an die Eidgenossen=
schaft (gegen das Dappenthal) abgetreten wurde.

Die allgemeinen Prinzipien dieses Einheitsstaates, welche
während der ganzen Periode der sogenannten „Helvetik", vom
12. April 1798 bis zum 10. März 1803, gewissermaßen die
offizielle, wiewohl nie ganz unbestrittene Staatsauffassung der
damaligen Zeit darstellten, sind in dem ersten Titel der Pariser=
Verfassung[1]) enthalten und lauteten wie folgt:

„**Erster Titel. Hauptgrundsätze.**

1. Die helvetische Republik macht einen unzertheilbaren
Staat aus.

Es giebt keine Grenzen mehr zwischen den Kantonen und
den unterworfenen Landen noch zwischen einem Kanton und
dem andern. Die Einheit des Vaterlandes und des allge=
meinen Interesse's vertritt künftig das schwache Band, welches
verschiedenartige, außer Verhältniß ungleich große, und klein=
lichen Lokalitäten oder einheimischen Vorurtheilen unterworfene
Theile zusammenhielt und auf Gerathewohl leitete. Man ver=
spürte nur die ganze Schwäche einzelner Theile; man wird
aber durch die vereinigte Stärke Aller stark sein.

2. Die Gesammtheit der Bürger ist der Souverän oder
Oberherrscher. Kein Theil und kein einzelnes Recht der Ober=

die Abrundungen des Kantons Genf aus den Jahren 1815 und 1816, sind
die schweizerischen Gebietstheile, die nie zu der alten Eidgenossenschaft
gehört hatten.

[1]) Helvetische Aktensammlung I, 566. „Helvetik", pag. 731. Ihr
gewöhnlicher Name ist die „erste helvetische Verfassung", zum Unterschied
von der nachmaligen zweiten von 1802, die allein unser eigenes Werk ist.
Richtiger wäre der Name „Pariser Verfassung", obwohl allerdings auch die
Mediationsverfassung diesen Titel beanspruchen könnte. In damaliger Zeit
hieß sie das „helvetische Büchlein", die „Helvetik", bei ihren Gegnern auch
das „Ochsenbüchlein", oder gar das „höllische Büchlein". Sie existirt in
keinem geschriebenen Aktenstück, das eidgenössische Archiv selber besitzt nur
ein solches gedrucktes Exemplar, wie es damals noch vor der Annahme
in Aarau durch den französischen Gesandten Mengaud in Basel massenhaft
verbreitet wurde.

herrschaft kann vom Ganzen abgeriffen werden, um das Eigenthum eines Einzelnen zu werden.

Die Regierungsform, wenn sie auch sollte verändert werden, soll allezeit eine repräsentative Demokratie sein.

3. Das Gesetz ist die Erklärung des Willens des Gesetz=gebers, welchen er auf eine durch die Konstitution festgesetzte Art kundgemacht hat.

4. Die zwei Grundlagen des öffentlichen Wohls sind Sicherheit und Aufklärung.

Aufklärung ist besser als Reichthum und Pracht.

5. Die natürliche Freiheit des Menschen ist unveräußerlich. Sie hat keine anderen Grenzen als die Freiheit jedes andern und gesetzmäßig erwiesene Abfichten eines allgemein noth=wendigen Vortheils.

Das Gesetz verbietet jede Art von Ausgelassenheit; es muntert auf, Gutes zu thun.

6. Die Gewissensfreiheit ist uneingeschränkt; jedoch muß die öffentliche Aeußerung von Religionsmeinungen den Ge=finnungen der Eintracht und des Friedens untergeordnet sein. Alle Gottesdienste sind erlaubt, insofern sie die öffentliche Ruhe nicht stören und sich keine herrschende Gewalt oder Vorzüge anmaßen. Die Polizei hat die Aufsicht darüber und das Recht, sich nach den Grundsätzen und Pflichten zu erkundigen, die darin gelehrt werden. Die Verhältnisse einer Sekte mit einer fremden Obrigkeit sollen weder auf die Staatssachen noch auf den Wohlstand und die Aufklärung des Volkes einigen Einfluß haben.

7. Die Preßfreiheit ist eine natürliche Folge des Rechtes, das jeder hat, Unterricht zu erhalten.

8. Es giebt keine erbliche Gewalt, Rang noch Ehrentitel. Jeder Gebrauch oder jede daraufzielende Einsetzung soll durch Strafgesetze verboten werden.

Erbliche Vorzüge erzeugen Hochmuth und Unterdrückung, führen zu Unwissenheit und Trägheit und leiten die Meinungen über Dinge, Begebenheiten und Menschen irre.

9. Privateigenthum kann vom Staat nicht anders verlangt werden als in dringenden Fällen oder zu einem allgemeinen, offenbar nothwendigen Gebrauch und dann nur gegen eine gerechte Entschädigung.

10. Ein jeder, der durch gegenwärtige Staatsverfassung das Einkommen irgend einer Stelle oder Pfründe verliert, soll vergütungsweise eine lebenslängliche Rente erhalten, diejenigen Jahre ausgenommen, wo ihn eine andere einträgliche Stelle oder eine Pension auf eine billige Art entschädigen würde.

Von aller Vergütung oder Entschädigung sind jedoch diejenigen ausgeschlossen, welche sich von Kundmachung des gegenwärtigen Konstitutions-Plans an der Annahme einer weisen, politischen Gleichheit zwischen Bürgern und Unterthanen und des Systems der Einheit und Gleichheit zwischen den Gliedern des gemeinschaftlichen Vaterlandes widersetzen würden. Außerdem ist vorbehalten, gegen diejenigen, deren Widerstand von Bosheit, Arglist oder Falschheit zeugen würde, zu seiner Zeit strengere Maßregeln zu ergreifen.

11. Steuern werden zum allgemeinen Nutzen ausgeschrieben und müssen unter den Steuerbaren nach ihrem Vermögen, Einkünften und Nutznießungen vertheilt werden.

Dieses Verhältniß kann aber nur annäherungsweise bestimmt werden. Eine zu weit getriebene Genauigkeit würde das Auflagen-System kostspielig und der National-Wohlfahrt nachtheilig machen.

12. Die Besoldung der öffentlichen Beamten soll man nach Verhältniß der Arbeit und der erforderlichen Talente aussetzen, sowie auch nach Maßgabe der Gefahr, wenn die Aemter feilen Händen anvertraut werden oder das ausschließliche Erbtheil der Reichen bilden sollten.

Diese Besoldungen sollen in einem Quantum Getreide bestimmt und, so lange ein Beamter an seiner Stelle sein wird, nicht vermindert werden.

13. Kein liegendes Gut kann unveräußerlich erklärt werden, weder für eine Korporation oder für eine Gesellschaft noch

für eine Samilie. Das ausschließliche Recht, liegende Güter
zu besitzen, führt zur Sklaverei.

Der Grund und Boden kann mit keiner Last, Zins oder
Dienstbarkeit beschwert werden, wovon man sich nicht los=
kaufen könnte.

14. Der Bürger ist gegen das Vaterland, seine Samilie
und die Bedrängten pflichtig. Er pflegt Sreundschaft, opfert
ihr aber keine seiner Obliegenheiten auf. Er schwört allen
persönlichen Groll und jeden Beweggrund von Eitelkeit ab.
Sein Hauptzweck ist die moralische Veredlung des menschlichen
Geschlechts; ohne Unterlaß ladet er zu den sanften Gefühlen
der Bruderliebe ein. Sein Ruhm besteht in der Achtung
gutdenkender Menschen, und sein Gewissen weiß ihn selbst
für die Versagung dieser Achtung zu entschädigen."

Dagegen waren die übrigen, organisatorischen Theile der Ver=
fassung während dieser fünf Jahre, namentlich aber seit dem
ersten Staatsstreich vom 7. Januar 1800, einem so großen that=
sächlichen Wechsel unterworfen, daß es am richtigsten erscheint,
sich überhaupt diese ganze Verfassungsperiode als eine Zeit
beständiger Revisionsversuche vorzustellen, welche erst durch die
von Srankreich oktroyirte Mediationsverfassung von 1803 zu
einem zeitweisen Resultate gelangten. Dieser beständigen innern
Unruhe entsprach die äußere Betheiligung der neuen Republik
an den Kriegen der französischen Mutterrepublik gegen das
vereinigte Europa, in welche sie durch das bestehende Allianz=
verhältniß hineingerissen wurde,[1] dergestalt, daß zeitweise, vom

---

[1] Vgl. den Allianzvertrag vom 19. August 1798. „Helvetik", pag. 721,
dessen Artikel I, II und V, wie folgt, lauteten:

«Art. I. Il y aura à perpétuité entre la République Française et
la République Helvétique, paix, amitié et bonne intelligence.

Art. II. Il y a dès ce moment entre les deux Républiques *alliance
offensive et défensive*.

L'effet général de cette alliance est, que chacune des deux Républiques peut. en cas de guerre, requérir la coopération de son Alliée.

Mai bis zum September 1799, die Verfaſſung ſelbſt ſuspendirt und eine Art von Diktatur der maßgebenden Mitglieder des da= maligen Direktoriums, ſpeziell Friedrich Cäſar Laharpe's, an ihre Stelle getreten war¹). Am 7. Januar 1800 löste ein Staats=ſtreich der geſetzgebenden Räthe das Direktorium von fünf Mitgliedern, welches die verfaſſungs=mäßige Exekutivbehörde der Republik war, auf, und an ſeine Stelle trat bis zu Ende der helvetiſchen Zeit niemals mehr eine durch eine regelmäßige

La Puissance requérante spécifie alors. contre qui la coopération est réclamée, et par l'effet de cette réquisition spéciale, la Puissance réquise entre en guerre contre la puissance ou les puissances désignées; mais elle reste en état de neutralité, vis-à-vis de celles qui seraient en guerre avec la Puissance requérante, et qui n'auraient point été parti- culièrement désignées par elle.

Il est reconnu, que l'effet de la réquisition de la République Fran- çaise ne pourra jamais être d'envoyer des troupes Suisses outre mer.

Les Troupes requises seront payées et entretenues par la Puissance requérante, et en cas de réquisition, aucune des deux Républiques ne pourra conclure séparément un Traité d'amnestie ou de paix.

Les effets particuliers de l'Alliance, lorsque de part ou d'autre la réquisition aura lieu. la nature et la quotité des secours mutuellement accordés seront déterminés de gré à gré par des conventions spéciales. basées sur les principes qui sont renfermés dans cet article.

Art. V. Afin d'assurer les communications de la République Fran- çaise avec l'Allemagne méridionale et l'Italie. il lui sera accordé le *libre et perpétuel usage des deux routes commerciales et militaires*, dont la première passera par le Nord de l'Helvétie en remontant le Rhin. et suivant les rives occidentale et méridionale du lac de Constance, et dont la seconde partant de Genève et traversant le Département du Mont- Blanc, traversera également le Vallais pour aboutir sur le Territoire de la République Cisalpine. suivant une direction qui sera déterminée. et il est convenu, que chaque Etat fera sur son Territoire les travaux né- cessaires pour l'établissement de ces deux routes. ›

Dieſes enge Allianzverhältniß lag nicht im Wunſche der Schweiz, gegentheils wurde in der Mitte des Jahres 1799 Maurice Glayre nach Paris geſchickt, um eine Aufhebung desſelben und die Anerkennung der ſchweizeriſchen Neutralität zu erzielen, aber ohne Erfolg. Band IV der helvetiſchen Aktenſammlung wird das Nähere über dieſe Unterhandlungen enthalten.

¹) Vgl. „Helvetik", pag. 290 ff.

und allgemein anerkannte Verfaſſung legitimirte Regierungs=
behörde[1]). Auch die „geſetzgebenden Räthe", die aus einem
großen Rathe und einem Senat beſtanden, löſten ſich dann
ſelber in einem zweiten Staatsſtreich vom 7. Auguſt 1800 auf[2]),
und von dort ab beginnt der Gedanke einer Reſtauration[3])
mittelſt Wiederherſtellung eines größeren, oder geringeren Theiles
der kantonalen Souveränität, — das Suchen nach den richtigen
Grundlagen eines Bundesſtaates, in welchem wir noch heute
begriffen ſind.

Die zwei beſtändigen Typen hiefür ſind ſeither die Ver=
faſſung von Malmaiſon vom 29. Mai 1801, ein mit dem da=
maligen erſten Konſul Bonaparte auf dem Luſtſchloſſe Mal=
maiſon bei Paris vereinbarter Entwurf, welcher von einem
eigens dazu gewählten Verfaſſungsrath, der ſog. helvetiſchen Tag=
ſatzung vom September 1801, hätte angenommen werden ſollen,
und die ſpätere, ſog. zweite, helvetiſche Verfaſſung. Die Ver=
faſſung von Malmaiſon iſt derjenige Entwurf, welcher
der Mediationsverfaſſung von 1803 zu Grunde lag, und da
dieſe wieder das Vorbild des nachmaligen Reviſionsentwurfs
von 1832 und 1833 war, aus dem die Bundesverfaſſung von
1848 hervorgegangen iſt, ſo darf man ſagen, auch unſere heutige
Verfaſſung noch hat ihre erſte Quelle in dieſem Verfaſſungs=
entwurfe vom 29. Mai 1801, welcher, wie folgt, lautete:[4])

---

[1]) Vgl. über dieſe beſtändig wechſelnden Exekutivbehörden „Helvetik".
pag. 795. — [2]) Vgl. „Helvetik", pag. 387.

[3]) Aus dieſer Zeit (Sommer 1799) datirt der erſte reaktionäre Ver=
faſſungsentwurf, von C. L. v. Haller, welcher muthmaßlich dem
letzten Entwurfe der helvetiſchen Periode, demjenigen der Schwyzer-Tag=
ſatzung, zum Muſter gedient hat. Er iſt vorläufig nirgends anders zu
finden als in Haller's „Geſchichte der Wirkungen und Folgen des öſter=
reichiſchen Feldzuges in der Schweiz", Weimar 1801. Damit begann die
raſtloſe reactionäre Wirkſamkeit dieſes Mannes, der noch kurze Zeit vorher
im März 1798 eine vollſtändig auf den Grundſätzen der franzöſiſchen
Revolution fußende neue Verfaſſung für Bern entworfen hatte.

[4]) „Helvetik", pag. 408. 748, wo der urſprüngliche Entwurf ab=
gedruckt iſt, während das Nachfolgende die definitive Redaktion enthält,
vgl. Helvet. Geſetzesſammlung, deutſche Ausgabe, V, 402.

„Erster Abschnitt.

Die helvetische Republik bildet Einen Staat. Bern ist die Hauptstadt Helvetiens. Sein Gebiet ist in Kantone eingetheilt. Diese Kantone sind: 1. Bern, in seinen alten Grenzen, mit Ausnahme des Waadtlandes und des Aargaus; 2. Zürich in seinen alten Grenzen; 3. Luzern, eben so. 4. Uri, eben so; 5. Schwyz, eben so; 6. Unterwalden, eben so; 7. Zug, eben so; 8. Glarus, vergrößert durch die Vogteien von Sargans, Werdenberg, Gaster, Utznach und Rapperschwyl; 9. Appenzell, vergrößert durch das Toggenburg, St. Gallen und Rheinthal; 10. Solothurn in seinen alten Grenzen; 11. Freiburg, vergrößert durch die ehemals gemeinsamen Vogteien von Murten und Schwarzenburg; 12. Basel, vergrößert durch den untern Theil des Frickthals bis Säckingen; 13. Schaffhausen, vereinigt mit Thurgau; 14. Aargau, vereinigt mit Baden und dem obern Frickthal; 15. das Waadtland, in seinen alten Grenzen; 16. Graubünden; 17. die italienischen Vogteien. Derjenige Theil des Wallis, welcher nicht an Frankreich wird abgetreten sein, soll einem benachbarten Kanton einverleibt werden.

Zweiter Abschnitt.

Es soll eine gemeinsame Organisation der Republik für die Ausübung der Nationalsouveränität, und eine Kantonalorganisation sein. Die gemeinsame Organisation umfaßt: das allgemeine höhere Polizeiwesen, die bewaffnete Macht für die innere und äußere Sicherheit der Republik, die politischen und diplomatischen Verhältnisse mit dem Auslande, die gleichförmige Verwaltung der bürgerlichen und der peinlichen Recht=pflege, die Bestimmung desjenigen Antheils an die Staats=abgaben, welchen jeder Kanton zu liefern hat, die National=Verwaltung, Salz, Posten, Bergwerke, Kaufhäuser und Zölle, die Verfertigung und Polizei der Münzen, die Ordnung und Polizei für den Handel, die allgemeinen und öffentlichen Unterrichts=anstalten. Die besondere Organisation jedes Kantons begreift: die Erhebung und Vertheilung der

Grundabgaben, die Festsetzung der Bedürfnisse des Kantons und der Mittel, dieselben durch Ortsanlagen zu befriedigen, die Zuchtpolizei, die Verwaltung der Nationalgüter und Domänen, mit Inbegriff der Zehnten und Bodenzinse, der Gottesdienst, die Entschädnisse der Geistlichen, die besondern Erziehungs= und Unterrichtsanstalten. Zu Bestreitung der Aus=gaben für diese Gegenstände soll der Ertrag der Domänen, so wie jener der Kantonalzehnten und Bodenzinse insbesondere angewiesen sein.

Dritter Abschnitt.

Die gemeinsame Organisation der Republik ist aus einer Tagsatzung und einem Senat zusammengesetzt.

Tagsatzung.

Die Tagsatzung besteht aus den vereinigten Stellvertretern aller Kantone in nachstehendem Verhältnisse: Bern 9, Zürich 8, Waadtland 7, Aargau 6, Schaffhausen 6, Graubünden 6, Appenzell 6, Luzern 5, Glarus 5, italienische Vogteien 5, Freiburg 4, Basel 3, Solothurn 3, Uri 1, Schwyz 1, Zug 1, Unterwalden 1; zusammen 77. Die Mitglieder der Tagsatzung können durch ihre Kantone entschädigt werden. Sie bleiben fünf Jahre im Amte. Die Tagsatzung ist beauftragt, die im Senate erledigten Stellen wieder zu besetzen. Sie nimmt die Rechnungen des Nationalschatzamtes ab. Sie entscheidet über die Klagen der Kantone gegen die Verfügungen des Senats. Der Senat ruft die Tagsatzung zusammen, so oft die Mehrheit der Kantone solches verlangt. Er ist gleichfalls verpflichtet, dieselben zusammen zu rufen, wenn von einem Kantone Klage gegen ihn geführt und diese Klage durch vier andere Kantone unterstützt wird. Der Tagsatzung kömmt die Berathung und Annahme der Gesetze zu, in den Fällen, wo einem vom Senate den Kantonen vorgetragenen Gesetzvorschlag nicht zwölf Kan=tone beigestimmt haben, der Senat aber auf seinem Vorschlage besteht. Beim Anfang jedes Zusammentritts der Tagsatzung wird der Senat die Dauer derselben bestimmen.

Senat.

Der Senat besteht aus zwei Landammännern und 23 Räthen. Es können darin nicht mehr als drei Glieder aus einem Kanton sitzen. Der Senat entwirft die Gesetzvorschläge und legt sie den Kantonen zur Annahme vor. Er beschließt alle Maßregeln und Verordnungen, welche die Verwaltung und die allgemeine Polizei betreffen. Er erklärt Krieg, schließt Frieden und Bündnisse, und bestätigt Verträge. Er entscheidet in Streitsachen zwischen den Kantonen. Er zeigt der Tagsatzung die Kantonalbehörden an, welche sich Eingriffe in die gemeinsame Verfassung zu Schulden kommen lassen. Er wählt aus seiner Mitte die beiden Landammänner. Diese bleiben 10 Jahre im Amte; die einfachen Senatoren 5 Jahre. Die Landammänner führen wechselsweise den Vorsitz im Senat, jeder ein Jahr lang. Der Landammann, der nicht den Vorsitz führt, ist der Stellvertreter des andern in Fällen von Krankheit oder Abwesenheit. Der Senat ernennt aus seiner Mitte einen kleinen Rath. Derselbe besteht aus 4 Gliedern; der erste Landammann ist ihr Vorsitzer. Dieser Rath ist mit der Vollziehung der Gesetze beauftragt. Er entwirft die Verwaltungsbeschlüsse oder Verordnungen, welche hernach durch den gesammten Senat angenommen werden. Er wacht über ihre Vollziehung. Jedes der 4 Glieder dieses Rathes ist mit einem der nachfolgenden Regierungsfächer beauftragt: Innere Angelegenheiten, Rechtspflege, Finanzen und Krieg. Alle Beamten der allgemeinen Verwaltung sind ihm untergeordnet, und werden mit Ausnahme der Statthalter von ihm ernannt. Der Landammann, welcher im Amte ist, bezieht einen Gehalt von 50,000 Sr. Der zweite Landammann und die 4 Glieder des kleinen Raths beziehen einen Gehalt von 6000 Sr. Der Landammann, der im Amt ist, ernennt die Statthalter der Kantone. Der kleine Rath ruft sie von ihren Stellen ab. Dem Landammann kommt die Leitung der auswärtigen Angelegenheiten zu; er hat unter sich einen Staatssekretär, der mit diesem Regierungsfache und mit der Korrespondenz beauftragt ift. Er ernennt denfelben, und wählt ihn außer dem Senat. Er ernennt die diplomatifchen Agenten. Der Senat kann fich vertagen, jedoch nicht für länger als 6 Monate. Während diefer Vertagung liegt die vollziehende Gewalt in den Händen des kleinen Rathes, der fie, mit Ausnahme der Gefetzvorfchläge, in ihrem ganzen Umfange ausübt. Diefe Vertagung darf nicht ftatt haben während den 6 Wochen, welche dem Zufammentritt der Tagfatzung zunächft vor- oder nachgehen. Der Senat kann fich vom kleinen Rath Rechenfchaft feiner Gefchäftsführung während der Vertagung geben laffen. Er kann ihm Verhaltungsbefehle ertheilen. Die einfachen Mitglieder des Senates beziehen Entfchädigungen aus dem öffentlichen Schatze; fie dürfen die Summe von 4000 Sr. nicht überfchreiten.

Vierter Abfchnitt.

Kantonal-Organifation.

In jedem Kanton ift ein Statthalter, der vom Landammann gewählt wird, und der mit der Vollziehung der allgemeinen Gefetze der Republik im Kanton, und mit der höhern Polizei beauftragt ift. Jeder Kanton hat feine befondere Verwaltungsorganifation mit den oben beftimmten Befugniffen; diefelbe wird den örtlichen Erforderniffen angepaßt fein. Die Verwaltungsbehörde jedes Kantons berathfchlagt über die Gefetzvorfchläge, die ihr vom Senate vorgelegt werden; fie nimmt diefelben an, oder verwirft fie, und fie fendet ihr Befinden an den Senat.

Fünfter Abfchnitt.

Wählbarkeits-Bedinge.

Niemand darf zu den National- oder Kantonal-Aemtern wählen oder gewählt werden, wenn er nicht: 1) Helvetifcher Bürger ift; 2) ein Eigenthum in Helvetien befitzt, oder einen unabhängigen Beruf hat; 3) eine Abgabe bezahlt, deren Betrag von jedem Kantone wird beftimmt werden. Diefe Abgabe foll für Kantonalämter das Doppelte derjenigen fein, die für Diftriktsstellen erfordert wird; und für Nationalstellen das Dreifache derjenigen, so die Kantonalämter erheischen."

Durch besonderes Dekret des gesetzgebenden Rathes vom 29. Mai 1801 wurden sodann folgende Uebergangsbestimmungen festgesetzt:

„Es wird auf folgende Weise zur Kantonalorganisirung ge= schritten: Im Verfolge einer Proklamation der gegenwärtigen Regierung laden die Verwaltungskammern jedes Kantons die Munizipalitäten ein, auf einen bestimmten Tag eines ihrer Mitglieder nach dem Hauptorte ihrer Distrikte zu senden. Diese vereinigten Deputirten bilden eine Kammer, welcher obliegt, einen Distriktsrepräsentanten nach der relativen Mehrzahl zu ernennen. Die Repräsentanten begeben sich in den Hauptort des Kantons, mit der Vollmacht, einen Organisirungsplan zur Verwaltung des Kantons zu debattiren und zu genehmigen. Die Kantonaltagsatzung, auf diese Weise gebildet, beschließt eine Verwaltungsweise für den Kanton, bestimmt die Beschaffen= heit der Behörden, ihre Kompetenz, ihre Verhältnisse unter ein= ander, die Zahl und die Indemnitäten der Beamten, endlich die Weise der Wahl der Kantonsrepräsentanten bei der helve= tischen Tagsatzung. Auch hat die Kantonaltagsatzung die Kan= tonsrepräsentanten zur ersten helvetischen Tagsatzung zu er= nennen. Sodann wird sie dazu schreiten, die Mitglieder der von ihr eingesetzten Behörde zu ernennen; diese Behörden können aber nicht eher thätig sein, als wenn der Plan der Kantonalorganisirung der helvetischen Tagsatzung vorgelegt und in ihre Register eingerückt sein wird. Inzwischen werden die gegenwärtigen Behörden in ihren Verrichtungen fortfahren, bis ihnen die gesagte Einregistrirung gebührend angedeutet worden ist. Von diesem Augenblicke an ist der Plan der Kan= tonalorganisirung unter Garantie der Republik, ohne deren Ein= willigung nichts daran verändert werden kann. Auf den 1. des nächstkünftigen Monats September muß die Arbeit jeder Kantonaltagsatzung vollendet sein".

Das namliche Dekret ſetzte noch im Weitern feſt, daß am 22. September 1801 die Repräſentanten der Kantone ſich in Bern verſammeln und den Senat wählen ſollen, der dann ſeinerſeits die beiden Landammänner und die übrigen Mit-glieder des Kleinen Rathes ernennt. Hierauf löst ſich dieſe erſte Tagſatzung (die eigentlich ein Verfaſſungsrath war) ſofort auf und die verfaſſungsmäßige Tagſatzung verſammelt ſich am 1. Januar 1802.

Von dieſen Grundlagen ging indeß der Verfaſſungsrath, welcher am 7. September 1801 in Bern zuſammentrat, ab und ſtellte einen andern, unitariſcher gehaltenen Entwurf vom 24. Oktober 1801 auf[1]), welcher jedoch ſofort durch einen von Frankreich unterſtützten Staatsſtreich vom 28. Oktober außer Wirkſamkeit geſetzt wurde. An ſeiner Stelle entſtand hierauf, nach einem weitern vergeblichen Verſuche des damaligen „Land-ammanns" Reding, vom 27. Februar 1802[2]), der Typus einer gemäßigten Einheitsverfaſſung, dem ſich die jetzige Entwicklung unſerer Bundesverhältniſſe wieder nähert, die zweite hel-vetiſche Verfaſſung vom 20. Mai 1802[3]), die erſte Konſti-tution der Schweiz, über welche eine allgemeine Volksabſtimmung ſtatthatte.[4])

Sie lautete:

[1]) Vgl. „Helvetik" 414. 753.

[2]) Vgl. „Helvetik" 428. 763. Dieſe Stellung eines „Landammann", die definitiv erſt in der Mediationsverfaſſung erſcheint, war ein proviſoriſch durchgeführter Beſtandtheil des Entwurfs von Malmaiſon.

[3]) Vgl. „Helvetik" pag. 433. 772.

[4]) Ueber die Reſultate derſelben vgl. „Helvetik" pag. 462. Es ergaben ſich 92,423 Ja und 167,172 Nein. Es wurden jedoch alle Nichtſtimmenden als Annehmende hinzugezählt und in dieſer Weiſe die Verfaſſung als „von der großen Mehrheit aller ſtimmfähigen Bürger in Helvetien angenommen" erklärt, 2. Juli 1802. Bulletin VI, 130. 168.

„Erster Titel.

1. Die christliche Religion, nach dem katholischen und evangelisch-reformirten Glaubensbekenntniß, ist die Religion des Staates.

Zweiter Titel. Gebietseintheilung.

2. Die helvetische Republik bildet Einen Staat.

3. Ihr Gebiet ist in Kantone eingetheilt.

4. Diese sind:

Appenzell in den gegenwärtigen Grenzen des Kantons Sentis, mit dem Distrikt Neu St. Johann.

Aargau mit dem ganzen ehemaligen Amt Aarburg, der ehemaligen Vogtei Baden und den untern Freiämtern.

Basel in seinen dießmaligen Grenzen.

Bern in seinen dießmaligen Grenzen, mit Ausnahme der dem Kanton Aargau einverleibten Gemeinden des vormaligen Amts Aarburg, vereinigt mit dem Kanton Oberland.

Freiburg in seinen dießmaligen Grenzen, mit Ausnahme der ehemaligen Vogteien Avanches und Payerne.

Glarus in den dießmaligen Grenzen des Kantons Linth, mit Ausnahme des Distrikts Neu St. Johann, der March, Reichenburg und der Höfe.

Luzern in seinen dießmaligen Grenzen, mit Ausnahme des Amts Merischwanden, vereinigt mit dem Sitz-kirchenamt.

Graubünden in seinen dießmaligen Grenzen.

Schaffhausen in seinen dießmaligen Grenzen.

Schwyz, bestehend aus den dießmaligen Bezirken Schwyz, Arth und Einsiedeln, nebst der March, den Höfen und Reichenburg.

Solothurn in seinen dießmaligen Grenzen.

Tessin in den dießmaligen Grenzen der Kantone Lugano und Bellinzona.

Thurgau in seinen dießmaligen Grenzen.

Unterwalden in den diefzmaligen Grenzen der Diftrikte
Sarnen und Stanz.

Uri in den diefzmaligen Grenzen der Diftrikte Altdorf und
Andermatt.

Waadt in feinen diefzmaligen Grenzen, vereinigt mit den
ehemaligen Landvogteien Avanches und Payerne.

Zug, beftehend aus dem bisherigen Bezirk Zug, den obern
Sreiämtern und dem Amt Merifchwanden.

Zürich in feinen diefzmaligen Grenzen.

5. Die erforderlichen Grenzberichtigungen zwifchen den
Kantonen find dem Gefetz überlaffen.

Dritter Titel. Politifcher Stand der Bürger.

6. Es gibt keine Geburtsvorrechte unter den helvetifchen
Bürgern.

7. Keine Ehrentitel noch Vorrang, als die von öffentlichen
Stellen herrühren, find anerkannt.

8. Helvetifche Bürger find:

1) alle diejenigen, die fich gegenwärtig im Befitz des
helvetifchen Staatsbürgerrechts befinden;

2) die Söhne der helvetifchen Bürger;

3) die Sremden, denen das Gefetz das Staatsbürgerrecht ertheilt.

9. Das Gefetz wird über die Ausübung des Staatsbürgerrechts verfügen, es wird ebenfalls die Art der Erwerbung,
fowie die Sälle des Verluftes und Einftellung desfelben
feftfetzen.

Vierter Titel. Grundeigenthum.

10. Kein Grundftück kann für unveräußerlich erklärt,
noch mit einer immerwährenden Abgabe belaftet werden.

11. Alle Abgaben diefer Art, welche gegenwärtig beftehen,
namentlich die Zehnten und Grundzinfen, find loskäuflich.

12. Die Art diefes Loskaufs foll fpäteftens bis zum
1. Januar 1803 feftgefetzt werden.

Fünfter Titel. Grundlagen der Verfaſſung.

13. Die allgemeine Staatsverwaltung umfaßt alle Gegen
ſtände des gemeinſamen Wohls, und die der Souverainitätausübung weſentlich angehören, als: die innere und äußere Sicherheit der Republik; die freundſchaftlichen, politiſchen und Handelsverhältniſſe mit den auswärtigen Mächten; die allgemeinen
Verfügungen über das Kirchenweſen, inſoweit es von der weltlichen Gewalt abhängt, und über den öffentlichen Unterricht;
die Aufſicht über die Rechtspflege; die Leitung des Straßen,
Waſſer und Brückenbaues, inſoweit es von allgemeinem Nutzen
iſt; den Bergbau; die Pulver und Salpeterfabrikation; die
Verwaltung der für allgemeine Bedürfniſſe angewieſenen
Waldungen, ſowie die Salzwerke und den Handel mit auswärtigem Salz; das Poſtweſen; die Verfertigung und Polizei
der Münzen; überhaupt das Nationalvermögen, welches
beſonders zu den allgemeinen Ausgaben geeignet iſt, den
Handel und die Induſtrie in ihrer Beziehung auf die Rechte
des Bürgers und den allgemeinen Wohlſtand; die Geſundheitspolizei; die Aufſicht über das Forſtweſen. Die Gewalt, über
dieſe Gegenſtände zu verfügen, iſt einer Tagſatzung, einem
Senate und einem Vollziehungsrathe übertragen.

14. Jeder Kanton beſtimmt ſeine beſonderen Ausgaben,
und die Mittel zur Beſtreitung derſelben. Er liefert auf die
ihm angemeſſen ſcheinende Weiſe ſeinen geſetzlich beſtimmten
Beitrag zu den allgemeinen Ausgaben. Er ſetzt, unter den in
Titel 12 anzuführenden Einſchränkungen, die Einrichtungen
ſeines Gerichtsweſens feſt. Er hat die Beſorgung der niederen
Polizei. Er verwaltet ſeine Liegenſchaften, kann aber ohne
geſetzliche Bevollmächtigung von Seite der Tagſatzung dieſelben
nicht veräußern. Er verwaltet ſeine Unterrichts und Unter
ſtützungsanſtalten, ſowie ſeine öffentlichen Stiftungen jeder
Art. Er ſorgt für die Anlegung und Unterhaltung ſeiner
beſondern Straßen, Wege, Brücken und übrigen Werke
ſolcher Art. Demzufolge ſetzt jeder Kanton ſeine eigene

Organisation fest. Die zu dem Ende ausgefertigte Urkunde wird nach ihrer Einregistrirung in die Archive des Senats niedergelegt, und bleibt unter Garantie der Nation.

Sechster Titel. Gesetzgebende Gewalt.

15. Die Gesetze werden durch den Senat vorbereitet und entworfen, und durch die Tagsatzung beschlossen. Im Fall dieselben neue Auflagen treffen, werden sie den Kantonen vorgeschlagen. Wenn sie aber nicht eine Mehrheit von zwei Drittheilen der Kantone erhalten, so kann der Senat dieselben der Tagsatzung vorlegen.

Siebenter Titel. Tagsatzung.

16. Die Tagsatzung besteht aus den Stellvertretern aller Kantone, die in dem Verhältnisse von Einem auf 25,000 Seelen gewählt werden.

17. Jeder Kanton hat wenigstens Einen Stellvertreter in der Tagsatzung.

18. Die Mitglieder der Tagsatzung werden auf folgende Weise ernannt: In jedem Kanton sind zwei Wahlkorps, von welchen das eine den Vorschlag und das andere die Ernennung hat. Die Anzahl der Glieder des einen und andern Korps wird im Verhältnisse zu der Bevölkerung eines jeden Kantons bestimmt. In keinem Kanton kann ein Wahlkorps aus mehr als 45 Mitgliedern bestehen. Um Mitglied von dem vorschlagenden Wahlkorps zu werden, muß man ein Grund- eigenthum besitzen von wenigstens 10,000 Franken in den größern Kantonen, und von wenigstens 2000 Franken in den geringern Kantonen. Im Fall einer Ernennung wird aus dem vorschlagenden Wahlkorps ein Drittheil durch's Loos ausgezogen, welcher aus den Listen von Wählbaren, die im Verzeichnisse von wenigstens Einem auf hundert Aktivbürger durch das Volk zu bezeichnen sind, die für tüchtig erachteten zur Wahl vorschlägt. Das Loos bezeichnet ebenfalls ein Drittheil des ernennenden Wahlkorps, welcher aus den Vor- geschlagenen die Ernennung vorzunehmen hat. Die Einrichtung

beider Wahlkorps, sowie die Vorschriften ihres Verfahrens, sind dem Gesetz zu bestimmen überlassen. Beide Wahlkorps ergänzen sich selbst aus den vom Volk errichteten Verzeichnissen von Wählbaren. Die Mitglieder derselben können nicht selbst zu den Stellen gewählt werden, mit deren Besetzung sie beauf= tragt sind. Ihre Stellen sind lebenslänglich.

19. Die Tagsatzung wird jährlich zum fünften Theil er= neuert.

20. Sie versammelt sich auf den 1. Mai. Ihre Sitzungen können einen Monat lang dauern. Sie versammelt sich außerordentlich auf die Zusammenberufung des Senats, der in diesem Falle die Dauer ihrer Sitzungen bestimmt; auf das Verlangen der Mehrheit der Kantone wird sie ebenfalls vom Senat zusammenberufen.

21. Die Tagsatzung kann keine Berathschlagung vor= nehmen, wenn nicht wenigstens zwei Drittheile ihrer Mitglieder gegenwärtig sind.

22. Sie berathschlagt über die ihr vom Senat vorgelegten Gesetzesentwürfe und nimmt dieselben an oder verwirft sie unter geheimer Abstimmung.

23. Sie entscheidet über die Klagen, welche von den Kantonen gegen die Verfügungen des Senats bei ihr einlangen.

24. Die Tagsatzung bestimmt jährlich auf den Vorschlag des Senats die allgemeinen Einnahmen und Ausgaben der Republik.

25. Sie wählt aus ihrer Mitte eine Rechnungskommission von 5 Mitgliedern, die auf 5 Jahre ernannt sind und den Auftrag haben, die Staatsrechnung zu untersuchen und der Tagsatzung alljährlich darüber Bericht zu erstatten.

26. Sie ernennt die Mitglieder des Senats.

27. Die Sitzungen der Tagsatzung sind öffentlich.

28. Die Mitglieder derselben werden durch ihre Kantone entschädigt.

359

Achter Titel. Senat.

29. Der Senat besteht aus einem Landammann, 2 Land=
statthaltern und 24 Mitgliedern.

30. Der Landammann führt bei dem Senat den Vorsitz.

31. Aus jedem Kanton soll 1 Mitglied des Senats, aus
keinem können mehr als 3 Mitglieder genommen werden.

32. Der Senat wird jährlich zum fünften Theil erneuert.
Die austretenden Mitglieder sind wieder wählbar.

33. Der Senat kann keine Berathschlagung vornehmen,
wenn nicht wenigstens zwei Drittheile seiner Mitglieder gegen=
wärtig sind.

34. Der Senat schlägt die Gesetze vor und kann sowohl
in die Tagsatzung als zu den Kantonsbehörden eines oder
mehrere seiner Mitglieder abordnen, um die Beweggründe der=
selben zu entwickeln und zu unterstützen. Auch ist er befugt,
die von ihm vorgelegten Gesetzesentwürfe im Laufe der Berath=
schlagung wieder an sich zu ziehen, um sie entweder ganz zurück=
zubehalten oder mit Abänderungen neuerdings vorzuschlagen.

35. Auf den Vorschlag des Vollziehungsrathes beschließt
der Senat die Verordnungen, welche er, um die Vollziehung
der Gesetze zu sichern, für nothwendig erachtet.

36. Der Senat schlägt der Tagsatzung, wenn es der Fall
ist, Kriegserklärungen vor. Er schließt Frieden, Bündnisse
und Handelsverträge. Die zufolge dieser Befugniß von ihm
ausgehenden Verhandlungen werden der Tagsatzung vorgetragen,
welche über dieselben, gleich den Gesetzesvorschlägen, zu berath=
schlagen und sie zu genehmigen oder zu verwerfen hat.

37. Der Senat entscheidet über die zwischen den Kantonen
entstandenen Streitigkeiten im Verwaltungssache.

38. Er belangt vor die Tagsatzung diejenigen Behörden,
die sich Eingriffe in die Verfassung zu Schulden kommen lassen.

39. Er erkennt über die Streitfälle, welche sich auf die
von der Nation übernommene Garantie der Kantonalorgani=
sation beziehen.

40. Er entscheidet über die in das Sach der allgemeinen Staatsverwaltung einschlagenden Streitigkeiten.

41. Der Senat bestimmt die Vertheilung der für die allgemeinen Staatsausgaben der Regierung bewilligten Summen.

42. Er läßt sich, so oft er es für gut findet, über den Zustand der Staatsverwaltung von dem Vollziehungsrathe Rechenschaft geben.

43. Er hat das Recht, Strafurtheile zu mildern oder nachzulassen.

44. Der Senat kann sich vertagen; seine Vertagung soll nicht über 3 Monate nach einander dauern, noch während des der ordentlichen Zusammenkunft der Tagsatzung zunächst vorhergehenden oder nachfolgenden Monats Statt haben.

45. Der Senat ernennt aus seiner Mitte den Landammann und die beiden Landstatthalter. Er ernennt auf den Vorschlag des Vollziehungsrathes die Staatssekretäre.

46. Jedes Mitglied des Senats bezieht einen Gehalt von 4000 Franken.

Neunter Titel. Vollziehungsrath.

47. Der Vollziehungsrath besteht aus dem Landammann und 2 Landstatthaltern; er hat zur Vollziehung seiner Befehle 5 Staatssekretäre: einen für das Departement der Justiz und Polizei; einen für die innern Angelegenheiten; einen für das Kriegswesen; einen für die Finanzen und einen für die auswärtigen Angelegenheiten.

48. Der Landammann führt bei dem Vollziehungsrath den Vorsitz.

49. Die Mitglieder des Vollziehungsrathes wechseln alljährlich in Bekleidung der Stelle eines Landammanns ab. Der abtretende Landammann erhält den Titel eines Landstatthalters. In Fällen von Krankheit oder Abwesenheit des Landammanns vertritt ihn der zuletzt von dieser Stelle abgegangene Statthalter. Beim Absterben des Landammanns übernimmt der Landstatthalter, der zu seinem ordentlichen Nachfolger bestimmt ist, seine Verrichtungen.

50. Die Mitglieder des Vollziehungsrathes sind für 9 Jahre ernannt und hiermit von der Verfügung des Art. 32 ausgenommen. Alle 3 Jahre tritt ein Mitglied aus, ist aber sogleich wieder wählbar. Der erste Austritt geschieht im Jahre 1805.

51. Der Vollziehungsrath ist mit der Vollziehung der Gesetze und der auf die allgemeine Staatsverwaltung sich beziehenden Verordnungen beauftragt. Er bedient sich zu diesem entweder besonders aufgestellter Beamten oder Kantonsbehörden.

52. Dem Vollziehungsrathe sind die Befugnisse des Senats während seiner Vertagung übertragen. Er übt sie, mit Ausnahme der Gesetzesvorschläge, in ihrem ganzen Umfange aus.

53. Er leitet die bewaffnete Macht und ernennt die ihr vorgesetzten Offiziere.

54. Die Akten des Vollziehungsrathes werden von den Staatssekretärs der betreffenden Departements mit unterzeichnet.

55. Die Staatssekretärs sind sowohl für die von ihnen unterzeichneten Akten des Vollziehungsrathes als für die Nichtvollziehung seiner Aufträge und für ihre eigenen Verhandlungen verantwortlich.

56. Die Staatssekretärs haben sowohl im Vollziehungsrath als in dem Senate rathgebende Stimme.

57. Der Vollziehungsrath hat die Leitung der auswärtigen Angelegenheiten. Er ernennt die diplomatischen und Handelsagenten im Auslande und ruft sie von ihren Stellen ab.

58. Dem Vollziehungsrathe kommt die Ernennung und Abberufung aller Beamten zu, die in den verschiedenen Theilen der Republik zu Vollziehung der allgemeinen Gesetze unter ihnen angestellt sind.

59. Der Jahrgehalt des Landammanns ist von 15,000 Franken und der eines Statthalters von 6000 Franken.

Zehnter Titel. Gottesdienst.

60. Außer dem Gottesdienst der katholischen und refor=
mirten Kirche ist auch die Ausübung jedes andern Gottesdienstes,
der mit der bürgerlichen Ordnung in Uebereinstimmung ist,
unter den durch das Gesetz zu bestimmenden Einschränkungen
gestattet.

61. Nur allein die Unterhaltung des katholischen und re=
formirten Gottesdienstes fällt dem gemeinen Wesen zur Last.
Dem zufolge sorgt jeder Kanton für die Unterhaltung seines
Gottesdienstes und der Religionslehrer, vermittelst des Ertrags
der bisher dem Staate zugehörigen Zehnten und Grundzinsen,
die ihm zu dem Ende abgetreten werden, oder, in Ermangelung
derselben, vermittels besonderer Anweisung von andern hin=
reichenden Einkünften.

62. Die geistlichen Güter können nur zur Unterhaltung
von religiösen, öffentlichen Unterrichts= oder Unterstützungs=
anstalten verwendet werden.

63. Sie können ohne gesetzliche Bevollmächtigung von
Seite der Tagsatzung weder veräußert, noch ihrer gegenwärtigen
Bestimmung entzogen werden.

Eilfter Titel. Oeffentlicher Unterricht.

64. Es soll durch besondere Anstalten der katholischen so=
wohl als der reformirten Religion für die Bildung der Geist=
lichen gesorgt werden.

65. Es soll eine allgemeine Lehranstalt für die höhere
wissenschaftliche Erziehung errichtet werden.

66. Mit dieser Lehranstalt soll eine Stiftung verbunden
werden zu unentgeltlicher Unterhaltung der Studirenden, die
sich in den Unterrichtsanstalten der Kantone durch Sittlichkeit,
Fähigkeiten und wissenschaftliche Fortschritte ausgezeichnet
haben.

67. Bei Besetzung dieser Plätze soll die Volksmenge der
Kantone keineswegs zum Maaßstabe dienen.

Zwölfter Titel. Gerichtswesen.

68. Das peinliche Gesetzbuch, sowie die peinliche Prozeß= ordnung, soll für die ganze Republik gleichförmig sein.

69. Es sollen gleichförmige Forst= und Handelsgesetze ab= gefaßt und besondere Handelsgerichte aufgestellt werden.

70. Es soll eine gleichförmige bürgerliche Prozeßordnung entworfen werden, die jedoch in keinem Kantone ohne seine Zustimmung eingeführt werden kann.

71. Es soll ein bürgerliches Gesetzbuch entworfen werden, dessen Einführung ebenfalls in keinem Kantone ohne seine Ein= willigung Statt haben kann.

72. Keine Behörde kann zugleich richterliche und admini= strative Verrichtungen ausüben.

73. Es können nicht mehr als 2 Instanzen in dem Ge= richtswesen der Kantone aufgestellt werden.

74. Es soll ein oberster Gerichtshof sein, vor welchen appellationsweise die bürgerlichen Streithändel gezogen werden können, deren Gegenstand den Werth von 3000 Franken über= steigt und bei denen zugleich entweder die Regierung oder ein Kanton oder ein Fremder oder Einwohner verschiedener Kan= tone eine oder beide Parteien ausmachen. Von diesem Gerichts= hofe hat gleichfalls die Weiterziehung aller Urtheilssprüche Statt, welche Todesstrafe oder zehnjährige Einsperrung oder zehnjährige Landesverweisung, oder im Falle politischer Ver= gehen, irgend eine entehrende Strafe oder eine Geldbuße von 500 Franken und darüber mit sich bringen.

75. Der oberste Gerichtshof urtheilt über Anklagen, welche gegen die Staatssekretärs in Bezug auf ihre Verrichtungen ge= führt werden.

76. Er entscheidet in letzter Instanz über die gegen Be= amte der allgemeinen Staatsverwaltung wegen Pflichtverletzung erhobenen Klagen, deren Zulässigkeit jedoch vor Allem aus von dem Senate erkannt sein muß; sowie über die von bürger=

lichen und peinlichen Richtern in ihrer Amts=verwaltung be=
gangenen Vergehen.

77. Das Gesetz bestimmt die Einrichtung des obersten Ge=
richtshofs.

Dreizehnter Titel. Staatseinkünfte.

78. Die Staats=einkünfte bestehen in dem Ertrage des Salz=
verkaufs, der Salzwerke, der Posten, des Stempels, der Berg=
werke, des Pulver= und Salpeterhandels, der zu den öffent=
lichen Bedürfnissen bestimmten Waldungen, der Münzfabrika=
tion, der allgemeinen Zölle. Ueberhaupt in dem Ertrag jeder
Art von Regalien, sowie der gesetzlich eingeführten, allgemeinen
indirekten Abgaben und der besondern Beiträge, die von den
Kantonen nach Maaßgabe der in denselben befindlichen und
ihnen überlassenen Nationalgüter eingefordert werden."

Gegen diese beste und allein selbstgeschaffene Verfassung der
helvetischen Periode erhob sich jedoch ein von alt=aristokratischen
Elementen geleiteter Aufruhr, in welchem sie, bei der Haltlosigkeit
und Untauglichkeit ihrer damaligen obersten Behörde, völlig
ruhmlos unterging.[1] Noch versuchte eine in Schwyz zusammen=
tretende Tagsatzung der XIII alten Orte der Eidgenossenschaft
einen eigenen Entwurf, der immer noch viel besser war, als
der nachmalige Bundesvertrag von 1815 und sogar eine, aller=
dings nicht ständige, Centralbehörde unter dem Titel: „Eid=
genössischer Rath" beibehalten wollte.[2] Bereits aber hatte der
erste französische Konsul ganz nach dem Grundsatze des Vertrags
von 1715 (pag. 194) mit einer berühmten Vermittlungserklärung
eingegriffen, welche in der Form eines Befehles, wie folgt,
lautete[3]:

---

[1] Vergl. über diesen sog. „Stecklikrieg" und die zweite Kapitulation
von Bern „Helvetik", pag. 468. 726. Helvetia I, 624, Denkschrift von
Landammann Dolder. Ein Denkmal aus demselben steht noch heute gegen=
über der alten Nydeckbrücke.

[2] Vgl. „Helvetik" 531. 781, wo der Entwurf abgedruckt ist.

[3] „Helvetik", pag. 550.

« *Bonaparte,*

Premier Consul de la République française, aux dix-huit
Cantons de la République helvétique

A St-Cloud, le 8 Vendémiaire, an 11.

Habitans de l'Helvétie!

Vous offrez depuis deux ans un spectacle affligeant;
des factions opposées se sont successivement emparées du
pouvoir: elles ont signalé leur empire passager par un
système de partialité, qui accusoit leur foiblesse et leur
inhabilité. Dans le courant de l'an dix votre Gouvernement
a désiré que l'on retirât le petit nombre de troupes françaises
qui étoient en Helvétie: le Gouvernement français a saisi
volontiers cette occasion d'honorer votre indépendance;
mais bientôt après, vos différents partis se sont agités avec
une nouvelle fureur; le sang Suisse a coulé par des mains
Suisses. Vous vous êtes disputés trois ans sans vous entendre;
si l'on vous abandonne plus longtemps à vous-mêmes, vous
vous tuerez trois ans, sans vous entendre davantage. Votre
histoire prouve d'ailleurs que vos guerres intestines n'ont
jamais pu se terminer que par l'intervention efficace de la
France. Il est vrai que j'avais pris le parti de ne me mêler
en rien de vos affaires. J'avois vu constamment vos différens
Gouvernemens me demander des Conseils et ne pas les
suivre, et quelquefois abuser de mon nom, selon leurs
intérêts et leurs passions.

Mais je ne puis ni ne dois rester insensible aux malheurs
auxquels vous êtes en proie; je reviens sur ma résolution:
je serai le médiateur de vos différens, mais ma médiation
sera efficace, telle qu'il convient, aux grands peuples au
nom desquels je parle.

Cinq jours après la notification de la présente proclamation, le Sénat se réunira à Berne.

Toute magistrature qui se seroit formée à Berne depuis la capitulation, sera dissoute et cessera de se réunir et d'exercer aucune autorité.

Les Préfets se rendront à leur poste.

Toutes les Autorités qui auroient été formées cesseront de se réunir.

Les rassemblemens armés se dissiperont.

Les première et seconde demi-brigades hélvétiques formeront la garnison de Berne.

Les troupes qui étoient sur pied depuis plus de six mois, pourront seules rester en corps de troupes.

Enfin tous les individus licenciés des armées belligérantes et qui sont aujourd'hui armés, déposeront leurs armes à la Municipalité de la commune de leur naissance.

Le Sénat enverra trois députés à Paris, chaque canton pourra également en envoyer.

Tous les citoyens qui, depuis trois ans, ont été Landammman, Sénateur, et ont successivement occupé des places dans l'autorité centrale, pourront se rendre à Paris, pour faire connaitre les moyens de ramener l'union et la tranquillité et de concilier tous les partis.

De mon côté, j'ai le droit d'attendre qu'aucune ville, aucune commune, aucun corps ne voudra rien faire qui contrarie les dispositions que je vous fais connoitre.

Habitans de l'Helvétie, revivez à l'espérance!!! — Votre Patrie est sur le bord du précipice: elle en sera immédiatement tirée. Tous les hommes de bien seconderont ce généreux projet.

Mais si, ce que je ne puis penser, il était parmi vous un grand nombre d'individus qui eussent assez peu de vertu pour ne pas sacrifier leurs passions et leurs préjugés à l'amour de la Patrie, peuples de l'Helvétie, vous seriez bien dégénérés de vos pères! —

Il n'est aucun homme sensé, qui ne voie que la médiation, dont je me charge. est pour l'Helvétie un bienfait de cette

Providence qui, au milieu de tant de bouleversemens et de
chocs a toujours veillé à l'existence et à l'indépendance de
votre nation, et que cette médiation est le seul moyen qui
vous reste pour sauver l'une et l'autre. Car il est tems
enfin, que vous songiez que si le patriotisme et l'union
de vos ancêtres fondèrent votre République, le mauvais
esprit de vos factions, s'il continue, la perdra infaillible-
ment, et il seroit pénible de penser qu'à une époque, où
plusieurs nouvelles républiques se sont élevées, le destin
eût marqué la fin d'une des plus anciennes.

Bonaparte.»

Aus den Berathungen der schweizerischen Abgeordneten in
Paris mit dem „Vermittler" ging die sogenannte Mediationsakte
vom 19. Februar 1803 hervor, [1]) welche, neben den Verfassungen
aller damaligen neunzehn Kantone, auch die eidgenössische
Mediationsverfassung enthält, die auf diese Weise dem
schweizerischen Volke von Frankreich aufgenöthigt wurde und
politisch ein eigentliches Protektoratsverhältniß herstellte,
wie es der Wunsch und das beständige Streben Frankreichs seit
dem ewigen Frieden gewesen war. [2]) Daß diese Verfassung trotzdem in einem nicht schlechten Andenken geblieben ist, verdankt
sie zunächst der Ruhe, welche durch sie nach fünfjährigen beständ-
digen Stürmen eintrat, und sodann der definitiven Herstellung
föderativer Grundlagen, mit welchen die Eidgenossenschaft von
den philosophischen Prinzipien, auf die sie im Jahre 1798 ziemlich
unvorbereitet aufgebaut worden war, auf ihren historischen
Boden zurückkehrte.

Noch viel mehr, als jede andere Periode unserer Geschichte,
hat die Helvetik bei ihrer spätern Beurtheilung unter der Ungunst

---

[1]) Es ist ein sehr schönes, auf Pergament gedrucktes und in blauem
Sammet mit Goldstickerei eingebundenes Aktenstück.

[2]) Vgl. „Helvetik", pag. 568 ff. und „Polit. Jahrbuch" I, „Unter dem
Protektorat", eine aktenmäßige Darstellung der sog. „Mediationszeit".

des völligen Mißerfolges gelitten. Immer aber wird man dennoch anerkennen müssen, daß sie bei den Edlen unter ihren Politikern ein echter Glaube war, der immer etwas einseitig sein wird, aber das einzige Mittel ist, um in wahrhaft verzweifelten Fällen ein bereits dem Untergange geweihtes Staatswesen noch einmal zu retten. Von den Andern kann man nur sagen, es ist nicht die Art der Weltgeschichte, an die Beseitigung verrotteter staatlicher Zustände immer sehr vollkommene Menschen zu wagen, sondern sie läßt, nach einem geistreichen Worte des Evan= geliums, meistentheils ihre Todten durch Todte begraben.

Die Masse der Bevölkerung aber war wenigstens wieder mit dem politischen Leben in Kontakt gesetzt worden und hatte ein Interesse an demselben gewonnen, das sich auch durch die kommenden Zeiten der Reaktion nicht mehr gänzlich auslöschen ließ und aus welchem heraus sich die Eidgenossenschaft verjüngt hat. Das Schlimmste im Staatsleben sind noch immer nicht die Revolutionen, sondern die hoffnungslose Gleichgültigkeit der großen Masse, die nicht einmal mehr die Kraft zu solchen besitzt.

Die Mediationsakte besteht aus sechs Theilen, einem Eingang des Vermittlers, einer Abtheilung von 19 Kapiteln, welche die Verfassungen der einzelnen Kantone in alphabetischer Ordnung enthalten, einem 20. Kapitel, das die Bundesverfassung enthält, einem Uebergangsgesetz von 13 Artikeln, einem Gesetz von 9 Artikeln über die Liquidation der helvetischen Schulden und einem Schlußpassus folgenden Inhalts, welcher das ganze Werk charakterisirt:

« Nous reconnaissons l'Helvétie constituée conformément au présent acte, comme puissance indépendante.

Nous garantissons la constitution fédérale et celle de chaque canton, contre les ennemis de la tranquillité d'Hel-vétie, quels qu'ils puissent être, et nous promettons de con-tinuer les relations de bienveillance, qui depuis plusieurs siècles ont uni les deux nations.

Fait et donné à Paris le 30 pluviôse (19. Februar) an XI.

Le ministre des relations
extérieures
(Signé) *Ch. Mau. Talleyrand.*

Le ministre des relations
extérieures de la République
Italienne [1])
(Signé) *J. Marescalchi.*

(Signé) *Bonaparte.*

Le secrétaire d'Etat
(Signé) *Hugues B. Maret.*

« Le présent acte a été remis par les sénateurs commissaires soussignés aux dix députés suisses soussignés à Paris ce 30 pluviôse an XI. »

Die Annahme dieser Verfassung und die Proklamation des
ersten, von Napoleon ernannten, Landammanns der Schweiz,
welche auch den Geist der damaligen Zeit und des ersten
Magistraten dieser französischen Eidgenossenschaft kennzeichnet,
lauteten wie folgt: [2])

Der Senat der helvetischen Republik,

Durchdrungen von Dankgefühl gegen Napoleon Bonaparte,
Erster Consul der französischen Republik und Präsident der italienischen Republik, für die Vermittlungsakte, welche derselbe
ergehen ließ, um Ruhe und gesetzliche Ordnung in der helvetischen Republik zu gründen, und in Erwägung, daß von der
Vollführung dieser Akte die Unabhängigkeit und das Glück
des Vaterlandes wesentlich abhängt:

---

[1]) Repertorium der Mediationszeit (2. Ausgabe), pag. 395. Wir waren
nun also nach 300 Jahren selbst unter das Protektorat der italienischen
Regierung in Mailand gekommen und mußten auch, wie Bullinger
es befürchtete (pag. 187), „widerlegen", was wir von Frankreich bezogen
hatten. Ueber den damaligen harten Dienst der Schweizerregimenter in
Frankreich, vgl. die merkwürdigen Memoiren der Frau Oberstin Engel aus
Graubünden („Politisches Jahrbuch" II, pag. 380) und eine neuere Geschichte des ruhmvollen Antheils derselben an dem russischen Feldzug,
von Dr. Albert Maag. Dieser Theil unserer damaligen Geschichte allein
ist schön.

[2]) Repertorium der Mediationszeit, 2. Ausgabe, pag. 495 und 496.

erklärt:

1) Die helvetische Regierung empfängt mit der innigsten Dankempfindung die von dem Ersten Consul der französischen Republik und Präsidenten der italienischen Republik unterm 19. Februar (30. Pluviose Jahr XI) erlassene Vermittlungsakte.

2) Alle Bürger der helvetischen Republik werden hiedurch dringendst und wohlmeinend aufgefordert, den Verfügungen oberwähnter Akte mit Treue, Ergebenheit und dem ernsten Willen, das Beste des gemeinsamen Vaterlandes zu erzielen, nachzukommen; sich an den Bürger d'Affry, welcher das Zutrauen des Konsuls erhalten, und von ihm zum ersten Land-ammann der Schweiz ernannt worden ist, anzuschließen, und sowohl ihn, als die künftigen Magistraten mit ihrem Zutrauen zu umgeben.

3) Der Bürger Landammann Dolder, Präsident des Se-nats, ist beauftragt, dem Bürger d'Affry, Landammann der Schweiz, von gegenwärtigem Dekret Mittheilung zu machen, und die Auflösung des Senats anzuzeigen.

Bern, den 5. März 1803.

Der Landammann, Präsident des Senats, D o l d e r.

Der Vollziehungsrath beschließt:

1) Dieses Dekret soll mit dem Siegel der Republik ver-wahrt und seinem Präsidenten, dem Landammann Dolder, eine Abschrift davon zugestellt werden, um sie dem Bürger Land-ammann d'Affry mitzutheilen.

2) Der Druck und die Bekanntmachung dieses Dekrets ist dem Staatssekretär für das Departement der Justiz aufgetragen.

Bern, den 6. März 1803.

Der Landammann, Präsident des Vollziehungsrathes, D o l d e r.

Ludwig von Affry, Landammann der Schweiz,
an die Einwohner der
neunzehn bundesgenössischen Kantone.

Der erste Konsul der fränkischen Republik hat die Ver=
mittlung gesprochen, welche den Zerwerfungen (!), wovon die
Schweiz bisher den betrübenden Anblick darbot, ein Ziel stecken
und das Schicksal derselben unwiderruflich bestimmen soll.
Dieser wichtige Akt, die Frucht langer Unterredungen mit klu=
gen und ordnungsliebenden Männern, ist auf die Bedürfnisse,
auf die wesentlichsten Vortheile eines Volkes berechnet, bei wel=
chem Alles ein Ruf zu den friedlichen Genüssen eines bestand=
habenden und unabhängigen Zustandes zu sein scheinet. (!)
Fünf Jahre ununterbrochener Verwirrung und zerstörender Er=
schütterungen zeugten laut wider die Einrichtungen einer Cen=
tral=Regierung. Nichts konnte den verschiedenen Völkern der
Schweiz anständiger sein, als das alte Bundessystem, durch
diejenigen Abänderungen eingeschränkt, zu deren Annahme der
Drang der Umstände und das Beispiel zweier benachbarten
Mächte eingeladen haben.

Die Vorsehung, diese einzige Stütze gerechter und tugend=
hafter Regierungen, scheint diesen Zeitpunkt gewählt zu haben,
um all dem Unheil ein Ende zu machen, unter dessen Drucke
unser Vaterland geseufzet hat; und sie verspricht uns eine glück=
lichere Zukunft.

Dieser neue gesellschaftliche Vertrag soll vollzogen werden;
die politischen Zerwürfnisse sollen aufhören; die Leidenschaften
werden zum Stillschweigen gebracht werden. Nur durch weise
Willensvereinigung, durch anhaltendes Bestreben, eigennützige
Anmaßungen des Privatinteresse zu verdrängen, können wir
den Erfolg dieser neuen Einrichtungen sichern, und dieser Er=
folg allein wird unsere Unabhängigkeit bekräftigen.

Der Regierung eines jeden Kantons wird es zustehen, die=
jenigen Gesetze abzuschließen, die seinen Lokalumständen ange=
messen und geeignet sind, den Wohlstand desselben zu befördern.

Wie äußerst wichtig ist es also, daß bei den nächsten Er-
nennungen die Wahl nur auf solche Männer falle, welche mit
einer geprüften Rechtschaffenheit die Kenntnisse und die Erfahrung vereinigen, die den einsichtsvollen Regenten bilden und
ihm auf das öffentliche Zutrauen Anspruch geben! Jeder
Vaterlandsfreund wird bei Ertheilung seiner Wahlstimme dem
Rufe seines Gewissens allein gehorchen, und jede fremde, mit
demselben in Widerspruch stehende Eingebung verwerfen.

Dieses sind die Mittel, die uns übrig bleiben, um der
schweizerischen Nation jene Achtung wieder zu erwerben, die
sie mit so viel Recht genossen hat, und um jene Tage des
Glücks und des Friedens wieder zurückzubringen, deren Entfernung uns so schmerzlich und deren Rückkehr seit langem
der Gegenstand unserer heißesten Wünsche gewesen.

Gegeben zu Freiburg, den 10. März 1803."

Der Charakter der Verfassung war ein bundesstaatlicher,
jedoch mit einer möglichst beschränkten Centralregierung, die
in der That eigentlich nur nach Außen bestand, wo Napoleon
sie für seine Zwecke brauchte[1]), im Innern aber weder Macht,
noch Ansehen besaß. Die Kantone, nämlich die XIII alten Orte,
nebst den ganz neuen, aus zugewandten Orten und Unterthanenländern gebildeten: St. Gallen, Graubünden, Aargau, Thurgau,
Tessin und Waadt, welche aus dieser Zeit herstammen, waren
lediglich durch eine Tagsatzung mit Standesstimmen verbunden,
in welcher die Stimmen der Kantone Bern, Zürich, Waadt,
St. Gallen, Aargau und Graubünden doppelt gezählt wurden und
die bei Streitigkeiten unter ihnen das Schiedsgericht bildete. Die
Leitung der Geschäfte und der Tagsatzungssitz wechselten jährlich
unter den Kantonen Freiburg, Bern, Solothurn, Basel, Zürich
und Luzern und der jeweilige Standesvorsteher derselben führte
für das betreffende Jahr den Titel „Landammann der Schweiz".

---

[1]) Vgl. darüber seine bekannten Reden an die Pariser-Consulta: Politisches Jahrbuch I, pag. 384. Eigentlich war es eine Ausführung seines
Projekts von Malmaison.

Die Kosten der Bundesverwaltung trugen die Vororte, der Bund behielt keine eigenen Einkünfte. Die besten Bestimmungen der Verfassung waren: Die definitive Aufhebung aller ehemaligen Unterthanenverhältnisse und bürgerlichen Ungleichheiten, die freie Niederlassung und Gewerbefreiheit, innere Handelsfreiheit ohne Zölle, gleicher Münzfuß, Verbot aller Sonderverbindungen mit Einschluß separater Militärkapitulationen und eine eidgenössische Aufsicht über Straßen und Flüsse. Dieselben wurden übrigens in der Praxis so rückschrittlich als nur immer möglich gehandhabt, und der Aufstand des folgenden Jahres 1804 in den Zürcher Seegemeinden, der sog. „Bockenkrieg", zeigte, daß die etwas modernisirte Aristokratie der Städtekantone der alten an Härte nichts nachgab.[1] Es bestand auch während des größten Theils der Mediationszeit, neben der offiziellen Obrigkeit, in einzelnen Ständen noch eine geheime Nebenregierung der ehemals bevorrechteten Klassen, die bloß durch die französische Intervention im Jahre 1802 an der von ihnen geplanten Restauration gehindert worden waren und diese Absicht keineswegs aufgaben.[2]

Die Abhängigkeit von Frankreich, welche durch einen neuen Allianzvertrag und eine Militärkapitulation, beide vom 27. Sept. 1803, näher festgestellt war[3]), machte sich im Laufe der Jahre 1803 bis 1812, bei immer steigender Größe Napoleon's I., stets mehr geltend und „Vermittler der Schweiz" wurde allmälig aus der sachlichen Bezeichnung einer naturgemäß vorübergehenden Stellung ein förmlicher Nebentitel des französischen Kaisers, wie „König von Italien" und „Protektor des Rheinbundes", dessen vererbliche Eigenschaft sogar von den obersten Behörden der Eidgenossenschaft mit allzu großer Bereitwilligkeit anerkannt wurde, so daß dieselbe in Wirklichkeit zuletzt keine republikanische Verfassung mehr besaß[4]). Und auch

[1]) Vgl. Polit. Jahrbuch I, pag. 152.
[2]) Vgl. darüber ein Protokoll von 1808 im Politischen Jahrbuch I, pag. 183. — [3]) Vgl. Repertorium der Mediationszeit 587. 600. 612.
[4]) Vgl. darüber die Eröffnungsrede der Tagsatzung von 1812, Politisches Jahrbuch I, pag. 297. Der Gedanke, die Schweiz durch seinen Vasallen-

über ihr Territorium verfügte dieser allzu groß gewordene Freund
ebenso willkürlich, wie über ihre Verfassung, indem er im Jahre
1810 Wallis in ein französisches Departement verwandelte und
das Tessin durch italienische Truppen besetzen ließ, 1809 von
Oesterreich die Abtretung von Rhäzüns mitten in Graubünden
durchsetzte ¹) und auch die schweizerische Neutralität als ein
Verhältniß betrachtete, das stets von seiner persönlichen Willkür
abhängig sei. ²)

Es war unter diesen Umständen nicht ganz unbegreiflich,
daß sowohl in der Eidgenossenschaft selbst, wie im Auslande,
die schweizerische Mediationsverfassung als ein integrirender
Bestandtheil der französischen Hegemonie in Europa angesehen
wurde und mit der Erschütterung derselben durch die Schlacht
von Leipzig und dem Rückzug der Franzosen aus Deutschland,
gleich wie der Rheinbund, aufhörte. Die alliirten Truppen
besetzten, ohne auf die Neutralitätserklärung der Tagsatzung
zu achten, am 20. Dezember 1813 die Schweiz ³), und am
29. Dezember bereits nahm eine Konferenz von 14 Kantonen
in Zürich, unter Aufhebung der Mediationsverfassung, folgendes
Konkordat an, welches dann bis zum 7. August 1815 die
provisorische Verfassung der Eidgenossenschaft gewesen ist: ⁴)

„Die in Zürich versammelten Gesandten der alteidgenössischen Stände Uri, Schwyz, Luzern, Zürich, Glarus, Zug, Frei-

fürsten von Neuchâtel und Generalobersten der Schweizertruppen, Marschall
Berthier, unter dem Titel eines « landamman permanent » regieren zu
lassen, war in der That bei Napoleon seit 1809 positiv vorhanden und
würde ihn unter anderen Verhältnissen, als den bald darauf eintretenden,
schwerlich mehr verlassen haben. Wir standen damals auf Haaresbreite
der Monarchie nahe, ja hatten eigentlich selber den Fuß schon über diese
Schwelle gesetzt. Vgl. Politisches Jahrbuch I, pag. 238.

¹) Vgl. über diese noch nicht aufgeklärte Angelegenheit: Politisches
Jahrbuch I, pag. 246. — ²) Vgl. Jahrbuch I, pag. 226. 266.

³) Vgl. Jahrbuch I, pag. 316 und 340; II, 42. Die wahre Geschichte
dieser traurigsten Tage ist erst durch Metternichs Memoiren (Bd. I) seit
dem Jahre 1880 völlig bekannt geworden.

⁴) Politisches Jahrbuch I, pag. 379; II. 93. Luzern, Schwyz, St. Gallen,
Aargau, Thurgau und Waadt traten am Nachmittage bei.

burg, Basel, Schaffhausen und Appenzell beider Rhoden haben
bei reifer Berathung über die dermalige bedenkliche Lage des
gemeinsamen Vaterlandes sich einmüthig überzeugt, daß nach
den von Außen her und im Innern der Schweiz vorgefallenen
Ereignissen die gegenwärtige Bundesverfassung, so wie sie in
der Mediationsakte ist, keinen weitern Bestand haben könne,
daß aber für die Wohlfahrt des Vaterlandes hohe Nothwendigkeit sei, den alten eidgenössischen Verband nicht nur beizu-
behalten, sondern neu zu befestigen; zu welchem Ende ihren
sämmtlichen Kommittenten folgende Uebereinkunft zu möglichst
beschleunigter Ratifikation vorgeschlagen wird. 1) Die beitretenden Kantone sichern sich im Geiste der alten Bünde und
der seit Jahrhunderten unter den Eidgenossen bestandenen glücklichen Verhältnisse brüderlichen Rath, Unterstützung und treue
Hülfe neuerdings zu. 2) Sowohl die übrigen alteidgenössischen
Stände, als auch diejenigen, welche bereits seit einer langen
Reihe von Jahren Bundesglieder gewesen sind, werden zu
diesem erneuerten Verband förmlich eingeladen. 3) Zu Beibehaltung der Eintracht und Ruhe im Vaterlande vereinigen sich
die beitretenden Kantone zu dem Grundsatze, daß keine mit
den Rechten eines freien Volkes unverträglichen Unterthanenverhältnisse hergestellt werden sollen. 4) Bis die Verhältnisse
der Stände unter sich und die Leitung der allgemeinen Bundesangelegenheiten näher und fester bestimmt sind, ist der alteid-
genössische Vorort Zürich ersucht, diese Leitung zu besorgen.
5) Im Gefühl der Dringlichkeit, auf die Erklärungen der hohen
alliirten Mächte vom 20. Dezember dieses Jahres, welche auf
die Stellung der Schweiz bis zum allgemeinen Frieden Bezug
haben, eine angemessene Antwort zu ertheilen, sind die bei-
stimmenden Stände bereit, hierüber in Unterhandlungen zu
treten."

Die verworrene Geschichte dieser 20 Monate langen Ver-
fassungslosigkeit ist in ihren Einzelheiten eine allzu traurige
und wird nicht ohne Grund in unsern Geschichtsbüchern wenig

einläßlich behandelt.[1] Es zeigte sich nun, daß eine Zeit der Fremd=
herrschaft das Verderblichste für den Geist und Charakter eines
Volkes ist, insofern sich dasselbe ihr nicht selber entwunden hat
und daß es einer langen Zeit der Regeneration bedarf, um in
ihm wieder den Grad von Selbstachtung zu erzeugen, der zu
einer republikanischen Selbstregierung unumgänglich nöthig ist.
Die eigentliche Regierung der Schweiz führten in dieser Zeit die
daselbst residirenden Gesandten der alliirten Mächte, vorzugs=
weise Oesterreichs und Rußlands[2]), von denen auch die allein
wesentlichen Vorschläge für die Entwürfe einer neuen Bundes=
verfassung herrührten.[3]

Die Grundlagen dieser Verfassung konnten, bei der großen
Uneinigkeit der eidgenössischen Stände, erst am Wiener Kongreß,
nach langwierigen Verhandlungen vor dem Comite für die
schweizerischen Angelegenheiten[4]), mittelst einer Kongreß=
erklärung vom 20. März 1815 festgestellt werden, in welcher
der Eidgenossenschaft, gegen Annahme dieser Hauptpunkte,
eine spätere europäische Erklärung ewiger, garantirter Neutrali=
tät versprochen wurde[5]). Nur unter diesem äußeren Druck und
während der Dauer einer Militärkonvention mit den Alli=
irten, vom 20. Mai 1815, welche die Eidgenossenschaft momentan
ganz unter die Autorität eines Militärbevollmächtigten der=
selben stellte,[6]) gelang es endlich, den neuen Bundesver=

---

[1]) Sie bildet hingegen den Gegenstand der „Eidg. Geschichten" der
„Politischen Jahrbücher" II und III, wo sie aktenmäßig nach dem früher
wenig bekannten geheimen „Abschied der langen Tagsatzung", der nur in
67 Exemplaren gedruckt wurde, dargestellt ist. Vgl. über diese Ueber=
gangszeiten bis 1816 auch das „Leben der beiden Bürgermeister von Wyß"
von Prof. Friedr. v. Wyß. — [2]) Vgl. Jahrbuch II, pag. 148.
[3]) Vgl. dieselben in Jahrbuch II, 142. 209. 225. 465. Auf Seite 436
findet sich ein früher ungedrucktes interessantes Memoire über diese Zeit
von Reg.=Rath Setzer in Rheinfelden.
[4]) Vgl. dieselben im Jahrbuch II, 299 ff.
[5]) Vgl. Jahrbuch II, 338.
[6]) Polit. Jahrbuch III. pag. 341 und 596. Die geheimen Berichte dieses
Militärbevollmächtigten, Generalmajors von Steigentesch, sind dort zum
ersten Male aus den Akten des Wiener Archivs publizirt.

trag vom 7. August 1815 zu Stande zu bringen, gegen welchen sich zuletzt nur noch Nidwalden ablehnend verhielt, welches in Folge dessen erst am 30. August nachträglich in denselben aufgenommen worden ist. [1]

Dieser Bundesvertrag, mit welchem die siebzehnjährige Revolutionsperiode der Eidgenossenschaft, endlich einen, wenn auch nicht ganz glücklichen, Abschluß fand, war ein absichtlich in der Form eines Vertrages gehaltenes Aktenstück, [2] durch welches die Eidgenossenschaft sich vollständig auf den Standpunkt einer bloßen Verbindung von souveränen Staaten, ohne jede Centralgewalt, zurückbegab. Selbst die Direktorialkantone und der eidgenössische Landammann verschwanden, und es blieben nur drei Vororte, Zürich, Bern und Luzern, unter welchen der Tagsatzungssitz alle zwei Jahre wechselte, und zwei Centralbeamte, ein eidgenössischer Kanzler und ein Staatsschreiber als nothdürftigste Vertretung des Bundes übrig. Selbst die Berechtigung zu separaten Militärkapitulationen mit dem Ausland und zu innern Sonderverbindungen ungefährlicher Art wurde den Ständen zurückgegeben und jede eidgenössische Garantie für individuelle Rechte der einzelnen Bürger fiel, mit einziger Ausnahme einer Gewährleistung für den Fortbestand der Klöster und geistlichen Kapitel, dahin.

Einen völkerrechtlichen Annex zu diesem Vertrage bildete die Neutralitätserklärung für die Schweiz, vom 20. November 1815, welche im Laufe des folgenden Jahres der Eidgenossenschaft in acht gleichlautenden Ausfertigungen zugestellt wurde und noch im Jahre 1889 den Gegenstand einer Erörterung in Bezug auf ihre andauernde Gültigkeit gebildet hat. [3]

---

[1] Vgl. Jahrbuch III, pag. 536 ff. 729.

[2] Vgl. Jahrbuch III, 568. 729. „Offizielle Sammlung der das schweiz. Staatsrecht betreffenden Aktenstücke," I, 3.

[3] Vgl. darüber das Politische Jahrbuch Band IV, pag. 261. 477 und eine damalige Broschüre: Bilty „die Neutralität der Schweiz in ihrer heutigen Auffassung" 1889.

An sie angeschlossen wurde als eine besondere völkerrechtliche Stipulation die Neutralisirung eines Theils von Hochsavoyen, zufolge welcher dieses Gebiet bei bevorstehendem Krieg benach= barter Mächte auf Verlangen der Eidgenossenschaft von den eigenen (damals sardinischen) Truppen geräumt und ihr zur Be= setzung während des Krieges überlassen werden muß. [1])

Endlich erlangte die Eidgenossenschaft aus der Liquidations= masse des zertrümmerten französischen Weltreiches die Rück= erstattung von Neuenburg, Genf, Wallis und des ehemaligen Bisthums Basel, sowie eines kleinen Streifens des Pays de Gex am Nordufer des Genfersees, und im folgenden Jahre durch den Turiner Vertrag noch die Abrundung und „Desenklavirung" des Kantons Genf, somit die Wiederherstellung des größten Theiles ihres alten Territorialbestandes. [2])

So schloß die Revolutionsperiode mit einem Resultate, das im Jahre 1655 oder 1777 als ein erwünschtes hätte gelten können, nach der helvetischen und Mediationszeit aber als ein auf die Dauer nicht erträglicher Rückschritt erscheinen mußte. Immerhin war es für den Augenblick die einzig mögliche Rettung vor der Anarchie, die seit beinahe zwei Jahren ununterbrochen geherrscht hatte und gab den Eidgenossen die Gelegenheit, sich vorerst in ihren engeren kantonalen Ver=

---

[1]) Offiz. S. I, 111; Jahrbuch IV, 268. Ueber die savoyische Neutralität und den Turiner Vertrag vgl. Jahrbuch IV. 288. 382.

[2]) Das Veltlin hingegen ging infolge einer wenig diplomatischen Haltung der Eidgenossenschaft und Graubündens definitiv verloren und wurde durch die Abtretung von Rhäzüns und Tarasp an Graubünden nur sehr schwach ersetzt. Die Aktenstücke darüber nach den allein richtigen Veltliner Quellen finden sich in Jahrbuch II, 473, der noch heute interessante Rapport des eidg. Generalquartiermeisters über die wünschbaren Grenzen der Schweiz pag. 529, ergänzt durch Nachträge im Jahrbuch IV, 358. Die Geschichte des Pariser und Turiner Kongresses ist aus den noch un= edirten Papieren des damaligen eidg. Unterhändlers Pictet de Rochemont von Genf in den Jahrbüchern III und IV dargestellt. Vgl. ferner „Offizielle Sammlung" I, 20. 26. 31. 51. 117. 131. 136.

hältnissen, zu denen sie vorläufig allein noch ein Vertrauen faffen konnten, zurecht zu finden und unter einer leichter erträglichen europäischen Protektion allmälig an politische Selbständigkeit wieder zu gewöhnen.

Wir wollen heute auch den Vortheil nicht allzu gering anschlagen, daß mittelst der rückblickenden Form des Vertrages von 1815 die durch die Helvetik gänzlich unterbrochene Rechts=kontinuität mit der alten Eidgenossenschaft wieder=hergestellt wurde, ohne die uns die Geschichte derselben eine fremde, die eines untergegangenen Staats=wesens, sein würde.

Nun erhielt eine „restaurirte" Eidgenossenschaft noch einmal Zeit, im Laufe von zwei Menschenaltern zu zeigen, ob sie nunmehr im Stande sein werde, sich zu einer in jeder Beziehung würdigen Verkörperung ihres ursprünglichen Staats=gedankens emporzuschwingen.

Und es ist das erhebende Gefühl, welches uns heute beseelt und in der That auch allein zu der bevorstehenden Feier berechtigen kann, daß sie dieser Aufgabe, unter großen Schwierig=keiten, durch die Kraft ihres noch immer lebendigen Volksgeistes wirklich nachgekommen ist.

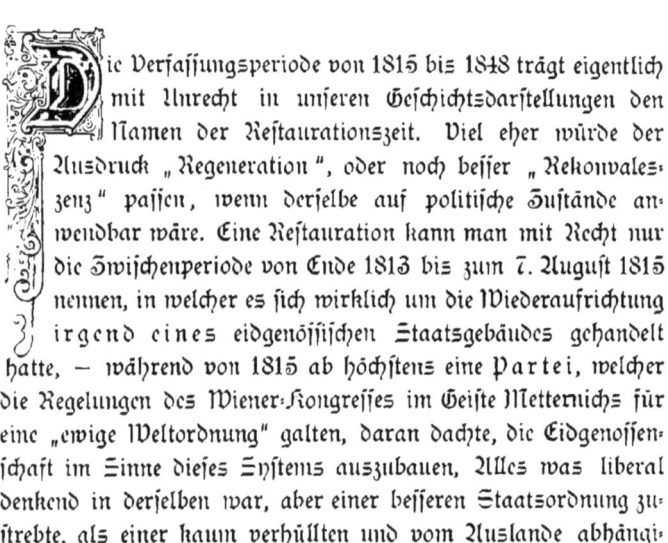

X.

Die Verfassungsperiode von 1815 bis 1848 trägt eigentlich mit Unrecht in unseren Geschichtsdarstellungen den Namen der Restaurationszeit. Viel eher würde der Ausdruck „Regeneration", oder noch besser „Rekonvaleszenz" passen, wenn derselbe auf politische Zustände anwendbar wäre. Eine Restauration kann man mit Recht nur die Zwischenperiode von Ende 1813 bis zum 7. August 1815 nennen, in welcher es sich wirklich um die Wiederaufrichtung irgend eines eidgenössischen Staatsgebäudes gehandelt hatte, — während von 1815 ab höchstens eine Partei, welcher die Regelungen des Wiener-Kongresses im Geiste Metternichs für eine „ewige Weltordnung" galten, daran dachte, die Eidgenossenschaft im Sinne dieses Systems auszubauen, Alles was liberal denkend in derselben war, aber einer besseren Staatsordnung zustrebte, als einer kaum verhüllten und vom Auslande abhängigen Aristokratie.

Der Lebensgang der Eidgenossenschaft in den seither verflossenen fünfundsiebenzig Jahren ist zunächst ein Aufsteigen von dieser Restaurationsregierung zu der Herrschaft einer liberalen Bourgeoisie gewesen, welche mit dem Jahre 1848 in einem nach ihren repräsentativen Ideen eingerichteten Bundesstaate ihr politisches Strebeziel erreichte. Ein Menschenalter später begann auch für diese Aristokratie der Bildung und des Wohlstandes der Moment der Erſetzung durch noch weitere Volkskreiſe, eine Aera, welche vermuthlich mit der Einführung des obligatoriſchen Referendums und der Volkswahl eines Theiles der oberſten Behörden zu enden beſtimmt iſt. Damit würde dann der Ent=wicklungsgang der eidgenöſſiſchen Verhältniſſe geſchloſſen und die Ausführung des Staatsgedankens von 1291 und 1315 voll=endet ſein, nämlich die Ausgeſtaltung einer vollkommen demo=kratiſchen Republik für Alles das, was jeweilen zur ſchweize=riſchen Eidgenoſſenſchaft gehört. Den kriegeriſchen Ruhm der alten Eidgenoſſenſchaft in ihren größten Tagen wird die moderne niemals mehr erreichen; ihre Aufgabe ſeit dem zweiten Beginne ihres Daſeins iſt es nunmehr, das erſte in der Durchführung des politiſchen Gedankens zu übertreffen und die Erziehung aller Volksgenoſſen zu einem menſchenwürdigen Leben und einer Selbſtregierung zu vollenden, die doch eigentlich der allein richtige Zweck einer jeden ſtaatlichen Gemeinſchaft iſt.

Das Aufſtreben zu dieſem großen Ziele geſchah anfänglich, in der erſten Periode von 1816 bis 1830, in großer Beſcheiden=heit, wenn nicht gar Muthloſigkeit. Den europäiſchen Vormäch=ten war die Schweiz ſtetsfort ein des Beiſpieles halber gefähr=liches und deßhalb ſcharf zu beobachtendes Staatsweſen, mit dem man lediglich nicht viel anderes anzufangen wußte, als es, unter ſtrenger Aufſicht, zu ertragen. Im Innern beherrſchte der Grund=ſatz der kantonalen Souveränität alle Lebensäußerungen, wenn nicht Beſorgniſſe vor dem Auslande, oder vor den Regungen des eigenen Volksgeiſtes den vereinigten Regierungen das nämliche Gefühl der Solidarität, wie zur Zeit des Stanzerverkommniſſes und des Bauernkrieges, einflößten. In dieſen Fällen erhob die Tagſatzung den Anſpruch, ihre Anordnungen über Preßfreiheit, oder Fremdenpolizei, wie ſie z. B. in dem berüchtigten S r e m d e n = k o n k l u ſ u m von 1823[1]) vorkommen, mit Umgehung der kan=

---

[1]) „Offizielle Sammlung" II, 71. 103. 141. Außerdem wurde das Ver=faſſungsrecht bloß durch K o n k o r d a t e ausgebildet, von denen einzelne von civilrechtlicher Bedeutung noch dermalen eine längſt veraltete Rolle ſpielen. Das wichtigſte Konkordat der damaligen Zeit war ein gegen Frankreich

tonalen Selbſtändigkeit überall reſpektirt zu ſehen, und es mochte, zu Gunſten reaktionärer Maßregeln, dann wohl richtig ſein, was ein langjähriges Tagſatzungsmitglied, der neuenburgiſche Freiherr von Chambrier, die Hauptſtütze der dortigen Royaliſtenpartei, als das ſchweizeriſche Bundesrecht mit folgenden Worten explizirte: « Le droit public de la Suisse se résume en peu. A teneur de l'article 8 du pacte, la diète prend toutes les mesures pour la sûreté intérieure et extérieure de la Suisse, et toutes les mesures que l'on veut faire passer, on les rapporte à l'article 8. Il suffit d'une majorité de douze états pour l'appliquer, et comme le vote du député est maintenant censé celui du canton, il suffira, que douze hommes s'entendent en diète, pour décider le sort de la Suisse.» (Troxler, „Die ſieben Bundesverfaſſungen", pag. 16).

Keineswegs aber war dies der Fall, wo es ſich um die Jn-tereſſen des Liberalismus handelte. Dieſelben fanden ihre Ver-tretung lediglich im Vereinsleben, der zeitweiſe wiederauflebenden helvetiſchen Geſellſchaft, dem 1819 gegründeten Zofingerverein, dem Sempacherverein, vor Allem aber in der im Jahre 1824 zu Aarau geſtifteten Schützengeſellſchaft, deren Feſte dann von 1827 ab die eigentlichen großen Landsgemeinden des ſchweizeri-ſchen Volkes wurden, von denen aus ſeine politiſchen Regenera-tion allmälig in's Werk geſetzt wurde [1]).

---

gerichtetes Zoll-Konkordat von 13½ Kantonen, das ſogen. Retorſions-Konkordat vom 28. Auguſt 1822, das eine Art Ergänzung der Verfaſſung war und am 1. Nov 1822 in Kraft trat. Vgl. Tagſatzungs-Abſchied 1822, Beilage T. pag. 17. Dasſelbe dauerte jedoch, wegen beſtändigen Recla-mationen von Baſel und Genf, die nicht beigetreten waren, nur bis zum 1. Oktober 1824 und war ein recht ſchwächlicher Verſuch einer gemeinſamen Zollpolitik gegenüber dem Ausland. Tagſatzungs-Abſchied 1825, pag. 43. Der allererſte Eidgenöſſiſche Zolltarif war der Kontinental-Sperrtarif vom 9. November 1810 geweſen. Vgl. Politiſches Jahrbuch I, 423.

[1]) Die Reihenfolge dieſer bedeutendſten Feſte in ihrer Hauptperiode war: 1824 Aarau, 1827 Baſel, 1829 Freiburg, 1830 Bern, 1832 Luzern, 1834 Zürich, 1836 Lauſanne, 1838 St. Gallen, 1840 Solothurn, 1842 Chur, 1844 Baſel, 1847 Glarus, 1849 wieder Aarau.

Die zweite franzöſiſche Revolution vom 30. Juli 1830 brach den Bann des Metternich'ſchen Syſtems, der über Europa lag, und zeigte zugleich die Weisheit dieſer „Weltordnung" (wie ſie ihr Urheber genannt hatte), die nicht länger als 15 Jahre hatte erhalten werden können. Innert einem Jahre von da ab änder= ten zwölf Kantone ihre Verfaſſungen im Sinne des Liberalismus [1]), und die Tagſatzung ſelbſt ſah ſich im Widerſpruch mit dem bis= herigen Syſtem genöthigt zu erklären, daß dies, unter Vorbehalt der Grundſätze des allgemeinen Bundesvertrages, geſtattet ſei. Unmöglich aber konnte dieſer ſelbſt daneben genügen, und auf Antrag von Thurgau erfolgte am 19. Auguſt 1831 der Eintretens= beſchluß auf Bundesreviſion. [2])

Von da ab bis zum 1. September 1848 erlebte die Eidge= noſſenſchaft abermals eine ſiebzehnjährige ſtürmiſche Lebens= periode, welche namentlich in dem zweiten Theile, ſeit 1841, neuerdings ihre Exiſtenz in Frage zu ſtellen ſchien, ſchließlich aber mit einem Reſultate abſchloß, das heute von Niemandem mehr anders, als ein richtiges und ſegensreiches, bezeichnet werden wird. Der erſte Entwurf zu einer Bundesreviſion, der am 17. Juli 1832 der Tagſatzung vorgelegt wurde, ſtammte aus der Feder eines in Genf eingebürgerten italieniſchen Flücht= lings, des Grafen Pellegrino Roſſi aus Carrara, geb. 1787, Profeſſor des römiſchen Rechts und Strafrechts an der Genfer Akademie ſeit 1819 und Tagſatzungsgeſandter ſeit 1830. Später wurde er von der Tagſatzung, in Angelegenheiten der polniſchen Emigranten in der Schweiz, nach Paris geſchickt und blieb ſodann im franzöſiſchen Staatsdienſt, als Profeſſor, Staats= rath und Geſandter bei dem römiſchen Stuhl. Im Jahre 1848

---

[1]) Meiſtens geſchah dies auf Grund großer Volksverſammlungen, die damals an der Tagesordnung waren. Die wichtigſten waren der „Uſtertag" vom 22. Nov. 1830, Weinfelden 22. Okt. und 18. Dez. 1830, Balsthal 22. Dez. 1830, Lauſanne 18. Dez. 1830, Münſingen 10. Januar 1831.

[2]) Den Anſtoß dazu und das Programm hatte Kaſimir Pfyffer von Luzern in einer Flugſchrift vom Januar 1831 „Zuruf an den Eidgenöſſiſchen Vorort Luzern bei Uebernahme der Leitung der Bundesangelegenheiten" gegeben.

wurde er vom Papſt Pius IX. mit der ſchwierigen Aufgabe betraut, den Kirchenſtaat in eine konſtitutionelle Monarchie umzu-
geſtalten, wurde jedoch ſchon im November 1848 von unbekannter
Hand auf der Treppe der Cancelleria umgebracht [1]. Der Entwurf, welcher von einer noch heute leſenswerthen Berichterſtat-
tung begleitet war, erhielt am 15. Dezember 1832 den einſtimmi-
gen Beifall einer Kommiſſion von 15 Mitgliedern, bei denen
jedoch das letzte, der oben genannte neuenburgiſche Staatsrath
von Chambrier, ſeit dem 5. Dezember von den Berathungen fern
geblieben war [2], und wurde dann in der Tagſatzung ſelbſt zu
einer zweiten, bedeutend verſchlechterten Saſſung vom 19. März 1833
umgearbeitet. Auch in dieſer aber war es nicht möglich, die
Beiſtimmung einer Mehrheit von Kantonen zu erlangen, und ſo
blieb das angefangene Werk bis zum Jahre 1847 in hoffnungs-
loſem Zuſtande auf den Traktanden der jährlichen Tagſatzungen,
bis es dann von der Reviſions-Kommiſſion von 1848 als Grundlage ihrer Arbeiten benutzt werden konnte. [3]

Der Redaktor des Bundesentwurfes von 1832 ſagt ganz
richtig in ſeinem begleitenden Gutachten, es komme bei der Verfaſſung eines zuſammengeſetzten Staatsweſens Alles auf die
Srage an, wer der eigentliche Inhaber der Souveränität ſei,
welcher gegenüber die Rechte des andern Theils nur als Dele-

---

[1] Seltſamerweiſe hatte auch der Verfaſſer des eigentlichen Entwurfes
zu dem Bundesvertrag von 1815, Graf Capo d'Jſtria, das nämliche Schick-
ſal in ſeinem griechiſchen Vaterlande. Vgl. Politiſches Jahrbuch II, 148.

[2] Die übrigen Mitglieder waren zuletzt Eduard Pfyffer, Schultheiß von
Luzern, Präſident der Kommiſſion, Bürgermeiſter Hirzel von Zürich,
Regierungs-Rath von Tavel von Bern, Altlandammann Heer von Glarus,
Altlandammann Sidler von Zug, Staatsrath Schaller von Sreiburg, Re-
gierungs-Rath Munzinger von Solothurn, Bürgermeiſter von Meyenburg-
Stockar von Schaffhauſen, Regierungs-Rath Baumgartner von St. Gallen,
Oberſt Ulrich von Planta von Graubünden, Appellationsrichter Tanner
von Aargau, Staatsſchreiber Mörikofer von Thurgau, Profeſſor Monnard
von Waadt und der Redaktor, Profeſſor Roſſi von Genf.

[3] Beide Entwürfe von 1832 und 1833, neben einander geſtellt, finden
ſich in den Repertorien der Reſtaurationszeit II, 704. Die Verhandlungen
in I, 364 ff.

gationen erscheinen. «De ces deux formes fédératives,» — fährt er dann fort · · «quelle est celle, qui est possible en Suisse? Telle est la question politique du moment, réduite à ses moindres termes.

C'est là une question de fait, Messieurs. L'examen des faits nous a conduit à penser que l'idée dominante en Suisse est celle de la souveraineté cantonale. Grace au progrès des lumières, au besoin fortement senti d'énergie et de dignité nationale, à une connaissance plus approfondie des circonstances générales où la Suisse se trouve placée, les exigences de cette souveraineté sont moins âpres, les susceptibilités moins acerbes, et si elle n'a pas cessé d'être ombrageuse, elle consent peu à peu à regarder les objets de près, elle se roidit moins et cède plus facilement à la voix de la commune patrie. Sans cela, Messieurs, la révision du Pacte n'aurait pas été décrétée, ou du moins notre travail serait condamné d'avance à n'être qu'une œuvre inutile.

Mais, tout en avouant ces heureux effets de l'esprit du siècle, tout en convenant que, dans quelques parties de la Confédération, le sentiment de la nationalité suisse parait avoir acquis un degré d'énergie, qui laisserait espérer les plus honorables sacrifices, on ne peut cependant pas, sans se livrer à de vaines illusions, ne pas reconnaitre, que l'idée de la souveraineté cantonale est l'idée dominante dans le pays.»

Man sieht daraus, Rossi ging, wie seinerzeit Napoleon I. bei dem Entwurf der Mediationsverfassung, die offenbar überhaupt zum Vorbild diente, nicht von dem Gedanken einer idealen Zweckmäßigkeit, sondern einzig und allein von den damals vorherrschenden Anschauungen aus, mit denen er sich in keiner Weise in Widerspruch setzen wollte. [1]

---

[1] Es ist aber eine Frage, ob eine Verfassung nur genau den jeweiligen Stand des vorherrschenden Volksbewußtseins zum Ausdruck bringen, oder demselben um wenigstens einen Schritt in der Richtung seiner Entwicklung vorausgehen soll. Im erstern Falle läuft sie Gefahr, in Kurzem zu veralten.

Demgemäß blieb eine Tagſatzung von 44 Mitgliedern mit
Standesſtimmen beſtehen, doch ſollte ohne Inſtruktion geſtimmt
werden, außer bei Verträgen mit dem Ausland, Beſchlüſſen über
Krieg und Frieden, bewaffnete Intervention, Anerkennung fremder
Staaten und Reviſion der Bundesurkunde ſelbſt, oder der Be-
fugniſſe der Bundesbehörden im Einzelnen; in einzelnen wichtigen
Fällen war noch eine Art von Kantons-referendum vorgeſehen,
indem ſolche Beſchlüſſe von zwölf Kantonen genehmigt werden
mußten. Die eidgenöſſiſche Exekution war ein auf vier Jahre von
der Tagſatzung gewählter „Bundesrath" von vier Mitgliedern,
mit einem Landammann an der Spitze, welcher letztere durch die
abſolute Mehrheit der Kantone gewählt wurde und bloß für
eine zweimalige Amts-dauer wählbar war; an die Stelle der
bisherigen Schiedsgerichte trat ein nicht ſtändiges Bundesgericht
von neun Mitgliedern. Als Sitz der politiſchen Bundesbehörden
war Luzern beſtimmt, das Bundesgericht ſollte nicht im gleichen
Kanton ſich verſammeln dürfen. In die Kompetenz des Bundes
gehörten: Krieg und Frieden, Verkehr mit dem Ausland,
Militärinſtruktion (in der zweiten Ausgabe nur noch die höhere
und die Aufſicht über die gewöhnliche); ſeine Einkünfte waren
Grenzzölle, Poſt (wovon jedoch ³/₄ des Ertrages an die Kantone
abzugeben waren), Münze, Pulver, Maaß und Gewicht (letzteres
fakultativ) und Geldkontingente der Kantone. Die Verfaſſungen
der Kantone bedürfen der Bundesgarantie, die ertheilt wird,
wenn ſie alle Bürger in politiſchen Rechten gleichſtellen und Beſtimmungen über Revidirbarkeit enthalten; die Freiheiten des
Volkes genießen den gleichen Bundesſchutz, wie die Rechte der
Behörden. Verträge der Kantone unter ſich ſind verboten, außer
über diejenigen Gegenſtände, für die ſie noch heute nach dem
gleichlautenden Artikel 7 erlaubt ſind, und unterliegen der Bundes-
genehmigung. Die freie Niederlaſſung, das Petitionsrecht, die
Gleichheit aller Schweizerbürger in Bezug auf Beſteuerung und
Rechtsſchutz ſind gewährleiſtet, die Heimatloſenverhältniſſe, die
Auslieferung und Verbannung iſt eidgenöſſiſch zu ordnen. Der
Entwurf enthält eine Reihe von Beſtimmungen, die ſich in der

Verfaſſung von 1848, und in Folge deſſen auch in der heutigen wörtlich wiederfinden, und iſt überhaupt die einzige Original= arbeit ſeit der Mediationsverfaſſung geblieben.

Schon im Jahre 1832 entſtand jedoch gegen dieſe ſehr maßvolle Verfaſſung Oppoſition in Fülle, auch von liberaler Seite, die wenigſtens eine relative Berückſichtigung der Volks= zahl in der Tagſatzung, wie ſie in der Mediations=verfaſſung beſtanden hatte, als unerläßlich betrachtete[1]) und gleichzeitig er= hoben ſich innere Wirren in mehreren Kantonen, ſpäter Anſtände mit dem Auslande in Folge des liberalen Geiſtes der Dreißiger= Periode und zuletzt kirchenpolitiſche Schwierigkeiten, — die drei Feinde, die zu allen Zeiten das Gute in der Eidgenoſſenſchaft am wirkſamſten gehemmt haben.

Die „Schickſalskantone" der damaligen Zeit waren Baſel, Neuenburg und Schwyz. Der erſtgenannte mußte in Folge eines offenen Kriegszuſtandes zwiſchen Stadt und Landſchaft am 14. Juni und 14. September 1832 zuerſt proviſoriſch, dann am 26. Auguſt 1833 definitiv in zwei Halbkantone getheilt werden;[2]) Schwyz hatte ſich ebenfalls am 6. Mai 1832 in Inner= und Außerſchwyz getrennt, wobei jedoch im folgenden Jahre eine Wiedervereinigung eintrat;[3]) in Neuenburg ging in Folge eines Aufſtandes der Bergbevölkerung gegen die ultra= preußiſch geſtimmte Regierung in der Stadt, das Streben der letztern eine zeitlang dahin, das Verhältniß des Kantons zu der Eidgenoſſenſchaft ganz zu löſen.[4])

Aus dieſen Bewegungen heraus entſtanden nun in den Jahren 1832 und 1833, während an den Tagſatzungen über die Bundesreviſion verhandelt wurde, zwei Sonderverbindungen, die an diejenigen der Reformations=zeit erinnern konnten. Die erſte,

---

[1]) Das intereſſanteſte Zeugniß hiefür ſind die „ſieben Bundesver= faſſungen" von Prof. Troxler, 1838.

[2]) Repertorium der Reſtaurationszeit I, 542; II, 870.

[3]) Repertorium der Reſtaurationszeit I, 631.

[4]) Repertorium der Reſtaurationszeit I, 687.

388

das sogenannte Siebner-Konkordat über gegenseitige Garantie der neuen liberalen Kantonsverfassungen, zwischen Luzern, Zürich, Bern, Solothurn, St. Gallen, Aargau und Thurgau vom 17. März 1832 [1]) hatte folgenden Wortlaut:

„Die unterzeichneten, aus Anlaß der außerordentlichen Tagsazung in Lucern anwesenden Standesgesandtschaften haben in mündlicher Besprechung die Wünschbarkeit näherer Bestimmungen über Umfang und Solgen der Garantie der Verfassungen zu erörtern sich bewogen gefunden, und in der Ueberzeugung, daß ein brüderliches Einverständniß über diesen wichtigen Gegenstand zwekgemäß, sowohl für Behauptung und Sörderung innerer Wohlfahrt ihrer respectiven Stände, als im Interesse des gemeinsamen Vaterlandes getroffen werden könne, sich zum nachfolgenden Entwurf eines Concordats vereinigt, den sie bei allseitigem Abgang von Aufträgen oder Vollmachten in treuer Ergebenheit ihren Committenten einfach zur Berathung und Genehmigung vorlegen und empfehlen.

Entwurf eines Concordats über Garantie der Verfassungen.

In Ermangelung näherer Bestimmungen des Bundesvertrags über Umfang und Solgen einer Gewährleistung der Verfassung, und in der durch den § 6 des Bundesvertrags begründeten Berechtigung haben die eidgenössischen Stände Lucern, Zürich, Bern, Solothurn, St. Gallen, Aargau und Thurgau folgendes Concordat unter sich geschlossen:

Artikel 1.

Indem die vorgenannten, dem gegenwärtigen Concordat beitretenden Stände ihre auf dem Grundsaz der Volkssouveränität beruhenden, in dem eidgenössischen Archiv niedergelegten Verfassungen gegenseitig gewährleisten, verheißen sie hiedurch sowohl die dem Volk jedes Kantons nach seiner Verfassung zustehenden Rechte und Sreiheiten, als die verfassungsgemäß

---

[1]) Repertorium der Restaurationszeit I, 404.

aufgestellten Behörden jedes Kantons und ihre verfassungsmäßigen Befugnisse aufrecht zu erhalten. Sie gewährleisten
sich ferner, daß Aenderungen dieser Verfassung einzig in der
durch jede Verfassung selbst festgesezten Weise vorgenommen
werden können.

Artikel 2.

Wenn in einem der beitretenden Kantone wegen Verfassungs-
verlezungen Zerwürfnisse entstehen, welche die allgemeine Ruhe
desselben gefährden, so üben, nach fruchtlos versuchter Vermittlung, die übrigen im Concordat begriffenen Kantone insgesammt das Schiedsrichteramt aus. Die Schiedsrichter haben
strenge nach dem Sinne der bestehenden Verfassung zu urtheilen und können in derselben keinerlei Veränderungen vornehmen.

Artikel 3.

Zu Bildung des Schiedsgerichts sendet jeder der beitretenden Stände (mit Ausnahme des selbst betheiligten Kantons) einen von seiner obersten Kantonsbehörde gewählten
Schiedsrichter. Diese Schiedsrichter sind an keine Instruction
gebunden.

Artikel 4.

Der betheiligte Stand ist pflichtig, sich dem Spruche zu
unterziehen, den die concordirenden Stände nöthigenfalls voll-
strecken.

Artikel 5.

Durch die verheißene Garantie anerkennen die beitretenden
Stände ihr Recht und ihre Pflicht, einander Schuz und Schirm
zu leisten und unter Anzeige an den Vorort einander selbst mit
bewaffneter Macht einzeln oder in Gemeinschaft zu Hülfe zu
ziehen, um Ruhe, Ordnung und Verfassung, wo diese gefährdet
sein sollten, aufrecht zu erhalten.

Artikel 6.

Gegenwärtiges Concordat wird mit ausdrüklichem Vorbehalt aller aus dem bestehenden Bundesvertrag hervorgehenden

Rechte und Pflichten der beitretenden Kantone sowohl gegen die gesammte Eidgenossenschaft als gegen die einzelnen übrigen Stände abgeschlossen. Sobald der Bundesvertrag der Eidgenossen revidirt und in demselben die angemessenen Bestimmungen über Umfang und Wirkung der Garantie der Verfassungen aufgenommen sein werden, tritt dieses Concordat als erloschen außer Kraft und Wirksamkeit.

Protokoll über eine nachträgliche Verabredung.

Die Gesandtschaften der VII Stände haben sich hinsichtlich der Behandlungsweise des Concordatsentwurfs vom 17. März dahin verständigt:

1. Der von den conferirenden Gesandtschaften unterzeichnete Originalentwurf wird in das Archiv des Standes Lucern niedergelegt.

2. Jede Gesandtschaft der VII Stände erhält zu Handen der Kantonalbehörde eine von der Gesandtschaft von Lucern beglaubigte Abschrift des Originalentwurfs.

3. Die Beschlüsse der Großen Räthe der theilnehmenden Kantone über den Concordatsentwurf sollen der Regierung des Standes Lucern in möglichster Beförderung eröffnet werden.

4. Im Fall der Ratification der betreffenden Kantone übernimmt der Stand Lucern die Ausfertigung des Concordats und die Einhändigung desselben an die Kantonalregierungen.

5. Jedem Stand der Eidgenossenschaft ist der Beitritt zu diesem Concordat vorbehalten.

6. Die gegenwärtige Verabredung wird dem Concordatsentwurf beigelegt, in das Archiv des Standes Lucern abgegeben und jeder Gesandtschaft eine beglaubigte Abschrift dieses Protokolls zugestellt werden.

Lucern, den 21. März 1832.

Beide Actenstücke sind unterzeichnet:

von Lucern: E. Pfyffer, Abgeordneter von Lucern.

Casim. Pfyffer, Gesandter von Lucern.

J. Kopp, Gesandter von Lucern.

von Zürich: M. H. Hirzel, Regierungsrath, Gesandter von
Zürich.

J. J. Heß, Gesandter von Zürich.

von Bern: Tscharner, Schultheiß und Abgeordneter des
Standes Bern.

Karl Schnell, Gesandter von Bern.

C. Neuhaus, Regierungsrath, Gesandter v. Bern.

von Solothurn: J. Reinert, Gesandter von Solothurn.

Jos. Trog, Gesandter von Solothurn.

von St. Gallen: Jakob Baumgartner, Landammann, Abgeord=
neter von St. Gallen.

Sels, Dr., Präsident des Großen Rathes, Abge=
ordneter von St. Gallen.

von Aargau: Dr. K. R. Tanner, erster Gesandter des Kantons
Aargau.

Dr. Bruggisser, Gerichtspräsident und Gesandter
von Aargau.

von Thurgau: W. Merk, Dr. med. und Mitglied des Kleinen
Raths, Gesandter von Thurgau.

M. Ammann, Oberrichter, zweiter Gesandter von
Thurgau."

Die Kantone Basel, Graubünden, Uri, Schwyz, Unterwalden,
Wallis und Neuenburg protestirten hiegegen an der Tagsatzung
vom 9. Juni 1832, und die letztgenannten fünf behielten sich am
15. Juni geeignete Schritte dagegen vor. In der That entstand
daraus eine Art Gegenbund dieser fünf Stände nebst Basel, in einer
Konferenz zu Sarnen vom 14. Nov. 1832. Eine eigentliche Urkunde dieses sogen. Sarnerbundes existirt nicht, eine Erklärung der „Sarner-Konferenz" vom 7. August 1833 über den Zweck
des Bundes lautete hingegen wie folgt: ¹)

„I. Am 9. August ist folgende durch ein Schreiben der
Regierung von Uri dem Vorort mitgetheilte Erklärung der
Sarner Conferenz aus Beggenried, d. d. 7. August, vorgelegt

¹) Repert. Rest. I. 520.

worden: Von den XXII Ständen, die dem Bunde vom 7. Au=
gust 1815 Treue geschworen haben, ist eine Mehrheit, nachdem
sie zweien Mitständen die verheißene Gewährleistung verweigert
hat, so weit gekommen, die Trennung des Gebietes derselben
vorzuschreiben und diejenigen als Bundesgenossen anzuerkennen,
gegen die sie selbst zuvor als gegen Empörer eingeschritten war,
und nun ist sie sogar im Begriff, die beiden Stände mit be=
waffneter Hand zu besetzen. Wenn die zur Schwyzer Conferenz
vereinigten Gesandten stillschweigen würden, so würden sie nicht
nur eine heilige Pflicht versäumen, sie würden in den Augen
ihrer Gegner selbst den ersten Fehler begehen, der ihrer Ver=
bindung mit Grund vorgeworfen werden könnte. Denn rein
wie ihr Benehmen ist ihr Bewußtsein. Das einzige Band ihres
Vereins war Treue gegen gemeinschaftliche Verpflichtungen, der
einzige Zweck desselben die Bewahrung des Bundes. Noch
waren sie beschäftigt, die Beschickung der auf den 5. August
nach Zürich einberufenen Versammlung von Seite ihrer Stände
einzuleiten, da ward ein Schritt, den der Stand Schwyz in
Ausübung seiner Souveränitätsrechte, übrigens völlig ohne
Mitwissen der Conferenz, unternahm, zum Vorwande der Be=
sezung dieses Standes genommen, und ähnliche Gewalt soll
gegen Basel geübt werden, weil da die Regierung, und zwar
auch ohne irgend ein Mitwissen der Conferenz, nach mehr=
fachen feindlichen Angriffen auf getreue Gemeinden zur Abwehr
die Waffen ergriff, und weil die Bürger neuerdings mit ihrem
Blute bezeugten, welcher Opfer sie die standhafte Behauptung
ihrer rechtlichen Ueberzeugung werth achten. Bei so ernsten
Umständen, wo jedem der unterzeichneten Gesandten in seinem
Stande wichtige Pflichten obliegen, haben sie das Gebiet von
Schwyz bei dem Herannahen von Truppen verlassen und richten
von hier aus noch diese Worte an ihre Miteidgenossen. Sie
behalten abermal die Rechte ihrer Stände und der auf dem
Bunde und Verträgen beruhenden Eidgenossenschaft vor, be=
harren in dem Glauben, daß Gewalt zwar auf Augenblike
das Recht verdrängen kann, daß aber dem Rechte eine Kraft

einwohnt, die ihm in der Zukunft wieder Anerkennung ver=
schafft, und empfehlen das theure Vaterland der Obhut des
allmächtigen Gottes.

Jof. S'graggen und J. Lauener von Uri, beides alt=Land=
ammänner; Stanislaus Ackermann, alt=Landammann, und
S. N. Zelger, Landeshauptmann, von Nidwalden; Karl Burk=
hardt, Bürgermeister, und Wilh. Geigy, Großrath, von Basel;
Gesandtschaft von Schwyz abwesend wegen militärischer Be=
sezung ihres Kantons; Nicodem Spichtig, alt=Landammann,
von Obwalden; Chambrier, Staatsrath und Junod, Mitglied
des gesezgebenden Rathes, von Neuenburg."

Die unmittelbaren Folgen dieses Sonderbundes waren ein
Truppenaufgebot von Schwyz gegen Luzern (Besetzung von Küß=
nacht durch General Abyberg) und das Gefecht von Prattelen
zwischen Baselstadt und Baselland, worauf der Sarnerbund in
folgender Weise, als bundeswidrig, aufgehoben wurde: [1]

„Am 12. August hat die Tagsazung nach angehörtem
Berichte der Commission, in Betrachtung, daß nach dem Bun=
desvertrag vom Jahr 1815 unter einzelnen Kantonen keine
dem allgemeinen Bunde nachtheilige Verbindungen geschlossen
werden dürfen und jeder Stand verpflichtet ist, sich in der Tag=
sazung vertreten zu lassen, beschlossen: 1. Die unter der Be=
nennung Sarner Conferenz bekannte Verbindung einiger Stände
soll nicht weiter fortbestehen. 2. Jeder Stand, der fernerhin
an einer solchen Verbindung Theil nimmt, macht sich der Ver=
lezung beschworner Bundespflichten gegen die Eidgenossenschaft
schuldig und dafür verantwortlich. 3. Die gegenwärtig bei

---

[1] Rep. Rest. I, 521. Der Stand Bern beauftragte damals seine
Gesandtschaft, den Ausschluß aller Mitglieder der Sarner=Konferenz von Sitz
und Stimme in der Tagsatzung und von allen eidgenöffischen Civil= und
Militärstellen zu verlangen und eine Untersuchung gegen die Führer der
gegen Küßnacht und Basel=Land ausgezogenen Truppen zu beantragen,
mit der besonderen Beifügung, daß vorher keine Amnestie ausgesprochen
werden dürfe. Alle diese Anträge fanden jedoch nur die Unterstützung der
Gesandtschaft von Basel=Land.

der Tagsazung nicht repräsentirten Stände werden aufgefordert, sich im Schooße der Tagsatzung durch Abgeordnete vertreten zu lassen. 4. Durch eine Proclamation soll die gesammte Eidgenossenschaft von dem gegenwärtigen Beschluß in Kenntniß gesezt werden. — Sierauf hat die Tagsatzung den Entwurf einer von der Commission vorgelegten Proclamation an das Schweizervolk, wodurch der Swek des vorstehenden Beschlusses näher auseinander gesezt wird, in etwas modificirter Sassung genehmigt.

Am 21. August hat der Präsident vorgelegt die Antwortschreiben der Regierungen von Uri vom 17., enthaltend die Einberufung einer außerordentlichen Landsgemeinde auf den 25.; von Obwalden vom 17., meldend die Versammlung eines außerordentlichen Landraths am 20.; von Nidwalden vom 16., anzeigend die Wahl eines Abgeordneten an die Tagsazung, Alles zum Swek der Beschikung der gegenwärtigen ordentlichen Tagsazung, da die Sarner Conferenz sich von selbst aufgelöst habe, sowie auch von Neuenburg vom 16., worin die Einberufung des gesezgebenden Körpers angezeigt wird, um der Aufforderung der Tagsazung nachzukommen.

Am 26. August hat der Präsident die Creditive der Gesandtschaft von Unterwalden, der Herren Landammann Businger und Landesstatthalter Stockmann, welche als Gesandte von Ob- und Nidwalden in der Sizung erschienen, vorgelegt, sowie ein Schreiben der Regierung von Obwalden, die Anzeige von der getroffenen Gesandtschaftswahl enthaltend. Nachdem die Gesandtschaft ihren Stand auf die Aufforderung der Versammlung als von der Sarner Conferenz losgebunden erklärt hatte, ist zu deren Beeidigung auf die Bundesacte vom 7. August 1815 geschritten worden.

Ebenso sind am 30. August die eingetroffenen Gesandten von Uri, alt-Landammann Jakob Anton Müller und Landesstatthalter und Oberstlieutenant Anton Schmid aufgefordert worden, vor Leistung des Bundeseides den förmlichen Rüktritt ihres Standes von der Sarner Conferenz zu erklären, was durch die Erklärung der Regierung von Uri vom 27. August geschah."[1]

An diese inneren Wirren schlossen sich damals Reibungen mit dem Ausland, namentlich mit Frankreich, mit welchem bereits eine Art von Zollkrieg gegen die bourbonische Regierung (Retorsions-Konkordat von 1822, pag. 382) bestanden hatte, und das nun unter seiner orleanistischen Regierung, namentlich in den Jahren 1836 und 1838, ähnliche Ansprüche in Bezug auf die Fremdenpolizei erhob, wie wir sie im Jahre 1889 seitens Deutschlands erfahren haben[2].

Die eigentliche Krisis, welche zu der Bundeserneuerung führte, entstand aus kirchlicher Aufregung, deren erste Ursache die sogenannten Badener-Artikel, im Wesentlichen ein Konkordat vom 27. Januar 1834 zwischen den Kantonen Bern, Luzern, Solothurn, Baselland, Aargau, Thurgau und St. Gallen, waren, mit folgendem Inhalt:

„I. Errichtung eines Metropolitanverbandes.

Von dem Gefühle der Nothwendigkeit durchdrungen, die kirchlichen Interessen des katholischen Volkes im gemeinsamen schweizerischen Vaterlande zu einigen und die verschiedenen Theile der katholischen Bevölkerung zu einem den Forderungen des Staats und dem Bedürfnisse der Kirche entsprechenden Ganzen zu verbinden, haben sich die hienach benannten Stände zur besondern Aufgabe gemacht, die Idee eines Metropolitanverbandes, wie solche schon in den ältesten kanonischen Vorschriften und den kirchlichen Einrichtungen der ältern und

---

[1] Ueber den Wiedereintritt der Stände Schwyz inneres Land, Baselstadt und Neuenburg in die Tagsatzung siehe Rep. Rest., pag. 524 ff.

[2] Die Ketzipione waren auch damals schon vorhanden. Die unmittelbare Folge war das sogenannte zweite Fremdenkonflufum von 1836. Aehnliche Schwierigkeiten bestanden gegenüber Oesterreich und Sardinien in Folge des sogenannten „Steinhölzlihandels" (wegen eines sozialistischen Arbeiterfestes in Bern) und des „Savoyer-Zuges" von 1834, eines Einbruchs bewaffneter Freischaaren unter Mazzini und Romarino aus der Schweiz nach Savoyen.

neuern Zeit begründet und ausgeführt ist, auch in der Eidgenossenschaft ins Leben zu rufen, und geben um so mehr der
Hoffnung Raum, es werden diesem ihrem Streben auch die
übrigen katholischen und paritätischen Stände sich anschließen,
als die Vortheile, welche von einem solchen Unternehmen zu
erwarten, die Interessen des Staates und der Kirche in gleichem Maße zu befriedigen geeignet sind, und als namentlich
die Kirche, die da eine wahre Gemeinschaft der Gläubigen dar-
stellen soll, in der Bildung eines solchen höhern Verbandes —
wie ihn die Errichtung eines erzbischöflichen Stuhles in der
Schweiz, oder wenn diese, wider besseres Verhoffen, nicht erzielt
werden könnte, die Anschließung an ein auswärtiges Erzbis-
thum herbeiführen würde — ein wesentliches Mittel zu Erreichung ihrer schönsten Zwecke finden wird.

Von dieser Ansicht ausgehend, und von dem Gedanken geleitet durch Einführung höherer kirchlicher Institutionen das
öffentliche Leben in Staat und Kirche zu heben, geben sich die
mehr erwähnten Stände folgende Zusicherung und Erklärung:

Die kontrahirenden Kantone der Eidgenossenschaft, in Ausübung ihres landesherrlichen Rechtes solche kirchliche Institutionen zu begründen, die den vom Staate anerkannten geistigen Bedürfnissen seiner Glieder entsprechen, verpflichten sich
gegenseitig, die bisherigen Immediatbisthümer, denen sie angehören, einem Metropoliten zu unterstellen, und werden zu dem
Ende Seine päpstliche Heiligkeit ersuchen, das Bisthum Basel
(als eine der ältesten Diöcesen, die zugleich am reichsten ausgestattet und die größte der Schweiz ist), zum Rang eines
schweizerischen Erzbisthums zu erheben, und diesem die übrigen vorerwähnten Immediatsbisthümer einzuverleiben.

Auf den Fall, daß diese kirchenrechtlich begründete Regulirung der schweizerischen Bisthumsverhältnisse nicht erzielt
werden sollte, bleibt den kontrahirenden Ständen die Ausmittlung desjenigen auswärtigen Erzbisthums, an welches sie sich
anschließen würden, und die Anbahnung der zu dieser Anschließung geeigneten Unterhandlungen vorbehalten.

II. Verhältnisse und Rechte des Staates in Kirchensachen.

Um den Verwickelungen zu begegnen, die bei der Unbestimmtheit der Verhältnisse zwischen Staat und Kirche sich leicht ereignen, dabei die Rechte des Staats gehörig zu wahren und die Wohlfahrt der Kirche möglichst zu fördern, haben die nachbenannten Kantone folgende Uebereinkunft getroffen:

1) Die kontrahirenden Kantone verpflichten sich, die durch die kanonischen Vorschriften geforderte Abhaltung von Synoden zu bewirken, werden jedoch Vorsorge treffen, daß diese Versammlungen nur unter Aufsicht und mit jeweiliger Bewilligung der Staatsbehörde Statt finden.

2) Die Kantone machen es sich zur Pflicht, die nach den in der Schweiz anerkannten Kirchensatzungen den Bischöfen zukommenden Rechte, welche in ihrem ganzen Umfange von denselben auszuüben sind, aufrecht zu erhalten und zu schützen.

3) Sie verbinden sich gemeinschaftlich zu Handhabung des landesherrlichen Rechts, vermöge dessen kirchliche Kundmachungen und Verfügungen dem Placet der Staatsbehörden unterliegen, des nähern bestimmend, was folgt:

Dem Placet sind unterworfen:

a) Römische Bullen, Breven und sonstige Erlasse.

b) Die vom Erzbischof, vom Bischof und von den übrigen kirchlichen Oberbehörden ausgehenden allgemeinen Anordnungen, Kreisschreiben, Kundmachungen etc. etc. an die Geistlichkeit oder an die Bisthumsangehörigen, so wie die Synodalbeschlüsse und beschwerende Verfügungen jeder Art gegen Individuen oder Korporationen.

c) Urtheile von kirchlichen Obern, insoweit deren Ausfällung nach Landesgesetzen überhaupt zulässig ist.

Von solchen kirchlichen Erlassen darf keiner bekannt gemacht, oder auf irgend eine Weise vollzogen werden, es sei denn derselbe zuvor mit dem von der kompetenten Staatsbehörde zu ertheilenden Placet versehen worden, ohne welches er weder Verbindlichkeit noch Vollziehung erhält.

Die Kundmachung des Hauptakts und der das Placet enthaltenden Erklärung der Staatsbehörde soll gleichzeitig geschehen. Geistliche Untergebene sind verpflichtet, was immer im Widerspruch mit diesen Bestimmungen ihnen zukommt, nicht nur unbeachtet zu lassen, sondern sogleich der betreffenden Amtsstelle zu Handen der obern Staatsbehörden mitzutheilen.

Die Kantone verpflichten sich, auf dem Wege der Gesetzgebung wirksame Strafbestimmungen gegen Uebertretung aller dieser Vorschriften festzusetzen.

Geistliche Erlasse rein dogmatischer Natur sollen der Staatsbehörde ebenfalls mitgetheilt werden, der sodann überlassen ist, ihre Bewilligung zur Bekanntmachung unter der Form des Visums zu ertheilen.

4) Die Kantone, in denen Ehestreitigkeiten nicht in allen Beziehungen dem Civilrichter unterstellt sind, werden in ihren bürgerlichen Gesetzgebungen den Grundsatz befolgen, daß der geistlichen Gerichtsbarkeit jedenfalls keine höhere Kompetenz in Ehesachen zustehe oder eingeräumt werden dürfe, als diejenige, über das Sakramentalische des Ehebands zu urtheilen. Alle übrigen Verhältnisse werden die Kantone dem bürgerlichen Richter vorbehalten.

5) Die Eingehung von Ehen unter Brautleuten verschiedener christlicher Konfession wird von den kontrahirenden Kantonen gewährleistet. Die Verkündung und Einsegnung unterliegt den gleichen Vorschriften, wie jene von ungemischten Ehen und wird den Pfarrern ohne Ausnahme zur Pflicht gemacht. Die angemessenen Coercitiv-Maßregeln gegen die sich weigernden Pfarrer werden die einzelnen Kantone bestimmen.

6) Die kontrahirenden Kantone werden die Festsetzung billiger Ehedispenstaxen, sei es durch Verständigung mit dem Bischofe, sei es durch Unterhandlung mit dem päpstlichen Stuhle zu bewirken suchen. Würde der Zweck auf dem bezeichneten Wege nicht erreicht, so behalten sich die kontrahirenden Kantone ihre weitern Verfügungen vor.

7) Sie verbinden sich, eine wesentliche Verminderung der Feiertage, oder die Verlegung derselben auf die Sonntage, nach dem Grundsatze möglichster Gleichförmigkeit auszuwirken, und werden zu diesem Behufe sich mit dem Bischofe ins Einverständniß setzen. Eben so werden sie sich gemeinsam für Verminderung der Fasttage, mit besonderer Rücksicht auf das Abstinenzgebot an Samstagen — verwenden, jedenfalls ihre heitlichen Rechte auch in diesen Disciplinarsachen sich vorbehaltend.

8) Die kontrahirenden Kantone verpflichten sich zu Ausübung ihres landesherrlichen Rechts der Oberaufsicht über die Priesterhäuser (Seminarien).

Sie werden infolge desselben vorsorgen, daß Reglemente über die innere Einrichtung der Seminarien, insoweit sie von kirchlichen Behörden ausgehen, der Einsicht und Genehmigung der Staatsbehörde unterlegt werden, und daß die Aufnahme in die Seminarien nur solchen Individuen gestattet wird, die sich vor einer, durch die Staatsbehörde aufgestellten Prüfungskommission über befriedigende Vollendung ihrer philosophischen und theologischen Studien ausgewiesen haben

Auch werden sie sich durch Prüfungen der Wahlfähigkeit der Geistlichen vor deren Anstellung als Seelsorger versichern und überhaupt für die weitere Ausbildung derselben durch zweckdienliche Mittel sorgen.

Die Regular-Geistlichen sind in Hinsicht auf den Antritt von Pfründen und auf Aushülfe in der Seelsorge ganz den gleichen Vorschriften unterworfen, wie die Säkulargeistlichkeit. Was insbesondere den Kapuzinerorden betrifft, so werden die Kantone die angemessenen Maßregeln ergreifen, damit auch über die von dessen Gliedern auszuübende Seelsorge die erforderliche Staatsaufsicht walte.

9) Die kontrahirenden Kantone anerkennen und garantiren sich das Recht, die Klöster und Stifter zu Beiträgen für Schul-, religiöse und milde Zwecke in Anspruch zu nehmen.

10) Sie werden gemeinsame Anordnungen treffen, daß in Aufhebung der bisherigen Exemtion die Klöster der Jurisdiktion des Bischofs unterstellt werden.

11) Die Kantone werden nicht zugeben, daß Abtretungen von Kollaturrechten an kirchliche Behörden oder geistliche Korporationen Statt finden.

12) Sollte von Seite kirchlicher Obern gegen die von der Staatsbehörde vermöge ihr zustehenden Wahlrechts vorgenommene Besetzung einer Lehrerstelle irgend einer Art — Einsprache erfolgen, so ist dieselbe als unstatthaft von dem betreffenden Kanton zurückzuweisen.

13) Die kontrahirenden Stände gewährleisten sich gegenseitig das Recht, von ihrer gesammten Geistlichkeit gutfindenden Falls den Eid der Treue zu fordern. Sie werden einem in dem andern Kantone den Eid verweigernden Geistlichen in dem ihrigen keine Anstellung geben.

14) Endlich verpflichten sich die Kantone zu gegenseitiger Handbietung und vereintem Wirken, wenn die vorerwähnten oder andere hier nicht aufgeführte Rechte des Staats in Kirchensachen gefährdet oder nicht anerkannt würden und zu deren Schutz gemeinsame Maßregeln erforderlich sein sollten."

Die **Abgeordneten** der Kantone bei dieser Konferenz waren

Luzern: Ed. Pfyffer, Staatsrath, Präsident der Konferenz.

J. Baptist Sidler, Staatsrath.

Bern: Regierungsrath Vautrey.

Solothurn: Rathsherr Ludwig v. Roll.

Rathsherr Amanz Dürholz.

Basel-Landschaft: Präsident Stephan Gutzwiler.

Aargau: Regierungsrath Lützelschwab. Großrath Ed. Dorrer.

Thurgau: Regierungspräsident Jos. Anderwerth.

St. Gallen: Landammann Baumgartner. Präsident des Administrationsraths Kl. v. Sailern.

Zürich trat diesen Beschlüssen, die noch in einer weitern Konferenz zu Luzern vom 7. September 1835 ergänzt wurden, ebenfalls bei, dagegen lehnte Graubünden ab, und in Bern fand nachmals in Folge von Unruhen im Jura und einer drohenden Haltung der französischen Regierung ein rückgängiger Großrathsbeschluß vom 2. Juli 1836 [1] statt, wodurch das Konkordat thatsächlich überhaupt dahinfiel.

Von dieser Zeit ab waren nacheinander die Kantone Glarus (1837), Zürich (1839), Solothurn und Aargau (1841), Luzern (seit einer Verfassungsveränderung vom 31. Jan. 1841), Genf (1841/42), Wallis (1844), [2] die Herde kirchlicher Bewegung, aus der dann 1843 13./14. September eine vorläufige Vereinbarung von Luzern, Uri, Schwyz, Unterwalden, Zug und Freiburg und zuletzt der förmliche Sonderbund vom 11. Dezember 1845, [3] unter diesen sechs Ständen und Wallis, hervorging, welcher im November 1847 durch eine bewaffnete eidgenössische Intervention aufgehoben werden mußte. Im folgenden Jahre 1848 1. März wurde, als Nachspiel hiezu, die Doppelstellung des Kantons Neuenburg, ein unhaltbares Produkt des Wiener Kongresses, thatsächlich beseitigt, was dann nachträglich am 26. Mai 1857 durch einen Vertrag mit dem Könige von Preußen in regel-mäßiger, völkerrechtlicher Form Bestätigung fand. [4]

---

[1] Diese Verhältnisse sind noch jetzt nicht ganz aufgeklärt, da die damalige diplomatische Einmischung Frankreichs absichtlich in den be-treffenden Beschlüssen verschwiegen wurde. Eine gute geschichtliche Dar-stellung dieser jurassischen Unruhen fehlt durchaus, während die Akten jetzt theilweise noch zu finden sind.

[2] Ueber diese weniger bekannten Vorgänge vgl. in: Politisches Jahr-buch I und II Ribordy «La réaction de 1843 en Valais et le Sonderbund».

[3] Rep. Rest. I, 442—510. Eine eigentliche Bundesurkunde wie der „Goldene Bund", der als Vorbild diente, hat unseres Wissens nicht existirt, sondern nur ein in seinem Wortlaute allgemein bekanntes Protokoll; Rep. Rest. I, 459, dessen Andenken wir bei diesem Anlasse nicht weiter erneuern werden.

[4] Eidg. Ges. Sammlung V, 547. Ein ähnliches Abkommen mit Frankreich beseitigte im Jahre 1862 den langjährigen Streitpunkt über den Besitz des Dappenthals mittelst Theilung des streitigen Objekts. Eidg. Ges. Sammlung VII, 451; VIII, 77.

Die längst begonnene Revision des Bundesvertrages von 1815
konnte nun ohne ernstliche Beanstandung zu Ende geführt
werden und eine neue Bundesverfassung wurde, nach Vorberathung
durch eine 25gliederige Kommiſſion [1]), in der Tagſatzung mit
13¹⁄₂ Stimmen, in der zweiten großen Volksabſtimmung dieſes
Jahrhunderts am 1. September 1848 von 15¹⁄₂ Kantonen und
169,743 Volksſtimmen (gegen 17,899) angenommen und am
12. September proklamirt. [2]) Am 20. November gingen die
Geſchäfte von dem bisherigen Vorort an den neugewählten
Bundesrath über.

Die Verfaſſung vom 12. September 1848 [3]) war nichts
Anderes, als eine Ausführung des Reviſionsentwurfs von 1832,
immerhin mit der bedeutenden Abänderung, welche auch die weſent-
lichſte Frage in der Reviſionskommiſſion und Tagſatzung ausmachte, daß die geſetzgebende Gewalt nun, an Stelle der hiſtoriſchen
Tagſatzung, zwei Kammern, nach amerikaniſchem Vorbild, anvertraut wurde, in deren einer, dem Nationalrath, nun auch die
Volkszahl zum vollſtändigen Ausdruck gelangen ſollte. Die
ſteten Komplikationen in der Geſchäftsführung, die daraus
befürchtet wurden, und eine konſtant reaktionäre Haltung des
Ständerathes, die ebenfalls ihre Propheten fand, haben ſich im

---

[1]) Vgl. Gedrucktes Protokoll derſelben und Bericht vom 8. April 1848.
Mitglieder derſelben waren die HH. Surrer, Ochſenbein, Steiger (Luzern),
Jauch, Diethelm, Wyrſch, Michel, Jenny, Müller, Buſſard, Munzinger,
Saraſin, Spitteler, Böſchenſtein, Oertli, Näff, Abys, Frei-Heroſee, Kern,
Luvini, Druey, Zen-Ruffinen, Rilliet-Conſtant, jeder für ſeinen Kanton oder
Halbkanton nach der offiziellen Ordnung derſelben. Berichterſtatter waren die
HH. Kern von Thurgau und Druey von Waadt.

[2]) Auch dieſe Verfaſſung iſt in einem ausgefertigten und beſiegelten
Aktenſtück im Archiv vorhanden, die jetzige dagegen nicht mehr. Eidg. Geſetz-
Sammlung I, 1. Rep. Reſt. II, 747.

[3]) Auch dieſes Reſultat war nach 17 Jahren ſeit dem Beginn der
eigentlichen Kampfperiode (in Folge der Aargauer Kloſteraufhebung) erreicht worden. Dieſe 17 Jahre ſpielen in unſerer modernen Geſchichte
mehrmals eine Rolle als Incubationszeit für neue Ideen, welcher dann
zuletzt eine « birth of Providence », nach Cromwells Ausdrucke folgt.

Ganzen nicht herausgestellt, und es ist dem überraschend guten Erfolge des Zweikammersystems zuzuschreiben, wenn dasselbe noch immer besteht, obwohl es früher niemals in der eidgen. Geschichte (mit Ausnahme der kurzen und revolutionären helve= tischen Periode) bestanden hatte und auch in keiner kantonalen Legislatur Nachahmung gefunden hat. Ebenso wurde der Land= ammann des 1832er Entwurfes fallen gelassen und ein von der vereinigten Bundesversammlung auf 3 Jahre gewählter Bundesrath von 7 Mitgliedern, mit einem jährlich wechselnden Präsidenten und Vicepräsidenten, mit der Erekutive betraut, unter der Reserve, daß nur je ein Mitglied desselben in dem nämlichen Kanton heimathberechtigt sein dürfe. Die Volkswahl der Executivbehörde unterlag in der Kommission mit bloß einer Stimme. Der Bundessitz wurde nicht, wie 1832, in der Verfassung bestimmt, sondern gesetzlicher Regelung überlassen, in Folge welcher sodann die Wahl auf Bern fiel. Die Ver= fassung versuchte es im Uebrigen, ohne eine ausdrückliche Ausscheidung der Kompetenzen (wie in der zweiten helvetischen Verfassung), thatsächlich eine gewisse billige Theilung der Souveränität zwischen Bund und Kantonen herzustellen, wie sie damals auch theoretisch als das eigenthümliche Wesen des Bundesstaates betrachtet wurde, [1] wobei nicht zu leugnen ist, daß die „Halbheit" zuweilen bis in die einzelnen Institutionen hinein sich geltend machte. Namentlich war das der Fall im Militär= wesen und Justizwesen des Bundes, sodann in den sämmtlichen auf die Beförderung der nationalen Wohlfahrt abzielenden Artikeln, in welchen z. B. das Wort Eisenbahnen gar nicht vorkommt, im Unterrichtswesen, in welchem der Bund die ener= gische Gründung einer eidgenössischen Hochschule versäumte, und in den Artikeln über Niederlassung, Kultusfreiheit und Rechts= gleichheit, in welchen er sich nicht über den Gedanken der bloßen Parität zu erheben vermochte.

---

[1] Seither ist ein großer Theil der deutschen Publizisten zu der Ansicht übergegangen, daß eine solche Theilung logisch nicht möglich sei.

Doch erschien der lange ersehnte[1] und endlich erreichte „Bundesstaat" als ein so großer Fortschritt, namentlich nach der unmittelbar vorangegangenen Periode von 1841 ab, die manchem warmen Patrioten als eine Entzweiung ohne jeden Ausgang erscheinen mußte, daß alle diese Mängel damals als gering erachtet wurden. Die Verfassung von 1848 theilt daher im Ganzen das Schicksal mancher Institutionen, die während ihres Bestehens in hohem Ansehen sind, in der geschichtlichen Beurtheilung aber weniger bedeuten, weil im Augenblicke das Nützliche und Mögliche, im Rückblick auf die Vergangenheit dagegen das Großartige und Vorausschauende zur Geltung gelangt.[2] Einerseits kommt daher den Jetztlebenden, die sich noch jener Tage erinnern, die erste Bundeszeit mit ihrer Frische des nationalen Geistes und ihrer einfachen Administration als ein Ideal vor, das nicht mehr erreicht werden wird, andrerseits aber vermissen wir durchwegs in jener Verfassung eine gewisse Kühnheit der Konzeption, die uns in vielen Dingen den Umweg eines ganzen Menschenalters hätte ersparen können.

Schon die sofort nach 1848 auftauchende, große Frage des Eisenbahnbaues in der Schweiz stellte dies in einer Weise heraus, die jetzt keiner Erläuterung mehr bedarf[3]; ebenso mußte für die Scheidung gemischter Ehen ein Forum geschaffen werden, das in der Verfassung keine rechte Begründung fand (1862), und endlich deckte der französische Handels- und Niederlassungsvertrag von 1864 Mängel der Bundesverfassung in den Garantieen für die Kultusfreiheit und Rechtsgleichheit aller Schweizerbürger auf,

---

[1] Ueber die früheren Vorschläge patriotischer Schriftsteller zu einer angemessenen Bundesrevision vgl. Karl Morel „Die helvetische Gesellschaft" und einen Aufsatz über die politische Litteratur der Schweiz von Dr. Strickler, im Polit. Jahrbuch für 1891. Das Bemerkenswertheste aus der Zeit vor der helvetischen Revolution sind die „Patriotischen Träume" von Franz Urs Balthasar von Luzern 1744/58 und der „Fall eines Eidgenossen" von Müller-Friedberg von St. Gallen 1789.

[2] Es ist das auch mit Menschen, namentlich Staatsmännern, der Fall.

[3] Sie ist in einer unverantwortlichen Weise durch die damalige Generation von Staatsmännern präjudizirt worden.

die selbst für niedergelassene Ausländer unerträglich erschienen. Dennoch hätten weder diese Lücken, noch das Bedürfniß größerer Militär= und Rechtseinheit, das sich ebenfalls fühlbar machte, eine Totalrevision der schwer errungenen Verfassung, die Vielen als unantastbar galt, herbeigeführt, ohne eine gleichzeitig ein= tretende eigenthümliche Wendung in den Anschauungen großer Volkstheile zu Gunsten der Demokratie.

Noch im Jahre 1848 war dieselbe eine „berechtigte Eigen= thümlichkeit" weniger alterthümlicher Kantone gewesen, von denen einige (Schwyz, Zug und Wallis) sie sogar in diesem Jahre wesentlich eingeschränkt hatten. Es war die Zeit, in der es auch in dem zweiten sogenannten „Referendumskanton" (neben Wallis), Graubünden, zu den Requisiten eines wohl= erzogenen Mannes gehörte, über diese „veraltete" Institution zu Gunsten des herrschenden Repräsentativsystems der „gebildeteren" Kantone den Stab zu brechen. Es gab damals verhältnißmäßig wenige Leute von mehr historischer Geistesrichtung, die behaup= teten, daß diese demokratischen Einrichtungen allein die alte Eidgenossenschaft vor dem gänzlichen Untergang in Familien= herrschaft und Gleichartigkeit mit den umliegenden Ländern bewahrt und wenigstens in einem Theil der schweizerischen Bevölkerung das republikanische Bewußtsein erhalten hätten, mit dem unser Staatswesen stehe und falle. Und daß es über= haupt nicht der Zweck eines vernünftigen Staates sei, auf alle Zeiten hinaus nur eine Klasse der Staatsbürger durch die andere, angeblich richtiger denkende, zu regieren, sondern Alle zu derjenigen Bildung und sittlichen Selbstbestimmung heran zu erziehen, die am Ende doch als der Hauptzweck des Menschenlebens angesehen werden müsse. Als daher eine von der Bundesversammlung ausgehende, durchaus ungenügende Partialrevision, welche bloß Maaß und Gewicht, Nieder= lassung und Rechtsgleichheit, Stimmrecht, Kultusfreiheit, Aus= schluß einzelner Strafarten, sowie von Lotterie= und Hazardspiel, Schutz des Autorrechtes, in ihren Bereich gezogen hatte, in der Volksabstimmung vom 14. Januar 1866, mit Ausnahme

des einzigen Punktes unterlag,[1] welcher das im Augenblick
Nothwendigste, die Gleichstellung aller Schweizerbürger, gleichviel
welcher Konfession, in Niederlassung und Rechtsgleichheit, enthielt,
da schien den Anhängern einer erweiterten Demokratie, in den
Ostkantonen namentlich, der Moment herangekommen zu sein,
um, im Anschluß an das in einzelnen Kantonen historisch be=
stehende Referendum, dem Gedanken der Demokratie zu
einem Siege zu verhelfen, welcher damals noch von Vielen
als eine Utopie betrachtet wurde.[2]

Seitdem dann bereits mit dem Jahre 1869 die Kantone
Zürich, Bern, Thurgau und Solothurn und im folgenden Jahre
auch noch Aargau zu dem Referendum übergegangen waren und
dieses politische Aschenbrödel nach und nach zur Königin wurde,
konnte eine totale Revision der Bundesverfassung im demokra=
tischen und centralisirenden Sinne mit Sicherheit vorausgesehen
werden.

Auch diesmal aber mißlang, wie gewöhnlich, der erste
Anlauf, ein Verfassungsentwurf vom 5. März 1872,[3] welcher
am 12. Mai des nämlichen Jahres von 13 Ständen und 260,859
Volksstimmen (gegen 255,606) verworfen wurde. Es war eine
Bundesverfassung stark centralistischer Natur, am ähnlichsten von
allen Versuchen dieses Jahrhunderts der zweiten helvetischen Ver=

---

[1] Eidgenössische Gesetzes=Sammlung VIII, 64S. 750.
[2] Bezeichnend dafür sind die damals erschienenen politischen Broschüren:
von Bundesrath Dubs: „Die schweizerische Demokratie in ihrer Sortentwick=
lung", 1868; Redaktor Bernet in St. Gallen: „Nach zwanzig Jahren" 1868;
Redaktor Gengel in Chur: „Aphorismen über demokratisches Staatsrecht",
1864 und Siltn: „Theoretiker und Idealisten der Demokratie", 1868, welche
letztere ihre Referendums=Befürwortung mit den Worten schloß: „Todt=
geschwiegen kann diese Frage schon nicht mehr werden, dafür bürgen . . .
solche Zeichen der Zeit, wie ein öffentlicher Appell an das Publikum
dagegen aus den höchsten Staatskreisen. Ist dies aber einmal erst am
Tage, so wird auch sicherlich jener andere Tag nicht weit sein, an dem es
heißt: „Der Stein, den die Bauleute verworfen, ist zum Eckstein geworden".
Daß dies jedoch so nahe bevorstehend sei, glaubte damals noch Niemand.
[3] Eidgenössische Gesetzes=Sammlung X, 730.

faſſung, ja in einzelnen Punkten, namentlich was die vollſtändige Rechtseinheit und das Referendum betraf, über dieſelbe hinaus gehend. Es dürfte unſchwer vorauszuſagen ſein, daß eine kommende Zeit auf dieſen Standpunkt zurückkehren wird.

Einſtweilen aber trat an die Stelle dieſes letzten prinzipiellen Verfaſſungsentwurfes unſerer Geſchichte das Reſultat eines Kompromiſſes, die heute in ihren weſentlichen Beſtandtheilen noch beſtehende V e r f a ſ ſ u n g v o m 29. M a i 1 8 7 4, welche am 19. April 1874 bei 14½ Kantonen und 340,899 Volksſtimmen (gegen 198,013) Annahme fand.

Was ſeither geſchah, iſt noch nicht Vergangenheit und Geſchichte, ſondern Gegenwart und Zukunft; die ſchweizeriſche politiſche Geſchichte hat ihren letzten Markſtein am 12. Mai 1872. Wahrſcheinlich iſt eine von ſtärkerer Bewegung erfüllte Zukunft. Denn die Art unſeres politiſchen Lebens gleicht ganz dem Laufe unſerer Gebirgsflüſſe, die bald mit ruhigem Weſen liebliche Thalgründe durchſließen, bald wieder durch entgegenſtehende Hinderniſſe ſich mit brauſendem Drange Bahn brechen müſſen, bis ſie dann wieder eine neue Thalſtufe erreichen. Das liegt übrigens in der Natur eines jeden Freiſtaats.

Mit vollem Verſtändniß für die Eigenart deſſelben und ſeines Volkes, wenn auch vielleicht etwas ſelbſtbewußt, ſagt daher der beſte der ſchweizeriſchen Dichter:

„Wohl dehnen endlos Steppen ſich, drauf dünnes Volk geſäet,
In deſſen Hirn ein leichter Geiſt, wie Sand vor'm Winde, wehet;
Doch unſer Land iſt eng und hoch zum Himmel aufgethürmt,
Darinnen hat ein groß Geſchick ſchon manches Mal geſtürmt.

Und dieſes Schickſals nennen wir mit Fug uns ſelbſt die Schmiede,
Wir feilen ſechs Jahrhundert ſchon am ſelben alten Liede,
Bald ſacht und leis, bald laut und rauh, wie es der Zeiten Lauf,
Und mehr als einmal ſprüht' es heiß von Stil' und Hammer auf.“

XI.

Es wird zu allen Zeiten ein Problem für die Staats-
kunst, namentlich in Republiken, bleiben, ob und in
welchem Maßstabe, oder unter welchen Umständen
Kompromiſſe zweckmäßig ſeien. Ohne Zweifel läßt ſich
durch dieſelben, wie unſere und jede Geſchichte zeigt, in
Abſchnitten Manches erreichen, was in einem Anſturm
mißlingen müßte und iſt es nicht ſelten der Fall, daß
Zeit und Ereigniſſe unberechenbarer Art anfängliche Gegner
eines Fortſchrittes in Freunde desſelben umgeſtalten. Ja,
man kann ſogar ſagen, daß jedes Prinzip, das einmal etablirt
iſt, das natürliche und unwiderſtehliche Beſtreben zeigt, ſich
auszugeſtalten, ſo daß, um einen vulgären Ausdruck zu
gebrauchen, der kleine Finger, der gegeben wird, viel öfter über
den Beſitz der ganzen Hand entſcheidet, als daß er ſelbſt wieder
zurückgezogen wird. Dagegen iſt auch nicht zu verkennen, daß
in dieſer kleinen Methode der Politik etwas den Volksgeiſt
ſelber Beeinträchtigendes liegt und daß ein geiſtig und ſittlich
bedeutendes Volk nur durch einen prinzipiellen und offenen
Kampf für die höchſten Güter des Lebens erzogen und in
ſeiner Kraft erhalten werden kann; ja, daß es überhaupt frag-
lich iſt, ob ohne ſolche Kämpfe es noch der Mühe werth
wäre, ein freud- und leidloſes Daſein durch die eintönige Ebene
geſchichtsloſer Jahrhunderte hindurch zu ſchleppen. So mag es

uns denn gestattet sein, die Meinung sine ira et studio auszu=
sprechen, der Kompromiß, welchen die ermüdeten Vertreter des
ursprünglichen Revisionsgedankens im Jahre 1874 mit der
Annahme der heutigen Verfassung eingingen, sei ein politischer
Fehler und diese Verfassung selbst nur ein Waffenstillstand nach
Art derjenigen gewesen, wie sie in unserer politischen Geschichte so
ungemein oft, nach Innen und nach Außen, vorkommen und
über deren Zweckmäßigkeit man – das muß zugegeben werden
– noch heute verschiedener Ansicht sein kann.

Die Kompromißnatur der Verfassung zeigte sich sofort
darin, daß schon nach fünf Jahren die Partialrevisionen
begannen, ja daß (was vielleicht das Bedenklichste im oben
angedeuteten Sinne ist) diese allmäligen Abbröckelungen des zeit=
weiligen eidgenössischen Staatsgebäudes ohne den Aufschwung
des öffentlichen Geistes und den daherigen moralischen Gewinn,
der in jeder Totalrevision liegt, eine chronische Gestalt annahmen.
Derart, daß nun schließlich die Grundgesetzgebung des Staates
in einem flüssigen Aggregatzustande sich befindet und die Ver=
fassung am Ende in nichts Anderem mehr bestehen wird, als
in der jeweilig geltenden Auffassung des Staatslebens, wie sie
sich in der „öffentlichen Meinung" (einem an und für sich schon
sehr beweglichen Begriffe) und ihren jeweiligen Organen vor=
findet. Es ist nicht schwer vorauszusagen, daß eine Zeit kommen
muß, in welcher eine gründliche, den Bedürfnissen der Zeit,
wie der stets sich gleichbleibenden Natur des schweizerischen
Volkes entsprechende Totalrevision an die Stelle aller dieser
Geburten des Augenblickes tritt.

Die erste partielle Revision, welche den Kantonen die
Wiedereinführung der Todesstrafe für gemeine Verbrechen freigab,
wurde am 18. Mai 1879 von 15 Kantonen und 200,026 (gegen
180,810) Stimmen angenommen und hatte das Resultat, daß in
mehreren Kantonen die Todesstrafe theoretisch wieder in die
Gesetzgebung aufgenommen, bisher aber in keinem einzigen (selbst
in den allerschwersten Fällen) exequirt wurde, somit eine Satis=

faktion nicht für das moralische oder religiöse, sondern lediglich für das Souveränitätsbewußtsein derselben blieb.

Zwei andere Versuche einer Revision des Banknotenartikels 39 im Sinne eines Bundesmonopols, des Art. 120 über den Revisionsmodus selbst und des Artikels 64 mit Bezug auf den Erfindungsschutz, die ebenfalls der Initiative aus Volkskreisen ihre Entstehung verdankten, unterlagen in den Abstimmungen vom 31. Oktober 1880 und 30. Juli 1882.

Im Juni 1884 stellten drei hervorragende Vertreter der konservativen Partei im Nationalrath einen allgemeiner lautenden Revisionsantrag auf Beschränkung der Gewerbefreiheit, namentlich in Rücksicht auf Wirthschaften und Besteuerung geistiger Getränke, bessere Eintheilung der nationalräthlichen Wahlkreise und Erweiterung der Volksrechte in Bezug auf Referendum und Partialrevision. Durch die Diskussion im Schoße der Versammlung kamen namentlich noch hinzu An=regungen im Sinne der Einführung einer allgemein staatlichen Brandversicherung, eines Banknotenmonopols, der Erweiterung der Haftpflicht, der Förderung der Alp= und Landwirthschaft, der Gewerbe und Künste durch den Bund und Beförderung der Rechtseinheit. 15 Artikel der bestehenden Bundesverfassung wurden schließlich als revisionsbedürftig erklärt und 25 einzelne Revisionspunkte dem Bundesrath zur Begutachtung überwiesen, welcher sich hierauf für eine allmälige Anhandnahme derselben, ohne Verbindlichkeit in Bezug auf Zeitpunkt und Reihenfolge der Gegenstände, aussprach.

Zuerst erfolgte durch Bundesbeschluß vom 26. Juni und Volksabstimmung vom 25. Oktober 1885 mit einer Mehrheit von 13 ganzen und 4 halben Kantonen und 230,250 gegen 157,463 Volksstimmen die Beschränkung der Gewerbefreiheit in Bezug auf Wirthschaften und Fabrikation und Verkauf geistiger Getränke, verbunden mit einem Monopol für die Fabrikation und die Einfuhr gebrannter Wasser, dessen Einkünfte jedoch vom Bund den Kantonen auszutheilen sind, womit gleichzeitig die kantonalen Ohmgelder auf eine, für die bisherigen Inhaber unnachtheilige Weise beseitigt werden konnten. (Art. 31, 32ᵇⁱˢ und Uebergangsbestimmung 6 der Verfassung.) Sodann wurde am 10. Juli 1887 mit Mehrheit von 20 ½ Kantonen und von 203,809 gegen 57,630 Volksstimmen der Schutz neuer Muster und Modelle, sowie solcher Erfindungen, die durch Modelle dar= stellbar und gewerblich verwendbar sind, als Zusatz zu Art. 64 der Bundesverfassung, eingeführt. Endlich erfolgte am 26. Okt. 1890 mit Mehrheit von 20 ½ Kantonen und 283,228 gegen 92,200 Volksstimmen die Annahme eines neuen Artikels 34ᵇⁱˢ mit dem Wortlaute: „Der Bund wird auf dem Wege der Gesetz= gebung die Kranken= und Unfallversicherung einrichten, unter Berücksichtigung der bestehenden Krankenkassen. Er kann den Beitritt allgemein oder für einzelne Bevölkerungsklassen obliga= torisch erklären."

Noch im laufenden Jahre werden muthmaßlich die Artikel 118—121 der Bundesverfassung einer Abänderung, im Sinne einer Erleichterung der Partialrevisionen durch Volksinitiative, unter= zogen werden,[1] und endlich wird auch ohne Zweifel in nächster Zeit das Banknotenmonopol in irgend einer Form zur Aus= führung kommen.

---

[1] Die Abstimmung findet am 5. Juli d. J. über den folgenden Revisions=Beschluß der eidgenössischen Räthe vom 8. April 1891 statt:

„Dritter Abschnitt.

Revision der Bundesverfassung.

Art. 118. Die Bundesverfassung kann jederzeit ganz oder theilweise revidirt werden.

Art. 119. Die Totalrevision geschieht auf dem Wege der Bundesgesetz= gebung.

Art. 120. Wenn eine Abtheilung der Bundesversammlung die Total= revision beschließt und die andere nicht zustimmt, oder wenn fünfzigtausend stimmberechtigte Schweizerbürger die Totalrevision der Bundesverfassung verlangen, so muß im einen wie im andern Falle die Frage, ob eine solche stattfinden soll oder nicht, dem schweizerischen Volke zur Abstimmung vor= gelegt werden.

Sofern in einem dieser Fälle die Mehrheit der stimmenden Schweizer= bürger über die Frage sich bejahend ausspricht, so sind beide Räthe neu zu wählen, um die Totalrevision an die Hand zu nehmen.

412

Das sind aber noch nicht die eigentlichen Ziele für die politischen Bestrebungen der Gegenwart und nächsten Zukunft, sondern ein demokratischer Ausbau des gesammten Staatswesens steht wahrscheinlich bevor, oder wird wenigstens versucht

-

Art. 121. Die Partialrevision kann sowohl auf dem Wege der Volksanregung (Initiative) als der Bundesgesetzgebung vorgenommen werden.

Die Volksanregung umfaßt das von 50,000 stimmberechtigten Schweizerbürgern gestellte Begehren auf Erlaß, Aufhebung oder Abänderung bestimmter Artikel der Bundesverfassung.

Wenn auf dem Wege der Volksanregung mehrere verschiedene Materien zur Revision oder zur Aufnahme in die Bundesverfassung vorgeschlagen werden, so hat jede derselben den Gegenstand eines besonderen Initiativbegehrens zu bilden. Die Initiativbegehren können in der Form der allgemeinen Anregung oder des ausgearbeiteten Entwurfes gestellt werden.

Wenn ein solches Begehren in Form der allgemeinen Anregung gestellt wird und die eidgenössischen Räthe mit demselben einverstanden sind, so haben sie die Partialrevision im Sinne der Initianten auszuarbeiten und dieselbe dem Volke und den Ständen zur Annahme oder Verwerfung vorzulegen. Stimmen die eidgenössischen Räthe dem Begehren nicht zu, so ist die Frage der Partialrevision dem Volke zur Abstimmung zu unterbreiten und, sofern die Mehrheit der stimmenden Schweizerbürger sich bejahend ausspricht, die Revision von der Bundesversammlung im Sinne des Volksbeschlusses an die Hand zu nehmen.

Wird das Begehren in Form eines ausgearbeiteten Entwurfs gestellt und stimmt die Bundesversammlung demselben zu, so ist der Entwurf dem Volke und den Ständen zur Annahme oder Verwerfung vorzulegen. Im Falle der Nichtzustimmung kann die Bundesversammlung einen eigenen Entwurf ausarbeiten oder die Verwerfung des Vorschlages beantragen und ihren Entwurf oder Verwerfungsantrag gleichzeitig mit dem Initiativbegehren der Abstimmung des Volkes und der Stände unterbreiten.

Art. 122. Ueber das Verfahren bei den Volksbegehren und den Abstimmungen betreffend Revision der Bundesverfassung wird ein Bundesgesetz das Nähere bestimmen.

Art. 123. Die revidirte Bundesverfassung, bezw. der revidirte Theil derselben, treten in Kraft, wenn sie von der Mehrheit der an der Abstimmung theilnehmenden Bürger und von der Mehrheit der Kantone angenommen sind.

Bei Ausmittlung der Mehrheit der Kantone wird die Stimme eines Halbkantons als halbe Stimme gezählt.

Das Ergebniß der Volksabstimmung in jedem Kantone gilt als Standesstimme desselben."

werden, in den drei Richtungen: der Herstellung möglichst all=
gemeiner Wohlfahrt auf Grund des Schutzes der Arbeit, guter
Erziehung, billiger Ausgleichung der Lebensbedingungen und
staatlicher Versicherung gegen die nothwendigen oder zufällig
eintretenden Uebelstände des Lebens; der vollständigen Aus=
bildung der demokratischen Gesetzgebungsart; und der Volkswahl
der sämmtlichen obersten Behörden der Kantone und des Bundes.

Es sind dieß Dinge, mit deren Verwirklichung der Bundes=
staat schweizerischer Eidgenossenschaft theoretisch wieder zu den
staatlichen Anschauungen zurückkehren würde, mit denen er
einst vor 600 Jahren in's Leben trat. Allerdings ist die logische
Richtigkeit der Theorie in staatlichen Dingen nicht die Hauptsache,
sondern die Möglichkeit ihrer Ausführung mit einem historisch
gegebenen Volke. ¹) Und ohne Zweifel liegt dermalen die
Führung in diesen politischen Bestrebungen mehr oder weniger
in der Hand von Vereinsorganisationen, die zum Mindesten
über die Kantonsorganismen hinausreichen. Es mag mit der
Zeit die Nothwendigkeit an uns herantreten, auch die histo=
rische Eidgenossenschaft und ihren Bestand als kräftig
organisirten Bundesstaat durch einen großen, stillschweigend,
oder ausdrücklich bestehenden Nationalverein zu unterstützen,
der es sich zur Aufgabe macht, diesen Staat und seine Rechts=
ordnung, gegenüber völlig unitarischen, sozialistisch=internationalen,
oder sonst ausländischen, wie gegenüber bloß kantonalen
Tendenzen zu erhalten, um ihn intakt den Nachkommenden
für ein weiteres Jahrhundert des Bestehens übergeben zu
können.

Die leitenden Grundsätze eines solchen Bundes sind
schon längst ausgesprochen worden, von einem Dichter, der,
obwohl nicht unserem Volke angehörig, es dennoch verstand,
sich in dessen Gedankenleben hineinzuversetzen.

---

¹) Mit andern Worten, es frägt sich jetzt wieder in unserer Ge=
schichte, ob und wie weit die Demokratie bereits regierungsfähig ist.

„Wir wollen frei sein, wie die Väter waren",

Freier sogar, als sie in unserer Geschichte es zum Oeftern gewesen sind.

> „Wir wollen sein ein einzig[1]) Volk von Brüdern
> In keiner Noth uns trennen, noch Gefahr. —"

Aber ein historisches, fest gegen Außen abgeschlossenes Volk, nicht bloß eine Gruppe eines internationalen Völkerbundes, oder drei politisch verbündete Partikeln größerer Nationalitäten.

„Wir wollen trauen auf den höchsten Gott"

Und zwar in Wirklichkeit, nicht bloß als kirchliche Redensart.

„Und uns nicht fürchten vor der Macht der Menschen".

Ebensowenig aber vor der Macht der Zeitideen und Zeitströmungen, die Gott ebenfalls unterthan sind und von ihm geändert werden können.

Das ist die historische und von jeder Generation gewissermaßen wieder neu zu beschwörende schweizerische „Eidgenossenschaft".

Zu derselben gehört ein freiheitlich gesinntes und gleichzeitig religiös empfindendes, herzhaftes und seiner Mission vollständig bewußtes Volk.

[1]) Es heißt „ein einzig Volk" bei Schiller, nicht „ein einig Volk". Doch legen wir persönlich auf diesen Unterschied keinen sehr großen Werth; die Eidgenossenschaft muß einfach in der Form erhalten werden, wie es jeweilen am besten möglich ist.

Ruine Silenen (Kanton Uri).

Unsere schweizerische Eidgenossenschaft dankt offenbar ihre Entstehung, wie ihre bisherige Erhaltung in so vielen äußern und innern Gefahren, nächst Gott, einer Reihenfolge von großen Entschlüssen, die mit der jeweiligen politischen Situation und mit der Wahrscheinlichkeit eines Erfolges gar nicht immer in vollkommenem Einklange standen. Dieselben werden ohne Zweifel auch zu ihrer Zeit eine Opposition in den Reihen Derjenigen gefunden haben, die ohne hinreichende Schwungkraft der Seele und daher auch ohne Glauben an die starke Einwirkung des Bedeutenden auf die Gemüther der Menschen ihre Blicke nur auf die jeweiligen Machtverhältnisse richteten und ein Rechnen mit denselben mit „Politik" für identisch hielten. In einem höheren Sinne aufgefaßt, trifft dies zwar allerdings

zu, wenn man nämlich die Kraft, die aus der Erhebung des
Gemüths zu großen Zielen und aus dem Leben in einem vollkommen menschenwürdig gestalteten Staatswesen in den Völkern
entsteht, auch als ein Machtverhältniß bedeutendster Art gelten
läßt, das oft genug schon gegen alle menschliche Berechnung die
Wagschaale des Erfolges zu Gunsten des äußerlich Kleinen
dieser Erde geneigt hat. Und noch mehr ist es wahr, insofern
man an eine bestehende und an Macht alle andern Mächte
weit überragende Weltordnung glauben kann, die den Sieg
des Guten — aber immer durch seine eigene Anstrengung und
freie Wahl — will und allem Schlechten einen unerbitt-
lichen Widerstand entgegensetzt.

Wir hegen nicht den allergeringsten Zweifel, daß die Gründer
der Eidgenossenschaft von 1291 so gedacht haben, ebenso die
Staatsmänner, welche Luzern in den Bund aufnahmen, und
diejenigen, welche den offenen Kampf mit Oesterreich und später
mit Burgund, Mailand und dem Reich immer neu den schwäch-
lich-klugen Kompromissen und Schiedssprüchen vorzogen. Aus
sich selbst allein, ohne eine solche Religion oder Philosophie (bei
der es auf die zeitmäßige Form weniger ankommt, als auf
die Sache), hätten sie ihre Thatkraft in diesen entscheidenden
Momenten schwerlich besessen, und man sieht oft recht deutlich,
wie dieses Herz die Eidgenossen bald verläßt, wenn es bloß noch
auf den natürlichen Eigenschaften eines kräftigen Menschen-
schlages beruht, oder wenn sie sich dem Klang des Goldes und der
Nachahmung ausländischer Sitten gebeugt hatten, oder die eidgenössische Liebe und Treue andern, vermeintlich höher stehenden
Interessen hintansetzten. Denn der rechte, ausdauernde Muth
ist eine ächt moralische Eigenschaft, die des Zusammenhanges mit
einem sittlichen Gesammtcharakter nicht entbehren kann, während
der bloße Landsknechtmuth, dem die Sache an sich gleichgültig
ist, für die er ficht, der kein anderes Vaterland kennt, als die
Fahne, unter der er steht, und kein höheres Gebot als das Kom-
mando, immer vom Erfolge abhängig bleibt.

Diesen physischen Muth, den die alten Eidgenossen auch in hohem Grade besaßen, mußten sie auf hundert Schlachtfeldern beständig mit ihren Rivalen, den deutschen und spanischen Lands-knechten theilen, und aus seinen g r ö ß t e n Lebensäußerungen ist uns nichts übrig geblieben, als ein blutiger Lorbeer über den zahlreichen Gräbern, welche namentlich die lombardische Ebene deckt.

Seit mehr als drei Jahrhunderten ist die Eidgenossenschaft ein stilleres Gemeinwesen geworden. Trotzdem bedarf sie des ächten Muthes nicht weniger, als in der Periode ihrer größten Thaten, um als die einzig aus älterer Zeit übrig gebliebene, namhafte R e p u b l i k Europa's diesen Staatsgedanken, der in der neuen Welt bereits der herrschende geworden ist, auch in der alten ehrenhaft aufrecht zu halten. Und zwar ist dies heute weniger leicht, als in einer, noch nicht lange vergangenen Zeit, in welcher der Fortbestand der schweizerischen Eidgenossen-schaft Vielen als eine Bürgschaft für eine kommende ähnliche Gestaltung ihrer eigenen Staaten erschien und sie einen Raum in den Herzen vieler Tausende einnahm, den seither ein anderes Ideal von Größe beansprucht.

Es scheint uns oft, es stehe eine Zeit bevor, in welcher die Eidgenossenschaft wieder, wie vor 600 und vor 400 Jahren direkt vor die Frage gestellt wird, ob sie einem größeren Ganzen sich allmälig einfügen, oder mit festem Entschlusse ihre nationale Eigenart behaupten wolle.

K r a f t ist der Zweck eines jeden Bundes; dazu vereinigen sich kleinere Gemeinwesen; sie gehen auseinander, wenn dieser Zweck nicht erreicht werden kann. Und wenn wir Muth genug hiezu fühlten, so möchten wir der heutigen Eidgenossenschaft, die jetzt auf einer gewissen Höhenstufe friedlicher Entwicklung an-gelangt ist, es beinahe wünschen, daß eine Anspannung ihrer Kraft nicht ganz ausbleibe. Denn nicht ohne tiefe Wahrheit sagt ein gründlicher Beobachter menschlicher Dinge: „Noth und Gefahr erzeugen das Höchste in einem Volke, das dazu noch fähig ist. Ein solches muß die Freiheit von Zeit zu Zeit immer wieder verdienen und der Werth des einfachen, edlen Muthes, auf dem der allgemeine Zustand der Dinge beruht, muß, wenn sich nicht Alles verwirren und auflösen soll, wieder einmal öffentlich zu Tage treten." Diese Worte passen eigenthümlich auf unsere Situation bei Beginn des siebenten Jahrhunderts unserer Geschichte und wenn wir dazu entschlossen sind, was Niemand bezweifeln wird, der das beste Wesen des schweizerischen Volkes kennt, so verdanken wir das, wie wir am Eingange dieser Schrift schon andeuteten, einzig der Originalität, die in den breiten Volks= schichten jetzt noch vorhanden ist und sorgfältig erhalten werden muß. Ein durch seine Farblosigkeit unnütz gewordenes Gemein= wesen, das nur noch eine Reduktion von schon bestehenden andern auf einen kleineren Maßstab ist, duldet Europa auf die Länge in seiner Mitte sicherlich nicht, und es würde auch sich selbst allmälig so überflüssig und bloß hinderlich für die all= gemeinen Gedanken humanitären Fortschrittes vorkommen, daß es in irgend einer der jetzt hiefür sehr erleichterten Formen in seine Auflösung einwilligen müßte. Es könnte auch in der That für einen vernünftigen Fremdling, wie sie jetzt jährlich zu vielen Tausenden unser privates und staatliches Leben zu beobachten gewohnt sind, nur ein lächerliches Schauspiel sein, „Urschweizern" zu begegnen, die schon äußerlich genau wie Pa= riser oder Berliner aussehen, und deren innerer Mensch auch im Vergleich mit den Bewohnern fremder Länder keinen Unterschied mehr zeigt. Der Schluß müßte von ihrer Seite allmälig dahin gezogen werden, daß der Schweizer und die Schweizerin selbst ihr Staatswesen nicht mehr für unentbehrlich halten.

Zu derartigen Erwägungen und den daraus folgenden Ent= schlüssen Anregung zu geben, ist offenbar der Zweck des bevor= stehenden Festes und auch dieser Festschrift, die sonst beide füglich hätten unterbleiben können.

Man hätte die letztere, auch ohne große Schwierigkeiten in einigen wesentlichen Punkten, durch mehrere Hervorhebung des Lichtes gegenüber den Schatten, festmäßiger gestalten können.

Aber, abgesehen von der historischen Treue und Wahrheit, die man auch sich selber und unter allen Umständen, selbst bei Festanläßen, schuldig bleibt, ist, nach allgemein menschlichen Ver= hältnissen bemessen, die auch im staatlichen Wollen und Handeln stets zur Geltung kommen, eine starke Beimischung von Irrthum und zeitweiser Schwäche in dem besten Lebens= gange unvermeidlich und, in einem höhern Sinne genommen, nicht einmal schädlich. Es soll jedes Leben nicht bloß so „aus= gelebt" sein, wie es eben besteht, sondern durch freien Willen und Wahl des Rechten gegenüber der Verführung zum Schlechten, welchem in dieser Welt auch sein Spielraum gestattet ist, zu einem Ziele gelangen und sich als ein gottgeführtes beweisen.

Es kommt schließlich nur auf dieses Ende an. Wäre die alte Eidgenossenschaft, nach einem langen und theilweise ruhm= vollen Dasein, am Schlusse ihres fünften Jahrhunderts an Altersschwäche gestorben, wie es damals sehr wohl möglich erschien und das Schicksal vieler Staaten ist, so würde die zer= brochene Säule im Grauholz bei Bern ihr richtiges Denkmal sein und bleiben.

Wir hoffen jetzt auf ein anderes: auf die Sieges= säule der Begründer der Demokratie in Europa.

Dieselbe noch zu befestigen, sie der Welt, vielen Vorurtheilen alter und neuer Zeit gegenüber, von ihrer besten Seite, als eine Staatsform der Ordnung und wahren Gesittung zu zeigen, den großen Massen des Volkes, nicht bloß einer kleineren Zahl irgendwelcher Auserwählter, zu einer wirklichen, verständniß= vollen Theilnahme am Staatsleben zu verhelfen und ihr geistiges Leben von dem Druck bloß materieller Verhältnisse und Aufgaben wirksamst zu befreien, das wird der Lebens= zweck der modernen Eidgenossenschaft sein.

Dazu müssen wir sie noch am Leben erhalten; nicht für uns allein sogar — hier kommt auch noch der richtige Kosmopoli= tismus zur Geltung — denn dazu bedarf ihrer noch die ganze Welt.

Und in diesem Sinne wird es, so hoffen wir, doch auch noch Tausende in allen Ländern ringsum und selbst jenseits der Meere geben, welche sich mit uns zu dem Wunsche vereinigen, daß der Gedanke politischer Freiheit, welcher irgendwo an den Gestaden des Vierwaldstättersees, sei es in der Burg von Attinghausen, oder in dem Meierhofe zu Silenen, oder zu Schwyz, oder zu Brunnen, in einigen groß gearteten Seelen aufflammte, in diesem Lande seiner Geburt nimmermehr, so lange Grund und Grat steht, erlöschen möge!

* * *

„O Herr, wych nit mit dyner Gnad!
Behüet die Eydtgnoßschaft vor Schad,
Stryt für sy kunftig wie bishar,
Trüw Eydtgenossen wol bewar.
Verlych inen rechte Eynigkeit,
Laß inen beschehen ganz kein leid,
Und tue sy dergstalt gewennen,
Daß, so man sy begert ze trennen,
Sy all vest zesamen halten,
Wie vor Ziten ir biderben Alten;
Ein Herz und Sinn wellist du daneben
All guot Eydtgnossen iemer geben!"

Beilagen.

ACTE FÉDÉRAL DE L'AN 1803.[1])

TITRE PREMIER.

Dispositions générales.

Article 1er. Les dix-neuf cantons de la Suisse, savoir: Appenzell, Argovie, Bâle, Berne, Fribourg, Glaris, Grisons, Lucerne, Saint-Gall, Schaffhouse, Schwyz, Soleure, Tessin, Thurgovie, Unterwald, Uri, Vaud, Zoug et Zurich, sont confédérés entre eux conformément aux principes établis dans leurs constitutions respectives. Il se garantissent réciproquement leur constitution, leur territoire, leur liberté et leur indépendance, soit contre les puissances étrangères, soit contre l'usurpation d'un canton ou d'une faction particulière.

2. Les contingents de troupes ou d'argent qui deviendraient nécessaires pour l'exécution de cette garantie, seront fournis, par chaque canton, dans la proportion suivante:

Sur 15.203 hommes, le contingent

de Berne sera de	2292
celui de Zurich	1929
Vaud	1482
St-Gall	1315
Argovie	1205
Grisons	1200
Tessin	902
Lucerne	867
Thurgovie	835
Fribourg	620
Appenzell	486
Soleure	452
Bâle	409
Schwyz	301
Glaris	241
Schaffhouse	233
Unterwald	191
Zoug	125
Uri	118

[1]) Das XX. Kapitel der Mediationsakte vom 19. Februar 1803. Vgl. pag. 368.

Et sur une somme de 490,507 livres de Suisse, il sera payé.

par les Grisons . . .	12.000 l.
Schwyz . .	3,012
Unterwald . .	1,907
Uri	1,184
Tessin	18,039
Appenzell. . .	9,728
Glaris	4,828
Zoug . . .	2,497
St-Gall	39,451
Lucerne . . .	26,916
Thurgovie . .	25,052
Fribourg . . .	18,591
Berne	91,695
Zurich	77,153
Vaud . . .	59,273
Argovie . . .	52,212
Soleure . . .	18,097
Schatfhouse . .	9,327
Bâle	20,450

3. Il n'y a plus en Suisse ni pays sujets, ni priviléges de lieux, de naissance, de personnes ou de familles.

4. Chaque citoyen suisse a la faculté de transporter son domicile dans un autre canton, et d'y exercer librement son industrie; il acquiert les droits politiques conformément à la loi du canton où il s'établit; mais il ne peut jouir à la fois des droits politiques dans deux cantons.

5. Les anciens droits de traite intérieure et de traite foraine sont abolis. La libre circulation des denrées, bestiaux et marchandises est garantie. Aucun droit d'octroi, d'entrée, de transit ou de douane, ne peut être établi dans l'intérieur de la Suisse. Les douanes aux limites extérieures sont au profit des cantons limitrophes de l'étranger; mais les tarifs doivent être soumis à l'approbation de la diète.

6. Chaque canton conserve les péages destinés à la réparation des chemins, chaussées et berges des rivières. Les tarifs ont également besoin de l'approbation de la diète.

7. Les monnaies fabriquées en Suisse ont un titre uniforme, qui est déterminé par la diète.

8. Aucun canton ne peut donner asile à un criminel légalement condamné, non plus qu'à un prévenu légalement poursuivi.

9. Le nombre de troupes soldées que peut entretenir un canton, est borné à deux cents hommes.

10. Toute alliance d'un canton avec un autre canton, ou avec une puissance étrangère, est interdite.

11. Le gouvernement ou le corps législatif de tout canton qui viole un décret de la diète, peut être traduit comme rebelle devant un tribunal composé des présidents des tribunaux criminels de tous les autres cantons.

12. Les cantons jouissent de tous les pouvoirs qui n'ont pas été expressément délégués à l'autorité fédérale.

TITRE II.

Du canton directeur.

13. La diète se réunit tour-à-tour, et d'une année à l'autre, à Fribourg. Berne, Soleure, Bâle, Zurich et Lucerne.

14. Les cantons dont ces villes sont les chefs-lieux, deviennent successivement cantons directeurs ; l'année du directorat commence le 1er janvier.

15. Le canton directeur fournit aux députés à la diète le logement et une garde d'honneur ; il pourvoit aux frais des séances.

16. L'avoyer ou bourgmestre du canton directeur joint à son titre celui de landamman de la Suisse ; il a la garde du sceau de la République helvétique ; il ne peut s'éloigner de la ville. Le grand conseil de son canton lui accorde un traitement particulier, et fait payer les dépenses extraordinaires attachées à cette magistrature.

17. Les ministres étrangers remettent au landamman de la Suisse leurs lettres de créance ou de rappel, et s'adressent à lui pour les négociations. Il est l'intermédiaire des autres relations diplomatiques.

18. A l'ouverture des diètes, il donne les renseignements qui lui sont parvenus à l'égard des affaires intérieures et extérieures qui intéressent la fédération.

19. Aucun canton ne peut, dans son sein, requérir et mettre en mouvement plus de cinq cents hommes de milices, qu'après en avoir prévenu le landamman de la Suisse.

20. En cas de révolte dans l'intérieur d'un canton, ou de tout autre besoin pressant, il fait marcher des troupes d'un canton à l'autre ; mais seulement sur la demande du grand ou du petit conseil du canton qui réclame du secours, et après avoir pris l'avis du petit conseil du canton directeur, sauf à convoquer la diète après la répression des hostilités, ou si le danger continue.

21. Si durant les vacances de la diète, il s'élève des constetations entre deux ou plusieurs cantons, on s'adresse au landamman de la Suisse, qui, selon les circonstances plus ou moins pressantes, nomme des arbitres conciliateurs, ou ajourne la discussion à la prochaine diète.

22. Il avertit les cantons si leur conduite intérieure compromet la tranquillité de la Suisse, ou s'il se passe chez eux quelque chose d'irrégulier et de contraire, soit à l'acte fédéral, soit à leur constitution particulière. Il peut alors ordonner la convocation du grand conseil, ou des landsgemeindes dans les lieux, où l'autorité suprême est exercée immédiatement par le peuple.

23. Le landammann de la Suisse envoie, au besoin, des inspecteurs chargés de l'examen des routes, chemins et rivières Il ordonne, sur ces objets, des travaux urgents, et en cas de nécessité, il fait exécuter directement, et aux frais de qui il peut appartenir, ceux qui ne sont pas commencés ou achevés au temps prescrit.

24. Sa signature donne crédit et caractère national aux actes qui en sont revêtus.

TITRE III.

De la diète.

25. Chaque canton envoie à la diète un député, auquel on peut adjoindre un ou deux conseils, qui le remplacent en cas d'absence ou de maladie.

26. Les députés à la diète ont des instructions et des pouvoirs limités, et ils ne votent pas contre leurs instructions.

27. Le landammann de la Suisse est, de droit, député du canton directeur.

28. Les dix-neuf députés qui composent la diète, forment vingt-cinq voix dans les délibérations.

Les députés des cantons dont la population est de plus de cent mille habitants, savoir: ceux de Berne, Zurich, Vaud, St-Gall, Argovie et Grisons, ont chacun deux voix.

Les députés des cantons, dont la population est au-dessous de cent mille âmes, savoir: ceux du Tessin, de Lucerne, Thurgovie, Fribourg, Appenzell, Soleure, Bâle, Schwyz, Glaris, Schaffhouse, Unterwalden, Zoug et Uri, n'ont qu'une voix chacun.

29. La diète présidée par le landammann de la Suisse, s'assemble le 1er lundi de juin, et sa session ne peut excéder le terme d'un mois.

30. Il y a lieu à des diètes extraordinaires.

1° Sur la demande d'une puissance limitrophe, ou de l'un des cantons, accueillie par le grand conseil du canton directeur, qui est convoqué à cet effet, s'il se trouve en vacances;

2° Sur l'avis du grand conseil ou de la landsgemeinde de cinq cantons, qui trouvent fondée à cet égard une demande que le canton directeur n'a pas admise;

3° Lorsqu'elles sont convoquées par le landammann de la Suisse.

31. Les déclarations de guerre et les traités de paix ou d'alliance émanent de la diète; mais l'aveu des trois quarts des cantons est nécessaire.

32. Elle seule conclut des traités de commerce et des capitulations pour service étranger. Elle autorise les cantons, s'il y a lieu, à traiter particulièrement sur d'autres objets avec une puissance étrangère.

33. On ne peut, sans son consentement, recruter dans aucun canton pour une puissance étrangère.

34. La diète ordonne le contingent de troupes déterminé pour chaque canton par l'article 2; elle nomme le général qui doit les commander, et elle prend d'ailleurs toutes les mesures nécessaires pour la sûreté de la Suisse et pour l'exécution des autres dispositions de l'article 1er. Elle a le même droit, si des troubles survenus dans un canton, menacent le repos des autres cantons.

35. Elle nomme et envoie les ambassadeurs extraordinaires.

36. Elle prononce sur les contestations qui surviennent entre les cantons, si elles n'ont pas été terminées par la voie de l'arbitrage. A cet effet, elle se forme en syndicat, à la fin de ses travaux ordinaires: mais alors chaque député a une voix, et il ne peut lui être donné d'instructions à cet égard.

37. Les procès-verbaux de la diète sont consignés dans deux registres, dont l'un reste au canton directeur; et l'autre, avec le sceau de l'état, est, à la fin de décembre, transporté au chef-lieu du canton directeur.

38. Un chancelier et un greffier nommés par la diète pour deux ans et payés par le canton directeur, conformément à ce qui est réglé par la diète, suivent toujours le sceau et les registres.

39. La constitution de chaque canton, écrite sur parchemin et scellée du sceau du canton, est déposée aux archives de la diète.

40. Le présent acte fédéral, ainsi que les constitutions particulières des dix-neuf cantons, abrogent toutes les dispositions antérieures qui y seraient contraires; et aucun droit, en ce qui concerne le régime intérieur des cantons et leur rapport entre eux, ne peut être fondé sur l'ancien état politique de la Suisse.

Bundesvertrag zwischen den XXII Kantonen der Schweiz.

(Vom 7. August 1815.)

Im Namen Gottes des Allmächtigen!

§ 1.

Die XXII souveränen Kantone der Schweiz, als Zürich, Bern, Luzern, Uri, Schwyz, Unterwalden, Glarus, Zug, Freiburg, Solothurn, Basel, Schaffhausen, Appenzell beider Rhoden, St. Gallen, Graubünden, Aargau, Thurgau, Tessin, Waadt, Wallis, Neuenburg und Genf, vereinigen sich durch den gegenwärtigen Bund zur Behauptung ihrer Freiheit, Unabhängigkeit und Sicherheit gegen alle Angriffe fremder Mächte, und zur Handhabung der Ruhe und Ordnung im Innern. Sie gewährleisten sich gegenseitig ihre Verfassungen, sowie dieselben von den obersten Behörden jedes Kantons, in Übereinstimmung mit den Grundsätzen des Bundes-Vertrags, werden angenommen worden sein. Sie gewährleisten sich gegenseitig ihr Gebiet.

§ 2.

Zu Handhabung dieser Gewährleistung und zu Behauptung der Neutralität der Schweiz wird aus der waffenfähigen Mannschaft eines jeden Kantons, nach dem Verhältniß von 2 Mann auf 100 Seelen Bevölkerung, ein Kontingent gebildet. Die Truppen werden von den Kantonen geliefert wie folgt:

Zürich	3,858	Mann.
Bern	4,584	„
Luzern	1,734	„
Uri	236	„
Schwyz	602	„
Unterwalden	382	„
Glarus	482	„
Zug	250	„
Freiburg	1,240	„
Solothurn	904	„
Basel	818	„
Schaffhausen	466	„
Appenzell	972	„
St. Gallen	2,630	„
Uebertrag	19,158	Mann.

429

	Uebertrag	19,158	Mann.
Graubünden	. .	2,000	„
Aargau	.	2,410	„
Thurgau	.	1,670	„
Tessin	.	1,804	„
Waadt	.	2,964	„
Wallis	.	1,280	„
Neuenburg		1,000	„
Genf	. .	600	„
	Total	32,886	Mann.

Diese vorläufig angenommene Skala soll von der nächst bevorstehenden ordentlichen Tagsatzung durchgesehen und nach obigem Grundsatz berichtigt werden.

§ 3.

Die Geldbeiträge, zu Bestreitung der Kriegskosten und anderer Ausgaben des Bundes, werden von den Kantonen nach folgendem Verhältniß entrichtet:

Zürich	Franken	77,153
Bern	„	91,695
Luzern	„	26,016
Uri	„	1,184
Schwyz	„	3,012
Unterwalden	„	1,907
Glarus	„	4,823
Zug	„	2,497
Freiburg	„	18,591
Solothurn	„	18,097
Basel	„	20,450
Schaffhausen	„	9,327
Appenzell	„	9,728
St. Gallen	„	39,451
Graubünden	„	12,000
Aargau	„	52,212
Thurgau	„	25,052
Tessin	„	18,039
Waadt	„	59,273
Wallis	„	9,600
Neuenburg	„	25,000
Genf	„	15,000
Total	Franken	540,107

Diese Vertheilung der Geldbeiträge soll ebenfalls durch die nächst bevorstehende ordentliche Tagsatzung durchgesehen, und mit Rücksicht auf die Beschwerden einiger Kantone berichtigt werden. Eine ähnliche Revision soll späterhin, wie für die Mannschafts-Kontingente, von 20 zu 20 Jahren statthaben.

Zu Bestreitung der Kriegskosten soll überdieß eine gemeineidgenössische Kriegskassa errichtet werden, deren Gehalt bis auf den Betrag eines doppelten Geldkontingents anwachsen soll.

Diese Kriegskassa soll ausschließlich nur zu Militärkosten bei eidgenössischen Auszügen angewendet, und in sich ergebenden Fällen die eine Hälfte der Ausgaben durch Einziehung eines Geldkontingents nach der Skala bestritten, und die andere Hälfte aus der Kriegskassa bezahlt werden.

Zur Bildung dieser Kriegskassa soll eine Eingangsgebühr auf Waaren gelegt werden, die nicht zu den nothwendigsten Bedürfnissen gehören.

Diese Gebühren werden die Grenzkantone beziehen und der Tagsatzung alljährlich darüber Rechnung ablegen.

Der Tagsatzung wird überlassen, sowohl den Tarif dieser Eingangsgebühr festzusetzen, als auch die Art der Rechnungsführung darüber, und die Maßnahmen zur Verwahrung der bezogenen Gelder zu bestimmen.

§ 4.

Im Fall äußerer oder innerer Gefahr hat jeder Kanton das Recht, die Mitstände zu getreuem Aufsehen aufzufordern. Wenn in einem Kanton Unruhen ausbrechen, so mag die Regierung andere Kantone zur Hülfe mahnen, doch soll sogleich das Vorort davon benachrichtigt werden; bei fortdauernder Gefahr wird die Tagsatzung, auf Ansuchen der Regierung, die weitern Maßregeln treffen. Im Fall einer plötzlichen Gefahr von Außen mag zwar der bedrohte Kanton andere Kantone zur Hülfe mahnen, doch soll sogleich das Vorort davon in Kenntniß gesetzt werden. Diesem liegt ob, die Tagsatzung zu versammeln, welcher alle Verfügungen zur Sicherheit der Eidgenossenschaft zustehen.

Der oder die gemahnten Kantone haben die Pflicht, dem Mahnenden Hülfe zu leisten.

Im Fall äußerer Gefahr werden die Kosten von der Eidgenossenschaft getragen; bei innern Unruhen liegen dieselben auf dem mahnenden Kanton, es wäre denn Sache, daß die Tagsatzung, wegen besondern Umständen, eine andere Bestimmung treffen würde.

§ 5.

Alle Ansprüche und Streitigkeiten zwischen den Kantonen über Gegenstände, die nicht durch den Bundesvertrag gewährleistet sind, werden an das Eidgenössische Recht gewiesen. Der Gang und die Form dieser Rechtshandlung sind folgendermaßen festgesetzt.

Jeder der zwei streitenden Kantone wählt aus den Magistratspersonen anderer Kantone zwei, oder, wenn die Kantone darüber einig fallen, einen Schiedsrichter.

Wenn die Streitsache zwischen mehr als zwei Kantonen obwaltet, so wird die bestimmte Zahl von jeder Partei gewählt.

Diese Schiedsrichter vereint, trachten den Streit in der Minne und auf dem Pfad der Vermittelung beizulegen.

Kann dieses nicht erreicht werden, so wählen die Schiedsrichter einen Obmann aus den Magistratspersonen eines in der Sache unparteiischen Kantons, und aus welchem nicht bereits einer der Schiedsrichter gezogen ist. Sollten die Schiedsrichter sich über die Wahl des Obmanns nicht vereinigen können und einer der Kantone darüber Beschwerde führen, so wird der Obmann von der Tagsatzung gesetzt, wobei aber die im Streit stehenden Kantone kein Stimmrecht haben; der Obmann und die Schieds-richter versuchen nochmals, den Streit durch Vermittelung auszugleichen, oder entscheiden, im Fall allseitiger Uebergabe, durch Kompromißspruch; geschieht aber keines von beiden, so sprechen sie über die Streitsache, nach den Rechten, endlich ab.

Der Spruch kann nicht weiter gezogen werden und wird erforder-lichenfalls durch Verfügung der Tagsatzung in Vollziehung gesetzt.

Zu gleicher Zeit mit der Hauptsache soll auch über die Kosten, bestehend in den Auslagen der Schiedsrichter und des Obmanns entschieden werden.

Die nach obigen Bestimmungen gewählten Schiedsrichter und Obmänner werden von ihren Regierungen des Eides für ihren Kanton, in der ob-waltenden Streitsache, entlassen.

Bei allen vorfallenden Streitigkeiten sollen die betreffenden Kantone sich jeder gewaltsamen Maßregel oder sogar Bewaffnung enthalten, den in diesem Artikel festgesetzten Rechtspfad genau befolgen und dem Spruch in allen Theilen statt thun.

§ 6.

Es sollen unter den einzelnen Kantonen keine dem allgemeinen Bund oder den Rechten anderer Kantone nachtheilige Verbindungen geschlossen werden.

§ 7.

Die Eidgenossenschaft huldigt dem Grundsatz, daß, so wie es, nach Anerkennung der XXII Kantone, keine Unterthanenlande mehr in der Schweiz gibt, so könne auch der Genuß der politischen Rechte nie das ausschließliche Privilegium einer Klasse der Kantonsbürger sein.

§ 8.

Die Tagsatzung besorgt, nach den Vorschriften des Bundesvertrags die ihr von den souveränen Ständen übertragenen Angelegenheiten des Bundes. Sie besteht aus den Gesandten der XXII Kantone, welche nach ihren In-struktionen stimmen. Jeder Kanton hat eine Stimme, welche von einem Gesandten eröffnet wird. Sie versammelt sich in der Hauptstadt des jeweiligen Vororts, ordentlicherweise alle Jahre am ersten Montag im Heumonat, außerordentlicherweise, wenn das Vorort dieselbe ausschreibt, oder auf das Begehren von fünf Kantonen.

Der im Amt stehende Bürgermeister oder Schultheiß des Vororts führt den Vorsitz.

Die Tagsatzung erklärt Krieg und schließt Frieden; sie allein errichtet Bündnisse mit auswärtigen Staaten; doch sind für diese wichtigen Ver-handlungen drei Viertheile der Kantonsstimmen erforderlich. In allen übrigen Verfügungen, die durch den gegenwärtigen Bund der Tagsatzung übertragen sind, entscheidet die absolute Mehrheit.

Handelsverträge mit auswärtigen Staaten werden von der Tagsatzung geschlossen.

Militärkapitulationen und Verträge über ökonomische und Polizei-gegenstände mögen von einzelnen Kantonen mit auswärtigen Staaten geschlossen werden. Sie sollen aber weder dem Bundesverein, noch bestehen-den Bündnissen, noch verfassungsmäßigen Rechten anderer Kantone zuwider sein, und zu diesem Ende zur Kenntniß der Tagsatzung gebracht werden.

Eidgenössische Gesandte, wenn deren Abordnung nothwendig erachtet wird, werden von der Tagsatzung ernannt und abberufen.

Die Tagsatzung trifft alle erforderlichen Maßregeln für die äußere und innere Sicherheit der Eidgenossenschaft. Sie bestimmt die Organisation der Kontingentstruppen, verfügt über derselben Aufstellung und Gebrauch, ernennt den General, den Generalstab und die eidgenössischen Obersten. Sie ordnet, im Einverständniß mit den Kantonsregierungen, die Aufsicht über die Bildung und Ausrüstung des Militärkontingents an.

§ 9.

Bei außerordentlichen Umständen, und wenn sie nicht fortdauernd ver-sammelt bleiben kann, hat die Tagsatzung die Befugniß, dem Vorort beson-dere Vollmachten zu ertheilen. Sie kann auch derjenigen Behörde des Vor-orts, welche mit der eidgenössischen Geschäftsführung beauftragt ist, zu Be-sorgung wichtiger Bundesangelegenheiten eidgenössische Repräsentanten bei-ordnen; in beiden Fällen sind zwei Drittheile der Stimmen erforderlich.

Die eidgenössischen Repräsentanten werden von den Kantonen gewählt, welche hiefür unter sich in folgenden sechs Klassen wechseln.

Den ersten eidgenössischen Repräsentant geben abwechselnd die zwei Direktorialorte, die nicht im Amt stehen;

den zweiten Uri, Schwyz, Unterwalden;

den dritten Glarus, Zug, Appenzell, Schaffhausen;

den vierten Freiburg, Basel, Solothurn, Wallis;

den fünften Graubünden, St. Gallen, Aargau, Neuenburg,

den sechsten Waadt, Thurgau, Tessin, Genf.

Die Tagsatzung ertheilt den eidgenössischen Repräsentanten die erforder-lichen Instruktionen und bestimmt die Dauer ihrer Verrichtungen. In jedem Fall hören letztere mit dem Wiederzusammentritt der Tagsatzung auf. Die eidgenössischen Repräsentanten werden aus der Bundeskassa entschädigt.

§ 10.

Die Leitung der Bundesangelegenheiten, wenn die Tagsatzung nicht versammelt ist, wird einem Vorort, mit den bis zum Jahr 1798 ausgeübten Befugnissen, übertragen.

Das Vorort wechselt unter den Kantonen Zürich, Bern und Luzern, je zu zwei Jahren um, welche Kehrordnung mit dem 1. Januar 1815 ihren Anfang genommen hat.

Dem Vorort ist eine eidgenössische Kanzlei beigeordnet; dieselbe besteht aus einem Kanzler und einem Staatsschreiber, die von der Tagsatzung ge= wählt werden.

§ 11.

Für Lebensmittel, Landeserzeugnisse und Kaufmannswaaren ist der freie Kauf, und für diese Gegenstände, sowie auch für das Vieh, die unge= hinderte Aus= und Durchfuhr von einem Kanton zum andern gesichert, mit Vorbehalt der erforderlichen Polizeiverfügungen gegen Wucher und schäd= lichen Vorkauf.

Diese Polizeiverfügungen sollen für die eigenen Kantonsbürger und die Einwohner anderer Kantone gleich bestimmt werden.

Die dermalen bestehenden, von der Tagsatzung genehmigten Zölle, Weg= und Brückengelder verbleiben in ihrem Bestand. Es können aber ohne Ge= nehmigung der Tagsatzung weder neue errichtet, noch die bestehenden erhöht, noch ihr Bezug, wenn er auf bestimmte Jahre beschränkt war, verlängert werden.

Die Abzugsrechte von Kanton zu Kanton sind abgeschafft.

§ 12.

Der Fortbestand der Klöster und Kapitel und die Sicherheit ihres Eigenthums, soweit es von den Kantonsregierungen abhängt, sind gewähr= leistet; ihr Vermögen ist, gleich anderm Privatgut, den Steuern und Ab= gaben unterworfen.

§ 13.

Die helvetische Nationalschuld, deren Betrag den 1. November 1804 auf drei Millionen, einmalhundertachtzehntausend dreihundertsechsundreißig Franken festgesetzt worden, bleibt anerkannt.

§ 14.

Alle eidgenössischen Konkordate und Verkommnisse seit dem Jahr 1803, die den Grundsätzen des gegenwärtigen Bundes nicht entgegen sind, verblei= ben in ihrem bisherigen Bestand; die Sammlung der in dem gleichen Zeit= raum erlassenen Tagsatzungsbeschlüsse soll der Tagsatzung des Jahres 1816 zur Revision vorgelegt werden, und diese wird entscheiden, welche von den= selben ferner verbindlich sein sollen.

§ 15.

Sowohl gegenwärtiger Bundesvertrag als auch die Kantonalverfassun= gen sollen in das eidgenössische Archiv niedergelegt werden.

—

Die XXII Kantone konſtituiren ſich als Schweizeriſche Eidgenoſſenſchaft, ſie erklären, daß ſie frei und ungezwungen in dieſen Bund treten,
denſelben im Glück wie im Unglück als Brüder und Eidgenoſſen getreulich
halten, inſonders aber, daß ſie von nun an alle daraus entſtehenden Pflichten und Verbindlichkeiten gegenſeitig erfüllen wollen; und damit eine für
das Wohl des geſammten Vaterlandes ſo wichtige Handlung, nach der Sitte
der Väter, eine heilige Gewährſchaft erhalte, ſo iſt dieſe Bundesurkunde
nicht allein durch die bevollmächtigten Geſandten eines jeden Standes unterzeichnet und mit dem neuen Bundes-Inſiegel verſehen, ſondern noch durch
einen theuern Eid zu Gott dem Allmächtigen feierlich bekräftigt worden.

Alſo geſchehen, unterſchrieben und beſiegelt durch die nachgenannten
Herren Geſandten und Legationsräthe der eidgenöſſiſchen Stände, in Zürich
den ſiebenten Auguſtmonat im Jahr nach Chriſti Geburt eintauſendacht-
hundertundfünfzehn (7. Auguſt 1815).

Im Namen des Standes Zürich.

(L. S.) David v. Wyß, Burgermeiſter.
(L. S.) Paul Uſteri, Staatsrath.
(L. S.) H. Jacob Peſtaluz, Staatsrath.

Im Namen der Stadt und Republik Bern.

(L. S.) Niklaus Friedrich v. Mülinen, Schultheiß.
(L. S.) J. R. v. Stürler.
(L. S.) Rudolf Stettler.

Im Namen der Stadt und Republik Luzern.

(L. S.) Vincenz v. Rüttimann, Schultheiß.
(L. S.) Pfyffer v. Heidegg, L.-Rath.

Im Namen des Kantons Uri.

(L. S.) Dom. Epp, Landammann und Landeshauptmann.
(L. S.) Karl Florian Luſſer, Landſchreiber.

Im Namen des Kantons Schwyz.

(L. S.) S. X. Wäber, regier. Landammann.
(L. S.) Joachim Schmid, Landammann.

Im Namen des Kantons Unterwalden ob dem Wald.
(als anerkannten Eidgenöſſiſchen Stands.)

(L. S.) J. Jgnaz Stockmann, Landammann.

Im Namen des Kantons Glarus.

(L. S.) Nikolaus Heer, Landammann.
(L. S.) Karl Burger, alt Landammann und Landesſtatthalter.

Im Namen des Kantons Zug.

(L. S.) Joseph Anton Heß, alt-Ammann.
(L. S.) G. J. Sidler, Statthalter.

Im Namen der Stadt und Republik Freiburg.

(L. S.) Augustin Gasser, Staatsrath.
(L. S.) Tobie de Gottrau, Membre du Grand Conseil.

Im Namen der Republik Solothurn.

(L. S.) Peter v. Glutz-Ruchti, Schultheiß.
(L. S.) v. Glutz v. Blotzheim, Appellationsrath.

Im Namen des Kantons Basel.

(L. S.) Joh. Heinrich Wieland, J. U. D., Bürgermeister.
(L. S.) Joh. Jakob Minder, Staatsrath.

Im Namen des Kantons Schaffhausen.

(L. S.) B. Pfister, Bürgermeister.
(L. S.) J. Ulrich v. Waldkirch, des Kleinen Raths.

Im Namen des Kantons Appenzell beider Rhoden.

(L. S.) Zellweger, Landammann.
(L. S.) J. A. Säßler, Landshauptmann.

Im Namen des Kantons St. Gallen.

(L. S.) Zollikofer, Landammann.
(L. S.) J. P. Reutti, Regierungsrath.

Im Namen des Kantons Graubünden.

(L. S.) G. Gengel.

Im Namen des Kantons Aargau.

(L. S.) Joh. Karl Setzer, Burgermeister.
(L. S.) Franz Ludwig Hürner, Appellationsrath.

Im Namen des Kantons Thurgau.

(L. S.) Johannes Morell, Landammann.
(L. S.) Joseph Anderwerth, Landammann.

Im Namen des Kantons Tessin.

(L. S.) Andrea Caglioni, Consigl. di Stato.
(L. S.) G. B. Maggi, Landammanno.

Im Namen des Kantons Waadt.

(L. S.) Jules Muret, Conseiller d'Etat.
(L. S.) François Clavel, Conseiller d'Etat.

Im Namen der Republik und des Kantons Wallis.

(L. S.) Kaspar Eugen Stockalper, alt-Landshauptmann von Wallis.

(L. S.) Michel Dufour, Grand-juge.

Im Namen des Kantons Neuenburg.

(L. S.) de Rougemont, Procureur général et Président du Conseil d'Etat.

(L. S.) le Comte Louis de Pourtalès, Conseiller d'Etat

(L. S.) F. Aug. de Montmollin, Conseiller d'Etat.

Im Namen der Republik und des Kantons Genf.

(L. S.) Joseph Des Arts, Syndic, Député du Canton de Genève.

(L. S.) Jean Pierre Schmidtmeyer, Conseiller d'Etat et Député du Canton de Genève.

———

Hier folgt der den Gesandtschaften der eidgenössischen Stände zur Be-schwörung des Bundes am 7. August 1815 vorgelegte Eid:

Wir, die Gesandten der XXII souveränen Stände der Eidgenossenschaft im Namen und als Bevollmächtigte der Burgermeister, Schultheißen, Land-ammänner, Häupter, Landeshauptmann, Staatsräthe, Syndics, kleinen und großen Räthen und ganzen Gemeinden der hohen Stände: Zürich, Bern, Luzern, Uri, Schwyz, Unterwalden, Glarus, Zug, Freiburg, Solothurn, Basel, Schaffhausen, Appenzell beider Rhoden, St. Gallen, Graubünden, Aargau, Thurgau, Tessin, Waadt, Wallis, Neuenburg und Genf — schwören:

„Den Bund der Eidgenossen, laut Inhalt der soeben verlesenen Ur-kunde vom 7. August 1815 wahr und stets zu halten, und dafür Leib und Leben, Gut und Blut hinzugeben; die Wohlfahrt und den Nutzen des ge-sammten Vaterlandes und jedes einzelnen Standes nach besten Kräften zu fördern und deren Schaden abzuwenden, im Glück und Unglück als Brüder und Eidgenossen miteinander zu leben und Alles zu leisten, was Pflicht und Ehre von treuen Bundesgenossen erfordert."

Worauf die Gesandtschaften mit lauter und vernehmbarer Stimme die Worte nachgesprochen haben:

„Was der soeben vorgelesene Eid enthält, das wird mein hoher Stand, der mich hieher gesandt, halten und vollziehen, getreulich und ohne Ge-fährde; das betheure ich bei Gott dem Allmächtigen, so wahr mir seine Gnade helfen möge (und alle heiligen)."

Daß dieses also geschehen sei, bezeugen die Beamten der eidgenössischen Kanzlei mit ihren Siegeln und Unterschriften, den 7. August 1815.

(L. S.) M. Mousson, Kanzler der Eidgenossenschaft.

(L. S.) Oberst Fridolin Joseph v. Hauser, Staatsschreiber.

(L. S.) Heinrich Bottinger, eidgenössischer Stabshauptmann, Kanzleisubstitut bei der außerordentlichen Tagsatzung.

(Bundessiegel.)

Verbal-Proceß betreffend die Wiederaufnahme von Unterwalden nid dem Wald in den Eidgenössischen Bund.

(Vom 30. August 1815.)

Nachdem Landammann, Landrath und gemeine Landleute von Unterwalden nid dem Wald durch einen einmüthigen Beschluß vom 24. August
1815 dem neuen Bundesvertrag unter den XXII Ständen der Schweiz beigetreten sind und die hochgeachteten Herren Landammann Ludwig Kaiser und
Landammann Stanislaus Akermann zu ihren Deputirten auf die eidgenössische Tagsatzung ernannt haben, welche auch wirklich in Zürich erschienen
sind, um die Aufnahme ihres Standes in den Bund und für sie, als Gesandte Nidwaldens, den Zutritt in die Tagsatzung zu begehren, — so hat
die eidgenössische Tagsatzung solches einmüthig genehmigt und Nidwalden
als Stand der Eidgenossenschaft und als Theil des Kantons Unterwalden
wieder auf- und angenommen, mit den nämlichen Vortheilen und Verpflichtungen und unter den gleichen Verhältnissen, welche durch den Bundesvertrag für alle eidgenössischen Stände festgesetzt sind.

In Folge dessen haben die obbenannten Gesandten des Kantons
Unterwalden nid dem Wald gegenwärtiges Originalinstrument des neuen
Bundesvertrages eigenhändig unterzeichnet, mit ihren Familienwappen
besiegelt und auf die gleiche Art beschworen, wie es alle eidgenössischen Gesandtschaften am 7. August gethan haben.

Also geschehen in Zürich den dreißigsten des Monats August im Jahr
nach Christi Geburt eintausend achthundert und fünfzehn (30. August 1815).

(L. S.) Ludwig Kaiser, Landammann.

(L. S.) Stanislaus Akermann, Landammann.

Wir, der Burgermeister des Kantons Zürich, Präsident der eidgenössischen
Tagsatzung, und wir, der Kanzler und der Staatsschreiber der Eidgenossenschaft, im Namen und aus Auftrag der eidgenössischen Tagsatzung, beurkunden

durch unfere Unterfchriften und Siegel diefe Verhandlung, wodurch Unterwalden nid dem Wald als Stand der Eidgenoffenfchaft und als Theil des
Kantons Unterwalden in den Bund aufgenommen worden ift.

Datum ut supra.

Der Burgermeifter des Kantons Zürich,
Präfident der eidgenöffifchen Tagfatzung:

(L. S.) David v. Wyß.

Der Kanzler und der Staatsfchreiber
der Eidgenoffenfchaft:

(L. S.) Mouffon.   (L. S.) v. Haufer.

Die Bundesverfassung vom 29. Mai 1874,
mit Beifügung der differirenden Bestimmungen aus der Verfassung
vom 12. September 1848. [1])

Im Namen Gottes des Allmächtigen!

Die schweizerische Eidgenossenschaft,

in der Absicht, den Bund der Eidgenossen zu befestigen, die Einheit,
Kraft und Ehre der schweizerischen Nation zu erhalten und zu fördern, hat
nachstehende Bundesverfassung angenommen:

Bundesverfassung der schweizerischen Eidgenossenschaft.

Erster Abschnitt.

Allgemeine Bestimmungen.

Art. 1. Die durch gegenwärtigen Bund vereinigten Völkerschaften der
zweiundzwanzig souveränen Kantone, als: Zürich, Bern, Luzern, Uri, Schwyz,
Unterwalden (ob und nid dem Wald), Glarus, Zug, Freiburg, Solothurn,
Basel (Stadt und Landschaft), Schaffhausen, Appenzell (beider Rhoden),
St. Gallen, Graubünden, Aargau, Thurgau, Tessin, Waadt, Wallis, Neuen-
burg und Genf, bilden in ihrer Gesammtheit die schweizerische Eidgenossenschaft.

Art. 2. Der Bund hat zum Zweck: Behauptung der Unabhängigkeit
des Vaterlandes gegen Außen, Handhabung von Ruhe und Ordnung im
Innern, Schutz der Freiheit und der Rechte der Eidgenossen und Beförderung ihrer gemeinsamen Wohlfahrt.

Art. 3. Die Kantone sind souverän, soweit ihre Souveränetät nicht
durch die Bundesverfassung beschränkt ist, und üben als solche alle Rechte
aus, welche nicht der Bundesgewalt übertragen sind.

---

[1]) Die Partialrevisionen seit 1874 sind gesperrt gedruckt, die abweichenden Artikel der
Verfassung von 1848 in Noten beigefügt.

Art. 4. Alle Schweizer sind vor dem Gesetze gleich. Es gibt in der Schweiz keine Unterthanenverhältnisse, keine Vorrechte des Orts, der Geburt, der Familien oder Personen.

Art. 5. Der Bund gewährleistet den Kantonen ihr Gebiet, ihre Souveränetät innert den Schranken des Art. 3, ihre Verfassungen, die Freiheit, die Rechte des Volkes und die verfassungsmäßigen Rechte der Bürger gleich den Rechten und Befugnissen, welche das Volk den Behörden übertragen hat.

Art. 6. Die Kantone sind verpflichtet, für ihre Verfassungen die Gewährleistung des Bundes nachzusuchen.

Der Bund übernimmt diese Gewährleistung, insofern:

a. sie nichts den Vorschriften der Bundesverfassung Zuwiderlaufendes enthalten;

b. sie die Ausübung der politischen Rechte nach republikanischen (repräsentativen oder demokratischen) Formen sichern;

c. sie vom Volke angenommen worden sind und revidirt werden können, wenn die absolute Mehrheit der Bürger es verlangt.

Art. 7. Besondere Bündnisse und Verträge politischen Inhalts zwischen den Kantonen sind untersagt.

Dagegen steht ihnen das Recht zu, Verkommnisse über Gegenstände der Gesetzgebung, des Gerichtswesens und der Verwaltung unter sich abzuschließen; jedoch haben sie dieselben der Bundesbehörde zur Einsicht vorzulegen, welche, wenn diese Verkommnisse etwas dem Bunde oder den Rechten anderer Kantone Zuwiderlaufendes enthalten, deren Vollziehung zu hindern befugt ist. Im entgegengesetzten Falle sind die betreffenden Kantone berechtigt, zur Vollziehung die Mitwirkung der Bundesbehörden anzusprechen.

Art. 8. Dem Bunde allein steht das Recht zu, Krieg zu erklären und Frieden zu schließen, Bündnisse und Staatsverträge, namentlich Zoll- und Handelsverträge mit dem Auslande einzugehen.

Art. 9. Ausnahmsweise bleibt den Kantonen die Befugniß, Verträge über Gegenstände der Staatswirthschaft, des nachbarlichen Verkehrs und der Polizei mit dem Auslande abzuschließen; jedoch dürfen dieselben nichts dem Bunde oder den Rechten anderer Kantone Zuwiderlaufendes enthalten.

Art. 10. Der amtliche Verkehr zwischen Kantonen und auswärtigen Staatsregierungen, sowie ihren Stellvertretern, findet durch Vermittlung des Bundesrathes statt.

Ueber die im Art. 9 bezeichneten Gegenstände können jedoch die Kantone mit den untergeordneten Behörden und Beamten eines auswärtigen Staates in unmittelbaren Verkehr treten.

Art. 11. Es dürfen keine Militärkapitulationen abgeschlossen werden.

Art. 12. Die Mitglieder der Bundesbehörden, die eidgenössischen Zivil-
und Militärbeamten und die eidgenössischen Repräsentanten oder Kommissarien dürfen von auswärtigen Regierungen weder Pensionen oder Gehalte, noch Titel, Geschenke oder Orden annehmen.

Sind sie bereits im Besitze von Pensionen, Titeln oder Orden, so haben
sie für ihre Amtsdauer auf den Genuß der Pensionen und das Tragen der
Titel und Orden zu verzichten.

Untergeordneten Beamten und Angestellten kann jedoch vom Bundesrath der Fortbezug von Pensionen bewilligt werden.

Im schweizerischen Heere dürfen weder Orden getragen, noch von auswärtigen Regierungen verliehene Titel geltend gemacht werden.

Das Annehmen solcher Auszeichnungen ist allen Offizieren, Unteroffi-
zieren und Soldaten untersagt [1]).

Art. 13. Der Bund ist nicht berechtigt, stehende Truppen zu halten.

Ohne Bewilligung der Bundesbehörde darf kein Kanton oder in getheilten Kantonen kein Landestheil mehr als 300 Mann stehende Truppen
halten, die Landjägerkorps nicht inbegriffen.

Art. 14. Die Kantone sind verpflichtet, wenn Streitigkeiten unter ihnen
entstehen, sich jeder Selbsthilfe, sowie jeder Bewaffnung zu enthalten und sich
der bundesmäßigen Entscheidung zu unterziehen.

Art. 15. Wenn einem Kanton vom Ausland plötzlich Gefahr droht,
so ist die Regierung des bedrohten Kantons verpflichtet, andere Kantone zur
Hilfe zu mahnen, unter gleichzeitiger Anzeige an die Bundesbehörde und
unvorgreiflich den spätern Verfügungen dieser letztern. Die gemahnten Kantone sind zum Zuzuge verpflichtet. Die Kosten trägt die Eidgenossenschaft.

Art. 16. Bei gestörter Ordnung im Innern, oder wenn von einem
andern Kantone Gefahr droht, hat die Regierung des bedrohten Kantons
dem Bundesrathe sofort Kenntniß zu geben, damit dieser innert den Schranken seiner Kompetenz (Art. 102, Ziffer 3, 10 und 11) die erforderlichen
Maßregeln treffen oder die Bundesversammlung einberufen kann. In
dringenden Fällen ist die betreffende Regierung befugt, unter sofortiger Anzeige an den Bundesrath, andere Kantone zur Hilfe zu mahnen, und die
gemahnten Stände sind zur Hilfeleistung verpflichtet.

Wenn die Kantonsregierung außer Stande ist, Hilfe anzusprechen, so
kann, und wenn die Sicherheit der Schweiz gefährdet wird, so soll die
kompetente Bundesbehörde von sich aus einschreiten.

In Fällen eidgenössischer Intervention sorgen die Bundesbehörden für
Beachtung der Vorschriften von Art. 5.

---

[1]) Die beiden letzten Absätze von Art. 12 befinden sich in der Verfassung von 1848 nicht.

Die Kosten trägt der mahnende oder die eidgenössische Intervention veranlassende Kanton, wenn nicht die Bundesversammlung wegen besonderer Umstände etwas Anderes beschließt.

Art. 17. In den durch die Art. 15 und 16 bezeichneten Fällen ist jeder Kanton verpflichtet, den Truppen freien Durchzug zu gestatten. Diese sind sofort unter eidgenössische Leitung zu stellen.

Art. 18. Jeder Schweizer ist wehrpflichtig.[1]

Wehrmänner, welche infolge des eidgenössischen Militärdienstes ihr Leben verlieren, oder dauernden Schaden an ihrer Gesundheit erleiden, haben für sich oder ihre Familien im Falle des Bedürfnisses Anspruch auf Unterstützung des Bundes.

Die Wehrmänner sollen ihre erste Ausrüstung, Bekleidung und Bewaffnung unentgeltlich erhalten. Die Waffe bleibt unter den durch die Bundesgesetzgebung aufzustellenden Bedingungen in den Händen des Wehrmannes.

Der Bund wird über den Militärpflichtersatz einheitliche Bestimmungen aufstellen.

---

[1] Statt der drei letzten Absätze des Art. 18 und der Art. 19—22 enthält die Verfassung von 1848 folgende Artikel:

Art. 19. Das Bundesheer, welches aus den Kontingenten der Kantone gebildet wird, besteht:

a. aus dem Bundes-Auszug, wozu jeder Kanton auf 100 Seelen schweizerischer Bevölkerung 3 Mann zu stellen hat;

b. aus der Reserve, deren Beitand die Hälfte des Bundes-Auszuges beträgt.

In Zeiten der Gefahr kann der Bund auch über die übrigen Streitkräfte (die Landwehr) eines jeden Kantons verfügen.

Die Mannschaftsskala, welche nach dem bezeichneten Maßstabe das Kontingent für jeden Kanton festsetzt, ist alle zwanzig Jahre einer Revision zu unterwerfen.

Art. 20. Um in dem Bundesheere die erforderliche Gleichmäßigkeit und Dienstfähigkeit zu erzielen, werden folgende Grundsätze festgesetzt:

1) Ein Bundesgesetz bestimmt die allgemeine Organisation des Bundesheeres.

2) Der Bund übernimmt:

a. den Unterricht der Genietruppen, der Artillerie und der Kavallerie, wobei jedoch den Kantonen, welche diese Waffengattungen zu stellen haben, die Lieferung der Pferde obliegt;

b. die Bildung der Instruktoren für die übrigen Waffengattungen;

c. für alle Waffengattungen den höhern Militärunterricht, wozu er namentlich Militärschulen errichtet und Zusammenzüge von Truppen anordnet;

d. die Lieferung eines Theils des Kriegsmaterials.

Die Centralisation des Militärunterrichts kann nöthigenfalls durch die Bundesgesetzgebung weiter entwickelt werden.

3) Der Bund überwacht den Militärunterricht der Infanterie und der Scharfschützen, sowie die Anschaffung, den Bau und Unterhalt des Kriegszeugs, welches die Kantone zum Bundesheere zu liefern haben.

4) Die Militärverordnungen der Kantone dürfen nichts enthalten, was der eidgen. Militärorganisation oder den Kantonen obliegenden bundesmäßigen Verpflichtungen entgegen ist, und müssen zu diesfälliger Prüfung dem Bundesrathe vorgelegt werden.

5) Alle Truppenabtheilungen im eidgenössischen Dienste führen ausschließlich die eidgenössische Fahne.

Art. 19. Das Bundesheer besteht:

a. aus den Truppenkörpern der Kantone;

b. aus allen Schweizern, welche zwar nicht zu diesen Truppenkörpern gehören, aber nichts desto weniger militärpflichtig sind.

Die Verfügung über das Bundesheer mit Inbegriff des gesetzlich dazu gehörigen Kriegsmaterials steht der Eidgenossenschaft zu.

In Zeiten der Gefahr hat der Bund das ausschließliche und unmittelbare Verfügungsrecht auch über die nicht in das Bundesheer eingetheilte Mannschaft und alle übrigen Streitmittel der Kantone.

Die Kantone verfügen über die Wehrkraft ihres Gebietes, soweit sie nicht durch verfassungsmäßige oder gesetzliche Anordnungen des Bundes beschränkt sind.

Art. 20. Die Gesetzgebung über das Heerwesen ist Sache des Bundes. Die Ausführung der bezüglichen Gesetze in den Kantonen geschieht innerhalb der durch die Bundesgesetzgebung festzusetzenden Grenzen und unter Aufsicht des Bundes durch die kantonalen Behörden.

Der gesammte Militärunterricht und ebenso die Bewaffnung ist Sache des Bundes.

Die Beschaffung der Bekleidung und Ausrüstung und die Sorge für deren Unterhalt ist Sache der Kantone; die daherigen Kosten werden jedoch den Kantonen vom Bunde nach einer von ihm aufzustellenden Norm vergütet.

Art. 21. Soweit nicht militärische Gründe entgegenstehen, sollen die Truppenkörper aus der Mannschaft desselben Kantons gebildet werden.

Die Zusammensetzung dieser Truppenkörper, die Fürsorge für die Erhaltung ihres Bestandes und die Ernennung und Beförderung ihrer Offiziere ist, unter Beachtung der durch den Bund aufzustellenden allgemeinen Vorschriften, Sache der Kantone.

Art. 22. Der Bund hat das Recht, die in den Kantonen vorhandenen Waffenplätze und die zu militärischen Zwecken bestimmten Gebäude sammt Zugehören gegen billige Entschädigung zur Benutzung oder als Eigenthum zu übernehmen.

Die Normen für die daherige Entschädigung werden durch die Bundesgesetzgebung geregelt.

Art. 23. Dem Bunde steht das Recht zu, im Interesse der Eidgenossenschaft oder eines großen Theiles derselben, auf Kosten der Eidgenossenschaft öffentliche Werke zu errichten oder die Errichtung derselben zu unterstützen.

Zu diesem Zwecke ist er auch befugt, gegen volle Entschädigung das Recht der Expropriation geltend zu machen. Die nähern Bestimmungen hierüber bleiben der Bundesgesetzgebung vorbehalten.

Die Bundesversammlung kann die Errichtung öffentlicher Werke untersagen, welche die militärischen Interessen der Eidgenossenschaft verletzen.

Art. 24. [1]) Der Bund hat das Recht der Oberaufsicht über die Wasser-
bau- und Forstpolizei im Hochgebirge.

Er wird die Korrektion und Verbauung der Wildwasser, sowie die Auf-
forstung ihrer Quellengebiete unterstützen und die nöthigen schützenden Bestimmungen zur Erhaltung dieser Werke und der schon vorhandenen Waldungen aufstellen.

Art. 25. Der Bund ist befugt, gesetzliche Bestimmungen über die Ausübung der Fischerei und Jagd, namentlich zur Erhaltung des Hochwildes,
sowie zum Schutze der für die Land- und Forstwirthschaft nützlichen Vögel
zu treffen.

Art. 26. Die Gesetzgebung über den Bau und Betrieb der Eisenbahnen
ist Bundessache.

Art. 27. Der Bund ist befugt, außer der bestehenden polytechnischen
Schule, eine Universität und andere höhere Unterrichtsanstalten zu errichten
oder solche Anstalten zu unterstützen.

Die Kantone sorgen für genügenden Primarunterricht, welcher ausschließlich unter staatlicher Leitung stehen soll. Derselbe ist obligatorisch
und in den öffentlichen Schulen unentgeltlich.

Die öffentlichen Schulen sollen von den Angehörigen aller Bekenntnisse ohne Beeinträchtigung ihrer Glaubens- und Gewissensfreiheit besucht
werden können.

Gegen Kantone, welche diesen Verpflichtungen nicht nachkommen, wird
der Bund die nöthigen Verfügungen treffen.

Art. 28. Das Zollwesen ist Sache des Bundes. Derselbe hat das
Recht, Ein- und Ausfuhrzölle zu erheben. [2])

---

[1]) Die Artikel 24—27 sind in der Bundesverfassung von 1848 nicht enthalten, dieselbe
enthält im Art. 22 nur folgende Bestimmung:
„Der Bund ist befugt, eine Universität und eine polytechnische Schule zu errichten."

[2]) In Art. 28 ist der zweite Absatz neu, in Art. 29 1. Litt. a der Zusatz „und Landwirthschaft", sowie der letzte Satz von Ziffer 1. Ziffer 2 enthielt auch Durchgangsgebühren.

Art. 24 der Verfassung von 1848 lautete:

Dem Bunde steht das Recht zu, die von der Tagsatzung bewilligten oder anerkannten
Land- und Wasserzölle, Weg- und Brückengelder, verbindliche Kaufhaus- und andere Gebühren
dieser Art, mögen dieselben von Kantonen, Gemeinden, Korporationen oder Privaten bezogen
werden, gegen Entschädigung ganz oder theilweise aufzuheben. Diejenigen Zölle und Weg-
gelder, welche auf dem Transit lasten, sollen jedenfalls im ganzen Umfange der Eidgenossenschaft und zwar gleichzeitig eingelöst werden.

Die Eidgenossenschaft hat das Recht, an der schweizerischen Grenze Eingangs-, Aus-
gangs- und Durchgangszölle zu erheben.

Sie ist berechtigt, gegenwärtig für das Zollwesen bestimmte Gebäulichkeiten an der
schweizerischen Grenze gegen Entschädigung entweder als Eigenthum oder miethweise zur
Benutzung zu übernehmen.

Art. 25 von 1848, Ziffer 2 lautete, gegenüber Art. 29 von 1874: Durchgangsgebühren,
und in der Regel auch die Ausgangsgebühren, sind möglichst mäßig festzusetzen.

Art. 29. Bei Erhebung der Zölle sollen folgende Grundsätze beachtet werden:

1) Eingangsgebühren:

a. Die für die inländische Industrie und Landwirthschaft erforderlichen Stoffe sind im Zolltarife möglichst gering zu tariren.

b. Ebenso die zum nöthigen Lebensbedarf erforderlichen Gegenstände.

c. Die Gegenstände des Luxus unterliegen den höchsten Taxen.

Diese Grundsätze sind, wenn nicht zwingende Gründe entgegenstehen, auch bei Abschließung von Handelsverträgen mit dem Auslande zu befolgen.

2) Die Ausgangsgebühren sind möglichst mäßig festzusetzen.

3) Durch die Zollgesetzgebung sind zur Sicherung des Grenz- und Markt-verkehrs geeignete Bestimmungen zu treffen. Dem Bunde bleibt immerhin das Recht vorbehalten, unter außerordentlichen Umständen, in Abweichung von vorstehenden Bestimmungen, vorübergehend besondere Maßnahmen zu treffen.

Art. 50. [1]) Der Ertrag der Zölle fällt in die Bundeskasse.

Art. 26 von 1848:

Der Ertrag der Eingangs-, Ausgangs- und Durchgangszölle wird folgendermaßen ver-wendet:

a. Jeder Kanton erhält 4 Batzen auf den Kopf nach dem Maßstab der Gesammt-bevölkerung, welche nach der Volkszählung von 1838 berechnet wird.

b. Wenn ein Kanton hiedurch für die nach Art. 24 aufgehobenen Gebühren nicht hin-länglich gedeckt wird, so hat er noch so viel zu beziehen, als erforderlich ist, um ihn für dieselben Gebühren nach dem Durchschnitt des Reinertrages der fünf Jahre, 1842 bis und mit 1846, zu entschädigen.

c. Die Mehreinnahme fällt in die Bundeskasse.

Weggefallen sind die folgenden Artikel der Verfassung von 1848:

Art. 27. Wenn Zölle, Weg- und Brückengelder für Tilgung eines Baukapitals oder eines Theils desselben bewilligt worden sind, so hört der Bezug derselben oder die Entschädigung auf, sobald das Kapital oder der betreffende Theil nebst Zinsen gedeckt ist.

Art. 28. Den in bereits abgeschlossenen Eisenbahnverträgen über Transitgebühren enthaltenen Verfügungen soll durch gegenwärtige Bestimmungen kein Abbruch geschehen. Dagegen tritt der Bund in die durch solche Verträge den Kantonen in Beziehung auf die Transitgebühren vorbehaltenen Rechte.

Art. 30. Der Bundesgesetzgebung bleibt vorbehalten, hinsichtlich der Abschaffung bestehender Vorrechte in Bezug auf Transport von Personen und Waaren jeder Art zwischen den Kantonen und im Innern derselben auf dem Wasser und auf dem Lande, die nöthigen Verfügungen zu treffen, soweit die Eidgenossenschaft hiebei ein Interesse hat.

Art. 31. Der Bezug der im Art. 29, Litt. c bezeichneten Gebühren steht unter der Aufsicht des Bundesrathes. Sie dürfen nicht erhöht und der Bezug derselben darf ohne Ge-nehmigung der Bundesversammlung, wenn er auf eine bestimmte Zeit beschränkt war, nicht verlängert werden.

Die Kantone dürfen weder Zölle, Weg- noch Brückengelder unter irgend welchem Namen neu einführen. Von der Bundesversammlung können jedoch auf bestimmte Zeit solche Ge-bühren bewilligt werden, um die Errichtung öffentlicher Werke zu unterstützen, welche im Sinne des Art. 21 von allgemeinem Interesse für den Verkehr sind und ohne solche Bewilligung nicht zu Stande kommen könnten.

[1]) Art. 30 ist neu, statt Art. 31 enthält der Art. 29 der Verfassung von 1848 folgende Bestimmungen:

Die den Kantonen bisher bezahlten Entschädigungen für die losge-
kauften Zölle, Weg- und Brückengelder, Kaufhaus- und andern Gebühren
dieser Art fallen weg.

Ausnahmsweise erhalten die Kantone Uri, Graubünden, Tessin und
Wallis, mit Rücksicht auf ihre internationalen Alpenstraßen, eine jährliche
Entschädigung, welche in Würdigung aller Verhältnisse festgestellt wird wie
folgt:

Für Uri . . . . . . Fr. 80,000
„ Graubünden . . . . „ 200,000
„ Tessin . . . . . „ 200,000
„ Wallis . . . . . „ 50,000

Für Besorgung des Schneebruches auf dem St. Gotthard erhalten die
Kantone Uri und Tessin eine jährliche Entschädigung von zusammen 40,000
Franken für so lange, als die Straße über den Bergpaß nicht durch eine
Eisenbahn ersetzt sein wird.

Art. 31. [1]) Die Freiheit des Handels und der Gewerbe ist im ganzen
Umfange der Eidgenossenschaft gewährleistet.

Vorbehalten sind:

a. Das Salz- und Pulverregal, die eidgenössischen Zölle, die Eingangsgebühren von Wein und andern geistigen Getränken, sowie andere
vom Bunde ausdrücklich anerkannte Verbrauchssteuern, nach Maßgabe des Art. 32.

b. Die Fabrikation und der Verkauf gebrannter Wasser,
nach Maßgabe des Art. 32 bis.

c. Das Wirthschaftswesen und der Kleinhandel mit geistigen Getränken, in dem Sinne, daß die Kantone auf

Art. 29. Für Lebensmittel, Vieh und Kaufmannswaaren, Landes- und Gewerbserzeug-
nisse jeder Art sind freier Kauf und Verkauf, freie Ein-, Aus- und Durchfuhr von einem
Kanton in den andern gewährleistet.

Vorbehalten sind:
a. In Beziehung auf Kauf und Verkauf das Salz- und Pulverregal.
b. Polizeiliche Verfügungen der Kantone über die Ausübung von Handel und Gewerbe
und über die Benutzung der Straßen.
c. Verfügungen gegen schädlichen Vorkauf.
d. Vorübergehende sanitätspolizeiliche Maßregeln bei Seuchen.

Die in Litt. b und c bezeichneten Verfügungen müssen die Kantonsbürger und die
Schweizerbürger anderer Kantone gleich behandeln. Sie sind dem Bundesrathe zur Prüfung
vorzulegen und dürfen nicht vollzogen werden, ehe sie die Genehmigung desselben erhalten
haben.

e. Die von der Tagsatzung bewilligten oder anerkannten Gebühren, welche der Bund
nicht aufgehoben hat (Art. 24 und 31).
f. Die Konsumogebühren auf Wein und andern geistigen Getränken, nach Vorschrift von
Art. 32.

[1]) In Art. 31 sind, abgesehen von den Differenzen gegenüber dem Art. 29 der Verfassung von 1848, durch die Partialrevision vom 25. Oktober 1885 die gesperrten Zusätze
entstanden. Der Schlußsatz war vorher nicht an Litt. e angeschlossen, sondern galt für den
ganzen Artikel. Der Artikel 32 bis entstand ebenfalls am 25. Okt. 1885.

dem Wege der Gesetzgebung die Ausübung des Wirth-
schaftsgewerbes und des Kleinhandels mit geistigen
Getränken den durch das öffentliche Wohl geforderten
Beschränkungen unterwerfen können.

d. Sanitätspolizeiliche Maßregeln gegen Epidemien und Viehseuchen.

e. Verfügungen über Ausübung von Handel und Gewerben, über Besteuerung des Gewerbebetriebes und über die Benutzung der Straßen.
Diese Verfügungen dürfen den Grundsatz der Handels- und Gewerbefreiheit selbst nicht beeinträchtigen.

Art. 32. Die Kantone sind befugt, die im Art. 31, Litt. a erwähnten
Eingangsgebühren von Wein und andern geistigen Getränken unter folgenden Beschränkungen zu erheben: [1]

a. Bei dem Bezug derselben soll der Transit in keiner Weise belästigt
und der Verkehr überhaupt so wenig als möglich gehemmt und mit
keinen andern Gebühren belegt werden.

b. Werden die für den Verbrauch eingeführten Gegenstände wieder aus
dem Kanton ausgeführt, so sind die bezahlten Eingangsgebühren ohne
weitere Belästigung zurückzuerstatten.

c. Die Erzeugnisse schweizerischen Ursprungs sind mit niedrigeren Gebühren zu belegen als diejenigen des Auslandes.

d. Eingangsgebühren von Wein und andern geistigen Getränken schweizerischen Ursprungs dürfen da, wo solche schon bestehen, nicht erhöht,
und in Kantonen, welche noch keine beziehen, nicht eingeführt werden.

e. Die Gesetze und Verordnungen der Kantone über den Bezug der Eingangsgebühren sind der Bundesbehörde vor Vollziehung derselben
zur Gutheißung vorzulegen, damit die Nichtbeachtung vorstehender
Grundsätze verhindert werden kann.

Mit Ablauf des Jahres 1890 sollen alle Eingangsgebühren, welche
dermalen von den Kantonen erhoben werden, sowie ähnliche, von einzelnen
Gemeinden bezogene Gebühren ohne Entschädigung dahinfallen.

Art. 32 bis. Der Bund ist befugt, im Wege der Gesetzgebung Vorschriften über die Sabrikation und den Verkauf gebrannter Wasser zu erlassen. Bei dieser Gesetzgebung sollen
diejenigen Erzeugnisse, welche entweder ausgeführt werden
oder eine den Genuß ausschließende Zubereitung erfahren

---

[1] In der Verfassung von 1848 lautete Art. 32, 1. Satz:

Die Kantone sind befugt, außer den nach Art. 20, Litt. e. vorbehaltenen Berechtigungen,
von Wein und anderen geistigen Getränken Konsumogebühren zu erheben, jedoch unter
folgenden Beschränkungen: (gleich Text). Der Schlußsatz bestand nicht.

(In den Absätzen b — e stand immer Konsumo- statt Eingangsgebühren.)

Dieser Art. 32 hat seit 1885 keine Bedeutung mehr und könnte gestrichen werden.
Ebenso der auf die kantonalen Konsumgebühren auf geistige Getränke bezügliche Theil von
Art. 31, Litt. a.

haben, keiner Besteuerung unterworfen werden. Das Bren-
nen von Wein, Obst und deren Abfällen, von Enzianwurzeln,
Wachholderbeeren und ähnlichen Stoffen fällt betreffend die
Fabrikation und Besteuerung nicht unter die Bundesgesetzgebung.

Nach dem Wegfall der in Art. 32 der Bundesverfassung
erwähnten Eingangsgebühren auf geistigen Getränken kann
der Handel mit solchen, welche nicht gebrannt sind, von den
Kantonen keinen besondern Steuern unterworfen werden,
noch andern Beschränkungen als denjenigen, welche zum
Schutze vor gefälschten oder gesundheitsschädlichen Getränken
nothwendig sind. Jedoch bleiben hiebei in Betreff des Be-
triebs von Wirthschaften und des Kleinverkaufs von Quan-
titäten unter zwei Liter die den Kantonen nach Art 31 zustehenden Kompetenzen vorbehalten.

Die aus der Besteuerung des Verkaufs gebrannter
Wasser erzielten Reineinnahmen verbleiben den Kantonen,
in welchen sie zum Bezug gelangen.

Die Reineinnahmen des Bundes aus der inländischen
Fabrikation und aus dem entsprechenden Zollzuschlag auf
eingeführte gebrannte Wasser werden unter die sämmtlichen
Kantone nach Verhältniß der durch die jeweilige letzte eidgenössische Volkszählung ermittelten faktischen Bevölkerung
vertheilt. Von den daherigen Einnahmen haben die Kantone
wenigstens 10 % zur Bekämpfung des Alkoholismus in
seinen Ursachen und Wirkungen zu verwenden.

Art. 33. *) Den Kantonen bleibt es anheimgestellt, die Ausübung der
wissenschaftlichen Berufsarten von einem Ausweise der Befähigung abhängig zu machen.

Auf dem Wege der Bundesgesetzgebung ist dafür zu sorgen, daß derartige Ausweise für die ganze Eidgenossenschaft gültig erworben werden
können.

Art. 34. Der Bund ist befugt, einheitliche Bestimmungen über die
Verwendung von Kindern in den Fabriken und über die Dauer der Arbeit
erwachsener Personen in denselben aufzustellen. Ebenso ist er berechtigt,
Vorschriften zum Schutze der Arbeiter gegen einen die Gesundheit und Sicherheit gefährdenden Gewerbebetrieb zu erlassen.

Der Geschäftsbetrieb von Auswanderungsagenturen und von Privat-
unternehmungen im Gebiete des Versicherungswesens unterliegt der Aufsicht
und Gesetzgebung des Bundes.

— Die Art. 33, 34, 35 sind in der Verfassung von 1848 nicht enthalten

Art. 34 bis. [1]) Der Bund wird auf dem Wege der Gesetzgebung die Kranken- und Unfallversicherung einrichten, unter Berücksichtigung der bestehenden Krankenkassen. Er kann den Beitritt allgemein oder für einzelne Bevölkerungsklassen obligatorisch erklären.

Art. 35. Die Errichtung von Spielbanken ist untersagt. Die zur Zeit bestehenden Spielhäuser müssen am 31. Christmonat 1877 geschlossen werden.

Allfällig seit dem Anfange des Jahres 1871 ertheilte oder erneuerte Konzessionen werden als ungültig erklärt.

Der Bund kann auch in Beziehung auf die Lotterien geeignete Maßnahmen treffen.

Art. 36. [2]) Das Post- und Telegraphenwesen im ganzen Umfange der Eidgenossenschaft ist Bundessache.

Der Ertrag der Post- und Telegraphenverwaltung fällt in die eidgenössische Kasse.

Die Tarife werden im ganzen Gebiete der Eidgenossenschaft nach den gleichen, möglichst billigen Grundsätzen bestimmt.

---

[1]) Partialrevision vom 26. Oktober 1890.

[2]) Statt dessen lautete der Art. 33 der Verfassung von 1848:

Das Postwesen im ganzen Umfange der Eidgenossenschaft wird vom Bunde übernommen unter folgenden Vorschriften:

1) Die gegenwärtig bestehenden Postverbindungen dürfen im Ganzen ohne Zustimmung der betheiligten Kantone nicht vermindert werden.

2) Die Tarife . . . (gleich ob. Text).

3) Die Unverletzbarkeit des Postgeheimnisses ist gewährleistet.

4) Für Abtretung des Postregals leistet der Bund Entschädigung, und zwar nach folgenden nähern Bestimmungen:

a. Die Kantone erhalten jährlich die Durchschnittssumme des reinen Ertrages, den sie in den drei Jahren 1844, 1845 und 1846 vom Postwesen auf ihrem Kantonalgebiet bezogen haben. — Wenn jedoch der reine Ertrag, welchen der Bund vom Postwesen bezieht, für Bestreitung dieser Entschädigung nicht hinreicht, so wird den Kantonen das Mangelnde nach Verhältniß der festgesetzten Durchschnittssumme in Abzug gebracht.

b. Wenn ein Kanton vom Postwesen unmittelbar noch gar nichts, oder in Folge eines mit einem andern Kanton abgeschlossenen Vertrags bedeutend weniger bezogen hat, als die Ausübung des Postregals auf seinem Gebiete demjenigen Kanton, der dasselbe gepachtet hatte, erweislichermaßen rein ertragen hat, so sollen solche Verhältnisse bei Ausmittlung der Entschädigungssumme billige Berücksichtigung finden.

c. Wo die Ausübung [des] Postregals an Privaten abgetreten worden ist, übernimmt der Bund die diesfällige Entschädigung.

d. Der Bund ist berechtigt und verpflichtet, das zum Postwesen gehörige Material, soweit dasselbe zum Gebrauche tauglich und erforderlich ist, gegen eine den Eigenthümern abzureichende billige Entschädigung zu übernehmen.

e. Die eidgenössische Verwaltung ist berechtigt, die gegenwärtig für das Postwesen bestimmten Gebäulichkeiten gegen Entschädigung entweder als Eigenthum oder aber nur miethweise zur Benutzung zu übernehmen.

Weggefallen ist der

Art. 34. Bei der Verwaltung des Zoll- und Postwesens sind die Angestellten größtentheils aus den Einwohnern derjenigen Kantone zu wählen, für welche sie bestimmt sind.

Die Unverletzlichkeit des Post- und Telegraphengeheimnisses ist gewährleistet.

Art. 37. Der Bund übt die Oberaufsicht über die Straßen und Brücken, an deren Erhaltung die Eidgenossenschaft ein Interesse hat.

Die Summen, welche den im Art. 30 bezeichneten Kantonen mit Rücksicht auf ihre internationalen Alpenstraßen zukommen, werden von der Bundesbehörde zurückbehalten, wenn diese Straßen von den betreffenden Kantonen nicht in gehörigem Zustand unterhalten werden. [1]

Art. 38. Dem Bunde steht die Ausübung aller im Münzregale begriffenen Rechte zu.

Die Münzprägung geht einzig vom Bunde aus. [2]

Er bestimmt den Münzfuß und erläßt allfällige Vorschriften über die Tarifirung fremder Münzsorten.

Art. 39. Der Bund ist befugt, im Wege der Gesetzgebung allgemeine Vorschriften über die Ausgabe und die Einlösung von Banknoten zu erlassen

Er darf jedoch keinerlei Monopol für die Ausgabe von Banknoten aufstellen und ebenso keine Rechtsverbindlichkeit für die Annahme derselben aussprechen.

Art. 40. Die Sestierung von Maß und Gewicht ist Bundessache.

Die Ausführung der bezüglichen Gesetze geschieht durch die Kantone unter Aufsicht des Bundes.

Art. 41. [3] Fabrikation und Verkauf des Schießpulvers im Umfange der Eidgenossenschaft stehen ausschließlich dem Bunde zu.

Als Schießpulver nicht brauchbare Sprengfabrikate sind im Regal nicht inbegriffen.

[1] Statt dessen enthielt die Verfassung von 1848 in Art. 35 folgenden Satz:

„Die nach Art. 26 und 33 den Kantonen für Zölle und Posten zukommenden Summen werden von der Bundesbehörde zurückbehalten, wenn diese Straßen und Brücken von den betreffenden Kantonen, Korporationen oder Privaten nicht in gehörigem Zustand unterhalten werden."

[2] Statt dessen enthielt Art. 38 der Verfassung von 1848 folgenden Satz:
„Die Münzprägung durch die Kantone hört auf und geht einzig vom Bunde aus.

Es ist die Sache der Bundesgesetzgebung, den Münzfuß festzusetzen, die vorhandenen Münzsorten zu tarifiren und die nähern Bestimmungen zu treffen, nach welchen die Kantone verpflichtet sind, von den von ihnen geprägten Münzen einschmelzen oder umprägen zu lassen."

Art. 39 ist neu in der Verfassung von 1874. An die Stelle dieses Artikels wird wahrscheinlich in Kurzem ein anderer treten, der das Banknotenmonopol in irgend einer Form enthält. Statt Art. 40 enthielt Art. 37 der Verfassung von 1848 folgenden Satz:
„Der Bund wird auf die Grundlagen des bestehenden eidgenössischen Konkordats für die ganze Eidgenossenschaft gleiches Maß und Gewicht einführen."

[3] Der 2. Satz von Art. 41 ist nicht in der Verfassung von 1848 enthalten vgl. Art. 38 daselbst.

Zu dem Art. 42 vgl. Art. 39 der Verfassung von 1848, welcher lautet:

Art. 42. Die Ausgaben des Bundes werden bestritten:

a. aus dem Ertrag des Bundesvermögens;

b. aus dem Ertrag der schweizerischen Grenzzölle;

c. aus dem Ertrag der Post- und Telegraphenverwaltung;

d. aus dem Ertrag der Pulververwaltung;

e. aus der hälfte des Brutto-Ertrages der von den Kantonen bezogenen Militärpflichtersatzsteuern;

f. aus den Beiträgen der Kantone, deren nähere Regulirung, vorzugsweise nach Maßgabe der Steuerkraft derselben, der Bundesgesetzgebung vorbehalten ist.

Art. 43. [1] Jeder Kantonsbürger ist Schweizerbürger.

Als solcher kann er bei allen eidgenössischen Wahlen und Abstimmungen an seinem Wohnsitze Antheil nehmen, nachdem er sich über seine Stimmberechtigung gehörig ausgewiesen hat.

Die Ausgaben des Bundes werden bestritten:

a. aus den Zinsen der eidg. Kriegsfonds;

c. aus dem Ertrag der Postverwaltung;

e. aus Beiträgen der Kantone, welche jedoch nur infolge von Beschlüssen der Bundesversammlung erhoben werden können.

Solche Beiträge sind von den Kantonen nach Verhältniß der Geldskala zu leisten, welche alle zwanzig Jahre einer Revision zu unterwerfen ist. Bei einer solchen Revision sollen theils die Bevölkerung, theils die Vermögens- und Erwerbsverhältnisse der Kantone zur Grundlage dienen.

Ganz weggefallen ist

Art. 40 der Verfassung von 1848, lautend: Es soll jederzeit wenigstens der Betrag des doppelten Geldkontingents für Bestreitung von Militärkosten bei eidgenössischen Aufgeboten baar in der Bundeskasse liegen.

[1] Die Artikel 43 bis 54 sind neu, außer dem ersten Satz von Art. 43; statt dessen sagt der Art. 41 der Verfassung von 1848 Folgendes, wobei die eingeklammerten Stellen durch die Partialrevision vom 14. Januar 1866 beseitigt worden ist.

Der Art. 41 der Verfassung von 1848 lautete:

Der Bund gewährleistet allen Schweizern (welche einer der christlichen Konfessionen angehören) das Recht der freien Niederlassung im ganzen Umfange der Eidgenossenschaft, nach folgenden nähern Bestimmungen:

1) Keinem Schweizer (der einer der christlichen Konfessionen angehört), kann die Niederlassung in irgend einem Kantone verweigert werden, wenn er folgende Ausweisschriften besitzt:

a. einen heimatschein oder eine andere gleichbedeutende Ausweisschrift;

b. ein Zeugniß sittlicher Aufführung;

c. eine Bescheinigung, daß er in bürgerlichen Rechten und Ehren stehe, (und wenn er auf Verlangen sich ausweisen kann, daß er durch Vermögen, Beruf oder Gewerbe sich und seine Familie zu ernähren im Stande sei.

Naturalisirte Schweizer müssen überdies die Bescheinigung beibringen, daß sie wenigstens fünf Jahre lang im Besitze eines Kantonsbürgerrechtes sich befinden.)

2) Der Niedergelassene darf von Seite des die Niederlassung gestattenden Kantons mit keiner Bürgschaft und mit keinen andern besondern Lasten behufs der Niederlassung belegt werden.

3) Ein Bundesgesetz wird die Dauer der Niederlassungsbewilligung, sowie das Maximum der zur Erlangung derselben an den Kanton zu entrichtenden Kanzleigebühren bestimmen.

4) Der Niedergelassene genießt alle Rechte der Bürger des Kantons, in welchem er sich niedergelassen hat, mit Ausnahme des Stimmrechts in Gemeindeangelegenheiten und

Niemand darf in mehr als einem Kanton politische Rechte ausüben.

Der niedergelassene Schweizerbürger genießt an seinem Wohnsitze alle Rechte der Kantonsbürger und mit diesen auch alle Rechte der Gemeinds-bürger. Der Mitantheil an Bürger- und Korporationsgütern, sowie das Stimmrecht in rein bürgerlichen Angelegenheiten sind jedoch hievon ausge-nommen, es wäre denn, daß die Kantonalgesetzgebung etwas anderes be-stimmen würde.

In kantonalen und Gemeindeangelegenheiten erwirbt er das Stimm-recht nach einer Niederlassung von drei Monaten.

Die kantonalen Gesetze über die Niederlassung und das Stimmrecht der Niedergelassenen in den Gemeinden unterliegen der Genehmigung des Bundesrathes.

Art. 44. Kein Kanton darf einen Kantonsbürger aus seinem Gebiete verbannen (verweisen) oder ihn des Bürgerrechtes verlustig erklären.

Die Bedingungen für die Ertheilung des Bürgerrechts an Ausländer, sowie diejenigen, unter welchen ein Schweizer zum Zwecke der Erwerbung eines ausländischen Bürgerrechtes auf sein Bürgerrecht verzichten kann, werden durch die Bundesgesetzgebung geordnet.

Art. 45. Jeder Schweizer hat das Recht, sich innerhalb des schweize-rischen Gebietes an jedem Orte niederzulassen, wenn er einen Heimatschein oder eine andere gleichbedeutende Ausweisschrift besitzt.

---

des Mitantheiles an Gemeinde- und Korporationsgütern. Insbesondere wird ihm freie Gewerbsausübung und das Recht der Erwerbung und Veräußerung von Liegen-schaften zugesichert, nach Maßgabe der Gesetze und Verordnungen der Kantone, welche in allen diesen Beziehungen den Niedergelassenen den eigenen Bürgern gleich halten sollen. — (Vgl. Text, Art. 43, vierter Satz).

5) Den Niedergelassenen anderer Kantone können von Seite der Gemeinden keine größern Leistungen an Gemeindelasten auferlegt werden, als den Niedergelassenen des eigenen Kantons.

6) Der Niedergelassene kann aus dem Kanton, in welchem er niedergelassen ist, weg-gewiesen werden:

a. durch gerichtliches Strafurtheil;

b. durch Verfügung der Polizeibehörden, wenn er die bürgerlichen Rechte und Ehren verloren hat, oder sich eines unsittlichen Lebenswandels schuldig macht, oder durch Verarmung zur Last fällt, oder schon oft wegen Uebertretung polizeilicher Vor-schriften bestraft werden mußte.

Art. 42 der Verfassung von 1848 lautete: Jeder Kantonsbürger ist Schweizerbürger. Als solcher kann er in eidgenössischen und kantonalen Angelegenheiten die politischen Rechte in jedem Kanton ausüben, in welchem er niedergelassen ist. Er kann aber diese Rechte nur unter den nämlichen Bedingungen ausüben wie die Bürger des Kantons und in Beziehung auf die kantonalen Angelegenheiten erst nach einem längeren Aufenthalte, dessen Dauer durch die Kantonalgesetzgebung bestimmt wird, jedoch nicht über zwei Jahre ausgedehnt werden darf. Niemand darf in mehr als einem Kanton politische Rechte ausüben.

Art. 43 der Verfassung von 1848 lautete:

Kein Kanton darf einen Bürger des Bürgerrechtes verlustig erklären.

Ausländern darf kein Kanton das Bürgerrecht ertheilen, wenn sie nicht aus dem frühern Staatsverband entlassen werden.

Ausnahmsweise kann die Niederlassung denjenigen, welche in Folge eines strafgerichtlichen Urtheils nicht im Besitze der bürgerlichen Rechte und Ehren sind, verweigert oder entzogen werden.

Weiterhin kann die Niederlassung denjenigen entzogen werden, welche wegen schwerer Vergehen wiederholt gerichtlich bestraft worden sind, sowie denjenigen, welche dauernd der öffentlichen Wohlthätigkeit zur Last fallen und deren Heimatgemeinde, beziehungsweise Heimatkanton, eine angemessene Unterstützung trotz amtlicher Aufforderung nicht gewährt.

In Kantonen, wo die örtliche Armenpflege besteht, darf die Gestattung der Niederlassung für Kantonsangehörige an die Bedingung geknüpft werden, daß dieselben arbeitsfähig und an ihrem bisherigen Wohnorte im Heimatkanton nicht bereits in dauernder Weise der öffentlichen Wohlthätigkeit zur Last gefallen seien.

Jede Ausweisung wegen Verarmung muß von Seite der Regierung des Niederlassungskantons genehmigt und der heimatlichen Regierung zum voraus angezeigt werden.

Der niedergelassene Schweizerbürger darf von Seite des die Niederlassung gestattenden Kantons mit keiner Bürgschaft und mit keinen andern besondern Lasten behufs der Niederlassung belegt werden. Ebenso darf die Gemeinde, in welcher er seinen Wohnsitz nimmt, ihn nicht anders besteuern als den Ortsbürger.

Ein Bundesgesetz wird das Maximum der für die Niederlassungsbewilligung zu entrichtenden Kanzleigebühr bestimmen.

Art. 46. In Beziehung auf die zivilrechtlichen Verhältnisse stehen die Niedergelassenen in der Regel unter dem Rechte und der Gesetzgebung des Wohnsitzes.

Die Bundesgesetzgebung wird über die Anwendung dieses Grundsatzes, sowie gegen Doppelbesteuerung die erforderlichen Bestimmungen treffen.

Art. 47. Ein Bundesgesetz wird den Unterschied zwischen Niederlassung und Aufenthalt bestimmen und dabei gleichzeitig über die politischen und bürgerlichen Rechte der schweizerischen Aufenthalter die nähern Vorschriften aufstellen.

Art. 48. Ein Bundesgesetz wird über die Kosten der Verpflegung und Beerdigung armer Angehöriger eines Kantons, welche in einem andern Kanton krank werden oder sterben, die nöthigen Bestimmungen treffen.

Art. 49. [1]) Die Glaubens- und Gewissensfreiheit ist unverletzlich.

---

[1]) Die Verfassung von 1848 enthielt hier folgende Bestimmungen:
Art. 44:
Die freie Ausübung des Gottesdienstes ist den anerkannten christlichen Konfessionen im ganzen Umfange der Eidgenossenschaft gewährleistet.
Den Kantonen, sowie dem Bunde, bleibt vorbehalten, für Handhabung der öffentlichen Ordnung und des Friedens unter den Konfessionen die geeigneten Maßnahmen zu treffen.

Niemand darf zur Theilnahme an einer Religionsgenoffenschaft, oder an einem religiösen Unterricht, oder zur Vornahme einer religiösen Handlung gezwungen, oder wegen Glaubensansichten mit Strafen irgend welcher Art belegt werden.

Ueber die religiöse Erziehung der Kinder bis zum erfüllten 16. Altersjahr verfügt im Sinne vorstehender Grundsätze der Inhaber der väterlichen oder vormundschaftlichen Gewalt.

Die Ausübung bürgerlicher oder politischer Rechte darf durch keinerlei Vorschriften oder Bedingungen kirchlicher oder religiöser Natur beschränkt werden.

Die Glaubensansichten entbinden nicht von der Erfüllung der bürgerlichen Pflichten.

Niemand ist gehalten, Steuern zu bezahlen, welche speziell für eigentliche Kultuszwecke einer Religionsgenoffenschaft, der er nicht angehört, auferlegt werden. Die nähere Ausführung dieses Grundsatzes ist der Bundesgesetzgebung vorbehalten.

Art. 50. Die freie Ausübung gottesdienstlicher Handlungen ist innerhalb der Schranken der Sittlichkeit und der öffentlichen Ordnung gewährleistet.

Den Kantonen, sowie dem Bunde bleibt vorbehalten, zur Handhabung der Ordnung und des öffentlichen Friedens unter den Angehörigen der verschiedenen Religionsgenoffenschaften, sowie gegen Eingriffe kirchlicher Behörden in die Rechte der Bürger und des Staates die geeigneten Maßnahmen zu treffen.

Anstände aus dem öffentlichen oder Privatrechte, welche über die Bildung oder Trennung von Religionsgenoffenschaften entstehen. können auf dem Wege der Beschwerdeführung der Entscheidung der zuständigen Bundesbehörden unterstellt werden.

Die Errichtung von Bisthümern auf schweizerischem Gebiete unterliegt der Genehmigung des Bundes.

Art. 51.[1] Der Orden der Jesuiten und die ihm affiliirten Gesellschaften dürfen in keinem Theile der Schweiz Aufnahme finden, und es ist ihren Gliedern jede Wirksamkeit in Kirche und Schule untersagt.

Dieses Verbot kann durch Bundesbeschluß auch auf andere geistliche Orden ausgedehnt werden, deren Wirksamkeit staatsgefährlich ist oder den Frieden der Konfessionen stört.

Art. 52. Die Errichtung neuer und die Wiederherstellung aufgehobener Klöster oder religiöser Orden ist unzulässig.

---

[1] Art. 58 der Verfassung von 1848 lautete:

Der Orden der Jesuiten und die ihm affiliirten Gesellschaften dürfen in keinem Theile der Schweiz Aufnahme finden.

Art. 53. Die Feststellung und Beurkundung des Zivilstandes ist Sache der bürgerlichen Behörden. Die Bundesgesetzgebung wird hierüber die nähern Bestimmungen treffen.

Die Verfügung über die Begräbnißplätze steht den bürgerlichen Behörden zu. Sie haben dafür zu forgen, daß jeder Verstorbene schicklich beerdigt werden kann.

Art. 54. Das Recht zur Ehe steht unter dem Schutze des Bundes.

Dieses Recht darf weder aus kirchlichen oder ökonomischen Rücksichten, noch wegen bisherigen Verhaltens oder aus andern polizeilichen Gründen beschränkt werden.

Die in einem Kantone oder im Auslande nach der dort geltenden Gesetzgebung abgeschlossene Ehe soll im Gebiete der Eidgenossenschaft als Ehe anerkannt werden.

Durch den Abschluß der Ehe erwirbt die Frau das Heimatrecht des Mannes.

Durch die nachfolgende Ehe der Eltern werden vorehelich geborne Kinder derselben legitimirt.

Jede Erhebung von Brauteinzugsgebühren oder andern ähnlichen Abgaben ist unzulässig.

Art. 55. Die Preßfreiheit ist gewährleistet.

Ueber den Mißbrauch derselben trifft die Kantonalgesetzgebung die erforderlichen Bestimmungen, welche jedoch der Genehmigung des Bundesraths bedürfen.

Dem Bunde steht das Recht zu, Strafbestimmungen gegen den Mißbrauch der Presse zu erlassen, der gegen die Eidgenossenschaft und ihre Behörden gerichtet ist.

Art. 56. Die Bürger haben das Recht, Vereine zu bilden, sofern solche weder in ihrem Zweck, noch in den dafür bestimmten Mitteln rechtswidrig oder staatsgefährlich sind. Ueber den Mißbrauch dieses Rechtes trifft die Kantonalgesetzgebung die erforderlichen Bestimmungen.

Art. 57. Das Petitionsrecht ist gewährleistet.

Art. 58.[1] Niemand darf feinem verfassungsmäßigen Richter entzogen, und es dürfen daher keine Ausnahmsgerichte eingeführt werden.

Die geistliche Gerichtsbarkeit ist abgeschafft.

Art. 59. Der aufrechtstehende Schuldner, welcher in der Schweiz einen festen Wohnsitz hat, muß für persönliche Ansprachen vor dem Richter seines

---

[1] In Art. 58 ist das Wort „Gerichtsstand" statt „Richter" neu, sowie der zweite Satz „die geistliche Gerichtsbarkeit ist abgeschafft", in Art. 59 eine unbedeutende Redaktionsänderung im Eingange und die zwei letzten Säße.

Wohnortes gesucht, und es darf daher für Forderungen auf das Vermögen eines solchen außer dem Kanton, in welchem er wohnt, kein Arrest gelegt werden.

Vorbehalten bleiben mit Bezug auf Ausländer die Bestimmungen be= züglicher Staatsverträge.

Der Schuldverhaft ist abgeschafft.

Art. 60. Sämmtliche Kantone sind verpflichtet, alle Schweizerbürger [1]) in der Gesetzgebung sowohl als im gerichtlichen Verfahren den Bürgern des eigenen Kantons gleich zu halten.

Art. 61. Die rechtskräftigen Zivilurtheile, die in einem Kanton gefällt sind, sollen in der ganzen Schweiz vollzogen werden können.

Art. 62. Alle Abzugsrechte im Innern der Schweiz, sowie die Zug= rechte von Bürgern des einen Kantons gegen Bürger anderer Kantone sind abgeschafft.

Art. 63. Gegen die auswärtigen Staaten besteht Freizügigkeit, unter Vorbehalt des Gegenrechtes.

Art. 64. Dem Bunde steht die Gesetzgebung zu:

über die persönliche Handlungsfähigkeit;

über alle auf den Handel und Mobiliarverkehr bezüglichen Rechts= verhältnisse (Obligationenrecht, mit Inbegriff des Handels= und Wechselrechts);

über das Urheberrecht an Werken der Literatur und Kunst;

über den Schutz neuer Muster und Modelle, sowie sol= cher Erfindungen, welche durch Modelle darge= stellt und gewerblich verwerthbar sind;[2])

über das Betreibungsverfahren und das Konkursrecht.

Die Rechtsprechung selbst verbleibt den Kantonen, mit Vorbehalt der dem Bundesgerichte eingeräumten Kompetenzen.

Art. 65.[3]) Wegen politischer Vergehen darf kein Todes= urtheil gefällt werden.

Körperliche Strafen sind untersagt.

---

[1]) Hier hieß es in der Verfassung von 1848 Art. 48 bis zur Partialrevision von 1866 noch „christlicher Konfession".
Art. 64 ist ganz neu und am 10. Juli 1887 durch Partialrevision abgeändert.

[2]) Partialrevision vom 10. Juli 1887.

[3]) Gleich Art. 54 von 1848. Art. 65 lautete sodann bis zur Partialrevision vom 18. Mai 1879 in seinem ersten Absatze:
„Die Todesstrafe ist abgeschafft.
Die Bestimmungen des Militärstrafgesetzes bleiben jedoch in Kriegszeiten vorbehalten."

Art. 66.[1]) Die Bundesgesetzgebung bestimmt die Schranken, innerhalb welcher ein Schweizerbürger seiner politischen Rechte verlustig erklärt werden kann.

Art. 67. Die Bundesgesetzgebung trifft die erforderlichen Bestimmungen über die Auslieferung der Angeklagten von einem Kanton an den andern; die Auslieferung kann jedoch für politische Vergehen und für Preßvergehen nicht verbindlich gemacht werden.

Art. 68. Die Ausmittlung von Bürgerrechten für Heimatlose und die Maßregeln zur Verhinderung der Entstehung neuer Heimatlosen sind Gegenstand der Bundesgesetzgebung.

Art. 69. Dem Bunde steht die Gesetzgebung über die gegen gemeingefährliche Epidemien und Viehseuchen zu treffenden gesundheitspolizeilichen Verfügungen zu.

Art. 70. Dem Bunde steht das Recht zu, Fremde, welche die innere oder äußere Sicherheit der Eidgenossenschaft gefährden, aus dem schweizerischen Gebiete wegzuweisen.

Zweiter Abschnitt.

Bundesbehörden.

1. Bundesversammlung.

Art. 71.[2]) Unter Vorbehalt der Rechte des Volkes und der Kantone (Art. 89 und 121) wird die oberste Gewalt des Bundes durch die Bundesversammlung ausgeübt, welche aus zwei Abtheilungen besteht:

A. aus dem Nationalrath,
B. aus dem Ständerath.

A. Nationalrath.

Art. 72. Der Nationalrath wird aus Abgeordneten des schweizerischen Volkes gebildet. Auf je 20,000 Seelen der Gesammtbevölkerung wird ein Mitglied gewählt.

Eine Bruchzahl über 10,000 Seelen wird für 20,000 Seelen berechnet.

Jeder Kanton und bei getheilten Kantonen jeder der beiden Landestheile hat wenigstens ein Mitglied zu wählen.

---

[1]) Art. 66 ist neu, bei dem Art. 67 ist bloß eine unbedeutende Redaktionsabänderung gegenüber Art. 55 der Verfassung von 1848 vorhanden, in Art. 69 ist dem Bunde (gegenüber dem Art. 59 der Verfassung von 1848) auch die „Gesetzgebung" ausdrücklich verliehen.

[2]) Der Eingangsvorbehalt ist neu.

458

Art. 73. Die Wahlen für den Nationalrath sind direkte. Sie finden in eidgenössischen Wahlkreisen statt, welche jedoch nicht aus Theilen verschiedener Kantone gebildet werden können.

Art. 74. [1]) Stimmberechtigt bei Wahlen und Abstimmungen ist jeder Schweizer, der das 20. Lebensjahr zurückgelegt hat und im Uebrigen nach der Gesetzgebung des Kantons, in welchem er seinen Wohnsitz hat, nicht vom Aktivbürgerrechte ausgeschlossen ist.

Es bleibt jedoch der Gesetzgebung des Bundes vorbehalten, über diese Stimmberechtigung einheitliche Vorschriften aufzustellen.

Art. 75. Wahlfähig als Mitglied des Nationalrathes ist jeder stimmberechtigte Schweizerbürger weltlichen Standes.

Art. 76. Der Nationalrath wird auf die Dauer von drei Jahren gewählt, und es findet jeweilen Gesammterneuerung statt.

Art. 77. Die Mitglieder des Ständerathes, des Bundesrathes und von letzterem gewählte Beamte können nicht zugleich Mitglieder des Nationalrathes sein.

Art. 78. Der Nationalrath wählt aus seiner Mitte für jede ordentliche oder außerordentliche Sitzung einen Präsidenten und Vizepräsidenten.

Dasjenige Mitglied, welches während einer ordentlichen Sitzung die Stelle eines Präsidenten bekleidete, ist für die nächstfolgende ordentliche Sitzung weder als Präsident noch als Vizepräsident wählbar. Das gleiche Mitglied kann nicht während zwei unmittelbar auf einander folgenden ordentlichen Sitzungen Vizepräsident sein.

Der Präsident hat bei gleich getheilten Stimmen zu entscheiden; bei Wahlen übt er das Stimmrecht aus wie jedes Mitglied.

Art. 79. Die Mitglieder des Nationalrathes werden aus der Bundeskasse entschädigt.

B. Ständerath.

Art. 80. Der Ständerath besteht aus 44 Abgeordneten der Kantone. Jeder Kanton wählt zwei Abgeordnete, in den getheilten Kantonen jeder Landestheil einen Abgeordneten.

Art. 81. Die Mitglieder des Nationalrathes und des Bundesrathes können nicht zugleich Mitglieder des Ständerathes sein.

---

[1]) In Art. 74 ist neu der Satz: „Bei Wahlen und Abstimmungen" und der zweite Satz. Gestrichen ist im Uebrigen von Art. 64 der Verfassung von 1848 der Satz: ... „Naturalisirte Schweizerbürger müssen seit wenigstens fünf Jahren das erworbene Bürgerrecht besitzen, um wahlfähig zu sein".

Art. 82. Der Ständerath wählt für jede ordentliche oder außerordentliche Sitzung aus seiner Mitte einen Präsidenten und Vizepräsidenten.

Aus den Abgeordneten [1]) desjenigen Kantons, aus welchem für eine
ordentliche Sitzung der Präsident gewählt worden ist, kann für die nächstfolgende ordentliche Sitzung weder der Präsident noch der Vizepräsident gewählt werden.

Abgeordnete des gleichen Kantons können nicht während zwei unmittelbar auf einander folgenden ordentlichen Sitzungen die Stelle eines Vizepräsidenten bekleiden.

Der Präsident hat bei gleich getheilten Stimmen zu entscheiden; bei
Wahlen übt er das Stimmrecht aus wie jedes Mitglied.

Art. 83. Die Mitglieder des Ständerathes werden von den Kantonen
entschädigt.

C. Befugnisse der Bundesversammlung.

Art. 84. Der Nationalrath und der Ständerath haben alle Gegenstände
zu behandeln, welche nach Inhalt der gegenwärtigen Verfassung in die
Kompetenz des Bundes gehören und nicht einer andern Bundesbehörde zu-
geschieden sind.

Art. 85. Die Gegenstände, welche in den Geschäftskreis beider Räthe
fallen, sind insbesondere folgende:

1) [2]) Gesetze über die Organisation und die Wahlart der Bundesbehörden.

2) Gesetze und Beschlüsse über diejenigen Gegenstände, zu deren Regelung der Bund nach Maßgabe der Bundesverfassung befugt ist.

3) Besoldung und Entschädigung der Mitglieder der Bundesbehörden
und der Bundeskanzlei; Errichtung bleibender Beamtungen und Bestimmung ihrer Gehalte.

4) Wahl des Bundesrathes, des Bundesgerichtes, des Kanzlers, sowie des Generals der eidgenössischen Armee. [3])

---

[1]) In Art. 82 braucht die Verfassung von 1848 (Art. 71) den Ausdruck „Gesandte“.

[2]) Statt Ziffer 1 und 2 hat Art. 74 der Verfassung von 1848 folgenden Satz:

1) Gesetze und Beschlüsse zur Ausführung der Bundesverfassung, wie namentlich Gesetze über Bildung der Wahlkreise, über Wahlart, über Organisation und Geschäftsgang der
Bundesbehörden und Bildung der Schwurgerichte.

[3]) In der Ziffer 3 von Art. 74 der Verfassung von 1848 waren noch genannt bei den
Wahlen, die der Bundesversammlung zustehen, der Chef des Stabes [und eidgenössische Repräsentanten.

Weggefallen ist die Ziffer 4 des Art. 74 von 1848:
„Anerkennung auswärtiger Staaten [und Regierungen“ und in [Ziffer 8 die Stelle:
„und den Schutz der durch den Bund gewährleisteten Rechte“. Die Ziffern 9 bis 17
lauteten in der Verfassung von 1848, wie folgt:

Der Bundesgesetzgebung bleibt vorbehalten, auch die Vornahme oder Bestätigung weiterer Wahlen der Bundesversammlung zu übertragen.

5) Bündnisse und Verträge mit dem Auslande, sowie die Gutheißung von Verträgen der Kantone unter sich oder mit dem Auslande. Solche Verträge der Kantone gelangen jedoch nur dann an die Bundesversammlung, wenn vom Bundesrath oder einem andern Kanton Einsprache erhoben wird.

6) Maßregeln für die äußere Sicherheit, für Behauptung der Unabhängigkeit und Neutralität der Schweiz, Kriegserklärungen und Friedensschlüsse.

7) Garantie der Verfassungen und des Gebietes der Kantone; Intervention infolge der Garantie; Maßregeln für die innere Sicherheit, für Handhabung von Ruhe und Ordnung; Amnestie und Begnadigung.

8) Maßregeln, welche die Handhabung der Bundesverfassung, die Garantie der Kantonalverfassungen, die Erfüllung der bundesmäßigen Verpflichtungen zum Zwecke haben.

9) Verfügungen über das Bundesheer.

10) Aufstellung des jährlichen Voranschlages und Abnahme der Staatsrechnung, sowie Beschlüsse über Aufnahme von Anlehen.

11) Die Oberaufsicht über die eidgenössische Verwaltung und Rechtspflege.

12) Beschwerden gegen Entscheidungen des Bundesrathes über Administrativstreitigkeiten (Art. 113).

13) Kompetenzstreitigkeiten zwischen Bundesbehörden.

14) Revision der Bundesverfassung.

Art. 86. Die beiden Räthe versammeln sich jährlich einmal zur ordentlichen Sitzung an einem durch das Reglement festzusetzenden Tag.

Sie werden außerordentlich einberufen durch Beschluß des Bundesrathes, oder wenn ein Viertheil der Mitglieder des Nationalrathes oder fünf Kantone es verlangen.

---

9) Gesetzliche Bestimmungen über Organisation des eidgenössischen Militärwesens, über Unterricht der Truppen und über Leistungen der Kantone; Verfügungen über das Bundesheer.

10) Festsetzung der eidgenössischen Mannschafts- und Geldskala; gesetzliche Bestimmungen über Verwaltung und Verwendung der eidgenössischen Kriegsfonds; Erhebung direkter Beiträge der Kantone; Anleihen; Voranschlag und Rechnungen.

11) Gesetze und Beschlüsse über Zölle, Postwesen, Münzen, Maß und Gewicht, Fabrikation und Verkauf von Schießpulver, Waffen und Munition.

12) Errichtung öffentlicher Anstalten und Werke und hierauf bezügliche Expropriationen.

13) Gesetzliche Verfügungen über Niederlassungsverhältnisse; über Heimatlose, Fremdenpolizei und Sanitätswesen.

14) Die Oberaufsicht über die eidgenössische Verwaltung und Rechtspflege.

15) Beschwerden von Kantonen oder Bürgern über Verfügungen des Bundesrathes.

16) Streitigkeiten unter den Kantonen, welche staatsrechtlicher Natur sind.

17) Kompetenzstreitigkeiten, insbesondere darüber:

a. ob ein Gegenstand in den Bereich des Bundes oder der Kantonalsouveränität gehöre;

b. ob eine Frage in die Kompetenz des Bundesrathes oder des Bundesgerichts gehöre."

Art. 87. Um gültig verhandeln zu können. ist die Anwesenheit der absoluten Mehrheit der Mitglieder des betreffenden Rathes erforderlich.

Art. 88. Im Nationalrath und Ständerath entscheidet die absolute [1] Mehrheit der Stimmenden.

Art. 89. [2] Für Bundesgesetze und Bundesbeschlüsse ist die Zustimmung beider Räthe erforderlich.

Bundesgesetze, sowie allgemein verbindliche Bundesbeschlüsse, die nicht dringlicher Natur sind, sollen überdies dem Volke zur Annahme oder Verwerfung vorgelegt werden, wenn es von 30,000 stimmberechtigten Schweizerbürgern oder von acht Kantonen verlangt wird.

Art. 90. Die Bundesgesetzgebung wird bezüglich der Formen und Fristen der Volksabstimmung das Erforderliche festſtellen.

Art. 91. Die Mitglieder beider Räthe ſtimmen ohne Inſtruktionen.

Art. 92. Jeder Rath verhandelt abgesondert. Bei Wahlen (Art. 85, Ziffer 4), bei Ausübung des Begnadigungsrechtes und für Entscheidung von Kompetenzſtreitigkeiten (Art. 85, Ziffer 13) vereinigen ſich jedoch beide Räthe unter der Leitung des Präſidenten des Nationalrathes zu einer gemeinſchaftlichen Verhandlung, ſodaß die absolute Mehrheit der ſtimmenden Mitglieder beider Räthe entſcheidet.

Art. 93. Jedem der beiden Räthe und jedem Mitglied derselben steht das Vorschlagsrecht (die Initiative) zu.

Das gleiche Recht können die Kantone durch Korrespondenz ausüben.

Art. 94. Die Sitzungen der beiden Räthe sind in der Regel öffentlich.

II. Bundesrath.

Art. 95. Die oberſte vollziehende und leitende Behörde der Eidgenoſſenſchaft ist ein Bundesrath, welcher aus ſieben Mitgliedern beſteht.

Art. 96. Die Mitglieder des Bundesrathes werden von der Bundesverſammlung aus allen Schweizerbürgern, welche als Mitglieder des Nationalrathes wählbar ſind, auf die Dauer von drei Jahren ernannt. Es darf jedoch nicht mehr als ein Mitglied aus dem nämlichen Kanton gewählt werden.

---

[1] Das Wort „absolute" ist neu.

[2] Art. 80 und 90 ſind die wichtigſten Abänderungen der Verfaſſung von 1848, welche die jetzige Bundesverfaſſung enthält und geben allein eigentlich der Reviſion von 1874 den Charakter einer Totalreviſion.

Nach jeder Gesammterneuerung des Nationalrathes findet auch eine Gesammterneuerung des Bundesrathes statt.

Die in der Zwischenzeit ledig gewordenen Stellen werden bei der nächstfolgenden Sitzung der Bundesversammlung für den Rest der Amtsdauer wieder besetzt.

Art. 97. Die Mitglieder des Bundesrathes dürfen keine andere Beamtung, sei es im Dienste der Eidgenossenschaft, sei es in einem Kantone, bekleiden, noch irgend einen andern Beruf oder Gewerbe treiben.

Art. 98. Den Vorsitz im Bundesrath führt der Bundespräsident, welcher, sowie auch der Vizepräsident, von den vereinigten Räthen aus den Mitgliedern desselben für die Dauer eines Jahres gewählt wird.

Der abtretende Präsident ist für das nächstfolgende Jahr weder als Präsident, noch als Vizepräsident wählbar. Das gleiche Mitglied kann nicht während zwei unmittelbar auf einander folgenden Jahren die Stelle eines Vizepräsidenten bekleiden.

Art. 99. Der Bundespräsident und die übrigen Mitglieder des Bundesrathes beziehen einen jährlichen Gehalt aus der Bundeskasse.

Art. 100. Um gültig verhandeln zu können, müssen wenigstens vier Mitglieder des Bundesrathes anwesend sein.

Art. 101. Die Mitglieder des Bundesrathes haben bei den Verhandlungen der beiden Abtheilungen der Bundesversammlung berathende Stimme und auch das Recht, über einen in Berathung liegenden Gegenstand Anträge zu stellen.

Art. 102. Der Bundesrath hat innert den Schranken der gegenwärtigen Verfassung vorzüglich folgende Befugnisse und Obliegenheiten:

1) Er leitet die eidgenössischen Angelegenheiten, gemäß den Bundesgesetzen und Bundesbeschlüssen.

2) Er hat für Beobachtung der Verfassung, der Gesetze und Beschlüsse des Bundes, sowie der Vorschriften eidgen. Konkordate zu wachen; er trifft zur Handhabung derselben von sich aus oder auf eingegangene Beschwerde, soweit die Beurtheilung solcher Rekurse nicht nach Art. 113 dem Bundesgerichte übertragen ist, die erforderlichen Verfügungen.

3) Er wacht für die Garantie der Kantonalverfassungen.

4) Er schlägt der Bundesversammlung Gesetze und Beschlüsse vor und begutachtet die Anträge, welche von den Räthen des Bundes oder von den Kantonen an ihn gelangen.

5) Er vollzieht die Bundesgesetze und Bundesbeschlüsse, die Urtheile des Bundesgerichts, sowie die Vergleiche oder schiedsrichterlichen Sprüche über Streitigkeiten zwischen Kantonen.

463

6) ¹) Er hat diejenigen Wahlen zu treffen, welche nicht der Bundes-versammlung und dem Bundesgerichte oder einer andern Behörde übertragen werden.

7) Er prüft die Verträge der Kantone unter sich oder mit dem Auslande und genehmigt dieselben, sofern sie zulässig sind. (Art. 85, Ziffer 5.)

8) Er wahrt die Interessen der Eidgenossenschaft nach Außen, wie namentlich ihre völkerrechtlichen Beziehungen, und besorgt die auswärtigen Angelegenheiten überhaupt.

9) Er wacht für die äußere Sicherheit, für die Behauptung der Unabhängigkeit und Neutralität der Schweiz.

10) Er sorgt für die innere Sicherheit der Eidgenossenschaft, für Handhabung von Ruhe und Ordnung.

11) In Fällen von Dringlichkeit ist der Bundesrath befugt, sofern die Räthe nicht versammelt sind, die erforderliche Truppenzahl aufzubieten und über solche zu verfügen, unter Vorbehalt unverzüglicher Einberufung der Bundesversammlung, sofern die aufgebotenen Truppen zweitausend Mann übersteigen oder das Aufgebot länger als drei Wochen dauert.

12) Er besorgt das eidgenössische Militärwesen und alle Zweige der Verwaltung, welche dem Bunde angehören.

13) ²) Er prüft die Gesetze und Verordnungen der Kantone, welche seiner Genehmigung bedürfen; er überwacht diejenigen Zweige der Kantonalverwaltung, welche seiner Aufsicht unterstellt sind.

14) Er sorgt für die Verwaltung der Finanzen des Bundes, für die Entwerfung des Voranschlages und die Stellung der Rechnungen über die Einnahmen und Ausgaben des Bundes.

15) Er hat die Aufsicht über die Geschäftsführung aller Beamten und Angestellten der eidgenössischen Verwaltung.

16) Er erstattet der Bundesversammlung jeweilen bei ihrer ordentlichen Sitzung Rechenschaft über seine Verrichtungen, sowie Bericht über den Zustand der Eidgenossenschaft im Innern sowohl als nach Außen, und wird ihrer Aufmerksamkeit diejenigen Maßregeln empfehlen, welche er zur Beförderung gemeinsamer Wohlfahrt für dienlich erachtet.

Er hat auch besondere Berichte zu erstatten, wenn die Bundesversammlung oder eine Abtheilung derselben es verlangt.

Art. 105. Die Geschäfte des Bundesrathes werden nach Departementen unter die einzelnen Mitglieder vertheilt. Diese Eintheilung hat aber einzig zum Zweck, die Prüfung und Besorgung der Geschäfte zu fördern; der jeweilige Entscheid geht von dem Bundesrathe als Behörde aus.

---

¹) In Ziffer 6 ist weggefallen: „Er ernennt Kommissarien für Sendungen im Innern und nach Außen". Ferner ist die Redaktion etwas verändert (vgl. Art. 90 von 1848).

²) Ziffer 13 lautet in der Verfassung von 1848 am Schlusse: „welche durch den Bund seiner Aufsicht unterstellt sind, wie das Militärwesen, Zölle, Straßen und Brücken."

Art. 104. Der Bundesrath und seine Departemente sind befugt, für besondere Geschäfte Sachkundige beizuziehen.

III. Bundeskanzlei.

Art. 105. Eine Bundeskanzlei, welcher ein Kanzler vorsteht, besorgt die Kanzleigeschäfte bei der Bundesversammlung und beim Bundesrath.

Der Kanzler wird von der Bundesversammlung auf die Dauer von drei Jahren jeweilen gleichzeitig mit dem Bundesrath gewählt.

Die Bundeskanzlei steht unter der besondern Aufsicht des Bundesrathes.

Die nähere Organisation der Bundeskanzlei bleibt der Bundesgesetzgebung vorbehalten.

IV. Organisation und Befugnisse des Bundesgerichts. [1])

Art. 106. Zur Ausübung der Rechtspflege, soweit dieselbe in den Bereich des Bundes fällt, wird ein Bundesgericht aufgestellt.

Für Beurtheilung von Straffällen (Art. 112) werden Schwurgerichte (Jury) gebildet.

------

[1]) Die Artikel über das Bundesgericht sind durchwegs neu. Der Art. 95 der Verfassung von 1848 lautete: Das Bundesgericht besteht aus eilf Mitgliedern nebst Ersatzmännern, deren Anzahl durch die Bundesgesetzgebung bestimmt wird.

Art. 96. Ihre Amtsdauer ist drei Jahre. Nach der Gesammterneuerung des Nationalrathes findet auch eine Gesammterneuerung des Bundesgerichtes statt.

Die in der Zwischenzeit ledig gewordenen Stellen werden bei der nächstfolgenden Sitzung der Bundesversammlung für den Rest der Amtsdauer wieder besetzt.

Art. 97. Die Mitglieder des Bundesrathes und die von ihm gewählten Beamten können nicht zugleich Mitglieder des Bundesgerichtes sein.

Art. 98. Der Präsident und der Vizepräsident des Bundesgerichtes werden von der Bundesversammlung aus den Mitgliedern desselben jeweilen auf ein Jahr gewählt.

Art. 99. Die Mitglieder des Bundesgerichtes werden aus der Bundeskasse durch Taggelder entschädigt.

Art. 100. Das Bundesgericht bestellt seine Kanzlei.

Art. 101. Das Bundesgericht urtheilt als Civilgericht:

1) über Streitigkeiten, welche nicht staatsrechtlicher Natur sind:
   a. zwischen Kantonen unter sich;
   b. zwischen dem Bund und einem Kanton;

2) über Streitigkeiten zwischen dem Bund einerseits und Korporationen oder Privaten anderseits, wenn diese Korporationen oder Privaten Kläger sind und der Streitgegenstand von einem beträchtlichen durch die Bundesgesetzgebung zu bestimmenden Werthe ist;

3) über Streitigkeiten in Bezug auf Heimatlosigkeit.

In den unter Nr. 1, Litt. a und b bezeichneten Fällen geschieht die Ueberweisung an das Bundesgericht durch den Bundesrath. Wenn dieser die Frage, ob ein Gegenstand vor das Bundesgericht gehöre, verneinend beantwortet, so entscheidet hierüber die Bundesversammlung.

Art. 102. Das Bundesgericht ist verpflichtet, auch die Beurtheilung anderer Fälle zu übernehmen, wenn dasselbe von beiden Parteien angerufen wird und der Streitgegenstand von einem beträchtlichen, durch die Bundesgesetzgebung festzusetzenden Werthe ist. Dabei fallen jedoch die Kosten ausschließlich auf Rechnung der Parteien.

Art. 107. Die Mitglieder des Bundesgerichtes und die Ersatzmänner werden von der Bundesversammlung gewählt. Bei der Wahl derselben soll darauf Bedacht genommen werden, daß alle drei Nationalsprachen vertreten seien.

Das Gesetz bestimmt die Organisation des Bundesgerichtes und seiner Abtheilungen, die Zahl der Mitglieder und Ersatzmänner, deren Amtsdauer und Besoldung.

Art. 108. In das Bundesgericht kann jeder Schweizerbürger ernannt werden, der in den Nationalrath wählbar ist.

Die Mitglieder der Bundesversammlung und des Bundesrathes und die von diesen Behörden gewählten Beamten können nicht gleichzeitig Mitglieder des Bundesgerichtes sein.

Die Mitglieder des Bundesgerichtes dürfen keine andere Beamtung, sei es im Dienste der Eidgenossenschaft, sei es in einem Kantone, bekleiden, noch irgend einen anderen Beruf oder Gewerbe treiben.

Art. 109. Das Bundesgericht bestellt seine Kanzlei.

Art. 110. Das Bundesgericht beurtheilt zivilrechtliche Streitigkeiten:
1) zwischen dem Bunde und den Kantonen;
2) zwischen dem Bunde einerseits und Korporationen oder Privaten andererseits, wenn der Streitgegenstand eine durch die Bundesgesetzgebung zu bestimmende Bedeutung hat und wenn diese Korporationen oder Privaten Kläger sind;
3) zwischen den Kantonen unter sich;
4) zwischen den Kantonen einerseits und Korporationen oder Privaten andererseits, wenn der Streitgegenstand von einer durch die Bundesgesetzgebung zu bestimmenden Bedeutung ist und eine Partei es verlangt.

Das Bundesgericht urtheilt ferner über Anstände betreffend Heimatlosigkeit, sowie über Bürgerrechtsstreitigkeiten zwischen Gemeinden verschiedener Kantone.

Art. 103. Die Mitwirkung des Bundesgerichtes bei Beurtheilung von Straffällen wird durch die Bundesgesetzgebung bestimmt, welche über Versetzung in Anklagezustand, über Bildung des Assisen- und Kassationsgerichtes das Nähere festsetzen wird.
Art. 105. Das Bundesgericht urtheilt im ferneren über Verletzung der durch die Bundesverfassung garantirten Rechte, wenn hierauf bezügliche Klagen von der Bundesversammlung an dasselbe gewiesen werden.
Art. 106 ist gleichlautend mit dem jetzigen Art. 114, den letzten Theil ausgenommen, von „insbesondere" an.
Art. 107. Die Bundes-Gesetzgebung wird das Nähere bestimmen:
a. über Aufstellung eines Staatsanwaltes;
b. über die Verbrechen und Vergehen, welche in die Kompetenz des Bundesgerichtes fallen, und über die Strafgesetze, welche anzuwenden sind;
c. über das Verfahren, welches mündlich und öffentlich sein soll;
d. über die Gerichtskosten.

Art. 111. Das Bundesgericht ist verpflichtet, die Beurtheilung auch anderer Fälle zu übernehmen, wenn dasselbe von beiden Parteien angerufen wird und der Streitgegenstand von einer durch die Bundesgesetzgebung zu bestimmenden Bedeutung ist.

Art. 112. Das Bundesgericht urtheilt mit Zuziehung von Geschworenen, welche über die Thatfrage absprechen, in Straffällen:

1) über Hochverrath gegen die Eidgenossenschaft, Aufruhr und Gewaltthat gegen die Bundesbehörden;
2) über Verbrechen und Vergehen gegen das Völkerrecht;
3) über politische Verbrechen und Vergehen, die Ursache oder Folge derjenigen Unruhen sind, durch welche eine bewaffnete eidgenössische Intervention veranlaßt wird, und
4) in Fällen, wo von einer Bundesbehörde die von ihr ernannten Beamten ihm zur strafrechtlichen Beurtheilung überwiesen werden.

Art. 113. Das Bundesgericht urtheilt ferner:

1) über Kompetenzkonflikte zwischen Bundesbehörden einerseits und Kantonalbehörden andererseits;
2) über Streitigkeiten staatsrechtlicher Natur zwischen Kantonen;
3) über Beschwerden betreffend Verletzung verfassungsmäßiger Rechte der Bürger, sowie über solche von Privaten wegen Verletzung von Konkordaten und Staatsverträgen.

Vorbehalten sind die durch die Bundesgesetzgebung näher festzustellenden Administrativstreitigkeiten.

In allen diesen Fällen sind jedoch die von der Bundesversammlung erlassenen Gesetze und allgemein verbindlichen Beschlüsse, sowie die von ihr genehmigten Staatsverträge für das Bundesgericht maßgebend.

Art. 114. Es bleibt der Bundesgesetzgebung überlassen, außer den in den Artikeln 110, 112 und 113 bezeichneten Gegenständen auch noch andere Fälle in die Kompetenz des Bundesgerichtes zu legen, insbesondere die Befugnisse festzustellen, welche ihm nach Erlassung der im Art. 64 vorgesehenen eidgenössischen Gesetze behufs einheitlicher Anwendung derselben zu übertragen sind.

V. Verschiedene Bestimmungen.

Art. 115. Alles, was sich auf den Sitz der Bundesbehörden bezieht, ist Gegenstand der Bundesgesetzgebung.

Art. 116. Die drei Hauptsprachen der Schweiz, die deutsche, französische und italienische, sind Nationalsprachen des Bundes.

Art. 117. Die Beamten der Eidgenossenschaft sind für ihre Geschäftsführung verantwortlich. Ein Bundesgesetz wird diese Verantwortlichkeit näher bestimmen.

Dritter Abschnitt.

Revision der Bundesverfassung.

Art. 118. Die Bundesverfassung kann jederzeit revidirt werden.

Art. 119. Die Revision geschieht auf dem Wege der Bundesgesetzgebung.

Art. 120. Wenn eine Abtheilung der Bundesversammlung die Revision beschließt und die andere nicht zustimmt, oder wenn fünfzigtausend stimmberechtigte Schweizerbürger die Revision der Bundesverfassung verlangen, so muß im einen wie im andern Falle die Frage, ob eine Revision stattfinden soll oder nicht, dem schweizerischen Volke zur Abstimmung vorgelegt werden.

Sofern in einem dieser Fälle die Mehrheit der stimmenden Schweizerbürger über die Frage sich bejahend ausspricht, so sind beide Räthe neu zu wählen, um die Revision zur Hand zu nehmen.

Art. 121. Die revidirte Bundesverfassung tritt in Kraft, wenn sie von der Mehrheit der an der Abstimmung theilnehmenden Bürger und von der Mehrheit der Kantone angenommen ist.[1]

Bei Ausmittlung der Mehrheit der Kantone wird die Stimme eines Halbkantons als halbe Stimme gezählt.

Das Ergebniß der Volksabstimmung in jedem Kantone gilt als Standesstimme desselben.

Uebergangsbestimmungen.[2]

Art. 1. In Betreff der Verwendung der Zoll- und Posteinnahmen bleiben die bisherigen Verhältnisse unverändert, bis der Uebergang der bis jetzt von den Kantonen getragenen Militärlasten auf den Bund sich vollzieht.

---

[1] Art. 114 der Verfassung von 1848 lautete: . . . „von der Mehrheit der stimmenden Schweizerbürger und" . . . .

Die beiden letzten Sätze von Art. 121 sind neu. Der ganze dritte Abschnitt über die Revision wird muthmaßlich am 5. Juli d. J. durch Abstimmung des Volkes und der Kantone abgeändert werden, vgl. pag. 411, wo der Wortlaut der neuen Artikel angegeben ist.

[2] Die Uebergangsbestimmungen sind neu. Diejenigen von 1848 lauteten:

Art 1. Ueber die Annahme gegenwärtiger Bundesverfassung haben sich die Kantone auf die durch die Kantonalverfassungen vorgeschriebene, oder — wo die Verfassung hierüber keine Bestimmung enthält — auf die durch die oberste Behörde des betreffenden Kantons festzusetzende Weise auszusprechen.

Art. 2. Die Ergebnisse der Abstimmung sind dem Vorort zu Handen der Tagsatzung mitzutheilen, welche entscheidet, ob die neue Bundesverfassung angenommen sei.

Art. 3. Wenn die Tagsatzung die Bundesverfassung als angenommen erklärt hat, so trifft sie unmittelbar zur Einführung derselben die erforderlichen Bestimmungen.

Die Verrichtungen des eidgenössischen Kriegsrathes und des Verwaltungsrathes für die eidgenössischen Kriegsfonds gehen auf den Bundesrath über.

Außerdem ist auf dem Wege der Bundesgesetzgebung zu bewirken, daß denjenigen Kantonen, für welche die durch die Art. 20, 30, 36, zweites Alinea, und 42 e, herbeigeführten Veränderungen im Gesammtergebnisse eine fiskalische Einbuße zur Folge haben, diese Einbuße nicht auf einmal in ihrem vollen Umfange, sondern nur allmälig während einer Uebergangs= periode von einigen Jahren erwachse.

Diejenigen Kantone, welche sich bis zum Zeitpunkte, in welchem der Art. 20 in Kraft tritt, mit den ihnen durch die bisherige Bundesverfassung und die Bundesgesetze obliegenden militärischen Leistungen im Rückstande befinden, sind verpflichtet, diese Leistungen auf eigene Kosten nachzuholen.

Art. 2. Diejenigen Bestimmungen der eidgenössischen Gesetzgebung, der Konkordate, der kantonalen Verfassungen und Gesetze, welche mit der neuen Bundesverfassung im Widerspruch stehen, treten mit Annahme derselben, beziehungsweise der Erlassung der darin in Aussicht genommenen Bundes= gesetze außer Kraft.

Art. 3. Die neuen Bestimmungen betreffend die Organisation und die Befugnisse des Bundesgerichtes treten erst nach Erlassung der bezüglichen Bundesgesetze in Kraft.

Art. 4. Den Kantonen wird zur Einführung der Unentgeltlichkeit des öffentlichen Primarunterrichts (Art. 27) eine Frist von fünf Jahren ein= geräumt.

Art. 5. Personen, welche den wissenschaftlichen Berufsarten angehören, und welche bis zum Erlasse der im Art. 33 vorgesehenen Bundesgesetzgebung von einem Kantone oder von einer, mehrere Kantone repräsentirenden Konkordatsbehörde den Ausweis der Befähigung erlangt haben, sind befugt, ihren Beruf in der ganzen Eidgenossenschaft auszuüben.

Art. 4. Die im Eingange und in Litt. e des Art. 6 der gegenwärtigen Bundesverfassung enthaltenen Bestimmungen finden auf die schon in Kraft bestehenden Verfassungen der Kantone keine Anwendung.

Diejenigen Vorschriften der Kantonalverfassungen, welche mit den übrigen Bestimmungen der Bundesverfassung im Widerspruche stehen, sind vom Tage an, mit welchem diese letztere als angenommen erklärt wird, aufgehoben.

Art. 5. Der Bezug der schweizerischen Grenzgebühren dauert so lange fort, bis die Tarife der neu einzuführenden Grenzzölle ihre Vollziehung finden.

Art. 6. Die Beschlüsse der Tagsatzung und die Konkordate bleiben bis zu ihrer Auf= hebung der Abänderung in Kraft, soweit sie nicht dieser Bundesverfassung widersprechen.

Dagegen verlieren diejenigen Konkordate ihre Gültigkeit, deren Inhalt als Gegenstand der Bundesgesetzung erklärt wurde, und zwar von der Zeit an, in welcher die letztere in's Leben tritt.

Art. 7. Sobald die Bundesversammlung und der Bundesrath konstituirt sein werden, tritt der Bundesvertrag vom 7. August 1815 außer Kraft.

Art. 6.¹) Wenn vor Ende des Jahres 1890 ein Bundes-gesetz im Sinne des Art. 32 bis eingeführt wird, so fallen schon mit dessen Inkrafttreten die von den Kantonen und Gemeinden nach Art. 32 bezogenen Eingangsgebühren auf geistigen Getränken dahin.

Wenn in diesem Falle die auf die einzelnen Kantone und Gemeinden berechneten Antheile an der zur Vertheilung kommenden Summe nicht hinreichen würden, um die dahin-gefallenen Gebühren auf geistigen Getränken nach dem durch-schnittlichen jährlichen Netto-Ertrage in den Jahren 1880 bis und mit 1884 zu ersetzen, so wird den betroffenen Kantonen und Gemeinden bis Ende des Jahres 1890 der daherige Ausfall aus derjenigen Summe gedeckt, welche den übrigen Kantonen nach der Volkszahl zukommen würde, und erst der Rest auf die letztern nach ihrer Volkszahl vertheilt.

Außerdem ist auf dem Wege der Bundesgesetzgebung zu bewirken, daß denjenigen Kantonen oder Gemeinden, für welche das Inkrafttreten dieses Beschlusses eine fiskalische Einbuße zur Folge haben kann, diese Einbuße nicht auf ein-mal in ihrem vollen Umfange, sondern nur allmälig bis zum Jahre 1895 erwachse. Die hiezu erforderlichen Entschädi-gungssummen sind vorweg aus den im Art. 32 bis, Al. 4, be-zeichneten Reineinnahmen zu entnehmen.

¹) Partialrevision vom 25. Oktober 1885. Der letzte Satz des Art. 6 wird zufolge einem Bundesbeschluß vom Juni 1891 nun zur Ausführung gelangen.

Corrigenda:

Ad pag. 120 und 142. Der Vorname des letzten Grafen von Greyerz ist, nach den Abschieden, Michael.

Ad pag. 177. Die Nummern an der Spitze von Anmerkung 1 sind verschoben und gehören nicht hieher.

Ad pag. 181. Das schließliche Abkommen mit König Ludwig XI. erreichte die Summe von 150,000 Gulden. E. A. III 1, 47.

Ad pag. 316, 3. Zeile von oben, lies statt VIII : XIII.

Ad pag. 323. In Note 1 lies, statt Gneispaß: Griespaß.

In nomine domini amen. Honestum plurimum et utilitatem publice prudens dominum pacem agere ac pacis bonum debito solidamus. Hinc igitur universis, quod homines vallis ...

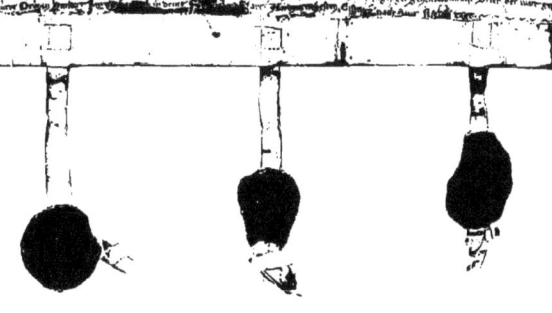